面向21世纪课程教材
Textbook Series for 21st Century

合 同 法

Contract Law

杨立新 著

北京大学出版社
PEKING UNIVERSITY PRESS

图书在版编目(CIP)数据

合同法/杨立新著. —北京:北京大学出版社,2013.8
(面向 21 世纪课程教材·全国高等学校法学专业核心课程教材)
ISBN 978-7-301-23040-4

Ⅰ.①合… Ⅱ.①杨… Ⅲ.①合同法-中国-高等学校-教材
Ⅳ.①D923.6

中国版本图书馆 CIP 数据核字(2013)第 190856 号

书　　　　名:	合同法
著作责任者:	杨立新　著
策 划 编 辑:	白丽丽
责 任 编 辑:	王琳琳
标 准 书 号:	ISBN 978-7-301-23040-4/D·3396
出 版 发 行:	北京大学出版社
地　　　　址:	北京市海淀区成府路 205 号　100871
网　　　　址:	http://www.pup.cn
新 浪 微 博:	@北京大学出版社
电 子 信 箱:	law@ pup.pku.edu.cn
电　　　　话:	邮购部 62752015　发行部 62750672　编辑部 62752027
	出版部 62754962
印 　刷 　者:	北京飞达印刷有限责任公司
经 　销 　者:	新华书店
	730 毫米×980 毫米　16 开本　33.5 印张　637 千字
	2013 年 8 月第 1 版　2013 年 8 月第 1 次印刷
定　　　　价:	57.00 元

未经许可,不得以任何方式复制或抄袭本书之部分或全部内容。
版权所有,侵权必究
举报电话:010-62752024　电子信箱:fd@ pup.pku.edu.cn

内 容 简 介

本书以我国《合同法》为依据,紧密结合最高人民法院有关适用《合同法》的司法解释,立足于我国《合同法》的司法实践,吸收国内外有关合同法理论研究的最新成果,借鉴外国和我国台湾地区的民事立法和司法经验,把合同法的理论研究与司法实践紧密结合起来,系统阐释我国合同法的基本理论、基本制度和基本知识。

本书基本上按照我国《合同法》的逻辑结构编制教材的体例,适当增加实际需要的内容,分为合同与合同法、合同流转、合同保障、合同责任和有名合同五编,共十六章,全面阐释合同法的基本知识点和具体规则。在内容上力求对我国《合同法》的理论和实际应用规则作出全面、准确的阐释,在理论体系上具有创新性,能够适应新世纪法学教育发展的需要。为了能够使教师和学生在学习中把合同法的理论和司法实践结合起来,本书每一章的各节都选择了典型案例,放在每一节之前,并在每一节之后对典型案例的讨论进行提示,设计具体的讨论题目,使教学和学习更为直观,使学生便于形象地掌握合同法的基本知识。

本书特别注重于我国《合同法》的司法实用性,不仅适合于法学院校的教师和学生学习合同法使用,也适合于民事法官、民事检察官和律师在《合同法》的司法适用中作为参考书。

作者简介

杨立新 教育部人文社会科学重点研究基地中国人民大学民商事法律科学研究中心主任，法学院教授，博士研究生导师，中俄人文合作协同创新中心首席法律专家。兼任中国民法学研究会副会长、北京市消费者权益保护法学会会长、东亚侵权法学会理事长、世界侵权法学会执委会委员、中国婚姻法学研究会常务理事，最高人民检察院专家咨询委员会委员，黑龙江大学特聘教授、南方医科大学特聘教授，并任国家行政学院、国家法官学院、国家检察官学院、北京大学法学院、福建师范大学法学院、西南财经大学法学院和澳门大学法学院等多所高等院校的兼职教授。

1989 年在中国人民大学法学院首届高级法官班毕业。研究领域为民法总则、物权法、侵权责任法、债与合同法、人格权法、亲属法、消费者保护法。参加了我国《合同法》、《物权法》、《侵权责任法》、《继承法》、《消费者权益保护法》和《老年人权益保护法》等多部法律的立法工作，在《侵权责任法》立法中起主要作用。研究民法的特点是，把民法理论和民事审判实践紧密结合起来，用民法理论指导民事审判实践，提出解决民事司法实践疑难问题的办法，在民事法官、民事检察官以及律师中有重大影响，授课深受学生欢迎。

曾多次获得荣誉，如吉林省劳动模范等。科研成果多次受到奖励，《侵权法论》获北京市第五届社会科学优秀成果奖二等奖、全国检察机关第一届金鼎奖优秀图书二等奖，《人身权法论》获第二届钱端升法学优秀成果著作类二等奖，《侵权责任法》获得中国法学会第二届优秀科研成果二等奖，《民法》获得教育部优秀教材奖，《民事行政检察监督与司法公正》获全国检察机关第二届金鼎奖优秀论文一等奖。

著有《侵权责任法》、《物权法（第四版）》、《债法总论》、《人格权法》、《医疗损害责任法》、《债与合同法》、《民法总论》、《婚姻家庭继承法》和《杨立新民法讲义（七卷本）》等专著和教材。发表论文 400 余篇，代表性论文有《我国他物权体系的重新构建》(《中国社会科学》1994 年第 4 期)、《中国医疗损害责任改革》(《法学研究》2009 年第 4 期)、《我国侵权责任法草案对国外立法经验的借鉴》(《中国法学》2009 年第 5 期)。主持国家社科基金项目《类型侵权行为法研究》和《媒体侵权责任与权利保护司法界限研究》，以及教育部基地重大项目《中国民法典总则立法及其基础理论研究》、《中国特色社会主义民法学》，北京市哲学社会科学项目《民事权利保全请求权体系与民事行为规制研究》等多个国家级、部委级科研项目。

目　　录

第一编　合同与合同法

第一章　合同法 …………………………………………………………（1）
第一节　合同法的概念及法律地位 ……………………………………（1）
第二节　合同法的历史发展和调整功能 ………………………………（6）
第三节　合同法的基本原则 ……………………………………………（13）

第二章　合同概述 ………………………………………………………（21）
第一节　合同的概念及特征 ……………………………………………（21）
第二节　合同法律关系 …………………………………………………（30）
第三节　合同的种类 ……………………………………………………（36）
第四节　合同解释 ………………………………………………………（46）

第二编　合同流转

第三章　合同订立 ………………………………………………………（55）
第一节　合同订立概述 …………………………………………………（55）
第二节　要约 ……………………………………………………………（61）
第三节　承诺 ……………………………………………………………（71）
第四节　特殊缔约方式 …………………………………………………（87）
第五节　合同条款 ………………………………………………………（89）
第六节　合同形式 ………………………………………………………（94）
第七节　格式条款 ………………………………………………………（101）

第四章　合同效力 ………………………………………………………（108）
第一节　合同效力及生效时间和条件 …………………………………（108）
第二节　合同效力待定 …………………………………………………（114）
第三节　合同绝对无效 …………………………………………………（119）
第四节　合同相对无效 …………………………………………………（131）
第五节　合同无效的一般后果 …………………………………………（138）
第六节　附条件合同和附期限合同 ……………………………………（140）

第五章　合同标的 ……………………………………………（146）
第一节　合同标的概述 ……………………………………（146）
第二节　给付概述 …………………………………………（148）
第三节　给付的形态 ………………………………………（155）
第四节　给付的种类 ………………………………………（160）
第五节　受领 ………………………………………………（165）

第六章　合同履行 …………………………………………（172）
第一节　合同履行的概念及其原则 ………………………（172）
第二节　合同内容确定 ……………………………………（180）
第三节　合同履行中的变动 ………………………………（185）
第四节　双务合同履行的抗辩权 …………………………（191）

第七章　合同变更和转让 …………………………………（206）
第一节　合同变更 …………………………………………（206）
第二节　合同转让概述 ……………………………………（211）
第三节　合同权利转让 ……………………………………（213）
第四节　合同义务转移 ……………………………………（220）
第五节　合同权利义务概括转移 …………………………（224）

第八章　合同消灭 …………………………………………（228）
第一节　合同消灭概述 ……………………………………（228）
第二节　清偿 ………………………………………………（231）
第三节　解除 ………………………………………………（239）
第四节　抵销 ………………………………………………（245）
第五节　提存 ………………………………………………（252）
第六节　免除 ………………………………………………（257）
第七节　混同 ………………………………………………（259）
第八节　合同更新 …………………………………………（261）

第三编　合同保障

第九章　合同保全 …………………………………………（267）
第一节　债的保全概述 ……………………………………（267）
第二节　债权人代位权 ……………………………………（273）
第三节　债权人撤销权 ……………………………………（283）

第十章　合同担保 …………………………………………（293）
第一节　合同担保概述 ……………………………………（293）

第二节　典型担保方式 …………………………………（300）
　　第三节　非典型担保方式 ………………………………（321）

第四编　合 同 责 任

第十一章　合同责任概述 …………………………………（333）
　　第一节　合同责任的概念与范围 ………………………（333）
　　第二节　合同责任的归责原则 …………………………（338）
　　第三节　合同责任的构成要件和抗辩事由 ……………（349）
　　第四节　合同责任方式及其适用 ………………………（354）
　　第五节　合同责任竞合 …………………………………（358）
第十二章　具体合同责任类型 ……………………………（361）
　　第一节　缔约过失责任 …………………………………（361）
　　第二节　合同无效责任 …………………………………（371）
　　第三节　预期违约责任 …………………………………（376）
　　第四节　加害给付责任 …………………………………（383）
　　第五节　实际违约责任 …………………………………（388）
　　第六节　后契约责任 ……………………………………（398）

第五编　有 名 合 同

第十三章　买卖、供用、赠与合同 ………………………（403）
　　第一节　买卖合同 ………………………………………（403）
　　第二节　供用电、水、气、热力合同 …………………（431）
　　第三节　赠与合同 ………………………………………（436）
第十四章　借款、租赁、融资租赁合同 …………………（442）
　　第一节　借款合同 ………………………………………（442）
　　第二节　租赁合同 ………………………………………（446）
　　第三节　融资租赁合同 …………………………………（461）
第十五章　承揽、建设工程、运输、技术合同 …………（468）
　　第一节　承揽合同 ………………………………………（468）
　　第二节　建设工程合同 …………………………………（475）
　　第三节　运输合同 ………………………………………（481）
　　第四节　技术合同 ………………………………………（490）

第十六章　保管、仓储、委托、行纪、居间合同 …………………（501）
　第一节　保管合同 …………………………………………………（501）
　第二节　仓储合同 …………………………………………………（505）
　第三节　委托合同 …………………………………………………（509）
　第四节　行纪合同 …………………………………………………（517）
　第五节　居间合同 …………………………………………………（521）

第一编　合同与合同法

第一章　合同法

第一节　合同法的概念及法律地位

【典型案例】

原告连某交给被告某速递公司一部诺基亚手机（价值1600元）邮寄，并支付邮寄费13元。被告将该邮件丢失，原告要求全额赔偿损失并退还邮寄费，被告以包裹并未保价为由，提出应当依照合同约定及《邮政法》的有关规定，按照最高不超过所收取服务费用的5倍标准进行赔偿。一审法院认为被告属于邮政企业，根据《邮政法》关于邮政企业对于给据邮件丢失、损毁、内件短少，非保价邮包按照邮包实际损失价值赔偿，但是最高不超过国务院邮政主管部门规定的限额的规定，判决被告向原告支付赔偿款65元，退还邮寄费13元。二审法院认为，快递公司属于邮政业企业，不属于邮政企业，不适用《邮政法》，依照《合同法》第53条关于"合同中的下列免责条款无效：……（二）因故意或者重大过失造成对方财产损失的"规定，判决本案合同载明的"未保价物品的理赔金额最高为资费的5倍"的约定无效，被告向原告赔偿全部货物损失1600元，退还邮寄费13元。

一、合同法的概念和特征

（一）合同法的概念

我国的合同法在立法形式上是《中华人民共和国合同法》，是一部单独的法律。在法律体系上，合同法不是一部单独的法律，而是中国民法的组成部分，是民法的基本法之一。

在大陆法系,合同法的上位概念是债法,是债法的组成部分。在英美法系,合同法也叫做契约法,是与财产法、侵权法和信托法并列的独立法律部门。

在法理上,合同法的概念分为广义和狭义两种。

广义的合同法是指涉及转让财产或者劳务的私人的法律[1],是调整动态财产关系的法律。[2] 从这个意义上理解,合同法与物权法是民法有关财产法的两大部分,物权法调整静态的财产关系,合同法调整处于动态的财产关系,即财产交易关系。诚如学者所言:私法以对世权、对人权之区别,又可分为二种,属于前者为物权法,属于后者为契约法。[3] 广义合同法概念调整的范围,包括合同的订约过程,合同的内容和效力,合同的变更、解除和终止,合同的无效和被撤销,合同的不履行和履行不完全的补救,合同的后契约义务等,是合同的整个订立的过程和履行、消灭的全过程。

狭义合同法的核心是调整合同当事人的承诺和合意,合同法是执行当事人的允诺和协议的法律,合同法的目的是通过强制履行承诺帮助人们实现他们的私人目标。[4] 狭义合同法规范的是合同的成立、生效、履行和违约责任等问题,不包括合同的不成立、无效和被撤销等情况。因此,狭义合同法的概念所包含的范围是不完整的。

从上述分析情况看,采用广义的合同法概念比较适当。因此,合同法是指有关合同的法律规范的总称,是调整平等主体之间的交易关系的法律。它主要规范合同的订立、合同的效力,以及合同的履行、变更、解除、保全、担保、违反合同的责任和后契约义务等问题。[5]

(二) 合同法的法律特征

1. 合同法是调整动态财产关系的法律

在各种社会形态中,财产关系都是最重要的社会关系之一。物权法是调整静态财产关系的民法部门法,合同法是调整动态财产关系的民法部门法。动态财产关系主要是交易关系。合同法的基本调整对象是财产交易关系。所以,合同法是调整交易关系的法律,其调整范围包括商品的转手、财货的互易、利益的交换等交易形式。

2. 合同法是强调平等协商和等价有偿原则的法律

合同的最基本特征是当事人的意思表示一致,即合意。同时,由于合同法调

---

[1] 〔美〕麦克尔·D.贝勒斯:《法律的原则》,张文显等译,中国大百科全书出版社1996年版,第143页。
[2] 王家福等:《合同法》,中国社会科学出版社1986年版,第12页。
[3] 梁敬亭译:《英国契约法》,都门印刷局1915年版,第3页。
[4] 〔美〕罗伯特·考特、〔美〕托马斯·尤伦:《法和经济学》,张军等译,上海三联书店1994年版,第314页。
[5] 王利明、崔建远:《合同法新论·总则》,中国政法大学出版社1996年版,第53页。

整的法律关系是交易关系,因此,合同法的显著特征是强调平等、协商,强调等价有偿,并且将这些原则作为自己的基本原则,规范合同当事人的行为,维护交易秩序,推动社会发展。

3. 合同法规范更强调其任意性而不是强制性

在合同法中,强制性的规定是有的,但强制性不是合同法的本质特点。合同法更重要的职能是规范合同行为,使合同当事人在实施合同行为时能够有所遵循,即按照合同法授予的权利,按照双方当事人在合同中所制订的规范,怎样通过合同实现自己的意愿和目的。因此,合同法是自治法,奉行合同自由原则,当事人自己的事情原则上由自己做主,是私的自治[1],以保证合同当事人订立和实施合同行为的自由。

4. 合同法是鼓励创造财富的法律

合同法的需求取决于两个重要原因,一是劳动分工,二是信用经济的发达。劳动分工使人们依赖于允诺和协议,信用经济则建立在合同制度之上。在现代的商业经济中,财富都是由允诺构成的[2],合同法创造财富的特征就表现在保障当事人的意志,从而使当事人订约的目的和基于合同所产生的期待利益得以实现。合同法的目标就是尽可能鼓励当事人进行交易,创造财富。[3]

二、合同法的法律地位

(一) 合同法是债法的主要组成部分

在立法形式上,我国民法立法体系只有合同法而没有债法,也没有债法总则。有人认为,合同法就是债法,或者认为我国没有债法只有合同法。这样的看法是不正确的。

尽管我国没有规定债法总则,但是合同法与债法的关系是明确的。这就是,合同法是债法的主要组成部分,除此之外,债法还包括债法总则,以及不当得利法、无因管理法、单方允诺法等。不过,不当得利、无因管理和单方允诺尽管都是与合同相并列的债的发生原因,但它们在债法中的地位远不如合同重要。

因此,合同法是债法的主要组成部分,是债法最重要的组成部分。

(二) 合同法与物权法

合同法作为债法的主要组成部分,与物权法都属于财产法,都是调整平等主体之间的财产关系的法律。它们之间的主要区别是:

---

[1] 韩世远:《合同法》,法律出版社2008年版,第13页。
[2] 〔英〕阿蒂亚:《合同法概论》,对外贸易教育出版社1980年版,第3页。
[3] 王利明:《合同法研究》(修订版第一卷),中国人民大学出版社2011年版,第53页。

（1）维护的财产安全状态不同。

物权法调整的是财产的静态关系，因此它所保障的财产安全状态是静态安全。合同法调整的是动态关系，它所保障的财产安全状态是动态财产安全。因此，合同法更具有变化性，而不像物权法那样具有稳定性。

（2）保护的权利范围不同。

物权法保护的权利范围是物权，包括所有权及他物权，而合同法保护的主要是合同债权。尽管这两种民事权利都是民法的重要财产权利，关系异常紧密，但它们是两种不同的财产权利，在权利的性质、内容、设立、义务主体是否特定、权利的客体、权利的效力、权利的转让和保护等方面，都存在明显区别。

（3）法律的基本属性不同。

物权法主要反映特定社会的所有制关系，同时也深受历史习惯和传统的影响，因此，物权法是固有法、强制法。而合同法在反映商品交换关系内容上，在更多的方面是共同性、任意性，因此，各国合同法在很多方面具有统一性。

（4）法律的约束力不同。

物权法采取物权法定主义，各种物权的形式和内容、转移方式和取得方法，均由法律规定，当事人不得排除其适用。而合同法尊重当事人的自由意志，允许当事人依法充分表达意志，只要当事人订立的合同不违反法律，就具有法律效力。同时，法律也不限定合同的形式，允许当事人在实践中创造出新的合同形式，并承认其效力。

（三）合同法与其他民法部门法

合同法作为债法的主要组成部分，与其他民法部门法有严格的区别，但也都具有密切的联系。

1. 区别

民法的人格权法、身份权法（亲属法）、知识产权法、继承法都与合同法有严格区别。人格权法是保护人格利益和人格权不受侵犯的法律，身份权法是保护亲属间身份地位和身份利益的法律，它们都是保护民事主体自身权利的法律，而不是保护财产权利的法律。知识产权法和继承法虽然也是财产法，但是它们都具有鲜明的人格或者身份的内容，知识产权中的精神权利就是身份权，保护的是这个权利中的身份利益；继承法保护的虽然是死者遗产的归属问题，但仍以身份关系为基础。而合同法以及物权法都是纯粹的财产法，保护的都是财产关系和财产利益，因而与这些部门法具有严格区别。

2. 联系

合同法与人格权法、身份权法、继承法、知识产权法都具有密切联系。这些民法部门法所保护的权利，很多都要经过合同建立、变更和解除。结婚、离婚、收养、解除收养，都应当以协议为之，这种协议是身份合同。继承法中的遗赠扶养协议,当然是合同关系,知识产权的转让、使用,也必须经过合同才能够实现。即使最没有财产属性的人格权,在名称权的转让、肖像使用权的部分让与、人格利益的商品化利用等,都必须经过合同确定其权利义务关系。因此,没有合同,没有合同法的调整,人格权法、身份权法、继承法和知识产权法规定的很多权利就无法实现。

三、合同法的渊源

合同法的渊源,是指合同法借以表现和存在的法律形式。我国合同法的渊源主要有以下几种:

(一)立法机关制定的法律

《合同法》是我国合同法的基本法律渊源,《民法通则》关于合同的规定,也是合同法的渊源。

《民法通则》是我国民法的基本形式,是自然人、法人和其他组织进行民事活动必须遵循的基本准则。实施合同行为,必须遵循《民法通则》所规定的原则。同时,《民法通则》也对债的关系包括合同关系作出了原则规定,因此,《民法通则》是合同法的重要渊源。

《合同法》是调整合同关系的基本法律,是合同法的基本法律渊源。在《合同法》替代了三部单行的合同法即《经济合同法》、《涉外经济合同法》和《技术合同法》以后,《合同法》已经成为统一的调整合同关系的基本法,在合同法的渊源中占据的地位更加重要。

(二)行政法规和行政规章

国务院制定的有关合同的行政法规,以及国务院各部委制定的有关合同条例实施的行政规章,都是合同法的渊源。

(三)立法解释和司法解释

立法机关和司法机关对于《合同法》所作的立法解释和司法解释,都是合同法的渊源,在适用法律中具有重要作用。目前立法机关对《合同法》还没有作出过解释。最高司法机关对《合同法》的适用制定了一系列的司法解释,1999年12月1日最高人民法院公布的《关于适用〈中华人民共和国合同法〉若干问题的解释(一)》,2003年4月28日公布的《关于审理商品房买卖合同纠纷案件适用法律若干问题的解释》,2009年2月9日公布的《关于适用〈中华人民共和国合同法〉若干问题的解释(二)》、2012年5月10日公布的《关于审理买卖合同纠纷案件适用法律问题的解释》等,对适用《合同法》中出现的很多问题都作出了规定。随着《合同法》的进一步实施,有关《合同法》的立法解释和司法解释还会更多,在学习和适用《合同法》时应当特别注意这些立法解释和司法解释。

（四）国际条约和国际惯例

有关合同的国际条约、公约，是合同法的重要渊源。国际公约作为本国的合同法渊源，其必要条件是本国政府正式加入该国际条约或者公约。已经参加的国际公约、条约，优先于国内法适用，但作出保留的条款除外。我国政府没有加入的国际公约、条约，不对我国发生拘束力，不是我国法律的渊源。例如，我国政府已于1986年12月11日正式加入了《联合国国际货物销售合同公约》，该公约是我国合同法的渊源。我国公司与参加该公约的国家的公司订立国际货物销售合同，如果不作另外的法律选择，则合同规定的事项将自动适用该公约的有关规定，发生纠纷或者诉讼必须依据该公约处理。

国际惯例的适用只限于我国法律和我国缔结或者参加的国际条约、公约没有规定的情况，因此其效力低于中国法律，只有在不违背我国法律规定的前提下才可以适用。

（五）国家认可的民事习惯

习惯，是指当事人知悉或者实践的生活和交易惯例，包括生活习惯和交易习惯。在合同法中的民事习惯，主要是指交易习惯，即在当时、当地或者某一行业、某一类交易关系中，为人们所普遍采纳的，且不违反公序良俗的惯常做法。我国《合同法》第61条、第125条、第154条、第156条、第159条等，都对交易习惯的适用作出了规定。因此，国家认可的交易习惯也是我国合同法的渊源。

【案例讨论】

讨论提示：本案的被告是快递公司，不属于邮政企业，不适用《邮政法》的规定，应当适用《合同法》的有关规定。

讨论问题：1. 本案原告企业性质是什么？2. 为什么对本案应当适用《合同法》而不适用《邮政法》？

第二节 合同法的历史发展和调整功能

【典型案例】

杨某在1995年向信用社借款，到期后，她采用自残食指的方法赖账。原来，当时借款手续不规范，她在与信用社借款时委托他人代签借款合同，自己在合同上加盖指印确认。她认为有机可乘，在诉讼期间，故意烫伤手指，毁坏食指的指纹，否认自己签订过借款合同。一审法院审理认为，被告在诉讼期间故意烫伤手指毁坏指纹，致使无法对指纹作鉴定的责任在于被告自身，举证责任应转移由被告承担,杨某无法提供证据证实是因不可抗力原因致其指纹受损,应承担举证不能的法律后果,故判决被告承担债务清偿责任。

一、合同法的历史发展

(一) 古代合同法

合同是社会财产流转的法律形式。在没有财产流转的远古社会没有合同,当然也就没有合同法。在出现了财产流转关系的初期,在其调整通过血族关系或者运用宗教权力以执行个人所承担的义务[①]的时候,也不会有合同法。可见,没有财产流转就没有合同及其立法。[②]

在氏族社会晚期,私有财产出现,产品交换行为日益广泛,并且形成了一定的规则。这些规则开始由誓言、习惯等保障实行,进而发展成为社会共同体认可或者执行的规范所取代,交换规则成为法律的规定形式。这就是合同法的早期形式,主要是习惯法的形式。

习惯法的不稳定性、不统一性和不公开性特点,决定了习惯法适用上的困难,因此,合同法的成文法应运而生,代替了习惯法。《汉谟拉比法典》作为最早的成文法之一,在其282个条文中,就有80多个是关于合同法的:要求合同奉行严格的形式主义,规定合同的种类和适用范围,对违约行为规定严厉的制裁措施,以保障合同的履行。罗马法的《十二铜表法》对于合同的规定更为严格,立法技术更为进步:用抽象的概念表述合同,将合同视为当事人之间的法律,用合同作为确定当事人之间权利义务关系的"法锁",以保障交易的安全;规定了物的所有权转移的条件,从而使合同能够脱离物的实际交付而单独存在,使诺成性合同开始与实践性合同相分离。在日尔曼法,初期的合同法不如罗马法的合同法那样精巧和严密,但是它体现了团体本位的思想,立法技术上也采用日尔曼人的习惯,尽量使法律条文通俗实用,并且在具体制度上有所创新,保证、违约金制度均为其所创。中国古代对合同制度有典籍记载的正式法律可以追溯至唐代的《唐律》,唐代的合同立法对后世诸朝代均有相当程度的影响。[③]

古代合同法的缺点是立法简陋,欠缺一些重要的制度,合同的主体也限于少数人,重形式而轻内容等。这些都不适应市场经济的要求。

[①] 《国外法学知识译丛·民法》,上海社会科学院出版法学研究所编译,知识出版社1981年版,第153页。
[②] 崔建远主编:《合同法》(第五版),法律出版社2010年版,第3页。
[③] 韩世远:《合同法总论》(第三版),法律出版社2011年版,第23页。

(二) 近代合同法

近代合同法是指资本主义自由竞争时期的合同法,以《法国民法典》的合同制度为典型代表,以合同自由、抽象的平等人格和个人责任诸原则为明显标志。[①]

近代社会,资本主义取代封建主义,工业经济的迅速发展大大提高了社会生产力,进入交易领域的产品大大增加,同时,封建制度的崩溃也带来了民事主体的人格解放,劳动力成为可以自由买卖的商品;民族国家和统一市场逐渐形成,交易自由畅通,经济自由主义得到实现。反映这个时代特征的合同法,首先是充分体现市场经济的要求,允许人们依照自己的意愿订立合同,奉行合同自由原则;其次,适应了合同主体人格平等的要求,任何人都可以自由订立合同,都可以在经济利益面前趋利避害,精于计算,追求利益的最大化,因而在合同法领域形成了抽象的平等人格概念,合同法保障主体的最大限度地发挥主观能动性,保障和尊重个人责任原则,仅仅对其故意或者过失负责任,没有故意或者过失,就不对自己的行为后果承担责任。

这个时期的合同法以《法国民法典》为开创,以《意大利民法典》、《西班牙民法典》为承继,最后以《德国民法典》作为其结尾,完整地表现了这个时期合同法的风貌。这个时期合同法的平等人格、合同自由原则和个人责任制度,作为三个最为典型的特点写入合同法的历史,并为后世的合同法奠定了良好的基础。中国近代合同法以《大清民律草案》和《民国民律草案》为代表,并以《中华民国民法典》的制定与实施为标志,实现了与欧陆统一的合同法律制度。

(三) 现代合同法

现代合同法以第二次世界大战结束后,合同法的基本理念和制度的根本变化为标志,实现了近代合同法向现代合同法的过渡。应当看到的是,近代合同法与现代合同法之间并不存在异质的区别,而是近代合同法的古典理念和制度基础受到现实社会变迁的冲击,不得不随之进行必要调整,因此都是资本主义社会的合同法,只不过现代合同法是资本主义垄断阶段的产物而已。

现代合同法具有以下特点:

(1) 合同领域的具体人格日益重要。

近代合同法强调的是抽象人格,对合同主体的具体人格不予重视。而现代合同法要求抽象的人格概念作出更大的让步,强调保护弱者的利益,例如在雇佣合同中,更重视劳动者权利的保护,体现雇员的人格具体化。在消费合同中,充分考虑消费者的人格,给予消费者以极大的优惠保护。

[①] 崔建远主编:《合同法》(第五版),法律出版社2010年版,第5页。

(2) 合同自由受到适当限制。

现代社会经济发达,社会生活中运用合同进行交易的次数大大增加,个别磋商的传统缔约方式已不适应,格式条款的广泛应用符合交易发展的要求,并被普遍化;同时,大量的公用事业居于独占地位,欠缺真正的缔约自由基础,为保障消费者的权益,法律规定"强制缔约",某些独占企业没有正当理由不得拒绝消费者和用户的缔约请求;更重要的是随着消费者运动的兴起,保护消费者利益的立法相继出台,以其强制性的规范不容置疑地改变了合同法的传统观念,因而合同自由受到一定程度的限制。

(3) 社会责任抬头。

在售出的产品缺陷致消费者损害等场合,为了保护受害人的利益,越来越多的国家立法采取无过错责任原则规范合同责任,同时通过保险机制将损害分散到整个社会,合同责任向社会责任渐变。

(四) 当代合同法

1. 当代合同法受到巨大影响

进入20世纪后期以及21世纪的合同法,出现了更为典型的特征,反映了当代经济社会和政治社会的变化。当代合同法的变化取决于三个方面的巨大影响:

(1) 经济全球化的挑战。

当代社会,世界市场格局逐步形成,经济趋同化快速发展,经济的全球一体化导致全球的资本流动日益迅速,金融的效率和风险都在不断增长。正是在这样的经济形势下,两大法系的合同法规则也正在逐渐融合,合同法规则出现了相互趋同的走向。

(2) 当代市场经济发展的挑战。

当代经济是市场经济,其结构发生了巨大变化,主体之间的强弱地位越来越悬殊,合同法引入公序良俗和诚实信用原则,允许法官对合同关系进行干预。由于格式条款的流行,基于诚实信用原则产生的附随义务大量出现,以及侵权法在现代社会的扩张,传统合同法的当事人意思自治原则受到冲击,当事人要承担更多的侵权责任。这些都对当代合同法提出了挑战,合同法必须应对。

(3) 科学技术迅猛发展的挑战。

当代社会的科学技术突飞猛进,网络通讯技术、计算机技术、生物工程技术等高科技的发展,对合同法的挑战具有革命性,特别是随着现代网络通讯技术以及电子技术的发展,缔约的方式发生了重大变化,以至于联合国不断制定电子商务公约和国际合同使用电子通信公约,规范各国合同法的适用;在电子商务领域,消费者的保护也日趋重要。

2. 当代合同法的重要变化

在这些挑战面前,合同法出现了以下重要变化:

(1) 适当限制格式条款。

合同格式条款曾经是20世纪合同法发展的重要标志之一,但格式条款的盛行,无疑会对处于弱势的消费者造成损害。当代合同法通过修改原有法律或者制定单行法律,对格式条款进行限制。我国《合同法》专设三个条文,规定了合理方式提请对方注意免责或者限制其责任的条款,禁止格式条款制订者利用格式条款免除自己的责任、加重对方的责任、排除对方的主要权利,在解释格式条款时应当作出不利于提供格式条款一方的解释的三项原则,对保护消费者的权益提供了有力的保障。

(2) 合同义务的扩张。

传统合同法并没有附随义务的概念,但是当代合同法依据诚信原则,创造了根据合同性质、目的、交易习惯所应当承担的通知、协助、保密等义务,将其附随于合同的主义务,扩大了原有合同法的义务体系,可以自动成为合同的内容,因而有助于在交易中强化商业道德和商业信用,指导当事人正确缔结合同和履行合同,构成了合同领域中的先契约义务、合同履行中的义务和后契约义务的完整的合同义务体系,以适应当代社会的经济发展的需要。

(3) 合同效力的扩张。

近现代合同法的合同效力存在于主体的当事人相互之间,即合同的相对性原则;在内容上,合同义务以约定或者法定为限,法律未规定或者当事人未约定的事项对当事人不具拘束力;在时间上,合同义务仅发生在合同依法成立后至消灭前的阶段,合同责任也仅仅表现为违约责任。当代合同法在主体上,出现了在例外情况下及于合同以外的第三人的现象,突破了债的相对性原则,出现了合同的涉他效力;在内容上,债务人除了承担法律强制性的义务或者约定的义务之外,尚须承担依照诚信原则所产生的注意、照顾义务,扩及债的当事人之间事先不确定的权利义务范围;在时间上,合同责任已经扩展到先契约责任和后契约责任。当代合同法至少在这三个方面,使合同的效力大大扩张了。

(4) 侵权法与合同法的相互渗透。

在当代,基于保障人权的需要,侵权法所保护的权利范围越来越大,侵权法从权利保护到一般法益的保护的极大扩张,使其与合同法日益紧密地交错和交叉起来,形成相互渗透的状况。一方面,合同法利用侵权法保护自己,形成了侵害债权的侵权责任制度;另一方面,产品侵权、专家责任、医疗损害责任等侵权法制度,与合同责任相互竞合,构成复杂的责任竞合现象。合同关系似乎已经向外延伸到与侵权法上的一般关系,到了难以区分的境况,完整的、封闭的合同法体系已经摇摇欲坠。尽管这种说法存在夸张的成分,但却实实在在地表现了侵权法与合同法之间关系的现实情形。

(5)强制缔约义务的确立。

强制缔约义务也叫做强制性合同,是指在若干特殊情形下,个人或者企业负有应相对人的请求与其订立合同的义务,负有强制缔约义务的人非有正当理由不得拒绝。这种强制性力量来源于法律的规定,旨在保护消费者,限制居于垄断地位的公用事业单位当事人。因为一旦消费者的要约被拒绝,要约人将无法从他处获得该种服务或商品。

(6)惩罚性赔偿金责任的发展。

惩罚性赔偿金责任源于美国法,具有补偿受害人损害,惩罚和遏制不法行为等多种功能。在合同法领域,对于恶意的违约行为尤其是明知其违约将给他人造成人身伤害而仍然违约的,判令给予惩罚性赔偿金。合同法借鉴侵权法的惩罚性赔偿金制度,对于制裁恶意欺诈性违约行为,维护诚信道德和诚信秩序,以及维护市场经济秩序,具有重要作用。

(7)电子商务的发展引发了合同法的革命性变革。

电子商务代表了当代以及未来的贸易方式的发展方向,电子数据和电子通信作为合同的书面形式,给传统的合同法提出了新的课题,带来了合同法的要约、承诺等规则的变化。随之而来的,如何完成电子签名、格式条款的限制、强化在电子商务交易中对消费者权益的保护,都是极为重要的问题。

我国《合同法》体现了当代合同法上述发展的要求,在国际合同法中具有重要地位。

二、合同法的调整功能

(一)维护交易秩序

《合同法》的全部规则都是为维护交易安全和秩序设计的,其基本的功能就是维护市场经济中交易关系的稳定性。交易秩序,是指在商品和劳务的交换活动以及其他财产流转中所应具有的稳定性和规则性。只有在交易有序进行的情况下,交易当事人才能够最大限度地实现其通过交易所获得的利益,特别是期待交易所实现的利益。合同法作为以调整交易关系为主要目的的法律,必然要以维护交易秩序作为其基本任务。① 合同当事人在实施合同行为时,按照《合同法》的规定进行就会完成合同法的任务,保证当事人在正常的交易秩序中,实现自己的期待利益。

(二)维护合同自由和公平、正义

合同在本质上是当事人自由意志的结合,合同法旨在实现当事人的意愿,这

---

① 王利明、崔建远:《合同法新论·总则》,中国政法大学出版社1996年版,第72页。

些当事人打算通过协议而为法律所拘束。① 所以,合同法应当以维护合同自由作为其基本目标。任何强制他人订立合同、履行合同的行为,都是对合同自由的侵害。当事人也不能借实现自己的意愿和合同自由而干涉对方当事人的自愿和自由。同时,合同法特别注意维护合同的公平和正义,实现当事人的平等,使当事人在公平、公正、平等的基础上,尊重对方当事人的意志和利益,尊重社会利益,订立合同,履行合同,实现各自的合同利益。

（三）保护合同当事人的合法权益

保护当事人的合法权益,是合同法的立法宗旨和基本目标。合同法保护当事人的合法权益,主要体现在合同责任上,当事人一方不履行合同义务,或者履行不适当,就是对对方当事人合法权益的侵犯,会造成财产利益的损害。合同法确立合同责任,制裁当事人的违约行为,就是为了保护当事人的合法权益。此外,合同法保护当事人的合法权益还体现在各个合同制度上。例如合同法确认合同对当事人的法律约束力,督促当事人全面履行合同义务;合同法确认合同担保和合同保全制度,防止当事人违约,损害对方当事人的利益;合同法确认缔约过失责任、加害给付责任、合同无效责任和后契约责任,全面保护当事人的合法权益。法官应当全面掌握合同法的这些制度,在实践中认真执行,真正使当事人的合法权益受到法律的保护。

（四）促进提高经济效益

从宏观的角度上看,合同法通过调整微观的合同行为,最终实现对社会经济生活的宏观调控。按照许多法学家和经济学家的意见,合同本身是有效利用资源,实现资源优化配置的手段。通过对资源的合理配置,最大限度地利用资源,使之达到最高的价值。合同法对社会经济生活宏观调控的目的,就是提高经济效益,增加社会财富,推动社会发展。由于合同法的目标多样、价值多元,不宜一律效率优先,应当考虑的是合同法与经济效益的关系。②

【案例讨论】

讨论提示:本案被告杨某恶意逃避债务,意图明显,手段露骨,为《合同法》所不容。法院判决其承担违约责任,是符合《合同法》调整功能的要求的。

讨论问题:1. 合同法的调整功能有哪些? 2. 本案对学习合同法有何种启示?

---

① 〔美〕麦克尔·D. 贝勒斯:《法律的原则》,张文显等译,中国大百科全书出版社1996年版,第172页。
② 崔建远主编:《合同法》(第五版),法律出版社2010年版,第14页。

第三节 合同法的基本原则

【典型案例】

某通讯公司推出一项服务活动,给手机用户发送短信息:本公司推出某项服务活动,自您接到本信息后3天没有回复,即视为您接受该项服务活动,开始为您服务,每月服务费人民币5元。随后,该公司向没有回复短信的用户提供该项服务,并且收取上述费用。

合同法的基本原则是合同立法的准则,是解释和补充合同法的准则,是解释、评价和补充合同的依据,具有规范行为的作用,是强行性规范。[①] 合同法接受债法的基本原则的指导,债法的基本原则诸如意思自治原则、诚实信用原则和债的相对性原则,都是合同法的基本原则。除此之外,我国《合同法》也规定了自己的基本原则。

一、合同自由原则

(一)合同自由原则的含义

合同自由,是指当事人在法律允许的范围内,就与合同有关的事项享有选择和决定的自由。[②] 我国《合同法》第4条规定:"当事人依法享有自愿订立合同的权利,任何单位和个人不得非法干预。"条文中虽然使用"自愿"这个词,但其表达的内容是合同自由原则。

合同自由原则起源于罗马法。在查士丁尼《民法大全》关于诺成契约的规定中,已经包含了契约自由的思想,认为契约的成立与否,取决于当事人的意志,契约之债的效力来源于当事人的合意。这一原理被后世概括为契约法的基本原则,这就是契约自由。[③] 当然,罗马法上的契约自由思想与商品经济社会中的契约自由具有本质的不同。

从15世纪开始,资本主义生产关系逐渐形成,实现了"从身份到契约的运

[①] 韩世远:《合同法总论》(第三版),法律出版社2011年版,第36页。
[②] 崔建远主编:《合同法》(第五版),法律出版社2010年版,第17页。
[③] 参见马俊驹、陈本寒:《罗马法上契约自由思想的形成及对后世法律的影响》,载江平、〔意〕S.斯奇巴尼主编:《罗马法·中国法与民法法典化》,中国政法大学出版社2011年版,第345页。

动"①，契约自由思想得到了广泛传播。同时，以亚当·斯密为代表的自由主义经济思想和18至19世纪的理性哲学，为契约自由原则提供了充分的思想依据。在这样的条件下，在资本主义市场经济充分发展的基础上，民法产生了契约自由原则。

我国《民法通则》没有规定合同自由原则，以前的法律也没有规定这一原则。原因是，在1949年以后，我国长期实行计划经济，国家对经济实行过多的干预和指令性计划管理，在合同法律制度中一直强调以计划原则为主，不承认合同自由原则。由于市场经济日益发展，合同自由原则日益深入人心，我国《合同法》确立了合同自由原则，并且在具体内容上更加充分地体现出来，确认合同自由原则是合同法最基本的原则，也是鼓励交易、促进市场经济发展的必要条件。②

（二）合同自由原则的基本内容

合同自由原则的内容是广泛的，具体包括以下各项：

（1）缔结合同的自由。

当事人缔结合同的自由，是指当事人有权决定自己是否与他人缔结合同，即缔约的自由不受任何单位和个人的非法干预。缔约自由是一切合同自由的前提和基础。如果当事人不享有缔约的自由，就无法享有其他任何合同自由。

（2）选择缔约相对人的自由。

选择缔约相对人的自由，是指当事人依照自己的意志和愿望，有权决定与何人订立合同，即当事人在缔约当事人的选择上有自己的自由，不受任何单位和个人的非法干预。在一般场合，选择缔约相对人的自由是有保障的。与谁缔约，不与谁缔约，当事人自己有权决定。在特殊场合，当代社会的某些公用事业组织利用其垄断地位，以格式条款方式从事交易，使消费者无法选择缔约的相对人，在缔约相对人的选择上有所限制。但是，由于缔约还是不缔约，权利掌握在当事人手中，在格式条款订立中仍然可以作出承诺或者不承诺的选择，因而不能说选择缔约相对人的权利是没有保证的。

（3）决定合同内容的自由。

决定合同内容的自由，是合同自由原则的核心，是指当事人对于合同的具体内容，在法律规定的范围内，可以自由订立，只要不违背法律规定和公序良俗，法律就承认其有效。对此，任何单位和个人都不得非法干预。对于法律规定的合同的任意性条款，当事人有权自愿协商，作出不同于任意性规定的条款，也可以在法律规定的有名合同以外，另行规定无名合同或者混合合同。订立这样的合

---

① 〔英〕梅因：《古代法》（中文版），沈景一译，商务印书馆1984年版，第97页。
② 王利明：《合同法研究》（修订版第一卷），中国人民大学出版社2011年版，第158页。

同亦由合同当事人决定,法律不加干预。

(4) 变更和解除合同的自由。

合同自由原则包括当事人对合同有权变更和解除,在合同有效成立以后,可以通过协商对合同的内容进行变更,甚至将合同完全解除。合同是当事人自由订立的,当然可以自由变更和解除。只要当事人协商一致,变更合同内容和完全解除合同,法律并不加限制。

(5) 选择合同方式的自由。

法律对合同的方式是有一定的规定的。我国《合同法》第10条规定:"……法律、行政法规规定采用书面形式的,应当采用书面形式。……"《合同法》虽然这样规定了,但在第36条又规定:"法律、行政法规规定或者当事人约定采用书面形式订立合同,当事人未采用书面形式但一方已经履行主要义务,对方接受的,该合同成立。"这说明,法律对合同方式的选择,已经改变了重书面合同、轻口头合同的倾向,转向尊重当事人选择的方面上来。这也是合同自由原则的重要体现。

(三) 对合同自由原则的限制

1. 实行合同自由原则并不排除国家对合同的适当限制

国家对合同自由的适当限制主要表现是:(1) 对合同缔结的限制,实际上就是给当事人施加必须缔结某种合同的义务,法律规定对某种合同当事人负有承诺的义务,非有重大事由不得拒绝订立合同。如电力、邮政、煤气、铁路运输等公用服务事业单位,不得对顾客提出的缔结合同的请求予以拒绝。(2) 国家规定一些强制性法规,禁止当事人排斥这些规范的适用,如为了限制垄断,平抑物价,保护正当的竞争,国家制定《反不正当竞争法》,对当事人涉及缔结这样的合同予以限制。(3) 国家设立某些有关合同管理的机关以及反垄断的机构等,以保护自由竞争,这也是对合同的适当限制。这些限制,并不是对合同自由原则的否定,而是为了更好地维护交易秩序,从根本上保护合同自由原则的实行。

2. 格式条款对合同缔结的限制

在现代社会,出现了大量的格式条款。这是一种被一些垄断企业所采用,而消费者和顾客只能被迫接受规定条件的合同,合同当事人不能就各个条款进行协商,只能全部拒绝或者全部接受。因而,格式条款又称为服从合同。这种合同虽然有不合理的问题,但由于这种合同具有通用性而被广泛采用。格式条款一方面是对合同自由原则的一种限制,另一方面,也要求垄断企业一方应当注意保护好消费者和顾客的利益,消费者和顾客也应当注意保护好自己的合法权益。对此,我国《合同法》第39条至第41条作出了具体、明确的规定。

3. 实行合同自由原则不得违反法律

合同自由并不是无限制的,要受到法律强制性规定和公序良俗原则的限制。凡是违反法律强制性规定、违反公序良俗的合同或者合同条款,一律无效。合同当事人在订立合同的时候,应当仔细审查合同的内容和条款,不能有违背公序良俗的内容;更不能故意制订这样的合同内容规避法律,利用合同进行犯罪活动。法院在审查这样的合同纠纷案件中,既要保护合同当事人的合法权益,保障合同自由原则,又要对规避法律或者违反法律强制性规定的合同或者合同条款,依法宣告无效。

二、合同正义原则

(一) 合同正义原则的含义

法律的本身应当包含正义的观念,并应以正义的理想构成法的主要内容。[1] 正义的概念总是包含着公平、公正和平等的要求。合同正义就是契约正义,是公平、公正、平等的伦理和道德观念在合同法中的集中体现,它不仅仅系属于平均正义即经济利益上的正义,还包含着实质的合同正义,即契约就是正义;不仅包括形式的正义,而且包括实质的正义;不仅包括个别正义,而且包括一般正义。古典契约理论认为,契约即为正义,人们按照自己的意愿交换相互的财产或服务,以这种观念建立起来的人们之间的相互关系最为公正,于社会也最为有利,因为任何有理智的人都不会订立损害自己的契约。[2]

合同的形式正义表现在合同法赋予当事人以平等的缔约权,当事人在合同中的法律地位是平等的。我国《合同法》第 3 条规定:"合同当事人的法律地位平等,一方不得将自己的意志强加给另一方。"这是对合同当事人平等地位的规定,是合同形式正义的体现。合同的实质正义表现在合同法保证当事人的真意的实现以及权利义务的公平,如果合同违背了当事人的真意,或者合同的权利义务显失公平,则法律对此类合同作出否定性的评价,或者允许当事人变更或撤销合同。合同的个别正义表现为具体合同关系的当事人所能得到的正义,例如当事人的权利义务对等,合同风险分担规则的合理设计等。而合同的一般正义则表现为一般人所能得到的正义,例如合同法承认强制缔约,就是为了保护消费者的合法权益,维护社会公平,实现合同的一般正义。

(二) 合同正义的内容

1. 合同当事人的地位平等

当事人的地位平等,是民法的基本原则,也是合同正义的基本内容之一。在

---

[1] 参见刘得宽:《民法诸问题与新展望》,台湾三民书局 1979 年版,第 553 页。
[2] 王利明:《合同法研究》(修订版第一卷),中国人民大学出版社 2011 年版,第 194 页。

法律上，任何一个民事主体都具有独立的人格。民事立法依据这一基本原则，确认民事主体具有平等的人格。我国《合同法》第 3 条规定平等原则，是对民法平等原则在合同法中的具体落实。在合同法领域，人格平等体现在合同当事人的人格平等。只有合同当事人的人格平等，才能实现合同当事人的地位平等。

合同当事人的地位平等，是民事主体人格平等的具体体现，也是市场经济对经济秩序、交易秩序的基本要求。合同当事人的地位平等表现在以下方面：第一，合同当事人的权利平等，无论是在订立合同的权利上，还是在履行合同的权利上，一方当事人不能有高于另一方当事人的权利。第二，合同当事人维护自己合同债权的权利平等。第三，合同当事人在具体的合同中的权利不对等并不意味着地位不平等。

2. 权利义务分配的等值性

我国《合同法》第 5 条规定："当事人应当遵循公平原则确定各方的权利和义务。"这里规定的就是合同权利义务的平均正义。它强调一方给付与另一方给付之间的等值性。合同正义的必要内容，就是采取主观等值原则，即当事人主观上愿意以此给付换取对待给付，即为等值；至于客观上是否等值则在所不问。法官不能扮演监护人的角色，以自己的价值观作出判断，变更合同的内容。当情事变更致使当事人的给付关系显失公平时，应适用诚信原则加以调整。

3. 合同风险分配的正义

合同正义的另一个内容，就是对合同风险的合理分配。这是合同法在当事人利益上所作的安排，其是否合理，直接关系到合同正义的实现。在买卖合同关系中，买卖标的物的毁损灭失风险，以往的合同法实务多采用所有人主义，我国《合同法》改采交付主义，更加合理；在承揽、仓储、保管、货物运输、行纪等许多类型的合同中，对合同风险的分配以往的合同法比较漠视，有些规定不尽合理，《合同法》给予关注，并设计了合理的风险负担规则。

4. 其他类型合同的合同负担的正义

合同法必须就若干情形，均衡当事人之间的利益，在合同负担上设置合理的规定。例如，合同法设计了附随义务的合理配置，违约赔偿的合理规则，免责条款的法律规制等，都体现了合同负担和风险的合理分配，是实现合同正义的必要措施。

（三）合同正义与合同自由的关系

合同正义与合同自由是合同法的基本原则，须相互补充、相互协力，才能实践合同法的目的和职能。合同法的立法和解释都必须协调这两个原则，使之密切结合，才能够达到最佳的境界。一方面应当遵守合同正义的原则，强调一切债均自公平原则而生的观念，另一方面也要承认法官不是游侠骑士，难以在追求其美与善的理念上任意漫游，因此要协调合同严守与公平交易之间的张力。应当看到,合同正义和合同自由是两个独立的原则,体现两种不同的法律价值,合同自由不能违背合同正义的要求,合同正义也不能放弃合同自由的原则。当合同正义与合同自由发生冲突的时候,应当运用合同正义原则对合同自由原则加以限制。例如,当事人尽管享有订约自由,但是任何一方都不得利用格式条款以及自己的优势地位,进行不合理的权利、义务、责任的分配,否则这种合同的效力就会受到影响。

三、鼓励交易原则

(一) 鼓励交易原则的意义

鼓励交易原则是指合同法通过自己的各种规范,鼓励当事人自愿从事交易行为,努力促成合同成立并生效,以及充分保障合同履行和合同利益实现的基本准则。[①]

合同法是调整交易行为的法律规范,它的一般规则是规范交易过程并维护交易秩序的基本规则,它规定的各项合同制度也是保护正常交易的具体准则。它的全部目的在于鼓励当事人的交易,因此,鼓励交易就成了合同法的基本原则之一。它的意义在于:

第一,鼓励交易为促进市场经济发展所必需。在市场经济条件下,一切交易活动都是通过缔结和履行合同来实现的,而反映交易内容的合同关系是市场经济社会最基本的法律关系。为了促进市场经济的高速发展,必须使合同法具备交易的职能和目标。这是因为,鼓励当事人进行交易,就是鼓励当事人从事更多的市场活动,而市场主体越活跃,市场活动越频繁,市场经济的发展才能够越快、越繁荣。

第二,鼓励交易有利于提高效率,增进社会财富积累。交易能够满足不同的交易主体对不同的使用价值的追求,同时还能够通过交易的方式来实现资源的优化配置,实现资源的最有效利用。鼓励交易,自然就是鼓励创造财富。

第三,鼓励交易有利于维护合同自由,实现当事人的意志和缔约目的。当事人的缔约目的实现了,也就促进了交易的发展,推动了市场经济的进步。

(二) 鼓励交易原则的含义

鼓励交易是我国合同法的目标,也是我国合同法所必须具有的方针和规范功能。

鼓励交易首先是鼓励合法、正当的交易。只要当事人的合意不违反国家法律的强制性规定和公序良俗,法律就应当鼓励这个交易继续进行下去。其次,鼓励自愿的交易。在当事人真实意思表示的基础上产生的交易,有利于社会经济

[①] 参见王利明:《合同法研究》(修订版第一卷),中国人民大学出版社2011年版,第200页。

的发展和当事人的利益维护,因此是应当鼓励的。如果不是当事人的真实意思表示一致,而是意思表示有瑕疵,却硬要维护其效力,也会产生不公平。第三,要鼓励能够实际履行的交易。如果一个交易已经不能继续履行,以鼓励交易为名使其有效,其目的在于令债务人负赔偿履行利益的责任,虽然不是鼓励交易的原意,但是它的警戒作用对鼓励交易还是有意义的。

(三)鼓励交易原则的内容

鼓励交易原则体现在以下五个方面:

(1)严格限制无效合同的范围。

确定合同无效应当极为严格,因为一个合同被判定为无效,就是宣告了这个合同的死亡。因此,无效合同的范围应当限制在违反法律强制性规定、违反公序良俗的合同上。至于欺诈、胁迫、乘人之危等合同尽管也有一定的违法性,但其主要是意思表示不真实和当事人的利益分配问题,不应当一律宣告无效,扼杀一个尚有生命力的合同。严格限制无效合同的范围,就是鼓励交易的具体体现。

(2)严格区分可变更和可撤销的合同。

在可变更或可撤销合同中,立法倡导当事人予以变更,而不是撤销。当事人只要通过变更合同,就能够达到双方当事人的利益平衡时,没有必要撤销合同。应促使合同继续履行,推动交易的发展。

(3)严格区分无效和效力待定的合同。

我国原来的合同法将效力待定的合同都规定为无效的合同,这实际上是在扼杀还有生命力的合同。效力待定的合同可以通过当事人的承认而生效,并且这种承认生效又不违反法律,既有利于促进交易,也有利于维护相对人的利益。合同效力待定制度的设立,正是体现了鼓励交易的精神。

(4)严格区分合同成立和生效。

合同成立和合同生效是有本质区别的。以往的合同法未能区别它们的界限,法院常常将一些已经成立但欠缺生效条件的合同作为无效合同予以宣告,导致大量未生效的合同被判为无效,不适当地消灭了一些本来继续予以完善就可以继续生效的合同,遏制了交易的发展。我国《合同法》改变了这一做法,允许法院通过合同解释的方法,根据诚信原则探求当事人的真实意思,或者适用法律的一些补充性规定,对不确定的内容予以确定,完善合同的内容,鼓励交易的发展。

(5)严格限制违约解除合同的条件。

合同的解除实质上也是在消灭一个交易。对于一方根本违约的,法律规定另一方有权解除合同是必要的;但是,在违约方能够继续履行,守约方愿意受领履行的场合,就应当限制解除合同,鼓励交易继续进行下去。

【案例讨论】

　　讨论提示：通讯公司与客户通过这样的方式缔结合同，不符合合同自由原则的要求，属于强制交易。该合同不具有法律效力。

　　讨论问题：1. 合同法的基本原则在合同法适用中起到何种作用？2. 如何认定强制交易行为的性质？强制交易方应当承担何种民事责任？

第二章 合同概述

第一节 合同的概念及特征

【典型案例】

刘甲因急用,曾向刘乙借20元人民币。刘甲在替其妻推销银行推出的有奖储蓄奖券时,经刘乙同意,用一张20元的奖券清偿,刘乙受领了该奖券。开奖时,刘乙的该张奖券获大奖1万元。刘甲听说,找到刘乙,主张当时只将奖券中的本金给刘乙清偿债务,中奖的权利是自己的,要求刘乙把1万元奖金还给他。刘乙认为当时没有这样的约定,拒绝将奖金交给甲。双方发生争议,诉至法院。一审法院判决刘乙获得全部奖金,二审法院判决刘乙获得6000元奖金,刘甲获得4000元奖金。

一、合同的概念

(一)协议说与允诺说

合同也叫做契约。各国对合同的称谓,英美称为"Contract",法国称为"Contrat"或"Pacte",德国称为"Uertrag"或"Kontrakt"。这些语词都是来源于罗马法的合同概念"Contractus",这个概念有两层涵义,一是"共"的意思,二是"交易"的意思,合同概念有"共相交易"之义。[①] 罗马法认为,契约是当事人之间以发生、变更、担保或消灭法律关系为目的的协议,《查士丁尼学说汇编》分协定(Conventio)为国际协定、公法协定和私法协定三种。2世纪以后,协定受市民法保护的称为契约[②],体现的就是协议的本质。尽管在历史的发展中,古希腊的哲学家、欧洲宗教教义、18世纪至19世纪的理性哲学思想家以及20世纪的法学家,都对契约或者合同作各种各样的解释,但是对其基本含义的认定没有动

---

① 参见王家福主编:《民法债权》,法律出版社1991年版,第256页。
② 参见龙斯荣:《罗马法要论》,吉林大学出版社1991年版,第272页。

摇过。

但在近代以来,尤其是在当代世界两大法系中,学者对合同概念的基本理解是不一样的,主要有协议说和允诺说两种不同学说。

1. 协议说

将合同概念解释为协议,是大陆法系的主张,协议说来源于罗马法。[①] 大陆法系的学者基本上认为合同是一种协议,其来源是罗马法的契约定义,即:"得到法律承认的债的协议",就是合同。[②] 正如梅因所说:"这种心头约定通过外界行为而表示,罗马人称之为一个'合约'(Pact)或协议(Convention);当'协议'一度被视为一个'契约'的核心时,在前进的法律学不久就产生了一种倾向,就是契约逐渐和其形式和仪式的外壳脱离。在这以后,形式只在为了要保证真实性和为了要保证谨慎和细心时才加以保留。一个契约的观念是完全地发展了,或者,用罗马人的用语来说,'契约'是吸收在'合约'中了。"[③]

在后世的大陆法系民法中,主要是继受这样的传统来界定合同概念。《法国民法典》第 1101 条规定:"契约,为一人或数人对另一人或数人承担给付某物、作或不作某事的义务的合意。"这种界定从债务的角度揭示合同的合意本质,体现的是债的协议的意旨,强调契约为合意,是承担债务的合意。不过,合同只是协议的一种,而协议则包含了一切情况下当事人意思表示的一致(合意)以及双方的法律行为。[④]《德国民法典》第 305 条规定:"以法律行为发生债的关系或改变债的关系的内容者,除法律另有规定者外,必须有当事人双方之间的契约。"这是从法律行为的角度,界定合同概念,强调合同的本质是发生、变更债的关系的法律行为,这种行为就是契约。《意大利民法典》第 1321 条规定:"契约是双方或多方当事人关于他们之间财产法律关系的设立、变更或者消灭的合意。"这一规定,从设立、变更、消灭当事人之间的财产关系的合意的角度,界定合同的概念,更是继受协议说的明显例证。在《俄罗斯联邦民法典》关于合同概念的界定中,更能够证明协议说的影响。该法典第 420 条第 1 款规定:"合同即是两人或者几人关于设立、变更或者终止民事权利或者义务的协议。"

在上述规定中,都特别强调合同是一种合意,是当事人之间关于设立民事权利或者义务的协议,它体现的是合同当事人之间发生民事权利义务关系必须通过当事人之间的合意进行,在当事人之间的协议下,即在法律行为的约定下,当

---

① 王利明:《合同法研究》(修订版第一卷),中国人民大学出版社 2011 年版,第 4 页。
② 〔意〕彼德罗·彭梵得:《罗马法教科书》(中文版),黄风译,中国政法大学出版社 1993 年版,第 307 页。
③ 〔英〕梅因:《古代法》,沈景一译,商务印书馆 1995 年版,第 177 页。
④ 尹田:《法国现代合同法——契约自由预设或公正的冲突与平衡》(第二版),法律出版社 2009 年版,第 5 页。

事人之间产生合同关系。因此,合同就是一种协议。

2. 允诺说

将合同解释为允诺,是英美法系的主张。英美法国家的学者一般认为合同就是一种允诺,这是由英国的历史习惯和诉讼程序的影响所决定的。它们认为,合同的本质不在于合意,而是在于允诺,因而,合同法的宗旨在于保障允诺的实现,在一方违反允诺时,另一方应当得到补救。英国《不列颠百科全书》将合同界定为:"合同是可以依法执行的诺言。这个诺言可以是作为,也可以是不作为。"美国《合同法重述》(第二版)第1条规定:"合同是一个人允诺和一系列允诺,违反该允诺将由法律给予救济,履行该允诺是法律所确认的义务。"因此,合同的生命是允诺。① 学者认为,合同是"通常将其在一个更为技术性的意义上使用,即法律将可以强制执行的或者至少以某种方式予以认可的一个允诺或者一组允诺"。②

英美法系关于合同允诺说的观点受到了批判,这就是:法律只注重保障允诺的实现,在一方违反允诺时,强调如何对另一方进行补救,没有强调双方当事人的合意。同时,允诺说也容易造成将合同视为单方允诺的误解。在这样的情况下,英美法律学者也正在逐步接受大陆法系的学说,向协议说靠拢③,力图将大陆法系的协议说引进英美法的合同法中。《牛津法律大词典》关于合同概念的界定就有变化:"契约是二人或多人之间为在相互间设定合同义务而达成的具有法律强制力的协议。"④美国《统一商法典》第1-201(11)条确认:"合同指产生于当事人受本法以及任何其他应适用的法律规则影响而达成的协议的全部法律债务。"这一界定更是融合了大陆法系协议说的观点。

(二)我国法律对合同概念的界定

我国关于合同概念的界定,接受的是大陆法系的协议说主张,历来认定合同就是一种协议。《民法通则》就规定合同是一种协议;在我国民法教科书中,也都将合同界定为协议。在具体意见上则有不同的主张。一是法律行为说,认为合同是当事人之间设立、变更或者终止民事权利义务关系的法律行为。二是认为合同是一种书面协议,是一种经济上的契约,是合同双方为达到一定目的而以法定方式签订的书面协议。三是经济手段或者经济合作协议说,从经济法的角度揭示合同的概念,强调合同是调节经济关系的协议或者是手段。⑤ 不过,上述

---

① 〔美〕罗伯特·A.希尔曼:《合同法的丰富性:当但合同法理论的分析与批判》,郑云瑞译,北京大学出版社2005年版,第12页。
② 〔美〕E.艾伦·范斯沃斯:《美国合同法》(第三版),葛云松、丁春艳译,中国政法大学出版社2004年版,第3—4页。
③ 王利明:《合同法研究》(修订版第一卷),中国人民大学出版社2011年版,第7页。
④ 《牛津法律大辞典》,光明日报出版社1998年版,第205页。
⑤ 参见王家福:《合同法》,中国社会科学出版社1986年版,第157—158页。

对合同概念范围的争论,仅具学理意义,就实务而言,似无太大意义。①

我国《合同法》第 2 条规定:"本法所称合同是平等主体的自然人、法人、其他组织之间设立、变更、终止民事权利义务关系的协议。"这一对合同概念的界定采用协议说的主张。学者在对合同概念的深入研究中,虽然提出了很多新的观点,但都坚持以《合同法》的规定为准进行解说,没有超出这一经典定义。

二、合同概念的范围

(一)对合同概念范围的不同认识

合同概念的范围,也叫做合同的适用范围,是指合同概念所概括的内容的宽窄。在我国合同法历史上,合同概念范围分为广狭义两类,广义所谓契约,泛指以发生私法上的效果为目的的合意而言,其私法上的效果,有为债的发生者,有为物权的设定者,有为无权债权或其他权利之转移者,亦有为亲属法上的效果者。狭义所谓契约,仅指以债的发生为目的的合意而言②,亦称为债权契约,仅指债的发生之原因的契约。③

我国《合同法》公布实施以前,学说对此有三种不同意见:

1. 广义的合同概念

广义的合同概念,是指以确定当事人之间的权利、义务为内容的协议。按照这种理解,合同不仅仅包括民法中的合同,还应当包括行政法上的行政合同、劳动法中的劳动合同和国际法上的国家合同等,举凡确定权利义务关系的协议都是合同,它包括了所有法律部门中的合同关系,概括了各种不同的法律关系,如财产关系、人身权中的身份关系、行政关系、劳动关系等,以及某些国际关系中的国家关系。这种对合同概念的极其广泛的理解,显然不是民法上的合同概念。

2. 一般的合同概念

一般的合同概念,是相对于广义与狭义合同概念之间的折衷观点。这种观点仅仅将合同界定为民法上的合同,即民事合同,认为合同是确立、变更、终止民事权利义务关系的协议。这种对合同概念的理解,来源于德国法的规定。《德国民法典》关于合同的概念,就界定为"泛指发生私法上的效果的一切以意思表示一致为要素的行为"。按照这样的理解,合同概念的外延就是民法上的一切合同,不仅包括所有以债的发生为目的的合同,也包括物权合同、身份合同。采取这种解释的依据,就是我国现行《民法通则》第 85 条关于合同概念的界定。

---

① 韩世远:《合同法总论》(第三版),法律出版社 2011 年版,第 5 页。
② 洪文澜:《民法债编通则释义》,上海法学编译社 1948 年版,第 7 页。
③ 戴修瓒:《民法债编总论》(新版),上海法学编译社、会文堂新记书局 1948 年版,第 21 页。

3. 狭义的合同概念

狭义的合同概念,是对合同概念最为狭窄的理解。这种观点认为,合同概念的范围仅仅指以发生债权债务关系为目的的合同,凡是不以发生债权债务关系为目的的合同,都不能认为是民法上的合同。这种观点的依据仍然是我国《民法通则》第 85 条,其依据的不是条文的本身,而是条文所处的法律环境,即该条文是规定在《民法通则》的"债权"一节,因而条文中所称的"民事关系"就应当仅指债权债务关系。按照这样的理解,合同概念是指除了转移物权的合同和有关身份关系的合同以外的、其他关于发生债权债务关系的民事合同。

(二)《合同法》对合同概念范围的确定

关于合同概念的法律界定,我国《民法通则》第 85 条作了规定。这一条规定与《合同法》第 2 条的规定有所不同。《民法通则》第 85 条规定的内容是:"合同是当事人之间设立、变更、终止民事关系的协议。"

将《民法通则》关于合同概念的界定与《合同法》第 2 条对合同概念的界定相比较,有三个不同之处:第一,将"当事人"改变为"平等主体的自然人、法人、其他组织"。这样的变更,对合同的主体作了更为准确的界定。这里突出的有两点,一是突出平等主体,要求合同的主体必须地位平等;二是界定当事人的范围,包括自然人、法人和其他组织,不再包括其他的主体。第二,将"民事关系"改变为"民事权利义务关系",这样的改变意思变更并不大。这些改变表明,立法者在合同概念上还是坚持《民法通则》的基本立场。第三,是对合同外延的限定,明文规定"婚姻、收养、监护等有关身份关系的协议,适用其他法律的规定",将发生婚姻关系、收养关系、监护关系等民事关系的协议,不包括在合同概念之中。

按照我国《合同法》的规定,对合同概念作广义的理解是不正确的,因为民法上的合同不能概括行政法、国家法上的内容。广义合同概念混淆了法律部门的界限和法律关系的性质,是不可取的。至于劳动法,按照我国现行的法律分工也是独立的法律部门,但是劳动法律关系的基本性质确实是民法调整的内容,因此可以将劳动合同列入民事合同的范围。

对于合同范围的界定,首先,将合同概念界定为债权合同,有利于严格区分合同的性质,即合同是产生债权的协议,不是产生其他民事法律关系的协议。尤其是将身份合同排除在合同概念之外,是正确的。其次,将合同概念界定为债权合同,也有不足之处:一是,把物权合同排除在民事合同概念之外是不行的,与传统的民法相悖。在我国的立法和司法实践中,一直把抵押合同、质押合同、土地使用权转让合同等不是产生债权的合同,作为合同概念的一部分,虽然它们在性质上有不同于债权合同之处,但同样适用合同法规定的规则。二是,将那些不是纯粹产生债权关系的合伙合同、联营合同排除在合同概念之外,也不妥。这些合同当然也产生债权债务关系,但是主要不在于发生债权债务关系,而是在于确定共同投资、经营和分配盈余等方面的关系。对于这些调整交易关系的合同不认为是合同,显然不妥。三是,随着社会生活的不断发展,合同的概念也在不断发展,新的合同关系不断出现,例如承包合同,就是近几年出现的新的合同,也应当适用合同的一般规则处理。为了将新出现的合同关系纳入合同法规范的范围,不应当将这些合同排除在合同概念之外。[①]

对上述问题,处理劳务合同、合伙合同和联营合同还是比较容易的,因为这两种合同毕竟还是产生债权债务的关系,将其概括在债权合同中是可行的。问题是对于产生物权的合同,如果不认为是民事合同,这些合同就不能适用《合同法》的规定,对于这些合同适用什么样的法律来调整呢?《合同法》最后作出了选择,即规定合同是产生民事权利义务关系的协议,使这一合同概念既能够概括所有的民事合同,又能够与《民法通则》关于合同的规定相协调,同时,明文将身份关系的合同排除在外,是严谨的、科学的。

三、合同的法律特征

(一)合同由双方当事人的法律行为而引起

合同必须是由双方当事人的法律行为引起的。它意味着:首先,合同的缔结必须由双方当事人构成,而不是依据一方当事人的行为而发生,任何一种合同都不能由一方当事人作为合同的主体。即使赠与合同这种单务合同,也是一种双方当事人的合同,必须由双方当事人的协商一致才能发生。其次,合同发生的行为不仅要由双方当事人构成,而且还必须由当事人的合法行为所发生。缔结合同的行为必须是合法的行为,非法的行为不能成为缔结合同的行为。例如,买卖毒品的行为是非法行为,当事人之间买卖毒品的行为由于违反法律,尽管当事人之间的缔约行为是一种双方当事人的合意,但是由于其违反法律,因而不是合同行为。因此,合同是一种民事法律行为,是平等主体的自然人、法人和其他组织实施的民事法律行为。

(二)合同因双方当事人的意思表示一致而成立

合同是双方当事人之间的法律行为,这种法律行为的特点是一种合意,即双方当事人必须就双方协商的标的取得一致的意见,意思表示完全一致。意思表示没有达到完全一致的"合同"不是合同,不能发生合同的法律后果。合同当事人缔结合同的意思表示,应当是自己的自由意思表示,不得予以强制或者欺诈、胁迫。任何违背当事人真实意思表示的行为,都不能成立合同。因而,合同就是一种合意,是双方当事人意思表示一致的合意。

---

① 参见王利明、崔建远:《合同法新论·总则》,中国政法大学出版社1996年版,第5—6页。

(三) 合同的债权债务必须相互对应

在一个合同中,合同的债权和债务是必须相互对应的。首先,一项合同必须有相应的债权和债务,债权和债务相互对应,不可能出现只有债权而没有债务的合同,也不可能只有债务没有债权的合同。其次,债权和债务在当事人之间是对应的,一方享有的债权必然是另一方当事人的债务;一方负有的债务必然是另一方当事人享有的债权。在这方面,不论是双务合同,还是单务合同,都是一样的。在双务合同中,一方当事人与另一方当事人相互享有债权,相互负有债务;在单务合同中,一方当事人享有债权,另一方当事人负有债务。在当事人之间,利益总是处于对立的状态,债权和债务相互对应。

(四) 合同的缔结由当事人的自由意志支配

当事人缔结合同应当遵循合同自由原则,由当事人自主决定,任何人不得强制和干预。只要当事人之间订立的合同不违反法律的强制性规定和公序良俗,合同的内容完全依据当事人的自主意志决定。《合同法》关于合同的成立、形式和内容的规定,多数属于任意性的规定,当事人完全可以依据自己的意志缔结合同,行使合同债权,履行合同债务。

四、合同与相关概念的关系

(一) 合同与契约

在我国,合同与契约是否为同一概念,学者的意见有分歧,产生了以下几种不同的意见:

(1) 合同与契约是两个不同的概念。

这种观点认为,合同是较早出现的法律概念,二千多年以前就存在,但是没有广泛应用;契约虽然出现较晚,但是应用很广泛。在中国古代,合同不是契约的本身,而是验证契约的文书[①],仅是契约形式的一种,严格地说,它是验证契约的一种标记,犹如今天的押缝标志,它本身不是当事人之间的协议。[②] 德国学者严格区分合同和契约概念的界限,将合同概念限定在两人以上之同一方向、同一意思表示而成立的协议,将契约概念限定在两人以上之不同方向的意思表示而成立的协议。这种观点有重要影响。[③]

(2) 合同与契约是同一的概念。

主张这种观点的依据,是在新中国成立初期,国家机关在同一个法律文件中交替使用合同和契约这两个概念,可见这两个概念没有本质上的区别。到20世

---

① 参见周林彬主编:《比较合同法》,兰州大学出版社 1989 年版,第 79 页;贺卫方:《契约与合同的辨析》,载《法学研究》1992 年第 2 期。
② 贺卫方:《"契约"与"合同"的辨析》,载《法学研究》1992 年第 2 期。
③ 汪翰章主编:《法律大辞典》,上海大东书局 1934 年版。

纪 70 年代以后,合同的概念在实践中被广泛使用,契约的概念倒不经常使用。在有关的民事立法中也都使用合同的概念,不再使用契约的概念。①

(3) 不区分契约与合同之间的区别。

这种观点坚持使用合同的概念,而对合同和契约的概念不加区分。长期以来,我国法律都未区别合同与契约的关系,认为将合同与契约分开,既无实用价值,也容易造成用语上的混乱,因此不必恢复契约的概念。在理论上,尽管使用契约概念既准确,又可以简化相关用语,有一定的道理,但是由于公众已经习惯使用合同的概念,因此,区分合同与契约的概念实无必要。②

在法律上确定一个概念,既应当注重它与相关概念的联系,也应当注重其使用的方便和民众的接受程度。如果一个法律概念已经被民众广泛接受,就应当尊重这个事实,确认这个意见,然后在理论上进行准确界定,使之更为严密。尽管合同和契约两个概念不完全一样,契约有双方意思表示的意思,合同有共同意思表示的意思,但是我国在民法和社会生活中已经使用了几十年,民众已经接受,并且在法律上正式使用,因此,不必再改弦更张。

(二) 合同与债

合同的概念与债的概念之间的关系,应当从以下三个方面理解:

(1) 合同与债不是一个等级上的概念。

债是合同的上属概念,合同是债的下属概念。债是民事法律关系中的一种基本类型,即债的法律关系。这种法律关系包括合同之债、无因管理之债、不当得利之债和单方允诺之债等。合同之债是最主要的债的形式。

(2) 债与合同不是简单的种属关系。

债是按照合同的约定或者依照法律的规定,在当事人之间产生的特定的权利和义务关系;③而合同则是当事人之间设立、变更、消灭民事权利义务关系的协议。合同是当事人之间的协议,而债是当事人之间订立协议的后果,是因为当事人订立协议而在法律上产生的权利义务关系。合同是产生债的前提,债是合同的效果。如果当事人之间没有订立合同,就不会发生债的后果,即使发生了债的后果,也不会是合同之债,只能是无因管理之债或者不当得利之债等。

(3) 从动态的角度研究合同与债的关系。

从动态的角度研究合同与债的关系,可以说合同是一种动态的行为,是双方当事人之间磋商、签订协议,使之在它们之间发生权利义务关系,并且用这样的协议约束自己和对方,以实现订立合同的预期目的的行为。因此,合同是一种法

---

① 参见周林彬主编:《比较合同法》,兰州大学出版社 1989 年版,第 80 页。
② 参见王利明、崔建远:《合同法新论·总则》,中国政法大学出版社 1996 年版,第 12—13 页。
③ 参见我国《民法通则》第 84 条规定。

律行为，必须符合法律行为的基本特征。同样，债的关系也是一种动态的关系，是一种义务履行、债权实现的过程。没有合同义务的履行和债权实现过程，合同行为就失去了本身的意义。从这样的角度看，合同与债实际上是一致的：从合同的磋商、订立，到合同产生的权利义务的履行和实现，就是一个合同的完整的过程，没有合同的磋商、订立，就没有合同之债的产生；没有合同之债的履行，同样就没有合同的后果，磋商、订立合同就失去意义。因此，合同也是债，即合同之债。

（三）"债"与"责"

"债"是罗马法以来的概念。中国古代没有债的概念，使用的是"责"字。责，为所欠钱财，及赁、借之义，《说文解字注》："责，求也。引申为诛责、责任。《周礼·小宰》'听称责以付别'，称责，即今之举债。古无债字，俗作债，则声形皆异矣。"[1]按照《辞源》的解释，"责"有索取、要求、谴责、处罚、责任和所欠的钱财之义，其中使用于所欠的钱财之义时，是"债"的本字。《穆天子传》注："债，犹借也。"[2]最后，将"责"和"债"彻底分开，债既为所欠钱财，又为借、赁，但是不包括现代民法关于债的全部含义，仅为上述两项含义。今日的债与责不再有相关之处。至清末民初修律变法，借鉴西方立法经验，从日本引进"债"的概念，使其有了全新的内涵。

在罗马法，债是指法律上的链锁，是指拘束当事人的一种状态。但是，最权威的解释是："债是法律关系，基于这种关系，我们受到约束而必须依照我们国家的法律给付某物的义务。"[3]罗马法将债分为契约之债和法定之债。前者为合同之债，后者为因私犯等行为而发生的债。为强化这一法锁，拘束当事人，罗马法创造了一系列的制度，使罗马法上的债的制度成为最具特色、最为完善的民法制度，为后世所借鉴。在《法国民法典》、《德国民法典》、《瑞士民法典》、《日本民法典》等著名法典的制定中，都借鉴罗马法的经验，制定完善的债法制度，为市场经济服务。

【案例讨论】

讨论提示：在本案双方当事人之间存在的借贷关系中，借款人以储蓄奖券代物清偿，以此消灭借贷合同关系。该储蓄奖券包含两个合同关系，一个是本金债权，一个是奖金债权，前者是确定合同，后者是射幸合同；前者是主合同，后者是从合同。

讨论问题：1. 刘乙受领刘甲给付的奖券消灭债权，为什么说取得了两个合

---

[1] （汉）许慎撰，（清）段玉裁注：《说文解字注》，上海古籍出版社1981年版，第281页。
[2] 《辞源》，商务印书馆1981年版，第250页。
[3] 〔古罗马〕查士丁尼：《法学总论》，张企泰译，商务印书馆1989年版，第158页。

同债权？符合合同的概念和特征吗？2. 刘甲主张给付储蓄奖券只转移主合同的本金债权，没有转移奖金债权，是否成立？理由是什么？

第二节 合同法律关系

【典型案例】

某商场开展商品质量承诺活动，在店堂悬挂"假一罚十"的大幅标语，承诺消费者发现本店出售的商品有一个假货，就由店家支付该假货价金十倍的赔偿金。尤某在该商场购买的一个商品确定是假货，遂到该商场主张价金十倍的赔偿金。该商场辩称，法律规定产品欺诈的惩罚性赔偿金是双倍赔偿，因此只同意退款后再赔偿价金的一倍。尤某不同意这样的处理意见，遂诉至法院要求依法裁判。一审法院判决商场承担一倍的赔偿金，二审法院判决商场赔偿十倍价金。

一、合同法律关系的要素

合同法律关系与其他民事法律关系一样，也要具备主体、内容和客体三个要素。

（一）合同关系的主体

合同关系的主体就是合同的债权人和债务人。在合同关系中，享有合同权利的一方当事人是债权人，而负有合同义务的一方当事人为债务人。在单务合同中，债权人就是债权人，债务人就是债务人，当事人的地位不会发生变化；在双务合同中，双方当事人互为债权人和债务人。

在合同关系主体的表述中，我国《合同法》将其表述为"平等主体的自然人、法人、其他组织"。这种表述与我国《民法通则》第85条只规定为"当事人"的做法不同。按照《民法通则》关于民事主体的规定，只有公民和法人才具有民事主体的资格，并不包括其他组织。[①] 我国民事立法有一个明显的矛盾，即对民事主体的范围规定不同。《民法通则》规定民事主体只有公民和法人，"其他组织"没有民事主体资格。《民事诉讼法》和《合同法》却规定主体包括自然人、法人和其他组织，将"其他组织"规定为主体。

---

① 参见我国《民法通则》第二章和第三章的规定。

（二）合同关系的内容

合同关系的内容，是指基于合同而产生的合同权利和合同义务，也叫做合同债权和合同债务。

1. 合同权利

合同权利，是指合同的债权人依照合同约定或者法律规定而享有的请求合同债务人为一定行为的权利。它的性质是请求权，而不是支配权，因为债权人一般不是直接支配一定的物，而是请求债务人依照债的规定为一定行为或者不为一定行为。例如买卖合同，约定交付货物的时间届至，债权人就有权请求债务人交付，但并不能直接支配该物；只有接受了交付，债权人才能够在受领后直接支配该物。

合同权利主要包括以下内容：

（1）合同履行请求权。

合同履行请求权，是合同债权的本权请求权。[①] 其内容是，合同债权人依照合同的约定或者法律规定，请求合同债务人履行合同义务。这种请求权是合同债权的核心权利、基本权利。对于这个权利，合同债务人必须通过履行使其实现，不履行或者不适当履行都应当承担违约责任。

（2）受领权。

合同债务人按照约定或者法律规定履行债务时，合同债权人有权受领，并永久保持因合同债务人的履行所得的利益。

（3）保全债权请求权。

债的保全是保全合同债权的重要手段。根据保全债权的请求权，债权人在自己的债权受到债务人处分自己的积极财产或者消极财产有害于债权或者有可能有害于债权时，依法行使这个请求权中的债权人代位权或者债权人撤销权，保全债务人作为履行债务基础的财产，保护自己的债权不受其损害。

（4）保护债权请求权。

保护债权的请求权，也叫做债权的二次请求权，是合同债权本身包含的，在债务人不履行合同或者履行合同不适当的时候，向国家司法机关提出请求，责令债务人承担民事责任的请求权。这种合同债权的请求权是原权请求权，是债权自身包含的保护债权的请求权。

（5）处分权。

债权人的处分权，是债权人有权将债权转让、抛弃等从实体上处置自己的债权的权利。这是私法自治原则的体现，也是尊重债权人个人意志的法律表现。

[①] 关于本权请求权和原权请求权概念的区分，参见杨立新、曹艳春：《论权利保护请求权的体系》，载《河南政法管理干部学院学报》2005年第5期。

2. 合同义务

合同义务,是指债务人所承担的义务,即债务人向债权人为特定行为的义务。合同债务根据不同的标准有不同的种类,如主要义务和次要义务、给付义务和附随义务、明示义务与默示义务等。无论何种义务,债务人都必须按照合同的约定或者法律规定履行。否则债务人就应当承担违约责任。

合同义务可以作以下分类:

(1) 约定义务和法定义务。

约定义务是合同义务中的主体部分,是基本的合同义务。合同是当事人意思表示一致的产物,一经成立生效,就对当事人发生法律拘束力。因此,合同约定的义务是合同的最主要义务,当事人必须履行。

合同的法定义务,是法律规定而不是由当事人约定的合同义务。传统合同法认为法定义务不是合同义务的来源。随着社会经济形势的发展和交易的普遍性,合同义务的来源越来越多样化,其中之一就是法律的规定也可以成为合同义务。有关的法律、法规规定了当事人应当履行的强制性义务,就是合同的法定义务,当事人必须履行。合同的法定义务主要有两类,一是法律、行政法规为合同当事人所设立的作为和不作为的义务;二是依据诚信原则所产生的附随义务,例如我国《合同法》第60条第2款规定的就是合同履行中的附随义务。

(2) 主要义务和次要义务。

合同的主要义务,是指依据合同的性质所固有的,合同当事人双方应当承担的义务。合同主要义务是由合同的性质所确定的,合同性质不同,其主要义务也不同。合同的主要义务与当事人的缔约目的直接结合在一起。

次要义务,是指根据合同性质和当事人约定,并不影响合同的成立和当事人订约目的的义务。它的意义在于,合同中没有约定次要义务并不影响合同的成立;次要义务并不影响当事人的订约目的,违反次要义务并不构成根本违约;次要义务本身并不是由合同的性质决定的,也不是合同所固有的,其存在的目的在于保障债权人的利益能够最大限度地实现。

(3) 给付义务和受领义务。

给付义务也叫做履行义务,是指合同当事人双方约定,一方当事人应当实施或者不实施某种行为的义务。给付义务既包括积极地从事一定的行为,即积极给付,也包括消极地不为一定行为,即消极给付。给付义务一般都是当事人约定的,所以内容极为广泛。在双务合同中,当事人互为债权人和债务人,因此,双方都负有给付义务。

受领义务,是指在债务人交付一定的标的物时,债权人应当依据法律和合同的规定及时接受标的物的义务。受领义务主要是为债权人设立的义务,包括三个方面:一是必须受领的义务,债权人无正当理由不得拒绝受领;二是及时受领的义务,在债务人已经作出给付后,债权人应当及时受领,无正当理由不得推迟;三是在受领中应对债务人提供必要协助的义务。

(4)主给付义务和附随义务。

主给付义务,是指合同关系固有、必备的,直接影响到合同当事人订立合同目的的义务。其特点是:第一,该义务是依据合同的性质所必备的和固有的义务,合同缺少这一义务将导致合同不能成立。第二,主给付义务既可以由法律规定,也可以依据合同约定,还可以根据合同的性质确定。第三,主给付义务是事先确定的,该义务直接影响到合同当事人订立合同的目的的实现。

附随义务,是指合同当事人依据诚信原则所产生,根据合同的性质、目的、交易习惯应当承担的通知、协助、保密等义务。相对于合同的主给付义务而言,附随义务只是附随的,但这并不意味着附随义务不重要,相反,在很多情况下,违反附随义务将会给另一方当事人造成重大损失,甚至构成根本违约。例如,不告知产品的使用方法,使买受人蒙受重大损失,应当承担违约责任。

(5)明示义务和默示义务。

明示义务,是指当事人以口头或者书面等形式约定的义务。通常明示义务是在合同中明确规定的,书面合同中规定的义务都是明示义务。在口头合同中,也可以约定明示义务,但是当事人必须证明这一约定的存在。

默示义务,是指根据合同的性质和交易习惯所确定的义务。默示义务包括两种:一是依据合同的性质和目的必须由当事人所承担的义务,例如在委托合同中,当事人应当负有尽最大努力的义务等。二是根据交易习惯所产生的默示义务。例如,在饭店用餐,一般是先用餐后付费,实际上就是确定了默示的先后履行义务的顺序关系。

(三)合同关系的客体

合同关系的客体,是指合同债权与合同债务共同指向的对象。

对什么是合同关系的客体有不同的意见。有的认为合同关系的客体是行为,而有的认为合同关系的客体是物、劳务、智力成果等。笔者认为:物权的客体是物,债权的客体就是行为。合同债权在其未实现之前,并不能实际占有和支配该合同关系的标的物,而只能请求对方当事人履行交付该物的行为。既然如此,合同关系的客体就是债务人履行合同义务的特定行为,并不是物。

二、合同法律关系的相对性

合同关系的基本特征,就是其相对性。其含义在于,合同主要在特定的合同当事人之间发生,只有合同当事人一方能够基于合同向对方当事人提出请求,而不能向与其没有合同关系的第三人提出合同上的请求,也不能擅自为第三人设定合同上的义务。因此,债权与物权截然不同,债权的基本特点是相对性,而物权的基本特点在于绝对性。据此,合同债权与物权具有不同的规则,合同债权当事人特定,不具有公开和公示的特点,也不能对抗第三人;而物权作为绝对权,义务人不是特定的,具有公开性和公示性,可以对抗第三人。

合同债权的相对性主要表现在以下三个方面:

（一）合同主体的相对性

合同主体的相对性,是指合同关系只能发生在特定的主体之间,只有合同当事人一方才能够向合同的另一方当事人基于合同提出请求。这一相对性表现在:第一,合同关系只能发生在特定的主体之间,这就是合同债权的对人权的特征。合同关系只能是在相对的主体之间发生,不能发生在不特定人之间。任何不是合同关系当事人的第三人,都不能成为合同当事人。第二,合同一方当事人只能向另一方合同当事人提出实现债权的请求,而不能向与合同无关的第三人提出请求。合同法规定的由第三人履行的合同只是一种特例,且必须由法律专门规定,它与合同主体的相对性原则并不矛盾。

（二）合同内容的相对性

合同内容的相对性,是指合同的权利义务相互对应,并为合同当事人所享有。主要表现为:第一,除了法律和合同另有规定或者约定之外,合同的债权和债务相互对应,并由合同约定或者法律规定,超出合同约定和法律规定的债权和债务,不能约束合同当事人,其他任何人也不得主张合同规定的债权。第二,在双务合同中,合同内容的相对性还表现在,一方的债权就是对方的债务,而一方享有债权的基础在于其负担了合同的债务,债权和债务是相对应的。

（三）合同责任的相对性

合同责任是债务人不履行合同债务应当承担的法律后果,因此,违约责任以债务人不履行债务为前提。因此,合同义务的相对性就必然影响到合同责任,决定了合同责任具有相对性的特点。

合同责任的相对性,是指合同责任只能发生在特定的债务人之间,合同关系以外的人不承担违约责任,合同债务人也不对合同关系以外的第三人承担违约责任。其表现为:第一,违约债务人应当对自己的过错造成的违约后果承担违约责任,而不能将责任推卸给他人。即使存在债务履行辅助人,包括债务人的代理人,或者是代理人之外的根据债务人的意思事实从事债务履行的人,它们都与合同债权人没有特定关系,因此,债务人对债务履行辅助人的行为向债权人负责,如果债务履行辅助人由于过错而致债务不履行或者不适当履行,债务人仍应对债权人承担违约责任。第二,在因第三人的行为造成债务不能履行的情况下,债务人仍应向债权人承担违约责任。债务人承担了责任之后,有权向第三人请求赔偿。第三,债务人承担违约责任并不是向国家承担责任,而是向对方当事人即合同债权人承担。即使是违约行为造成了国家、集体的损失,债务人应当向国家或者集体承担责任时,国家或者集体也是作为一个民事主体接受责任的履行,而不是依据公法接受责任承担。

(四)合同相对性原则的突破

对于合同的相对性,当代合同法有所突破。对债权相对性的突破,主要表现在以下三个方面:

1. 涉他合同

合同的相对性表现在合同不能为他人设定权利负担义务。但是,当代合同法准许单纯地为第三人设定利益的合同,以及由第三人履行的合同。前者例如为第三人设立保险利益的合同,后者例如第三人代为履行。在这里,尽管两种第三人都不是合同当事人,但他们毕竟依据该合同而发生了权利或者负担了义务。涉他合同的出现,是债权相对性突破的一个表现。

2. 债权保全

合同的相对性还表现在,合同当事人不得向第三人主张权利。但是,债的保全制度中的债权人撤销权和债权人代位权都是基于法律规定,具备一定的法律要件,合同债权人可以向合同关系以外的第三人主张撤销权和代位权,对第三人主张债务人的债权,或者撤销债务人与第三人实施的民事法律行为。这种债权人所享有的债权保全的权利,突破了债的相对性原则,目的就在于保全债务人的财产,保障债权人的债权实现。

3. 侵害债权的侵权责任

债的相对性原则还表现在不得向第三人追究责任。但是,当代侵权法确认侵害债权的侵权责任,如果第三人故意侵害债权人的债权,造成了债权不能实现的损害后果,债权人享有侵权损害赔偿权利人的地位,有权向第三人主张侵权责任,保护自己的债权。这也是债权相对性的一个突破。

【案例讨论】

讨论提示:店堂告示属于合同的内容,对双方当事人都发生拘束力。对承诺方而言,店堂告示的内容成为其应当履行的义务;对消费者而言,店堂告示的内容属于其享有的权利。

讨论问题:1. 本案尤某对于商家假一罚十的承诺,是适格的当事人吗?为什么?2. 研究合同法律关系的要素,对于确定合同争议有何意义?

第三节 合同的种类

【典型案例】

2004年起,康奇公司开发研制、健特公司生产制造、上海健久生物科技有限公司总代理销售的"脑白金"产品连续举办有奖销售活动,随机向产品中投放金砖兑奖卡。2006年12月5日,健久公司再次举办"脑白金里有金砖"有奖销售活动并制定活动细则,对活动时间、范围、内容、领奖方法等作出规定。活动时间为2007年1月1日至2007年12月31日,共投放产品660万盒,其中500盒内投放有金砖兑奖卡,中奖率为0.075%。2007年5月17日,袁某在天津沃尔玛和平路分店货架上看到了保健食品"脑白金"礼盒,产品外包装上印有"脑白金里有金砖"的彩色图文,还特别标明"上海老凤祥特别打造的99.99%金砖"及"价值5000元"等字样。原告以256元的价格购买了两盒,在打开商品包装后并未找到金砖,即以被告夸大产品功能、销售活动中做虚假宣传并构成欺诈为由,起诉要求沃尔玛和平路分店退还货款256元,并赔偿256元。

一、有名合同与无名合同

以法律是否设有规范并赋予一个特定名称为标准,合同分为有名合同和无名合同,也叫做典型合同与非典型合同。①

(一) 有名合同

有名合同也叫做典型合同,是指法律设有规范,并赋予其一定名称的合同。例如买卖合同、赠与合同、借款合同等,都是有名合同。

有名合同的法律适用,首先应当适用《合同法》分则关于该种有名合同的具体规范,因为这是法律对于这种合同的专门规定。其次,合同法的基本原则和民法的基本原则对于各种有名合同的法律适用具有重要的指导意义,应当遵守这些基本原则,如果适用具体规范出现极不适当的结果时,应当适用基本原则的规定。最后,对于基准性合同的法律规定,例如买卖合同和委托合同,对于其他有名合同都具有准用性。在实务中那些具有委托因素的合同关系,例如居间、行纪、承揽、建设工程和技术开发等合同,优先适用这些合同的法律规范,如果没有

---

① 崔建远主编:《合同法》(第五版),法律出版社2010年版,第26页。

相应规定,则可以适用委托合同的法律规定。

(二) 无名合同

无名合同又叫做非典型合同,是指法律尚未规定,也未赋予其一定名称的合同。

现实社会的生活多姿多彩,《合同法》无法预见生活中出现的所有合同关系,无法对所有的合同都作出规范,因而出现无名合同是必然的。即使法律将现在社会生活中的所有合同关系都予以规范,也还会出现新的合同关系,超出现行法律规定的有名合同的范围,而为无名合同。当然,无名合同产生之后,经过一定的发展阶段,待其成熟之后,法律对其予以规范,无名合同也就变为有名合同。

合同法的基本原则之一是合同自由原则,在不违反法律强制性规定和公序良俗的前提下,当事人可以根据实际生活需要,选择订立法律没有规范的无名合同。

研究无名合同的重要问题,是确定无名合同的法律适用。对此,应当遵守以下规则:

(1) 尊重当事人的约定。

合同自由是合同法的基本原则。当事人双方选择订立无名合同,在合同中约定双方的权利义务,只要这些约定不违反国家法律的强制性规定,不违反公序良俗,法律予以尊重,按照当事人的意思表示确定各自的权利义务,发生争议也按照其约定处理。

(2) 适用民法和合同法的原则规定。

当无名合同的当事人意思不完备的时候,应当适用相关法律予以解决。其原则是,首先适用民法关于民事法律行为的规定和合同法总则的规定,按照这些法律规定,确定合同当事人的真实意思。

(3) 针对不同类型的无名合同采用不同的规则。

对于那些适用民法和合同法原则性规定仍然不能解决法律适用问题的无名合同,采用不同的规则处理:

其一,类推适用法律。

对于那些一般的无名合同,能够找到相类似的有名合同的,按照《合同法》第124条规定,参照《合同法》分则或者其他法律最相类似的规定,确定各自的权利义务关系,解决纠纷。

其二,纯粹的无名合同。

纯粹的无名合同就是法律对其具体事项全无规定的合同,其内容不符合任何有名合同的要件。例如肖像使用权和名称使用权部分转让合同,就是纯粹的无名合同,法律没有任何规定。对此,如果当事人的意思表示不完整,则根据诚信原则,并斟酌交易惯例,确定权利义务关系,解决纠纷。

其三，合同联立的法律适用。

合同联立，是指数个合同具有相互结合的关系。[①] 有两种表现形式：其一，数个合同单纯地在外观上的结合，即数个独立的合同仅因缔约行为而结合，相互之间不具有依存关系。对于这样的合同联立，法律适用较为简单，对各个独立的合同分别适用各自的合同规范即可。其二，数个合同内在的实质性结合，即数个合同实质内容相互依存，一个合同的效力或者存在，依存于另一个合同的效力或者存在，非如此不可。对于这样的合同联立，各个合同是否有效成立，应当分别判断，在效力上，被依存的合同不成立、无效或者被解除时，依存的合同同其命运。

其四，混合合同的法律适用。

混合合同，是指由数个合同的部分而构成的合同，它的性质属于一个合同，有四种类型：

一是有名合同附其他种类的给付，即双方当事人所提出的给付符合有名合同，但是一方当事人尚附带负有其他种类的从给付义务。例如，商店向酒厂购买散装酒，同时约定酒售完后返还酒桶，这一合同属于买卖合同附带借用合同的从给付义务，买卖合同是其主要部分，借用合同的从给付义务为非主要部分。对于这种合同的法律适用规则是：原则上仅适用主要部分的合同规范，非主要部分被主要部分吸收。

二是类型结合合同，是指一方当事人所负的数个给付义务属于不同的合同类型，彼此间居于同值的地位，而对方当事人仅负单一的对待给付或不负任何对待给付的合同。例如，甲公司包租乙写字楼房间，乙负有提供办公房间、午餐、清扫卫生、洗涤办公用品的义务，甲负有支付一定对价的义务。其中乙的给付义务分别属于租赁、买卖等有名合同的构成部分。对于这种合同的法律适用，应当分解各个构成部分，分别适用各部分的有名合同的规范确定权利义务关系，如果存在争议，则应当依照可以推知的意思调和其歧义。

三是二重有名合同，是指双方当事人互负的给付义务分属于不同的合同类型的合同。例如，甲担任乙所有的大厦的管理员，乙为其免费提供住房，其中，甲的给付义务为雇佣合同的组成部分，乙的给付义务归属于借用合同。对于这种类型合同的法律适用，应当分别适用各个不同的有名合同的法律规范。

四是类型融合合同，是指一个合同中所含构成部分同时属于不同的合同类型的合同。例如，甲以半赠与的意思，将其价值50万元的图书以25万元的价款出售给乙图书馆，甲的给付同时属于买卖和赠与。对于这种合同，应当适用两种不同的有名合同的法律规范：关于物的瑕疵，依照买卖合同的规定确定；关于乙

[①] 崔建远主编：《合同法》（第五版），法律出版社2010年版，第27页。

的不当行为,则按照赠与的规定处理。

二、双务合同与单务合同

(一) 双务合同和单务合同区分

以当事人双方是否存在对待给付义务为标准,合同可以分为双务合同和单务合同两种类型。

双务合同是指当事人双方互负对待给付义务的合同,即双方当事人愿意负担履行义务,旨在使他方当事人因此负有对待履行的义务。其表现是,一方当事人所享有的权利,就是他方当事人所负担的义务。买卖、互易、租赁等合同都是双务合同。

单务合同,是指仅有一方负担给付义务的合同。这种合同,当事人双方并不相互享有权利和负担义务,而是一方承担义务但并不享受权利,另一方享有权利但并不负有义务。例如赠与合同。

(二) 区分双务合同和单务合同的意义

区分双务合同和单务合同在法律上具有重要意义。最基本的表现,就是双务合同的当事人之间权利义务是相互对应的,一方当事人所享有的权利与其负担的义务是不可分离的,享受权利就必须负担义务;而要使对方当事人的权利实现,则自己必须履行义务。而单务合同完全没有这样的特点。区分双务合同与单务合同的具体意义在于:

(1) 是否适用双务合同履行的抗辩权。

在双务合同中,存在履行合同的抗辩权。双务合同的一方不履行合同义务,如果是同时履行而没有先后顺序区别的,一方当事人可以主张同时履行抗辩权,对抗对方的违约主张;在有先后履行顺序的双务合同,当事人可以主张后履行抗辩权或者不安抗辩权,对抗对方当事人的违约主张。单务合同根本不存在履行抗辩权问题。

(2) 风险负担不同。

由于双务合同中双方当事人的权利义务相互依存、互为条件,如果非因一方当事人的原因导致其不能履行债务,则合同债务将被免除,其享有的合同权利也将消灭。此时,一方因不再负有合同义务,也就无权要求对方作出履行;对方已经履行的,则应将其所得返还对方。而在单务合同中,如果一方因不可抗力导致其不能履行义务,不会发生双务合同中的风险负担问题。

(3) 因过错不履行合同义务的后果不同。

双务合同当事人一方因自己的过错不能履行或者不适当履行合同义务时,如果非违约方已经履行合同的,可以要求违约方履行合同或者承担其他违约责任;如果非违约方要求解除合同,则对自己已经履行的部分有权要求未履行方返还其已经取得的部分。而在单务合同中,因主要由一方承担义务,如果他已经履行了部分义务,对方则应返还其已经取得的财产。

三、有偿合同与无偿合同

(一) 有偿合同与无偿合同的区分

以合同当事人是否可以从合同中获取某种利益为标准,将合同分为有偿合同与无偿合同。

有偿合同,是指一方当事人能够通过履行合同规定的义务而给对方某种利益,对方要得到该利益就必须为此支付相应代价的合同。这种合同是商品交换关系中最典型的形式,因为绝大多数的交易都是有偿的。在有偿合同中,付出的代价与取得的利益是否完全相等,并不影响对价的存在,只要履行与对待履行之间具有互为条件、互为牵连的关系,付出的代价与取得的利益大致相当,即构成对价性。

无偿合同,是指一方给付对方某种利益,而对方取得该利益时并不支付任何报酬的合同。它不是反映交易关系的典型合同形式,但是因当事人双方的合意而产生的。因此,无偿合同也是一种合同类型,是等价有偿原则在适用中的例外,也要得到《合同法》的调整。在一般情况下,无偿合同的一方当事人虽然不向他方支付任何报酬,但并非不承担任何义务。例如借用他人物品,还要负有按期返还的义务。

(二) 区分有偿合同与无偿合同的意义

1. 确定某些合同的性质

某些合同只能是有偿的,不可能是无偿的,如果该种合同变为无偿的或者相反,则合同关系在性质上就会发生变化,不再是原来的合同。例如,买卖合同是有偿的,如果变为无偿的,则变成了赠与合同。也有一些合同关系既可以是有偿的,也可以是无偿的,例如保管合同。

2. 义务的内容不同

合同是交易关系的反映,合同义务的内容经常受到当事人之间利益关系的影响。无偿合同,利益的出让人原则上只承担较低的注意义务;而有偿合同,当事人所承担的注意义务显然要高得多。

3. 主体要求不同

一般的有偿合同,订立的当事人原则上应当具有完全民事行为能力,限制民事行为能力人非经其法定代理人的同意,不能订立一些较为重大的有偿合同。但对于获得法律上的利益的无偿合同,如接受赠与等,无民事行为能力人或者限制民事行为能力人可以直接订立合同。

四、诺成合同与实践合同

以合同的成立是否以交付标的物为条件的标准,可以将合同分为诺成合同和实践合同两种类型。

诺成合同是指当事人一方的意思表示一旦为对方同意,即能产生法律效果的合同。其特点是一诺即成,合同当事人意思表示一致之时,合同即告成立。诺成合同是典型的合同。

实践合同是指除了当事人双方意思表示一致之外,尚需交付标的物才能成立的合同。其特点是,仅仅诺成还不能产生权利义务关系,只有一方实施了实际交付标的物的行为,才能产生合同的法律效果。例如保管合同,必须将寄存的物品交付给保管人时,合同才能成立或者生效。实践合同是特殊合同。

区分诺成合同与实践合同的意义,在于两种不同种类的合同成立与生效的时间不同。诺成合同在当事人意思表示一致时,合同即告成立;而实践合同是在当事人达成合意之后,还必须由当事人交付标的物和完成其他各种给付以后,合同才成立。

五、要式合同与不要式合同

以合同是否应以一定的形式为要件作标准,可以将合同分为要式合同和不要式合同。

要式合同是指必须依据法律规定的形式而成立的合同。对于一些重要的交易,法律常常要求当事人采取特定的方式订立合同,才能赋予其效力。法律规定为要式合同的,当事人必须遵守法律规定。

不要式合同是指当事人订立的依法并不需要采取特定的形式,当事人可以采取口头形式,也可以采取书面形式的合同。除了《合同法》有特别规定的以外,都是不要式合同,当事人可以选择具体的形式。

区分要式合同与不要式合同的意义在于确定合同的成立或生效。法律对合同的形式要件的规定属于生效要件还是成立要件,会产生截然不同的法律后果。对此,应当以法律规定的效果为准。法律规定为生效要件的,没有采取法定形式,则已成立的合同不能生效;法律规定为成立要件的,没有采取法定形式,则合同不能成立,遑论效力问题。

六、一时性合同与继续性合同

以时间因素在合同履行中所处的地位为标准,合同分为一时性合同和继续性合同。[①]

一时性合同,是指一次给付便使合同内容实现的合同。一次性给付,既指纯粹地一次性履行完毕,也指分期给付。分期给付的合同是单一合同,总给付自始确定,时间因素对于给付的内容和范围并无影响,因此也作为一时性合同。

继续性合同,是指合同内容非一次性给付即可完结,而是继续地实现的合同。特点是,时间因素在合同履行上居于重要地位,总给付的内容取决于应为给付时间的长短。随着履行的时间推移,在当事人之间不断产生新的权利义务。在当代,随着经济的发展和科技的进步,电力、石油、燃气、自来水等继续性供用合同越来越多,呈普遍化趋势,这些合同都属于继续性合同。

继续性供应合同与分期给付合同的区别在于,前者自始欠缺分期履行一个数量上业已确定的给付概念,在一定时间提出的给付,不是总给付的部分,而是具有某种程度的经济上和法律上的独立性,是在履行当时所负的债务。而后者自始就有一个确定的总给付,只不过分期履行,每期的给付仅为部分给付。

区分一时性合同与继续性合同的意义在于:

(1) 解除权的产生原因不尽相同。

合同在具备法定解除条件或者约定解除条件的时候,当事人可以解除合同。但是,一时性合同解除权产生的原因较少;而继续性合同特别重视信赖基础,一旦信赖基础丧失,或者因其他事由难以期望当事人继续维持这种关系时,准许一方当事人解除合同。

(2) 合同消灭是否溯及既往不同。

一时性合同消灭具有恢复原状的可能性,所以法律规定一时的合同无效、被撤销时,一律自始归于消灭,合同因违约而解除时,其效力以溯及既往为原则;但继续性合同消灭时,无恢复原状可能、或者不易恢复原状时,合同无效、被撤销、被解除,应向将来发生影响,过去的合同关系不受影响。

(3) 违约的处理方法不同。

违反继续性合同,原则上应区别个别给付与整个合同予以处理。对个别给付可以直接适用合同法的规定;对整个合同而言,解除时宜无溯及力。而违反一时性合同未必如此处理。

七、主合同与从合同

以合同相互间的主从关系为标准,合同分为主合同与从合同,适用主债与从债关系的要求。

[①] 这种合同的分类,可以参见〔英〕P.S.阿狄亚:《合同法导论》,赵旭东等译,法律出版社2002年版,第50—52页。

主合同是指不以他种合同的存在为前提,即不受他合同制约而能独立存在的合同。在抵押贷款关系中存在两个合同,一个是借贷合同,一个是抵押合同。借贷合同不以抵押合同的存在为前提,不受抵押合同的制约而能独立存在,因此是主合同。

从合同是指必须以他种合同的存在为前提,自身不能独立存在的合同。由于从合同要依赖于主合同的存在而存在,所以从合同又叫做附属合同。抵押合同、质押合同、保证合同、定金合同都与被担保的合同之间具有依存关系,都不能独立存在,与被担保的合同之间的关系就是主从合同关系。这些合同都是从合同。

区分主、从合同的法律意义在于,明确它们之间的制约关系,从合同以主合同的存在为前提,主合同变更或者消灭,从合同原则上也随之变更或者消灭。这就是"从随主"原则的体现。

八、束己合同与利他合同

以订约人订立合同的目的是否为自己谋取利益为标准,合同可以分为束己合同和利他合同。

束己合同,也叫做为订约人自己订立的合同,是指严格遵循合同的相对性原则,订约人为自己约定并承受权利义务,第三人不能向合同当事人主张权利和追究责任,合同当事人也不能向第三人主张合同权利和违约责任的合同。这种合同是合同的常态。

利他合同,也叫做为第三人利益订立的合同,或者利益第三人合同[1],是指突破了合同相对性原则,合同当事人在合同中为第三人设定权利的合同。为第三人利益订立的合同,是指当事人为第三人设定了合同权利,由第三人取得合同利益的合同。这种第三人也叫做意定受益人,是指根据合同而取得了权利的第三人。[2] 这种合同的特征是:(1)第三人不是缔约人,不需要在合同上签字或者盖章,也不需要通过其代理人参与缔约。(2)合同只能给第三人设定权利而不能为其约定义务。(3)合同成立后,第三人取得合同债权,他可以接受该合同权利,也可以拒绝接受该权利。第三人拒绝接受该权利时,该权利归属于缔约的债权人享有。(4)债务人向第三人履行债务是以自己的名义履行,而不是以债权人的名义履行。

区分束己合同与涉他合同的法律意义,一是明确缔约的目的不同,二是合同

---

[1] 王利明:《合同法研究》(修订版第一卷),中国人民大学出版社 2011 年版,第 123 页。
[2] 〔美〕E.艾伦·范斯沃斯:《美国合同法》(第三版),葛云松、丁春艳译,中国政法大学出版社 2004 年版,第 672 页。

的效力范围不同。

九、确定合同与射幸合同

以合同的效果在缔约时是否确定为标准,合同可以分为确定合同与射幸合同。

确定合同也叫做实定合同①,是指合同的法律效果在缔约时已经确定的合同。确定合同也是合同的常态,绝大多数合同都是确定合同。

射幸合同,是指合同的法律效果在缔约时不能确定的合同。射幸合同是合同的非常态,但在生活经常出现,如保险合同、押赌合同、抽奖合同、有奖销售合同等,都属于射幸合同。在我国,射幸合同的效力是有区别的。保险合同是合法的合同,而抽奖合同有数额限制,按照《反不正当竞争法》的规定,抽奖式的有奖销售,最高奖金额超过5000元人民币者,即被禁止。由于射幸合同的法律效果并不确定,所以射幸合同又叫做机会合同。

区分确定合同与射幸合同的法律意义在于,确定合同一般要求等价有偿,如果不等价或者显失公平,则可能被撤销或者被宣告无效。而射幸合同一般不能从等价与否的角度来衡量合同是否公平。

十、本约与预约

(一)本约与预约的区别

本约与预约并不是合同的种类,而是合同与预定合同的两种不同形式。"以合同的目的和义务是否为了将来签订一定合同为标准,合同分为预约和本约"②的观点,虽有一定道理,但尚值得斟酌。

预约,也叫做预备合同或者合同预约,是指当事人之间约定在将来订立一定的合同。"需要经过批准或登记才能生效合同,实际上是预约"③的意见不妥。在预约中,本合同在预约成立时尚未成立,预约合同的成立和生效,仅仅是使当事人负有将来按预约规定的条件订立主合同的义务,而不负履行将来要订立的合同的义务。④ 预约合同的条款,一是涉及其内容的条款,二是涉及应在将来签订的主合同内容的条款。⑤ 而将来应当订立的合同,叫做本约,也叫做本合同。预约是订立合同的意向,还不是合同本身,只有本约才是订立的合同本身。例

---

① 崔建远主编:《合同法》(第五版),法律出版社2010年版,第36页。
② 崔建远:《合同法总论》(上卷),中国人民大学出版社2008年版,第89页。
③ 彭隋生:《合同法要义》(第三版),中国人民大学出版社2011年版,第79页。
④ 王利明:《合同法研究》(修订版第一卷),中国人民大学出版社2011年版,第36页。
⑤ 〔俄〕E.A.苏哈诺夫主编:《俄罗斯民法》(第3册),付荣译,中国政法大学出版社2011年版,第859页。

如,预订的将来飞行的飞机票是本约,而购买飞机票的预先表示是预约。

（二）预约的效力与规则

预约成立之后,产生预约的法律效力,即当事人将来订立本约的债务。双方均负有债务的,为双务预约,单方负有债务的,为单务预约。预约适用的场合没有特别规定,对于任何类型的合同都可以订立预约。预约的成立,应当遵循合同成立的一般规则。

预约成立,当事人即负有履行预约所规定的订立本约的义务,只要本约未订立,就是预约没有履行。因此,预约与附有生效条件的合同不同。附有生效条件的合同在合同订立之时已经成立,只是其履行效力待生效条件成就而已,附有生效条件的合同本身就是本约,而不是预约。而预约的权利人只能请求对方履行订立本约的义务,不得直接依预定的本约内容请求履行。

在实务中,一个具体的合同究竟是预约还是本约,应当探求当事人的真意来确定。如果当事人的意思不明或者有争议,应当通观合同的全部内容确定。第一,如果合同要素已经明确合致,其他事项也规定明确,已无另行订立合同的必要的,应认定为本约。第二,如果将来系依所订合同履行而无须另订本约,即使名为预约,也应当认定为本约,而不是预约。第三,预约在交易上属于例外,因此,当一个合同属于预约还是属于本约有疑问时,应当认定为本约。第四,实践中经常出现的"初步协议"、"意向性协议"等,只要不具有将来订立本约的法律效力,就不认为是预约;具有将来订立本约的效力的,应当认定为预约。

违反预约的责任,立法没有规定。我国最高人民法院《关于审理买卖合同纠纷案件适用法律问题的解释》第2条作出了规定,基本意见是:当事人签订认购书、订购书、预订书、意向书、备忘录等预约合同,约定在将来一定期限内订立买卖合同,一方不履行订立买卖合同的义务,构成预约合同的违约责任,对方当事人请求违反预约方当事人承担预约合同违约责任或者要求解除预约合同并主张损害赔偿的,人民法院应予支持,责令违反预约人承担违约责任,或者解除预约合同并对造成的损失予以损害赔偿。推而广之,其他预约的责任也应当如此确定。

【案例讨论】

讨论提示:讨论本案,应当把握的争议焦点是,商家承诺的"脑白金里有金砖"究竟是何种性质的合同。如果是确定合同,部分产品中没有金砖,承诺方就应当承担违约责任;如果是射幸合同,在某一盒产品中没有发现金砖,并不违约。

讨论问题:1. 本案承诺"脑白金里有金砖"究竟是确定合同,还是射幸合同?理由是什么? 2. 各种不同的合同种类的划分,在法律上有何意义?

第四节 合同解释

【典型案例】

2003年8月,家住东安县某镇的黄某因急需为上大学的孩子筹集学费,找到邻村的蒋某借到6000元钱,约定借款期限为1年。2004年8月,蒋某要求黄某归还借款。蒋某在出示借据时发现,还款日期写成了20004年8月,要等1.8万年之后才到债务清偿期。黄某见此,以没到还款期限和没钱还款为由拒绝清偿债务。蒋某向法院起诉。法院依照法律规定对合同进行解释,确认合同文本签署的"20004年"清偿期是当事人的笔误,还款期限为1.8万年后显然不合情理,不是客观事实,判决黄某应当承担违约责任。

一、合同解释概述

(一)合同解释的概念

合同解释,"是确定当事人双方的共同意思"[1],是指对合同及其相关资料的含义所作的分析和说明,以确定双方当事人的共同意思。

合同解释不同于对单独行为的解释。如遗嘱人的意思、悬赏广告人的意思都只是探求单独行为人的意思,而不是确定当事人双方的共同意思,也不是探求他人的意思,因此不属于合同解释。[2]

合同解释制度是合同制度的重要组成部分。大陆法系和英美法系虽然规定的具体内容不同,但都对合同解释问题作了明确规定。以前我国的合同法律制度均未规定合同解释,使我国的合同法律制度在结构上不够完整,也给司法机关和仲裁机构处理合同争议带来一定困难,以致对含义不清的合同随意进行解释。现行《合同法》对此作了专门规定,对于建立我国合同解释制度和完善我国合同法具有重要意义。

(二)合同解释的主体

合同解释的主体由于对合同解释概念广义和狭义的理解不同而有所不同。

狭义的合同解释专指有权解释,即受理合同纠纷的法院或仲裁机构对合同

---

[1] 转引自崔建远主编:《合同法》(第五版),法律出版社2010年版,第352页。
[2] 参见同上书,第353页。

所作的具有法律拘束力的解释,其解释主体就是受理合同纠纷的法院或者仲裁机构。当事人在不发生合同争议或虽有争议但已协商解决的情况下所进行的一般意义上的合同解释,是没有法律价值的;真正具有法律意义的合同解释,只能是在处理合同纠纷过程中,对作为裁判依据的事实所作的权威性说明。①

广义的合同解释包括有权解释和自由解释,是指任何人都有权进行的合同解释。按照这种界定,合同解释的主体包括当事人、法官、仲裁员、诉讼代理人、证人,他们都可从不同角度解释合同,包括学者的个案解释。

由于合同解释的根本目的在于使不明确、不具体的合同内容归于明确、具体,使当事人之间的纠纷得以合理解决,因而真正有价值的、具有法律意义的合同解释,应当是狭义解释,即对作为裁判依据的事实所作的权威性解释。但那种把无权解释视为完全没有法律价值,将当事人及其诉讼代理人的解释说成无法实现合同解释目的的观点过于武断,因为这些无权解释对法官或者仲裁员作出有权解释具有重要的参考价值。

(三)合同解释范围

合同解释的范围,应及于整个合同内容,甚至包括对合同相关资料所作的分析和说明。② 我国《合同法》第 125 条规定,合同解释适用于"当事人对合同条款的理解有争议的"情况。我们认为,这并不意味着合同解释的范围仅限于当事人有争议的条款。因此,合同解释的范围包括两个方面:

(1)合同解释不以当事人存在争议为前提条件。

对于当事人存在争议的合同无疑需要解释。但在实践中还存在另一种情况,即一些合同解释不是根据当事人的争议进行的,而是根据案件的其他需要进行的,如法院或仲裁机构确认合同是否成立或是否有效等,需要对相关条文进行解释。事实上,由于合同是根据当事人之间的意思表示一致而成立、由多数条款组成,属于当事人自创的规范,其语言往往不尽精确,因而在合同订立或履行过程中,对其意义、内容或适用范围难免产生异议,由此产生解释的必要。所以任何合同均需解释。

(2)合同解释并不限定为当事人有争议的条款。

对当事人存在争议的合同条款,需要解释的不仅仅是合同条款或使用文句的正确含义,而且要全面考虑与交易有关的环境因素,如书面证据、口头陈述、当事人表示其意思的行为以及订立合同前的谈判活动和交易过程等。对这些都需要进行精准解释,才能探明当事人的真实意思,确定合同的准确含义。

(四)合同解释对象

合同解释的对象是合同解释的客体,在不同的合同争议中,合同解释的客体

---

① 苏惠祥主编:《中国当代合同法论》,吉林大学出版社 1992 年版,第 246 页。
② 同上。

也不尽相同。合同解释的对象与当事人就合同而产生争议的原因密切相关,主要有如下几种:

第一,因合同的语言、文字表达含混不清、模棱两可或相互矛盾而发生争议的,合同解释的对象是这种模糊或矛盾的语言、文字的含义。

第二,因当事人一方主张合同的语言文字所表达的含义违背其真实意愿而发生争议的,合同解释的对象是当事人的真实意愿。

第三,因合同欠缺某些条款致使当事人之间的权利义务不明而发生争议的,合同解释的对象是漏订的合同条款。但需注意的是,在这种情况下解释的,是当事人所创设的合同规范整体,是以当事人在合同中所作的价值判断及利益衡量为出发点,依诚实信用原则或交易惯例而加以认定的,是对不完备的合同进行补充,而不是为当事人创设合同。

第四,因合同内容不符合法律要求而需要予以变更的,合同解释的对象是不合法的合同条款。

总之,不同的合同争议有不同的解释对象,合同解释的对象是多种多样的,以上所列仅是几种较为常见的情况。

二、合同解释的理论基础

(一)合同解释的不同理论基础

合同解释必须有其理论基础。各国决定合同解释的理论基础可以概括为以下两种:

1. 大陆法系的意思主义或主观主义

大陆法系国家对于合同解释的理论基础采意思主义,认为合同的实质在于当事人的内心意思,合同本身不过是当事人意思自治的手段。合同解释的作用在于探求当事人的真实目的,在表示意思与内在意思不一致的情况下,应以对当事人真实意思的解释为准。如《法国民法典》第 1157 条规定"解释合同时,应探求当事人的共同意思,而不拘泥于文字",合同内容及法律效力的确定,应以当事人内心的真实意思为准,而表示于外部的意思可以作为内心意思的证据,但仅具参考作用,其本身并无价值。[①]《德国民法典》主要奉行表示主义,但其中第 133 条规定"解释意思表示应探求其真意,不得拘泥于文词",要求在一切情况下,准确地探求当事人的真正意思。[②]《日本民法》规定,在合同存续期间,如果合同内容不明确,可以不拘泥于文字而根据信义(诚实信用)对合同作出解释。[③]

---

① 尹田:《法国现代合同法》,法律出版社 1995 年版,第 28 页。
② 沈达明、梁仁洁编著:《德意志法上的法律行为》,对外贸易教育出版社 1992 年版,第 153 页。
③ 冯大同主编:《国际商法》,对外贸易教育出版社 1992 年版,第 57 页。

近世以来,随着国家对社会经济生活的干预不断加强,意思主义受到了冲击,大陆法系国家的合同解释目的也发生了变化,如法国对当事人意思的探寻在一定条件下为维护社会公正所替代,但探求当事人的真实意思仍是大陆法系解释合同的重要基础,并规定了多种探求当事人真实意思的具体方法,主要有诚信解释、目的解释和习惯解释等。这几种解释方法都建立在当事人意思自治原则基础之上,其解释的目的都是为了探求当事人的真实意思。

2. 英美法系的表示主义或客观主义

英美法系国家对于合同解释奉行表示主义或曰客观主义,认为合同的本质不是当事人的内在意思,而是当事人表示的意思;在表示意思与内在意思不一致的情况下,以外部表示意思为准。其理由在于,当事人存在于内心的意思如果不以某种外部方式加以表现,则不能为他人所知,只有以当事人的外部意思表示为标准才能准确解释合同,也才能保障交易安全。在合同解释时不去探求当事人的主观意思,而是去探讨合同文字的含义,当事人的主观意思有时可以作为确定合同文字含义的依据,但不能作为合同的依据。英国学者切沙尔认为:"不是从当事人心里想什么,而是从他们说了些什么去衡量当事人。"[①]美国《合同法重述》第20条注释:"法律所要求的不是相互间的同意,而是这种同意的外部表示。"美国《统一商法典》第208条第2款规定,合同的明示条款、履行过程、交易过程以及贸易习惯之间的解释应达到合理的一致,如果不合理或不一致,则合同的明示条款效力最强,履行过程次之,交易过程及贸易习惯最次。表示主义的合同解释方法主要有文义解释、整体解释等。

(二) 我国合同解释的理论基础

我国合同解释应以哪种理论为基础,有不同的意见。第一种意见认为,"我国合同的解释只能采取意思主义,而不能采取英美法系的表示主义"。[②] 其主要理由是,既然《民法通则》规定合同是当事人之间设立、变更、终止民事关系的协议,而协议就是当事人意志的一致,可见我国对合同概念的理解强调的是当事人的意志,而不是强调外部表示。第二种意见认为,意思主义片面强调当事人的真实意图,会给不诚实的当事人以逃避合同义务的借口,从而不利于保障交易安全,并可能损害善意第三人的利益。但在合同因欺诈、胁迫、乘人之危、错误等原因而订立的情况下,如果不考虑受欺诈人、受胁迫人、处于困境人、重大误解人的内心真实,片面强调他们表示于外部的意思,反而不利于保护他们的利益,甚至是对欺诈等违法行为的怂恿或鼓励。因此,我国应采取表示主义为主、意思主义为辅的学说,应从当事人双方在合同中使用的语言文字、有特定意义的行为、订

---

① 转引自冯大同主编:《国际商法》,对外贸易教育出版社1997年版,第108页。
② 李永伟:《论合同的解释》,载《法学》1997年第5期。

立合同的目的、相关的资料、周围的环境等方面对合同进行解释。

笔者认为,我国《合同法》第125条采取的理论基础,显然是采第二种主张,即表示主义为主、意思主义为辅的合同解释理论。

三、合同解释规则

我国《合同法》第125条规定的合同解释规则分为六种,即文义解释规则、整体解释规则、习惯解释规则、诚信解释规则、目的解释规则和不利解释规则。

(一)文义解释规则

文义解释规则,是指当事人对合同条款的理解有争议的,应当按照合同使用的词句确定该条款真实意思的解释规则。

合同条款由语言文字构成。确定合同条款的含义,必须首先确定词句的含义。文字是当事人意思的外在表现形式,在通常情况下,文字能够较为准确地表达当事人的意思。因此,合同解释一般应当先由文义解释开始。

在实践中适用文义解释规则,应注意以下问题:

(1)一般以普通字面含义解释合同条款的含义。

当事人对合同的词、句、条款理解不一致时,在没有特殊商业背景的情况下,应按普通的字面含义进行解释。所谓普通的字面含义是指一般公众理解的含义和价值判断。

(2)约定的特殊含义优先于一般含义。

有的合同用语除一般含义外,还有特殊含义。当事人赋予合同用语以特殊含义时,如无其他证据,应先按照特殊含义进行解释。对于涉及专业知识的用语更是如此。因为特殊含义比一般含义更为具体、准确地反映了当事人的意思。如在涉外货物买卖合同中,重量单位以"吨"来表示,其一般含义是公制中的吨,每吨为1000公斤;其特殊含义有二:即英制的长吨和美制的短吨,分别为1016公斤和907公斤。如果当事人对此有特别约定,应优先采用当事人所约定的特殊含义。

(3)手写体优先于打印体和印刷体。

一般来说,手写的条款晚于打印和印刷的条款,或是当事人在印好的标准合同上填写,或是临时加入某些内容,因此,手写的内容更能反映当事人的意思。手写体与打印体或印刷体内容相近或相容时,按手写体解释,是将二者内容以手写体为基础相统一;二者内容相反时,优先按手写体解释,实际上是否定打印体或印刷体的效力。在没有手写体时,打印体与印刷体相比较,优先按打印体解释,理由同样是打印的内容比印刷体更能反映当事人的意思。

(4)大写优先于小写。

合同中表示数字的大写与小写发生矛盾,而又没有其他有效证据证明小写的真实性时,应优先按大写解释。

(5) 合同用语理解不一致的解释。

双方对合同用语本身有不同理解时,应区分两种情况:其一,如果一方内心有保留,而另一方对此并不知道或不应知道,则前者不得以其内心保留为由而主张以自己的内心保留确定合同条款的含义。其二,如果一方当事人实际上知道或者应当知道对方当事人对该合同用语有另外的理解,在这种情况下,应按误解方当事人对合同用语的理解来解释其含义。

(二) 整体解释规则

整体解释规则也叫做体系解释规则,是指将合同的所有条款和构成部分视为一个统一的整体,从合同的各条款之间以及各构成部分之间的相互联系和总体联系上,阐明争议条款含义的解释规则。

整体解释规则是各国法律普遍采用的合同解释规则。整体解释规则之所以必要,首先,是因为合同条款及用语是有组织的,而不是毫无联系、彼此分离的无序排列。如果孤立地去探求争议条款或用语的一般意思或可能具有的意思,而不将其与上下文所使用的其他词语联系起来,就很难合理地、正确地确定当事人的真实意图。其次,合同内容通常不是单纯的合同文本所能完全涵盖的,而是还由其他行为或书面材料组成,如当事人的初步谈判、要约、反要约、信件、电报、电传等。应当结合这些材料对争议的条款或词语进行解释,将争议的条款与合同其他部分相互解释,相互补充,就能比较容易地确定当事人的真实意思。

(三) 目的解释规则

解释合同,应当首先判断当事人的目的。当事人对合同条款的理解有争议的,应当按照订立合同的目的确定该条款的真实意思,这就是目的解释规则。

合同是当事人之间的行为规范,有特定目的。合同的各项条款及用语都是围绕合同的特殊目的存在的,是当事人实现目的的手段。因此,合同用语的含义以及合同内容的确定应当适合于合同的目的。

1. 目的解释的含义

目的解释规则有以下几层含义:(1) 在合同条款有不同意思时,应当按照符合合同目的的含义解释,排除与合同目的相悖的含义;(2) 在合同内容不明或相互矛盾时,应当在确认每一合同条款或用语都有效的前提下,通过解释予以协调统一,使之符合合同目的;(3) 在某一合同用语表达的意思与合同目的相反时,应当通过解释予以更正;(4) 合同文本采用两种文字订立并约定具有同等效力,但各文本使用的词不一致的,应当根据合同目的予以解释。

2. 应当注意的问题

适用目的解释规则应注意以下三个问题:(1) 综合考虑当事人双方共同的目的和各自的目的,其条件是当事人一方的目的应当是对方已经知道或者是有理由知道的。(2) 在合同条款或用语可作有效和无效两种解释时,应作有效解释。因为从本意上说,当事人都希望其有效,如作无效解释会使当事人丧失履行利益,不符合当事人订立合同的愿望和目的。(3) 在合同目的违法或情事变更情况下,均不得适用该规则解释合同。

(四) 习惯解释规则

习惯解释规则,是指在合同条款的含义不明或发生争议时,可以参照交易习惯或者惯例予以明确的解释规则。

这里所说的"交易习惯"包括四个方面的含义:(1) 指当事人之间长期从事某种交易所形成的交易习惯;(2) 特殊行业的交易习惯;(3) 特定区域的交易习惯,即地区习惯;(4) 一般的交易习惯,即通行于全国的交易习惯。

当事人之间的交易习惯,是指双方当事人之间业已确立的任何习惯做法,包括在以前的系列交易中形成的习惯做法。美国《统一商法典》规定:"系列交易是指该交易的当事人之间一系列先前的行为。在解释当事人的意思表示和其他行为时,将公平地认为这些行为对此确立了一个共同理解的基础",系列交易能够"赋予合同条款特殊的含义并补充或限定之"。[①] 在解释合同时,还应广泛地考虑围绕交易的所有相关因素。在通常情况下,当事人之间的交易习惯优先于其他交易习惯。

特殊行业交易习惯、地区习惯以及一般习惯,都是其他交易习惯,是指人们在长期反复实践的基础上形成的,能被广大合同当事人所认知、接受和遵从的,在某一行业、某一地区或者全国的经济流转关系中普遍采用的习惯做法。一些经国家认可的习惯或惯例,成为民事法律的渊源。因此,习惯解释规则不仅符合当事人的利益和愿望,而且符合社会正义和法律的要求,因而得到世界各国的普遍承认,成为国际贸易中合同解释的通则。随着我国与其他国家和地区之间国际经济交往不断增强,涉外合同的数量越来越多,出现涉外合同的解释问题时,习惯解释规则对于确定当事人双方的权利义务更为必要。

适用习惯解释规则应当注意以下几点:(1) 这种习惯或惯例应当是客观存在的,主张的一方当事人对此负有举证责任;(2) 习惯或惯例必须适法,而不能违反现行法律;(3) 当事人双方知道或应当知道这种习惯或惯例而且没有明示排斥适用的;(4) 双方当事人处于不同的国家或地区的,兼顾双方的交易习惯或惯例。

---

① 转引自王利明、崔建远:《合同法新论·总则》,中国政法大学出版社 1996 年版,第 491 页。

（五）诚信解释规则

诚信解释规则，是指在合同用语有疑义时，应依诚实信用原则确定其正确意思；合同内容有漏洞时，应依诚实信用原则予以补充。当事人对合同条款的理解有争议的，应当按照诚实信用原则确定该条款的真实意思。

诚实信用原则是现代民法上指导当事人行使权利、履行义务的基本规则，也是我国《民法通则》确立的为一切民事活动所应遵循的基本规则，在现代合同法中被视为"帝王条款"，合同解释当然包括在内。在解释合同时，应当遵循该原则。诚信解释规则要求合同解释的结果不得显失公平。对当事人的意思，不能仅仅根据其主张之意，而应从善良的角度推定其应有之意。当合同条款含义不明或相互矛盾或欠缺条款时，不能简单推定当事人的"真实意思"，而要按照诚信原则进行解释，兼顾双方当事人的利益，使当事人取得的利益和承担的风险大致相当。

诚信解释规则虽然重要，但是，该规则一般是在其他解释规则难以适用的情况下才采用的。其原因是：诚信原则较为抽象，要依据某种道德的、公平的观念来解释合同，会给法官以太大的自由裁量权；同时，从适用范围来看，诚信原则主要适用于合同漏洞的填补，而非一般的合同争议的解释，我国《合同法》第125条将这一解释规则放在最后的位置，也说明了这个问题。

（六）不利解释规则

不利解释规则，是指对于合同的内容发生争议时，应当对起草者作不利解释的合同解释规则。这个解释规则主要是针对格式条款的解释，同时对其他非格式条款的解释也有作用。

罗马法上就有"有疑义应为表意者不利益之解释"的规则，后为许多国家的判例或学说所采纳，有的视之为合同解释的特有规则。不利解释规则在我国立法中也有所体现，但是以"有利解释"的形式出现的。如我国《保险法》第30条规定："……对合同条款有两种以上解释的，人民法院或者仲裁机关应当作有利于被保险人和受益人的解释。"

我国《合同法》第41条规定："……对格式条款有两种以上解释的，应当作出不利于提供格式条款一方的解释。格式条款和非格式条款不一致的，应当采用非格式条款。"格式条款的当事人经济地位的不平等，是社会经济发展的必然，虽然这种不平等无法从理论上抹煞当事人法律地位的平等，但在事实上构成了一方对另一方的强制。对格式条款作不利于其提供者的解释，可以说是对格式条款提供者的不公平，但在实际上，正是以这种不公平来部分地抵销因对方当事人缔约地位与缔约自由的相对性而可能导致的不公平交易结果。我国《合同法》明确规定了不利解释规则，有利于保护广大用户和消费者的利益，更重要的是其内含的观念的转变，意义十分深远。

一般所说的不利解释规则,是指在当事人对格式条款发生争议时,应作出不利于提供格式条款一方的解释。其实,广义理解不利解释规则,除包括以上含义外,还有另一层含义,即当格式条款和非格式条款不一致时,应当采用非格式条款。这是因为非格式条款是当事人协商的结果,具有优先适用的效力,故应排除适用格式条款,因而对提供格式条款一方自然也是不利的。

对于非格式条款的不利解释,只有在非格式条款适用其他解释规则无法解释的时候,才适用这个解释规则进行解释。

【案例讨论】

讨论提示:1.8万年的债务清偿显系荒唐,但债权文书确系借款人所写,内容无误。因此,对合同的约定需要进行正确解释。

讨论问题:1. 我国合同解释的法理基础是什么?为什么?2. 不同的合同解释的规则的具体方法是什么?

第二编 合同流转

第三章 合同订立

第一节 合同订立概述

【典型案例】

2009年4月,河北某毛纺厂与山东某制衣厂签订了购销洗净改良羊毛合同的意向书,其中规定:"制衣厂向毛纺厂购买60支洗净改良羊毛95吨,由制衣厂到毛纺厂验货并带款提货,提货时有关价格问题面议。"该意向书签订以后,毛纺厂多次去电催告制衣厂提货,制衣厂一直以资金短缺为由未提货。12月20日,毛纺厂将95吨羊毛派车送往山东,制衣厂提出原先签订的协议只是一份合同的意向书,且该货物质量存在问题,因此拒绝收货。同意将该货暂时存放在制衣厂的仓库。12月30日,毛纺厂来检查货物,发现该货短缺10吨,制衣厂承认其因急需原料已用了10吨,另外85吨拒绝接受。毛纺厂认为制衣厂构成违约,向法院提起诉讼,要求制衣厂支付全部95吨羊毛的货款并承担违约责任。

一、合同订立的概念

(一) 合同订立的概念界定

合同订立,是指缔约人为意思表示并达成合意的状态。① 正如学者所云,契约者,谓须有二人以上当事人,其互相的所为意思表示,并须一致,且以发生债权为目的的法律行为也,须有二人以上的意思表示,意思表示必须一致即须有合

---

① 崔建远主编:《合同法》(第五版),法律出版社2010年版,第40页。

意,该意思表示须互相为之。①

合同订立是一个动态的过程,是当事人为实现预期目的为意思表示,并达成合意的过程。它包含当事人各方为了进行交易,与对方进行接触、洽谈,最终达成合意的整个过程,是动态行为和静态协议的统一体。合同的动态行为包括缔约人的接触、洽商以至于达成协议前的整个还价的过程。在这个阶段的行为里,由要约邀请、要约、反要约等诸种制度规范和制约,产生先契约义务和缔约过失责任。合同的静态协议是指缔约达成合意,合同条款至少是合同的主要条款已经固定,各方当事人所享有的权利和负担的义务已经确定。其中承诺、合同成立要件和合同条款等制度发挥作用。最终的合意就是合同的成立,标志着合意已经达成,当事人的权利义务关系已经确定。如果合同不具有生效的消极要件,合同就将发生法律效力,对当事人发生法律上的约束力。

（二）合同订立与合同成立

《合同法》使用了两个不同的概念,一个是合同订立,一个是合同成立。这是两个既互相联系又互相区别的概念。合同的成立仅是合同订立的组成部分,标志着合同的产生和存在,属于静态的协议。合同订立的含义广泛,既含有合同成立这个环节,又包括缔约各方接触和洽商的动态过程,涵盖了交易行为的大部分内容。②

二、合同订立的意义

合同订立是合同的初始阶段,是双方当事人接触、洽商,使当事人的意思表示趋于一致,并最后达成合意的过程。正因为如此,合同订立具有非常重要的意义。

（一）没有合同的订立就没有合同的存在

没有合同的订立就没有交易行为,也就没有合同的存在。在现代社会,经济的交往和交易都是通过合同来加以规范和规制的。可以说,合同是交易的法律形式。在合同的订立过程中,当事人发挥自己的聪明才智,凭借自己的经济实力,与对方当事人进行洽商,使双方当事人取得一致的意愿,达成合意,形成合同。

（二）合同的订立是合同权利义务得以实现的前提

合同订立的最终形式是合同的成立。合同成立了,才能发生合同当事人之间的权利义务,也才有合同的生效,才有合同的履行,合同履行过程中的保全、担保、变更、解除、转让、消灭等一系列合同制度才得以适用,直至满足当事人订立

---

① 戴修瓒:《民法债编总论》(新版),上海法学编译社、会文堂新记书局1948年版,第22—25页。
② 崔建远主编:《合同法》(第五版),法律出版社2010年版,第40页。

合同的预期经济利益。没有合同的订立,就没有合同的履行,也就没有当事人所追求的预期经济利益的实现。

（三）没有合同的订立就没有合同责任的发生

在完整的合同责任中,有缔约过失责任、合同无效责任、加害给付责任、预期违约责任、实际违约责任和后契约责任。除缔约过失责任是发生在合同的订立过程中以外,另外五种合同责任都是发生在合同订立之后的合同责任。没有合同的订立,或者没有合同成立,另外五种合同责任就没有发生的基础。

三、缔约人

（一）缔约人与合同主体

订立合同的当事人就是缔约人,包括订立合同的自然人、法人和其他组织。当合同成立之后,缔约人就变为合同主体。因此,缔约人与合同主体是前后相序的当事人。在合同关系中,订立合同的当事人既是合同主体,也是缔约人。作为从事民事法律行为的合同主体和订约主体都应当经过法律的许可,允许其从事一定范围的民事法律活动。我国《合同法》第9条规定:"当事人订立合同,应当具有相应的民事权利能力和民事行为能力。""当事人依法可以委托代理人订立合同。"按照该条的要求,订立合同的当事人必须具有相应的民事权利能力和民事行为能力。

（二）缔约人的民事权利能力

具有民事权利能力是实施民事行为的前提,缔约人必须具有民事权利能力。

我国的自然人终生享有民事权利能力,自然人之间民事权利能力平等,每一个自然人都有依法订立合同的权利能力。在我国境内的外国人、无国籍人,除法律另有规定外,适用我国关于自然人的规定,凡是具有民事权利能力,居住在我国境内的外国人、无国籍人,按照我国自然人一样对待,都具有订立合同的民事权利能力。

法人的民事权利能力依照法律规定,确认其双方具有与其民事权利能力相适应的合同行为的资格。他们的民事权利能力由其核准登记的经营范围决定。上述民事主体在其核准登记的经营范围内,具有《合同法》规定的缔约主体的民事权利能力,依法订立的合同具有法律效力。

其他组织是指《民法通则》规定的个体工商户、农村承包经营户、个人合伙、联营,以及其他能够进行经营的组织。其他组织在其核准登记的经营范围内,具有《合同法》所需的民事权利能力,依法订立的合同具有法律效力。

（三）缔约人的民事行为能力

1. 自然人的民事行为能力

我国《合同法》对缔约主体的民事行为能力也作出了具体要求。这是为了保护那些不具备正确认识自己行为性质和行为后果能力的自然人的利益,同时也是出于维护正常社会经济秩序的需要,法律一般对某些民事主体的民事行为的效力予以限制。

自然人作为订约主体,一方面要求他达到相应的年龄,具有相应的精神智力状况,能够正确认识、理解其订约行为的内容和性质,以保护其合法利益;另一方面,也只有这样,才能有效保护相对人的合法权益,维护社会经济秩序。

按照我国《民法通则》的规定,18周岁以上的自然人是成年人,是完全民事行为能力人;16周岁以上不满18周岁的自然人,以自己的劳动收入为主要生活来源的,视为完全民事行为能力人。完全民事行为能力人可以独立为合同行为,具有缔约人的资格。

10周岁以上的未成年人和不能完全辨认自己行为的精神病人,是限制民事行为能力人,可以订立与他的年龄、智力和精神健康状况相适应的合同,是部分合同的缔约人。在订立合同时仍然为限制民事行为能力人,订立的合同又不是与其年龄、智力和精神健康状况相适应的,则其订立的合同应当经过其法定代理人的追认。不经过追认,其合同无效。

不满10周岁的未成年人和不能辨认自己行为的精神病人是无民事行为能力人,不具有合同行为能力,不属于缔约人。

关于自然人的缔约人有两点应当注意:第一,无民事行为能力人和限制民事行为能力人虽然不能作为全部或者部分缔约人,但可以成为合同主体,只不过其合同行为需要由其代理人代理进行而已。第二,在限制民事行为能力人纯粹获利的情况下,应当承认其有缔约资格,订立的合同具有法律效力。[①]

2. 法人和其他组织的民事行为能力

法人的民事行为能力与其民事权利能力同时产生,同时消灭;法人的行为能力是由其法人机关或者代表来实现的,所以法人的能力范围不可能取决于法人的智力和精神状况,而是取决于法人核准的登记范围。由于登记范围的不同,各个法人的能力范围也不同。

个体工商户、农村承包经营户、个人合伙和联营等民事主体的行为能力与法人相同。

四、订立合同的委托代理

在现代经济生活中,一个民事主体可能需要同时处理大量的事务,难以事必躬亲,通过委托代理的形式订立合同,就是一种方便的选择。此外,无民事行为能力人或者限制民事行为能力人的法定代理人也可以代理无民事行为能力人或

---

① 参见我国《合同法》第47条规定。

者限制民事行为能力人订立合同。

在委托代理人订立合同中,其民事主体和合同法律关系是:

在这种民事法律关系中有三个主体:一个是被代理人,所订合同权利义务的具体承受者,即合同主体;一个是代理人,事实上与相对人订立合同的人,即订约主体;一个是相对人。被代理人和相对人是合同主体,而代理人只是受委托的缔约人,不是合同主体。被代理人与相对人之间是合同关系,两者都是合同主体;代理人与相对人之间则是订约关系,两者都是缔约人;被代理人与代理人之间则是委托代理关系,实际上是基于一个委托合同或者一定的隶属、亲属关系确定的代理关系。

委托代理关系是委托订立合同的基础关系,它决定了代理人与被代理人之间的权利义务关系。这种关系的产生有三种:一是基于委托合同而产生,这是由于一个合同的关系产生的,委托的双方是委托合同的当事人,他们之间的权利义务依委托合同确定。二是单位领导的授权行为。授权行为是一种单方法律行为,法人的法定代表人或者其他组织的负责人授权某人具体承担一项合同的订立,被授权人就产生了订立该合同的职责,依照该授权订立合同。三是基于合伙关系所产生的代理关系。在合伙中,任何一个合伙人都有执行合伙事务的权利,合伙人之一按照合伙的利益进行的事务,是合伙人代理权的实施,其实施的合伙事务,应当由全体合伙人承担。这些关系是委托订立合同在代理人和被代理人之间的内部关系。

被代理人的订立合同行为与相对人的订立合同行为,是代理的外部关系。授权行为是代理发生的前提,没有授权行为和接受授权,就没有代理的发生。

委托代理订立合同的规则是:(1)代理人享有代理权,代理订立合同的人必须事先取得委托人的授权。由于委托授权不明发生的合同纠纷,应当首先由被代理人向合同相对人承担民事责任,代理人承担连带责任。代理人不履行职责而给被代理人造成损害的,代理人应当承担民事责任。(2)代理人必须在授权范围内,以被代理人的名义进行代理活动。授权范围包括代理人可以被代理人的名义从事的合同事项,对该事项决定权的范围,代理期限等。(3)由被代理人承担订立合同的法律后果。代理人不承受合同的权利义务,而被代理人真正承受合同权利义务,对代理人在代理权限内的行为负责。

五、合同成立的方式和条件

(一)合同成立的方式

合同成立的方式,按照我国《合同法》第13条的规定,采取要约、承诺方式。

合同成立,是指当事人对合同的标的、数量等内容协商一致。合同成立是当事人对合同的主要条款达成一致,是从当事人意思表示一致的角度来讲的。对合同成立的掌握,应当尽量遵从当事人的意志,从有利于合同成立的方向,解释和处理有关合同成立的纠纷。

合同成立与合同生效是两个不同的概念。合同生效是国家对合同效力的认可,它强调合同内容的合法性。而合同成立则是当事人的意思表示一致。从另一个角度上说,合同成立和合同生效,在多数情况下是同时发生的,只要合同成立以后,不具有阻碍合同生效的消极要件,合同就即时生效。合同生效体现了国家对合同的规制,合同成立体现的是当事人的意志。在解决合同纠纷中,要遵从国家意志,又要注重判断当事人意思表示的真实性和合同内容的合法性。

(二) 合同成立的条件

(1) 在主体上须有双方或多方当事人。

合同成立,必须有利益相互对立又相互联系的双方或多方当事人。该双方或多方当事人一般既是订约主体,又是合同主体;也可以由合同当事人委托代理人订立合同,这时的合同当事人是合同主体,而合同当事人的代理人则仅仅是合同的订约主体。

(2) 当事人对合同的主要条款达成合意。

合意是指双方或多方经协商,达成一致意见。合意的内容是合同的主要条款。我国《合同法》没有明文规定合同主要条款。对此应当如何解释?《合同法》草案对合同的主要条款是有规定的,前三部合同法也对合同的主要条款作了规定。《合同法》正式通过,立法机关对规定合同主要条款的条文予以删除。我们认为,《合同法》中没有规定合同的主要条款,并不能说法律不承认合同的主要条款。按照《合同法》第 61 条和第 62 条的规定,对于合同条款内容的确定并不包括标的和数量,而对其他条款内容则可以进行协商或者依据一定的方法进行确定,这表明《合同法》在实际上是承认合同主要条款的。因此,应当认为标的和数量是合同的主要条款,只要当事人就合同的主要条款达成一致,就应当认为合同成立。

合同的主要条款即合同的必备条款,是指约定合同权利义务必备的、起决定性作用的条款,该条款一旦缺少,就无法确定、履行合同的条款。合同的主要条款就是标的和数量,以及其他合同与此相对应的条款。

合同订立的方式就是要约和承诺。在订立合同中,一方当事人提出要约,另一方当事人予以承诺,合同就告成立。当缔约当事人一方对要约予以承诺的时候,就实现了合同成立的以上要件。因此,要约和承诺既是合同订立的方式,也是合同订立的两个阶段。

【案例讨论】

讨论提示:本案当事人之间订立的是订立合同的意向书,而不是合同,不发生合同效力。毛纺厂送货上门,固然违约,但制衣厂在明确对方违约的情况下,又使用部分货物,又有合同有效的部分。

讨论问题:1. 订立合同的意向书,是双方当事人订立了合同吗？2. 制衣厂的行为是使合同部分有效还是全部有效？

第二节 要 约

【典型案例】

原告李某与被告Y房地产公司签订《商品房买卖合同》,约定原告购买被告开发建设的商品房一套,房价为22.1万元。签约时,被告方提供的宣传资料、沙盘模型均显示与原告所购房毗邻的一侧建筑为一圆形建筑物。合同第10条约定:"经规划部门批准的规划变更、设计单位同意的设计变更导致该商品房结构形式、户型、空间尺寸、朝向(变化)影响到买受人所购商品房质量或使用功能的,出卖人应当在有关部门批准同意之日起10天内,书面通知买受人。买受人有权在通知到达之日起15日内作出是否退房的书面答复。买受人在通知到达之日起15日内未作书面答复的,视同接受变更。出卖人未在规定时限内通知买受人的,买受人有权退房。出卖人须在买受人提出退房要求之日起30日内将买受人已付款退还给买受人,并按银行同期活期存款利率付给利息。买受人不退房的,应当与出卖人另行签订补充协议。"合同中对原告所购房相邻建筑的相关内容未作约定。合同签订后,被告经规划部门批准,将原告所购房相邻的圆形建筑变更为一座矩形建筑,原告的阳台一侧被矩形建筑实墙封堵。同时,距离原告房屋窗户外侧一米多的地方,该矩形建筑增设了一外置楼梯。此项变更施工前,被告未通知原告,亦未经原告同意。2005年6月30日被告通知原告接受房屋交付。原告发现所购房相邻建筑已被实墙封堵及增设外置楼梯等变化后,拒绝接受交付,双方发生争议。原告诉至法院,主张被告违约,要求退房。

一、要约的概念及其条件

（一）要约的概念

要约,是指一方当事人以缔结合同为目的,向对方当事人提出合同条件,希望对方当事人接受的意思表示。简言之,要约者,以缔结契约之目的,所为之意思表示也。① 在商业活动中,要约也叫做发价、发盘、出盘、出价或者报价。② 我国《合同法》对要约概念的界定,采纳了大陆法系的传统观点,确认要约是一种意思表示,是一种有法律意义的意思表示,它既不同于事实行为,也不同于民事法律行为,从而使要约与要约邀请相区别。

要约的性质,是一种与承诺结合后成立一个法律行为的意思表示,要约本身并不构成一个独立的法律行为。③ 要约是合同订立过程的倒数第二个意思表示④,这样说意思更为鲜明。

（二）要约的构成要件

英国法认为,要约包括两点,一是愿意受拘束的明白表示,二是必要条款的描述。⑤ 我国合同法认为,要约发生法律效力,应当符合下列构成要件:

（1）要约必须是特定人所为的意思表示。

要约是要约人意图与他人订立合同,而由要约人向受要约人发出的意思表示。其目的在于征求对方的承诺。所以要约必须是特定人所为的意思表示,只有要约人特定化,受要约人才具有了承诺对象。

（2）要约的内容须具体、确定。

法律对要约的要求,一是具体,二是明确。要约的内容具体,是指要约的内容必须具有足以确定合同成立的内容。要约人发出要约后,受要约人一旦承诺,合同就告成立。因而要约必须包含将来合同的主要条款。要约的内容确定,是指要约的内容必须明确,不能含糊不清,应当达到一般人能够理解其真实含义的水平,否则合同将无法履行。

（3）要约必须具有缔结合同的目的。

要约必须以缔结合同为目的,凡是不以缔结合同为目的的行为（例如邀请参加典礼的请柬）就不是要约。要约邀请虽然也具有缔结合同的目的,但是其与缔结合同的目的距离较为遥远,是希望他人向自己发出要约的意思表示,不能

---

① 戴修瓒:《民法债编总论》（新版）,上海法学编译社、会文堂新记书局1948年版,第42页;胡长清:《契约法论》,商务印书馆1935年版,第11页。
② 王利明:《合同法研究》（修订版第一卷）,中国人民大学出版社2011年版,第158页。
③ 韩世远:《合同法总论》（第三版）,法律出版社2011年版,第77页。
④ 〔美〕E. 艾伦·范斯沃斯:《美国合同法》（第三版）,葛云松、丁春艳译,中国政法大学出版社2004年版,第131页。
⑤ 〔英〕P. S. 阿狄亚:《合同法导论》,赵旭东等译,法律出版社2002年版,第55页。

认为已经具有了缔结合同的目的就是要约。

（4）要约必须发给要约人希望与其订立合同的受要约人。

要约必须发给受要约人，否则合同的订立就无从谈起。以语言对话的方式进行的要约行为，都是直接将要约送达到受要约人，因而不存在这样的问题。以电报、书信等形式进行的要约，一般以该要约到达受要约人可以支配的范围，即认为已经符合该要件，并不以受要约人知悉要约内容为必要。受要约人是否必须是特定人，有不同的意见。我们认为，要约原则上应当向特定人发出，但是特定人可以是特定的一个人，也可以是特定的数个人。例如，法律有明确规定的情况，或者要约人明确表示愿意承担向不特定人发出要约的法律后果的，要约就可以向特定的多数人发出。在这种情况下，要约应当明确注明要约字样，否则视为要约邀请；要约人须具有同不特定人订立合同并履行合同的能力，否则应当承担相应的法律责任。

（5）经受要约人承诺后要约人即受该意思表示约束。

要约在被承诺后，就产生合同的法律效力。我国《合同法》第10条第2款明确规定这一要求，就是为了方便司法机关和合同当事人能够比较容易地掌握要约和要约邀请的区别，要求要约人应当明确地向被要约人表明，一旦该要约经受要约人承诺，要约人即受该意思表示约束。该约束是指要约被承诺后，合同即告成立，要约人要受合同效力的约束。理论认为，如果要约人已经表明了订立合同的意图，就意味着他已经声明愿意接受承诺的法律后果，所以没有必要要求要约人在要约中另行声明要接受承诺的法律后果，否则，对要约人未免过于苛刻。这种意见是有道理的。在实践中，不可能要求所有的要约都能够明确地、直截了当地写明自己接受要约内容约束的文字，但是，只要当事人发出要约，就意味着自己愿意接受要约意思表示的约束。只要依据要约的条文能够合理分析出要约人在要约中含有已经承诺即受拘束的意旨，或者通过要约人明确的订立合同的意图可以合理推断该要约包含了要约人愿意接受承诺后果的意思表示，即可认为符合该要件。

二、要约邀请

（一）要约邀请的概念

要约邀请，即要约引诱，也称为邀请要约，是一方希望他人向自己发出要约的意思表示。[①] 我国《合同法》第15条规定："要约邀请是希望他人向自己发出要约的意思表示。寄送的价目表、拍卖公告、招标公告、招股说明书、商业广告为要约邀请。商业广告的内容符合要约规定的，视为要约。"在性质上，要约邀请

---

① 崔建远主编：《合同法》（第五版），法律出版社2010年版，第44页。

不过是合同的准备行为,其自身不发生何种法律上之效果。①

(一)要约与要约邀请的区别

要约与要约邀请具有以下区别:(1)要约是一方向另一方发出的意欲订立合同的意思表示;而要约邀请则表明仍处在订立合同的磋商阶段,是订约的准备行为。(2)要约生效后,受要约人获得承诺资格;而要约邀请仅仅是使相对方当事人获得了信息,从而可以向要约邀请人发出要约。(3)要约人受要约拘束,在要约有效期限内不得任意撤销要约,否则应当承担缔约过失责任。受要约人一旦承诺,则导致合同成立的法律后果,要约人成为一方合同当事人,应当履行合同义务,否则应当承担违约责任。而要约邀请并未给要约邀请人带来任何义务,相对方发出要约也并不是因为要约邀请赋予了其资格。(4)有些要约法律有特别规定。如果法律规定某种行为为要约或者要约邀请,则应当依照法律的规定处理。例如我国《合同法》第15条规定,寄送的价目表、拍卖公告、招标公告、招股说明书、商品广告等为要约邀请,就不能再认为它们是要约。

(二)几种具体的要约邀请

1. 寄送价目表

寄送的价目表不是要约,而是要约邀请。这是因为,寄送价目表的目的在于使受寄送人获取价目表中的信息,意图使受寄送人向自己发出要约。从价目表的寄送行为和价目表所包含的内容,不能推断寄送人有一经对方承诺即接受合同成立后果的意图,价目表的内容不包括商品的数量条款,因而价目表寄送不能构成要约,只能是要约邀请。

2. 拍卖公告

拍卖是竞争订约的一种。拍卖公告是拍卖表示的一种形式,是拍卖的一个阶段,是拍卖人发出公告对拍卖物的介绍和宣传。拍卖公告的目的不是向受要约人提出合同的主要条款,意图使对方当事人与自己订立合同,而是在于向不特定的公众传递拍卖的信息,希望更多的人参与竞买,由参与竞买的人向拍卖人发出要约。因此拍卖公告是要约邀请,不是要约。

3. 招标公告

招标也是竞争订约的一种方式。招标公告是竞争订约的要约邀请,是招标人采用公告的形式向不特定的相对人发出的介绍招标情况的意思表示。这种行为不是向受要约人提出订约的主要条款,也不是想让自己受要约内容的约束;其真实目的在于告知相对人招标信息,但不可能包括标底即价格条款;其目的在于吸引相对人向自己投标,以便能够从诸多的投标者中选择合适的中标者。所以招标公告不是要约。但如果在招标公告中明确表明将来与出价最高的投标者订

---

① 胡长清:《契约法论》,商务印书馆1935年版,第12页。

立合同的,可以将其视为要约。

4. 招股说明书

招股说明书是股份公司的发起人向社会的不特定人发出的说明文书,内容包含公司章程、发起人认购的股数、每股的票面金额和发行价格、无记名股票的总发行数、认股人的权利义务、本次募股的起止期限、未募足时认股人可撤回所认股份的说明等内容。发出招股说明书的目的在于向不特定人提供信息,希望相对人向自己发出要约,而不是自己发出订约的要约。所以招股说明书是要约邀请。

5. 商业广告

商业广告在当今社会中大量使用,它是商品生产者或者销售者通过媒体向大众宣传其商品的一种方式。商业广告发布者的主要意图是向大众传递商品信息,希望扩大自己商品的知名度,使更多的人向自己发出要约,购买自己的商品。其内容倾向于商品的质量、效用等,所以没有包含要约所必需的数量条款。在一般情况下,商业广告是要约邀请。有些商业广告符合要约的规定,具备了商品名称、价款、规格、性能等主要条款的内容,我国《合同法》将这种商业广告视为要约,与要约产生同样的法律效力。

三、要约的法律效力

(一) 要约生效的时间

要约生效,是指要约从什么时间开始发生法律效力。

对于以对话形式发出的要约,一般不存在何时生效的争议。要约的意思表示一经表示,受要约人就立即知悉,要约就立刻生效。

非对话要约即书面形式的要约究竟何时生效,各国立法一直存在不同的立法例:一是发信主义,即要约人发出要约,使要约脱离自己的控制后就发生法律效力,而不问受要约人实际上是否收到。该观点事实上是把邮政视为受要约人的代理人,英美法系国家采用这种观点。二是收信主义,又称到达主义,是指要约从到达受要约人时开始生效。大陆法系国家采取该观点,我国的学者大多主张采用到达主义的观点。三是了解主义,认为要约从受要约人了解要约的内容之时起开始生效。因为受要约人的了解是一个很难判定的问题,不利于维护要约人的利益,所以该观点已经被抛弃。

我国《合同法》采用到达主义。采用到达主义的理由是,要约是希望和他人订立合同的意思表示,要约的约束力不仅针对要约人也针对受要约人。非对话方式的要约,在要约脱离要约人后、到达受要约人之前,受要约人不可能知悉要约的内容。如果采取发信主义,受要约人还不知道要约的内容,这时候要约发生法律效力,对受要约人是不合乎情理的。只有受要约人收到要约后,要约才生效,要约人才能对此要约针对变化的需求和市场情况,及时地撤回、撤销,而不负法律责任,也不会损害受要约人的利益或者危及交易安全。

到达主义即收信主义中的"到达",不是指要约必须在实际上到了受要约人或者其代理人的手中,而是要约送到了受要约人及其代理人实际控制的地方,即视为到达。例如:以信件为载体的要约,送到受要约人及其代理人的信箱就视为到达。如果在要约中要约人没有特别限定时间,则应当以要约能够到达的合理时间为准。该时间与受要约人实际收到的时间不符的,受要约人应当举证。

如果采用数据电文形式订立合同,收件人指定特定计算机系统接收数据电文的,该数据电文进入该特定系统的时间视为到达时间,例如,收件人指定电子信箱的,要约到达该信箱的时间,即为要约收到的时间,为要约生效的时间。如果未指定特定系统的,该数据电文进入收件人的任何系统的首次时间视为到达时间,例如用电传方式发送要约,受要约人没有指定专门的接收系统,收件人的任何一个电传机第一次接收到该要约的,就是要约生效的时间。

(二)要约对要约人的效力

要约一经生效,即对要约人发生拘束力,不得随意撤销或者对要约加以限制、变更或者扩张。

(三)要约对受要约人的效力

受要约人在要约生效时,即取得承诺的权利,取得了依其承诺而成立合同的法律地位。正因为这是一种权利,所以受要约人可以承诺,也可以不承诺;也正是因为这是一种法律地位,所以它不得随意转让,也不能作为继承的标的。特例是,在强制缔约的情况下,承诺不仅是权利,也是一种法定义务。

(四)要约发生法律效力的期间

要约发生法律效力的期间,简称为承诺期间。在此期间作出的承诺,为有效承诺。承诺期间分为两种:

1. 定有承诺期间

要约人在要约中定有承诺期间的,该期间即为确定,受要约人受此期间约束。

2. 未定有承诺期间

对此,如果要约是以对话方式作出的,应当即时作出承诺,但当事人另有约定的除外。

要约以非对话方式作出的,承诺应当在合理期限内到达。确定合理期限的要素是:(1)要约到达受要约人所必需的时间;(2)受要约人考虑是否承诺所必需的时间;(3)承诺到达要约人所必需的时间。只有在合理期间内作出的承诺,才对要约人具有拘束力。

四、要约撤回和要约撤销

（一）要约撤回

要约撤回，是指在要约人发出要约之后、要约生效之前，宣告收回发出的要约，取消其效力的行为。

要约撤回权，各国都规定为缔约当事人的一项重要权利。由于要约的撤回发生在要约生效之前，受要约人还未曾被赋予承诺的资格，一般不会给要约人造成损害。法律允许要约人根据市场的变化、需求等各种经济情势，改变发出的要约，以保护要约人的利益。

按照我国《合同法》的规定，撤回要约的通知应当在要约未到达受要约人或者同时到达受要约人时，这样才可以将要约撤回。要约撤回的通知不应当迟于受要约人收到要约的时间，才不至于使受要约人的利益受损。以语言对话形式表现的要约，由于当事人是在对面进行订约的磋商，要约一经发出，受要约人即刻收到，对话要约本身的性质决定了它是无法撤回的。由他人转达的语言要约，应当视为需要通知的形式，可以撤回。

以电子数据形式发出的要约，因其本身的性质，也难以撤回。因为采用数据电文形式发出要约，要约人一旦发出要约，该要约立即就会进入收件人的计算机系统。发出和收到之间的时间间隔几乎可以忽略不计。要约人的要约撤回是无法先于或同时与要约到达收件人的。

所以，要约撤回只能是针对非直接对话式要约和非电子计算机数据传递方式的要约而言，主要是书面形式的要约。为了使后发出的要约撤回通知早于要约的通知或与要约的通知同时到达受要约人，要约人应当采取比要约更迅捷的送达方式。例如，要约是用平信方式寄出的，要约的撤回通知则可以采取特快专递的方式。要约是用特快专递寄出，则要约的撤回通知可以采用派人直接送达以及电报、电传等方式。

要约的撤回符合规定的，发生要约撤回的效力，视为没有发出要约，受要约人没有取得承诺资格。要约撤回的通知迟于要约到达受要约人的，不发生要约撤回的效力，要约仍然有效，受要约人取得承诺的资格。

在实践中行使撤回要约的权利，应当注意以下几个问题：

第一，受要约人在收到迟到的要约撤回通知后，是否负有以同样方式通知要约人，撤回通知迟到的义务呢？笔者认为，要约人发出要约后又要撤回要约，完全是要约人自己的决策失误，要约人应当为自己的过失负责，而不能要求并未从中获取任何利益的受要约人对其过失负担义务。因此，受要约人不负向要约人通知要约撤回通知迟到的义务。

第二，要约撤回的通知迟到，得否视为要约撤销？法律没有规定要约撤回迟到就应当将要约撤回转变为要约撤销。法律一旦确认该要约撤回通知迟到就自然地转化为要约撤销,有可能与要约人的意志相背,损害要约人的利益,在要约撤回通知迟到的情况下,要约人有可能选择让要约继续有效,而不是撤销要约。因为要约撤销后,要约人就要面临承担缔约过失责任的可能。要约撤回通知上明确标明了"撤回"、"不能转为撤销"字样或者有明确的撤回含义的,不应当视为撤销。

第三,撤回要约通知的内容不明确,无法认定是撤回还是撤销的,应当如何处理?如果该通知于要约到达之前或者同时到达受要约人,应当认定为是要约的撤回;如果在要约生效之后,受要约人发出承诺的通知之前到达受要约人的,应当认定为要约撤销。

(二)要约撤销

要约撤销,是指要约人在要约生效之后,受要约人作出承诺之前,宣布取消该项要约,使该要约的效力归于消灭的行为。

要约撤销与要约撤回不同。由于要约的撤销发生在要约生效之后,受要约人可能已经作出承诺和履行的准备,如果允许要约人撤销要约,有可能损害受要约人的利益和社会交易安全。

各国立法对于要约撤销持有截然不同的观点。大陆法系国家一般否认要约具有撤销的效力,认为对于要约人来讲,要约具有形式上的拘束效力,要约一旦生效,要约人就不得随意撤销。大陆法系国家的做法是与其要约采用到达主义的理论相联系的。在要约到达受要约人之前允许要约人撤回要约,是因为这样做不会损害受要约人的利益和交易安全。但是在要约到达受要约人,即要约生效后,允许要约人擅自撤销要约,就难以避免损害受要约人的利益和交易安全。正是基于这种考虑,法律一般禁止撤销要约,以保护受要约人的利益和交易的安全。[①]

英美法国家的合同法认为,要约既可以随时撤回,也可以随时撤销。这种做法也是与其采取的整个合同法制度相联系的。因为英美国家一般采取要约生效的发信主义。在发信主义条件下,如果不允许要约人可以撤回和撤销要约,对要约人比较苛刻。因为要约一旦发出就发生法律效力,在此后的漫长时间里,甚至包括受要约人不知悉要约的时间里,不允许要约人根据自身需要和市场经济情势撤销要约,是不公平的。所以英美法国家的合同法理论认为,要约只是一项允诺,这项允诺不应当对要约人产生拘束力,除非要约人采取了签字盖章的形式或者有对价支持。[②]

[①] 参见王利明、崔建远:《合同法新论·总则》,中国政法大学出版社1996年版,第162—163页。
[②] 参见王家福主编:《民法债权》,法律出版社1991年版,第294页。

分析上述两种做法的利弊,如果绝对禁止撤销要约,虽然有利于保护受要约人的利益和交易安全,但也存在不足。由于各种自然情势和经济情势的变化越来越快,不允许要约人适时地根据这些情势改变决定,撤销要约,可能会给要约人造成不必要的损失和浪费。如果允许要约人撤销要约,使其能够根据市场情况的变化,灵活地从事交易活动,对于促进经济发展更为有利。

在实践中行使要约撤销权,应当注意以下几个问题:

第一,注意把握要约撤销的时间界限。撤销要约应当发生在要约生效之后。发生在受要约人收到要约之前或者收到要约的同时,应当视为要约的撤回。撤销应当发生在受要约人发出承诺通知之前。在受要约人发出承诺通知之后,如果承诺已经到达要约人,则合同已经成立;即使承诺通知仍然在途中,但受要约人已经作出了履行的准备,这时允许要约人撤销要约,无异于撕毁合同,要约人应当承担违约责任或者缔约过失责任。

第二,撤销要约的通知于要约到达之前到达受要约人,我国《合同法》没有规定应当怎样处理。对此,应当赋予要约撤销通知以撤回的法律效力。这样,能够更好地保护要约人的利益,也不会损害受要约人的利益和交易安全。

我国《合同法》规定合同撤销权,充分考虑了大陆法系合同法理论要约的本质要求要约一旦生效就不允许随意撤销的立场,在规定要约可以撤销的同时,规定了一些限制性的条件。要约在下列两种情况下,不得撤销:

(1) 要约中确定了承诺期限或者以其他形式表明要约不可撤销的,不得撤销。

首先,要约中确定了承诺期限,对于要约人意味着,要约人向受要约人允诺在承诺期限内,要约是可以信赖的。要约人允诺该期限是一种商业行为,要约人作为一个理性的商人应当根据市场的情势作出合理的判断,在发出的要约中确定约束自己的承诺期限。在承诺期限内,发生不利于要约人的变化,应当视为正常的要约人允诺承担的商业风险。对于受要约人意味着,受要约人在承诺期限内取得了承诺资格。受要约人基于对承诺期限的信赖,可以合理认为,只要在承诺期限内作出承诺就可以成立合同。即便受要约人没有发出承诺,但受要约人可能已经在为履约做准备,待准备工作就绪后再向要约人承诺,订立合同。在此时允许要约人撤销要约,很可能会给受要约人的利益造成损失,并危及交易安全。因此,确定了承诺期限的要约不可撤销,这与我国《合同法》关于撤销的规定相吻合。[1]

其次,以其他形式表明要约不可撤销,要约人不得撤销要约的原因与要约中确定了承诺期限的情况是相同的。需要明确的是存在哪些形式可以认为要约不可撤销。例如,虽然要约没有表明有承诺期限,但表明在一定时间内不可撤销

---

[1] 参见我国《合同法》第18条规定。

的;或者既没有表明承诺期限,也没有明确表明不可撤销,但根据交易习惯等可以认为要约不得撤销的。例如标明"保证现货供应","随到随买"等字样的,应当是不得撤销的要约。

(2) 受要约人有理由认为要约不可撤销并且已经为履行合同做了准备工作。

这种情况也不得撤销要约,包含三个要点:一是在要约中没有承诺期限,也没有通过其他形式表明要约是不可撤销的。二是受要约人有理由认为要约是不可撤销的,例如要约既没有表明承诺期限,也没有明确表明不可撤销,但是要约使用的言辞足以使受要约人相信,在合理的时间内,受要约人可以随时承诺而成立合同,即要约人在合理的时间内不会撤销要约。三是受要约人在发出承诺的通知之前,已经为履行合同作了准备工作。

五、要约失效

要约在一定的条件下会丧失其法律拘束力,对要约人和受要约人不再产生拘束力。要约人不再受要约的约束,受要约人也不再有承诺的资格,其"承诺"不再具有承诺的效力,合同不能因该"承诺"而成立,而是成立新的要约。这就是要约失效。我国《合同法》第20条具体规定了要约失效的四种事由。

(一) 拒绝要约的通知到达要约人

受要约人直接向要约人明确表示拒绝,拒绝的通知到达要约人时,要约失效。

这种要约失效事由的要点是:(1) 拒绝要约的通知应当由受要约人发出。受要约人因为要约人的要约而被赋予以承诺的资格,没有被赋予承诺资格的其他人,向要约人表示拒绝要约是没有意义的。只有受要约人及其代理人才有资格作出拒绝要约的意思表示。(2) 拒绝要约通知的内容是对要约内容的否定,表现为对要约全部内容的否定。(3) 拒绝要约通知的形式,对于语言对话形式的要约,承诺一般也是以语言形式进行。以非语言对话形式进行的要约,不得在要约中对拒绝要约的形式加以限制,受要约人得自由为之。(4) 拒绝要约的通知于到达要约人时发生法律效力。对于语言对话形式的要约承诺,一经拒绝要约即发生法律效力。对于非语言对话形式的要约承诺,则以拒绝要约的通知到达要约人时生效。

(二) 要约人依法撤销要约

要约人依照法律的规定撤销要约,发生要约失效的法律效力。要约人撤销要约后收到受要约人拒绝要约的通知,可以依此为依据,免除要约人撤销要约的法律责任。

(三) 承诺期限届满,受要约人未作出承诺

凡是在要约中明确约定了要约期限的,承诺必须在该期限内作出。超过承

诺期限,受要约人未作出承诺,要约自然失效。

（四）受要约人对要约的内容作出实质性变更

承诺是对要约内容的全部接受,凡是对要约的内容进行实质性变更的,都应当认为是新的要约。如果受要约人在接到要约后,在"承诺"中对要约的内容作出了实质性的变更,就是一个新的要约,受要约人实际上就变成了要约人,原要约人成为受要约人。在这种情况下,原要约人发出的要约失效。

【案例讨论】

讨论提示:我国《合同法》第 15 条第 2 款规定:"商业广告的内容符合要约规定的,视为要约。"最高人民法院《关于审理商品房买卖合同纠纷案件适用法律若干问题的解释》第 3 条规定:"商品房的销售广告和宣传资料为要约邀请,但是出卖人就商品房开发规划范围内的房屋及相关设施所作的说明和允诺具体确定,并对商品房买卖合同的订立以及房屋价格的确定有重大影响的,应当视为要约。该说明和允诺即使未载入商品房买卖合同,亦应当视为合同内容,当事人违反的,应当承担违约责任。"本案双方当事人关于商品房销售中的广告和宣传资料是否为要约内容的争议,依照上述规定,原告主张的理由成立。

讨论问题:1. 要约与邀请要约有哪些区别？2. 要约的后果是什么？3. 要约的撤回与撤销的区别和意义是什么？

第三节　承　　诺

【典型案例】

被告某市食品公司因建楼急需水泥,向本省的青锋水泥厂、新华水泥厂及原告建设水泥厂发电称:"我公司急需标号为 150 型号的水泥 100 吨,如贵厂有货,请速来函电,我公司愿派人前往购买。"三家水泥厂均先后向原告回复函电,告知它们备有现货,告知水泥的价格。原告建设水泥厂在给被告发函电的同时,亦派车给被告送去 50 吨水泥。在该批水泥送达被告之前,被告已经向新华水泥厂发去函电称:"我公司愿购买贵厂 100 吨 150 型号水泥,盼速送货,运费由我公司负担。"次日上午,新华水泥厂发函称已准备发货。下午,原告将 50 吨水泥送到,被告告知原告决定购买新华水泥厂的水泥,不接受原告送来的水泥。原告认为,被告拒收货物已构成违约,双方因协商不成,原告遂向法院提起诉讼。

一、承诺的概念及其条件

（一）承诺的概念

承诺也叫做接盘,故契约者,以与要约人共结契约之目的,所为之意思表示也。① 按照我国《合同法》第21条规定,承诺是指受要约人同意要约的意思表示。换言之,承诺是指受要约人同意接受要约的条件以缔结合同的意思表示,以接受要约的全部条件为内容,其目的在于同意与要约人订立合同。承诺是合同订立的最后一步,一经承诺,要约人即受到要约中建议的合同的约束,承诺必须建立在要约内容的基础上。②

承诺有两种含义,一是需要受领的意思表示,二是不需要受领的意思表示,二者之间具有较大的差异性。合同法将前者作为预想模型,是狭义的承诺,后者作为除外规则,是广义承诺的内容。③ 这里研究的是狭义的承诺概念。

（二）承诺的构成要件

英国法认为,承诺也必须有两个要求,一是对要约人提议的接受,二是对要约人要求的允诺,或者完成了被要求的行为。④ 承诺应当符合下列条件:

(1) 承诺须由受要约人或其代理人向要约人作出。

承诺是受要约人的权利。权利的内容是,在承诺期限内要约人不得随意撤销要约,受要约人一旦承诺就成立合同,要约人不得否认。要约人在赋该权利予受要约人,并使自己受到约束时,并不是随意的,而是有选择的,因此这种权利是直接由要约人赋予的。法律应当尊重要约人的这种选择。如果允许第三人在得知要约人发出的要约后可以向要约人发出承诺,则是对要约人意志的不尊重,违背了民法的基本原则。在受要约人是若干个的时候,该若干个受要约人都有资格向要约人承诺。受要约人以外的第三人向要约人发出"承诺"的,不发生承诺的法律效力,为要约。

(2) 承诺是受要约人同意要约的意思表示。

承诺是受要约人的意思表示,应当具有一切意思表示的要件,不具备意思表示要件的,不是承诺。同意要约,是指承诺是以接受要约的全部条件为内容的,是无条件的承诺,对要约的内容既不得限制,也不得扩张,更不能变更。任何对要约进行限制、扩张、变更的意思表示,都是新的要约。例如俄罗斯民法认为,承

---

① 戴修瓒:《民法债编总论》(新版),上海法学编译社、会文堂新记书局1948年版,第56页;胡长清:《契约法论》,商务印书馆1935年版,第19页。
② 〔美〕E.艾伦·范斯沃斯:《美国合同法》(第三版),葛云松、丁春艳译,中国政法大学出版社2004年版,第142页。
③ 参见韩世远:《合同法总论》(第三版),法律出版社2011年版,第97页。
④ 〔英〕P.S.阿狄亚:《合同法导论》,赵旭东等译,法律出版社2002年版,第65页。

诺,即受要约人对要约条款的接受答复,应当全部接受并无附带条件。① 值得注意的是,现代各国合同法的立法和实践开始倾向于修正承诺与要约内容绝对一致的原则,更改要约的实质性内容的,为对要约的拒绝并发出了新的要约;承诺更改要约的条款内容属于非实质性变更的,除非要约人及时反对,否则该承诺为合格承诺,发生承诺的法律效力。

(3) 承诺必须在规定的期限内到达要约人。

承诺必须到达于要约人才能生效,到达也必须在规定的期限内。只有在规定的期限内到达的承诺,才是有效的承诺。因此,承诺必须遵守承诺期间,没有规定承诺期间的,按照我国《合同法》第23条规定确定。

(4) 承诺的方式必须符合要约的要求。

承诺应当以通知的方式作出。至于通知的方式如何确定,应当根据要约的要求确定。如果要约规定承诺必须以一定的方式作出否则承诺无效,承诺人作出承诺时必须符合要约人规定的承诺方式。在此情况下,承诺的方式构成承诺生效的必要条件。

二、承诺的方式

承诺的方式,是指要约人通过何种形式将承诺的意思送达要约人。合同法理论认为,承诺应当以明确的方式作出,缄默或者不行为不视为承诺。

按照我国《合同法》第22条规定,承诺的法定形式是通知。通知方式又称为积极的承诺方式,是指受要约人以明示的方式,包括语言对话,信件,数据电文如电报、电传、传真、电子数据交换和电子邮件等,可以明确无误地表达承诺意思表示内容的形式。通知的承诺方式是在实践中最常用的方式。但法律也不禁止用其他根据交易习惯或者要约表明可以通过行为的形式作出承诺。受要约人采取哪一种方式,可以依据自己的意愿选择。这是因为,承诺的本质在于受要约人向要约人表达同意要约的意思表示,这种意思表示可以通过通知的方式表达,也可以用交易习惯认可的其他方式表达。如果签订合同的建议是以公共要约的形式表现的,例如,通过在商店的柜台或者橱窗放置商品或者自动售货机,则承诺可以是买方支付商品价款的实际行为。②

选择通知以外的行为的方式承诺,有以下几种条件:

(一) 要约人在要约中选择以行为作为承诺方式

要约人在要约中限定采取行为方式承诺的,这种限定只要没有违背法律和

---

① 〔俄〕E.A.苏哈诺夫主编:《俄罗斯民法》(第3册),付荣译,中国政法大学出版社2011年版,第871页。

② 同上。

公序良俗,就对受要约人产生拘束力,要约人原则上应当依照要约人限定的方式承诺。例如,要约人在要约中明确表明:"同意上述条件,即可在某期限内发货。"表明了要约人同意受要约人以发货行为作为承诺的意思表示。

(二) 依据交易习惯某种合同可以用行为的方式承诺

这种承诺方式称之为意思实现,是指依习惯、事件性质或要约人为要约时预先声明,承诺无须通知,在相当时期内有可认为承诺的事实时,合同便成立的现象。在一般情况下,合同的性质与承诺的形式没有直接关系。但根据交易习惯,某些合同可以采用行为的方式承诺,这种交易习惯实际上就是根据合同的性质决定的。例如,在房屋租赁合同中,租赁期限届满,承租人继续缴纳租金,出租人收取租金的,就视为其接受了续租的要约,作出了续租的承诺。再如,在有长期业务往来的法人之间,依据惯例,需货方仅需要向供货方发出需货数量和规格的传真,供货方就会在收到传真的次日,将货物托运给需货方。需货方的传真可视为要约,供货方的发货行为视为承诺。

沉默不是承诺。[①] 缄默或者不行为不能作为承诺的方式,以缄默或者不行为回应要约的,视为承诺不成立,而不是承诺无效。因为在一般情况下,要约人不得要求受要约人以缄默或者不行为作为承诺方式。要约人没有权利为受要约人设定义务。在要约人要求受要约人以缄默或者不行为作为承诺方式的情况下,如果受要约人不想与要约人订立合同,就必须以明确的方式拒绝要约人,否则合同将会自动成立。这实际上是对受要约人不承诺科以告知的义务,是不符合要约和承诺的本质的。

缄默或者不行为,是指受要约人没有作出任何意思表示,不能从受要约人的缄默或者不行为中确定其是否具有承诺的意思表示。缄默或者不行为并不同于默示行为。默示行为尽管没有通过口头或者书面向要约人明确其承诺的意思,但可以从其有关的行为中,确定其承诺的意思表示。所以默示行为也是一种明确的行为方式。

三、承诺期限

(一) 约定承诺期限或者约定要约效力期间

承诺期限实际上是受要约人资格的存续期限,在该期限内受要约人具有承诺资格,可以向要约人发出具有拘束力的承诺。

承诺资格是要约人依法赋予受要约人的有期限的权利。承诺原则上应当在确定的期限内发出才具有法律效力。该期限的确定通过以下方式进行:

[①] 〔俄〕E. A. 苏哈诺夫主编:《俄罗斯民法》(第 3 册),付荣译,中国政法大学出版社 2011 年版,第 872 页。

1. 承诺期限

要约人在要约中明确规定承诺期限的,受要约人应当按照要约的承诺期限承诺,否则为无效承诺。

约定承诺期限有两种方法。一是承诺期限可以规定为一个明确的时间界限,在这个界限之前承诺的,均为有效的承诺,按照这样的约定,承诺期限为自要约生效到该时间界限。二是还可以规定为自收到要约之日起的一段时间内。

2. 约定要约效力期间

要约人在要约中没有规定承诺期限,但规定了要约的效力期间,该效力期间对受要约人有约束力。例如,要约规定"本要约有效期间为 2012 年 9 月 1 日到 15 日",受要约人应当在这个期限之内承诺。应当说明的是,承诺是以要约的有效存在为前提的,要约的有效期届满,承诺资格自然丧失。

法律要求,承诺应当在要约确定的期限内"到达"要约人。在实践中,要约人在要约中规定的期限限制往往有各种形式。例如,要约规定承诺应当在某某时间内"作出"、"给予答复"、"回电或回信"、"将答复寄交某某"等。对这样的规定,一种观点认为,法律规定的仅仅是要求承诺应当在要约确定的期限内到达要约人,而没有规定承诺可以在确定的期限内发出。所以要约中仅仅规定承诺应当在某某时间内"作出"、"给予答复"、"回电或回信"时,应当认为承诺在确定的期限内发出,为合格的承诺,而不管到达受要约人的时间。另一种观点认为,从我国《合同法》总的精神看,对承诺的生效采用了大陆法系的"到达主义"。《合同法》第 23 条关于"承诺应当在要约确定的期限内到达要约人"的规定,也是这种思想的体现。因此不管要约如何措辞,其所确定的期限都是承诺到达的期限。

这两种观点的分歧在于承诺的在途时间风险由谁来承担。笔者认为,基于《合同法》采用的是"到达生效主义",而"到达生效主义"是要求发出人承担在途时间的风险的。所以,按照当事人意思自治原则的基本精神,除非要约人明确地在要约中表示,要约所确定的时间是受要约人发出承诺的时间限制,而不是承诺到达要约人的时间限制,否则应当认为所确定的期限是承诺到达要约人的时间限制。

(二) 没有约定承诺期限

要约没有确定承诺期限的,承诺应当依照下列规定确定到达与否:

1. 以对话形式作出的要约

以对话形式作出的要约,有的要求受要约人即时对要约作出答复,有的要约人和受要约人也可以另外约定承诺时间。由于语言形式的要约难以附着某种物质载体以作为日后的证明,所以要约以对话方式作出的,应当尽量即时作出承诺的意思表示。

2. 以非对话方式作出的要约

以非对话方式作出的要约,承诺应当在合理期限内到达要约人。确定合理的期限应当考虑的因素是:(1)根据要约措辞的缓急。如要约中虽然没有规定承诺期限,但表明"速回信"、"见函即复"等措辞的,表明该合理期限较短。(2)根据要约的内容。如要约表明买卖鲜活水产品,则意味着承诺期限不可能太长。要约表明"常年供货",即表示承诺并非紧迫。(3)根据某种特定行业的习惯做法。(4)根据一个理智、善良、业务水平中等的交易人,正常的考虑、准备时间。(5)根据合理的在途时间。

对于合理期限的确定发生的纠纷,应当按照以下办法处理:(1)受要约人在收到正常到达的要约后,已经以最迅捷的方式,毫不迟延地作出承诺的,要约人不得以超过合理期限为由拒绝。(2)受要约人收到没有按照正常速度到达的要约,计算合理期限时,应当以要约人发出要约的时间或者要约上载明的时间为准。(3)合理期限难以确定,又无法达成一致意见的,要约人认为承诺超过合理期限时,应当在收到承诺后,毫不迟延地,以不低于承诺方式的迅捷方式告知受要约人,否则应当认为该承诺是在合理期限内作出,具有法律效力。

(三)以信件、电报作出的要约的承诺期限

我国《合同法》第24条规定:"要约以信件或者电报作出的,承诺期限自信件载明的日期或者电报交发之日开始计算。信件未载明日期的,自投寄该信件的邮戳日期开始计算。要约以电话、传真等快速通讯方式作出的,承诺期限自要约到达受要约人时开始计算。"其规则是:

1. 信件要约的承诺期限

以信件方式作出的要约,承诺期限应当以信件载明的日期开始计算承诺期限。如果信件没有载明日期,则应当自投寄信件的邮戳日期开始计算。信件中未载明日期,意味着要约人本人没有合理地意识到受要约约束的风险期问题,要约人的疏忽行为意味着他放弃了法律本来赋予他的保护。以投寄信件的邮戳日期为准作为计算承诺期限的起算点,较为符合要约人的主观意图。信件载明的日期,是指发信人在书写载有要约内容的信件时所签署的日期,是信封内的内容。

2. 电报要约的承诺期限

以电报方式作出的要约,承诺期限应当自电报交发之日开始计算。按照到达主义的规则,要约应当自到达受要约人时生效,受要约人取得承诺资格,开始计算承诺期限。但是在仅仅规定了承诺期限的长度,而没有确定具体起算点的要约中,依照这种做法进行,由于使用电报形式要约,其迅捷的方式意味着受要约人能够在极短的时间内收到要约,因此,规定自电报交付之日为承诺期限起算点,是合乎情理的。电报的交发之日,是指发报机关在发报纸上记载的日期。

3. 电话或者传真要约的承诺期限

以电话和传真方式作出的要约,由于是一种迅捷的通讯方式,承诺期限从要约到达受要约人的时间开始计算。

四、承诺的变更和撤回

（一）承诺的变更

1. 承诺变更的一般规则

承诺变更,是受要约人在向要约人发出承诺的内容中,对要约的内容进行了适当的改变,与要约的内容有所不同。

承诺是以接受要约的全部条件为内容的。承诺是无条件的认可,所以承诺的内容应当和要约的内容一致。承诺后成立合同,是以要约文本的内容为准的。法律之所以这样规定,是因为承诺的效力在于,承诺一旦生效,将不再征求要约人意见,就可以径直成立合同。法律不能要求要约人接受未经其允诺的内容的约束。

上述规定是传统民法观点。英美法将这一原则称为"镜像原则",即要求承诺如同镜子一般照出要约的内容。但是随着社会经济的发展,交易的速度越来越快,范围越来越广,数量越来越多,要求合同法能够尽快地适应现实,在保证交易安全的前提下,实现节省交易费用,促进交易发展的目的,因而一些国家的合同法开始对传统观点予以修正。例如,美国合同法对"镜像原则"作出了修改,认为承诺"只要确定并且及时,即使与原要约或原同意的条款有所不同或对其有所补充,仍具有承诺的效力,除非承诺中明确规定,以要约人同意这些不同的或者补充的条款为承诺的生效条件"。

我国《合同法》接受了这种意见,认为将承诺的要求规定得过死,不利于促进交易发展,因此采用了一种新的办法,就是区分承诺变更的实质性和非实质性:凡是对要约的内容进行了实质性变更的,就按照传统民法的主张,一律作为新的要约处理;如果对要约不是作实质性的变更,只是作了非实质性的变更,就不应当认为是新的要约,而是认为其为有效的承诺。

2. 承诺对要约内容进行实质性变更

承诺对要约的内容作出实质性变更的,为新要约。承诺对要约作出了实质性变更,意味着受要约人不同意要约人的要约。受要约人对要约变更后,是对订立合同提出了新条件,应当视为发出的新要约,在学理上称为反要约。

在实践中,应当注意判断对哪些条款的变更属于实质性变更。下列几种对要约内容的变更,为反要约,即新要约:

（1）合同标的。对合同的标的进行变更,是改变了要约人的根本目的,合同就发生根本的变化,应当视之为新的要约。

（2）数量、质量。数量和质量是度量标的的条件。对数量和质量的改变，对要约人的权利义务有重大影响，应当作为实质性变更。

（3）价款或者报酬。价款和报酬都是取得标的所必须支付的对价，对要约人将来的权利义务有重大影响，应当作为实质性变更。

（4）履行期限。履行期限包含了当事人的期限利益。对履行期限的改变，对要约人权利义务有重大影响，应当作为实质性变更。

（5）履行地点。履行地点关系到运费的负担、标的物所有权的转移和意外灭失风险的转移，对要约人的利益有重大影响，应当作为实质性变更。

（6）履行方式。不同的履行方式对双方的权利有不同影响，也应当作为实质性变更。

（7）违约责任。违约责任虽然不是合同的必备条款，即使当事人没有约定，违约方也应当依据法律规定承担违约责任，但受要约人对违约责任的变更有可能不利于要约人。而且合同约定的违约责任优先于法定违约责任适用，可能损害要约人的利益，因而对违约责任的变更为实质性变更。

（8）解决争议方法。解决争议的方法，是指在将来合同发生纠纷，应当诉诸何种方式解决。解决争议方法被视为实质性变更的原因与违约责任相同。

3. 承诺对要约内容的非实质性变更

承诺对要约的内容作非实质性变更的，为有效承诺。我国《合同法》第31条规定："承诺对要约的内容作出非实质性变更的，除要约人及时表示反对或者要约表明承诺不得对要约的内容作出任何变更的以外，该承诺有效，合同的内容以承诺的内容为准。"

非实质性变更的内容，我国《合同法》没有明确规定，但是根据第30条对实质性变更内容的界定，可以合理地推知，凡是不属于实质性变更的，就认为是非实质性变更。例如，在要约的条款后又附加了一些建议，表达了一些愿望、希望等；虽然在承诺中添加了新的条款，但是该条款只是重复或者强调了法律的规定。

如果承诺对要约的实质性条款只作轻微的变更，确认其为非实质性变更，有利于促进交易、节约交易费用，应当将这种情况作为非实质性变更为好。

对要约的非实质性变更在下列情况下无效：

第一，要约人在要约中明确表示，承诺不得对要约的内容作出任何变更的，承诺对要约内容的非实质性变更，为反要约即新要约。在当事人没有表示或者意思表示不明确时，法官才可以依据法律的规定，去推断当事人的真实意思表示。在当事人已经表明了非常明确的意见时，就必须按照当事人明确的意思表示来确定当事人的真实意思。当要约人在要约中明确表示承诺不得对要约的内容作出任何变更时，对要约进行了任何变更的承诺，都不发生承诺的法律效力，而是新的要约。

第二，变更了其要约内容的承诺到达要约人后，要约人及时对承诺人表示反对的，该"承诺"不发生承诺的效力。这同样是尊重当事人的意志，体现了当事人意思自治原则。承认承诺对要约内容变更的效力，毕竟是作为法律上的一种例外。如果要约人坚持反对承诺对要约内容的变更，就应当尊重要约人的意志，认定这种"承诺"为无效，是一种新要约。

（二）承诺的撤回

承诺的撤回，是指在发出承诺之后、承诺生效之前，宣告收回发出的承诺，取消其效力的行为。

法律规定承诺人的承诺撤回权，是由于承诺的撤回发生在承诺生效之前，要约人还未曾知晓受要约人承诺的事实，合同没有成立，一般不会造成要约人的损害，因而允许承诺人可以根据市场的变化、需求等各种经济情势，改变发出的承诺，以保护承诺人的利益。

承诺撤回权行使有严格的时间限制，这就是撤回承诺的通知应当在承诺到达要约人之前或者同时到达要约人。这是因为，只有承诺撤回的通知不迟于要约人收到承诺的时间，才不至于使要约人的利益受损。

按照这样的规则，对于语言对话形式的承诺无法撤回。由他人转达的语言承诺，由于转达需要时间，在这样的时间过程中，可以按照承诺撤回权行使的时间限制，予以撤回。采用电子数据形式的承诺，因其本身的性质也难以撤回，受要约人一旦发出承诺，该承诺立即就会进入要约人的计算机系统，发出和收到之间的时间间隔几乎可以忽略不计，受要约人的承诺撤回是无法先于或同时与承诺到达要约人的。对非直接对话方式承诺和非电子数据传递方式的承诺，则可以行使撤回权。为了使后发出的承诺撤回通知早于承诺的通知，或者与承诺的通知同时到达要约人，承诺人应当采取比承诺更迅捷的送达方式。

承诺的撤回符合撤回权行使期限规定的，发生承诺撤回的效力，视为没有发出承诺，因而合同没有成立。承诺撤回的通知迟于承诺到达受承诺人的，不发生承诺撤回的效力，承诺仍然有效。

对以行为作为承诺方式的承诺撤回，参照我国《合同法》第22条规定的承诺方式，也可以行为的方式进行。承诺撤回的通知应当在承诺生效之前或者与承诺通知同时到达要约人，在自己发出承诺和要约人知晓承诺之间的时间间隔里完成撤回的任务。

五、承诺生效

（一）承诺生效时间

承诺生效时间，是指承诺何时发生法律拘束力。我国《合同法》第26条规定:"承诺通知到达要约人时生效。承诺不需要通知的,根据交易习惯或者要约的要求作出承诺的行为时生效。""采用数据电文形式订立合同的,承诺到达的时间适用本法第 16 条第 2 款的规定。"

承诺生效时间在合同法的理论和实践中具有重大意义:一是由于承诺的时间就是合同成立的时间,因而承诺在什么时间生效,就直接决定了合同在什么时间成立。承诺一旦生效,要约人和受要约人之间的权利义务关系就予以确定。二是由于合同的成立时间和生效时间的一致性,因而承诺生效之时又是合同生效之日,是双方享有合同权利、承担合同义务的开始。三是合同的生效时间又可能涉及诉讼时效、履行期限利益等问题。四是合同的成立又涉及合同签订地,以至于法院管辖权、准据法的确定等问题。

(二)确定承诺生效时间的规则

承诺生效的时间与要约的生效时间一样,历来有两种观点,即大陆法系收信主义和英美法系的发信主义。发信主义和收信主义在以下问题上有重要的差别:一是承诺的在途时间是否计入承诺期限内,是两种观点的重要区别之一。二是涉及是否准许承诺撤回的问题。三是承诺在途风险的承担问题。我国《合同法》采纳收信主义确定承诺生效的时间,具体确定承诺生效时间应当遵守以下规则:

第一,承诺需要通知的,以承诺的通知到达要约人的时间为承诺生效时间。承诺的通知到达要约人,是指承诺信息的载体到达要约人实际支配的范围。例如,信件已经投入要约人的信箱;电报已经为要约人的同住成年家属签收;挂号信、电报等,要约人一方签收的时间,为承诺到达时间。以对话语言形式的承诺,一般是即刻到达,立即生效。需要他人转达的承诺,应当以信件形式处理。

第二,采用数据电文形式订立合同的,承诺到达的时间适用我国《合同法》第 16 条第 2 款的规定。要约人指定特定计算机系统接收数据电文的,该数据电文进入该特定系统的时间,视为到达时间;未指定特定系统的,该数据电文进入要约人的任何系统的首次时间,视为到达时间。

第三,承诺不需要通知的,根据交易习惯或者要约的要求作出承诺的行为时生效。依据交易习惯或者要约表明,承诺可不以通知的方式作出,这就是承诺不需要通知的情况。在这种情况下,考察承诺生效的时间,应当以根据交易习惯或者要约的要求作出承诺的行为时为准。承诺行为的作出与承诺行为被要约人知晓之间,往往有一段时间间隔,应当类比以通知方式作出承诺的情况处理,即应当以行为到达要约人可支配范围的时间为承诺生效的时间。

六、逾期承诺和承诺迟到

（一）逾期承诺

逾期承诺，是指受要约人在要约人限定的承诺期限之后，向要约人发出的承诺。

逾期承诺的特点，一是逾期承诺必须是受要约人向要约人发出的，完全接受要约的意思表示。在这一点上，逾期承诺与正常的承诺没有区别。二是逾期承诺必须是在承诺期限届满后发出的。

逾期承诺的效力是：

（1）逾期承诺不发生承诺的法律效力。

在承诺期限届满之后，受要约人不再有承诺的资格。逾期承诺的性质不是严格意义的承诺，对要约人不再有承诺的约束力，不能因此而成立合同。

（2）逾期承诺是一项新要约。

逾期承诺由于在时间的因素上不具有承诺的性质，但是，它还是对要约人的要约内容作出了响应，因此应当视为新要约。该新要约是以原来的要约和逾期承诺的内容为内容的。对方可以在合理的时间内给予承诺。该合理时间的确定，应当按照一般的承诺期限理解较为适当。

（3）在要约人及时认可的情况下逾期承诺具有承诺的法律效力。

逾期承诺到达要约人，要约人认为该逾期承诺可以接受的，应当按照当事人的意志，承认承诺的效力，合同成立。法律的要求是，受领逾期承诺的要约人必须对逾期的承诺及时认可。及时认可，即应当在收到逾期承诺之后，毫不迟延地，以与承诺相同或者不低于承诺的通讯方式向对方声明认可。这有利于促进交易，减少交易费用，避免浪费。

（二）承诺迟到

1. 承诺迟到的概念和种类

承诺迟到，是指承诺人在承诺期限内发出承诺，但是承诺到达要约人时已经超出了承诺期限。承诺迟到和逾期承诺不同，在逾期承诺中，受要约人发出承诺的时间也已经超出了承诺期限。承诺迟到和承诺逾期到达也是不同的，承诺逾期到达包括逾期承诺和承诺迟到两种情况。

承诺迟到，分为非因受要约人原因的承诺迟到和因受要约人原因的承诺迟到。

2. 非因受要约人原因的承诺迟到

非因受要约人原因的承诺迟到，是受要约人在承诺期限内发出承诺，按照通常情形能够及时到达要约人，但因其他原因导致承诺到达要约人时超过承诺期限的情形。

非因受要约人原因的承诺迟到须具备以下要件：

（1）受要约人须在承诺期限内发出承诺。

这种承诺迟到，受要约人的承诺必须是在承诺期限之内发出。承诺如果是在承诺期限以外发出，则构成逾期承诺。如果要约没有承诺期限，依照法律的规定，可以在合理期限内予以承诺，在这种情况下，由于无法确定受要约人的承诺是否在承诺期限内发出，因此不适用这一规则。

（2）承诺到达要约人时超过了承诺期限。

承诺在承诺期限内发出，但是，在承诺到达要约人的时候，超过了承诺期限，因而才称为承诺迟到。如果承诺在承诺期限内到达要约人，则构成合格的承诺。

（3）承诺超过承诺期限到达要约人不是由于受要约人的原因。

承诺迟到不是由于受要约人的原因，是指受要约人在承诺期限届满以前发出了承诺，依据该承诺方式的正常情况，受要约人已经留出了足够的时间，使承诺能够在期限届满前到达要约人，但是由于受要约人意志以外的原因，造成承诺迟到。诸如邮电局的误投、意外事故造成信件迟延到达等。

非因受要约人原因迟到的承诺的法律效力是，原则上该承诺发生承诺的法律效力，但要约人及时通知因承诺超过期限不接受承诺的，不发生承诺的效力。承认这种承诺迟到发生承诺的效力的原因，是因为这种承诺的迟到不能归责于受要约人，受要约人相信他的承诺能够及时到达，并使合同成立。善意受要约人基于这种合理的信赖，可能已经为合同的履行作出了准备。如果不赋予该承诺以法律效力，对受要约人是不公平的。

如果要约人在接到迟到的承诺就及时通知受要约人，因承诺超过期限不接受该承诺的，则应当尊重当事人的意志和选择，使承诺不发生法律效力。理由是，承诺迟到虽然不是出于受要约人的过错，但是也不是出于要约人的过错。一律承认迟到的承诺为有效，对要约人也是不公平的。这里强调的"及时"，是指要约人在收到迟到的承诺后，毫不迟延地以与承诺相同或者快于承诺的方式，通知受要约人。

3. 因受要约人原因的承诺迟到

因受要约人原因的承诺迟到，是受要约人虽然在承诺期限内发出承诺，但是按照通常情形，该承诺无法按时到达要约人，从而使承诺到达要约人时超过承诺期限。对于这种情况，我国《合同法》没有明文规定，但是在条文中可以推出这一结论，就是因受要约人原因的承诺迟到在本质上与逾期承诺是一致的，受要约人对其发出承诺的时间和要约人收到承诺的时间都有过失，因此，应当参照我国《合同法》第 28 条规定处理。

要约人在接受承诺时，应当注意区分逾期承诺、非因受要约人原因迟到的承诺和因受要约人原因迟到的承诺的不同。在这些不同的情况下，要约人负有不同的义务。要约人应当针对不同的情况,结合自己的具体需要及时地作出反应,避免承担对自己不利的法律后果。要约人应当特别注意,不要认为迟到的承诺与自己已经没有任何关系了,而是要认真辨别,区分情况,作出对自己有利的选择。

七、承诺的效力

(一)合同成立的标志

承诺生效,就意味着受要约人完全接受要约的意思表示,订约过程结束,要约、承诺的内容对要约人和受要约人产生法律拘束力。承诺生效时,合同即告成立。合同成立是承诺生效的直接结果。

如果当事人对合同是否成立存在争议,应当按照最高人民法院《关于适用〈中华人民共和国合同法〉若干问题的解释(二)》第 1 条规定,能够确定当事人名称或者姓名、标的和数量的,一般应当认定合同成立。但是,法律另有规定或者当事人另有约定的,应当按照法律规定或者当事人的约定,确定合同是否成立。对合同欠缺的前款规定以外的其他内容,当事人达不成协议的,人民法院依照《合同法》第 61 条、第 62 条、第 125 条等有关合同内容确定和合同内容解释的规定予以确定。

(二)合同成立的时间

合同成立的时间,是双方当事人的磋商过程结束,达成共同意思表示的时间界限。根据大陆法系国家民法的传统理论和我国《合同法》的规定,承诺生效时,合同成立。但是在要求签订合同书或者确认书的情况下,双方的协议只能是合同磋商的初步结果,合同还没有成立,对双方并不发生法律效力,合同的成立时间,就不能再简单地以承诺的到达来衡量。我国《合同法》第 32 条规定:"当事人采用合同书形式订立合同的,自双方当事人签字或者盖章时合同成立。"第 33 条规定:"当事人采用信件、数据电文等形式订立合同的,可以在合同成立之前要求签订确认书。签订确认书时合同成立。"签字或者盖章不在同一时间的,最后签字或者盖章时合同成立。这是对签订合同书或者确认书的合同成立时间的规定。

以合同书或者确认书订立合同,都需要双方当事人的共同签字或者盖章,才能发生法律效力。签字、盖章,就是订约人最终对合同书或者确认书的承认,是自愿接受其约束的意思表示。所以,当事人双方签字或者盖章的时间,就是合同成立的时间。当事人双方签字或者盖章不在同一时间的,应当以最后一方签字或者盖章的时间作为合同成立的时间。

合同书或者确认书的签字和盖章,按照以前的理解,当事人是自然人的,需要该自然人在合同书或者确认书上签署自己的法定姓名并加盖个人印章;当事人是法人或者其他组织的,需要在合同书或者确认书签署该法人的法定代表人或该组织的负责人的法定姓名、加盖其个人章,同时需要加盖该法人或其他组织的公章。订约主体和合同主体不一致时,可以仅仅由订约主体签字盖章,但是必须附有合格的合同主体的授权委托书。上述署名和签章都完备时,该合同成立。如果仅有一方当事人的签字盖章,则只能证明该当事人对合同书或者确认书的承认,只有当另一方当事人也予以签字盖章时,合同才能成立。对于自然人作为缔约人,在合同上没有签字或者盖章,但摁手印的,最高人民法院《关于适用〈中华人民共和国合同法〉若干问题的解释(二)》第5条规定:"当事人采用合同书形式订立合同的,应当签字或者盖章。当事人在合同书上摁手印的,人民法院应当认定其具有与签字或者盖章同等的法律效力。"摁手印相当于签字或者盖章,具有同等法律效力。

在双方当事人的签字或者盖章问题上,双方当事人都必须签字或者盖章,这种理解是正确的。在一个合同文本上,只有一方当事人的盖章或者签字,没有另一方的签字或者盖章,不能认为合同已经成立。问题是,在一方或者双方当事人是否同时需要既签字,又盖章呢?对此,应当对《合同法》的规定作准确的理解。"签字或者盖章"的表述,所包含的内容是指签字或者盖章只要具备一种,就表明合同当事人确认了合同。因此过去的那种理解,以及按照过去的理解在实践中的操作,就是不适当的,不利于交易的发展。

对以下几个问题应当统一认识:

第一,合同书或者确认书上只有签名,或者只有盖章的,签字和盖章具有同等的法律效力,任何一方当事人只要在合同书或者合同确认书上签字或者盖章,都表明该方当事人对合同书或者确认书的确认,不必要求当事人在合同上既要签字,又要盖章。

第二,一方当事人的签字和盖章不在同一时间的,应当以在前的行为为准,无论是签字还是盖章,哪个在前,就以哪个为准,除非双方另有约定。

第三,只有法人或者其他组织的公章,而没有法定代表人或者负责人的个人签字、盖章,或者相反,只有法定代表人或者负责人的签字、盖章,没有法人或者其他组织的签字、盖章,都应当确认该方当事人已经确认合同的效力。

第四,法人或者其他组织,以及它们的法定代表人或者负责人的签字、盖章不在同一时间的,除非当事人另有特别约定,合同均告成立,成立时间应当以首先签字或盖章的完成时间为准。

第五,法人或者其他组织作为合同当事人,各自出具的合同文书有对方的签字或者盖章,而没有自己的签字盖章的,应当认为合同已经成立。

第六,在合同无效纠纷中,否认合同效力的一方已经签字或者盖章,而主张合同效力的一方没有签字或者盖章的,应当认为合同已经成立。

（三）合同成立地点

合同成立地点，是指当事人经过对合同内容的磋商，最终意思表示一致的地点。最终意思表示一致，是以承诺的生效为标志的。

确定合同生效地点的一般原则，是以承诺生效的地点为合同成立的地点。具体的规则是：

第一，采用直接对话方式的，承诺可以立即到达要约人，立即生效，所以双方当事人直接对话的地点就是合同的成立地点。

第二，承诺需要通知要约人的，承诺到达要约人时生效，通知上所署明的到达地点应当为承诺生效的地点，也就是合同成立的地点。

第三，采用数据电文形式订立合同的，以收件人的主营业地为合同成立的地点；没有主营业地的，其经常居住地为合同成立的地点。当事人另有约定的，按照其约定。

第四，根据交易习惯或者要约的要求，以行为作为承诺方式的，应当以该承诺行为生效的地点为合同成立的地点。

第五，对以合同书或确认书形式订立合同的成立地点，应当按照我国《合同法》第35条关于"当事人采用合同书形式订立合同的，双方当事人签字或者盖章的地点为合同成立的地点"的规定执行，在签订合同书或者确认书之前，当事人之间达成的初步协议仅仅是他们磋商内容的记录，没有承诺的法律效力，合同没有成立。只有最后在合同文本或者确认文本上签字或者盖章时，才是他们对所有内容的确认。双方当事人签字或者盖章的地点在同一处的，双方当事人的签字盖章同时同地完备，则该处为承诺生效的地点，即合同的成立地点。签字或者盖章不在同一地点的，合同书和确认书上双方当事人的签字或者盖章完备时，完成最终的要约承诺，合同成立。所以，当事人完成最后有效签字或者盖章的地点为合同成立地点。

第六，在实践中，通常采用合同签订地作为合同的成立地点。如何确定合同签订地，最高人民法院《关于适用〈中华人民共和国合同法〉若干问题的解释（二）》第4条规定："采用书面形式订立合同，合同约定的签订地与实际签字或者盖章地点不符的，人民法院应当认定约定的签订地为合同签订地；合同没有约定签订地，双方当事人签字或者盖章不在同一地点的，人民法院应当认定最后签字或者盖章的地点为合同签订地。"

（四）合同的实际成立

要式合同必须履行特定的形式才能成立。但在实际生活中，当事人虽然没有履行特定的形式，但是已经实际履行了合同的，则可以从当事人的实际履行合同义务的行为中推定当事人已经形成了合意和合同关系。其具体要求是：第一，必须是双方实际实施了履行行为，如果只有一方履行了义务，则不能认为双方达成了协议。实际履行类似于以行为的方式发出要约和作出承诺,双方实际上是以行为的方式在缔约。第二,必须是履行了主要合同义务,也就是说,一方履行了主要义务而对方接受履行,才能从双方已经实际履行的行为中推定双方已经就合同的主要条款达成了合意。第三,如果双方的实际履行不损害国家和社会公共利益,可以确认其有效。

八、交叉要约和依据国家下达任务订立合同

(一) 交叉要约

交叉要约,是指缔约当事人采取非直接对话的方式,相互不约而同地向对方发出了内容相同的要约。例如,甲销售房屋一栋,经过与乙磋商,于某日同时相互发出函件,同时确定以 100 万元成交,而在此前均未提到这个价格。这样,双方有缔约的相同意愿,属于典型的交叉要约。

对于交叉要约是否成立合同,观点不同:一种观点认为,交叉要约本身并不能成立合同,因为都是要约,并没有承诺,任何一方都可以对对方的要约予以拒绝。承认交叉要约将会否定要约人的撤回权和撤销权。另一种观点认为,既然双方已经有了相同的意思表示,法律可以推定双方已经作出了承诺。① 笔者认为,交叉要约的要求是双方的意思表示完全一致,且意思表示已经到达对方,根据鼓励交易的原则,采用第二种意见是妥当的。

(二) 依据国家下达任务订立合同

我国《合同法》第 38 条规定,国家根据需要下达指令性任务或者国家订货任务的,有关法人、其他组织之间应当依照有关法律、行政法规规定的权利和义务订立合同。

国家指令性计划,是指国家根据国家的整体利益和社会公共秩序的需要,下达的要求有关部门和组织必须执行的任务。直接依据国家指令性计划签订的合同为计划合同,不是直接依据国家指令性计划而签订的合同为非计划合同。计划合同和非计划合同的分类是公有制国家合同法特有的一种分类。在这些按照指令性任务和国家订货任务的指令性计划中,当事人应当依照国家法律和行政法规规定的权利和义务订立合同。

在实践中,计划合同越来越少,这种分类已经很少为人们所采用。但在市场经济体制下,还必须针对市场自身的弱点和消极方面,加强和改善国家对经济的宏观调控。所以国家计划仍然是经济宏观调控的一个重要手段,某些国家的军工定货、关系国计民生的其他必需物资等,仍然需要签订指令性合同,来确定双方当事人的权利义务。

我国《合同法》强调指令性计划合同的当事人应当遵守法律和行政法规关

---

① 王家福主编:《中国民法学·民法债权》,法律出版社 1991 年版,第 302 页。

于企业权利义务的规定,一方面强调维护国家计划的权威性和计划性,不得违背国家的意志,借口企业自己的利益而损害国家的计划。另一方面,则是维护企业的合法权益,不因为执行国家计划而损害当事人的权利。这样规定,兼顾了国家和当事人双方的利益。

这里所说的"有关的法律、行政法规",是指规定企业在指令性计划下签订合同时的权利义务的法律和行政法规,不包括国务院各部委、各直属机构、地方各级人大及其常委会、地方各级人民政府、司法机关等对法律、行政法规的解释、补充规定、实施细则等;或者上述各机关基于自己的职权、委托或授权制定的规范性文件。

【案例讨论】

讨论提示:讨论本案,最重要的问题是确定食品公司、新华水泥厂和建设水泥厂的哪种行为属于承诺。

讨论问题:1. 你认为食品公司、新华水泥厂和建设水泥厂的哪种行为属于承诺？2. 该种承诺行为与其他两个当事人的行为的区别是什么？3. 承诺的法律后果是什么？

第四节 特殊缔约方式

【典型案例】

嘉泉拍卖公司接受法院委托,于2009年12月30日举行12辆全新广州本田轿车拍卖会,郭晓东与洪嘉兴均参与该次竞拍活动。郭晓东参与竞拍第三辆雅阁2.4L导航版轿车,该车有竞拍资格的人为5号和12号郭晓东,起拍价为16.95万元。郭晓东与5号竞买人在竞拍过程中,举牌加价至17.4万元时,未取得该车竞买资格的17号洪嘉兴参与竞价。洪嘉兴参与竞价后,5号竞买人仅竞价一次,出价18.1万元。当洪嘉兴加价到18.6万元时,嘉泉公司发现洪嘉兴未获得该车竞买人资格,并认定该出价无效,郭晓东的最后出价18.5万元有效。郭晓东认为,在竞拍过程中,自己出价至17.4万元,此后没有竞拍该车资格的17号洪嘉兴加入竞价,导致原告以18.5万元高价拍得本案所涉车辆。因被告嘉泉公司、洪嘉兴的行为,导致本案所涉车辆最终由原告以过高成交价购得,造成原告的经济损失,故诉请法院判令两被告赔偿原告经济损失1.2万元;被告嘉泉公司退还原告拍卖佣金5000元。法院判决支持原告第一项诉讼请求,其余予以驳回。

一、竞争缔约

通过竞争的方式进行缔约,以便使合同订得更公平、更有效率的缔约方式,就是竞争缔约。竞争缔约主要有招标投标和拍卖两种形式。

(一) 招标投标

招标投标,是由招标人向数人或者公众发出招标通知或者招标公告,在诸多投标中选择自己最为满意的投标人并与之订立合同的缔约方式。按照我国《招标投标法》的规定,大型基础设施、公用事业等关系社会公共利益、公共安全的项目,全部或者部分使用国有资金投资或者国家融资的项目,使用国际组织或者外国政府贷款、援助资金的项目,在勘察、设计、施工、监理以及与工程有关的重要设备、材料的采购中,必须采用招标投标的方式订立合同。

(二) 拍卖

拍卖,是指以公开竞价的方式,将特定的物品或者财产权利转让给竞买人的买卖方式。拍卖当事人包括拍卖人、委托人、竞买人和买受人。

拍卖须有资质限制。设立拍卖企业,应当依照我国《拍卖法》第 12 条规定,确定其是否具有拍卖资质。对于经营文物的拍卖企业,还应当符合该法第 13 条的规定。

二、强制缔约

强制缔约,是指个人或者企业负有应对方请求与其订立合同的义务,非有正当理由不得拒绝的合同订立方式。强制缔约不以双方当事人的合意为要件,只要一方当事人提出缔结合同的请求,另一方当事人就负有法定的、与之缔结合同的义务。[①] 强制缔约仍然采取要约和承诺的程序,只是一方当事人负有必须承诺的义务。

适用强制缔约的范围是:邮政、电信、电业、天然气、自来水、铁路、公共汽车等公用事业单位,医院和医生,出租车司机等。

在强制缔约的情况下,缔约义务人对要约的沉默通常可以理解为默示承诺。缔约的内容,有国家和行业标准的,依照该标准确定。没有标准的,按照合理的标准确定。缔约义务人在无正当理由情况下拒绝缔约,致对方损害的,应当承担损害赔偿责任。

【案例讨论】

讨论提示:本案的性质是拍卖法律关系,属于特殊缔约方式中的竞争缔约。

[①] 王利明:《合同法研究》(修订版第一卷),中国人民大学出版社 2011 年版,第 278 页。

竞争缔约中的程序违法,导致竞争者利益损失,应当承担赔偿责任。

讨论问题:1. 特殊缔约方式有哪些种类？各有什么特点？2. 拍卖这一缔约方式的规则是什么？为什么拍卖的程序违法会导致损害赔偿责任？

第五节　合同条款

【典型案例】

辛某、贺某、于某、薛某、宋某均系甲公司股东,2005 年 4 月 21 日,五人签署《关于股东股份转让的协议》,内容为该日甲公司召开股东大会,通过决议,贺某、于某分别转让其 26% 股份给薛某,辛某转让 30% 股份给宋某,三人转让股份所得到的报偿各为人民币 30 万元。股权转让后,薛某与于某产生争议,对 30 万元的性质发生争议,薛某主张是转让股权的对价款,于某主张是在 260 万元股份原值之外另行支付的公司利润分配,并拒绝转让股权。薛某与甲公司起诉请求法院确认该股份转让协议有效。法院审理认为,股权转让合同的对价款是主要条款和必备条款,原被告之间对股份转让协议的对价款达成一致意见,股权转让不具有可履行性,故不能认定该股份转让合同已经成立,判决驳回原告的诉讼请求。二审法院维持原判。

一、合同条款的概念和种类

(一) 合同条款的概念

合同条款,是指合同内容的表现形式,是合同内容的载体。

合同是当事人合意的产物,合同的内容必然是当事人协商一致的结果。从这个意义上说,合同的条款应当是在不违背禁止性法律规范的情况下,由当事人自由决定,而不是由法律规定。我国《合同法》第 12 条列举合同一般包括的条款是:(1) 当事人的名称或者姓名和住所;(2) 标的;(3) 数量;(4) 质量;(5) 价款或者报酬;(6) 履行期限、地点和方式;(7) 违约责任;(8) 解决争议的办法。这些条款是在一般情况下合同所应当具备的条款,不完全是必备条款。

(二) 合同的必备条款和非必备条款

合同的必备条款,是指在合同中必须具备的条款,否则合同就不成立。当事人订立合同可以参照该条的规定,也可以不按照规定的内容订立合同。合同的成立与否,有效与否,并不完全取决于是否遵照该条款订立。属于该条规定的某些条款,合同中没有约定,可以由法律规定或者可以通过行业惯例等予以确定的,仍然可以认为合同成立有效;相反,即使不属于该条所规定的条款,但根据某种合同的特殊性质必需的条款,合同没有约定的,仍然可以认定该合同不成立。

合同的非必备条款,是指依据合同的性质在合同中不是必须具备的条款。其含义是,即使合同不具备这些条款,也不影响合同的成立。这些条款诸如履行期限、质量条款等。对于缺少非必备条款的合同,可以根据我国《合同法》第61条和第62条规定填补漏洞。

(三) 主要条款和非主要条款

合同的主要条款,是指合同必须具备的最一般条款。欠缺主要条款,合同就不成立,它决定合同的类型,确定当事人各方的权利义务的质和量。其意义在于,合同的主要条款具备了,就可以认定合同已经成立,其他的条款可以在合同的履行过程中完善。我国《合同法》没有规定主要条款,是一个欠缺。合同的标的、数量是合同的主要条款,而价款一般不是主要条款。不过,在不同性质的合同中,主要条款有所变化,但都是上述两个条款(标的、数量)的变化形式,在司法实践中应当注意掌握。

合同的非主要条款,是合同的主要条款以外的其他条款。这些条款不能说不重要,但都是可以在主要条款达成合意后可以继续完善的合同内容。

(四) 默示条款和特意待定条款

默示条款是指当事人未写入合同中,甚至没有协商过,但基于当事人的行为或基于合同明示条款或基于法律的规定,理应存在的条款。例如,该条款是实现合同目的及作用所必不可少的,只有推定其存在,合同才能达到目的及实现其功能;或者该条款对于经营者来说是不言而喻的,是公认的商业习惯或者经营习惯;或者该条款是合同当事人系列交易的惯用规则;或者实际上是某种特定的行业规则;或者是直接根据法律规定而成为合同的普通条款。

特意待定条款,是指当事人有意将某些合同条款留待以后谈判商定,或者由第三人确定,或者根据具体情况加以确定。这些条款不妨碍合同的成立。

(五) 免责条款

免责条款,是指当事人双方在合同中事先约定,旨在限制或免除其未来责任的条款。免责条款的特点是:(1)免责条款是一种合同条款,是合同的组成部分;(2)免责条款是事先约定的条款;(3)免责条款旨在免除或者限制当事人未来所应负的责任。

根据条款所免除或者限制责任的性质不同,免责条款可以分为限制责任条款和免除责任条款;根据订立合同的方式不同,可以分为协商订立的免责条款和标准合同的免责条款;根据免责条款的性质不同,可以分为消费性的免责条款和商业性的免责条款。

免责条款的生效条件是:(1)免责条款不得违反法律、法规的强制性规定;(2)免责条款不得免除造成对方人身伤害的责任;(3)免责条款不得免除因故意或者重大过失造成对方的财产损失的责任;(4)格式化的免责条款不得不合理地免除条款制作人责任,加重对方的责任,排除对方的主要权利。

二、合同条款的具体内容

(一) 当事人的名称或者姓名和住所

当事人的名称或者姓名和住所这一项条款,是有关合同主体的内容。在合同的一般内容中,首先应当写明合同的当事人。这一内容包括两项:

(1) 当事人的名称或姓名。

当事人的名称或姓名是区别于其他民事主体的代表符号,以固定合同的主体。当事人应当使用法定的名称和姓名,法人和其他组织的法定名称是其在工商管理机关或有关机关登记的名称;自然人的法定姓名是其户口簿或身份证上载明的姓名。

(2) 当事人的住所。

当事人的住所是民事主体发生民事法律关系的地理区域。自然人以其户籍所在地的居住地为住所,经常居住地与住所不一致的,经常居住地即居所视为住所。法人和其他组织以其主要办事机构为住所。合同载明住所的意义在于,决定债务履行地、诉讼管辖、涉外法律适用的准据法、法律文书送达的处所等。

当事人的名称或姓名和住所这一项条款不是合同的主要条款。因为在合同发生争议时,不会是因为合同的主体不清楚,当事人总是会知道谁和谁在进行交易,有了纠纷应当与谁交涉。

(二) 标的

标的是合同的权利和义务所指向的对象。没有标的,合同的权利和义务就失去所指,合同也就不会存在。所以合同的标的是所有合同的主要条款。标的不清楚、不明确,甚至没有标的,该合同一定不成立。在一切合同中,都必须具备标的条款。

制订合同标的条款时,需要明确写明物品或服务的名称,注意不同地区、国家和方言对同一标的的不同称谓,以使合同的标的特定化,使合同的履行有明确、确定的目标。

(三) 数量

数量是度量标的的基本条件。没有约定数量或者约定不明确,合同将无法履行,所以数量条款是合同的必备条款。标的的数量应当确切,选择双方当事人共同接受的计量单位,确认当事人双方认可的计量方法,以单位个数、重量、面积、长度、容积、体积等确定。在数量条款中,还应当允许规定合理的磅差和尾差。约定标的数量同时应当约定双方认可的计量单位,没有计量单位的数量是没有意义的。计量单位除国家明文规定以外,当事人可以自由选择非国家或国际标准计量单位,但是应当同时明确其具体含义。

没有数量的合同,不能认为其已经成立。因此,数量条款是合同的主要条款。

(四)质量

质量也是度量标的的条件,但是质量的内容没有数量的内容重要,因而质量条款不是必备的条款。合同没有约定质量标准或者质量标准约定不明确的,可以根据我国《合同法》第 61 条和第 62 条规定的方法确定。

(五)价款和报酬

价款和报酬是取得标的所必须支付的对价。价款一般针对取得物而言;报酬一般针对取得服务而言。无偿合同不存在价款和报酬条款。在有偿合同中,价款和报酬不是必备的主要条款,依据我国《合同法》第 61 条和第 62 条规定,价款和报酬约定不明确的,可以按照一定的方法予以确定。需要注意的是,价款和报酬是合同标的本身的对价,一般不包括运费、装卸费、保管费、仓储费、保险费等费用。如果有这些费用,应当在该条款中一一列明,避免发生争议,如果发生争议,则按照我国《合同法》第 61 条和第 62 条规定确定。

(六)履行期限、地点和方式

履行期限是合同履行的时间规定。它涉及当事人的期限利益,也是确定当事人违约与否的一个重要因素。在订立合同时,应当对履行期限明确约定。约定履行期限的方式多种多样:可以约定为即时履行,也可以约定为定时履行,还可以约定为定期履行和分期履行。即时履行和定时履行,自合同成立有效或约定的一定时间点开始履行,在合理的时间内履行完毕。定期履行是指在约定的一段时间内完成履行行为即为适当履行。分期履行是一个合同的权利义务在若干时间点开始履行或者在若干时间段内分别履行。履行期限不是合同的必备条款,在没有约定履行期限的情况下,根据我国《合同法》第 61 条和第 62 条的规定予以确定。

履行地点是确定合同义务履行的区域概念,履行地点往往关系到运费的负担、标的物所有权的转移、意外灭失风险的转移和发生纠纷的案件管辖问题,应当格外引起当事人的重视。但它不是合同的主要条款,合同没有约定履行地点时,应当按照我国《合同法》第 61 条和第 62 条的规定确定。

合同的履行方式可以分别约定为:一次履行或者分批分期履行;实物交付或者所有权凭证交付;自提或者送货;铁路运输、水路运输或者航空运输等。这一项内容不是合同的主要条款,但是与当事人的利益关系很大,也应当在合同中尽量予以明确,避免发生争议。

(七) 违约责任

违约责任,是指当事人在违反合同约定的义务后所应当承担的合同法上的不利后果。违约责任是促使当事人履行债务,保障相对人债权的法律措施。它虽然不是合同的必备条款,即使当事人没有约定,违约方也应当依据法律规定承担违约责任,但在有明确约定的情况下,有利于及时解决纠纷,保护当事人的利益。

当事人在合同中可以事先约定救济违约的方式、违约金的计算方法,约定违约致损的计算方法、赔偿范围,约定合同的免责条款等。

(八) 解决争议的方法

解决争议的办法是指在将来合同发生纠纷应当诉诸何种方式和方法予以解决。该条款不是合同的必备条款,即使当事人没有事先约定,在发生纠纷后,也可以再行商定,即使协商不成,仍然可以按照法律规定处理:

首先,当事人可以约定解决争议的方式是选择诉讼或者仲裁,二者只能选择一项。

其次,选择诉讼的,可以依据我国《民事诉讼法》的规定选择管辖的法院,即选择被告住所地、合同履行地、合同签订地、原告住所地或标的物所在地的人民法院对该合同发生的纠纷予以管辖,这种约定不得违反《民事诉讼法》对级别管辖和专属管辖的规定,并且只能选择确定的一处,否则视为没有选择。

再次,选择仲裁的,应当选择具体的仲裁机关对该合同发生的争议进行管辖。

【案例讨论】

讨论提示:我国《合同法》没有规定合同主要条款,但在理论上和实践中都确认合同主要条款。在实践中,如果不认可合同主要条款,就无法确认合同是否成立。本案对这一意见具有说服力。但股份转让中的价款究竟是股份转让合同的主要条款,还是可以确定的条款,存在争议。

讨论问题:1. 主要条款在合同中的地位和作用是什么? 2. 本案认定转让股份的对价款条款是合同的必备条款,理由是否成立?

第六节 合同形式

【典型案例】

被告万国都物业管理有限责任公司于2004年3月1日取得凯旋国际商住大厦商品房预售许可证,2005年1月28日与原告陈庆签订《〈商品房买卖合同〉附加协议》一份,约定原告购买被告开发的凯旋国际商务大酒店1118号房屋,并交付了首付款10.1万元,被告向原告出具房屋买卖首付款发票。2007年11月23日,被告将该房卖给第三人,并进行了商品房买卖备案登记。原告向法院起诉,主张解除合同并返还原告首付款和利息,增加首付款一倍的赔偿金。被告以双方没有签订《商品房买卖合同》为由抗辩,拒绝承担违约责任。一审法院和二审法院均认为,本案双方当事人虽然没有签订《商品房买卖合同》,但签订的附加协议属于双方当事人的真实意思表示,并且一方部分履行了义务,对方接受履行,依据《合同法》第36条关于"法律行政法规规定或者当事人约定采用书面形式订立合同,当事人未采用书面形式但一方已经履行主要义务,对方接受的,该合同成立"的规定,判决解除合同,返还首付款及利息,增加一倍的惩罚性赔偿金。

一、合同形式概述

（一）合同形式的概念和种类

合同形式又称为合同的方式,是当事人合意的表现形式,是合同内容的外在表现,是合同内容的载体。①

合同形式的种类可以作以下划分。

（1）法定形式和约定形式。

在理论上划分合同的形式为两种:一是法定形式,二是约定形式。

合同的法定形式,是指法律直接规定某种合同应采取的特定形式。合同的法定形式必须基于法律的规定,其形式不允许当事人加以选择、变更或废止,其效力直接源于法律的规定,而且可以对抗第三人。

合同的约定形式,是指当事人对于没有法定形式要求的合同所约定采取的

---

① 王利明、崔建远:《合同法新论·总则》,中国政法大学出版社1996年版,第216页。

形式。约定形式尊重当事人的自由意志,可以在合同的磋商过程中,由当事人通过要约和承诺的形式确定。合同的约定形式则允许当事人自由选择、变更或废止合同形式,自由决定合同形式的效力,但是约定形式由于不具有公示的效力而不得对抗第三人。

(2) 书面形式、口头形式和其他形式。

合同的具体形式,在传统上分为书面形式和口头形式。我国《合同法》则规定为三种,一是书面形式,二是口头形式,三是其他形式。

书面形式是合同形式中的最主要形式。

口头形式是以口头语言的方式订立合同,其意思表示都是用口头语言的形式表示的,没有用书面语言记录下来。当事人直接运用语言对话的形式确定合同内容,订立合同,是口头合同的基本特征。口头形式的合同简便易行,在人们的日常生活中经常使用。其缺点在于一旦发生纠纷,当事人面临举证的困难,司法机关无法查明事实的真相,当事人的合法权益得不到保护。对于不能及时清结而且标的较大的合同,不宜采用口头形式。

其他形式包括两种:第一,当事人未以书面形式或者口头形式订立合同,但从双方从事的民事行为能够推定双方有订立合同意愿的,人民法院可以认定是以《合同法》第 10 条第 1 款中规定的"其他形式"订立的合同。[①] 第二,法律另有规定或者当事人约定采用公证形式、鉴证形式的,在当事人约定合同订立以后,应当采用公证或者鉴证的形式。

(二) 合同形式的目的

法律规定或者当事人约定合同形式,目的主要包括:(1) 证据目的,书面合同作为书证,可以避免纠纷发生;(2) 警告目的,通过形式要件,实际上是最后给缔约当事人一次深思熟虑的机会,以免作出草率的决定;(3) 境界线目的,通过合同形式,使合同磋商与合同缔结之间划定境界线;(4) 信息提供目的,合同书面的作成交付义务,特别是就其中的关键事项,要求用明确的文字表示出来,以提供信息。(5) 其他目的,包括对合同缔结和内容的确认,对外的公示,企业对合同的管理,经过公证的合同还具有执行担保的功能,以及心理上的意义和仪式的要求等。[②]

二、合同的书面形式

(一) 合同书面形式的要求

合同的书面形式,是指以文字等有形的表现方式订立合同的形式。合同书

---

① 最高人民法院《关于适用〈中华人民共和国合同法〉若干问题的解释(二)》第 2 条规定。
② 参见韩世远:《合同法总论》(第三版),法律出版社 2011 年版,第 113—114 页。

和合同确认书是典型的书面形式合同。

书面形式的合同能够准确地固定合同双方当事人的权利义务,在发生纠纷时有据可查,便于处理。法律要求,凡是比较重要、复杂的合同,都应当采用书面形式订立合同。尤其是在当前经济和科技迅猛发展的情况下,合同的书面形式趋向多样化,所以,我国《合同法》对合同的书面形式予以详细规定,具有重要的实践和理论意义。

我国《合同法》第 11 条确认,合同的具体书面形式有合同书,信件以及数据电文,包括电报、电传、传真、电子数据交换和电子邮件。这是一个列举性规定,随着社会的发展,新的书面合同形式,例如摄影、录像等,在实践中就已经出现。[①] 这些新的书面合同形式只要符合合同书面形式的要求,不违背《合同法》的精神,就应当承认其法律效力。

合同书面形式必须符合下列要求:

(1)书面合同必须以文字凭据的方式为内容载体。

至于文字书写得标准不标准,规范不规范,均不论。无论是手写、印刷、打字,还是写在正式的合同纸或便笺上,都不影响其效力。为慎重起见,对于重要的、复杂的合同,应当采用标准的合同纸制作合同书。

(2)书面合同在该文字载体上必须有双方当事人或者其代理人的签字或盖章。

在合同书和合同确认书上,双方当事人必须签字或者盖章。以信件和数据电文为书面合同形式的,不可能由双方当事人在同一份文字凭据上签字或盖章,但是某一份信件和数据电文必须得到另一份信件和数据电文的印证。

(3)书面合同必须包含当事人的权利义务。

书面合同的文字凭据所载明的内容必须包含了合同的权利义务,否则就不能成为合同的表现形式。

(二)合同书、信件和数据电文

合同书是双方当事人经协商一致以后,共同以书面材料的形式,记载其权利义务内容的合同文本。合同书是最常见、最重要的合同书面形式。在实践中,一份合同书就可以决定合同的全部内容,有时也可以与合同的其他书面形式相配合,共同构成一个完整意义的合同内容。

信件是合同当事人在通过书信交往方式订立合同过程中所积累下来的,能够记载合同当事人双方权利义务内容的书信。以信件方式表现的书面合同,往往不是一两件信件,而是当事人在合同磋商过程中的一批信件。只要是能够完整反映当事人权利义务内容、包括合同的主要条款的那些信件,就应当认为是书

---

① 参见王利明、崔建远:《合同法新论·总则》,中国政法大学出版社 1996 年版,第 226 页。

面形式的合同。

数据电文是科技发达以后所产生的合同形式。由于这种形式能够准确记载当事人的权利义务内容，并且具有迅捷的特点，因而被当事人广泛地使用，进而也被法律所承认。数据电文是指通过电子通讯技术这种交流信息的方式订立合同的书面形式。我国《合同法》确认了电报、电传、传真、电子数据交换和电子邮件等形式为合法的合同书面形式，具有时代感。在实践中，应当注意运用数据电文的形式订立合同；司法实务也应当注意对数据电文形式订立的合同的审查，依法保护好当事人的合法权益。

三、采用合同形式的规则

采用合同形式的规则，应当根据我国《合同法》第10条第2款确定，即"法律、行政法规规定采用书面形式的，应当采用书面形式。当事人约定采用书面形式的，应当采用书面形式"。

（一）法定书面形式

法律和行政法规规定采用书面形式的合同，是要式合同，应当依照法律的规定采用书面形式。这种情况主要是指有关民事特别法对合同书面形式的特别规定。该规定包括要求某种特定的合同必须采取书面的形式，或者某种合同必须采用特定的书面形式，例如公证形式、鉴证形式等。

在下述场合应当采取法定的书面形式：

（1）不动产转让合同应当采用书面形式。

对于不动产，难以寻求其他物代替，在发生纠纷后，如果没有书面合同，将很难同时弄清双方当事人的债权和债务。国家有必要对不动产转让合同予以干预，要求该类合同采取法定形式。

（2）某些特殊的动产转让应当采用书面形式。

汽车、飞机、轮船等虽然属于动产的范围，但由于其价值很大，对主体利益有重要影响，一般参照不动产的转让进行管理。在我国，对这类财产的转让合同应当采用书面形式。

（3）标的额较大又不是即时清结的涉外合同应当采用书面形式。

我国的法人、其他组织和自然人个人与外国的法人、其他组织和个人之间订立的合同，因为有一方当事人为外国的自然人、法人或者其他组织，与一般合同相比，增加了诸如国际私法等一些重要的复杂因素，所以国家要求对于合同的价款或者报酬较大且不属于即时清结的合同，应当采用书面形式。

（二）约定书面形式和口头形式、其他形式

无论什么样的合同，只要当事人约定采用书面形式，就应当采用书面形式。这是对当事人自由意志的尊重，是合同自由原则的体现。

除了以上情形以外,当事人订立合同,采用口头形式和其他形式均可。

四、要式合同的形式要件欠缺

(一) 对要式合同形式要件欠缺的立场

合同的形式是合同赖以存在的表现方式。对此,我国《合同法》在第10条中作了规定,即法律和行政法规规定应当采用书面形式的,应当采用书面形式;当事人约定采用书面形式的,应当采用书面形式。按照这一规定,要式合同包括两种,一是法定要式形式,二是约定要式形式。

合同的要式形式,就是合同的书面形式。在我国现实中,很多要式合同不规范,没有按照《合同法》第10条的规定采用符合法律规定的书面形式订立合同。在这种情况下,该要式合同究竟是否有效,是一个重要的问题。在以前的司法实践中,往往采用一概否定的态度,凡是没有采用《合同法》规定的要式合同必要形式的合同,一律宣告为无效,当事人之间的正常交易行为,只是由于没有采用要式的形式,而将其效力终止。这样的做法不符合鼓励交易的原则,对发展经济不利。

对于当事人没有采用要式形式的合同的效力究竟如何,在实践中和理论上有不同的看法。第一种意见认为,法律所规定或者约定的要式形式,应当是强行法的规定,对当事人有拘束力,当事人不得违反,当事人如果违反,合同自然无效。这种意见,就是前述司法实践中所采用的主张。第二种意见认为,我国《合同法》规定的合同的要式形式并不是绝对的,不是必须采取的形式,如果将没有按照法律规定或者当事人的约定采取要式形式的合同一律作为无效合同对待,必然扼杀合同的生机,对鼓励交易不利,因此,不能将没有采取要式形式的合同宣告为无效。第三种意见认为,判定未采取法律规定或者当事人约定的要式形式的合同是否有效,不应当作简单的"一刀切",要么是一律有效,要么是一律无效,而是应当探究立法的本义,根据立法的本义确定没有采用要式形式的具体合同是否有效。我国《合同法》认为,对合同的要式条件应当作客观分析,不应当采取"一刀切"的态度,对有一些没有采用要式形式的合同应当采取灵活的态度,确认其有效,将当事人已经实施的合同行为继续进行下去,鼓励当事人之间的正当交易。这样有利于促进生产经营活动,增加社会财富,繁荣社会经济,对社会发展有利。

法律在规定某种合同的法定形式时,赋予该法定形式四种不同的法律效力:(1)证据效力,即法定形式为合同的证明,当事人虽未采取法定形式订立合同,但只要有其他证据证明合同存在,就不得以订立合同没有采取法定形式为由认定合同无效。(2)成立效力,即法定形式作为合同成立的要件,当事人订立合同没有采取法定形式,合同即不成立,就不会按照当事人意思表示的内容发生法律效果。(3) 生效效力,即法定形式作为合同生效的要件,当事人订立合同没有采取法定形式,合同只要具备成立条件的,依然成立,但不发生法律效力。(4) 对抗效力,订立合同即使没有采取法定形式,只要其他要件不欠缺,也照样成立并且有效,只是对第三人不得主张,第三人不承认该合同,法律予以支持。区分合同法定形式可以产生的上述四种不同效力,比较准确地认定不符合法定形式的合同是否有效的问题。① 按照《合同法》第 36 条的规定,采取的显然是第二种意见的立场,即要式形式的意义是合同成立的效力的标志。

(二) 承认欠缺要式形式合同成立的条件

我国《合同法》第 36 条规定,对法律或者行政法规规定或者当事人约定采用书面形式的合同,当事人没有采用书面形式的,采取较为灵活的态度,有条件地承认其效力。这里采用的就是合同履行治愈规则。所谓履行治愈规则,是指欠缺法定或者约定形式要件的合同,因当时人履行的事实而弥补合同缺陷,促使本来无效的合同成为有效合同。②

适用履行治愈规则,承认欠缺要式形式合同成立的条件是:

(1) 合同一方当事人的主要义务已经履行。

合同约定的主要义务已经履行,证明当事人对该合同的订立以及合同的内容是协商一致的,意思表示是真实的。在合同的主要义务已经履行的情况下,合同的真实性已经毋庸置疑,其形式要件已经不再是必要的。因而,应当认定这样的口头合同是有效的。

合同的主要义务已经履行,并非要求合同的义务已经全部履行,也不是合同的义务全部没有履行,而是已经履行了一部分义务。已经履行的义务在合同的全部义务中占据主要的部分。"合同的主要义务"的判断标准可以从义务的性质上看。例如家庭住房的内部装修合同,将主要的工程已经完成,就是合同的主要义务已经履行。也可以从合同义务完成的比例上看。例如合同约定的义务已经完成了 50% 以上,应当认为合同的主要义务已经履行。这样的合同,虽然法律或者行政法规要求采用书面形式,当事人虽然没有采用书面形式,但应当认为是有效的。

(2) 对方当事人接受了履行。

一方当事人已经履行主要义务,另一方当事人接受了这种履行,这就表明对方当事人以行动承认了当事人之间的合同行为的效力。在这种情况下,如果认为合同还欠缺要式形式而不成立,显然是不正确的。

---

① 王家福主编:《民法债权》,法律出版社 1991 年版,第 305 页。
② 王洪:《合同形式欠缺与履行治愈论——兼评〈合同法〉第 36 条之规定》,载《现代法学》2005 年第 5 期。

在司法实践中处理欠缺要式形式的合同的成立,应当注意的问题是:第一,上述两项确认合同成立的条件,应当同时具备,任何一个合同,法律或者行政法规规定应当采用书面形式而没有采用,只是用口头形式订立,只要具备以上两个条件的,就认为合同是成立的。第二,仲裁员或者法官在审理案件时,一定要注意《合同法》在这个问题上立场的改变,不能再沿用过去那种凡是没有采用要式形式的合同,就一律宣告其无效的做法。应当从鼓励交易的原则出发,按照新的规定,正确认定这类合同的成立。第三,当事人约定采用书面形式的合同,没有按照约定采用书面形式的,也适用第36条规定,承认其合同效力。

(三)没有签字盖章的要式合同的成立

订立合同采用合同书的形式,是用书面形式订立的合同。按照我国《合同法》第33条的规定,双方当事人应当在合同书上签字或者盖章,以表明双方当事人对合同内容的确认。从原则上说,合同书没有当事人的签字或者盖章,就是没有合同当事人对合同内容的确认,这样的合同是不成立的。

这种"一刀切"的办法在实践中证明也是不合适的。这就是,某些合同在双方当事人之间原本没有争议,也采用了法律规定的要式形式,由于某种原因,致使当事人一方或者双方在合同上没有签字或者盖章。当合同已经履行后,当事人对合同发生争议,则不分青红皂白,只要一方或者双方当事人没有签字盖章,甚至只签字没有盖章或者只盖章而没有签字,就一律宣告该合同无效。这种做法,不利于保护合同当事人的利益,不是鼓励交易,而是限制交易,对经济发展是不利的。

我国《合同法》第37条规定:"采用合同书形式订立合同,在签字或者盖章之前,当事人一方已经履行主要义务,对方接受的,该合同成立。"这种做法,不是对没有签字或者盖章的书面合同一律否认其效力,而是根据一定的标准,有条件地对这样的合同认定其有效。这种态度符合《合同法》鼓励交易原则,有利于经济发展。

(1)怎样理解没有签字或者盖章?

合同书在签字或者盖章之前履行主要义务但没有签字或者盖章,主要包括以下几种情况:一是,在合同书上,双方当事人既没有签字也没有盖章,实际就是在合同书上没有任何一方当事人的签字或者盖章。二是,一方当事人在合同书上没有签字或盖章,另一方当事人已经签字或者盖章。三是,当事人签字或者盖章不符合要求,例如没有法定代表人或负责人签字,签字的不是当事人的法定代表人或者负责人,所盖印章系非正式使用的印章等。对以上这些情况,都应当认为是没有在合同书上签字或者盖章,适用本条规定。

应当注意的问题是:第一,当事人一方或者双方只有签字没有盖章或者只有盖章没有签字的,应结合该法第33条规定的要求。《合同法》对合同的签字或者盖章的要求是,当事人应当在合同书上签字或者盖章,意思是或者签字,或者盖章,只要有一项就符合法律的要求,而不是必须签字和盖章。双方当事人只要在合同书上签字或者盖章有一项的,就不再适用本条,应当认为该合同书符合《合同法》第33条的规定。第二,一方当事人在合同书上没有签字或者盖章,原则上也应当适用《合同法》第37条规定。但如果主张合同无效的一方当事人已经在合同书上签字或者盖章,这就表明他对合同的内容是确认的,因此,该方当事人不得因该合同书由于对方当事人没有签字或者盖章而主张无效。

(2) 怎样确认没有签字或者盖章的合同的效力?

对没有签字或者盖章的书面合同,确认其效力的标准是,当事人一方已经履行主要义务,对方已经接受履行。

对于这种标准的理解,与前条对已经履行主要义务的理解是一样的,即:合同的主要义务已经履行,并非要求合同的义务已经全部履行;也不是合同的义务全部没有履行,是已经履行了一部分义务。已经履行的义务在合同的全部义务中占据主要部分。合同义务的主要部分的判断标准可以从义务的性质上看。例如私有房屋租赁合同,将租赁的房屋交付给房客使用,就是主要的义务已经履行。这样的合同,虽然法律或者行政法规要求采用书面形式,或者当事人约定采用书面形式,当事人采用了书面形式,但是没有签字或者盖章的,应当认为合同是成立的。

【案例讨论】

讨论提示:本案是典型的要式合同欠缺形式要件但一方已经部分履行、对方已经接受的情形,应当认定合同成立并有效。

讨论问题:1. 采用合同形式的规则是什么?2. 要式合同形式要件欠缺的合同,应当怎样认定合同效力?

第七节 格 式 条 款

【典型案例】

2006年11月9日,姜芳芳的父亲代其与牵手公司签订了一份牵手单身俱乐部个人会员登记表及一份《承诺书》。登记表声明:会员一经填写此表并交纳会费,即表示接受牵手公司的章程及《承诺书》的所有条款,以下条款自动生效:1. 办理入会手续后,若要求退会,概不退款;2. 服务方式:为提高成功率,会员需要推荐异性会员即告知专管工作人员,专管人员负责在3日内,若有人选,负责做好双方的联系工作,若无人选,则通知会员。《承诺书》的内容是:自愿委托牵手公司为其婚姻介绍、交友咨询服务;愿意一次性缴纳会费2000元,服务期限1年,办理入会手续后就不能退费。在服务期间,牵手公司为姜推荐署名异性人士,姜均不满意,后提出不要再推荐了。一个月后,姜芳芳认为牵手公司有欺诈行为,向消协举报,并向法院起诉,要求退回会员费用2000元。法院认定该婚介协议属于格式条款,但没有欺诈行为,故不支持原告的诉讼请求。

一、格式条款概述

(一) 格式条款的概念

格式条款合同,也叫做定型化契约,是指合同条款由当事人一方预先拟订,相对方只能对该拟订好的合同概括地表示全部同意接受或者全部不予接受,而不能讨价还价的合同。在法理上,对格式条款也称为"服从合同"、"定式合同",交替使用格式合同、格式条款、标准合同、附合合同、一般条款或约款、一般交易条件等概念予以指称①,在台湾称之为定型化契约②,体现的就是对方当事人没有选择余地的基本特征。名称上虽有差异,在意义上则无不同,均指契约之一方当事人预先拟定之交易条款③;亦即一方当事人对于另一方当事人事先已确定的合同条款是全部同意或者不同意的合同,一方当事人要么从整体上接受合同条件,要么是不订立合同,而所谓不订立合同的选择客观上又根本不存在。④ 法国法对格式条款的这个说明是十分精辟的。

格式条款究竟是一种合同,还是合同中的条款,有不同看法。例如,格式条款有可能构成一个完整的、独立的合同,也可能是合同中的一个条款,即在一个合同中可以将所有的条款分为两类——格式条款和非格式条款。⑤ 我们不同意这样的看法,根据我国《合同法》的规定以及制定《合同法》过程中讨论的意见,格式条款应当是指格式条款合同。⑥ 格式条款的概念不是标准合同中的"格式"条款。

---

① 李开国主编:《合同法》,法律出版社2007年版,第42—43页。
② 詹森林:《民事法理与判决研究(三)·消费者保护法专论》,台湾元照出版公司2003年版,第4页。
③ 同上书,第32页。
④ 尹田:《法国现代合同法》,法律出版社2009年版,第81页。
⑤ 王利明:《合同法研究》(修订版第一卷),中国人民大学出版社2011年版,第158页。
⑥ 在制定合同法的讨论过程中,专家和立法机关工作人员一再强调,格式条款是合同而不是合同中的条款,其含义就是服从合同、定式合同,而不是通常拟定好的、但是条文内容还可以协商的条款。

第三章　合同订立

（二）格式条款的特征

格式条款合同与一般合同不同，具有以下特征：

（1）格式条款合同一般是由居于垄断地位的一方所拟定。

格式条款合同一般都是由居于垄断地位的一方当事人所拟定。拟定格式条款合同的一方的垄断地位分为两种，一是法律上的垄断，二是事实上的垄断。法律上的垄断，是指一方依据法律的规定从事的垄断，例如国家规定铁路、邮电、自来水、电力、热力、燃气等行业由专门的公司垄断经营。事实上的垄断，是指一方依据经济实力等条件，在事实上形成的垄断经营。例如居于事实垄断地位的保险公司、远洋运输公司，对保险合同和海上运输合同的条款的垄断权利。

（2）格式条款合同的对方当事人处于从属地位。

格式条款合同的条款是由一方当事人事先单方拟定的，对方当事人没有机会参与合同条款的协商过程，只能对格式条款表示全部接受或全部不接受，没有其他的选择余地。所以在格式条款合同中，对方当事人只能服从于格式条款合同，而不能主导合同的内容。这并不意味着在格式条款合同中双方当事人的地位不平等，因为对方当事人还有选择接受与不接受的权利，对方当事人接受该格式条款合同是以其同意为前提的。

（3）格式条款合同是完整、定型、持久的合同类型。

从格式条款合同的订立过程看，要约人和受要约人的地位已经固定化，格式条款合同的要约人总是特定为格式条款合同的制定者，受要约人则是不特定的社会消费者；从合同的内容讲，格式条款合同所有的条款化为一个整体，不允许变更，除了合同的签订时间、对方当事人、数量等，都已经定型化。正是由于这些特点，格式条款会在较长的时间内保持稳定，对所有不特定人同等对待。

（4）格式条款合同可以用不同的但必须是明确的书面形式表达出来。

要约人将合同文本印制成为固定的合同表格，仅需要双方在空白处填写时间以及当事人姓名、名称等内容；也可以将合同的条款印制在某些单证如车船票上；或者将合同的条款通过公告、通知、顾客须知、公司章程等方式张贴、悬挂于营业场所；或者某些格式条款虽然没有存在于合同文本中，但是依据该行业的规则或惯例，已经为双方当事人所认同。这些格式条款的形式虽然有所不同，但都是明确的书面形式，都是书面合同。

无论是在理论上还是实践中，都必须区别格式条款与示范合同的不同。示范合同是指通过有关的专业法规、商业习惯等确立的，为当事人订立合同时所参考的文本格式。示范合同主要作用不在于为当事人提供固定的合同条款，而在于提供一个参考模式。示范合同对双方当事人没有强制约束力，当事人可以参照，也可以不参照；可以修改示范合同的条款和格式，也可以增减示范合同的条款。在没有专业法律人员参与、当事人法律知识缺乏的情况下，示范合同有利于明确当事人的权利和义务,减少因为合同内容欠缺而发生纠纷的可能。而格式条款合同则是对方当事人没有选择余地的、只能服从的合同。

(三) 格式条款的优缺点

格式条款由于它的简洁和便利,从而有利于降低交易成本,提高民事流转的速度,有利于经济的发展。提供格式条款的企业可以摆脱复杂的合同谈判,把更多的精力倾注到企业的运营管理中去;相对方则避免了与拥有相关专业人员的专业部门进行讨价还价的艰难处境;司法机关对一个案件的审判结果,可以成为同类案件判决的指南,有利于司法的公平。同时,格式条款有利于国家干预经济,通过对格式条款固定条款的规制,表达国家对经济的态度,直接贯彻国家的经济政策。因而,格式条款之得以普及化,系因其具备效率化、合理化及补充性的功能所致。[1]

格式条款的缺点也是显而易见的,它限制了对方当事人的合同自由。虽然提供格式条款的一方不能强迫对方接受格式条款,与之订立合同,但对方往往除了接受该格式条款之外,没有其他的选择。在这种情况下,提供格式条款的一方往往会利用其优势地位,在格式条款中设定不合理的条款,侵害相对方的利益。甚至不将其中的不合理条款予以公示,或者没有对有关条款给予合理说明,使相对方在不知悉有关条款或者不理解有关条款的情况下,签订明显对自己不利的合同。

二、提供格式条款当事人的法定义务

正是基于格式条款的上述特点,各国合同法和民法理论无不认为应当承认格式条款,充分发挥格式条款的长处,同时制定有关法律、法规,从行业自律、立法、司法和行政管理等方面进行规制,以克服其弊端。因而,格式条款应当符合以下规则才应当有效:(1) 合理适当的提示原则;(2) 条款内容合理性原则;(3) 根本性违约人原则[2];(4) 严格解释原则;(5) 个别协商优先原则[3]。我国《合同法》顺应了这种潮流,在第39条明文规定:"采用格式条款订立合同的,提供格式条款的一方应当遵循公平原则确定当事人之间的权利和义务,并采取合理的方式提请对方注意免除或者限制其责任的条款,按照对方的要求,对该条款予以说明。"这一规定从三个方面对提供格式条款的当事人确定义务,对格式条

---

[1] 詹森林:《民事法理与判决研究(三)·消费者保护法专论》,台湾元照出版公司2003年版,第34页。

[2] 根本性违约人原则是一种解释合同条款的重要原则,即如果一方当事人的违约行为触犯了合同的根本内容,并且合同中的免责条款是基于他的要求而写入的,该免责条款应解释为对"根本违约人"不具有保护力。董安生等编译:《英国商法》,法律出版社1991年版,第66页。

[3] 李永军:《合同法》(第三版),法律出版社2010年版,第251—256页。

款合同给予限制。

（一）遵循公平原则确定当事人权利义务的义务

采用格式条款订立合同的,提供格式条款的一方应当遵循公平原则确定当事人之间的权利义务,这是该方当事人的基本义务。公平原则是社会道德观念的法律化,在确定格式条款的场合表现为格式条款应当符合社会的公平观念,合同的任何一方,依据该格式条款取得的权利和所负担的义务应当相当;该格式条款的风险和负担由双方当事人合理分担。

（二）提请对方注意的义务

提供格式条款的一方当事人,对合同中设定免除或者限制自己责任的条款,应当采取合理的方式提请对方注意。免除或者限制格式条款提供方责任的条款对对方当事人的利益有重大影响。为避免对方当事人的疏忽,没有注意到该条款的存在和该条款的重要性,该项义务要求格式条款的受益者即提供格式条款的一方当事人负有提请对方注意的义务,使对方有合理的机会了解该条款。

怎样确定"合理方式",最高人民法院《关于适用〈中华人民共和国合同法〉若干问题的解释（二）》第6条规定:"提供格式条款的一方对格式条款中免除或者限制其责任的内容,在合同订立时采用足以引起对方注意的文字、符号、字体等特别标识,并按照对方的要求对该格式条款予以说明的,人民法院应当认定符合合同法第39条所称'采取合理的方式'。""提供格式条款一方对已尽合理提示及说明义务承担举证责任。"认定合理的方式的条件是:首先,合理的方式针对的是格式条款中免除或者限制其责任的内容;其次,提供格式条款的一方,要以含义明确、表达清晰、文字醒目等足以引起对方当事人注意的文字、符号、字体等特别标识;再次,应当按照对方的要求,个别地将该条款展示给对方当事人,在合同订立之前以直接语言对话的形式提请对方当事人注意阅读该条款,进行提示。对于上述条件的证明责任,由提供格式条款的一方承担。

（三）给予说明的义务

给予说明,是指在接受格式条款的一方当事人,对格式条款中设定的免除或者限制对方责任的条款提出说明要求时,提供格式条款的一方当事人应当按照对方的要求,对该条款予以说明。其内容应当包括:该条款的基本含义;该条款的存在给对方带来风险和负担的大小及其可能性。

上述第一项义务如果没有履行而发生争议,人民法院或者仲裁机构就可以依法确认该格式条款违反法律而裁决其无效。提供格式条款的一方对于免除或者限制其责任的条款未尽到提示义务或者拒绝说明义务的,我国《合同法》第39条没有规定其后果,因此被学者称为"软义务"即不真正义务。尽管如此,这种义务对当事人还是有重要意义的。

（四）免责条款无效

按照我国《合同法》第 40 条关于"格式条款具有本法第 52 条和第 53 条规定的情形,或者免除提供格式条款一方当事人主要义务、排除对方当事人主要权利的,该条款无效"的规定,格式条款在下列情况下无效:

第一,格式条款具备《合同法》第 52 条规定的情形,即一方以欺诈、胁迫的手段订立合同,损害国家利益的;恶意串通,损害国家、集体或者第三人利益的;以合法形式掩盖非法目的的;损害社会公共利益的;违反法律、行政法规的强制性规定的,一律无效。

第二,格式条款具备《合同法》第 53 条规定的情形,即规定造成对方人身伤害而予以免责的规定,规定因故意或者重大过失给对方造成财产损失而予以免责的条款的,一律无效。

第三,免除提供格式条款一方当事人主要义务、排除对方当事人主要权利的。免除提供格式条款一方当事人主要义务和排除对方当事人主要权利,在事实上是一回事。其结果是使提供格式条款一方当事人享有主要权利,却负担少量义务;而对方当事人要负担主要义务,仅享有少量权利。这种结果并不是合同当事人订立合同时所期望的,它与当事人订立合同的本来目的相悖,严重地损害了对方当事人的合法权益,明显违背了公平原则、等价有偿原则等民法的基本原则。该条款应当宣布无效。由于该条款宣布无效,提供格式条款的一方当事人应当向对方当事人承担责任。

三、格式条款的解释

格式条款解释,是指在当事人对格式条款的含义存在不同理解时,应当依据何种事实、原则对该条款作出合理的说明。

在实践中,格式条款是提供方有经验的专业人员经过多方面考察斟酌制定的,所以在正常情况下,格式条款的含义是明确、具体、清楚的,一般不会产生异议。但是也不排除某些格式条款用语不明确、不准确,固有的格式条款与后来的协商条款内容不一致,从而导致合同双方对合同条款存在不同的理解,发生纠纷。因此,对格式条款合同的解释是必需的。

格式条款解释的方法是:

（一）通常解释原则

格式条款解释的一般原则,是通常解释原则,即对有争议的合同条款按照通常的理解予以解释。

（二）不利解释原则

对格式条款的理解发生争议,有两种以上解释的,应当作不利于对格式条款的提供方的解释。这是格式条款解释的基本原则。这是因为,由于格式条款是由特定的一方当事人提供的,其服从性和不可协商性有可能使对方当事人的意思表示不真实,因而使其利益受到损害。制定格式条款,在整体上往往会有利于条款的提供者,而不利于相对方;个别的格式条款提供者甚至会故意对个别条款作出语义含混、理解矛盾的规定,并凭借其垄断的经济地位、强迫或者欺骗对方接受不合理的条款解释。为了平衡这种不公正现象,出于保护消费者利益的考虑,法院应当对格式条款作出不利于格式条款提供者的解释。这些规定是各国合同法的共同做法和学理界的共识。例如,英国普通法规定,在条款不明确时,应对相对人作有利解释,而对条款制作人作不利解释。德国《一般契约条款法》第5条规定,一般契约条款的内容有疑义时,条款利用者承受不利益。《奥地利民法》第915条规定,单务契约内容有疑义时,推定负有义务的一方应负较轻的义务。双务契约内容有疑义时,使用不明确语句的一方应承受不利益的后果。对格式条款的理解发生争议,是指对格式条款的内容,存在不同的但是确有根据的理解,采用这些不同的理解,会对合同双方当事人的利益有不同的重大影响。合理的理解是指一个正常的、理智的、一般水平的商人,或者该行业一般水平的人员,站在不同的立场,可能对该标准条款的用语产生的理解。没有合理理由的单纯个人见解,不能认为是不同理解;在订立合同之前,提供格式合同的一方,已经就条款的含义作出明确无误的解释的除外。

(三) 非格式条款优先原则

格式条款和非格式条款不一致的,应当采用非格式条款。格式条款和非格式条款不一致的,是指在一个格式条款中,既存在格式条款,又存在非格式条款,格式条款和非格式条款的内容相互冲突,内容不一致,采用不同的条款会对双方当事人的利益产生重大不同的影响。在这种情况下,非格式条款应当处于优先地位,应当采用非格式条款确认合同内容,与该非格式条款相矛盾的格式条款无效。

【案例讨论】

讨论提示:本案争议的协议性质确属格式条款,但被告一方在提供格式条款签订合同之后,并没有欺诈行为,因此无须承担侵权责任。

讨论问题:1. 格式条款的基本特征是什么?2. 提供格式条款的一方当事人负有哪些法定义务?3. 对格式条款的解释应当遵守哪些特别规则?

第四章 合同效力

第一节 合同效力及生效时间和条件

【典型案例】

河南省某镇工商行政管理所欲另建办公楼,因此出售自己的一栋办公楼,面积1000平方米,估价20万元,没有经过国有资产出售的评估,也没有经过国有资产管理部门的批准,由该所所长刘某擅自作主,以8.5万元的价格出卖给自己的表弟谢某。检察机关发现后,以该买卖合同违反国家强制性法律,造成国有资产流失为由,向法院起诉,请求法院宣告该合同无效。法院支持了检察机关的诉讼请求。

一、合同效力的概念和范围

（一）合同效力的概念

合同效力就是合同的法律约束力,是指合同由法律赋予并受法律保护的法律效力。

合同效力与合同的拘束力有一定的区别。合同的拘束力主要强调合同对双方当事人的约束,但不包括对当事人以外的人所产生的约束效力。[1] 合同的拘束力,系指除当事人同意外或者有解除原因外,不容一造任意反悔请求解除,无故撤销;而合同效力,即基于契约而生之权利义务。[2]

对于合同的法律效力的立法表述,有两种不同的立法例。一种是法国方式,认为依法成立的合同,在当事人之间具有相当于法律的效力。[3] 这种表述,特别强调合同的效力,认可合同就当事人而言就是法律。另一种是意大利方式,认为

---

[1] 王利明:《合同法研究》(修订版第一卷),中国人民大学出版社2011年版,第534页。
[2] 王泽鉴:《民法债编总论》(第一册),北京大学出版社2009年版,第160页。
[3] 《法国民法典》第1134条第1款规定:"依法成立的契约,对缔结该契约的人,有相当于法律之效力。"

合同在当事人之间的效力,就是法律所确定的强制力,约束当事人对合同的履行。①

我国合同法坚持"合同依法成立,即具有法律约束力"的表述。这种立法例与《意大利民法典》的表述基本相同,没有采纳《法国民法典》的做法。这样规定的目的,在于强调合同在当事人之间的效力是依照法律的规定产生的,效力就是合同对当事人的法律约束力。

法律约束力也称为法律拘束力,即合同对当事人的法律强制力,换言之,就是合同依照法律所发生的对当事人的强制拘束力。首先,这种约束力是依照法律发生的。国家法律规定,合同一经法律所承认,当事人就必须履行。如果法律对合同的效力不加以约束,合同就会成为一张废纸,交易秩序就没有办法维持。其次,约束力要求当事人严格履行合同,债权人依照法律行使权利,债务人依照法律履行义务。再次,这种要求是以国家的强制力作为保障的,当事人不按照合同的约定全面履行义务,法律将确认这种行为违反法律,并对行为人予以民法制裁,责令其承担民事责任。在这里,国家的强制力最终表现为民事责任,并最终地以民事责任的方式保障合同的履行,促进交易发展。

(二) 合同效力的范围

法律约束力表现在,当事人应当按照合同的约定履行自己的义务,非依法律规定或者取得对方同意,不得擅自变更或者解除合同。其效力范围的具体表现是:

1. 对合同当事人的约束

合同效力对当事人的约束是对合同主体的约束。合同的债权债务关系,是发生在特定的民事主体之间的民事法律关系,其主体必须是特定的。当事人一经订立合同,这种关系就被特定了,不得再作出变更。如果债权人或者债务人必须作出变更,则必须按照法律的规定进行。非经依法进行,债权债务不能转移,合同的主体也不能变更。

2. 对债务履行的约束

依法订立的合同所发生的法律约束力,最主要表现在对合同债务的约束上。法律以其强制力,保障合同债务的履行。这种约束是对债务人的行为的约束,即保证全面履行合同债务。由于义务是债务人实施某种行为的必要性,法律依其国家强制力,强制债务人必须全面履行合同债务。法律约束力的强制力,主要就是对债务人的强制。它要求债务人必须履行债务,首先是自觉履行,不能自觉履行法律就强制其履行,强制债务人承担民事责任。

---

① 《意大利民法典》第 1372 条第 1 款规定:"契约在当事人之间具有法律强制力。"

3. 对行使债权的约束

合同不仅对债务人的行为进行约束,对债权人的行为也发生约束力。这种约束力主要是指合同的债权人在行使债权时,应当依照法律的规定进行,不得滥用权利。滥用权利造成对方当事人的财产损失,应当承担民事赔偿责任。

4. 对合同内容变更和解除的约束

合同一经依法订立,就要保证它的稳定性,不能任意变更或者解除。任意变更或者解除合同,就会使合同的法律约束力发生动摇,不能稳定社会正常的交易秩序,影响社会经济的发展。但是,法律也不是绝对不准许合同进行变更或者解除,而是要求必须按照法律的规定进行。首先,合同成立是当事人的合意,合同变更或者解除也可以由当事人的合意而发生。如果当事人一致同意对它们之间的合同内容进行变更,或者一致同意将它们之间的合同予以解除,应当依法准许,法律并不加以干涉。未经对方当事人同意,也就是未经双方当事人的合意,解除或者变更无效。其次,当法律规定的合同变更或者解除的情形出现时,非经合同当事人的合意,合同也可以变更或者解除。当法律规定的解除权发生时,享有解除权的一方当事人可以依法解除合同。

二、合同生效时间

合同生效是指已经成立的合同在当事人之间产生了一定的法律拘束力,即通常所说的法律效力。合同的法律效力就是强调合同对当事人的拘束力。[①]

合同生效时间,是合同在什么样的时间标志发生法律的约束力。

按照罗马法的"同时成立之原则",法律行为的成立与其效力同时发生。这一原则虽然在后世的民事立法中有所改变,但仍然说明了合同成立和合同生效之间的密切关系。我国《合同法》第 44 条中规定"依法成立的合同,自成立时生效",体现的就是这样的意旨。

按照我国《合同法》第 44 条规定,合同生效时间包含以下两个内容:

1. 合同生效的一般时间界限

合同生效的一般时间界限是合同依法成立。这里的"依法",应当理解为《合同法》第 25 条规定的内容,即承诺生效,合同即告成立。因此,合同成立,就是当事人之间就缔结合同关系达成了合意,合意达成的时间,就是合同成立的时间。合同生效,是国家和法律对当事人之间合意的态度,如果当事人的合意符合国家的意志和法律的规定,合同就在其成立之时发生法律效力。在这种情况下,合同成立和合同生效的时间是一致的。

---

① 参见王利明、崔建远:《合同法新论·总则》,中国政法大学出版社 1996 年版,第 242 页。

2. 要式合同生效的时间界限

《合同法》第 44 条第 2 款规定的生效形式,实际上是要式合同的生效形式。所谓要式合同,是指在合意之外,更需具备法定或者约定的必要方式,始得完全成立的合同。包括法律定有必要方式和当事人约定必要方式。该款规定的属于法定必要方式。

法定的必要方式,即按照法律、行政法规规定应当办理批准、登记等手续生效的,在办理了相关的手续时生效。一些特殊合同可能有一些特殊的有效要求,如对外合作开采石油合同需要经过国家有关行政主管部门的批准才能生效。对此,应当按照法律或行政法规的规定办理。在相关手续办理完毕之时,合同方生效。在这种情况下,合同成立和合同生效时间是不一致的。应当依照法律、行政法规的规定经批准或者登记才能生效的合同成立后,如果有义务办理申请批准或者申请登记等手续的一方当事人未按照法律规定或者合同约定办理申请批准或者未申请登记的,导致合同没有生效的,属于《合同法》第 42 条第 3 项规定的"其他违背诚实信用原则的行为",人民法院可以根据案件的具体情况和相对人的请求,判决相对人自己办理有关手续;对方当事人对由此产生的费用和给相对人造成的实际损失,应当认定为缔约过失责任,判令承担损害赔偿责任。①

约定的必要方式,是合同当事人约定其合同须用一定方式的,在该方式未完成之前,推定其合同不成立。②

3. 要物合同生效的时间界限

要物合同是指在当事人合意之外,更须交付标的物或者完结其他给付时,始得成立的合同。要物合同在标的物未交付或者其他给付未完结时,不认为合同已经生效。

合同生效与合同成立是不同的。罗马法不区分合同的成立与无效,是将不成立与无效一并包括在无效的概念内。③ 法国法及其学说继承了罗马法的传统。我国原来的立法对于合同的成立与生效并未严格区分,实践中也时有误解,学术界也不断有人强调这种区分。我国《合同法》对此作了规定,明确了合同成立和合同生效的区别。④ 法律区别合同成立和合同生效的意义在于:第一,规定合同生效的消极条件,只要已经成立的合同不具有法律规定的合同生效的消极条件,合同就在成立时生效。第二,将合同成立和合同生效严格区分开来,能够进一步鼓励交易,缺少合同成立条件的合同,当事人可以采取完善条件的办法使合同成立,并使其生效;合同不具备生效条件的,则使合同归于无效,不会因为补

---

① 最高人民法院《关于适用〈中华人民共和国合同法〉若干问题的解释(二)》第 8 条规定。
② 戴修瓒:《民法债编总论》(新版),上海法学编译社、会文堂新记书局 1948 年版,第 70 页。
③ 周枏:《罗马法原论》(下册),商务印书馆 1994 年版,第 621 页。
④ 韩世远:《合同法总论》(第三版),法律出版社 2011 年版,第 150 页。

充条件而使其生效。过去的司法实践对此不加区分,不论是合同欠缺成立条件还是生效条件,都一律判定为合同无效,扼杀了合同的生机,阻碍了交易的发展。

三、合同生效条件

（一）合同生效条件的概念

合同生效条件和合同成立条件不同。

合同生效的条件,是指合同具备什么样的条件才能生效。法律规定的合同生效条件是消极条件,不是积极条件,是规定合同在不具有什么样的情形就使合同在成立时生效。合同欠缺生效要件有三种情况:一是完全不发生合同的效力,是确定的无效合同。二是不直接发生合同原来的效力,需要补充有效要件才能发生效力,是合同效力不确定,或者称之为效力待定的合同,如无权代理行为,本人追认则为有效,本人不追认则无效。三是姑且发生合同效力,可以因撤销而为无效,如因重大误解或显失公平而缔结的合同为可撤销的合同,被撤销的合同从行为开始起无效,但在其被撤销前曾经还是有效的。

（二）合同生效的要件①

英国合同法在解释合同效力时认为,一般来说,当恰当地遵循了产生一个有效合同的要件时,也就是说,当要约与承诺具有合理的确定性,当事人具有相应的行为能力,存在对价,并且符合一切必要的形式时,由此达成的协议将被作为合法合同实施。②

我们认为,合同生效的要件就是给付有效的要件,内容是:

1. 合同内容须可能

合同内容应当是可能的,以实现不可能的事项为标的的合同,为无效合同。

合同内容为不能有四种情形:(1)合同内容法律效力的发生为理论上的不能,如就自己的所有物由他人买受其所有权的合同,在理论上为不能,十分清楚,无设置明文规定的必要。(2)合同内容法律效力的发生在法律上为不能,例如在不得设定抵押权的财产上设定抵押权,因其违反法律的规定而使其内容不能实现。(3)附条件合同的结局行为效力发生为不能,例如附以填平渤海为条件而赠与10万元的合同,因其条件成就不能,从而10万元的赠与无从发生。(4)合同内容的法律效力实现不能,例如让与已烧毁房屋的所有权的债权合同,这时所有权移转的实现为不可能,不能认为其有效力。

---

① 通常解释合同生效要件,为行为人具有相应的行为能力、意思表示真实、不违反法律或社会公共利益。参见崔建远:《合同法》(第五版),法律出版社2010年版,第97—98页。

② 〔英〕P.S.阿狄亚:《合同法导论》,赵旭东等译,法律出版社2002年版,第336页。

2. 合同内容须确定

合同内容是当事人因合同所欲使其发生的事项,也称之为合同标的即给付。合同内容,其本质是依当事人所为的意思表示的内容而定,欲使其产生一定法律效力的意思表示的内容不确定,则合同无从发生效力。所以,合同内容不完全或前后矛盾,无确定意义的意思表示,除依据法律,或依当事人所定的确定方法,或依习惯,或依其他情事,可以将其内容确定的以外,均为无效。

3. 合同内容须合法

合同违反强制或禁止性的法律规定的无效,则不问当事人的意思如何,必须适用法律的规定。法律条文中标有"不得"、"应"或"须"字样的,一般是强行法,强行法必须遵照执行,合同内容违反强行法,为不合法,使合同无效。没有禁止意思自治原则的,为任意法,当事人无特别意思表示时,则应予适用,债法多为任意法。任意法中的禁止性规定,亦不得违反。违反的亦为无效。

4. 合同社会内容须妥当

我国《民法通则》第58条第5项和《合同法》第52条第4项还规定,违反社会公共利益的民事行为(包括合同)为无效。这是规定合同以至一切民事行为必须具有社会内容的妥当性为生效的必要条件。民法承认意思自治原则,合同法承认合同自由原则,但并不是承认个人意思的绝对自由,只是在与社会、国家的存在及其发展所必要的一般秩序及社会道德不违背的限度内,容许其自由。合同有背于社会公共利益即为无效。

具备以上合同的生效条件,合同自成立时发生效力,在当事人之间发生权利义务关系。

四、不正常的合同效力状态

在合同法理论中,存在健康契约和病态契约的概念。健康契约即是古典契约理论家所提倡的契约模式,也就是完全在意思自治和契约自由理论框架下的契约模式。病态契约是当事人内心意思与表达于外的意思之间有可能存在差异,而这种差异就是对意思自治和契约自由的背离和异化,而这种背离和异化,以古典契约理论的标准,就是病态契约。[①] 所谓病态契约,就是合同效力的"病态",不具有正常合同效力的合同。法国学者将不正常的合同效力直接称为合同无效,或者分为合同不成立、绝对无效、相对无效;或者分为绝对无效和相对无效,合同不成立被归于绝对无效之中。[②]

---

① 李永军:《合同法》(第三版),法律出版社2010年版,第259页。
② 尹田:《法国现代合同法》,法律出版社2009年版,第232—233页。

在以往的合同法理论中，以及在我国《民法通则》和过去的三部合同法中，是把不具有正常合同效力的合同状态分为两种形态，一是绝对无效的合同，二是相对无效的合同。对合同的效力形态作这样的划分有所不足：第一，合同无效形态的基本分类不足，不能将所有的无效合同都概括进去。例如，没有规定效力待定的合同是一个缺陷，使效力待定的合同没有自己的类别，只好归入无效合同之中，扩大了无效合同的范围，不利于维护交易秩序，不利于促进经济发展。第二，将无效合同的范围无限扩大，容易扼杀合同的生机，使正在进行中的交易终止下来，不符合当事人缔约的真实意图。第三，不尊重合同各方的真实意志，对各方当事人的利益平衡不周。特别是在效力待定的合同上，将其作为绝对无效的合同对待，显然不符合当事人的意志，对保护当事人的合法权益不利，尤其是对保护善意相对人的合法权益不利。

我国《合同法》对不正常合同效力状态进行重新划分，对合同无效的具体情况重新进行调整，进而将合同效力形态划分为三种基本形态，即合同效力待定、合同绝对无效和合同相对无效。

【案例讨论】

讨论提示：按照现有法律规定，国有资产出售，应当经过国有资产管理部门批准，并且应当经过价格评估，否则不得处分。

讨论问题：1. 本案双方当事人自愿订立合同，意思表示一致，合同有效吗？2. 有效或者无效的理由是什么？

第二节 合同效力待定

【典型案例】

王某开一饭店，有意转让。米某（16岁）在母亲在场的情况下，与王某协商，于2007年8月26日，与王某签订饭店转让协议一份，米某支付一半转让费之后反悔，向法院起诉称其签订协议时不满17周岁，为限制民事行为能力人，故请求确认转让协议无效，并判令王某返还已经支付的转让费。

一、合同效力待定概述

合同效力待定,也称作效力未定的合同[①],是指合同的效力还没有确定,需要由享有追认权、撤销权的人依法行使权利,决定合同的效力是有效或者是无效。享有追认权的人追认合同的效力,该合同就发生法律效力;享有撤销权的人撤销该合同,该合同就自始无效;如果享有追认权的人在法定期限内没有表示对合同的态度,则视为其拒绝追认,该合同不发生法律效力,合同自始无效。

我国《民法通则》没有规定效力待定的民事行为,而是将《合同法》现在规定的效力待定的合同一律放在绝对无效的民事行为之列。这样做,对当事人的意愿尊重不够,没有体现合同自愿原则,对发展经济、促进交易不利。制定《合同法》时,学者专家都认为,应当将效力待定的合同从绝对无效的合同中"解放"出来,让当事人决定这种合同的效力,以鼓励当事人进行交易,实现其订立合同的预期目的。这样的规定是完全正确的。

我国《合同法》规定的合同效力待定的事由,主要是当事人的主体资格问题。第47条规定的是限制民事行为能力人订立的合同,是当事人的主体资格问题;第48条规定的是无权代理人订立的合同,实际上也是当事人的主体资格问题。结论是,效力待定合同是对合同主体资格欠缺的人订立的合同的补救措施。

在合同主体资格问题上,我国《合同法》规定的是限制民事行为能力人和无权代理人。对于无民事行为能力人订立的合同的效力问题没有规定。我国《民法通则》第58条对无民事行为能力人实施的民事行为规定为绝对无效的民事行为,认定这种合同的效力是绝对无效符合立法的意旨。

二、限制民事行为能力人订立的合同的效力

限制民事行为能力人订立的合同,是民事行为能力不合格的主体所订立的合同。对于这样的合同,我国《民法通则》不承认其效力。《民法通则》第58条规定:限制民事行为能力人实施的依法不能独立实施的民事行为,是无效的民事行为,自行为开始时起就没有法律约束力。民事主体不具有订立合同的资格,实施的民事行为不具有效力。但是,什么样的合同是限制民事行为能力人能够订立的合同,什么样的合同是限制民事行为能力人不能订立的合同,限制民事行为能力人订立的不能独立订立的合同应当怎样处理,《民法通则》都没有作出具体的规定。

在实践中,越来越多的案例证明,对于欠缺民事主体资格的合同的效力采取

---

① 李永军、易军:《合同法》,中国法制出版社2009年版,第207页;彭隋生:《合同法要义》(第三版),中国人民大学出版社2011年版,第91页。

一律宣告为无效的做法是不正确的。同样,对于限制民事行为能力人订立的合同究竟应当怎样处理,也应当明确。我国《合同法》对这一问题作了重新考虑,第47条规定:"限制民事行为能力人订立的合同,经法定代理人追认后,该合同有效,但纯获利益的合同或者与其年龄、智力、精神健康状况相适应而订立的合同,不必经法定代理人追认。""相对人可以催告法定代理人在一个月内予以追认。法定代理人未作表示的,视为拒绝追认。合同被追认之前,善意相对人有撤销的权利。撤销应当以通知的方式作出。"将限制民事行为能力人订立的合同从无效合同改为效力待定的合同,将合同是否具有效力交由限制民事行为能力当事人的法定代理人以及相对人决定。认定合同有效的,合同自始有效;认定合同无效的,合同自始无效。

三、无权代理订立的合同的效力

（一）无权代理订立的合同

无权代理订立的合同也是效力待定的合同。

无权代理包括行为人没有代理权、超越代理权、代理权终止之后仍以被代理人的名义实施民事行为。对此,我国《民法通则》在第66条作了规定,即只有经过被代理人的追认,被代理人才承担民事责任。未经追认的行为,由行为人自己承担民事责任。本人知道代理人以自己的名义实施民事行为而不作否认表示的,视为同意。我国《合同法》仍然坚持这样的原则,强调无权代理仍须得到被代理人的追认,其签订的合同才能对被代理人生效,否则,被代理人不对这样的合同承担责任,后果由行为人承担责任。

以上三种无权代理行为,虽然有所不同,但都是行为人没有代理权,其"代理"的行为,对本人不发生效力,本人不受这种无权代理所签订的合同的约束。这种合同的后果,只能由行为人自己承担。

（二）无权代理订立合同的后果

任何事物都不是千篇一律的,不能只采用一种模式处理。即使无权代理,如果本人愿意接受所订立的合同的后果,承受合同的权利义务,应当准许本人对这种合同行为予以追认,承认其合同的效力。因此,我国《合同法》第46条规定对无权代理的合同的效力,规定了追认权,同时,为了平衡双方当事人之间的利益冲突,又对对方当事人即相对人规定了追认催告权和撤销权。

四、确认效力待定合同效力的办法

如何确认限制民事行为能力人和无权代理人订立的合同的效力,办法是,一是授予限制民事行为能力人的法定代理人和被代理人以追认权;二是授予相对人以撤销权;三是相对人享有追认的催告权。

（一）追认权

限制民事行为能力人订立的合同是否有效，由其法定代理人决定。因为限制民事行为能力人的法定代理人对其享有人身照护权和财产照护权，[1]有权代理他们从事民事活动，实施民事行为。限制民事行为能力人未经其法定代理人同意，自行订立的合同，其效力应当由其法定代理人追认。法定代理人的这种追认权，是确定这种合同效力的主要形式。追认权人根据实际情况，可以追认其效力；也可以不予追认，使合同归于无效。追认权可以由限制民事行为能力人的法定代理人自行行使，也可以经相对人催告后行使。

无权代理人代理"被代理人"订立的合同，被代理人享有这种追认权。

追认权人对合同的效力没有追认的，法律规定实行推定，即根据法定代理人或者被代理人没有追认的事实，推定其对该合同的效力拒绝追认。拒绝追认，合同不发生效力，对当事人双方不发生法律约束力。

追认权是形成权，法定代理人或者被代理人追认的表示一经发出，即发生追认的效力，该合同不仅立即生效，而且自始有效。最高人民法院《关于适用〈中华人民共和国合同法〉若干问题的解释（二）》第11条规定，根据《合同法》第47条、第48条的规定，行使追认权，追认的意思表示自到达相对人时生效，合同自订立时起生效。

经过催告的追认权的行使，受除斥期间的限制。法律规定这种追认权的除斥期间为一个月，起点为收到催告之时起算。超过除斥期间，法定代理人或者被代理人不能再行使追认权；法定代理人或者被代理人在除斥期间内，没有对合同的追认作出明示表示的，推定拒绝追认，合同也不发生效力。

无权代理人以被代理人的名义订立合同，如果被代理人已经开始履行合同义务，应当认为被代理人已经对该合同的效力以其实际行为作出了追认。因此，应当依照最高人民法院《关于适用〈中华人民共和国合同法〉若干问题的解释（二）》第12条规定，确认被代理人对合同的追认。

如果行为人没有代理权、超越代理权或者代理权终止后以被代理人名义订立合同，相对人有理由相信行为人有代理权的，该代理行为有效。被代理人在依照我国《合同法》第49条规定承担了有效代理行为所产生的责任后，可以向无权代理人追偿因代理行为而遭受的损失。[2]

（二）追认催告权

对限制民事行为能力人和无权代理人订立的合同欲使其发生效力，唯一的

---

[1] 关于人身照护权和财产照护权，请参见杨立新：《人身权法论》（第三版），人民法院出版社2006年版，第797、804页。

[2] 最高人民法院《关于适用〈中华人民共和国合同法〉若干问题的解释（二）》第13条规定。

办法是由限制民事行为能力人的法定代理人或者被代理人进行追认。该合同的相对人如果要让该合同发生效力,也必须通过限制民事行为能力人的法定代理人或者被代理人进行追认。因此,法律赋予相对人以追认催告权,催告限制民事行为能力人的法定代理人或者被代理人追认合同的效力。

追认催告权是一种告知的权利,不是实体权利。相对人只能对法定代理人或者被代理人是否追认进行催告。究竟法定代理人或者被代理人是否追认,权利在他自己,他人无权干涉。法定代理人或者被代理人的追认期间超过,相对人的追认催告权亦即消灭。

(三) 撤销权

限制民事行为能力人和无权代理人订立的合同,相对人享有撤销权。撤销权的作用,在于否认限制民事行为能力人或者无权代理人订立的合同的效力。相对人如果想否认这一合同的效力,可以撤销这一合同,使合同归于无效。因此,撤销权是相对于追认催告权的一种权利,但这种权利是一种实体权利。

这种撤销权与其他撤销权不同,仅对限制民事行为能力人和无权代理人订立的合同予以撤销。当相对人发现订立合同的对方当事人不具有订约的主体资格,是限制民事行为能力人和无权代理人订立的合同时,可以依照规定对该合同予以撤销。

这种撤销权是请求权还是形成权,没有明确说明。按照条文的本义,应当是形成权。只要相对人撤销的意思表示一经作出,即发生撤销合同的效力,该合同自始无效。

相对人行使撤销权,须受两个条件约束:

(1) 相对人为善意。

善意的标准,最低是对对方当事人是限制民事行为能力人和无权代理人不知情,即不知道对方当事人不具有缔约能力。相对人已经知道对方是限制民事行为能力人或者无权代理人还要与其订约,不享有撤销权。

(2) 撤销权受限制民事行为能力人的法定代理人或者被代理人的追认的限制。

撤销权必须在法定代理人或者被代理人的追认之前行使,才能发生撤销该合同的效力,否则,不发生撤销的效力。

按照我国《合同法》的规定,行使撤销权必须采用通知的方式。这种通知是要式形式还是非要式形式,《合同法》未作规定,应当认为是"两便"。相对人没有明示表示撤销该合同的,不得推定其要求撤销该合同。

适用我国《合同法》第 47 条和第 48 条应当注意的问题是:第一,撤销权和追认权的效力是不同等的,追认权的效力高于撤销权的效力。追认权行使之后,撤销权不得再行使;追认权没有行使前,撤销权才可以行使。同时,撤销权在追认权行使之前行使的,发生撤销的效力,追认权也不能再行使,不能再追认合同有效。第二,相对人在行使追认催告权时,不必为善意,是否善意都可以催告法定代理人对合同的效力予以追认,至于是否追认,则是法定代理人的权利,相对人无权干涉。行使撤销权的相对人,则必须为善意,恶意的相对人不享有撤销权。

【案例讨论】

讨论提示:限制民事行为能力人签订合同,其效力待定。在本案中,关键问题是确定米某在签订合同时是否为限制民事行为能力人。

讨论问题:1. 具备哪些法定事由,构成合同效力待定?2. 合同效力待定的法律后果是什么?3. 本案是否构成合同效力待定?

第三节 合同绝对无效

【典型案例】

原告李明系死者李明宝之子。被告李德才、李德秀、李德花、李德妹与李明宝系兄弟姐妹关系。李明宝、庄某某于1986年9月登记离婚,协议二人之女即李明由李明宝抚养。1987年起,李明宝因患精神分裂症先后两次住院治疗,1992年,李明宝起诉要求将李明变更由庄某某抚养,法院判决准予李明由庄某某抚养。2009年3月下旬,李明宝因患肺癌住院治疗,要求李明来医院探望,李明推托工作和学习紧张拒绝来探望。2009年5月7日,李明宝将其承租的秀山路15弄5号304室公房认购为自己的产权房,6月6日,将该房卖给四被告,并进行物权变动登记。2009年6月22日,李明宝跳楼自杀。李明得知其父李明宝死亡前将房屋卖给四被告,遂以李明宝患精神分裂症为无民事行为能力人,其处分行为无效为由,向法院起诉,请求确认该房屋买卖合同无效,由自己继承遗产。法院以李明宝已经死亡无法进行鉴定,且根据其签订房屋买卖协议时的精神状态正常为由,确认原告主张合同无效的理由不成立,判决予以驳回。

一、合同绝对无效概述

(一)合同绝对无效的概念

合同无效概念有两种含义,一是广义的无效,即包括合同效力待定、绝对无效和相对无效。二是狭义的无效,只包含合同的绝对无效。通常认为合同无效是指合同绝对无效,有的学者就将绝对无效合同称为无效合同,而将相对无效合同称为可撤销合同。①

合同无效是相对于合同有效而言的,是指合同虽然已经成立但是没有具备合同生效的要件,因此被确定为无效。例如,倒卖毒品的"买卖合同",在形式上,双方当事人对买卖的标的是完全赞同的,对价金、品种、数量等也取得一致的意见,完全协商一致,经过要约、承诺,具备合同成立的一切有效要件。但由于这一合同的内容违反国家法律,因而基于违法而使其无效。当然,无效合同不仅仅是违反法律这一项原因。

无效合同究竟是不是合同,历来有两种对立的观点。肯定说认为,无效合同在形式上经过了当事人双方的合意,是经过要约、承诺的磋商阶段,就他们的权利义务关系意思表示一致,因而不管合同是否具备生效的要件,只要已经成立的合同,都应当称为合同,属于合同的概念。② 否定说认为,无效合同因其具有违法性,所以不属于合同概念的范畴,只有能够产生法律上的约束力,能够产生当事人预期的法律后果的合同,才属于合同的概念。③ 说一个民事行为是合同又说其无效,在逻辑上是说不清楚的,但也不能说毫无道理。事实上,无效合同或者合同无效这样的概念已经被广泛接受,并且在普遍应用;况且在我国《合同法》中已经使用了这样的概念,说明它是有生命力的。

(二) 合同无效和不成立

合同无效和合同不成立是两个不同的概念。它们的区别在于:

(1) 两者的概念和构成要件不同。

合同不成立是指当事人未就合同的主要条款达成合意,如未作出承诺,或未就法定的必须采取的书面形式的合同签订书面协议。而合同无效是指合同在内容上违反了法律、行政法规的强制性规定以及公序良俗。

(2) 合同解释的方法运用不同。

合同成立主要体现当事人的意志,因此合同当事人对合同的主要条款规定或遗漏或不明确,而当事人又不否认合同存在的情况下,应当允许法院通过合同的解释方法,探求当事人的真实意思,确定合同的具体内容。但如果是合同无效,就意味着合同当事人的意志不符合国家的意志,法院不能通过合同解释的方法促使合同生效。

---

① 彭隋生:《合同法要义》(第三版),中国人民大学出版社 2011 年版,第 101、106 页;王利明:《合同法研究》(修订版第一卷),中国人民大学出版社 2011 年版,第 616、672 页。
② 参见杨立新主编:《民事审判诸问题释疑》,吉林人民出版社 1994 年版,第 31 页。
③ 参见王利明、崔建远:《合同法新论·总则》,中国政法大学出版社 1996 年版,第 242 页。

(3) 法律的后果不同。

合同不成立是当事人没有达成合意,但在内容上并没有违反法律的强制性规定和公序良俗,即使合同没有成立但当事人已经履行的,可以认定当事人通过实际履行达成了合意。而合同无效在内容上违反了法律的强制性规定或者公序良俗,因此合同具有不得履行性。

(4) 裁判者的权力不同。

在合同不成立的情况下,如果当事人未就合同是否成立的问题在法院或者仲裁机构提出主张,而自愿接受合同的拘束,则法院和仲裁机构不必主动审查合同是否已经成立。而无效合同具有违法性,实行国家干预原则,即使当事人不主张合同无效,法院和仲裁机构也可以主动审查合同的效力,如果有合同无效的事由,可以主动宣告合同无效。

(5) 法律责任不同。

合同未成立,如果发生损害后果,产生缔约过失责任。而合同无效发生的责任则是合同无效责任。

二、合同绝对无效的具体情形

(一) 欺诈、胁迫,损害国家利益

欺诈和胁迫,在我国《民法通则》第58条中规定为绝对无效的行为。我国《合同法》将欺诈和胁迫作了分解,将一部分作为合同绝对无效的条件,一部分作为合同相对无效的条件。标准是,损害国家利益的欺诈、胁迫,为绝对无效;其他的欺诈、胁迫,为相对无效。

1. 损害国家利益的欺诈

损害国家利益的欺诈,是指一方当事人故意实施某种欺骗他人的行为,并使该他人陷入错误,与欺诈行为人订立合同,履行该合同损害国家利益。

欺诈的构成要件是:

(1) 欺诈的一方须出于故意。

欺诈也称为诈欺,当事人在主观上必须是故意所为,过失不构成欺诈。要求欺诈行为人在主观上明知自己与对方当事人订立合同的意图就是欺骗对方,仍然在追求这样的结果实现。欺诈可以表现为两种,一种是以欺诈为手段,引诱对方当事人与其订立合同;一种是订立合同的行为本身就是欺诈。

(2) 欺诈行为人在客观上实施了欺诈的行为。

欺诈行为可以分为两种,一种是积极欺诈行为,就是行为人故意捏造事实,虚构情况,诱使对方当事人上当受骗,与其订立合同。例如贩卖假货故意说成是真货。一种是消极欺诈行为,即行为人故意隐瞒真实情况,不将真实情况告知对方当事人,使对方当事人上当受骗,与其订立合同。例如,对交付的合同标的物的瑕疵,应当告知而不告知。确定消极欺诈行为,应当先确定行为人负有告知义务;故意违背义务,有诱使对方当事人上当受骗的意图的,方可认定为消极欺诈行为。

(3) 受欺诈一方当事人与其订立合同是受欺诈的结果。

在受欺诈订立的合同中,一方当事人是受行为人的欺诈,而使自己陷入错误的认识之中,由此作出错误的意思表示,与行为人订立合同。这个要件的要求是,行为人欺诈行为与对方当事人的错误意思表示之间有因果关系。不具有这种因果关系的,不构成欺诈。对方当事人受欺诈,不对其是动机上的错误还是目的上的错误加以区分,只要是由于行为人的欺诈行为致使对方当事人陷入错误,作出错误的意思表示的,即为构成。

(4) 损害国家利益。

损害国家利益,是指行为的本身以及行为的结果都损害国家利益,都构成本项合同绝对无效的条件。对国家利益有三种解释:一是公法意义上的国家利益,就是纯粹的国家利益;二是国有企业的利益,因为国有企业的所有者是国家,因此才有这样的结论;三是社会公共利益。对此,应当作狭义理解,解释为公法意义上的国家利益,不包括其他的利益,因为国有企业实际上就是独立经营的企业法人,应当独立承担责任,不应在法律上作特别保护。国有企业在民事流转中是具体的法人,作为合同的一方,是合同当事人;不作为合同的当事人,是合同关系以外的第三人。损害国有企业法人的利益的,应当作为侵害对方当事人的利益或者侵害第三人的利益,不能作为损害国家利益的欺诈对待。对损害社会公共利益的合同,法律另有条款规定,也不必在这里包含进去。

具备以上前三个要件,就构成欺诈行为,为合同相对无效的条件。如果该合同又具备第四个要件即损害国家利益,该合同就绝对无效。

合同欺诈往往与诈骗犯罪相联系。一般地说,合同诈骗都是合同欺诈,但合同欺诈并不都是合同诈骗。在区分合同欺诈和合同诈骗中,应当适用最高人民法院、最高人民检察院和公安部关于审理经济纠纷案件中发现刑事犯罪应当及时移送侦查机关侦查的司法解释,不能只审理经济纠纷而放纵了刑事犯罪。

2. 损害国家利益的胁迫

损害国家利益的胁迫,是指行为人以将来发生的祸害或者实施不法行为,给另一方当事人以心理上的恐吓或者直接造成损害,迫使对方当事人与其订立合同,使国家利益受到损害的行为。以这种行为所订立的合同,为绝对无效的合同。

胁迫分为两种,一种是以恐吓为手段的胁迫,一种是以不法行为为手段的胁迫。前者主要是行为人以将来发生的祸害相威胁,使相对人产生心理上的恐怖,不得不与其订立合同。后者是以直接实施的不法行为相威胁,给相对人造成人身损害或财产损害,使相对人不得不与其订立合同。

胁迫行为的构成要件是:

(1) 行为人实施威胁的事实。

在以恐吓为手段的胁迫行为中,行为人威胁的事实是将来发生的祸害。将来的祸害,包括涉及生命、身体健康、财产、名誉、自由等方面所要受到的严重损害。祸害的概念起源于罗马法,它们认为祸害应以重大为必要,一般的恐吓不构成胁迫。现代民法对祸害不作这样的区分,以某种威胁的事实只要在相对人的心理上发生恐怖即为胁迫。即使按照现代人的理解,祸害也应当是严重的,应当足以使相对人在心理上感到恐怖。在范围上讲,祸害可以是针对肉体的,也可以是针对精神的;可以是针对自己的,也可以是针对家庭成员、亲戚、朋友的。判断祸害的标准是主观标准,是相对人在自己的心理上感受到恐慌或者恐怖,自己感受到祸害即可。至于其他人的感受则不论。

在以不法行为为手段的胁迫行为中,使相对人感受恐怖的不是将来发生的祸害,而是行为人直接实施的不法行为已经或者正在对相对人产生人身的或者财产的损害。这种已经发生的或者正在发生的损害,使相对人受到严重威胁。这种胁迫,行为人在客观上实施了某种造成或者可能造成相对人人身或者财产损害的行为,损害事实已经发生或者正在发生;将要发生的,并且能够使相对人在心理上受到威胁的,也认为是胁迫。例如殴打、拘禁、肉体折磨等,都是对人身伤害的威胁,毁坏财产等是对财产的损害。

(2) 行为人实施胁迫行为须出于故意。

胁迫行为必须是故意所为,过失不构成胁迫。胁迫的故意,应当是通过威胁使相对人与其订立合同,因此,其手段行为的实施是故意,其实现目的的主观意图也是故意的。首先是对实施恐怖或者不法行为造成相对人的恐慌为故意,实施这样的行为的意图就是要使相对人产生心理恐慌;其次,行为人希望通过自己的胁迫手段,迫使相对人与自己订立合同。具备这样的故意,就构成胁迫的主观要件。

(3) 相对人因受到胁迫而实施订立合同的行为。

相对人由于在心理上或者人身上受到威胁,因而不得不与行为人订立合同。在行为人实施威胁的行为与相对人与其订立合同这两者之间具有因果关系,是引起与被引起的关系。威胁是原因,订立合同是结果,其间的相对人感受到的威胁,就是这两者发生因果关系的链条。没有这种因果关系,不能认为是胁迫行为。

(4) 损害国家利益。

行为人的行为不论是行为的本身还是行为的结果,凡是损害国家利益的,都构成本项合同绝对无效的条件。

具备上述前三个要件,即构成合同相对无效。再加上第四个条件即合同损害国家利益的要件,这种合同就是绝对无效合同。

(二) 恶意串通,损害国家、集体或者第三人利益

恶意串通,是当事人为实现某种目的,进行串通,共同订立合同,造成国家、集体或者第三人利益损害的违法行为。

恶意串通的构成要件是:

(1) 当事人在主观上具有恶意。

恶意串通行为在主观上的主要特征是主观恶意,当事人相互之间具有共同的非法目的。构成恶意串通,在主体上应当是参加该民事行为的当事人都具有恶意,而不是只有一方当事人具有恶意。恶意的内容,是当事人对于牟取非法利益的恶意;至于对损害国家、集体、第三人的利益的后果,则可以是希望、追求,或者是放任,任其发生。这样的恶意是主观上的故意。恶意串通不能由过失构成。

(2) 当事人之间互相串通。

串通是指相互串联、勾通,使当事人之间在行为的动机、目的、行为以及行为的结果上达成一致,共同实现非法目的。具体表现,可以是经过串通,双方当事人共同达成一项协议;也可以是一方当事人提出某种实现非法目的的意思表示,另一方当事人明知其恶意而默示予以接受。在实现非法目的的意思表示达成一致后,当事人约定互相配合或者共同实施该种合同行为。

(3) 双方当事人串通实施的行为损害国家、集体或者第三人的利益。

恶意串通的结果,应当是国家、集体或者第三人的利益受到损害。在一般场合,当事人之间达成一项协议,总是各自谋求自己所能够得到的利益。合同当事人在合同的订立和履行中获得利益,法律并不予以谴责,而是予以支持。但如果双方当事人在谋求自己的利益的同时而损害国家、集体或第三人的利益时,法律就要进行干预。损害国家、集体或第三人的利益应当是恶意串通的结果。在串通和损害之间具有因果关系。受到损害的国家利益,亦应当是公法上的国家利益,但应当作从宽的解释。例如,某城建集团将自己下属的一个资产总额1亿元的开发部,以300万元的对价,出让给对方当事人,双方当事人均得到好处,但是损害了资产所有者即国家的利益。这样的行为就是恶意串通。

恶意串通订立的合同是绝对无效的合同,不能按照《合同法》第58条规定的一般的绝对无效合同的原则处理,而是按照《合同法》第59条规定,将双方当事人因该合同所取得的财产,收归国有或者返还集体或者个人。

(三) 以合法形式掩盖非法目的

以合法形式掩盖非法目的也称为隐匿行为,是指当事人通过实施合法的行为来掩盖其真实的非法目的,或者实施的行为在形式上是合法的,但在内容上是非法的。

当事人实施隐匿行为,在行为的外在表现形式上并不违反法律。但这个形式并不是当事人所要达到的目的,不是当事人的真实意图,而是通过这样的合法形式来掩盖和达到其真实的非法目的。对于这种隐匿行为,应当区分其外在形式与真实意图,准确认定当事人所实施的合同行为的效力。例如,将企业的财产以赠与的方式赠给企业法定代表人的亲属。赠与的形式是合法的,赠与的目的是侵吞企业财产,就是以合法形式掩盖非法目的的行为,这种赠与合同是绝对无效合同。又如,企业在破产前,明知自己行将破产,为减少破产财产的范围,将企业财产低价出售、设置担保、赠与他人,都是以合法形式掩盖非法目的的行为,这些合同都是无效合同。

判断这种以合法形式掩盖非法目的的行为的基本标准,是行为的外表是合法的,合法的形式只是为达到非法目的的手段,合法形式所掩盖的正是非法的目的。如果当事人订立合同的形式并不是其所追求的真实目的,但追求的真实目的并不违法,这样的合同不是无效合同,而是有效合同。例如,两公民的本来意图是要租用私有房屋,但为了掩盖其租赁的事实却订立了一个借用合同。这样的合同不是无效合同。相反,如果租用的房屋本来就是租用的廉租房屋,由于廉租房屋禁止非法转租,当事人以借用合同掩盖非法转租的事实,这样的合同是无效合同。

隐匿行为是否要求具备损害国家、集体或个人利益的要件,通说认为不必如此,原因是隐匿行为强调的不是其损害后果,而是行为的本身。但隐匿行为往往是损害国家、集体或者第三人的利益的,这其实是违法行为的必然后果,只是不论而已。

隐匿行为与规避法律行为有相通之处,也有不同之处,关键的区别是在"掩盖",隐匿行为是以合法的形式掩盖其非法的目的,而规避法律行为则是赤裸裸地进行规避。

隐匿行为的法律后果是合同绝对无效,应当按照《合同法》第58条规定处理。

(四)损害社会公共利益

按照我国民事立法的惯例,损害社会公共利益相当于违反公共秩序和善良风俗。这一原则起源于罗马法,之后被大陆法系民法所借鉴,并将其作为现代民法基本原则。我国民事立法虽然没有明文规定公序良俗原则,但是规定了社会公共利益原则,将损害社会公共利益的合同认定为绝对无效合同。

按照有些学者的观点,下述合同行为属于违反公序良俗的合同:(1)危害国家公共秩序的行为,如将从事犯罪或者帮助犯罪的行为作为内容的合同,以及规避课税的合同;(2)危害家庭关系的行为,如约定断绝亲子关系的合同,婚姻关系中的违约金约款等;(3)违反性道德的行为,如有偿性服务合同等;(4)非法射幸合同,如赌博合同;(5)违反人格或者人格尊严的行为,如以债务人的人身为抵押的约款,规定企业有权对顾客或雇员搜身检查的合同条款;(6)限制经济自由的行为,如限制职业自由的条款;(7)违反公平竞争的行为,如拍卖或招标中的串通行为,以贿赂方法诱使对方的雇员或代理人与自己订立的合同等;(8)违反消费者保护的行为,如利用欺诈性的交易方法致消费者重大损害等;(9)违反劳动者保护的行为,如规定"工伤概不负责"的合同,以及规定女雇员一旦结婚立即辞退的合同;(10)暴利行为。①

在实践中确定损害社会公共利益的合同,可以参照上述意见判断。

构成损害社会公共利益的合同,为绝对无效合同,适用我国《合同法》第58条规定处理。

(五)违反法律、行政法规的强制性规定

违反法律、行政法规强制性规定的合同,是指当事人在订约目的、具体内容以及在形式上,都违反法律和行政法规强制性规定的合同。

从合同方面看,应当包括合同的目的、合同的内容和合同的形式,都要违反法律或者行政法规的强制性规定。

从违反的法律、法规上看,所违反的法律、法规应当包括两种,就是国家立法机关通过、颁布的法律,中央政府即国务院制订、颁行的行政法规。不包括地方法规、行政规章和司法解释。

从违反的法律的内容看,合同违法是指国家法律和行政法规中的强制性规定。在国家的立法中,包括强制性内容、倡导性内容和任意性内容。对于倡导性的内容和任意性的内容,当事人不存在是否违法的问题,即使合同的约定违反倡导性和任意性的法律规定,也不能认为是违反法律的合同。只有违反强制性的规定,才能判定为违法。强制性规定主要包括:(1)关于意思自治以及意思自治行使要件的规定,如行为能力、意思表示生效的要件以及合法的行为类型(限于对行为类型有强制性规定的情形);(2)保障交易稳定、保护第三人之信赖的规定;(3)为避免产生严重的不公平后果或为满足社会要求而对意思自治予以限制的规定。②

违反法律、行政法规的合同,当事人在主观上可以是故意所为,也可以是过失所致。故意所为是明知合同违法,却执意订立这样的合同。过失则是不知合

---

① 参见梁慧星:《市场经济与公序良俗原则》,载《民商法论丛》(第一卷),法律出版社 1994 年版,第 57—58 页。
② 〔德〕卡尔·拉伦茨:《德国民法通论》(上册),王晓晔等译,谢怀栻校,法律出版社 2003 年版,第 42 页。

同违法,但所订立的合同在客观上是违反法律或者行政法规的。①

违反法律、行政法规的合同,有以下几种分类:

(1) 公然违法的合同和非公然违法的合同。

公然违法是指当事人在订立合同时就明知合同违法,却仍然订立合同。公然违法的合同是作废的合同、毫无意义的合同,一经订立就是绝对无效合同。非公然违法的合同是违法性并非显而易见,而是表面合法实质违法。非公然违法的合同一经查实,亦为绝对无效合同。

(2) 量的违法合同和质的违法合同。

量的违法合同是指合同的部分内容违法,而不是全部违法。质的违法合同则是合同的全部内容违法。量的违法合同导致其违法的内容无效,不违法的部分有效,因而是部分有效部分无效的合同;质的违法合同则因为合同全部违法而一律无效。

违法的合同是绝对无效合同,应当按照我国《合同法》第58条规定处理。

三、事先免责条款无效原则

(一) 合同事先免责条款的含义

合同事先免责条款,是指双方当事人在合同中预先达成一项协议,免除将来可能发生损害的赔偿责任。在合同中约定的这样的协议约款,就是事先免责条款。事先免责条款分为人身伤害的免责条款和财产损害的免责条款。

事先免责条款的形式分为以下四种:(1) 全部免责条款,按此条款,未来的受害人放弃将来对本应承担责任的人提出的全部赔偿请求。(2) 部分免责条款,按此条款,受害人事先同意接受以特定方式计算的,不超过一定数额的有限赔偿。(3) 以时间限制的免责条款,约定受害人必须在有限的时间内提出自己的请求,逾期不再享有请求赔偿的权利。(4) 通过罚款的免责条款,这种条款,当事人同意在以后发生损害时将支付一笔固定数额的款项予受害人,即免除责任。

对于侵权行为事先免责条款的效力,各国立法主要分为两种。一是认为事先免责条款原则上无效,因为侵权行为责任关系到社会公共秩序,而且侵权行为的法律规范都是强行法,不得因当事人意志而影响其适用。法国判例法坚持这种原则,阿拉伯国家受其影响,也坚持这种意见。在立法上,埃及、叙利亚、利比亚的民法典都制定了"任何免除对不法行为所负责任的条款为无效"的条文。二是认为事先免责条款原则上有效,因为侵权行为责任并不是一个公共秩序问

---

① 关于违反强制性法律和行政法规规范的违法,具体内容见本书第五章第二节"给付"的有关说明。

题,原则上没有任何理由可以阻止当事人双方预先调整将来一方可能给另一方所作侵权行为的后果。非有法律明文禁止,免责条款皆受合同自由原则保护。比利时、意大利、墨西哥等国均认此种主张。但也有例外规定,如禁止免除人身伤害的侵权责任,禁止免除故意或重大过失的侵权责任,禁止免除与公共秩序和善良风俗相抵触行为的侵权责任。

在我国,立法对事先免责条款的效力问题原无明确的规定。最高人民法院司法解释认为,对劳动者实行劳动保护,在我国宪法中已有明文规定,这是劳动者所享有的权利,受国家法律保护,任何个人和组织都不得任意侵犯。张学珍、徐广秋身为雇主,对雇员理应依法给予劳动保护,但他们却在招工登记表中注明"工伤概不负责任",是违反宪法和有关劳动保护法规的,也严重违反了社会主义公德,对这种行为应认定为无效。学者认为,我国司法实务首次表明了对侵权行为免责条款所持立场,以判例法形式确立了一项法律原则:有关人身伤害的侵权行为免责条款绝对无效。[①]

这种看法不无道理。但依据这一司法解释就认为确立了我国关于人身伤害的侵权行为免责条款绝对无效的原则,不免绝对化。这是因为:这一司法解释所针对的仅仅是劳动合同中的侵权行为事先免责条款效力问题,并非指所有的人身伤害侵权行为事先免责条款的效力;同时,该司法解释认为该免责条款无效的理由,是违反宪法和有关劳动保护法规,严重违反社会公德,这种理由相当于违法和违背公序良俗。正因为如此,学者指出:上述侵权行为事先免责条款无效的原则,其条件应是违反法律或政策规定,以及违背公共秩序和善良风俗,而非全部绝对无效;该免责条款无效仅指雇工合同,而不是包含其他合同。因此,上述侵权行为免责条款无效原则,无论其无效条件和适用范围都是有限制的,而非绝对无效,亦非适用于一切人身伤害的侵权免责条款场合。上述司法解释确定的原则是,雇工合同包括所有的劳动合同事先约定劳动者工伤事故致伤残死亡时免除雇主包括劳动力使用者赔偿责任的免责条款,因违背法律和公序良俗而一律无效。

我国《合同法》第53条规定的事先免责条款无效原则,比上述司法解释规定的范围更为广泛,是我国民事立法第一次确立这一原则。

(二)人身伤害的事先免责条款

人身伤害的免责条款是在合同中约定免除当事人在执行合同中,造成人身伤害,对方当事人对此不负责任,免除其赔偿责任的条款。这种合同中的免责条款也是无效的。

在合同中约定人身伤害的事先免责条款,在劳动合同中最为常见。如张

---

① 梁慧星:《民法学说判例与立法研究》,中国政法大学出版社1993年版,第282页。

国胜与张学珍在订立劳动合同时,在招工登记表上注明"工伤概不负责任"的内容;吉林市王某之表兄受雇为一家个体承包的砖厂提供劳务,受工伤后,厂方根据当时签订的"被雇人员伤亡厂方概不负责"的合同,拒绝予以赔偿。① 在这两个劳动合同中关于厂方概不负工伤事故赔偿责任的约定,就是事先免责条款。

对人身伤害免责条款的规定,比财产损害的免责条款的规定更为严格。对财产损害的事先免责条款无效的规定,是"故意或者重大过失的免责条款"为无效。对人身伤害的免责条款规定,是"造成人身伤害免责的条款"均为无效。按照这一规定,在所有的劳动合同中,双方当事人约定免除人身伤害赔偿责任的,都没有法律上的拘束力,都不能预先免除雇主的赔偿责任。劳动者在执行劳动合同中遭受工伤伤害,都有权获得赔偿,可以直接向雇主请求,也可以向劳动管理部门申请处理,以保证工伤事故赔偿权利的实现。在其他合同中,凡是约定人身伤害免责条款的都为无效。

人身伤害的事先免责条款无效尽管是绝对无效,但有些人身伤害事先免责条款应当认为是有效的。例如,在竞技体育中,对于某些有严重危险的项目,事先约定免除人身伤害的竞赛者的民事责任,这样的人身伤害事先免责条款是有效的。如拳击、散打、跆拳道、搏击等项目,一方过失造成对方的人身伤害,并不要承担赔偿责任;只有故意伤害对方当事人的,才应当承担赔偿责任。

(三) 财产损害的事先免责条款

财产损害的免责条款,一般是合同中的事先免责条款,也包括财产损害的侵权行为事先免责条款。例如,当在合同中事先约定免除当事人造成合同标的以外的财产损害的赔偿责任的,就是侵权行为的免责条款。

无论是免除合同中的财产损害赔偿责任条款,还是免除合同以外的财产损害赔偿责任条款,按照我国《合同法》第53条第2项的规定,具备下列条件的,该条款无效:

(1) 故意造成的对方的财产损失的免责条款一律无效。

凡是在合同中事先约定故意造成对方当事人财产损失免除其赔偿责任的,一律无效。这样的规定是完全正确的。如果不是这样,合同当事人可以在合同中借签订免责条款,就能够逃避任何法律制裁,使受害人在免责条款的约束下,无从得到法律上的救济。这是不公平的。这样的内容,因为违反法律的强制性规定而不具有法律上的效力。

(2) 重大过失造成的对方财产损失的免责条款一律无效。

因免除重大过失给对方造成财产损失的赔偿责任条款才一律无效。对于一

---

① 杨立新:《疑难民事纠纷司法对策》,吉林人民出版社1991年版,第355页。

般过失造成对方当事人的财产损失的免责条款并不受这一条款的约束,可以按照双方当事人的约定,免除当事人的赔偿责任。

四、格式条款无效

我国《合同法》第40条规定:"格式条款具有本法第52条和第53条规定情形的,或者提供格式条款一方免除其责任、加重对方责任、排除对方主要权利的,该条款无效。"对此,接受格式条款的一方当事人可以请求宣告该格式条款无效。

最高人民法院《关于适用〈中华人民共和国合同法〉若干问题的解释(二)》第10条规定:"提供格式条款的一方当事人违反合同法第39条第1款的规定,并具有合同法第40条规定的情形之一的,人民法院应当认定该格式条款无效。"存在的疑问是:《合同法》第40条本来规定的就是格式条款无效的情形,最高人民法院上述司法解释是否在此基础上又增加了附加条件,也就是提供格式条款一方当事人首先必须违反《合同法》第39条第1款规定,再具有第40条情形之一的,方可以宣告该格式条款无效呢? 对此,应当理解为,这是对《合同法》第39条没有规定违反提请和说明义务强制性后果的补充,含义是:(1)如果违反《合同法》第39条第1款规定,应当产生格式条款效力待定的后果,对方当事人可以请求撤销该格式条款;(2)如果违反《合同法》第39条第1款规定,同时也具有第40条规定的无效情形的,则该格式条款无效;(3)如果不具有违反《合同法》第39条第1款规定的情形,只具有《合同法》第40条规定情形之一的,就直接适用第40条规定,确认该格式条款无效。

【案例讨论】

讨论提示:我国《合同法》第52条规定的合同无效事由没有规定无民事行为能力人订立的合同为无效合同,但《民法通则》第58条规定无民事行为能力人实施的民事行为无效。本案原告主张其父为无民事行为能力人,实施的买卖合同无效,应当适用《民法通则》的规定。

讨论问题:1. 合同绝对无效的法定事由应当如何认定? 2. 合同绝对无效的后果是什么? 3. 本案法院判决的理由是否成立?

第四节 合同相对无效

【典型案例】

被告郭某、张某系夫妻。原告彭某去被告家时,见到其家中有碗底印有"康熙年制"字样的青花碗和计兰炉等9件物品,郭某告知彭某,这9件物品系张某母亲遗留的物品,彭某以为这些都是文物,便以6万元价款予以购买。数月后,彭某发现上述9件物品中只有一件是古董,其他8件都是仿制品,遂以重大误解为由,向法院起诉,请求撤销合同,各自返还原物。一审法院确认重大误解成立,判决支持原告的诉讼请求。郭某和张某上诉,二审法院判决予以驳回。

一、合同相对无效概述

（一）合同相对无效的概念

合同相对无效,是指合同成立之后具有合同无效的事由,但是否确定无效,须依据当事人的意志决定的合同效力形态。

有学者将合同相对无效称为可撤销合同。[①] 这个概念与合同相对无效的含义是一致的,但合同相对无效不仅包括可撤销,还包括可变更,因而不够周延,本书仍然采用合同相对无效的概念。

合同具有相对无效的事由,开始并没有发现,但确实具有。不过这种事由是否就使合同无效,是依据当事人的意志确定的:如果当事人提出确切的理由,请求对该合同予以撤销或者变更,就按照法律的规定撤销或者变更该合同;撤销合同的,该合同为自始无效;变更合同的,按照变更后的合同履行,原合同消灭。如果当事人不愿意撤销或者变更合同,而是愿意继续履行该合同,合同就继续有效,不发生合同无效的后果。因此,相对无效合同的效力是一个可变的结果,在合同成立以后,曾经是有效的,其后可能继续有效,也可能无效,还可能合同经过变更以后,原合同消灭,新合同发生效力。

---

① 郭明瑞:《合同法学》,复旦大学出版社2005年版,第92页;彭隋生:《合同法要义》(第三版),中国人民大学出版社2011年版,第106页;王利明:《合同法研究》(修订版第一卷),中国人民大学出版社2011年版,第672页。

（二）相对无效合同的特征

（1）相对无效合同主要是意思表示不真实的合同。

相对无效合同发生的主要原因是意思表示不真实。德国民法认为,可撤销、可变更的法律行为主要是意思表示不真实的行为,享有撤销权的当事人可以请求法院宣告合同无效。① 法国民法认为,根据意思自治原则,只有当事人真实的意思表示才能引起当事人希望产生的法律后果,如果当时人的意思表示是迫于他人的威胁或基于错误认识而作出,则不存在真正的意思自治。这就是同意的瑕疵。② 我国合同法确认的合同相对无效的事由,是重大误解、显失公平、欺诈、胁迫、乘人之危,都是意思表示不真实的合同行为。尽管合同的意思表示不真实也不符合合同生效的条件,但是当事人在订立合同时,并不是故意违背法律或者公序良俗,因此,适用相对无效的办法,给予这种合同一个补正机会。

（2）相对无效合同的撤销和变更需权利人主动行使权利。

正因为相对无效的合同主要是涉及当事人的意思表示不真实的问题,而当事人意思表示是否真实,局外人通常难以判断,而且即使局外人知道当事人的意思表示不真实而受到损害,但当事人如果不主动提出撤销或者变更而是自愿承担后果,法律也应允许。所以,《合同法》将撤销或者变更的权利交给权利人,由他决定是否行使这样的权利。法院对此采取不告不理的态度,当事人不主张变更或者撤销相对无效的合同,法院不能主动宣告合同变更或撤销。

（3）相对无效合同在未被撤销前仍然是有效的。

对于相对无效合同,合同当事人可以变更或者撤销。如果当事人主张变更,则变更之前的合同当然有效。即使当事人主张撤销,法院已经判决对该合同予以撤销,但是在其未被撤销之前还是有效的,只是在被撤销之后,合同的效力才发生自始无效的后果。

二、合同相对无效的条件

（一）重大误解

1. 重大误解的概念和特征

重大误解是指一方当事人由于自己的过错,对合同的内容等发生误解,由此订立了合同,该合同所涉及的利益对当事人而言为重大。

重大误解的特点是:

（1）误解是当事人对合同的内容等发生认识上的错误。

重大误解的实质,是当事人对合同内容等的认识发生错误。这种错误的产

---

① 沈达明等:《德意志法上的法律行为》,对外贸易教育出版社 1992 年版,第 185 页。
② 尹田:《法国现代合同法》,法律出版社 2009 年版,第 81 页。

生,是当事人的内心意思缺陷,不是其他原因。当事人的意思表示与其内心意思是一致的,就是由于缺乏必要的知识、技能或信息等致内心意思的缺陷,使其对合同的内容等发生误解。由于当事人内心意思的缺陷,因而在实质上,当事人所表示的意思与其真实的意思是不一致的。

(2)误解是当事人对合同内容的认识错误。

误解的对象是合同的内容,是对合同内容的认识错误,因而使当事人订立了合同。合同的内容主要是合同的主要条款。当事人对合同的主要条款的认识发生误解,才能够成为重大误解。在订约的动机、合同用语的使用上发生误解,不能构成重大误解。

(3)误解直接影响当事人的权利和义务。

基于当事人对合同内容的错误认识,因而影响当事人的权利义务关系,给误解的一方当事人造成损失。法律因此才将重大误解作为合同相对无效的理由,授予发生误解的当事人以变更权或撤销权。

2. 重大误解的构成要件

(1)须是当事人因为误解作出了意思表示。

首先是当事人已经作出了意思表示,其次是当事人的意思表示是由于误解而作出的。意思表示是外在的表现,支配这种意思表示的,是误解。误解可以是一方当事人的误解,但并不排除双方当事人都有误解的情况。双方当事人都对合同的内容发生误解,同样构成重大误解。

(2)重大误解的对象须是合同的内容。

由于法律规定的重大误解的后果是合同得以撤销或者变更,因此,对重大误解的要求是"重大",一般性误解不能认为是重大误解。重大误解的对象主要是合同的主要条款,对非主要条款发生误解的,如果关系到当事人的重大利益,也认为是重大误解。例如对合同的性质、合同的当事人、合同标的物的质量、合同标的物的品种、合同的价金和费用等发生的误解,都可以构成重大误解。

(3)误解是由当事人自己的过错造成的。

重大误解是一种认识错误。这种错误认识是由于当事人自己的过失造成的,而不是对方当事人的过失造成的。这种过失是不注意、不谨慎的主观状态,是一般的过失。如果当事人的误解是由于其故意或者重大过失所致,就不是真实的意思表示,不构成重大误解。误解与误传是不一样的,误解是由于自己的错误理解所致,误传则是由于前手的错误造成自己的误解,是数名当事人的错误。

(二)显失公平

1. 显失公平的概念和特征

显失公平是指一方当事人在情况紧迫或缺乏经验的情况下,与对方当事人订立对自己明显有重大不利的合同。显失公平与法国合同法中的合同损害的概念近似。①

显失公平订立的合同是相对无效的合同,当事人有权变更或者撤销。其特征是:合同的内容对双方当事人明显不公平,一方承担更多的义务却享有更少的权利,而另一方享有更多的权利却承担更少的义务;获得利益的一方当事人所获得的利益超过法律所允许的程度;受害的一方是在缺乏经验或紧迫的情况下实施的订立合同的行为。

2. 显失公平的构成要件

(1) 合同的内容在客观上利益失衡或者不平衡。

显失公平的合同主要是有偿合同。有给付或者对待给付义务的有偿合同,在双方当事人的经济利益的平衡上出现不公平的结果。这种不公平的结果不是一般的不公平,而是显著的不公平。在我国,显失公平没有规定数量的标准,在执行中有一定的困难。罗马法通行的是"短少逾半规则";美国判例认定合同价等于零售价的三倍,构成显失公平。在我国,一般认为,买卖合同出卖人交付的标的物的价格少于其实有价值的一半,或者超出其市场价格的一倍的,应当认为是显失公平。② 在借贷合同中,最高人民法院的司法解释认为,民间借贷约定的利息不得高出银行同期同种类贷款利率的 4 倍,超出 4 倍的为显失公平。公民与企业之间、企业与企业之间的借贷也是民间借贷,适用上述规定,标准也是银行同期同种类贷款利率的 4 倍。

(2) 受有过高利益的当事人在主观上具有利用对方的故意。

在显失公平的合同中,承担不利后果的一方当事人在其自身有轻率、无经验等不利的因素,因而对合同的内容在认识上有不准确的问题。享有过高利益的一方当事人在订立这种合同时,具有利用对方当事人轻率、无经验而与其订立内容显失公平的合同。诸如利用自己的优势,使对方难以拒绝对其明显不公平的合同条件;当事人在订约的过程中没有尽到应尽的告知义务,使对方对自己不利的问题不知晓;利用对方的经验欠缺和轻率,使对方对不利于自己的情形不知情而与自己订约。

(3) 显失公平的发生时间在订立合同之时。

我国《民法通则》规定显失公平没有时间限定。在实践中发现,显失公平应当限定时间界限,否则将难以掌握,也会给当事人以否认合同效力的借口。因此,《合同法》规定了"在订立合同时显失公平的",才为相对无效的合同。在订立合同以后,由于情事的变化致使合同显失公平的,不适用合同相对无效的规定。

---

① 尹田:《法国现代合同法》,法律出版社 2009 年版。
②、王利明、崔建远:《合同法新论·总则》,中国政法大学出版社 1996 年版,第 284 页。

具备以上要件就构成显失公平的合同。

（三）欺诈和胁迫

欺诈、胁迫造成国家利益损害的，为绝对无效的合同。一般的欺诈、胁迫所订立的合同，法律规定为相对无效合同，当事人可以变更或者撤销。①

（四）乘人之危

乘人之危是指行为人利用他人的危难处境或紧迫需要，强迫对方当事人接受某种明显不公平的条件并作出违背其真意的意思表示。② 例如，利用当事人急于救治危重患者的机会，抬高出租车的车价数倍，就是乘人之危的行为。

乘人之危的行为的构成要件是：

（1）乘他人的危难之际逼迫对方接受不公平条款。

一方乘对方当事人的危难或急迫之际逼迫对方当事人，使对方当事人不得不接受其不公平的合同条款。危难包括经济、生命、健康、名誉等方面的窘迫或急需；急迫是情况比较紧急，迫切需要对方提供金钱、物资、服务或劳务。急迫不包括政治上、文化上的急需。乘人之危的当事人在主观上是出于故意，是故意乘对方当事人的危难或急迫之际，与其订立合同，实现自己牟利的目的。如果当事人不是故意，是对对方当事人的危难或急迫不知情，即使提出苛刻的条件并为对方所接受，也不构成乘人之危。

（2）对方当事人因危难或急迫而与其订立合同。

在乘人之危提出苛刻条件的一方当事人，是在利用对方当事人的危难或急迫。而在对方当事人，明知其提出的条件是利用自己的危难或急迫从中获取不当利益，但由于危难或急迫而与其订立合同。例如由于自己的经济窘迫和急需，不得不借贷高利贷。在当事人借贷高利贷时，明知对方是乘人之危，但没有更好的办法，只能如此，合同的订立是当事人出于无奈，并不是当事人的真实意思表示。

（3）不法行为人所获得的利益超出了法律所准许的限度。

在乘人之危中，利用危难或急迫的一方当事人提出的条件是十分苛刻的，对对方当事人十分不利。乘人之危的一方当事人基于乘人之危的合同所获得的利益是在正常的情况下所不可能得到的重大利益。这种结果，明显违背公平原则，超出了法律所允许的范围，其结果是显失公平的。

三、对相对无效合同的处理

对相对无效合同，法律准许当事人予以变更或者撤销。

---

① 对欺诈和胁迫的解释，见本章前节的有关内容。
② 王利明、崔建远：《合同法新论·总则》，中国政法大学出版社1996年版，第287页。

相对无效合同与绝对无效合同相比,最主要的区别在于,绝对无效合同一经认定为无效,合同就自始无效。相对无效合同认定其性质后,其合同是否有效,由享有权利的一方当事人确定其效力。请求确认合同无效的,应当请求撤销该合同,合同一经撤销,该合同即为无效,发生与绝对无效合同一样的效力;享有权利的一方当事人也可以根据自己的利益,不使合同绝对无效,而是按照自己的意愿对合同进行变更,经过仲裁或者审判,合同的内容就可以变更,合同经过变更就成为新的合同,使在原合同中权益受到损害的一方当事人的权利得到保护;当然,享有权利的当事人也可以不对合同进行变更或者撤销,这样,合同就自始有效,合同的效力没有变化。在当事人要求对合同进行变更的情况下,受诉的法院或者仲裁机关不得对合同予以撤销。这是合同法促进交易原则使然。

(一) 相对无效合同的撤销权

对相对无效合同享有权利的当事人所享有的是撤销权。

撤销权在民法上是一个应用很广的概念,例如"债权人撤销权"、"效力待定合同的撤销权"等。相对无效合同的撤销权,是指因当事人订约的意思表示不真实,通过权利人行使这种权利,使已经生效的合同归于无效或者进行变更的权利。

对相对无效合同行使撤销权的规则是:

(1) 撤销权所撤销或者变更的对象是意思表示不真实的合同。

主张合同绝对无效并不须享有特别的权利,只要认定该合同绝对无效,即可宣告该合同无效。对于效力待定的合同,法律授予当事人撤销权、追认权、催告权,使合同的效力状态确定下来;这种合同主要是合同的当事人不符合资格要求,不是合格的主体。对相对无效的合同,是赋予当事人以撤销权,由享有权利的一方当事人按照自己的意愿对合同的效力进行确定;这种合同的特征是由于某些原因,使该合同的当事人在订立合同时,自己的意思表示不真实。法律认为,既然当事人在订立合同时自己的意思表示不真实,该方当事人就可以根据自己的真实意志,对合同的内容进行认可、变更或者撤销。

(2) 撤销权的内容包括撤销和变更。

对于相对无效的合同,当事人可以撤销或者变更。因此,相对无效合同的撤销权不仅包括撤销的内容,还包括变更的内容。只要具备了法定条件,撤销权人就可以要求撤销,也可以要求变更。撤销权是一种权利,可以行使,也可以不行使,也包括可以继续认可合同效力。

(3) 撤销权的主体是合同的一方当事人。

相对无效合同的撤销权的主体是合同的一方当事人。对该方当事人的要求是,在合同订立中,由于显失公平、重大误解、欺诈、胁迫或乘人之危,而使自己的意思表示不真实。只有该方当事人才享有这种权利,对方当事人由于他的不正当行为致使他方当事人的意思表示不真实,因而不享有这种权利。既然享有撤销权的一方当事人是受对方的意志所"干扰"而意思表示不真实,因而,撤销权的行使由撤销权人的自主意志所决定,让该合同继续生效、予以撤销或进行变更,都由撤销权人决定,他人无权干涉。

(4) 相对无效的合同在被撤销、变更之前仍然是有效的。

相对无效的合同的相对之处,就是在合同被撤销之前是有效的。这种合同在撤销之前,虽然具有可撤销的因素,但是否撤销或者变更,在当事人没有作出意思表示,仲裁机构和法院没有裁判之前,不能认定合同就是无效的。尤其是在超出法定期限当事人不对合同提出撤销或者变更的要求的,该合同就继续有效,不能让它的效力受影响,当事人不得拒绝履行自己的义务。

(二) 撤销权的消灭事由

为了维护交易秩序,稳定民事流转秩序,法律不能准许合同相对无效的状态长期继续下去。只要有我国《合同法》第 55 条规定的两种情形之一的,撤销权消灭。

(1) 撤销权的行使超过除斥期间。

合同相对无效撤销权的除斥期间期限为一年。在撤销权人知道或者应当知道撤销事由之日起计算,满一年者,撤销权消灭。

除斥期间一经完成,该权利就完全消灭。撤销权在期间届满之后,消灭的是实体权利,法院对当事人的起诉不予受理。

(2) 撤销权放弃。

对相对无效合同撤销权的放弃包括积极放弃和消极放弃。

积极放弃撤销权,是指以明示的方式作出的、对相对无效合同变更或者撤销予以放弃的意思表示。在撤销权人知道撤销的事由之后,撤销权人撤销该合同或者对该合同要求变更,都必须作出明示的表示,不能以默示的方式认定自己要求撤销或者变更。同样,撤销权人放弃变更或者撤销的权利也要作出明示的表示。权利人一经作出放弃撤销权的意思表示即发生效力,该合同不得再请求变更或者撤销。

消极放弃撤销权,是指撤销权人在知道撤销事由之后,虽然没有作出明示的放弃撤销权的意思表示,但是在自己的行为中,表示了放弃撤销权的内容。这是一种默示的放弃行为。对于默示的放弃行为要求应当从严,不能动辄认定一个行为是放弃撤销权的消极行为。规则为:一是撤销权人没有行使撤销权的明示表示;二是撤销权人已经在履行合同义务、享受合同权利,或者正在作履行合同的积极准备。具备这些条件的,就可以认定其以自己的行为表明已经放弃了撤销权。

撤销权一经放弃,合同继续生效,当事人不得再主张变更或者撤销。

(三)格式条款的可撤销

在格式条款中,提供格式条款的一方负有说明义务,应当遵循公平原则确定当事人之间的权利和义务,并采取合理的方式提请对方注意免除或者限制其责任的条款,按照对方的要求对该条款予以说明。但我国《合同法》第39条规定本项义务的时候,并没有规定违反该义务的法律后果。对此,最高人民法院《关于适用〈中华人民共和国合同法〉若干问题的解释(二)》第9条规定,提供格式条款的一方当事人违反合同法第39条第1款关于提示和说明义务的规定,导致对方没有注意免除或者限制其责任的条款,可以视为格式条款的效力相对无效,接受格式条款的一方当事人享有撤销权。该方当事人申请撤销该格式条款的,人民法院应当支持,撤销该格式条款。至于相对无效的理由,最为相似的是重大误解,是由于提供格式条款一方未尽说明义务,致使对方当事人对该格式条款的内容出现重大误解,因此可以请求予以撤销。

【案例讨论】

讨论提示:构成重大误解,属于相对无效合同,当事人可以请求撤销或者变更合同。本案争议大体可以确定为重大误解,但问题在于,按照文物、古董买卖的交易规则,重大误解难以确定为相对无效,何况本案争议的物品中确有一件是古董。

讨论问题:1. 相对无效合同有哪些情形?2. 相对无效合同的法律后果是什么?3. 本案究竟适用重大误解支持原告的撤销合同的请求,还是遵循交易惯例确认合同有效呢?理由是什么?

第五节 合同无效的一般后果

【典型案例】

2010年5月,那某有一匹马鹿欲出卖,魏某愿意购买,议定价格为1.8万元,并当场支付定金2000元。魏某带着余款到那某家准备牵走马鹿时,发现那某隐瞒马鹿有病的事实,且该马鹿的病情已经明显,遂主张不履行合同,退回定金。那某不同意,向法院起诉,要求魏某继续履行合同。魏某反诉,主张因那某欺诈而合同无效,退回定金。法院确认那某欺诈行为成立,因而双方合同无效,那某向魏某退还定金。

一、合同无效溯及既往

合同被确认为无效或者被撤销以后,其结果是该合同自始无效。这就是合同无效溯及既往的效力,无论是绝对无效合同还是相对无效合同,都是如此。

绝对无效合同,由于都是因合同内容违反法律或公序良俗,因而合同在订立之始就没有效力。这种无效是绝对无效,不仅自始无效,而且不准当事人予以追认。

相对无效合同,在经过当事人请求,依法对合同予以撤销之后,该合同虽然在撤销前曾经有过一段效力,但合同一经撤销就自始无效,其无效的后果溯及既往,前面曾经发生过的效力亦一并消灭,回归到没有合同的状态。

合同无效,是合同不发生合同应有的法律约束力,合同约定的权利义务不再发生,与原来没有订立合同的状况是一样的。但这并不是说,合同无效或者被撤销就不发生任何法律后果。恰恰相反,合同无效或者被撤销所发生的法律后果是必须由法律作出明确规定的,确定无效合同的后果应当如何承担。我国《合同法》第58条和第59条对此作出了明确规定。

二、合同部分内容无效不影响其他部分内容的效力

合同部分无效,是合同的部分内容违反法律或公序良俗,其他部分并不存在这样的内容。这就是俗称的合同"部分无效部分有效"。例如,在一个买卖合同中,合同的其他内容都是没有问题的,但在价款上,买卖的标的物属于政府定价或者政府指导价,当事人没有遵守政府定价或者政府指导价,由当事人自行定价。这样,关于合同价款的内容就违反法律或者行政法规,因而是无效的。由于该合同的其他内容不具有无效的因素,所以是有效的。对这种合同,无效条款并不影响其他条款的效力,其他条款是有效的,只要在价款条款上按照政府定价或者政府指导价确定合同价款,合同即可继续履行。

如果合同无效部分的内容影响到其他部分内容的效力,则合同全部无效。例如,双方当事人买卖国家禁止买卖的物品,尽管合同的其他条款都遵守国家的规定,但由于无效的内容影响到其他内容的效力,故该合同的全部内容均为无效。

三、合同无效不影响解决争议方法条款的效力

我国《合同法》第57条规定:"合同无效、被撤销或者终止的,不影响合同中独立存在的有关解决争议方法的条款的效力。"法律这样规定是为了保持对无效、被撤销或者终止的合同的争议,有一个可行的解决办法,因此,无论是合同无

效还是被撤销、变更或者终止,都不能影响合同中关于解决合同争议方法的条款的效力,处理争议还必须按照原来合同的约定进行。这里包括三个内容:

(1) 合同被宣告无效的,解决合同争议方法的条款继续有效。

合同无效是指合同的绝对无效、全部无效。合同全部无效不包括解决合同争议方法的条款,该条款继续有效。如果这样的条款也一并无效,对合同争议的解决就没有应当依循的办法。只有按照原来合同约定的解决方法解决,才符合当事人的原意,仲裁机构或者法院才能够有权进行管辖。

(2) 合同被撤销的,解决合同争议方法的条款不能撤销。

对相对无效合同,撤销权人请求予以撤销,仲裁机构或法院可以在查清事实的基础上,对合同予以撤销。但撤销合同不能将解决合同争议方法的条款一并撤销,因为在具体处理这种争议时,已经按照合同原来的约定实施,再撤销是没有意义的。

(3) 合同终止,解决合同争议方法的条款的效力不能消灭。

合同终止就是合同的消灭。在合同消灭的事由发生以后,合同依法消灭。如果合同终止后,合同中关于解决合同争议方法的条款不再发生效力,在当事人对合同发生争议时就没有办法解决了。因此,法律规定,尽管合同终止了,但解决合同争议方法的条款效力不能受到影响,仍继续有效。

【案例讨论】

讨论提示:本案争议的合同符合我国《合同法》第54条第2款规定的欺诈行为,使对方违背真实意思而订立合同。对方当事人请求撤销该合同,致使该合同无效,欺诈一方当事人应当承担合同无效的责任。

讨论问题:1. 合同无效的后果是什么? 2. 本案判决宣告该合同无效具有溯及既往的效力吗?

第六节 附条件合同和附期限合同

【典型案例】

王某和李某为同一工厂工友。某日,王某患病在家休息,正值当月发放工资,银行摊派每个工人必须认购每券1元的文化宫建设奖券3张,将奖券连同工资相抵发放。李某为王某代领工资并为其抽出3张奖券。同事围观,要求李某将为王某抽出的奖券刮开看是否中奖。李某刮开王某的奖券中奖栏,发现其中1张中特奖,奖金1万元。李某去王某家,告知为其抽奖券3张,并问如果中奖,奖金如何处理。王某说:"如果中奖,二人平分奖金。"李某出示获奖的奖券,王见中奖即反悔。李某以王某承诺为依据,向法院起诉,要求分得奖金5000元。一审法院判决李某分得奖金3000元,其余归王所有。二审法院判决驳回李某的诉讼请求。

一、附条件合同

(一) 附条件合同的概念

附条件合同是指在合同中规定了一定的条件,并且把该条件的成就或者不成就作为当事人确定的合同权利和义务发生法律效力或者失却法律效力的根据的合同。

在一般情况下,只有行为人的某种实际需要才能作为设立民事权利和民事义务的根据,而行为人对该项需要的动机,则不能作为设立民事权利和义务的根据。但是,社会生活是错综复杂的,有时候,当事人的需要由于条件还没有成熟还不能作为设立民事权利和义务的根据,但当事人还想把将来条件成熟时需要的民事权利和义务在事先用合同的方式确定下来,只要条件一成熟,合同就立即生效。这样,附条件的合同就应运而生,使行为人的动机具有了法律上的意义,并且使行为人对将来才能得到满足的需要,在事先得到法律上的保障。例如,甲想在夏天天热的时候买一部空调机,但是又怕今年的夏天不会太热,因此,与商家订立购买空调机的合同,约定在今年夏天气温达到32℃时购买一部空调机。在这里,今年夏天气温达到32℃就是所附的条件,只要成就这个条件,该买卖空调机的合同就生效。

法律规定合同可以附加条件,目的是以所附的条件来确定或者限制合同的效力。这是市场经济发展的要求,是社会生活复杂性、多样性所决定的。作这样的规定,合同就能够适应社会复杂多样的要求,满足当事人的不同需求。

(二) 合同所附条件的种类

1. 生效条件与解除条件

合同所附条件分为两种,一是生效条件,二是解除条件。

生效条件也叫做延缓条件,是指合同效力的发生决定于所附条件的成就。当一个合同成立之后,当事人不想使它立即生效,而是待所附条件成就后再开始生效。这时可以在合同中约定生效条件(延缓条件),使该条件发生作用,延缓合同的生效时间,在合同约定的条件成就时,再让合同发生效力。如果该条件不成就,该合同就永远不会生效。所以,生效条件又叫做停止条件。

解除条件,是指合同中所确定的民事权利和民事义务应当在所附条件成就时失去法律效力的条件,是决定合同的法律效力是否终止的条件。行为人在进行交易时在合同中附上一种条件,约定当这种条件成就时,该项合同的效力即告终止,原来确定的合同权利和义务立即终止。所附的解除条件就使在合同已经发生效力的情况下,当约定的条件成就时,合同的效力即告终止,不再发生效力。所以,解除条件又叫做失效条件。

2. 积极条件与消极条件

在合同所附的条件中,还有一种分类方法,是将所附的条件分为积极条件和消极条件。

积极条件又称为肯定条件,是指所附的条件是以某种客观事实的出现为其条件的内容,标准是,约定的事实的发生为条件成就,以约定的事实的不发生为条件的不成就。这样的条件是积极条件。

消极条件又称为否定条件,所附的条件是以某种客观事实的不发生为其条件的内容。标准是,约定的事实不发生为条件的成就,约定的事实的发生为条件的不成就。这样的条件是消极条件。

(三) 法律对所附条件的要求

合同所附条件,可以是事件也可以是行为。法律要求合同所附的条件必须符合以下要求:

(1) 约定的条件必须是将来发生的事实。

在合同中约定所附条件的事实,必须是将来才能发生的事实,这样,才会发生对合同效力的限制发生作用。如果是将已经发生的事实作为所附条件,条件已经在订立合同的时候就已经成就,这样的条件还有什么意义呢? 能够作为附条件合同的条件,必须是当事人订立合同时尚未发生的事实,过去的、已经发生的事实不能作为条件。

(2) 约定的条件必须是不确定的客观事实。

约定合同所附条件必须是不确定的事实,已经确定的事实不能作为所附的条件。因为合同所附条件是要将所附条件作为将来确定合同效力的条件,这个条件的成就或者不成就是不可预测的,由此来限制合同的效力也是不可预测的、不确定的。如果所附条件在合同订立时已经确定,合同要么是必定生效,要么是必定不生效,就失去了合同所附条件的意义。此外,合同所附条件的事实应当是客观事实,而不是虚构事实或者臆测事实。这样的事实不能作为合同所附的条件。附条件合同中的条件不仅是将来发生的事实,而且是将来是否发生尚不确定的事实。条件在将来是否必然发生,当事人不能肯定。如果在法律行为成立时,当事人已经确定作为合同的条件的事实必然发生,则该事实为法律行为的期限而不是条件。

(3) 约定的条件必须是当事人任意选择的事实。

附条件合同所附条件的事实是当事人任意选择的事实,约定条件的条款属于任意性条款,不具有强制性的意义。任意性表现在:一是对所附条件本身的任意,可以约定附条件,也可以不选择附条件;二是对所附条件的内容的任意性,可以选择符合法律要求的任何事实作为条件。与其相对立的是法律规定的强制性内容,例如,法律规定转让不动产所有权必须办理过户登记,当事人不能约定不动产所有权转让的登记作为合同的所附条件。合同的附条件是当事人所附加的条件,或者称之为附款,它是当事人意思表示的一部分。所以,作为条件的事实必须是当事人双方自己一致选定的,而不是由法律规定的条件。

(4) 约定的条件必须是合法的事实。

法律允许当事人根据生产和生活的需要选择合同所附的条件,这种条件是当事人一致选择的事实。合同所附的条件必须是合法事实,不能是非法或者违法的事实。用违法或者非法的事实作为所附条件,是无效的约定。例如,以违背公序良俗的事实作为条件,因为这样的事实本身就违反法律,是无效的。合同所符条件必须符合现行法律和公共利益,违法或违背公序良俗的条件是不法条件。凡是合同附有不法条件的,该合同当然无效;合同本身虽为合法,但由于附有不法条件,它也不能发生合同的效力。

(四) 附条件合同的法律后果

附条件的合同一旦成立,就对当事人具有法律上的约束力,应当遵守合同的约定,无论是生效条件还是解除条件,都必须按照事实发生或者不发生的客观规律,任其自然的发生或者不发生,由此来确定合同的生效或者解除,不得人为地加以干预。

人为地干预合同所附条件的发生或者不发生,违背了合同所附条件的意义,使所附条件的成就或者不成就加入了人的意志因素,而且是一方当事人的意志因素,因而使合同的生效或者解除就由一方当事人加以控制,使合同的双方当事人的利益平衡发生动摇,违背民法的公平原则和诚实信用原则,因此,必须禁止这种恶意的行为。

凡是当事人不正当地阻止所附条件成就的,应当视为条件已经成就,合同应当按照原来的约定生效或者解除;凡是当事人不正当地促成所附条件成就的,视为条件不成就,应当按照合同原来的约定,确认合同不生效或者不解除。这样的规则,有利于保护非恶意一方当事人的利益,制裁恶意的合同当事人,维护交易秩序,保护交易安全。

二、附期限合同

（一）附期限合同的概念和意义

附期限的合同，是指在合同中附一定期限，并把该期限的到来作为当事人的民事权利和民事义务发生或者消灭前提的合同。例如，在房屋租赁合同中约定，在合同成立的一个月内，将房屋租赁给承租人，这里的一个月，就是所附的期限。

附期限的合同，在合同内容上与一般合同并没有严格的不同，只是在合同中约定一定的期限，并且将这个期限作为合同生效或者失效的条件，在这个期限届至时，合同生效或者失效。

法律规定附期限合同的意义，在于限制合同当事人所确定的权利和义务发生法律效力或者终止法律效力的时间，使合同能够按照当事人的约定有计划地进行，充分满足合同当事人的多种需要。

应当注意的是，合同所附的条件和期限，都是对合同的某种限制，使合同的生效和失效基于合同当事人约定条件成就或者不成就以及期限的到来而实现。不同的是，条件的成就或者不成就是当事人所不能预料的，在将来可能实现，也可能不会实现；而期限的到来是必然的，当事人能够预见的，在将来是一定能够到来的。这样，附期限的合同，在一定的时期一定会按照当事人的意志生效或者失效；而附条件的合同生效或者失效则是不确定的。

（二）所附期限的种类

根据合同所附期限的不同，可以将合同所附期限分为两种，一种是延缓期限，一种是解除期限。

1. 延缓期限（始期）

延缓期限也称为始期，是指在合同中规定的期限到来之前，该合同所确定的权利和义务尚不能发生法律效力，待期限到来时，合同才发生效力的期限。期限到来，合同所约定的权利和义务就开始发生法律效力，债权人开始有权请求债务人履行义务，债务人才开始承担履行债务的责任。例如，当事人约定出借人将自己的房屋一间借给借用人使用，但是约定的期限是在一个月以后。这里的一个月就是所附的延缓生效的期限。

2. 终止期限（终期）

解除期限又被称之为终期，是指在合同中约定的期限到来时，该合同所约定的权利和义务的法律效力即行消灭的期限。在合同所附的期限到来之前，合同已经发生法律效力，当事人之间的合同已经在执行，债权人的权利在行使，债务人的义务在承担。该合同所约定的这样的效力一直在延续，直至合同所约定的期限到来，合同的效力就终止。例如，有期限的房屋租赁合同，就是附解除期限的合同，在合同所约定的期限届至时，该合同就解除，不再发生合同的效力，当事人的权利义务即终止。

【案例讨论】

讨论提示:本案争议的关键是当事人双方约定的是附条件的赠与合同,应当依照附条件合同的要求确定双方的约定是否有效。

讨论问题:1.你认为王某的承诺有效吗?2.一审法院的判决和二审法院的判决,哪个有道理呢?3.本案适用的法律依据是什么?

第五章 合同标的

第一节 合同标的概述

【典型案例】

乔某到某电器商场购买电视机,挑选了一台46英寸液晶彩色电视机,经过开箱验机,确定就买该台电视机,签订购买合同并付了款。在配送商品时,商场送到乔某家的电视机是没有开箱的另外一台,某甲提出异议,商场解释说,配送电视机都是如此,并不会直接将原来选择的样机送来的。某甲提出诉讼,请求法院裁判。

一、合同标的的概念和沿革

(一) 合同标的的概念

合同标的也就是合同之债的客体,都是债的标的,是合同的权利和义务所集中指向的对象。在合同法中,合同标的集中地表现为给付行为。任何一个法律关系的构成,必有动静两种成分,其静的成分为主体和客体,合同是法律关系之一,故合同债权亦必有其客体,此在债务人而言即为给付[1];在债权人而言,是对给付的受领。因此,合同标的,是指合同的债权人和债务人为了实现合同债权和履行合同债务所实施的给付行为,以及债权人对于给付行为予以接受的受领行为。

(二) 合同标的的沿革

关于合同标的亦即债的标的,各国民法规定各不相同。罗马法将债的标的分为三种,即给与、行为和给付。给与,是指所有权的转移及役权的设定而言;行为,是指债务人的作为或者不作为;给付,则意义不甚明确,或者是指赔偿而言,至于债权依其标的的分类,罗马法没有一般性的规定。《法国民法典》对合同标

---

[1] 郑玉波:《民法债编总论》(修订二版),陈荣隆修订,中国政法大学出版社2004年版,第195页。

的称为契约目的,对债的标的没有专章规定,仅在第 1126 条至第 1130 条有契约目的及内容的规定,以及其他相关规定。德国将债的标的称为债的目的,民法典第二编第一章规定的"债务关系的内容"就是指债的标的,其第一节"给付义务"的前一部分规定的是不同种类的合同内容。《瑞士债法典》关于债的标的没有设立专章或者专节,仅于总则编第二章"债之效力"第一节中杂有规定而已。《日本民法典》将债的标的称为债的目的,在第三编第一章第一节设有"债权之目的"的规定,其规定了各种不同债的类型的给付。

在我国,古代法律中没有关于债的标的的理论。1911 年《大清民律草案》在第二编"债权"第一章"通则"中的第一节规定"债的标的",第 324 条规定:"债权人得向债务人请求给付。前项给付,不以有财产价格者为限。"这一规定至为明确。1926 年《民国民律草案》第二编"债编"第一章"通则"的第二节规定为"债的标的",第 286 条规定:"债权人得据债之关系,向债务人请求给付。""给付,不以有财产价格者为限。""不作为,亦得为给付。"1930 年《中华民国民法典》第二编"债"第一章"通则"的第二节为"债的标的",第 199 条规定:"债权人基于债之关系,得向债务人请求给付。给付,不以有财产价格者为限。""不作为亦得给付。"1937 年"伪满洲国民法"第三编"债权"第一章"总则"第一节规定"债权之标的",第 360 条规定:"债权虽不得以金钱估计者,亦得以之为其标的。""不作为亦得为债权之标的。"这些规定的内容基本相同,均称之为债的标的,并且将债的标的规定为给付。合同之债的标的,当然也是给付。

二、合同标的与合同客体

关于合同标的与合同客体的关系,我国民法学说曾经存在较大争论,有的认为合同标的就是合同客体,有的认为合同标的不是合同客体。例如,有的认为合同客体包括物、权利、劳务等,而合同标的是给付。《民法通则》对此没有作出明确规定。学者认为,尽管在法律关系的客体和标的的问题上比较混乱,但在债的理论上,标的与客体只是在用语上的不同,二者并无实质差别,它们都是用来指债权债务所共同指向的事物。[①] 这种认识是正确的。合同标的或者合同客体,都是在合同关系中的权利义务所共同指向的事物。债的标的、债的客体与给付三种术语,其实质原属同一,不过其观察点各异,故常相混用。[②] 在合同法中同样如此,合同标的、合同客体与给付这三种概念,其实质亦属同一。

在究竟什么是债的标的或者客体问题上也存在较大的争论。有的认为,债权债务总是围绕着某一个特定的对象而发生,债权人通过获得这一特定对象而

[①] 张广兴:《债法总论》,法律出版社 1997 年版,第 112 页。
[②] 戴修瓒:《民法债编总论》(新版下册),上海法学编译社、会文堂新记书局 1948 年版,第 1—2 页。

满足自己的利益要求,债务人也针对这一特定对象履行义务,而这一特定对象或者是交付一定的财物,或者是提供一定的劳务,这种特定的财物和劳务,就是债的标的,因此,债的标的就是物、行为、精神成果以及权利。① 也有的认为,在法律行为的客体上可以是物,但债的标的则只能是抽象的,统称为给付的一定行为或者不行为。② 笔者赞成后一种意见,合同标的应当是抽象的而不是具体的,应当是合同的权利和义务所共同指向的抽象事物,这个事物就是给付行为,包括作为和不作为。至于给付的对象,则可以是物、劳务、工作成果或智力成果等。相应地,给付的形态也主要包括交付财物、支付金钱、转移财产、提供劳务、提交工作成果、不作为等。同时,为了接受给付,有时候债权人的受领也是实现给付的内容。法国学者佛鲁尔说得对:"标的即债务人应向债权人所为的给付。"③

合同的标的不同于合同的标的物。前者是指合同之债的关系的构成要素,即给付本身,属于行为范畴;后者则是债务人的行为所作用的对象,即给付的对象。合同标的为一切合同关系所必备,而标的物则仅在交付财物、支付金钱的债中存在。在单纯提供劳务等债务中,其本身即足以完成给付,不再另有给付的标的物。

【案例讨论】

讨论提示:购买电视机和买卖合同是种类之债,但购买的电视机一旦特定,就成为特定之债。本案的争议焦点在于标的物特定的时间。原告主张在选择之时已经特定,被告主张在给付之时特定。

讨论问题:1. 本案的合同标的应当怎样确定? 2. 原告对于被告的给付不予受领,是否构成违约责任? 3. 你如果是法官,你对本案如何适用法律?

第二节 给付概述

【典型案例】

张某持一张借条向法院起诉许某,要求许某还其借款300万元。许某辩称自己三年前确实向张借了3000元,并出具过借条。开庭核实证据,该借条写明:"今收到张某人民币3000仟元整。"许在三年前发生交通事故,应赔偿15万元,

---

① 参见马原主编:《中国民法教程》,人民法院出版社1989年版,第43页。
② 参见张广兴:《债法总论》,法律出版社1997年版,第112页。
③ 转引自尹田:《法国现代合同法》,法律出版社2009年版,第173页。

最后差3000元才向张借钱,不可能借300万元。张某认为借条上的"3000仟元整"是许亲自签名认可的,应当按照证据确定给付义务。法庭调查认为"3000仟元整"应是"3000元整"的笔误,判决许某返还给张某3000元。

一、给付的概念和特征

（一）给付的概念

给付,是在合同之债的关系中,债务人为实现债权人的合同债权,依照合同的宗旨而应当实施的行为的总称。

1. 给付与履行

给付与履行并不是同一概念,它们之间的区别是:(1)性质不同。给付是债务人应当履行的行为的抽象,其行为的具体内容如何,在所不问;履行则是债务人应当履行的具体行为,其行为的具体内容,按照各个不同的债的要求而不相同,从而具体判断债务人是否完全以及适当履行。(2)形态不同。给付是从静态的角度描述债权债务关系所赖以存在的基础,而履行则是从动态的角度描述债的效力以及债消灭的过程。

2. 给付与清偿

给付也不同于清偿。清偿,是为实现债的目的而为的行为,是消灭债的原因,在一定的意义上,清偿也是给付。但是,给付和清偿是有区别的:给付是任何债权债务所直接指向的标的,是抽象的概括而不是具体的行为;而清偿是履行的一种,是债务人按照债的要求向债权人履行义务,实现债的目的的具体行为。因此,清偿概括在给付之中,是给付的一种方式。

不过,给付、履行、清偿三种,都是债所生的效力,而三者的实质,又全是债务人的行为和不行为,所以,三者的意义大致是相同的。不过从债的标的之点观察,就称为给付,从债的效力之点观察,就称为履行,从债消灭指点观察,就称为清偿。用语的不同,完全因了观察的不同而生。①

（二）给付的特征

(1)给付是债权债务所共同指向的对象。

合同之债的标的就是给付。因此,给付是在合同关系中,债权和债务所共同指向的对象,实现债权,履行债务,都必须依靠给付行为。没有给付行为,合同的存在就没有意义。因此,给付也是合同的目的。

---

① 屠景山:《民法债编原论》,世界书局1931年版,第62页。

(2) 给付是实现合同目的的行为。

给付的目的,在于实现合同目的,即为债权人和债务人实现债的期待利益。给付是行为,是为了实现合同目的而应当履行的行为。通过给付行为,合同债权从期待利益转化为具体利益,满足合同的债权人和债务人之间设定的合同目的。

(3) 给付是具体的债务履行行为的概括。

在合同关系中,债务履行行为多种多样,给付是将这些不同的履行行为高度抽象,概括成为一个浓缩的概念,使之高于这些具体的履行行为,成为合同的标的,能够概括所有的合同履行行为。

(三) 给付方法

给付方法,即所谓债务之本旨。如果法律已有规定或者合同已有订立者,则应从其规定或者约定,如关于行使债权及履行债务。无法律之规定并合同约定者,债法规定,引以诚实信用原则的方法,诚实信用的意义,颇难设抽象只确定,当就具体情形定之,似不外较量当事人双方利益公平妥当而合乎交易上的观念之谓。①

二、给付的有效要件

在民法领域中,合同的适用范围极为广大,涉及社会生活的方方面面,以此保证民事主体的行为自由。正因为如此,给付作为合同标的,其范围具有广泛性。当事人可以基于自己的意志和利益自由约定合同关系,确定相应的给付。但是,给付范围的广泛性并不意味着给付就可以毫无限制,而是要接受法律的限制。这种限制集中表现在给付的构成要件上,具体表现为给付必须可能、给付必须合法、给付必须确定和给付必须适格。这就是作为债的客体的给付所必须具备的有效条件。

有效的给付必须具备以下四个要件:

(一) 给付必须可能

合同的标的必须是可能的。以实现不可能的事项为标的的给付,合同关系无效。

给付的可能性为德国和我国台湾民法所特别强调,因此,合同标的即给付为自始不能,合同关系无效。但也有人认为,这种做法对于鼓励交易,维护无过失的合同当事人的利益是不利的,履行不能不能成为法律行为无效的理由,给付不能也不应成为给付的限制。② 笔者认为,合同的标的自始不能,无法使以其为标

---

① 蔡天锡:《民法债编总论》,法政学社 1932 年版,第 173 页。
② 王利明主编:《中国民法典学者建议稿及立法理由·债法总则编》,法律出版社 2005 年版,第 17 页。

的的合同关系发生法律效力,这种规定并不是对意思自治原则的限制,因此,合同给付自始不能,应当认为合同关系无效。

合同的标的为不能有四种情形:

第一,给付法律效力的发生,在理论上为不能,如就自己的所有物由他人买受其所有权的合同,在理论上为不能,十分清楚,无设置明文规定的必要。

第二,给付法律效力的发生,在法律上为不能,例如在不得设定抵押权的财产上设定抵押权,因其违反法律的规定而使其内容不能实现。

第三,附条件合同关系的条件行为效力的发生为不能,例如附以填平渤海为条件而赠与100万元的合同,因其条件成就不可能,从而100万元的赠与无从发生。

第四,给付法律效力的实现为不能,例如让与已烧毁房屋所有权的合同,这时所有权移转的实现为不能,不能认为其有效力。

给付的不能,包括客观不能和主观不能,事实上的不能和法律上的不能。这种不能,须是确定的不能,如果是一时不能而有可能希望的,不能视为不能。使合同关系无效的不能,应当是自始不能,嗣后不能不发生合同关系无效的问题。全部不能使合同关系全部无效,一部分不能只使合同一部分无效,其余部分仍然有效。

(二) 给付必须合法

合法是给付的必要条件。民事主体的行为自由应当在法律许可的限度内进行。给付作为合同客体,作为债务人依法应当实施的行为,应当在法律限定的范围内进行,因此,给付必须合法。给付合法,并不一定要求给付完全符合法律的规定。

给付符合法律规定,或者不为法律所禁止,都是合法的给付。前者例如按照我国《合同法》示范性规定约定的给付,符合法律规定,是合法的给付;在合同中约定的给付,尽管没有法律明文规定,但其并不违反法律的禁止,同样也是合法给付。没有禁止意思自治原则的为任意法,当事人无特别意思表示时则应予适用,合同法多为任意法。例如约定服务于他人的合同,或者有奖抽彩的射幸合同,尽管我国《合同法》有名合同中并没有规定,但不违反法律所禁止,提供服务、设定抽彩也是合法给付。反之,提供服务、设定抽彩后,以《合同法》没有明文规定为由而否认给付义务,是违约行为,应当承担违约责任。

合同系因法律行为而发生,如果当事人对违法的给付进行约定,则其显然违反法律行为的生效要件,从而无法发生合同效力。违法的给付包括违反法律强行性规定的给付和违反公序良俗的给付。

1. 违反法律强制性规定

违反法律强制性规定的给付,是合同的标的为法律所禁止,或者是违反了法律、行政法规的强制性规定,法律自然不能容许其发生合同效力,因此对债权人和债务人没有法律上的约束力。给付违反强制或禁止性的法律规定的一律无效,不问当事人的意思如何,必须适用法律的规定。法律条文中标有"不得"、"应"或"须"字样的,一般是强行法,强行法必须遵照执行,给付违反强行法,为不合法,使合同关系无效。例如,企业或者个人雇用不满16周岁的未成年人做童工,尽管双方当事人约定的给付取得合意,但由于违反强制性的法律规定而无效,是为了保护未成年人的利益。在合同中约定雇工受到工伤用人单位不承担损害赔偿责任,则违反了《合同法》第53条关于人身损害事先免责条款无效的明文规定,这种给付也是违法给付,是无效的。任意法中的禁止性规定亦不得违反。违反者亦为无效。

强制性法律规定,是指直接规定人们的意思表示或事实行为,不允许人们依其意思加以变更或者排除其适用,否则将受到法律制裁的法律规定。其含义是这些法律规定应当适用,而无论当事人的意思如何。强制性法律规定包括全国人民代表大会及其常委会颁布的法律中的强制性规定,以及国务院颁布的行政法规中的强制性规定,对此,不得任意扩大范围。具体的范围包括:一是关于意思自治以及意思自治行使要件的规定,如行为能力、意思表示生效的要件以及合法的行为类型;二是保障交易稳定,保护第三人的信赖的规定;三是为避免产生严重的不公平后果或为满足社会要求而对意思自治予以限制的规定。

强制性法律规定分为效力性的强制性规定和管理性的强制性规定。不同的强制性规定对合同效力的影响不同。效力性的强制性规定,是指在对违反强制性规定的私法上的行为,在效力后果上以私法上的方式予以一定制裁的强制性规定;管理性的强制性规定,是指它被违反后,当事人所预期的私法上的效果不一定就会受到私法上的制裁的强制性规定,但这并不排除它可能受到刑事上或行政上的制裁。其中违反它也不会受到私法上的制裁的管理性的强制性规定,在德国法叫做纯粹管理性规定,日本和我国台湾学者称之为单纯取缔规定。[①]

违反效力性的强制规定,约定的债权债务关系无效;违反管理性的强制性规定,合同不一定无效,原因在于,效力性的强制规定着重违法行为之法律行为价值,以否认其法律效力为目的;管理性的强制性规定着重违反行为的事实行为价值,以禁止其行为为目的。[②]

在司法实务上,凡是违反效力性的强制性规定的给付,应当认定为绝对无效。

对于违反管理性强制性规定的给付,第一,应当根据具体情况确定给付的效力。例如,商品房预售人没有交付全部土地使用权出让金、无建设工程规划许可证,未投入开发建设的资金达到工程建设总投资的25%以上,违背了我国《城市

---

① 参见崔建远:《合同法》(第五版),法律出版社2010年版,第105—106页。
② 史尚宽:《民法总论》,中国政法大学出版社2000年版,第330页。

房地产管理法》第 37 条第 1 项和第 38 条的规定。这些规定就属于管理性强制性规定,对于违反它们的商品房预售合同,最高人民法院司法解释意见并不是一律认定为无效,而是规定在起诉前预售人取得商品房预售许可证明的,可以认定商品房预售合同有效;但出卖人订立商品房买卖合同时,故意隐瞒没有取得商品房预售许可证明的事实,或者提供虚假商品房预售许可证明,或者故意隐瞒所售房屋已经抵押的事实,或者故意隐瞒所售房屋已经出卖给第三人或为拆迁补偿安置房屋的事实的,合同无效。第二,违反管理性的强制性规定,有的是合同效力待定。例如,限制民事行为能力人签订的合同,虽然违反了法律关于主体资格的强制性规定,但按照我国《合同法》第 47 条规定,合同不是绝对无效而是效力待定。第三,当事人于缔约时明知合同约定的给付违反管理性的强制性规定,事后主张该合同无效的,不应当支持其无效的主张。

2. 违反公序良俗

违反公序良俗的给付,是实质性违法,也具有违法性。所谓实质性违法,就是一个行为从形式上并不违法,但是由于行为人故意违反公序良俗,因而在实质上是违反法律的。因此,约定违反公序良俗的,给付不发生法律效力。在我国,法律并没有明文规定公序良俗原则,只是规定了社会公德和社会公共利益原则。学说认为,这种规定实际上就是公序良俗原则。

确定违反公序良俗的违法给付,应当是给付行为本身并不违法,但实质违法,当事人故意以不违法的行为损害社会公德和公共利益,即违反公序良俗。这种给付为违法给付。例如,在合同之债中约定以债务人的人身为抵押的给付,在劳动合同中约定用人单位对劳动者可以搜身检查的给付,都是违反公序良俗的给付,都是违法的给付。我国《民法通则》第 58 条第 5 项和《合同法》第 52 条第 4 项还规定,违反社会公共利益的民事行为(包括合同)为无效。这是规定合同以至一切民事行为必须具有社会内容的妥当性为生效的必要条件。民法承认意思自治原则,《合同法》承认合同自由原则,但并不是承认个人意思的绝对自由,只是在与社会、国家的存在及其发展所必要的一般秩序及社会道德不违背的限度内,容许其行为自由。给付有背于公序良俗的,为无效。

(三) 给付必须确定

给付必须确定,是实现合同目的所要求的。给付从本质上观察,是依当事人所为的意思表示的内容而定。欲使其产生一定法律效力的给付内容不确定,则债务无法履行,合同目的也无法实现。因此,法律要求给付的内容于合同关系成立时已经确定,或者至少于债务履行时能够确定,否则将导致合同关系无效。

给付确定的要求程度,并不是要求对一切给付作完全一样的要求,可以根据合同关系的不同性质作不同的要求。例如,在票据行为,要求高度的内容确定,其他的一般合同关系则不以已确定为必要,而以可以确定为已足。因此,给付确定包括已经确定和能够确定。

给付已经确定,是在合同关系成立之时,就有确定的给付标准和方法。确定的标准和方法有四种:

第一,给付由双方当事人确定的,应当依照当事人的意思表示决定。

第二,给付由当事人一方确定的,原则上应当由确定时可以选择的范围确定,不得由其任意确定。在当事人中应当由谁确定,可以依照当事人之间的明示或者默示的合意决定。给付确定的意思表示应当向对方当事人表达,且一旦作出表示后,不得撤回。

第三,给付由第三人确定的,第三人应当依照公平原则确定,并向双方当事人以意思表示为之。第三人不能确定或者不欲确定的,在可能的范围内,应以其他方法补充,或者由法院依照公平原则确定。由此还不能确定的,该合同关系无效。

第四,法律对于给付的确定另有规定的,例如种类之债、选择之债、金钱之债等,应当依照具体规定确定。

给付能够确定,是在合同关系成立之时,给付尚未确定,但依照法律规定的方法可以确定的给付。能够确定的方法是:

第一,双方协议进行确定。例如合同的质量、价款或者报酬、履行地点等没有确定或者不明确,双方当事人可以协议补充,予以确定。一经协议补充,补充的内容与合同的其他内容具有相同的法律效力。

第二,依照合同条款或者交易习惯进行确定。对于协商也不能达成补充协议的,可以按照合同条款或者交易习惯予以确定。

第三,按照法律规定进行确定。例如,由于签订合同的人经验不足等原因,使合同中的有关质量、价款、履行地点、期限、方式、费用等内容没有约定或者约定不明确的,按照我国《合同法》第61条规定的合同履行中的内容确定原则仍然解决不了,达不成协议,且按照合同的有关条款以及交易习惯亦无法确定的,《合同法》第62条规定了具体的规则,即:"当事人就有关合同内容约定不明确,依照本法第61条的规定仍不能确定的,适用下列规定:(一)质量要求不明确的,按照国家标准、行业标准履行;没有国家标准、行业标准的,按照通常标准或者符合合同目的的特定标准履行。(二)价款或者报酬不明确的,按照订立合同时履行地的市场价格履行,依法应当执行政府定价或者政府指导价的,按照规定履行。(三)履行地点不明确,给付货币的,在接受货币一方所在地履行;交付不动产的,在不动产所在地履行;其他标的,在履行义务一方所在地履行。(四)履行期限不明确的,债务人可以随时履行,债权人也可以随时请求履行,但应当给对方必要的准备时间。(五)履行方式不明确的,按照有利于实现合同目的的方式履行;(六)履行费用的负担不明确的,由履行义务一方负担。"

合同的给付不确定,包括给付内容不完全或前后矛盾,无确定意义的意思表示,除依据法律,或依当事人所定的确定方法,或依习惯,或依其他情事,可以将其内容确定的以外,均为无效。

给付必须确定的时间,最晚应当为合同履行之前。

(四) 给付必须适格

给付必须适格,是指合同的给付依其性质,适于作为合同标的。给付必须适格的具体要求是:

第一,作为合同标的的给付须具有法律意义,宗教上的事务如诵经、祈祷以及单纯社交上的事务如请人吃饭等,都不得作为合同标的。

第二,给付还必须为私法上的事务,如民事主体之间的特定的权利义务的事务。公法上的事务如进行选举、为行政行为等,不得作为合同标的。

第三,给付还必须是与人的意识行为有关,与人的意识无关的事物如做梦,或者与人的行为无关的事物如内心意识,也不得作为合同标的。

第四,在具体的合同关系中,其标的还必须是适于该合同关系本身的性质。例如因著作权的署名权不能转让,所以在著作权转让合同中,仅可以成立以著作使用为标的的合同关系;因肖像权不能转让,在肖像使用合同中,仅可以成立以部分转让肖像使用权为标的的合同关系。

【案例讨论】

讨论提示:本案的争议事实是债务数额问题,需要解决的是给付义务的确定。

讨论问题:1. 本案的给付标的即借条记载的借款数额应当怎样确定? 2. 结合本案,讨论给付的概念应当怎样界定? 具有哪些特征?

第三节 给付的形态

【典型案例】

孙某不忍心看到一只残疾幼犬要被其主人杀掉,借钱把它赎了过来,送到王某开办的宠物店,要求将狗寄养一段时间,并请宠物店对狗进行医治,费用一起结算。王某接受了寄养,并为狗联系医生做了手术,花费医疗费2000余元。一年多以后,花费达到1万多元,但孙某认为该狗不是自己的,既不领狗,也不付费。王某向法院起诉,要求孙某领回狗并支付各种费用。法院判决孙某支付狗的寄养费、治疗费等共计1.6万余元。

一、给付形态的概念

在不同的合同关系中,给付都具有不同的内容和表现方式,换言之,即债务人应为的行为表现为不同的形态。因此,给付形态,是指依给付行为的具体方式对给付所作的划分。

给付是否必须以能够以金钱估算为限,存在争议。我国学者通说认为,现代社会中,民事主体的需要并不限于能够以金钱计算的经济利益或财产利益。[①] 债权虽为财产权,但这并不意味着给付必须能够以金钱加以计算,或者说必须具有财产上的价格。即便当事人约定的给付难以用金钱加以计算,但基于对当事人意思自由的尊重,仍然应当承认其效力。尤其是在承认不作为可以成为给付的情况下,由于不作为往往难以通过金钱加以衡量,所以不能以金钱估算的给付实际上已经被承认。对此,本书采用通说的主张。

二、给付的基本形态

(一)交付财物

交付财物是最常见的给付方式,是将债的关系确定的标的物由债务人交给债权人,在交付财物的同时,并转移标的物的所有权。在买卖、互易、租赁、融资租赁等合同关系中,都是以交付财物作为给付的具体形态的。

交付是给付的一种具体形态,二者是种属关系。交付的要求是:第一,交付只是给付的一种具体形态,不是给付的全部,给付中除了交付财物之外,还包括劳务提供、权利转移、提交工作成果,以及不作为等,这些都不能称为交付。第二,交付的对象必须具有财产的内容,可以金钱计算,并且总是能够给债权人带来物质利益,不具有财产内容的给付,不一定给债权人带来物质利益的给付,不能称为交付。第三,交付不需要持续时间,在短时间内即可完成,需要持续很长时间的给付不会成为交付,例如为他人提供劳务,应当按日、按月、按年计算,不是交付。

按照我国《物权法》第23条、第25条至第27条的规定,交付分为以下四种形式:

1. 现实交付

现实交付是最传统的交付方式,是指对动产的事实管领力的移转,使受让人取得标的物的直接占有。动产因交付而取得直接占有,故动产的交付使受让人取得了对物的事实上的管领力。现实交付的基本特征,就是现实表现出来的交付,也就是使动产标的物从出让人的支配管领范围脱离,而进入买受人的支配管

[①] 参见史尚宽:《债法总论》,台湾荣泰印书馆1978年版,第233页。

领领域,因而不是观念形态的交付,而是具有了可以被客观认知的现实形态,能够被人们所识别。动产因交付而实现物权变动,受让人实际取得对物权变动的动产的现实占有,取得了该动产的所有权。

2. 简易交付

简易交付是指交易标的物已经为受让人占有,转让人无须进行现实交付的无形交付方式。简易交付的条件必须是在受让人已经占有了动产的场合,因此仅需当事人之间就所有权让与达成合意,即产生物权变动的效力。这时,转让人仅仅将自主占有的意思授予受让人,使受让人从他主占有变为自主占有,以代替现实的交付行为,就实现了动产交付,实现了动产物权的变动。因此,简易交付就是以观念的方式授予占有的一种交付形态,免除了因现实交付所带来的手续上的麻烦,达到简化交易程序,节省交易成本的目的。

3. 指示交付

指示交付又叫做返还请求权让与,是指在交易标的物被第三人占有的场合,出让人与受让人约定,出让人将其对占有人的返还请求权移转给受让人,由受让人向第三人行使,以代替现实交付的交付方式。指示交付是在作为标的物的动产由第三人占有时,让与人以自己对第三人的返还请求权,让与受让人以代替交付,实质上就是返还请求权的观念交付。

4. 占有改定

占有改定是指在动产交易中出让人与受让人约定,由出让人继续直接占有动产,使受让人取得对于动产的间接占有,并取得动产的所有权。这种交付方式是建立在将占有区分为直接占有和间接占有的基础上建立的交付制度。没有占有的这种区分,就无法确立占有改定的交付形态。

在上述四种交付中,后三种交付也叫做观念交付,交付中并没有实际转让标的物,但其法律后果与现实交付是一样的。因此,观念交付与前一种交付即现实交付相对应,构成交付的两个体系。

应当注意的是,在交付财物中,在一般情况下,交付的财物是动产,如果没有特别约定,在交付的同时转移标的物的所有权。交付的财物如果是不动产,交付不发生所有权转移的后果,尚须专门转移该不动产的所有权,但在交付的形态上,则是相同的。

交付的标的物必须是法律允许自由流通的物,禁止流通物不能成为交付的标的物。限制流通物在准许流通的范围内,可以成为债的交付标的物,在限制其流通的范围内,不能成为债的交付标的物。

(二) 支付金钱

支付金钱,是给付的常见形态,是指依据合同之债的规定性,债务人将一定数量的金钱支付给债权人。金钱也是具有财产价值的物,本应属于财物的范畴,但金钱在法律上被视为一种特殊的物,在合同履行以及不履行的责任构成上具有自己的特点,所以,支付金钱被合同法作为给付的独立形态,也是较为常见的给付形态,被经常应用于转移物的所有权或者使用权而支付其对价的合同关系中;在消费他方劳务、提供服务、不当得利返还原物不能、支付违约金、赔偿金的合同关系中,支付金钱也是主要的给付形态。而在金钱借贷合同中,更是以金钱的支付为给付形态。

金钱,仅指作为一般等价物的货币,包括我国的法定货币人民币,也包括虽然在我国不能流通但在涉外关系或者储蓄合同中作为标的的外币。但是,金钱不包括特种货币,即已经不再流通的货币、作为收藏的货币等,因为它们已经丧失了一般等价物的属性,不能在法律上视为特殊的物,因此不适用支付金钱的规则。

支付金钱的给付形态,通常伴随着利息之债。在储蓄合同,银行在支付金钱本金的同时,应当给付相应的利息。不仅是金钱之债如此,在其他支付金钱的给付行为中,通常也应支付利息,如因违约而支付违约金、赔偿金,如果是未按期支付,也应当按照银行利息的利率支付利息。在执行程序上,被执行人未按照法院的判决、裁定和其他法律文书指定的期间履行金钱债务的,应当双倍支付迟延履行期间的债务利息。

(三) 移转权利

移转权利,有广义和狭义之分。广义的转移权利包括转移所有的权利的给付,如转移所有权、他物权、债权、知识产权、名称权、股权等。狭义的转移权利,仅指转移标的物的所有权之外的其他权利的转移。原因是,伴随着交付标的物的同时,就应当转移标的物的所有权,因此,交付财物的所有权转移,是交付标的物的必要行为;而转移权利的给付,是指不伴随标的物的交付而单纯将某项权利移转给他人的情形。例如,建设用地使用权转让合同、股权转让合同、转让知识产权合同、转移名称权合同,合同的标的都是转移权利。因此,转移权利是重要的给付形态。

转移权利的给付,形式并不相同。例如,建设用地使用权的转让,通过将国有土地交付使用权人占有、使用、收益的方式为之。债权的转让,主要通过债权让与行为为之。票据权利的转移,主要通过背书的方式进行。如果法律对某种权利的转移设有特别限制或者规定有特别程序的,以该权利作为转移对象时,应当依照法律规定办理。

(四) 提供劳务或服务

在以自己的劳力或设备、知识、技能等供他人消费或为他人提供服务的雇佣合同、委托合同、运输合同、技术服务与技术咨询等合同中,都是以债务人提供特定的劳务或服务作为给付形态的。提供劳务,是劳务合同的给付行为,这种给付一般与债务人的人身不可分离,即债务人必须亲自以自己的劳动为之,具有专属性,不得擅自转移给他人代为进行,但法律禁止以人身奴役性和违背公序良俗的劳务作为合同标的。在此,应当注意提供劳务与提交工作成果的区别,提供劳务是劳务合同的给付行为,而提交工作成果则是承揽合同的给付行为。提供服务,是以提供技术、技能为他人服务的给付行为,例如医疗合同之债、疗养合同、按摩保健服务合同、技术服务或者咨询合同等,都是以服务为给付行为。应当注意的是,多数服务合同的债务人违反注意义务,因故意或者过失造成债权人人身损害、财产损害的加害给付行为,构成专家责任的侵权行为,应当承担侵权责任。①

（五）提交工作成果

提交工作成果,是指债务人以自己的技术、智力、劳力等为债权人完成一定的工作,并将最终的工作成果交给债权人。承揽合同、建筑安装合同、技术开发合同等,都是以提交工作成果为客体的合同。例如,商品房的家庭装修属于承揽合同,尽管承揽人是在定作人的家中进行劳动,但它不是提供劳务的给付行为,而是提交工作成果的给付行为。

提交工作成果与单纯的提供劳务不同,区别在于:提供劳务的给付行为在于提供劳动的行为,因此,整个劳动过程都在劳务合同债权人的控制之下;而提交工作成果的给付行为,债权人并不负责承揽人的劳动过程,只是接受已经物化的工作成果,不提交工作成果,或者提交的工作成果不符合约定的质量要求,则构成债务不履行或者不适当履行。

（六）不作为

不作为是指不为特定的行为,包括单纯的不作为与容忍。单纯的不作为,如不为营业性竞争、不泄露技术秘密或商业秘密等;容忍,如出租人应容忍承租人对租赁物进行必要的装修等。不作为的给付形态较之作为的给付形态,应用情形要少得多。

在绝对权中,义务人的义务为消极的不作为的义务;在合同关系中,债务在通常情况下是积极的、作为的义务。但在现代社会中,对于民事行为,法无禁止即为可为。虽然给付多为债务人积极作为,但在特定情况下,当事人也可能约定一方不得进行某种行为。基于私法自治原则,在当事人意思表示自由、真实的情况下,法律也承认其效力。② 例如约定竞业禁止的情形,是有效的约定。

以不作为为给付内容的,不得违反法律规定和公序良俗。约定以债务人不得与某人结婚为债务,或者以债务人不得与某人结婚为条件而许诺赠与,都违反

---

① 参见王利明主编:《中国民法典学者建议稿及立法理由·侵权行为编》,法律出版社2005年版,第72—74页。

② 参见张广兴:《债法总论》,法律出版社1997年版,第118页。

法律规定,是限制人的自由的行为,都是无效的。又如,约定债务人不得选择某种职业,以垄断为目的而设定的限制相对人自由竞争行为的消极给付,也为法律所禁止。约定这样的给付,显然不符合法律规定,违反公序良俗,都是无效的。

【案例讨论】

　　讨论提示:本案孙某爱心救狗,值得赞赏,但与王某之间已经形成合同关系,应当履行合同债务。履行债务的给付形态,一是领回寄养的狗的行为,二是支付寄养管理费和医疗费的支付金钱的行为。

　　讨论问题:1. 孙某与王某之间构成何种合同关系？2. 该合同债务人的给付形态应当怎样确定？

第四节　给付的种类

【典型案例】

　　2008年6月29日,某汽车租赁公司与林某签订一份汽车租赁合同,合同约定将厢式大货车出租给林某,租期2年,分24期向该公司支付租金,每期人民币10483元,共计人民币251592元,时间从2008年6月30日至2010年6月27日止,林某支付该车辆的保险费及养路费。合同签订后,公司向林某交付了经验收合格的车辆,但林某只交付了租金123233.29元、保证金47060元,养路费11309元是公司代缴。该公司向法院起诉,请求判令林某承担违约责任。

一、财产给付与非财产给付

　　根据给付是否具有财产性内容,可以将给付分为财产性给付和非财产性给付。

　　财产性给付,是指给付具有财产性的内容,其给付的结果可以财产价格计算的给付。在合同关系中,绝大多数的给付都是财产性给付,因此,合同关系才被认为是动态的财产关系。例如,交付财物的给付、支付一定款项的给付、提供劳务的给付、完成一定事务的给付,都具有确定的财产内容,都是财产性给付。即使转让部分肖像使用权的肖像使用合同的给付准许使用肖像的给付没有财产内容,但在通常情况下,对方当事人都会给予一定的报酬,就使用人的给付观察,也是财产性给付。

非财产性给付,是指给付不具有财产性内容,且其给付不能以金钱价格计算的给付。在合同关系中,非财产给付较少,并不是给付的主流,在不作为的给付中,通常是非财产给付,少数作为的给付是非财产性给付。例如,我国《民法通则》规定的消除影响、恢复名誉、赔礼道歉等,并不具有财产性,因此是非财产性给付。债务人在为此种给付时,尽管也可能要支付一定的费用,但这种费用并非由债权人获得,而是履行所支付的代价。约定无偿使用他人肖像,亦为非财产性给付。

区分财产给付与非财产给付的意义在于,债务不履行时,其强制执行的方法不同。

二、积极给付、消极给付与混合给付

根据债务人是否应为某种特定的行为为标准,可以将给付分为积极给付、消极给付和混合给付。

积极给付,是指债务人应以作为的方式,实施某种特定的行为而为的给付。以积极给付为标的的债务是广义的作为债务,包括两种:(1)"予"的债务,即给予给付,是指债务人将物或者权利终局地或者一时性地给予债权人,作为履行债务方法的给付。前者为买卖,后者为借贷。(2)"为"的债务,即单纯作为给付,是以劳务或者完成一定的事物为标的的给付。这种给付是狭义的积极债务。例如劳务合同和承揽合同。

消极给付,是指债务人应以不作为的方式而为的给付。消极的不作为给付是不作为债务。不作为债务的履行勿须债务人有意识的行为,纵其不具履行债务的意思,只要其未实施某种特定行为,债务也因合同目的的达到而消灭。消极债务分为单纯的不作为债务和容忍债务:(1)单纯的不作为债务如不为债权让与,不为泄漏技术秘密或者商业秘密等。例如约定竞业禁止协议,在劳务合同终止之后,双方约定在一定期限内,劳动者不得从事相同种类的劳务,就是单纯的不作为债务。(2)容忍债务,债务人消极的不妨碍,即属容忍。如承租人应当容忍出租人修缮房屋,患者应当容忍医院接触自己的身体并且为必要的检查或者手术。

混合给付,是指由积极给付和消极给付混合构成的给付。例如,歌星在某歌厅签订在本歌厅演唱的合同,同时约定签约后不得在其他歌厅演唱,既有积极给付,也有消极给付,构成混合给付。

区分积极给付和消极给付的意义在于:(1)诉讼时效的起算时间不同。积极给付的消灭时效,从请求权可以行使之时开始计算;消极给付的消灭时效,是以不行为为目的的请求权,从行为时起计算。(2)强制执行的方法不同。积极给付的执行方法,可以采取第三人代为履行而由债务人负担费用等方法,而消极给付的执行方法不能采取第三人代为履行而由债务人负担费用的方法,而主要采取拘留、罚款等方法进行。①

三、可分给付与不可分给付

根据给付在客观上是否可以分为数个给付而不损害合同目的,可以将给付分为可分给付和不可分给付。

可分给付,是指一个给付可以分为数个给付而不损害其合同目的的给付。这种给付,即使经过分割,其性质、价值也不会发生变化。例如约定给付大米若干吨,当事人虽然约定一次交付,但在一般情况下,分次交付并不减少其价值,并不损害合同目的,因此是可分给付。可分给付,根据法律规定或者当事人约定,一次性给付可以分为数次给付;一部不能只能发生在可分给付中,如果以性质上不可分给付而约定为分割给付的,合同关系不生效。

不可分给付,是指一个给付在客观上不能分为数个给付或者分为数个给付将损害合同目的的给付。这种给付或者是不能分割,或者经过分割就会使其性质或者价值发生变化。不可分给付分为性质上的不可分给付和物质上的不可分给付,前者如转移一个权利,后者如交付一栋房子。给付是否可分,应当具体考察给付如果为分割是否减少其价值,即合同目的是否能够达到。特别是当事人将可分给付约定为不可分给付时,亦为不可分给付。不可分给付不能发生一部不能,同时,不可分给付不准许部分履行。

区分可分给付和不可分给付的意义在于:在可分给付,如果发生部分给付不能、无效或者解除时,其不能、无效或者解除不会及于全部给付;而在不可分给付,则给付不能、无效或者解除时,会及于全部给付。

四、单纯给付、合成给付与结合给付

根据给付的个数以及数个给付之间是否具有连带命运,可以将给付分为单纯给付、合成给付和结合给付。

单纯给付,也叫做单一给付,是指由债务人的一个行为所构成的给付。如以物的交付为内容的给付,就是单纯给付。在有数个单纯给付时,各个给付之间互为独立,就其中一个发生合同的解除或者其他原因,对其余合同关系不发生影响。例如出售一只德国纯种狼犬幼崽的买卖合同,其转移该狼狗幼崽的所有权的行为就是单纯给付。

合成给付,是指由债务人的数个行为才能够实现的给付。这数个行为,就其

---

① 陈界融:《中国民法学·债法学源论》,人民法院出版社 2006 年版,第 328 页。

成立与效力有共同的命运。其中一个为不法时，全体给付为无效；就一个有履行迟延时，构成根本违约，债权人得以债务人不履行为理由，解除全部合同。在同时履行中，就合成给付，债务人应将数个给付同时履行，如仅履行一部，债权人有权拒绝接收。例如财务管理合同、价金分期给付合同等，都是由几个行为构成完整的给付，因此是合成给付。

结合给付，是指数个单一给付结合在一起的给付。将数个房屋转让给他人的合同、将数个机动车转让给他人的合同，都是数个单一给付结合在一起的结合给付。

合成给付与结合给付的区别在于，合成给付是将一个总的给付行为分成若干个不同的给付依次给付；结合给付则是一个给付行为是由数个单一给付结合在一起进行给付。

给付为单纯给付还是合成给付，应依当事人的意思认定。如果没有明确的意思表示，应当依给付的性质以及各种因素而为推断。合成给付和结合给付则应当根据给付的客观状态确定。

区分单纯给付、合成给付和结合给付的意义在于：第一，在以合成给付为标的的合同中，数个给付合为一团，因而其中的一个为不法时，合同全体皆为不法；其中一个履行迟延时，债权人可以以不履行为原因而解除全部合同。因为这数个给付必须结合在一起，否则，不能实现合同目的。例如，价金分期给付合同的给付，如有未按期给付，经合理催告仍不履行义务的，债权人有权解除合同。第二，在数个单纯的给付中，各自命运独立，其中一个发生解除或其他原因，对其他不产生影响。

五、继续给付、非继续给付与连续给付

根据给付是否持续一定期间以及给付的独立性，可以将给付分为继续给付、非继续给付和连续给付。

继续给付，是指一个给付具有一定的时间上持续性的给付。例如雇佣合同以提供劳务的时间持续为特点，租赁合同以租用他人的物的时间持续为特点，都是继续给付。如劳务合同、以不作为为标的的合同以及财务管理合同的给付，都是继续给付。

非继续给付，也叫做一时给付，是指仅以一次行为即可完成的给付。例如，即时清结的买卖合同的给付，买卖的标的物与价金都即时清结，为非继续给付。例如特定物买卖合同的给付，就是非继续给付。

连续给付，也叫做循环给付，是指当事人约定在一定的时期，债务人不定期或者定期地向债权人为给付，但每个给付均为独立给付的给付。例如，当事人约定债务人定期供货，约定每个月供应煤炭若干吨，债务人的给付既不是非继续给付,也不属于继续给付,而是连续给付。利息之债和订阅报纸合同的标的,都是连续给付。

区分继续给付、非继续给付和连续给付的意义在于:第一,部分给付不能,不能发生在非继续给付行为中;第二,只有非继续给付才有同时履行抗辩权的适用,一般情况下,在继续给付和连续给付中,不得行使同时履行抗辩权。

六、特定给付与不特定给付

根据给付的对象是否具有具体指定为标准,可以将给付分为特定给付与不特定给付。

特定给付,是指在合同关系成立时,即已经具体指定给付对象的给付。例如,房屋的出卖、机动车的出卖,都是特定给付。

不特定给付,是指合同关系成立时,只以种类表示给付物或支付金钱的给付。在不特定给付,会发生种类之债和选择之债的问题,例如当事人订立购买100吨石油的买卖合同,其给付就是不特定给付。

区分特定给付与不特定给付的意义在于:第一,特定给付一旦特定,即不可改变。第二,特定给付有危险负担的问题,给付标的物在交付前后,如果发生毁损、灭失,风险应当由确定的一方负担。第三,不特定给付,没有给付不能的可能。第四,特定给付可以发生试验买卖,而不特定给付则不会发生。

七、给予给付与行为给付

根据给付是否伴以标的物的转移为标准,可以将给付分为给予给付和行为给付。

给予给付,是指债务人除积极作为以外,还须给予财物,才能够符合给付的本意,否则不构成给付。例如买卖合同的财产权利的转移,消费借贷的金钱支付,就是给予给付。行为给付,是指单纯的以作为或者不作为作为合同的给付。行为给付包括单纯的作为给付,即债务人为给付的行为即符合合同本旨;也包括不作为,即单纯的不作为和容忍。

区分给予给付和行为给付的意义在于,在给予给付中,除给付行为之外,还须有标的物的占有的移转问题,因而才能够产生合同清偿;而行为给付则不存在这样的问题。

八、作为给付与不作为给付

根据给付是否要求给付行为人身体的动静为标准,将给付分为作为给付和不作为给付。

作为给付,是指债务人必须有合同内容所要求的身体的运动,才能够符合合同目的。包括给付财物和单纯作为。前者如支付价金,后者如提供劳务。不作为给付,是指不要求债务人有积极的身体上的行动,即符合合同目的。包括单纯的不作为和容忍。单纯的不作为,例如不为同业竞争行为;容忍,例如容忍借用人使用借用之物。

区分作为给付和不作为给付的意义在于,作为的给付须债务人实际实施履行合同给付,而不作为给付只要债务人不实施约定的行为就完成了给付。

【案例讨论】

讨论提示:本案的给付,按月交纳租金是合成给付,与支付保证金和养路费结合在一起,为结合给付。

讨论问题:1. 给付有哪些形态? 2. 本案中债务人的给付形态的特点是什么?

第五节 受 领

【典型案例】

南京下岗女工林某到某银行储蓄所取款3000元,储蓄所交付给林3万元,多给2.7万元。林某发觉后,三次到该储蓄所退款,均被该储蓄所工作人员赶出,认为林某是无理取闹。数日后,该储蓄所自查发现付款出错,才连夜向林某追款,但对林某还款热心之举毫不领情,并拒绝道歉。

一、受领概述

(一)受领的概念和意义

1. 受领的概念

受领,是指合同的债权人在合同关系中,接受债务人履行积极给付的行为。

受领有广义、狭义之分。前述定义是指狭义的受领概念。广义的受领概念,不仅包括债权人接受债务人积极给付的行为,还包括债权人具有接受履行并享受其利益的意思即可,无需直接受领。

狭义的受领称之为积极受领,是以积极的行为接受履行,通常表现为物理上的动作,例如接受财物、金钱等。广义受领中的接受不作为债务的给付为消极受领,是指债权人仅具有接受履行并享受其利益的意思即可,例如对于不作为债务履行的受领。在研究受领时,研究积极受领更有法律上的意义。

2. 受领的意义

在合同关系中,债务人所负的履行义务多数是积极的行为,具体表现为交付一定的财物、支付一定的金钱、提供一定的劳务等。这些行为的最终归宿,是为债权人带来利益,也就是债权人确立合同目的。而债权人如要现实地享有债权利益,就必须以自己的行为接受债务人的履行。因此,受领的法律意义在于,使债权人永久保持债务人给付所带来的利益的必要前提,因而是合同效力的主要体现。

(二) 受领的性质

受领究竟是权利还是义务,抑或既是权利又是义务,均有不同的主张和立法例。在法国法学说和判例中,多认为受领是一种义务,认为债权人不当拒绝债务人的履行,是违反《法国民法典》第1146条及第1153条关于债务不履行的规定,为义务的违反,应负损害赔偿之责。在德国法,立法并没有将受领迟延规定在给付义务一节,而是单独规定,确认受领是债权人的权利而不是义务,唯有在个别情形,例如买卖、承揽等才规定债权人有受领义务。我国台湾学者大多认为受领是债权人的权利而非义务,实务上也采同样立场,理由是,债权是财产权,其行使与否应为债权人的自由,受领迟延是权利不行使的一种效果,因而债务人不得强制债权人受领其债务履行。从受领迟延的责任内容看,多属于消极地减轻债务人的责任,而对债权人并没有积极的制裁,原因就在于债务人迟延履行以其负有履行义务为基础,而债权人迟延为权利的不行使。[①]

我国立法对受领没有作出明确规定,只是在《合同法》等法律中对个别的受领有若干的规定。在合同法著作中专门论述受领的也不够多,是合同法研究中的一个比较薄弱的环节。

我们认为,受领对于债权人而言,既是权利,也是义务。在合同关系中,合同的内容除了请求债务人为给付之外,还有受领权,即接受债务人的给付的权利。但是,在合同关系中,受领并不单纯是一个权利,同时还是一个义务,这就要求,当债务人为给付或者需要协助时,债权人应当接受给付或者予以协助,没有正当理由不得不为受领或者迟延受领。在这个意义上,受领又是债权人的义务。如果债权人不予受领,或者受领迟延,则发生法律上的后果,应当承担责任。如果否认受领是债权人的义务,而仅仅认为受领是一个权利,由于权利是一种可能性,并且可以处分,因此就无法追究不为受领或受领迟延的债权人的责任,因为他可以处分自己的受领权,除非债权人已经放弃债权,拒绝受领才是行使权利的

---

① 参见张广兴:《债法总论》,法律出版社1997年版,第189页。

行为。所以，受领作为权利，是接受债务人给付的可能性；而受领作为义务，则是债权人接受债务人给付或者予以协助的必要性。

二、受领的条件和效果

（一）受领的条件

债权人受领的条件是，债务人的给付必须依照合同本旨进行，只有如此，债权人的受领才具有必要和可能。如果债务人的给付有违合同目的，则不发生给付的效力。对于不符合受领条件的给付，债权人有权拒绝受领，并且不发生违约责任。

在坚持受领条件时，也须遵守诚实信用原则。当合同的债务人虽无一部给付的权利，但如果分次履行对债权人并无不利和不便时，债权人不得拒绝受领。债务人交付的标的物仅有少许不足，债权人不得因此而拒绝受领；在过剩给付，如果债权人只需找回少许且无不便，债权人不得因债务人的过剩给付而拒绝接受。典型的事例是，在分期付款购买商品房合同之债中，对于银行贷款应当分期连续给付，但贷款人提前全额清偿，银行作为出借人会损失利息之债，但不得拒绝受领，而应当接受而消灭债权。

（二）受领的效果

受领的法律效果，是合同的债权人永远保持债务人的给付所带来的利益，因此而体现合同的效力，实现债权人的债权。

在债权的请求权中，在合同的债权未届清偿期时，请求权是一个静态的权利。在债权请求权已届清偿期，合同的债权请求权成为动态的权利：通过向债务人请求、债务人给付，并且由债权人予以受领，以实现自己的债权。实现债权的途径，就是债权人通过受领，而永远保持债务人的给付所带来的利益，任何人都不得侵夺，包括债务人也不得反悔，追回给付的利益。例如，在借贷合同之债，出借人将款项交付给借款人，该合同之债生效，出借人是债权人，借款人是债务人。债权人的债权就是收回贷款，收获利息。通过请求债务人给付本金和利息，债务人予以给付，债权人受领之后，就永远地收回本金的所有权，并且取得债务人给付的利息的所有权，并且永远取得和保持该所有权，实现债权。这就是受领的法律效果。

三、受领的规则和协力义务

（一）受领的规则

为了实现给付的目的，对于给付需要受领者，债务人清偿债务必须以债务之本旨，在应清偿时间、清偿地点，以适当的方法，对债权人、经债权人授权或依法有受领权的人提出给付。不需要积极给付的清偿，即无所谓对于债权人为给付的提出,而只需依合同目的为履行上的给付即可。因此,受领是给付在债权人一方的对应行为,债权人亦应当依照债的本旨予以受领。

在以有体物或者权利为给付内容的情形,为了实现给付的目的,授受双方必须有关于权利转移或者设定的物权行为或者准物权行为(法律行为),视情形还必须有与之相关的登记、占有或文件的交付的事实行为。这些事实行为是否构成前述的法律行为的一部分,应当视登记、占有或文件交付究竟是该法律行为的成立要件、生效要件或者对抗要件而定。如果是成立要件的,为其一部分;如果是对抗要件的,不构成其一部分;以其为生效要件的,是否构成其一部分,有不同意见。例如不动产登记,是法律行为的生效要件,因而构成该法律行为的一部分;如果将登记约定为停止条件,则登记固为其契约内容的一部分,但其成就的事实会是其停止的条件,则不是法律行为的一部分。

(二) 受领的协力义务

如果完成给付还有超出单纯受领的部分,如单纯受领无法实现的给付,需要债权人积极协力。这就是债权人在履行上的协力义务。

一般认为,受领的协力义务本来属于债权人对自己的义务,所以债权人如不履行协力义务,原则上仅生失权效力,而不引起损害赔偿义务。但迟延受领,债务人可以请求其赔偿损失及保管给付物的必要费用。

通常须债权人协力始能完成的履行给付,最重要的是承揽合同。承揽合同的协力义务,定作需定作人的行为才能完成的,定作人不为其行为时,承揽人可以解除合同,并可以请求赔偿因合同解除而发生的损害。

由于各种合同内容和性质的不同,为债务履行所需的债权人的协力义务亦各不相同,因此,协力义务的违反,其后果也不能一概而论,应当根据具体情形确定协力义务不履行的法律后果。

四、拒绝受领与受领迟延

(一) 拒绝受领

债权人拒绝受领有两种形式:

1. 放弃债权的拒绝受领

放弃债权的拒绝受领,是债权人行使自己的债权处分权,作出放弃债权的决定,因此而拒绝受领。这种拒绝受领是合法的,是行使权利的行为。其拒绝受领的后果是,因免除了债务人的债务而使债权消灭,债务人永远地消灭债务,不必再予给付,债权人也永远消灭债权,不得反悔。

2. 行使受领权的拒绝受领

行使受领权的拒绝受领,是债权人认为债务人的给付不符合合同目的的要求,因此予以拒绝。这种拒绝,是行使受领权的表现,是对债务人的履行不满意而采取的行动。因此,这种拒绝受领,如果确实存在债务履行不符合合同目的的情形,应当是合法行使权利的行为,债务人应当继续履行并且适当履行。

(二) 受领迟延

1. 受领迟延的概念和意义

受领迟延,也叫做债权人迟延,是指债权人对于债务人的给付应当且能够受领,却不为或者不能受领。换言之,债权人就对于自己提出之给付,拒绝受领或者不能受领,就是受领迟延。[①]

受领迟延,法律虽然规定债权人应负迟延责任,但受领迟延的性质属于债权人对权利不行使,充其量不过出现失权后果,债权人并不因此负担法律责任。因此,除了法律特别规定受领是债权人的义务的以外,受领迟延并不是债务不履行,债务人也不得强制债权人受领给付,也不生其他债务不履行的效果。但受领迟延造成债务人损失,以及增加保管费用的,则应当予以赔偿。

2. 受领迟延的构成要件

受领迟延的构成要件是:

(1) 须债务人的给付需要债权人接受或者予以协助。

债务履行,债权人应当予以接受;如果需要债权人协助的,债权人应当予以协助。这是债权人受领迟延的前提条件。对于不需要债权人受领或者协助的给付,例如小时工提供擦玻璃服务的履行,不存在不为受领的问题;不作为债务的履行,不存在不为受领或者予以协助的问题。有的给付,如果没有债权人的协助或者受领,无法实现给付或者达到给付的目的。这类债务主要是:第一,往取债务;第二,债权人应为接受的行为,例如送货上门的供货合同债务;第三,债权人应当提供材料,例如约定业主提供装修材料的家庭装修合同之债;第四,债权人应当将物品送往特定地点,例如仓储合同之债;第五,债权人应为指示,如挖沟筑渠的规格尺寸;第六,债权人应当提供场地,例如演出的剧场;第七,债权人与债务人应当共同办理法定登记手续,例如不动产买卖;第八,选择之债的选择权在债权人,债权人应为选择;第九,债权人应为特定的不作为,例如患者容许医生接触自己的身体进行诊治。在这些债的关系中,债权人如果不予协助,债务人无法完成给付,债权人不为协助时,即可能构成受领迟延。

(2) 须债务已届履行期。

这是受领迟延的时间标准。在合同定有履行期的债务,履行期届至前,原则上不得提前履行。债务人提前履行的,债权人有权拒绝履行。在没有规定履行期的合同,债务人尽管可以随时履行,但应当给债权人必要的准备时间,如果没有给债权人必要的准备时间,债权人可以拒绝受领,不构成受领迟延。在债权人

[①] 蔡天锡:《民法债编总论》,政法学社1932年版,第190页。

往取债务中,期限届至后,债权人没有往取标的物的,构成受领迟延。

(3) 须债务人已经提出履行或者实行履行。

这是受领迟延必要的客观条件。债务人已经提出或者实行履行,就使债权人处于受领的状态,债权人应当受领。已经提出履行,如债务人已经通知债权人前往领取合同的标的物;债务人实行履行,例如债务人已经将约定送货的合同的标的物运送到债权人处。这时,只要债权人往取标的物,或者予以接受,就完成了受领。应当注意的是,债务人已经提出履行或者实行履行,应当符合受领的条件,不符合条件的,债权人当然可以拒绝。如果债权人事先已经表示拒绝受领,例如无正当理由要求延期受领或者变更履行地,债务人可以通知催告;履行期届至而债权人仍不同意受领的,债务人勿须实行履行,避免徒增债务人的负担。

(4) 须债权人不为或者不能受领。

不为受领,包括债权人不予受领和不予协助,都构成受领迟延。不能受领,是基于债权人自己的原因,客观上无法受领,例如债权人失踪、存放货物的仓库倒塌、场地没有准备完毕等。

3. 受领迟延的法律后果

债权人受领迟延,有两种法律效果:第一,债权人不负有受领义务的,因而受领迟延仅减轻债务人的责任。这时,债权人对受领迟延不须具有过失,仅有不受领的事实即可。第二,债权人负有受领义务的,由于债权人负有受领义务,其受领义务的违反,与债务人的债务违反同其性质,应当承担违反债的责任。

具体的受领迟延责任是:

(1) 债务人的义务减轻。

在通常情况下,债务人应对轻过失负责。但在债务人受领迟延时,债务人的注意义务降至对故意或者重大过失负责:第一,债务人受领迟延而致履行不能的,即使是债务人对履行不能有轻过失的,免除债务人履行义务,债务因此消灭,亦不负违反债的责任。第二,在双务合同,受领迟延后发生履行不能,除了债务人具有故意或者重大过失外,应当认为系可归责于债权人的事由所致,风险负担自债权人受领迟延时转移于债权人,债务人的履行义务消灭,并得请求债权人实行对待给付。

(2) 停止利息支付。

受领迟延后,金钱债务而生的利息债务,自受领迟延时起,向后消灭。理由是,此时债务人的债务并不消灭,因而债务人仍应随时准备履行,而债权人已经不能利用该项金钱取得收益,所以债务人不再支付嗣后的利息。

(3) 缩小孳息返还范围。

受领迟延之后,原来债务人因合同关系有收取和返还标的物所生孳息义务的,则债务人仅须返还已经收取的利息,对以后所生的孳息不再负有收取的义务;对已经收取的孳息,就其减少和灭失,仅在有故意或者过失的情形时负责。

（4）债务人可以请求标的物保管费和因受领迟延而增加的必要费用。

这些费用包括提存的费用、货物往返运送费用、履行债务所支出的路费、通知费用、对不宜保存的标的物的处理费用等。

（5）债务人可以自行消灭债务。

受领迟延后,合同的标的物为动产的,债务人可以提存的方式消灭债务;不宜提存或者提存费用巨大的,可以拍卖或者变卖后提存价金。标的物是不动产的,债务人可以抛弃占有,但须通知债权人;能通知而未通知造成标的物损害的,债务人应当承担损害赔偿责任。

（6）赔偿债务人因履行所受到的损害。

因债权人受领迟延而造成债务人损害的,应由债权人承担损害赔偿责任。例如,家庭装修时,承揽人将调制好的油漆等材料送至业主家,由于业主不予协助造成损失,业主应自承担受领迟延的损害赔偿责任。

【案例讨论】

讨论提示:本案中有两个受领行为:一是合同的受领,即林某取款3000元,受领后取得该款的所有权。二是林某多获得的2.7万元,构成不当得利,林某三次退款,均为不当得利之债的给付。储蓄所的行为是否构成拒绝受领,是讨论的焦点问题。

讨论问题:1. 林某接受3000元的行为是否构成有效受领? 2. 储蓄所将履行不当得利给付义务的林某拒之门外,是否构成拒绝受领? 为什么?[①]

[①] 对此,有的认为,储蓄所的行为是拒绝受领,因此可以将该款据为己有,或者交给慈善机构;也有的认为,储蓄所的行为并非拒绝受领,而是不知情,在其知情之后即主张返还的事实可以证明。作者认为,储蓄所作为受损人在其对受损不知情的情况下,对林女士态度不好,并非是拒绝受领。林女士应当返还不当利益,储蓄所应当向其道歉。

第六章 合同履行

第一节 合同履行的概念及其原则

【典型案例】

2006年11月27日,王文学与武乐朋签订买卖黄河滩槐树林协议,约定武乐朋将位于豫灵镇庙上村河滩地西至黄河、东至城东地界、南北至果园墙约280亩槐树林,以每亩3000元的价格卖给王文学。王文学当日向武乐朋支付了10万元定金,随后办理了采伐林木6.2公顷的许可证,并采伐了相应林木。2008年,王文学向武乐朋交付28万元,后被林业主管部门告知其购买的武乐朋槐树林被确认为黄河湿地国家级自然保护区核心区,不再办理采伐许可证,王文学无法砍伐该林木。王文学要求武乐朋退还多付的款项,武乐朋不同意,并要求王文学按合同付清所欠林木款。协商无果后,王文学诉至法院。一审法院认为,政府不准再砍伐树木的行政行为,属于情事变更,判决合同不再继续履行,武乐朋返还王文学林木款15万余元。武乐朋上诉。二审法院认为,该种情形属于履行不能,为不可抗力所致,适用情事变更原则错误,但原判实体判决正确,故判决驳回上诉,维持原判。

一、合同履行的概念

(一)合同履行的概念

合同履行是指合同债务人全面地、适当地完成其合同义务,债权人的合同债权得到完全实现。[1] 换言之,合同履行是指债务人根据法律和合同的规定作出给付的行为。[2] 在一般情况下,合同履行是实施履行合同标的的行为,如交付货物,完成工作,提供劳务及支付价款等。在特殊情形,当事人不实施某项行为亦

---

[1] 参见崔建远:《合同法新论·总则》,中国政法大学出版社1996年版,第317页;崔建远主编:《合同法》(第五版),法律出版社2010年版,第125页。

[2] 王利明:《合同法研究》(修订版第二卷),中国人民大学出版社2011年版,第3页。

可作为合同的履行。从合同效力方面观察,合同的履行是依法成立的合同必然发生的法律效果,并构成合同法律效力的主要内容。因此,外国立法通常将合同履行规定在合同的法律效力中。①

如上所述,合同履行就是合同标的,这两个本是基本相同的概念。但本书将合同履行和合同标的分开论述,是将合同标的作为抽象的内容进行阐释,将合同履行作为具体操作内容予以说明。因此,本书关于合同履行的说明,主要是将合同履行过程中的要求、方法、规则以及合同履行中的抗辩权集中进行阐释。

(二) 合同履行的意义

从一个角度看,合同履行是一个过程,是对合同债务从当事人的约定付诸实施并且予以完成的完整过程。在这样的过程中,有的合同债务是一次性履行,这样的合同履行只是一个单个行为的开始到结束;有的合同履行是反复的数个行为,这些行为的集合是合同债务的履行。从另一个角度看,合同履行是合同清偿的意思,合同双方当事人正确履行合同,导致合同关系的消灭,因此,合同履行是合同关系消灭最常见的原因。对合同履行的前一种理解显然是广义的概念,后一种理解则是狭义的概念。《合同法》第四章规定的合同履行使用的是广义概念,指的是合同履行的过程。

合同履行既是合同本身法律效力的主要内容,又是合同关系消灭的主要原因:合同法的作用正是在于以法律所具有的特殊强制力,保障合同当事人正确履行合同,使合同关系归于消灭,通过合同关系的不断产生、不断履行和不断消灭,实现社会经济流转。②

合同履行还是合同法的核心,是整个合同过程的中心环节。合同的成立是合同履行的前提,合同履行是合同债权实现的必经过程。没有合同履行,合同订立就没有意义;没有合同履行,就没有合同债权实现的可能,当事人在订立合同之初对合同利益的期待就无法实现。而合同法规定合同担保、合同债权保全以及违约责任等制度所保障的,都是合同履行。正是由于合同履行是合同过程的中心环节,"合同履行是其他一切合同法律制度的归宿或延伸"③,所以,合同的履行才成为合同法的核心,我国《合同法》将合同的履行作为其基本内容加以规定,保障债权得以实现,建立信用经济的基础,形成良好的市场经济秩序。④

---

① 例如,《瑞士债务法》第三章为"债的效力",其中包括三节,第一节为"债的履行",第二节为"债务不履行的效果",第三节为"对于第三人的关系"。
② 韩世远:《合同法总论》(第三版),法律出版社2011年版,第233页。
③ 苏惠祥:《中国当代合同法论》,吉林大学出版社1992年版,第146页。
④ 王利明:《合同法研究》(修订版第二卷),中国人民大学出版社2011年版,第3页。

二、合同履行的原则

合同履行的原则,是指当事人在履行合同债务时所应遵循的基本准则。[①]当事人在履行合同债务中,只有遵守这些基本准则,才能够实现债权人的债权,当事人期待的合同利益才能够实现。在俄罗斯民法中,合同履行原则叫做"合同纪律",遵循这一纪律要求合同双方必须准确及时地严格依照协议的条款和法律的规定履行自己的义务。[②]

合同履行原则,有些是合同法的基本原则,例如诚实信用原则、公平原则以及平等原则等,有些是合同履行的专属原则,例如适当履行原则、全面履行原则、协作履行原则等。我国《合同法》第60条规定的合同履行原则采用概括性的立法方法,规定了合同履行的两项原则,一是遵守约定原则,二是诚实信用原则,将其他原则涵盖在这两个原则之中。按照我们理解,遵守约定原则应当包括适当履行、全面履行两项原则所概括的内容;在合同履行中重申诚实信用原则,为着意强调协作履行、经济合理等合同履行要求。

合同履行中还有一个重要原则是情事变更原则。这个原则经过长期实践,在合同的履行中对促进交易、平衡当事人的利益冲突起到了重要作用。对此,我国《合同法》没有作出明确规定,最高人民法院《关于适用〈中华人民共和国合同法〉若干问题的解释(二)》作出了补充规定。

(一)遵守约定原则

我国《合同法》第60条第1款规定:"当事人应当按照约定履行自己的义务。"这就是履行合同的遵守约定原则,亦称约定必须信守原则。

西方合同法理论认为,约定必须信守原则源于合同法的另外两项原则——契约自由原则和契约神圣原则。合同作为双方当事人自由意志的结果,依法缔结的合同在当事人之间具有相当于法律的效力。合同一经依法成立后,当事人应信守诺言,履行合同约定的全部义务,必须按照合同的条款,全面正确地履行合同。

我国《合同法》认为,依法订立的合同对当事人具有法律约束力。遵守约定原则就是来源于法律赋予合同的这种法律约束力,法律约束当事人遵守按照自由意志订立的合同中的约定。合同是法律地位平等的双方当事人依法共同确定相互权利义务关系的法律形式,合同确定的条款就是双方履行的具体内容。履行过程,就是双方遵守约定付诸实施的行为过程,该过程是从约定到实现的过程是合同本身具有法律效力的集中体现。

---

① 参见崔建远:《合同法》,法律出版社1998年版,第98页。
② 〔俄〕E. A. 苏哈诺夫主编:《俄罗斯民法》(第3册),付荣译,中国政法大学出版社2011年版,第768页。

遵守约定原则本身意味着双方的履行过程一切都要服从于约定,信守约定,约定的内容是什么就履行什么,一切违反约定的履行行为都属于对该原则的违背。双方遵守约定的法律保障是合同具有法律效力,是法律要求当事人遵守并服从于约定。因此,该原则本身完全体现或包括了全面履行与正确履行合同义务的原则及内容,也符合在履行阶段要求当事人实际履行合同义务的规定。

遵守约定原则是全面履行与正确履行等原则的高度概括。当事人必须严格遵守这一原则,违反了该原则就等于破坏了合同履行的法律基础和根基,动摇了依法确立的合同关系。当事人必须将遵守约定原则视为合同履行的生命,并严格遵守与保证其实施。

遵守约定原则包括两个方面,即适当履行和全面履行。

1. 适当履行原则

适当履行又称为正确履行,是指合同当事人按照合同约定的履行主体、标的、时间、地点以及方式等履行,且均须适当,完全符合合同约定的要求。它既是合同当事人履行义务的准则与具体要求,同时也是衡量合同是否全面履行的标准。

适当履行是遵循与体现遵守约定原则的关键。任何一方当事人不经对方同意,不得变更合同约定的内容。凡是以物作为标的的合同,要按约定的标的物的质量和数量履行。标的物为特定物,不得以种类物代替履行;除法律或双方约定的除外,一般不得以支付金钱的办法代替实物履行。凡是以行为为标的的合同,要依照约定的行为履行,要求合同当事人自己亲自履行的行为,则必须由该当事人自己实施合同约定的行为。

适当履行是法律对双方履行行为的基本要求。《法国民法典》第1243条规定:"债权人不得被强迫接受非约定应给付的其他物品,即使该物品的价值等于或大于约定应给付物时亦同。"这一规定与我国学者所主张的实际履行原则是一致的,它包含在适当履行合同原则中,是该原则的重要内容之一。合同当事人在运用遵守约定原则时,要正确对待与实现合同约定标的的实际履行,不仅包括交付标的使用价值一方的适当履约行为,也包括支付标的价值(即货币)一方的正确偿付行为。我国的合同履行率下降,多数表现为一方或双方未能依约定条款适当履行义务,一方的不适当履行导致对方的不适当。此外,在履行中过分强调给付或让渡标的使用价值一方的行为,忽略了给付价款或酬金一方的适当履行行为,导致履行过程中的价值实现危机。

2. 全面履行原则

全面履行是要求合同当事人按照合同所约定的各项条款,全部而完整地完成合同义务。合同的全面履行是适当履行的内容,适当履行包括了合同的全面履行。适当履行侧重于债务履行的质,全面履行侧重于合同履行的量。在强调适当履行的同时,再强调合同的全面履行,具有重要意义。

当事人履行合同约定应当遵守关于债务的量的约定。在可以计量的标的、价款、酬金等方面,必须按照当事人的约定给付。给付标的物尽管质量是符合要求的,但数量不足,不符合合同的约定,就是没有全面履行合同。在价款和酬金的给付上通常用货币计量或给付,在履行上,全面履行就是如数给付。对于有些不易计量的债务履行,通常也有量的概念,在履行中也应当全面履行,例如履行行为的次数等。

适当履行和全面履行是一个统一的整体,都是遵守约定原则的具体内容,是对合同当事人履行合同的基本要求。当事人履行合同没有遵守约定,构成违约,应当承担违约责任。

(二)诚实信用原则

诚实信用原则是合同法的基本原则,不是合同履行所独有的原则。《合同法》在"合同履行"一章中重申诚实信用原则,是特别强调在合同的履行中要更加注意遵守这一原则。

合同关系要求双方当事人讲究诚实信用,不容许欺诈、蒙骗、任意毁约等行为。在我国合同实践中,素来有"重合同、守信用","诚实不欺","买卖公平"等习惯规则存在。为了适应经济体制改革和市场经济客观规律的要求,我国《合同法》明确规定当事人在合同履行中应当遵循诚实信用原则。

诚实信用原则是指导合同履行的基本原则,对于一切合同及合同履行的一切方面均应适用。在合同履行中强调诚实信用原则,其着眼点在于强调履行合同应当根据合同的性质、目的及交易习惯,全面履行。那些没有约定或者可能没有约定的诸如通知、协助及保密等合同当事人附随的义务,合同法也将履行这些附随义务的要求概括在全面履行中,属于协作履行原则和经济合理原则的内容。

1. 协作履行原则

协作履行,要求当事人在履行中不仅要适当、全面履行合同的约定,还要基于诚实信用原则的要求,对对方当事人的履行债务行为给予协助,使对方当事人能够更好地、更方便地履行合同。

在一个合同履行的行为中,并不是只有债务人一方的给付行为就能够完成的。合同的履行是一个双方的行为,一方当事人为给付,另一方当事人必须受领。只有双方当事人实施上述共同行为,才能够完成合同的履行行为。在这些方面,债权人和债务人必须相互协作,协力完成,合同的适当、全面履行才能够实现。

协作履行包括以下内容:

(1)及时通知。

凡是在合同履行中所发生的对合同的履行有影响的客观情况,当事人都负有相互通知的义务。这样一些情况有可能对履行合同造成困难,如果不及时通知对方当事人,就可能使对方当事人受到损失。当事人及时通知,就使对方当事人及时了解,采取对策,避免造成损失。通知对方后,对方也应及时答复,共同协商解决办法。

(2) 相互协助。

协助是指权利人与义务人相互协作,提供帮助。合同履行是当事人的相互行为,权利的实现需要义务人的合作,义务的履行也需要权利人的帮助。没有相互协作,便没有合同的履行。当事人在履行中,债务人履行债务,债权人应当适当受领给付;债务人履行债务,有权要求债权人提供必要条件,债权人应当提供方便。如在加工承揽合同中,定作方应向承揽方提供合格的原材料、图纸等,以便承揽方能按要求完成工作;因故不能履行或者不能全部履行,应当积极采取措施避免或者减少损失,防止损失扩大,一方当事人确实不能履行合同时,应及时向对方说明情况,对方接到通知后应积极采取补救措施;一方当事人过错违约时,对方应尽快协助纠正,设法防止或减少损失;在当事人发生纠纷后,应当各自主动承担责任。①

(3) 予以保密。

一方当事人在履行合同中,对对方的商业秘密、技术秘密等应当严守,如加以泄露将承担责任。在合同订立过程中违反保密义务,构成缔约过失责任;在合同履行中,违反保密义务,构成违约责任。

2. 经济合理原则

我国《合同法》第 60 条虽然没有明文规定经济合理原则,但在合同履行过程中强调诚实信用原则,理应包括经济合理的内容。它要求,当事人在履行合同时应当讲求经济效益,付出最小的成本,取得最佳的合同利益。按照这一原则,债务人在履行债务中,可以选择最经济合理的运输方式,选择最经济合理的履行期,选择最经济合理的履行方式,还可以遵循经济合理的原则对合同进行适当变更,以及在违约的处理上采取更经济合理的方法进行。应当注意的是,经济合理的前提是适当履行合同,不能因为经济合理而使合同的履行违反合同约定的基本内容,违背当事人的合同利益。

(三) 情事变更原则

1. 情事变更原则的概念和意义

情事变更原则是指合同依法成立后,因不可归责于双方当事人的原因发生了不可预见的情事变更,致使合同的基础丧失或者动摇,若继续维持合同的原有效力则会产生显失公平的后果,因而允许变更或者解除合同的原则。因此,情事

---

① 参见崔建远:《合同法》,法律出版社 1998 年版,第 99 页。

变更原则是合同履行的原则。①

情事变更原则产生于《查士丁尼法学阶梯注解》中的情事不变条款,该条款假定每一个合同都存在一个情事不变条款。其含义是:缔约时作为合同基础的客观情况应继续存在,一旦这种情况不再存在,准予变更或解除合同。在历史上,这一制度有时被滥用,有时被严格限制,甚至于逐渐衰落。第一次世界大战之后物价飞涨,合同履行导致显失公平的结果甚为严重。第二次世界大战后再次面临这个问题,除了适用情事变更原则别无他策,因此德国率先通过判例重新确认情事变更原则,大陆法系普遍承认了这一原则。在英美法系,存在基于"不能履行"和"合同落空"原则而产生的合同落空制度,就是解决因客观原因造成的合同不能履行和履行显失公平的问题,与大陆法系的情事变更原则相似。经过几十年的考验,情事变更原则由于它所具有的合理性,因而显示出强大的生命力。我国《合同法》对此不予规定是不正确的。《关于适用〈中华人民共和国合同法〉若干问题的解释(二)》第 26 条对此作出了补充规定:"合同成立以后客观情况发生了当事人在订立合同时无法预见的、非不可抗力造成的不属于商业风险的重大变化,继续履行合同对于一方当事人明显不公平或者不能实现合同目的,当事人请求人民法院变更或者解除合同的,人民法院应当根据公平原则,并结合案件的实际情况确定是否变更或者解除。"由此可见,情事变更原则之所以有生命力,是因为它有存在的合理性②,我国《合同法》不规定情事变更原则,违反的就是这个合理性。

2. 适用情事变更原则的条件

(1) 须有情事变更的事实。

情事是指作为合同成立基础或环境的客观情况。例如,合同订立时的供求关系等。变更是指上述客观情况发生了异常变动,例如战争引起严重的通货膨胀。判断情事变更的事实,应以是否导致合同的基础丧失,是否致使合同的目的落空,是否造成对价关系障碍为标准。

(2) 情事变更须发生在合同成立之后至合同履行完毕之前。

要求情事变更发生在合同成立之后,是因为如果情事变更发生在合同订立之前,应认为当事人已经认识到发生的事实,合同的成立是以已经变更的事实为基础的,不允许事后调整,只能令明知的当事人自担风险。③ 要求情事变更发生在合同履行之前,是因为合同因履行完毕而消灭,其后发生的情事变更与合同无关,不许变更或者解除合同。

---

① 王利明:《合同法研究》(修订版第二卷),中国人民大学出版社 2011 年版,第 22 页。
② 崔建远:《合同法》(第五版),法律出版社 2010 年版,第 129 页。
③ 王利明、崔建远:《合同法新论·总则》,中国政法大学出版社 1996 年版,第 325—335 页;崔建远:《合同法》(第五版),法律出版社 2010 年版,第 129 页。

（3）须情事变更的发生不可归责于当事人。

情事变更的发生必须不可归责于当事人,即由不可抗力以及其他意外事件而引起。如果可归责于当事人,则应由其承担风险或违约责任,而不适用情事变更原则。

（4）须情事变更为当事人所不可预见。

如果当事人在缔约时能够预见情事变更,则表明他愿意承担该风险,不再适用情事变更原则。

（5）须情事变更使履行原合同显失公平。

该显失公平应依理性人的看法加以判断,包括履行特别困难、债权人受领严重不足、履行对债权人无利益。

3．情事变更原则在实体法上的效果

情事变更在实体法上的效果是：

（1）再交涉义务。

在适用情事变更原则时,受不利益的当事人可以要求对方就合同内容重新协商。协商应以诚信原则为基础,协商成功固然可喜,达不成一致意见也属正常。如果一方当事人背于诚实信用与公平交易原则而拒绝协商或者终止协商,致对方当事人以损害,法院可以判决损害赔偿。

（2）变更合同使合同公平合理。

变更合同可以表现为增减合同标的的数额、延期或者分期履行、拒绝先为履行、变更标的物等。

（3）解除合同。

如果变更合同仍不能消除显失公平的结果,允许解除合同。

4．适用情事变更原则的程序

适用情事变更原则的程序是：第一,采取当事人主义,在当事人提出适用情事变更原则请求之后,由法官根据情事变更的情况予以公平裁量,确定增减或解除。第二,适用情事变更原则的判决是形成判决,即以裁判变更原来的合同关系,为形成性干预。

【案例讨论】

讨论提示:本案一审判决和二审判决尽管结果一致,但判决理由不同。基本分歧在于对政府行为的认定,一是认定为情事变更,二是认定为不可抗力致履行不能。

讨论问题:1.合同履行的原则是什么？2.本案争议的政府行为对于合同履行,究竟是情事变更,还是不可抗力？理由何在？

第二节 合同内容确定

【典型案例】

垦利县招商局投资建设宿舍楼,除去职工购买外,尚余五户住宅单位,可以由外部单位人员购买。宋振华购买了西单元二楼西户,约定价格为每平方米1050元,总价12.4万元,已经交付并入住。宋振华入住后,取得临近储藏室的钥匙,并予以使用。招商局主张宋振华交纳储藏室价款,每平方米514元,宋振华以没有约定为由拒绝交纳。招商局向法院起诉,请求判令宋振华缴纳储藏室价金。法院认为争议的储藏室价格不明确,经鉴定,按照订立合同时的履行地的市场价格,储藏室的价格为1.19万元,法院据此判决宋振华向招商局支付价款。

一、合同内容确定的一般原则

合同给付的必要条件之一,就是内容确定。合同的给付内容如果不确定,需要通过法律规定的方法进行确定,是合同之债能够给付,并为债权人所受领。

合同内容确定,是指当事人订立的合同条款不明确,或者没有约定,运用法律规定的原则,对这些不明确或者没有规定的内容赋予确定的内容,以使合同能够适当、全面履行。合同内容的确定也叫做合同漏洞的填补。合同条款不明确或者没有约定,叫做合同漏洞,对这些合同漏洞的确定就是对合同漏洞的填补。[①] 有的学者将合同漏洞的填补叫做合同的补缺。[②]

合同内容确定和合同解释,是两个既有区别又有联系的概念。其相通之处,都是对合同的内容予以明确,但二者也有明显区别。首先,我国《合同法》将合同内容确定规定在"合同的履行"一章,将合同解释规定在"其他规定"一章,合同内容确定是对合同没有约定或者约定不明确的内容进行确定;合同解释则是对合同条款双方当事人理解发生分歧时,根据法律规定的原则对合同条款内容的重新认定。其次,合同内容确定可以由当事人自己确定,也可以由权威部门确定,而合同解释则由于当事人的理解分歧,只能由权威部门即仲裁机构和人民法院进行解释。

[①] 参见王利明等:《合同法》,中国人民大学出版社2003年版,第300页。
[②] 隋彭生:《合同法要义》(第三版),中国人民大学出版社2011年版,第143页。

合同内容确定的规则是我国《合同法》第61条关于"合同生效后,当事人就质量、价款或者报酬、履行地点等内容没有约定或者约定不明确的,可以协议补充;不能达成补充协议的,按照合同有关条款或者交易习惯确定"的规定。

合同的权利义务,除少数系由法律直接规定产生之外,绝大部分是由合同约定的,是通过合同条款固定下来的。合同的条款分为主要条款和一般条款。合同的主要条款内容不明确,合同就没有成立,不能通过合同内容确定的方法使其确定。反之,其他条款约定不明确甚至没有约定,都可以进行重新协议,或者进行确定,就是因为它们不是合同的主要条款,可以通过合同内容的确定将其明确。故合同内容确定不包括合同的主要条款,而仅仅能够通过合同内容确定的方法对不明确或者没有约定的合同非主要条款进行确定。除合同的主要条款以外,对合同的其他条款,如质量、价款或者报酬、履行地点等,如果没有确定或者不明确,可以协议补充;不能达成补充协议的,按照合同有关条款或者交易习惯确定。这就是合同内容确定的一般原则。

对质量、价款或者报酬、履行地点等方面没有约定的,因为合同本质上是当事人双方意思表示一致,所以双方当事人可以再行协商,充分表达自己的意见,进行协议补充。一经协议补充,后补充的内容与合同的其他内容具有相同的法律效力。经过协议补充的内容与原来的内容不冲突的,共同构成完整的内容;与原内容不一致的,应当按照新的协议确定合同内容。

如双方当事人通过再次协商仍不能达成补充协议的,需要进一步确定,应当按照合同有关条款或者交易习惯,对合同的上述内容进行确定。确定的原则,一是按照合同的有关条款进行,二是按照交易习惯进行。合同有关条款,是指在当事人双方订立的合同中与该条款内容相关的其他条款。交易习惯,是指同类交易所遵循的惯常做法,以及当事人历来的交易作法。例如当事人之间因多次从事某种物品的买卖,始终未改变其买卖货物的品种和价格,根据双方的交易习惯,一方仅向对方提出买卖的数量,也可以认为价格已经确定。按照这些方法能够确定合同内容的,即可对合同的内容进行确定。

二、合同约定不明确且无法协议确定的内容的确定方法

由于签订合同的人经验不足等原因,使合同中的有关质量、价款、履行地点、期限、方式、费用等内容没有约定或者约定不明确的,按照我国《合同法》第61条规定的合同履行中的内容确定原则仍然解决不了,达不成协议,且按照合同的有关条款以及交易习惯亦无法确定的,我国《合同法》第62条规定了以下具体规则:

(一)质量要求不明确的确定方法

合同标的的质量是使合同标的具体化和特定化的关键因素,没有规定质量

就无法使合同标的具体化和特定化。合同的质量要求不明确,按照《合同法》第61条又不能确定的,应当按照以下办法确定:

(1) 按照国家标准、行业标准履行。

标准是指国家根据当前科学技术成果和实践经验,通过权威形式规定的衡量某种技术规范的标志和准则。国家标准简称"国标",是国家标准局制定或者批准的对全国经济、技术发展有重大意义并须在全国范围内统一的标准。行业标准,也称为部颁标准或者专业标准,是国务院各部委制定的全国性的各专业范围内统一的标准。对合同标的质量约定不明确又无法重新协议的,如果有国家标准或者行业标准,就按照国家标准或行业标准确定合同标的的质量内容。

(2) 按照通常标准或者符合合同目的的特定标准履行。

通常标准是指某种经济、技术行业在没有国家标准或者行业标准时,由该种企业约定俗成的标准。在合同的标的质量约定不明确且无法重新协议,又没有国家标准或者行业标准的,如果有通常标准或者有特定标准,且这一标准又符合该合同的目的,应当按照通常标准或者符合合同目的的标准确定合同标的的质量内容。

(二) 价款或者报酬不明确的确定方法

合同的价款、报酬条款不明确的,应当按照下述办法确定:

(1) 执行政府定价或者政府指导价的,按照规定履行。

国家对某种产品规定有政府定价或者政府指导价的,必须按照政府定价或者政府指导价确定价款。这样的合同对价款约定不明确,并不妨碍对价金的确定。只要按照政府定价或者政府指导价履行,就是正确的。

(2) 按照订立合同时履行地的市场价格履行。

适用这种办法确定价款和报酬应当注意三个要点:一是该价款和报酬是订立合同当时的价格。订立合同当时的价格是当事人都能够接受的价格,也体现了当事人订立合同的真实意思。二是该价款和报酬是履行地的价格。确定合同价款或者酬金可以参照两个地方价格:或者是订约地价格,或者是履行地价格。适用履行地价格比较符合当事人的真实意思,符合订立合同的主旨。三是该价款和报酬是市场价格。市场价格是市场的流通价格,不是产品的出厂价,也不是零售价,应当按照市场的批发价确定。

(三) 履行地点不明确的确定方法

合同的履行地点是合同当事人一方履行合同,另一方当事人接受履行的地方。换言之,履行地点是一方当事人履行义务,另一方当事人实现权利的地方。履行地点不明确,必须予以明确,否则合同将无法履行,在对合同发生争议时,亦无法依据合同履行地确定诉讼管辖。如果合同当事人对合同的履行地点按照《合同法》第61条规定的办法仍不能明确的,应当按照下述办法明确:

(1) 给付货币的合同履行地。

以给付货币作为履行合同义务的,如果履行地点约定不明确,应当按照接受货币一方当事人的所在地作为合同的履行地。这是因为货币是一种特殊的种类物,不能发生履行不能,而只能发生迟延履行,在接受货币一方所在地履行简便易行,也符合民间交易习惯,且在确定纠纷管辖地上容易操作。

(2) 交付不动产的合同履行地。

对不动产的交付有特殊要求,即应当在不动产所在地交付,而不能将不动产移动到他处交付。交付不动产的合同履行地点不明确,应当以不动产所在地作为履行地,履行合同义务,实现合同权利。在发生纠纷时,按照不动产所在地为履行地实施管辖。

(3) 其他标的的合同履行地。

其他标的,包括动产、票据、有价证券以及不属于给付范围的合同标的。这种标的的合同如果履行地点不明确,则应当按照《合同法》第62条第3款的规定,在履行义务的一方当事人所在地履行,将该方当事人所在地作为履行地。

(四) 履行期限不明确的确定方法

合同的履行期限是合同义务人履行义务和合同权利人接受履行义务的时间。义务人只有在合同规定的履行期限内履行,才是适当履行,履行期限正是义务人适当履行合同的有效时间范围。

合同对履行期限规定不明确时,双方当事人应当根据合同性质、合同内容和双方利益关系等协商解决。这里应当强调的是,双方应互相体谅,综合考虑合同双方当事人的得失,妥善解决。如果协商不成,合同义务人可随时向权利人履行义务,但应当给权利人以必要的准备时间接受履行;而权利人也可以随时要求义务人履行义务,但也应当给义务人以履行义务的必要准备时间。

(五) 履行方式不明确的确定方法

合同履行方式是指合同当事人履行合同及与此相对应的接受履行的方式。合同履行方式的意义体现于合同实现后的经济意义,履行方式从根本上讲是由合同的性质和内容决定的。合同的种类很多,合同性质和特点也不一样,这就决定了合同履行方式的多样性。例如,不同的合同可能有不同的交货方式、计量方式、运输方式、结算方式等。当合同的履行方式约定不明确时,应当按照《合同法》第62条第5款规定,按照有利于实现合同目的的方式履行。可以采用的合同履行方式如下:

(1) 一次履行和分次履行。

一次履行是指当事人一次全部地履行合同。按照合同的性质应当是一次履行的,应当明确当事人应一次全部履行合同,不得分次履行,否则对方有权拒绝接受履行。

分次履行是指当事人分两次或两次以上履行同一合同的全部义务,分期分批地履行合同。如果按照合同的性质应当是分期分批履行的,应当将合同的履行方式明确为分期分批履行合同,当事人不能借故拖延履行或者拒绝接受履行。

如果合同对履行方法无特别约定,合同性质也对履行方法无特别要求,一般应认为要求一次全部履行,一方当事人有权拒绝另一方无故的分期分批履行,如果一次全部履行客观上是不可能的,或一次全部履行对合同一方当事人甚为不利,则另一方当事人不能拒绝部分履行。在双方当事人互有义务的合同中,如果法律和合同没有特别规定各方的履行方法,双方应当同时向对方一次或分次履行,一方在履行其义务之前无权要求对方首先履行。

(2) 直接履行和以邮寄、托运等方式履行。

直接履行是由一方当事人亲自向另一方当事人履行。按照合同的性质应当是直接履行的,应当将合同的履行方式明确为直接履行。

邮寄、托运等是非直接履行方式。按照合同的性质,履行方式应当是非直接履行的,或者依合同性质非直接履行无损对方利益时,可以明确为非直接履行方式。

(六) 履行费用负担不明确的确定方法

履行费用负担不明确的,由债务人负担。在履行合同中,债权人自提的货物一般不涉及费用负担问题,由债权人自负。由债务人送货交付的,一般要明确规定送货的费用负担,或由债务人负担,或由债权人负担,或由双方当事人按比例负担。如约定不明确的,应当确定由债务人负担。

三、政府定价和政府指导价

合同的标的物属于政府定价或者政府指导价的,必须按照政府定价和政府指导价确定其价格,当事人不得另行约定价格。

(一) 政府定价和政府指导价

在国家价格体系中,包括政府定价、政府指导价和企业定价。企业定价是市场价格,是企业按照市场流通的价值规律对商品定价。政府定价是国家对少数关乎国计民生的产品由政府直接确定价格,企业不得违背这种定价。这种定价是确定的,不得改变的,当事人交易该种产品,不得另行约定价格。目前,实行国家定价的只有棉花。政府指导价是政府对少数产品确定一个中准价,各地根据当地情况作出具体定价,按照当地政府确定的定价进行交易,当事人应当执行这种定价。目前实行政府指导价的,有港口收费、航空运输等。

(二) 政府定价和政府指导价调整后的合同价格确定

合同在履行过程中,如果遇到政府定价或者政府指导价作调整时,确定产品价格的原则是,保护按约履行合同的一方。具体的办法是:(1) 执行政府定价和政府指导价的,在履行中遇到政府定价或者政府指导价作调整时,应按交付时的政府定价或者政府指导价计价,即按新的价格执行;交付货物时,该货物提价的,按已提的价格执行;降价的,则按所降的价格计算。(2)当事人逾期交货的,该产品的政府定价或者政府指导价提高时,按原定的价格执行;该产品政府定价或者政府指导价降低时,按已降低的价格执行。(3)当事人超过合同规定时间提货或付款的,该产品的政府定价或者政府指导价提高时,按已提高的价格计价付款;该产品政府定价或者政府指导价降低时,则按原来合同所议定的价格执行。

【案例讨论】

讨论提示:本案的储藏室价格没有约定,属于我国《合同法》第62条规定的"价款或者报酬不明确"的情形,应当予以确定。

讨论问题:1. 合同内容不明确,确定的一般方法是什么?2. 合同内容不明确又不能协议确定的,应当用什么方法予以确定?3. 本案的价款确定方法是否正确?

第三节 合同履行中的变动

【典型案例】

某无线电总厂与某家用电器商店签订了一份买卖合同。合同约定,由无线电总厂提供"百花"牌收录机1000台,每台210元,价款21万元;"百花"牌袖珍收录机500台,每台110元,计价款5.5万元;"百花"牌台式收音机1000台,每台30元,计价3万元;总货款金额计人民币29.5万元。包装费由无线电总厂负担,并由其代为托运,运输费由家用电器商店承担,货到付款。合同签订后,由于该市城市建设规划,家用电器商店拆迁,经上级主管部门批准撤销了该家用电器商店,重新申请登记营业执照,改名为家用电器中心服务公司,后家用电器中心服务公司又分立为三个部,为三个独立核算单位。无线电总厂主张送货,三个部提出中止履行。双方发生争议,无线电总厂诉至法院。

一、合同主体变动

在合同的履行中,履行主体及履行内容经常会发生变动。这些变动不是合同变更,不涉及旧合同的消灭和新合同的产生问题,只是在合同的履行主体上或者内容上发生一些具体变化。

合同履行中的主体变动,包括向第三人履行和由第三人履行。有人将其解释为"涉他合同的履行"。① 这并不是一个概念。涉他合同是指合同的内容涉及了第三人的合同②,在合同的主体中就包含有第三人。履行主体变动并不是对这类合同的履行,而是在合同的履行中发生了主体变化,出现了第三人,且这个第三人的出现并不改变合同的本质。因而叫做履行主体变动更为准确。

合同主体变动是在原合同的主体不变的情况下,当事人约定由债务人向第三人履行债务,或者由第三人向债权人履行债务。这种变动不是合同主体的变更,债权人和债务人都没有变化,只是当事人约定将债务履行的对方由债权人改变为第三人,或者由债务人履行改变为第三人履行。这里的第三人并不是合同的主体,不享有合同权利,也不承担合同责任。

(一)合同履行中的第三人

合同主体和合同履行主体是不一样的。合同主体就是合同当事人,即债权人和债务人。合同履行主体是指履行债务和接受债务履行的人。可以成为履行主体的有自然人、法人和其他组织。合同履行人能够有效地履行合同义务,接受合同履行的人具有接受合同履行的法律资格,他们都是合同的履行主体。

合同履行中的第三人不是合同主体,是合同履行主体。在当事人约定向第三人履行或者由第三人履行中,第三人是相对于合同当事人而言的,而不是相对于履行主体的概念。一个合同依法订立,必然有双方当事人,如果合同的履行和接受履行均以当事人自身的行为完成,则该合同不存在第三人问题。合同履行的第三人是指根据法律或合同规定,以自己名义实施有效的合同履行和接受履行的人,只要符合法律或合同规定,自然人、法人和其他组织均可成为合同履行的第三人。合同履行的第三人也是合同履行的主体,之所以称其为第三人,仅仅是相对于亲自履行合同和接受合同履行的合同当事人而已。

由第三人作为履行主体有两种情况:一是由第三人作为履行合同义务的履行主体履行义务,这时合同的义务必须是依法律和合同规定当事人可以不亲自履行的义务,法律和合同性质规定及当事人约定必须由当事人亲自履行义务的,不能由第三人代替履行。二是由第三人接受合同的履行,这时它也不能与合同性质以及法律和合同规定相抵触,否则不能由第三人接受履行。债权人可以指定债务人向其指定的第三人履行义务,即由第三人代替债权人接受履行。债权人指定由第三人代其接受履行,不得因此而使债务人增加履行费用负担。

---

① 韩世远:《合同法总论》(第三版),法律出版社2011年版,第261页。
② 同上书,第69页。

（二）向第三人履行

向第三人履行也称为第三人代债权人受领。在债的履行中，债务人不向债权人履行，而是向第三人履行，就构成向第三人履行。

合同当事人约定向第三人履行合同的，只要该第三人符合法律或合同规定的接受履行资格，第三人能够受领的，该第三人就成为合同的履行主体。该第三人是合同的合格履行主体，有权接受履行。

第三人接受履行时，第三人只是接受履行的主体，而不是合同当事人。合同当事人仍应对第三人接受履行的后果负责。第三人替债权人接受履行不适当或因此给债务人造成损失的，应由债权人承担民事责任。

第三人替债权人接受履行，是因为第三人与债权人之间存在一定关系，但第三人并不是债权人的代理人。例如，甲、乙、丙三方，甲乙之间有仓储合同，甲为存货方，乙为仓储方；甲、丙之间有购销合同，甲为供方，丙为需方。现甲乙双方约定，由乙保管的货物直接由乙交付于丙。相对于甲、丙之间的购销合同，乙的交付即为代替债务人履行义务；相对于甲、乙之间的仓储合同，丙接受货物的行为为第三人替债权人接受履行。乙不是甲的代理人，丙也不是甲的代理人，不适用关于代理的规定。如债务人或债权人的代理人代其履行，则不为向第三人履行，因为这时合同的履行主体仍是债务人或债权人。

债务人按照约定为第三人为履行而增加的费用，由债权人承担。

第三人虽然不是合同的当事人，但法律规定他可以向债务人请求履行。这是因为，既然合同的双方当事人已经约定，由第三人接受履行，该第三人就相当于"准债权人"的地位，债务人应当接受该约定的约束。当债务人未向第三人履行债务或者履行债务不符合约定时，违约关系仍然在当事人之间发生，债务人应当向债权人承担违约责任，债权人仍然有权请求债务人承担责任。

（三）由第三人履行

由第三人履行也称为第三人代债务人履行，是指在合同的履行中，由第三人代替债务人向债权人履行债务。

第三人代债务人履行，是合同的履行主体变动。第三人代替债务人履行债务的特点，是第三人与债权人、债务人并未达成转让债务协议，第三人并未成为合同当事人，只是按照合同当事人之间的约定，代替债务人向债权人履行债务。根据合同自由原则和从保护债权人利益出发，合同当事人约定第三人替代债务人履行债务，只要不违反法律规定和合同约定，且未给债权人造成损失或增加费用，这种履行在法律上是有效的。

第三人履行并不是合同义务移转。第三人代替债务人履行债务与债务转移之间存在以下区别：

(1) 成立的方式不同。

在债务转移的情况下,债务人和债权人将与第三人达成转让债务的协议。且无论债权人还是债务人,与第三人达成移转债务的协议都要取得对方的同意,否则债务移转不生效。但是在第三人代替债务人履行债务的情况下,起决定作用的是合同当事人的约定,并且第三人单方愿意代替债务人清偿债务或者与债务人达成代替其清偿债务的协议,但并没有与债权人或债务人达成转让债务的协议。即使第三人与债务人之间产生效力且不能对抗债权人,债权人也不得直接向第三人请求履行债务。

(2) 债务人的身份不同。

在债务转移中,接受债务的第三人已经成为合同关系的当事人,如果是债务的全部转让,第三人完全代替债务人的地位,原债务人退出该合同关系,原合同关系消灭。即使是部分转让,第三人也将加入合同关系成为债务人。在第三人代替债务人履行债务的情况下,第三人只是履行主体而不是债的当事人。对于债权人来说,他只能将第三人作为债务履行的辅助人而不能将其作为合同当事人对待。

(3) 承担责任的人不同。

由于在债务转移的情况下第三人已经成为合同关系的当事人,如果他未能依照合同约定履行债务,债权人可直接请求其履行义务和承担违约责任。如果第三人已完全代替债务人的地位,债权人也不能要求债务人履行债务或承担责任。在第三人代替履行时,对第三人的履行不适当的行为,应当由债务人承担债务不适当履行的责任,债权人只能向债务人而不能向第三人请求承担责任。

按照《关于适用〈中华人民共和国合同法〉若干问题的解释(二)》第16条规定,人民法院根据具体案情可以将《合同法》第64条规定的向第三人履行以及第65条规定由第三人履行中的第三人列为无独立请求权的第三人参加诉讼,但不得依职权将其列为该合同诉讼案件的被告或者有独立请求权的第三人。这是因为第三人在诉讼中没有独立的诉讼地位,只能依附于原告或者被告一方,也不能在诉讼中确定第三人承担民事责任。

二、履行中止

在合同履行中,由于某种原因的出现致使合同暂时不能履行的,可以履行中止。

我国《合同法》对履行中止只规定了一种情况,即在合同的履行中,因债权人的原因致使债务人履行困难,债务人可以中止履行或提存。

对因债权人分立、合并或者变更住所没有通知债务人,使债务人按合同履行债务发生困难的,债务人有两种选择:第一,债权人分立、合并或者变更住所没有通知债务人,致使履行债务发生困难的,债务人可以中止履行,待阻碍履行的事由消失以后再继续履行。第二,将标的物提存,使债务消灭。

履行中止还有其他原因,例如双方当事人约定中止,合同的履行也可以中止。

三、提前履行

提前履行是指在履行期限到来前的履行。这是合同履行中的履行行为的变动。提前履行可以由两个原因而发生,一是债务人自己要求提前履行自己的债务;二是债权人请求债务人提前履行。在后一种情况下,债务人同意的,自然可以提前履行,债务人不同意的,可以拒绝债权人的请求。

合同双方当事人应当严格按照合同所规定的期限履行,才能体现双方的合意,实现共同利益。债务人提前履行很可能损害债权人的利益。如债权人必须提前准备好仓储,增加保管费用;或者合同订立的期限是某个特定时期,这个时期最能给债权人带来利益等。在一般情况下,债务人提前履行并没有给债权人带来好处。提前履行不损害债权人利益的,法律予以准许。其后果是,债务人提前履行给债权人增加的费用,应当由债务人负担。

由于债务人提前履行可能给债权人造成诸多困难,因而我国《合同法》授权债权人可以拒绝债务人提前履行债务,但提前履行不损害债权人利益的除外。应分两种情况:一是,如果履行期限是为债务人的利益设定的,则债务人可以提前履行自己的义务,因为一般不能限制当事人放弃自己的利益,这种履行是适当的,债权人应当接受。例如,借款合同的还款期限是为借款人利益设定的,在此以前借款人有权使用贷款,而不必返还,借款人放弃这种利益而要提前偿还借款,则应当允许,不论借款人是自然人还是法人都应如此。二是,如果债的履行期限是为债权人利益设定的,或者关涉双方的利益,则债务人非经债权人的同意,不得提前履行。例如,在加工承揽合同中,承揽方提前交付定作物,应当事先与对方达成协议,并按协议进行。未经定作方同意提前交付定作物,定作方有权拒收。

提前履行给债权人增加的费用,应当由债务人承担。债务人拒绝承担的,应当强制其承担。

四、部分履行

部分履行是相对于全面、适当履行而言的。依法订立的合同具有法律效力,当事人双方必须全面地、适当地履行合同,使合同权利人的权利得到完全实现。如果当事人只部分地履行合同,而另外部分不履行,则当事人预期目的不能达到。当事人依据合同的标的数量履行债务,而该标的的质量或规格不符合合同要求,对另一方当事人来说,这种履行没有经济意义。

部分履行不是根本没有履行,而只是部分履行合同债务。对此,另一方当事人可否拒绝受领,学理一般认为,若仅是少量的不足,且勘酌当事人利益及交易惯例,一般不得拒绝受领;如果出现严重不足,则可以拒绝对方的履行,并援用同时履行抗辩权,拒绝履行自己的义务,如果一方已经受领了部分履行,则必须作出相当于对方已履行部分的行为(如支付该部分货款)。但无论怎样,一方已受领履行后,不得以对方没有履行而援用同时履行抗辩权,只能就对方未为履行部分援用同时履行抗辩权。

我国《合同法》规定,对于债务人的部分履行,债权人有拒绝受领权,拒绝受领债务人的部分履行债务。这种拒绝受领权只是相对于部分履行对于债权人的利益有损害而产生。如果部分履行不损害债权人利益,则债权人不享有拒绝受领权,不能拒绝债务人的部分履行。

债务人部分履行债务有可能给债权人增加接受履行的费用。这种费用的产生是由于债务人的部分履行造成的,应当由债务人负担。

五、合同主体的其他变动

合同主体的姓名、名称的变更,以及法定代表人、负责人、承办人的变动,是经常出现的。为了避免当事人因为这些主体的变动而在合同履行中发生争议,防止当事人假借姓名、名称变更或者法定代表人、负责人、承办人的变动而不履行合同义务,我国《合同法》第76条规定:"合同生效后,当事人不得因姓名、名称的变更或者法定代表人、负责人、承办人的变动而不履行合同的义务。"

自然人在改名前已经以其原姓名参与了某种法律关系,其姓名的改变不应影响他人和社会的利益。故当事人以其原姓名签订的合同亦应严格遵守,不得因姓名的改变而不履行合同义务。

法人和其他组织名称的变更只是其文字标记的变更;不是合同主体的变更,法人和其他组织不能因名称的变更而不履行合同义务。

法人的法定代表人以及其他组织的负责人的变更也不影响合同的履行。法人和其他组织都依法享有合同主体资格,可以作为合同法律关系的主体,具有合同权利能力和合同行为能力。不能因法人的法定代表人的变动而不履行合同义务。其他组织的负责人发生变动,亦不能因此而不履行合同义务,更不得因承办人的变动而不履行合同义务。

【案例讨论】

讨论提示:讨论中止履行的关键,在于是否存在终止履行的条件,即债权人的原因致使债务人履行困难,债务人可以中止履行。

讨论问题:1. 本案是否存在因债权人的原因致使债务人履行困难的条件? 2. 本案究竟是中止履行还是违约?

第四节　双务合同履行的抗辩权

【典型案例】

甲公司与乙公司于2003年8月5日签订了一份购销合同,约定乙公司向甲公司订购价款为50万元的挖掘机一台,甲公司送货上门,交货日期为2003年9月15日,当日乙公司向甲公司支付了10万元预付款,同时约定8月20日前付20万元,货到乙公司验收后付余款,运费由甲公司承担,如一方违约,承担违约金2万元。签约后,乙公司于8月20日按时支付给甲公司20万元。甲公司用汽车将货物于9月14日运至乙公司指定的地点,并向乙公司提供了相关的质量证明。乙公司未能筹集到20万元尾款,货物始终未能卸车交付。甲公司等待数日后,于2003年9月24日带货离开乙公司,乙公司人员追至途中与其协商,由于仍不能付足余款,甲公司将货物拉回。乙公司为此提起诉讼,要求甲公司返还预付款30万元,并偿付违约金。一审法院认定甲公司违约。二审法院认定甲公司是行使同时履行抗辩权,驳回乙公司的诉讼请求。

一、同时履行抗辩权

（一）同时履行抗辩权的概念和性质

双务合同的同时履行抗辩权,又称为不履行抗辩权或履行合同的抗辩权,是指互负债务,没有先后履行顺序的双务合同,当事人一方在他方未为对待给付以前,可以拒绝为履行的权利。

对于同时履行抗辩权的性质,有不同看法:一是要件说,认为双务合同中当事人一方债务履行,以对方债务履行为其当然要件,如果一方没有履行其给付,则对方给付的义务即因不具备其当然要件而视为不成立。二是抗辩说,认为在履行时必待被请求人提出,始能生效,故一方当事人虽未履行其债务,亦得要求他方为给付,不过对方得以原告未曾给付为理由,而拒绝其请求。[①] 同时履行抗辩权主要是一种拒绝权,是一方在符合法律规定的条件下享有拒绝对方请求的权利,是对抗对方请求权的一种权利。[②] 这是因为,双务契约的两个债务,系以

[①] 孙署冰:《民法债编总论》,上海民智书局1933年版,第82—83页。
[②] 王利明:《合同法研究》(修订版第二卷),中国人民大学出版社2011年版,第61页。

交换利益为目的,互负债务,故须认有牵连关系,因而交换履行,始臻公平,故欧美各国立法,莫不皆然。①

同时履行抗辩权在法律上的根据,在于双务合同在成立上的关联性,即一方当事人的权利与另一方当事人的义务之间具有相互依存、互为因果的关系。这种关联性表现在三个方面:

第一,权利义务发生上的关联性,双方所负债务在成立时同时发生,一方债务不成立或不生效,他方债务亦不成立或不生效。

第二,由此决定双务合同在履行上的关联性,原则上要求双方当事人同时履行自己所负债务,一方所负债务以他方所负债务为前提,如果一方不履行自己的债务,对方的权利不能实现,其履行自己的债务也受到影响。因此,一方当事人只在已履行或已提出履行给付的条件下,才能要求对方当事人履行给付。同时履行抗辩权的目的在于维持双务合同当事人间在利益关系上的公平。一方不履行自己所负义务而要求对方履行义务,在法律上有背于公平观念。

第三,权利义务存续上的关联性,如果非因双方的过错导致合同债务在事实上不能履行时,发生的危险应当由哪一方负担?既然没有履行先后顺序的双务合同双方当事人应当同时履行债务,一方当事人只有在自己已经履行了债务的情况下,才有权要求对方当事人履行债务。自己没有履行债务,对方当事人有权拒绝履行自己的债务。②

同时履行抗辩权的行使结果,并不使对方当事人的履行请求权消灭,而仅阻碍其效力的发生。因此在性质上属于延缓的抗辩权,不是消灭的抗辩权,是一时的抗辩权,而不是永久的抗辩权。

(二) 同时履行抗辩权与留置权的区别

同时履行抗辩权与留置权相似。行使同时履行抗辩权,在对方未为对待给付或未为给付提出以前,可以将自己的给付暂时保留。例如,买卖合同的出卖人在买方未支付价款之前,有权拒绝交付并继续保留已出卖的标的物。留置权亦有此性质,在承揽等合同中,定作人在未为履行给付价款或报酬的义务时,承揽人可以依法不履行交付加工物的义务,同时可以留置定作人的加工物以为担保。

同时履行抗辩权与留置权为两种不同的民事权利,其区别如下:

(1) 性质不同。

留置权为法定担保物权,系直接支配特定物的担保权,属于物权中他物权中的一种,是在定作人的加工物上产生的担保物权,因而留置权能够对抗一切人。同时履行抗辩权是一种对抗权,其产生的依据是债权,仍属于债权的附属权利,

---

① 戴修瓒:《民法债编总论》(下册),上海法学编译社、会文堂新记书局1948年版,第267页。
② 参见王利明、崔建远:《合同法新论·总则》,中国政法大学出版社1998年版,第335—336页。

不具有物权性质,权利人仅能以该权利对抗双务合同中对方当事人的请求权,不能对抗其他人。

(2) 根据不同。

按照合同约定一方占有对方的财产,对方不按照合同给付应付款项超过约定期限的,占有人即享有留置权。产生留置权的根据在于合同当事人一方依合同约定占有对方财产。对方未付应付款项是留置权产生的条件,不是留置权产生的根据。如果债务人仅仅是未付应付款项,债权人并没有占有对方当事人的财产,则不能产生留置权。当事人占有自己的财产也不能成立留置权。同时履行抗辩权的产生根据,在于双务合同双方债务在履行上的关联性。例如,买卖合同的买受人在出卖人未履行交货义务时,得主张同时履行抗辩权而拒绝支付价款,当事人没有占有对方的财产,也不能产生留置权。

(3) 行使后果不同。

行使留置权,债权人可以同时不履行合同的对待债务,留置对方当事人的财产,并且经过一定的时间和程序变卖留置物,抵充加工物的价金。同时履行抗辩权的行使,仅仅是行使抗辩权的当事人拒绝对方履行合同债务的请求,并没有其他的效力。

(三) 同时履行抗辩权的作用

同时履行抗辩权制度具有如下作用:

(1) 平衡当事人之间的权益,维护当事人的权利。

依照诚实信用原则,在发生特殊情况使当事人之间的利益关系失去平衡时,应当进行调整,使利益平衡得以恢复,并且通过这种对当事人之间的利益平衡,维护社会经济秩序。在双务合同中,双方当事人的权利和义务是对等的、相互牵连的,如果一方不履行自己的债务而要求对方履行,意味着只享有权利而不承担义务,如果准许这种情况的存续,显然与公平观念背道而驰,使当事人之间的利益关系平衡的基础发生动摇,产生利益失衡。同时履行抗辩权赋予双务合同的当事人以这种权利,就是在对方当事人不履行自己的债务之前,拒绝其履行的要求;在对方当事人履行债务不符合约定时,可以拒绝其相应的履行要求。

(2) 维护交易秩序。

《合同法》以维护社会经济秩序、促进公平交易为己任,设立同时履行抗辩权制度同样出于这样的目的。任何合同关系的当事人在交易中都必须遵守交易秩序,不得恃强凌弱,损害对方当事人的利益。同时履行的双务合同一方当事人不履行义务,却要求对方当事人履行义务,不仅会造成双方当事人之间利益平衡关系,也妨碍了合同的正常履行,损害社会经济秩序,使正常的交易秩序受到破坏。同时履行抗辩权允许一方在另一方未履行时拒绝履行,能够防止不公平后果的发生,使正常的交易秩序得以维护,有利于督促对方履行义务,有利于维护社会经济秩序。

(3) 增进双方当事人之间的协作。

根据诚实信用原则,当事人之间应当相互尊重对方的权利,双方对于债务的履行和权利的行使都负有相互协作的义务。只有合同当事人之间建立密切的相互协作和相互信任关系,才有助于债务的正确履行,实现当事人的合同利益,促进交易发展。同时履行抗辩权从法律制度上对当事人之间的关系进行规范,对意图损害当事人之间的相互信任和协作关系的不利后果预先展示出来,在同时履行的双务合同,只要自己不履行债务,就无法要求对方履行债务,自己的债权也就无法实现;只有相互信任、相互协作,才能够实现自己的债权。

(四) 同时履行抗辩权的适用条件

同时履行抗辩权虽然具有上述积极作用,但也必须依照法律规定正确行使,不能滥用。行使同时履行抗辩权在符合下列适用条件时才可以行使:

(1) 须依据同一双务合同,双方当事人互负债务、互享债权。

同时履行抗辩权是由于双务合同履行机能上的牵连性,在公平原则运用下所产生的制度,它仅仅适用于双务合同,而不适用于单务合同以及非真正的双务合同。[①] 前者如无偿保管合同、无偿委托合同,后者如委托合同。这些合同都不能适用同时履行抗辩权。

同时履行抗辩权发生的基础,是在同一双务合同中双方互负债务。有两个要求:第一,由同一双务合同产生债务,是双方当事人之间的债务根据一个合同产生。如果双方的债务基于两个甚至多个合同产生,即使双方在事实上具有密切联系,也不产生同时履行抗辩权。第二,须双方当事人互负债务。互负债务就是双方所负的债务之间具有对价或牵连关系。关于对价关系,各国立法和司法实践只强调履行与对待履行之间具有互为条件、互为牵连的关系,而不考虑在履行和对待履行之间具有何种性质,尤其是并不要求双方履行的义务在经济上是否等价。对价问题,原则上应根据当事人的意志决定,同时法律要求在财产的交换尤其是金钱的交易上力求公平合理,避免显失公平的后果;但这并不意味着价值与价格完全相等,当事人取得的财产权与其履行的财产义务之间在价值上大致相当,即符合对价的要求。

(2) 须双方当事人互负的债务均已届清偿期。

双务合同没有约定履行的先后顺序,应当同时履行义务。既然是同时履行,当然双方当事人的债务均已届清偿期。在这个问题上,我国《合同法》对同时履行和先后履行作了明确的区分,设定了同时履行抗辩权和先履行抗辩权,分别进行调整,不会造成混淆。

---

① 参见王利明、崔建远:《合同法新论·总则》,中国政法大学出版社 1996 年版,第 344 页。

如果双方债务不能同时到期,不产生同时履行抗辩权。同时履行抗辩权的适用是双方对待给付的交换关系的反映,旨在使双方所负的债务同时履行,双方享有的债权同时实现。所以,只有在双方的债务同时到期时,才能行使同时履行抗辩权。这就要求双方当事人互负的债务必须是有效的,如果原告向被告请求支付价金,而被告主张买卖合同不成立、无效或已被撤销,或债务已被抵销或免除,从而表明债务实际上不存在,原告并不享有请求权,被告在此情况下已不是主张同时履行抗辩,而是主张自己无履行的义务。因此,债务的存在是主张同时履行抗辩权的前提。同时,双方债务虽然同时到期,但双方约定一方可以延期履行债务,发生了一方先为履行的情形,就成为先履行抗辩权的调整范围了,不能行使同时履行抗辩权。

(3) 须对方当事人未履行债务。

原告向被告请求履行债务时,原告自己负有的与对方债务有牵连关系的债务未履行,被告因此可以主张同时履行抗辩权,拒绝履行债务。如果原告已履行债务,则不发生同时履行抗辩权。不过,原告未履行的债务与被告所负的债务之间若无对价关系,则被告不得行使同时履行抗辩权。

在主给付义务和附随义务以及主债务和从债务之间,是否具有合同债务的对价性? 是否对附随义务和从债务的不履行可以行使同时履行抗辩权? 一般认为,在相互对应的附随义务和从债务之间,不能说没有对价性,也不能说没有关联关系;但这种对价性较弱。当附随义务和从债务没有履行时,不应当行使同时履行抗辩权,拒绝履行自己的附随义务和从债务。在我国《合同法》第66条后段关于"一方在对方履行债务不符合约定时,有权拒绝其相应的履行请求"中是否包括附随义务和从债务,我们认为,这里规定的债务仍然是主给付义务和主债务,不能包括附随义务和从债务。对于附随义务和从债务的不履行,不得行使同时履行抗辩权。

(4) 须对方的对待给付是可能履行的。

同时履行抗辩权的机能在于一方拒绝履行可迫使他方履行合同。这样就能够促使双方同时履行其债务。但同时履行以能够履行为前提,如果一方已经履行,而另一方因过错而不能履行其所负的债务,则只能适用债务不履行的规定请求补救,而不发生同时履行抗辩权。如因不可抗力发生履行不能,则双方当事人将被免责。在此情况下,如一方提出了履行的请求,对方可提出否认对方请求权存在的主张,而不是主张同时履行抗辩权。

(五) 同时履行抗辩权的适用范围

同时履行抗辩权的适用范围,我国《合同法》第66条没有具体规定,只是规定了这种抗辩权的适用条件。学理认为,同时履行抗辩权适用于买卖、互易、租赁、承揽、有偿委托、保险、雇佣等双务合同。至于合伙合同是否适用同时履行抗辩权,则认为在二人合伙场合,得适用同时履行抗辩权,理由是在二人合伙中就相互出资具有对价性;三人以上的合伙则不得适用同时履行抗辩权,例如四人出资各10万元经营公司,假如甲得以乙未出资为由而拒绝自己出资,共同事业势难进行。①

在以下情况,也可以行使同时履行抗辩权:(1)可分之债。可分之债如果是由一个双务合同产生,则债务人对其可以分割的债务的履行与债权人的对待履行之间形成对价关系,各个债务人的债务和各个债权人的债权之间相互对立,对相互对立的债务不履行可以适用同时履行抗辩权。(2)连带之债。在连带之债中,多数债权人和多数债务人之间对债权和债务是连带关系,只要是双务合同的连带之债,就符合同时履行抗辩权的构成要件。(3)为第三人利益订立的合同。为第三人利益订立的合同是双务合同,其中有对价关系,可以适用同时履行抗辩权。(4)原债务转化的损害赔偿之债。这种债务与对方的债务有对价关系,一方不履行,另一方可以行使同时履行抗辩权。(5)相互之间的返还义务。这里具有明显的对价关系,一方不返还,对方可以拒绝返还。(6)在债权让与和债务转移中,也可以适用同时履行抗辩权。

(六) 一方违约与同时履行抗辩权

在合同履行中,处理一方当事人违约与同时履行抗辩权关系的规则是:同时履行抗辩权的行使并不影响向违约当事人主张违约责任。在以下几个方面,还有特殊规则。

1. 迟延履行与同时履行抗辩权

对于一方履行迟延,另一方行使同时履行抗辩权,可否继续追究迟延责任,有两种对立意见。一是认为,同时履行抗辩权的存在足以排除迟延履行责任,理由是同时履行抗辩权的存在。二是认为,同时履行抗辩权须经行使才能够排除迟延责任,或者抗辩权的行使溯及地排除已发生的迟延效果,或者迟延责任不因抗辩权的行使而受影响。对此,我们倾向于后者,行使同时履行抗辩权后,仍然可以追究其迟延责任。

2. 受领迟延与同时履行抗辩权

双务合同的债权人受领迟延,其原有的同时履行抗辩权并不因此而消灭。债务人在债权人受领迟延后,请求为对待给付,债权人仍可主张同时履行抗辩权。

3. 部分履行与同时履行抗辩权

债务人没有部分履行的权利,如果一方当事人提出部分履行时,对方当事人可以拒绝受领,但如果部分履行不损害债权人利益时,债权人拒绝受领违反诚信

---

① 王泽鉴:《民法学说与判例研究》(第6册),中国政法大学出版社1998年版,第142、144页。

原则时,则不在此限。如果债权人受领部分给付,可以提出相当部分的对待给付,也可以主张同时履行抗辩权,拒绝自己的给付,除非这样做违反诚信原则。

4. 瑕疵履行与同时履行抗辩权

债务人瑕疵履行,债权人可以请求其消除缺陷或者另行给付,在债务人未消除缺陷或者另行给付时,债权人有权行使同时履行抗辩权,拒绝支付价款。

二、先履行抗辩权

（一）先履行抗辩权的概念

先履行抗辩权,是指在双务合同中约定有先后履行顺序,负有先履行义务的一方当事人未依照合同约定履行债务,后履行债务的一方当事人可以依据对方的不履行行为,拒绝对方当事人请求履行的抗辩权。

先履行抗辩权也叫做后履行抗辩权。[①] 之所以出现这样的"原则性"差异,就在于命名的着眼点不同。称为先履行抗辩权者,着眼于不履行义务一方的行为；称为后履行抗辩权者,着眼于享有权利一方当事人的权利。两种称谓没有差别,不必计较。

传统民法只规定同时履行抗辩权和不安抗辩权,没有先履行抗辩权的概念,将先履行抗辩权包含在同时履行抗辩权之中,作为一种特殊情形规定。[②] 有的学者仍然不认可先履行抗辩权。[③] 有的学者则认为这是我国合同法在同时履行抗辩权和不安抗辩权之外新增加的一种抗辩权,是我国合同法所独创的抗辩制度。[④] 我们认为,《合同法》规定先履行抗辩权并与其他两种抗辩权相并列,是有道理的,在逻辑上更为合理。

合同债务的履行有先后顺序的双务合同尽管在履行顺序上有区别,但在合同的对价上并没有原则区别。其中一项债务不成立或无效时,另一项债务因此亦不成立或无效,由此成立上的关联性决定了双务合同履行上的关联性,即要求双方当事人同时履行自己所负债务,一方不履行时,他方原则上亦可拒绝履行。为平衡当事人的利益关系,维护社会经济秩序,保护交易秩序,也应当设置抗辩权的保护方式。

（二）先履行抗辩权与同时履行抗辩权的区别

先履行抗辩权与同时履行抗辩权不同。同时履行抗辩权适用的前提是双务

[①] 王利明：《合同法研究》（修订版第二卷）,中国人民大学出版社 2011 年版,第 82 页；李永军、易军：《合同法》,中国法制出版 2009 年版,第 277 页。

[②] 崔建远主编：《合同法》（第五版）,法律出版社 2010 年版,第 143 页；龙翼飞主编：《合同法教程》,法律出版社 2008 年版,第 105 页。

[③] 韩世远：《合同法总论》,法律出版社 2011 年版,第 279 页以下。

[④] 王利明：《合同法研究》（修订版第二卷）,中国人民大学出版社 2011 年版,第 82 页。

合同当事人互负债务,且这种互负的债务没有履行的先后顺序,为同时履行;任何一方当事人在对方当事人没有履行之前,都可以行使同时履行抗辩权。同时履行是经常存在的交易形态,但交易并不仅限于同时履行。双方的履行经常有空间距离和时间距离。这种距离的表现是当事人约定一方当事人先履行合同义务,另一方后履行合同义务。先履行抗辩权的适用虽然也是双务合同当事人互负债务,但是债务的履行有先后顺序,一方在前,一方在后。先履行一方未履行之前,后履行一方有权拒绝其履行请求;先履行一方履行债务不符合约定的,后履行一方有权拒绝其相应的履行请求。先履行抗辩权的主体不是双方当事人,而是负有后履行义务的当事人一方,负有先履行义务的一方不享有这种抗辩权。

(三) 先履行抗辩权的特点

先履行抗辩权有如下特点:

(1) 先履行抗辩权在本质上是对违约的抗辩。

先履行抗辩权与预期违约相似,但预期违约是合同履行期未届至时,一方当事人明示或以行为表示将不履行合同,对方可以追究其违约责任。而先履行抗辩权是对负有先履行义务一方违约的抗辩。

先履行抗辩权是对违约的抗辩,因而区别于权利消灭的抗辩。权利消灭的抗辩是因合同履行效力消灭,当事人享有的拒绝履行的抗辩权。比如,发生不可抗力致使一方合同义务全部不能履行,遭受不可抗力的一方对相对方要求自己履行合同的请求可主张权利消灭的抗辩,拒绝履行合同义务。当不可抗力致合同部分不能履行,亦发生权利消灭的抗辩,当事人可以履行能够履行的那一部分。当不可抗力致合同迟延履行时,一般情况下,另一方的履行期限应当顺延(特别是在一方履行是另一方履行条件的情况下);如果迟延履行一方要求在履行的一方如期履行时,在后一方拒绝按原期限履行,不属于先履行抗辩权而属于权利消灭的抗辩权。因不可抗力致自己一方履行迟延,合同对另一方履行期限的规定随之失去效力。

创立先履行抗辩权的概念,有助于区分双方违约和一方违约的问题。我国《民法通则》第113条规定:"当事人双方都违反合同的,应当分别承担各自应负的民事责任。"在双务合同中,由于双方义务的关联性,双方各自违反应负的义务,各承担相应责任的情况是很少出现的。在司法实践中,常有将一方先期违约,另一方中止履行合同认定为双方违约,而令双方同时承担违约责任的情况。先履行抗辩权反映了合同义务之间的联系,运用此概念,能够清晰地说明一方先违约与另一方中止履行合同的关系。这对正确认定当事人行为的性质和违约责任有重要作用。

(2) 先履行抗辩权是负有后履行义务一方当事人履行权益的反映。

先履行抗辩权反映了后履行义务人的后履行利益。后履行利益包括期限利益（或顺序利益）和履行合同条件。期限利益或顺序利益有时对后履行一方当事人非常重要。比如买卖合同约定买方于某年一月付款，卖方于同年六月发货，此约定对卖方具有期限利益或顺序利益。期限利益的主要表现，例如买卖合同在于卖方可以利用买方的资金及时间差去组织货源。如果买方到期不付款，卖方到期也可以不供货。不供货的原因在于买方未付款。此种情况不能视为双方违约，而应认定买方违约、卖方因对方违约而行使抗辩权。履行合同条件，是指一方的履行是另一方履行的前提条件，如有的买卖合同明确规定"款到提货"或"交款提货"，在类似的规定中，顺序利益和期限利益表现不明显。但一方履行与另一方履行之间的关系却十分明确。为了保护后履行一方当事人的这些利益，设置先履行抗辩权是十分必要的。

（3）先履行抗辩权是不同于合同解除权的救济方式。

先履行抗辩权与合同解除权都是对违约的救济（合同解除权还可因不可抗力的发生），但二者也有明显区别：

第一，先履行抗辩权属一时的抗辩权。

先履行抗辩权仅阻却合同履行效力的发生，并不产生消灭合同的法律效果，当产生先履行抗辩权的原因消失后，当事人应当履行合同。先履行抗辩权纯粹是单方行为，这种权利的行使，在符合法定条件时，依一方的意思已足，不必借助对方的意思表示。而合同解除，则会消灭合同的履行效力，在符合法定条件时，当事人一方可以径直通知对方解除合同，当事人双方也可以合意解除合同。

第二，先履行抗辩权的产生原因是一方当事人先违约。

合同法定解除权的产生原因是一方先期违约或发生不可抗力以致合同履行成为不必要或不可能，没有法定理由当事人也可协商解除合同。

第三，先履行抗辩权属于负后履行义务的一方当事人。

合同解除权如因违约发生，其属被违约人（被违约人一般属后履行义务人）；如因不可抗力发生，则其属直接遭受不可抗力的一方当事人。就违约而言，因违约导致合同履行不必要或不可能，则被违约人只能采用解除合同的救济方法；一方当事人违约，但合同履行尚有必要和可能，另一方当事人可以行使先履行抗辩权，中止履行自己的合同义务，等待对方的履行。

第四，行使先履行抗辩权可以节约合同成本。

在两种权利可以选择行使的场合，行使先履行抗辩权可以节约合同成本，保证当事人的履行利益。事实上，对所有届期未履行的合同，不能都适用解除的方法，因为解除合同未必符合被违约人的最大利益，而行使先履行抗辩权往往能使违约人履约，最终实现合同目的。先履行抗辩权与合同解除权也可分两步行使，当行使先履行抗辩权后，对方仍未履行，可再行使合同解除权，并要求违约方承担财产责任。

（四）先履行抗辩权的行使

1. 对合同义务的全部抗辩

先履行的当事人对合同义务全部不履行的,后履行的当事人对全部履行义务都可以拒绝履行,以此进行抗辩。

2. 对合同义务的部分抗辩

先履行的当事人履行债务不符合合同约定的,后履行的当事人的抗辩只能与对方当事人相应的履行请求进行抗辩,不得对其他的履行请求进行抗辩。

3. 先履行抗辩权不能永久存续

先履行抗辩权依存于合同的履行效力,不可能永久存续,当先违约人纠正违约,使合同的履行趋于正常,满足或基本满足另一方的履行利益时,先履行抗辩权消灭。行使先履行抗辩权的一方应当及时恢复履行,否则构成违约责任。当事人行使先履行抗辩权无效果时,可根据法定条件通知对方解除合同,若合同解除,视合同自始无履行效力,使依合同产生的先履行抗辩权消灭。若合同撤销,履行效力消灭,也无先履行抗辩权可言。合同无效即无履行效力,不产生先履行抗辩权,但可产生权利不成立或消灭的抗辩权。

行使先履行抗辩权有无通知对方当事人的义务,应区别不同的情况采用不同的规则：

第一,当因对方不履行合同义务而行使先履行抗辩权时,可以不通知对方。因为不通知对方,不会因为未通知而给对方造成危害。行使先履行抗辩权的表现是届期不履行债务,此时应推定在先履行一方了解另一方是在行使自己的对抗权利。行使先履行抗辩权而未通知另一方并不构成合同责任。这不同于行使不安抗辩权。行使不安抗辩权的一方当事人要及时通知另一方当事人,因为行使不安抗辩权的一方是依照合同或法律负有先履行义务的一方当事人。通知对方,使对方有举证的机会或能及时采取措施减少损害。行使先履行抗辩权者负有后履行的义务,对方负有先履行的义务。如果负有先履行义务的一方没有履行义务而要求另一方履行,行使先履行抗辩权的一方也可以主动通知对方,要求其实际履行合同。

第二,当负有先履行义务的一方当事人的履行有重大瑕疵时,或只履行一部分时,依诚实信用原则,另一方当事人行使先履行抗辩权应当通知对方,给对方举证、解释、改正的机会,以防止损失扩大。这是因为先履行的一方有时可能不能了解自己履行的效果。

（五）先履行抗辩权的效力

先履行抗辩权的成立和行使,产生后履行一方可一时中止履行自己的债务的效力,对抗先履行一方的履行请求,依此保护自己的期限利益。在先履行一方采取了补救措施,变违约为适当履行的情况下,先履行抗辩权消灭,后履行一方须履行自己的债务。同时,先履行抗辩权的行使并不影响后履行一方向违约方主张违约责任。

三、不安抗辩权

(一) 不安抗辩权的概念和意义

不安抗辩权是指在双务合同中有先履行义务的一方当事人,在有确切证据证明后履行一方当事人有丧失或者可能丧失履行能力因而不能履行合同义务时,享有的暂时中止履行的抗辩权。

双务合同的一方当事人依约定应先履行其债务时,应先履行义务的一方当事人不享有同时履行抗辩权。但在合同成立以后,当发现后履行一方当事人财产状况显形减少,可能危及先履行一方当事人债权实现时,如仍强迫先履行义务一方当事人先为给付,则可能出现先履行的一方当事人履行了债务,自己的债权却无法实现的情形。这有悖于公平原则。法律为贯彻公平原则,避免一方当事人蒙受损害,特设不安抗辩权制度。不安抗辩权的性质为一时性抗辩权,属于间接保障债权的手段。[①]

在市场经济社会,瞬息万变的经济生活使人们难于掌握和预测市场,合同的履行在某些情况下成为不可能,甚至随着各产业部门发展的不平衡而与竞争对手拒绝履约。为了解决危机,缓和矛盾,从立法上对期前拒绝履约、期前履约危险进行了规范,设立了相应的法律制度,大陆法系的不安抗辩权以及与其相似的英美法系的预期违约责任,就是这样的制度。

不安抗辩是大陆法系国家在合同法律关系中,为贯彻公平原则,对期前履约危险进行平衡而设立的救济制度。法国合同法认为,约因是合同有效成立的要件,在双务合同中,存在着两个约因,即双方当事人之间对待给付的关系。从约因学说出发,则可以认为一方当事人的义务是另一方当事人的约因,一方不履行合同义务为另一方不履行合同义务提供了法律依据。这一学说在《法国民法典》第1613条最初得到体现。该条规定,若合同成立后,买受人陷于破产或非商事人的破产状况,致使出卖人有丧失价金之虞时,出卖人亦不负交付标的物的义务。《德国民法典》虽然不把"约因"作为合同成立生效的要件,但约因学说在不安抗辩制度中仍得到援用。如《德国民法典》第321条规定:凡双务合同,其中一方当事人负先付义务而遇对方财产显形减少时,均得主张不安抗辩权。《德国民法典》与《法国民法典》相较,不安抗辩权无论在适用范围和适用条件上,都更为广阔,即适用于双务合同中财产显形减少的情形,而不只局限于买卖合同中破产或非商人破产的情形。不安抗辩制度在《德国民法典》中得到长足发展,并

[①] 韩世远:《合同法总论》(第三版),法律出版社2011年版,第308页。

在其他大陆法系国家的民法典中被广泛借鉴。

预期违约是英美法系合同法的一种违约理论。先期违约的形态有两种,即拒绝履行和推定不能履行,分别构成明示先期违约与默示先期违约。明示先期违约是指合同成立生效后、履行期到来之前,一方当事人明确表示届时将不履行合同,即拒绝履行。默示先期违约是指合同成立生效后、履行期届至之前,一方当事人自身的行为或客观事实暗示其将不履行合同义务或不能履行合同大部分义务,即推定不能履行。英美合同法理论认为,合同在有效对价的基础上成立生效后,便对合同当事人双方具有约束力,在法律上具有强制力,受法律保护,任何对这种约束力的不法违反,均构成违约。拒绝履行和推定不履行否定、动摇了合同成立的基础对价,并有可能在将来导致合同的根本违反。因此,将拒绝履行和推定不能履行作为一种独立的违约形态,给一方当事人以中止或解除合同的权利,有利于在损失尚未扩大时,及时采取措施减少损失,或从合同中解脱出来,另订补救性合同,实现债权人的利益。这一理论被英国判例法所确认,并由美国《统一商法典》予以进一步发展,后又被《联合国国际货物买卖合同公约》所吸收。

随着市场主体法律人格的确立,我国的市场主体数量剧增,利益多元化的结构日益明显,体现地位平等的合同关系逐渐成为我国社会经济生活的主要关系。《合同法》面对市场经济发展的迫切需要,吸取国外立法经验,认识到在产生期前履约危险的情况下,如仍强迫负先为给付义务一方履行义务,有背于公平原则,尽管法律规定有违约责任制度且规定了预期违约责任,但诉讼或仲裁程序较为复杂,且陷负先为给付义务一方于不利地位。因此,在未造成实际违约前,赋予负先为给付一方当事人以不安抗辩权,是较为理想的制度,故在条文中规定了不安抗辩权制度。依不安抗辩权制度,在后履行一方当事人财产状况恶化时,先履行一方当事人可以主张不安抗辩权,在对方未履行对待给付或提供担保前中止自己债务的履行。在对方提供担保之后,不安抗辩权即归于消灭。

(二) 不安抗辩权与先履行抗辩权的区别

先履行抗辩权与不安抗辩权有显著区别。在双务合同中有履行先后顺序的,先履行抗辩权属于负有后履行义务一方享有的抗辩权。而不安抗辩权是负有先履行义务的一方享有的抗辩权,当负有后履行义务的当事人有不履行债务之虞,预期的回报有不能实现的危险时,产生不安抗辩权。不安抗辩权的行使并不要求对方履行义务期限届至,只要求不安抗辩事由的存在。不安抗辩权产生的实体条件是对方有不能为对待给付的危险,使自己的交换目的不能实现,在对方履行期届至以前,这种危险只是一种现实的危险,而不是一种现实。若等现实的危险转化为现实,则已无抗辩的机会和必要了。先履行抗辩权是对方的违约已成为现实。若在先履行的一方按合同的约定履行,则在后履行的一方无从产生先履行抗辩权,如果其不依约履行,则构成违约行为。先履行抗辩权的行使是拒绝履行,不安抗辩权的行使是中止履行,二者也有不同。

(三) 不安抗辩权的发生

发生不安抗辩权应当具备以下条件:

(1) 合同确立的债务合法有效。

所有的抗辩权都是发生于合同法律效果的基础之上,没有生效的合同,不发生合同的法律约束力,当然不发生合同履行中的抗辩权。不安抗辩权是合同履行中的抗辩权之一,同样遵循这样的规则。不安抗辩权只能发生在有效合同的债务履行之中。无效的合同债务不发生合同的法律效果,对当事人没有产生法律上的约束力,因此不产生不安抗辩权。

(2) 双方当事人因同一双务合同互负债务且有先后履行顺序。

不安抗辩权产生的基础,不仅要求合同债务的有效性,而且同样要求双方当事人的对待债务须由同一个双务合同而发生。这种同时存在的双方债务不仅具有对价性,并且须为先后顺序不同的两种义务。同时履行义务不产生不安抗辩权。

(3) 须在合同成立后对方发生财产状况恶化且有难为给付之虞。

产生不安抗辩权的条件之一,是要求在双务合同成立生效以后,后履行当事人的财产状况恶化,且此种财产状况的恶化在双方当事人订立合同时不能为双方所预知。明知对方当事人财产状况恶化而仍与其签订合同的,视为其自愿承担不能得到对待给付的风险,不能取得不安抗辩权。应当得知而过失不知的,亦不能取得不安抗辩权。

关于"财产状况恶化",大陆法系国家存在三种立法例。第一种为列举法,如《法国民法典》第1613条:买受人陷于商事上或非商事人的破产状况,以致出卖人有丧失价金之虞时,可以行使不安抗辩权。该条将财产状况恶化释为"破产",范围过于狭窄,不利于保护债权人的利益。第二种立法例为概括法,如《德国民法典》第321条规定:凡双务合同,其中任何一方当事人负先给付义务而遇对方财产显形减少时,得行使不安抗辩权。该规定将"财产状况恶化"释为"财产显形减少",范围较宽,虽有利于保护债权人利益,但又过于原则,如无法律严格限制,可能会导致权利滥用。第三种为折衷法,如《瑞士债务法》第83条规定:一方支付不能,尤其破产或扣押无效果,致他方请求权濒于危殆时,得主张不安抗辩权。"支付不能"的范围较"财产显形减少"更为宽广,譬如债务将合同的标的物(特定物)转让给第三人,并不导致"财产显形减少",但却可能产生给付不能。

我国《合同法》采用列举法,规定不安抗辩权的产生情形,具体、清楚,具有可操作性。

不安抗辩权是抗辩权的一种,权利人享有对抗对方当事人请求权的权利,从而限制对方当事人请求权的效力,因此不安抗辩权又称拒绝权,依据抗辩权是相对于请求权而存在的理论,不安抗辩权的发生时间须在请求权发生之后,对方当事人未行使请求权的,则不发生不安抗辩权。一般而言,在合同义务为具有先后顺序的双务合同中,请求权的发生时间为负先给付义务一方履行给付义务的时间,但在现实生活中,如已具备不安抗辩权的发生条件,且已至后为给付义务一方行使请求权时间而未行使请求权的,应如何保护为先给付义务一方的利益呢? 是否可依不安抗辩权进行救济呢?对此有两种意见:一种意见认为其可以发生不安抗辩权,虽然对方当事人未提出明确的履行请求,但请求权的效力来源于由合同确立的债的效力,合同对负先为给付义务一方履行给付义务的履行期的约定可视为请求权的默示行使。另一种意见认为,不发生不安抗辩权,如负先为给付义务一方单方中止合同的履行,则无论对方当事人是否处于"支付不能"之境,均构成违约。因为,按照合同效力理论,履行义务期届至后履行义务,不仅是对方当事人对一方当事人的约束,也是当事人的自我约束。将双方合意的约束视为单方请求权的默示行使是不当的,它否定了自我约束的效力,据此,单方中止合同即构成违约。笔者认为,第一种意见较妥,且与我国《合同法》的规定相合。先履行一方可以在履行期届至时主张不安抗辩权,但应通知对方当事人。

(四) 不安抗辩权的行使

按照我国《合同法》的规定,后履行义务的当事人具有下述条件的,先履行义务的当事人可以行使不安抗辩权:

(1) 经营状况严重恶化。

这种情况并非当事人恶意所为,而是在经营中力所不及,或者经营不善,造成经营状况严重恶化的后果。经营状况严重恶化,该方当事人极有可能无力清偿债务,先履行的当事人可以行使不安抗辩权。

(2) 转移财产、抽逃资金,以逃避债务。

后履行债务的当事人在履行期届至前,转移财产,抽逃资金,以逃避债务,其意图是十分明显的,是严重的默示期前违约。在这种情况下,先履行债务的当事人如果仍按照合同的约定先履行给付义务,则有可能使自己的债权不能实现,造成自己的损失。对此,先履行债务的当事人可以行使不安抗辩权。

(3) 严重丧失商业信誉。

商业信誉是商家的生命,也是其经济能力的具体表现,是履约能力的具体体现。严重丧失商业信誉的商家,其履约能力必然受到影响,构成先期履约危险。对此,先履行债务的当事人可以行使不安抗辩权。

(4) 有其他丧失或者可能丧失履行债务能力的情形。

这是一种弹性规定,使不安抗辩权的适用范围加以扩大,以适应市场经济发展的需要。按照本项条件的规定,只要后履行债务的一方当事人表现出丧失或者可能丧失债务履行能力的情形,先履行债务的当事人就可以行使不安抗辩权。

对于上述行使不安抗辩权的情形,先履行债务的当事人负有举证责任,须举证证明上述情形的确实存在。如果先履行债务的当事人对上述情形举证不足或者举证不能,就丧失了行使不安抗辩权的条件,因此而中止履行债务就构成违约行为,应当承担违约责任。

(五) 行使不安抗辩权的具体要求

关于当事人行使不安抗辩权的通知义务和不安抗辩权的后果,我国《合同法》第69条规定:"当事人依照本法第68条的规定中止履行的,应当及时通知对方。对方提供适当担保时,应当恢复履行。中止履行后,对方在合理期限内未恢复履行能力并且未提供适当担保的,中止履行的一方可以解除合同。"

法律为求双务合同当事人双方利益的平衡,保障先给付一方免受损害而设立不安抗辩制度,同时为了公平起见,又规定主张不安抗辩权的当事人负担义务,即通知义务。法律要求主张不安抗辩权的一方当事人应当立即通知另一方。

不安抗辩权的行使取决于权利人一方的意思,无取得另一方同意的必要。法律使其负即时通知义务,是为了避免另一方当事人因此受到损害。同时也便于另一方在获此通知后及时提供充分保证,以消灭该不安抗辩权。

不安抗辩权行使后产生以下法律后果。这两种后果,不是取决于主张不安抗辩权的一方当事人,而是取决于对方当事人在接到中止履行的通知后所采取的行为,根据其采取的行为,产生不同的法律后果:(1)先履行一方已经发出通知后,在后履行一方当事人没有提供适当担保之前,有权行使不安抗辩权,拒绝自己的履行。(2)后履行一方当事人接到通知后,向对方提供了适当担保的,不安抗辩权消灭,合同恢复履行,主张不安抗辩权的当事人应当承担先履行的义务。(3)先履行债务的当事人中止履行并通知对方当事人后,对方当事人在合理期限内没有恢复履行能力,也没有提供适当担保的,先履行债务的当事人产生法定解除权,可以单方解除合同。

【案例讨论】

讨论提示:本案的争议焦点,是甲公司将订购的挖掘机运回的行为,是否为行使同时履行抗辩权的行为。

讨论问题:1. 甲公司的行为是行使同时履行抗辩权,还是违约行为? 2. 三种不同的合同履行抗辩权的区别是什么?

第七章 合同变更和转让

第一节 合同变更

【典型案例】

　　2003年8月11日,原、被告双方签订了合作开发房地产的协议,约定双方共同合作开发,由原告提供其坐落于长江路下段合江汽车站(系原告前身)临街空地,面积为20×93米的土地作为投资,被告负责出资,并办理一切建设手续,修建"南方商住楼"。原告在合同签订后10日内,应将土地过户给被告。被告在委托设计方案时,必须按原告要求设计车辆进出大门,即进站大门为9米宽,出站大门为7米宽。如一方违约,应向守约方支付总造价20%的违约金。协议签订后,第三人受被告授权,委托县建筑勘察设计室设计了"南方商住楼方案图",该方案图载明车辆进站大门宽为7.8米,出站大门宽为6米,进站通道上端可修建房屋。第三人将方案图交给原告审查,原告法定代表人于同年9月10日在此方案图的封面上签注"同意此方案",并加盖单位印章。同时被告和第三人在原告的配合下,先后到相关部门办理完毕修建手续,原告法定代表人仍在被告办理修建手续的申报表上签注"同意修建",也加盖了单位印章。随后,被告与第三人按图施工。2004年2月,原告在法定代表人更换后,以被告与第三人擅自变更车辆进出站大门宽度违约为由诉至法院,要求被告及第三人拆除已建房屋,按原协议施工,并承担违约责任。

一、合同变更概述

（一）合同变更的概念

　　合同变更,分为广义合同变更和狭义合同变更两种。广义的合同变更,是指合同的内容和主体的变化,而合同的主体变更实际上是合同的债权债务移转,与合同的内容变更有所不同。狭义合同变更,仅指合同的内容变化,不包括合同主体的变化。我国《合同法》上所说的合同变更,是指合同的狭义变更。

合同变更,是指在合同关系成立后,尚未履行或者尚未完全履行之前,当事人就合同内容达成修改和补充的协议所带来的合同变化。换言之,是在合同主体保持不变的情况下,合同内容发生变更。①

当事人在合同关系生效后,至合同履行完毕之前,可以通过协商的方式对合同内容进行变更。变更合同内容,一般只要有当事人的合意即可发生法律效力,但有些特殊合同变更,依照法律、行政法规的规定,当事人应当办理必要的批准、登记手续,始为生效。未经批准、登记的,当事人变更合同的协议不产生法律上的效力,为无效变更。

(二) 合同变更的特征

(1) 合同变更须经当事人协商一致。

合同变更是在原来的合同关系上发生的内容变化,而合同关系就是当事人合意的结果。变更原来合同的内容,当然必须经过双方当事人的协商一致,达成新的合意。未经合意而变更合同内容,是违约行为。

(2) 合同变更是指合同关系的局部变化。

合同变更只是对合同内容的局部修改和补充,而不是对合同内容的全部变更。变更的内容主要是标的数量的增减,改变交货地点、时间、价款或者结算方式等。合同内容变更是在保持原合同效力的基础上,再形成新的合同关系,新的合同关系应当包括原合同的实质内容;如果新的合同关系产生后,没有原合同实质内容,不再属于合同变更,而是在合同消灭之后又订立了一个新的合同。

(3) 合同变更后产生新的合同内容。

合同变更之后,一定会产生新的合同内容,因此,当事人不能依据原有的合同履行,而应当按照变更后的合同内容履行。

(三) 合同变更的类型

合同变更,从其原因与程序上着眼,可以分为:(1) 基于法律的直接规定变更,如债务人违约致使债务不能履行,履行债务变为损害赔偿债务;(2) 在合同因重大误解、显失公平而成立的情况下,以及合同之债因欺诈、胁迫、乘人之危而成立又不损害国家利益的场合,有权人可诉请变更或者撤销合同,法院或者仲裁机构裁决变更合同;(3) 在情事变更使合同的履行显失公平的情况下,当事人诉请变更合同之债,法院或者仲裁机构依职权裁决变更合同;(4) 当事人各方协商同意变更合同;(5) 形成权人行使形成权使合同变更。② 也有的学者认为,合同变更可以分为法定变更、裁判变更和以法律行为或者其他行为变更三种基本类

---

① 参见王利明:《合同法研究》(修订版第二卷),中国人民大学出版社2011年版,第177页。
② 崔建远主编:《合同法》(第五版),法律出版社2010年版,第204页。

型。① 这两种意见并不矛盾。

二、合同变更的要件

（一）原合同关系的存在

合同变更是对已有的合同内容的改变，因此，原合同的存在是合同变更的首要条件，没有合同关系的存在，则不发生合同变更问题。

原有合同的存在，只能是现存的效力确定的合同，只有对有效的合同内容进行变更，才产生合同变更效果。不具有法律效力的"合同"，不是合同；无效合同，因其自始即不产生法律效力，所以在当事人之间不能认为存有合同关系，因而也就没有进行变更的必要，也无法进行变更。

合同变更的时间，以原合同仍然有效存在为必要，在合同关系有效成立以后至债务履行完毕之前，当事人均可对合同内容进行变更。

（二）合同变更须有当事人的变更协议

由于我国《合同法》将合同变更界定为协议变更，因此，合同当事人双方达成变更合同的协议就成为合同变更的唯一方式。按照《合同法》第 54 条规定，因重大误解、显失公平、欺诈、胁迫和乘人之危订立的合同，当事人一方请求人民法院或者仲裁机构予以变更的，以及因情事变更原则的要求进行变更的，是法定的合同变更，不受《合同法》第 77 条和第 78 条规定的约束。

当事人达成的合同变更协议也是一种民事合同，因此应当符合《合同法》有关合同成立和生效的一般规定。合同变更协议应是双方当事人自愿和真实的意思表示。任何一方不得采用欺诈、胁迫等不当手段与对方当事人达成违背对方真实意思的变更合同的协议。如果变更合同的协议不成立或者不生效，则应当按照原来的合同履行。

合同变更协议的形式，一般应当与原来的合同形式一致。如果原合同是采用书面形式，则合同变更协议也应采用书面形式。其他非书面形式的合同，当事人在变更合同时最好采用书面形式，以避免出现不必要的纠纷。法定的合同变更，则必须依据书面形式；如果合同变更采取口头形式并且已经执行完毕的，可以承认其效力，但发生争议的，不应当认可其效力。

（三）必须有合同内容的变化

合同变更必须发生使合同内容发生改变的效果，否则不能认为是合同变更。对合同变更以变更协议的内容为准。从变更协议的内容即可看出合同内容是否已经改变，是否达到了合同变更的目的与效果。合同变更应当是合同内容的非实质性变更，而不是实质性变更。实质性变更包括：（1）合同标的的改变；

---

① 韩世远：《合同法总论》（第二版），法律出版社 2008 年版，第 401 页。

(2) 履行数量的巨大变化;(3) 价款的巨大变化;(4) 合同性质的变化。非实质性变更,是指不属于前述情形的对合同内容所作的某些修改和补充。[①]

（四）合同变更必须遵循法定的形式

当事人协议变更合同内容,应遵循自愿互利原则,给合同当事人以充分的自由。国家以法律的形式对当事人变更合同内容进行一定限度的管理,以保证当事人对合同变更不致危及国家、社会或者他人的利益。因此,变更合同的协议不能违背法律。对于一些特定的合同,依照法律规定应当履行批准手续或者登记手续的,当事人在达成合同变更协议后应到相应的部门办理上述手续,否则不发生变更合同的效果。

三、合同变更的效力及应当注意的问题

（一）合同变更的效力

(1) 仅对变更部分发生效力。

合同在变更后,对经过变更的那一部分合同内容发生法律效力,原有的这一部分内容失去效力,当事人应按照变更后的合同内容履行。合同变更就是在保持原来的合同统一性的前提下,使合同内容有所变化。合同变更的实质是以变更后的新合同取代原有合同的关系。

(2) 仅对未履行的部分合同内容发生效力。

合同变更只对合同未履行的部分有效,不对已经履行的合同内容发生效力,即合同变更没有溯及力。合同当事人不得以合同发生了变更为由要求已履行的部分归于无效。

(3) 合同变更不影响当事人请求损害赔偿的权利。

合同在变更以前,一方因可归责于自己的原因给对方造成损害的,另一方有权要求责任方承担赔偿责任,并不因合同发生了变更而受有影响,但是合同变更协议已经对受害人的损害给予处理的除外。合同变更本身给一方当事人造成损害的,另一方当事人应对此承担赔偿责任,不得以合同变更乃是当事人自愿而不负赔偿责任。

（二）应当注意的问题

适用我国《合同法》关于合同变更的规定,在实践中应当注意以下问题:

(1) 严格区分合同变更与合同解除。

合同解除与合同变更有相似之处,两者均使合同内容发生了变化,其方式也有很多相同之处。两者均应以书面形式进行,并且在发生不可抗力和一方严重违约的情况下,《合同法》规定当事人有解除合同和变更合同的权利。合同解除

[①] 王利明:《合同法研究》(修订版第二卷),中国人民大学出版社2011年版,第178—179页。

与合同变更在程序上也非常相似。

合同解除与合同变更的区别是：

其一，性质不同。

合同变更仅是对合同的部分内容的改变，因此不需要消灭合同关系。合同解除则是使合同内容全部或者部分失去效力，合同关系不再存在，所以是对合同的根本性改变。

其二，方式不同。

合同变更不仅在于使原有合同内容的一部分失去效力，还在于以新的内容取代原有的部分内容，双方当事人受新的合同内容拘束，所以合同变更必须由双方当事人达成协议，另无其他方式。而合同解除在双方当事人协议解除合同之外，更大量地适用法定解除，即在符合法律规定的解除合同的条件时，享有解除权的一方当事人可以单方面解除合同，该解除的意思表示于送达对方当事人时产生法律效力，而不必征得对方当事人的同意。合同解除以单方解除为常态，而合同变更则只能是以协议进行。

其三，效果不同。

合同变更不过是当事人对双方之间的合同关系的改变，并未终止也未改变合同的效力，只涉及债务未履行的部分，对已经履行的内容不发生溯及既往的效力。而合同解除则产生消灭合同关系的效果，不仅使合同未履行的部分不再履行，而且对于已经履行的部分也具有溯及既往的效力，双方互负恢复原状的义务。

（2）合同变更与担保的关系。

合同的担保是债权人享有的合同债权实现的重要保证。担保作为合同主债权的从权利，具有附随性，其效力受到合同主债权的影响。双方当事人在变更合同内容时，应当对债的担保作出明确约定，如果担保由第三人提供，则合同变更应当征得担保人的同意。我国《担保法》第24条规定："债权人与债务人协议变更主合同的，应当取得保证人的书面同意，未经保证人书面同意的，保证人不再承担担保责任。保证合同另有约定的，按照约定。"

对于抵押权和质权是否也与保证一样，我国《物权法》和《担保法》未作具体规定。通说认为，合同主债务变更的，应当通知抵押人或者质押人并征得抵押人或者质押人的同意；如果未征得抵押人或者质押人同意，抵押人或者质押人可以以此对抗合同债权人。

由于合同变更使合同内容发生了实质上的变化，必然影响到各方当事人的权利义务，而为合同债权提供担保的第三人是对债务负担保责任，是附属于主债权的从债权，该权利是由第三人与债权人的协议确定的，因此债权人和债务人之间的变更合同的协议不应对提供担保的第三人当然发生效力，变更时双方当事人应取得担保人的同意。这种同意应采书面形式。

（3）对合同变更的内容约定不明确的推定为未变更。

当事人通过协商一致对合同内容进行变更时，变更协议的内容应当具体明确。如果变更协议的内容约定不明确，模糊不清，容易产生纠纷，并无法确认变更的内容，也就无法解决变更合同的争议。对此，应推定当事人之间的合同没有变更。

【案例讨论】

讨论提示：本案的争议焦点是双方当事人的合同内容是否已经变更。构成变更，则原告的诉讼请求应当驳回；不构成变更，则被告应当承担违约责任。

讨论问题：1. 你认为本案构成合同变更吗？理由是什么？2. 构成合同变更应当具备哪些要件？

第二节 合同转让概述

【典型案例】

村民王某56岁，有两个儿子，按照农村习俗进行分家，将家中财产（包括房屋）给王甲和王乙兄弟两个平均分割，同时将自己前几年承包工程欠的劳务费及王乙结婚时借的钱分摊后由两个儿子共同偿还，规定了子女偿还债务的时间。王甲和王乙对此没有意见，在分单上签字，分家完毕。到年底，王乙没有完全按分单规定的义务如期偿还债务，父子发生争执。王乙告上法庭，主张确认分单约定的债务转移无效。法院审理认为，债权转移只要对债务人履行了告知义务即合法有效，但债务转移必须经债权人同意，否则无效，据此判决分单约定的债务分担协议无效。

一、合同转让的概念和种类

合同转让，是指通过合同关系的当事人与第三人协议的方式，在不改变合同的客体和内容的情况下，对债的主体进行变更。合同转让，就是合同关系不失其同一性，而其主体有所变更，亦即合同的债权或债务在原主体间移转于他主体间的合同法现象。故合同转让就是合同的主体变更，即原合同关系并不变动，仅合同主体有所更换,并不是此债消灭重新另发生新债。①

合同转让包括合同的债权转让、债务转移以及权利义务概括转移三种形式。

二、合同转让的特征

(1) 合同转让是合同的主体变更。

合同法律关系要素分为合同主体、合同客体和合同内容。广义的合同转让,包括合同的主体变更、合同的客体变更和合同内容变更。合同转让概括的是合同的主体变更,不包括合同的其他要素的变更。合同转让,实际上就是合同内容转移给他人承受,通过移转使合同的原第三人成为合同的新的债权人或者债务人。

(2) 合同转让并不改变合同的内容和客体。

合同转让的要求,是合同内容和客体都不变更,即合同的债权债务关系内容不变、合同的标的不变。因此,合同转让与合同变更不同,合同变更是债权人与债务人之间的权利义务的内容和客体的改变,但债权人和债务人作为合同的主体并不发生变更。

(3) 合同转让保持合同关系的同一性。

合同转让以合同关系存在为前提,并且在移转中,移转前和移转后的合同保持同一性,不发生合同的更替、更新和改变。

三、合同转让的沿革

早期罗马法认为,债为债权人、债务人之间的法锁,变更其任一端,都必将使债的关系失去同一性,因此不允许债的当事人变更。② 但是,随着社会的发展,经济交往关系越来越复杂,民法认为在市场经济条件下,只有通过交易,才能实现财产价值的最大化,从而实现资源的合理配置。合同以及其他债权作为一种财产权,在现代社会其价值日渐凸显,其具有可转让性已是现代各国立法的共识,合同转让成为近现代社会经济交往的常态。我国《民法通则》第 91 条确立了合同转让制度,《合同法》则对合同转让制度作了明确规定。

【案例讨论】

讨论提示:本案争执的分单效力,债权人并未提出异议,而是王乙赖账。似应追加债权人确认其对债务转移的意见,如果同意更好,不同意则应当宣告分单无效。这样才能够更好地保护老人的合法权益。

---

① 张秉钧:《民法债编通则》,北平法律函授学校 1934 年版,第 133 页。
② 陈朝璧:《罗马法原理》(上册),商务印书馆 1936 年版,第 204—205 页。

讨论问题:1. 合同转移分为哪几种类型？2. 本案争议的合同转移属于哪种类型的转移？3. 法院对本案的判决是否正确？

第三节 合同权利转让

【典型案例】

2008年1月17日,张某欠李某工程材料费4500元,书面约定2008年7月31日付清,逾期不还按月息2%付利息,逾期后张某未向李某清偿。2009年9月11日,李某将其持有对张某的欠据转让给王某,并电话通知了张某,张某表示同意。嗣后,张某拒不向王某履行义务。2010年9月3日,王某向法院起诉,主张张某清偿债务,张某以超过诉讼时效为由进行抗辩。

一、合同权利转让的概念和特征

（一）合同权利转让的概念

合同权利转让,也叫做合同债权的让与,是指合同的债权人通过协议将其享有的合同债权全部或者部分地转让给第三人的行为。

合同权利转让是合同关系主体变更的一种形式,它是在不改变合同内容的情况下,通过协议将合同关系中的债权人进行变更。我国《合同法》第79条规定的是合同权利转让及构成要件。

（二）合同权利转让的法律特征

（1）合同权利转让是合同债权人的变更。

合同权利转让,是不改变合同关系的内容,由原债权人将合同债权转移给第三人,使第三人成为新的合同债权人。在合同当事人之间是不可能进行合同权利转让的。如果在当事人之间发生债权债务的转移或者改变,则为合同变更或者合同债权的处分,而不是合同债权的转让。只有将合同权利转让给合同关系当事人以外的第三人,才能成立合同权利转让。

（2）合同权利转让的内容是债权。

合同权利转让的只能是债权,不包括债务的内容。对合同当事人在转让协议中一并将债权债务进行转让的,则不再为债权转让,而属于权利义务概括转移,其所适用的法律为我国《合同法》第90条规定。

（3）合同权利可以全部转让也可以部分转让。

合同权利的转让可以为全部转让，也可以为部分转让，完全凭当事人自由约定，均无不可，法律不作任何限制性规定。

二、合同权利转让的构成要件

合同权利转让的构成要件，即合同权利转让具备法律效力的法定条件，主要包括以下内容：

（一）须有有效的合同债权存在

既然合同权利转让是将合同关系中债权人的债权转让给第三人，所以该转让的合同债权应当是为法律所认可的、具有法律约束力的合同债权，没有有效的合同关系的存在，则不可能有有效的合同债权进行转让，所以合同权利转让应以合同关系的有效存在为基本条件。

（二）合同债权的转让人与受让人应达成转让协议

合同债权的转让方和受让方之间达成转让合同债权的协议，是合同权利转让的法律依据。合同权利转让协议应当符合法律规定的成立和生效要件。合同权利转让协议应当在形式上符合法律规定的要求，原合同关系依法应当以书面形式进行的，转让协议也应以书面形式订立，否则不产生法律上的效力。法律、行政法规规定原合同关系应当依法进行审批、登记手续的，合同权利转让协议也应当进行相应的审批、登记手续，否则不产生法律效力。

（三）转让的合同债权必须是依法可以转让的债权

转让的合同债权必须依法可以转让，否则不得进行转让。转让不得进行转让的合同债权，其协议无效。不得进行转让的合同债权主要包括三种：（1）根据合同的性质不得转让的债权，主要有：合同标的与当事人的人身关系相关的债权；不作为的合同债权；与第三人利益有关的合同权利。例如特定演员的演出合同不得转让。（2）按照当事人的约定不得转让的合同债权。既然合同当事人作出了不得将合同债权予以转让的约定，则应当根据当事人的真实意思表示来处理。（3）法律规定不得转让的合同债权，当事人不得进行转让。如《物权法》第204条规定："最高额抵押担保的债权确定前，部分债权转让的，最高额抵押权不得转让，但当事人另有约定的除外。"

（四）合同债权的转让协议须通知债务人

对于合同权利转让是否须通知债务人，有三种不同的立法例：（1）自由主义，任其自由转让；（2）通知主义，不必征得债务人同意，但须通知债务人；（3）同意主义，应当征得债务人同意方能进行债权转让。我国《合同法》采通知主义立场，合同权利转让的通知一旦到达债务人，即发生合同权利转让的后果。

合同债权人转让债权，该通知送达债务人时，债权人的合同权利转让始对债务人生效。如果债权人未将转让其合同债权的行为通知债务人,该转让对债务人不发生法律效力。

合同权利转让的通知应当以到达债务人时产生法律效力。到达,是指合同权利转让的事实经过一定的方式使债务人知悉,如书面通知送到债务人的住所,口头告知债务人等。由于法律对通知的形式未作要求,所以债权人无论以何种形式将合同权利转让的事实通知债务人,都是适当的。如果因为债务人以外的原因使合同权利转让的通知没有到达债务人的,则对债务人不发生任何效力。

合同权利转让的通知应当由债权人对债务人发出。债权人不仅包括债权人本人,也包括债权人的法定代理人、委托代理人,债权人的代理人发出的债权转让通知也产生通知的效力。债务人也不仅指债务人本人,对债务人的法定代理人、委托代理人发出的债权转让通知,产生向债务人本人发出通知的同等效力。如果合同权利转让的通知是由债权的受让人发出的,原则上不对债务人产生效力,但经债权人追认的,发生法律效力。此时债务人享有催告权和拒绝权,可以以通知的方式要求有追认权的人于一定的期限内作出承认或者不承认的意思表示,以确定该转让是否有效。债权人追认的,产生与债权人为通知一样的法律效力,即对债务人生效。受让人为让与通知,必须提出取得债权的证据,否则,债务人可拒绝对受让人履行。债务人于未受通知前,对让与人所为的法律行为有效。

合同权利转让通知的时间,应当在债务人依照原来的约定履行债务之前进行,如果通知到达债务人的时间晚于债务人的实际履行的,对债务人不产生法律拘束力。债务人的履行不符合原来的约定时间的,不影响该通知对债务人的拘束力,但债务人的履行符合约定的期间,只是履行的其他方面不符合合同约定或者法律规定的,合同权利转让的通知对债务人不发生法律效力。

将合同权利转让通知对方的直接后果是,使该合同权利转让协议对债务人产生法律拘束力。一经通知,债务人即应当依照债权转让协议对债权的受让人承担履行债务的义务,债务人不得再行向原合同债权人履行债务。如果未将合同权利转让的协议通知债务人,则该转让协议对债务人不具有法律约束力,债务人依照原约定履行其合同债务的,为适当履行。让与人已将债权让与第三人的事项通知债务人,即使让与并未发生或让与无效,债务人向第三人的履行行为亦为有效。

转让合同债权的通知送达债务人以后即发生法律效力,债权人不得再行撤销。只有在债务人同意债权人撤销通知的,则债权转让的协议失去效力。从债务人同意之时起,债权转让的协议对债务人不再具有法律效力。因合同权利转让协议不仅是债权人与债务人的事情,同时也关系到受让人利益,所以债权人单方面撤销合同权利转让协议的行为是否有效,也应当慎重。如果受让人不同意撤销转让协议,债权人又没有正当理由的,即使债务人同意撤销转让协议,也不能产生使合同权利转让协议无效的效果。合同权利转让通知的撤销,在时间上应当是指通知到达债务人发生法律效力以后才到达债务人的,是对生效的通知的撤销,而不是对未生效的债权转让通知的撤回。如果债权人在发出转让通知后及时向债务人发出使该通知不生效的通知的,如果撤销债权转让通知的通知先行到达债务人,则可产生使转让通知不生效的法律效果。

三、合同权利转让的对内效力

合同债权实际上发生转让,需要成立的债权转让合同生效,该合同一经生效,债权即转移给受让人,不存在有体物买卖那样有形的履行行为。[①] 合同权利转让的效力分为对内效力和对外效力。

合同权利转让的对内效力,是指合同权利转让在转让双方即让与人(原债权人)和受让人(新债权人)之间发生的法律效力。这种效力表现在以下方面:

(一)合同债权由让与人转让给受让人

合同权利转让后,债权即转让给受让人,让与人消灭原债权人的身份,不再作为合同主体;而受让人取得债权人的身份,成为该合同关系的债权主体。

合同债权的全部转让,由受让人取代原债权人的地位成为合同关系中的唯一债权人,受让人享有合同全部权利;但原合同债权人如果未将其在合同关系中的债务也一同转让的,原债权人只是不再享有债权,但依然未脱离合同关系,依然负有其原本应承担的债务。

共同债权的部分转让,即债权人依据协议将其合同关系中的一部分权利转让给合同关系以外的第三人,此时,原债权人依然保有一部分债权。这样,第三人与原债权人同时享有债权,在原有的合同关系之外,又增加了第三人与债务人之间的债权债务关系,而原债权人与债权受让人共同享有债权,转让之后,原债是单一之债的,就变成了多数人之债;如果原来就是多数人之债,则又多了一个债权人。此时,原债权人与债权受让人共同分享债权,他们之间是按份债权,即原债权人与债权受让人是按照既定的债权份额分别对债务人享有部分债权,债务人只能分别对各债权人履行其所应负的债务部分,其他债务部分的履行对另外的债权人无效;而各债权人也只有权要求债务人对其履行其所享有的部分债权,无权要求债务人对其履行超出其所享有的债权以外的部分。如果在转让债权的协议中,原债权人与受让人约定双方共同享有债权的,则为连带债权,即其中一个债权人有权要求债务人履行全部债务,而债务人应对其承担履行全部债务的义务,而债务人对其中一个债权人的债务履行对全部债权人具有约束力。如果当事人在债权的转让协议中未作其债权为按份之债还是连带之债的约定,

---

[①] 崔建远主编:《合同法》(第五版),法律出版社2010年版,第217页。

能够确定份额的,应为按份债权;不能确定份额的,则应认为是连带之债。

(二) 从属于合同主债权的从权利一并转移

"从随主"原则是债权转让的一个重要原则。即合同的主债权发生转移时,其从权利原则上应随之一同转移,但该从权利专属于债权人自身的除外。随同债权转移而一并转移的从权利包括担保物权和其他从权利。[①] 我国《合同法》第81条规定的含义,就是如无特别约定或者法律的特别规定,从权利随主权利的转移而转移。

合同的从权利是指与合同主债权相联系的,但自身并不能独立存在的权利。合同的从权利大部分是由合同关系的从合同规定的,也有的本身就是合同内容的一部分。如通过抵押合同所设定的抵押权、以质押合同设定的质权、保证合同设定的保证债权、定金合同设定的定金债权等,都属于由主合同的从合同所设定的从权利;违约金债权、损害赔偿请求权、留置权、债权解除权、债权人撤销权、债权人代位权等,则属于由合同约定或者依照法律规定所产生的合同的从权利。

合同的从权利作为合同的一部分内容,债权人转让其债权的,附属于合同的从权利也一并由受让人取得。如果转让双方在转让协议中明确规定了合同的从权利与主债权一并转让的,在主债权转让的同时,从权利当然会一并转移。即使合同的从权利是否转让没有在转让协议中作出明确的规定,也与合同主债权一并转移于合同权利的受让人。

例外情况是,如果债权的从权利是专属于债权人的权利,不会发生与主债权同时转移的效力。

从权利在合同权利转让协议中未作规定的,有的是不能转移给受让人的。抵押权具有不可分性,随主债权的转移而转移,自可与主债权一起由受让人接受。质权是以占有质押物为前提的,没有对质押物的占有,就谈不上享有质权,所以主债权的质权的转移应依质押物的转移而定,如果双方没有在债权转让协议中规定质权一并转移也未转移质押物占有的,不产生质权与主债权同时转移的效力。如果双方在转让协议中规定质权转移的,则让与人负有将质押物转移于受让人的义务,于质押物转移占有时,质权归受让人享有。保证债权只有在征得保证人的书面同意后,才对债权受让人产生法律效力,即使债权转让协议中明确规定保证债权与主债权一并转让的,也是这样。定金债权是可以与合同主权利的转让而一并转移的。留置权虽然是一项法定权利,但是由于其具有特殊的构成要件,所以一般是不能转移给受让人的。受让人受让债权以后,取得原债权人依照合同取得的留置物的,可以取得留置权。而违约金请求权、损害赔偿请求权,是合同主债权的重要内容,也是债务人不履行合同的后果,自然是主债权的

---

① 崔建远主编:《合同法》(第五版),法律出版社2010年版,第218页。

从权利,应于主债权转让时一并转移。

转让人与受让人在转让协议中就某些从权利有特别约定的,则应依照约定决定从权利的转移与否,不能按照一般的"从随主"规则确定从权利随主债权一并转移。

(三)债权人应当保证其转让的权利有效并不存在权利瑕疵

债权让与人的瑕疵担保责任,以买卖或者其他有偿方式让与债权,让与人对所让与的债权负权利瑕疵担保责任。当事人免除或限制此项责任的特约,对双方有约束力。没有特约的,如果是让与人故意不告知瑕疵的,对受让人因瑕疵所受损害负赔偿责任。如果受让人在债权让与成立时明知权利有瑕疵而接受的,让与人不负瑕疵担保责任。让与人对债务人的债务履行能力不负担保责任,但当事人另有约定的除外。

(四)让与人应当承担债权转让的必要义务

合同债权让与后,让与人须对受让人承担如下义务:(1)将合同的债权证明文件交付受让人。让与人对债权凭证保有利益的,由受让人自负费用取得与原债权证明文件有同等证据效力的副本。(2)将占有的质押物交付受让人。(3)告知受让人行使债权的一切必要情况。(4)应受让人的请求作成让与证书,其费用由受让人承担。(5)承担因债权让与增加的债务人履行费用。(6)提供其他为受让人行使债权所必要的合作。

四、合同权利转让的对外效力

合同权利转让的对外效力,是指债权转让对债务人以及其他第三人所具有的法律效力。[①]

(一)对债务人的效力

合同权利转让生效后,对债务人发生如下效力:

(1)债务人不得再向让与人即原债权人履行债务。

合同债权让与以后,让与人即原债权人已经丧失了合同债权人的地位,债务人不得再向原债权人履行债务。如果债务人继续向原债权人履行,对原债权人而言为不当得利,对于债务人而言为无效履行,对于受让人即新债权人而言则应当继续履行。如果这种履行造成了新债权人的损害,债务人应当承担损害赔偿责任。

(2)债务人负有向受让人即新债权人履行的义务。

合同债权受让人已经变为新债权人,在债权让与之后,债务人已经变为新债权人的债务人,就应当向新债权人履行债务,对于原债权人的债务已经免除,无

[①] 郑玉波:《民法债编总论》(修订二版),陈荣隆修订,中国政法大学出版社2004年版,第440页。

需继续履行。如果债务人向新债权人作出履行之后,债权让与行为被宣告无效或者被撤销,如果债务人出于善意,则债务人向新债权人作出的履行为有效履行,同样免除对原债权人的履行义务。

(3) 债务人基于原合同关系所享有的抗辩权仍然存在并可以对抗新债权人。

合同债权受让人取代原债权人的地位成为新的债权人,债务人不应因债权的转让而受有损害,所以债务人用以保证其权利的权利都应继续有效。按照我国《合同法》第82条关于"债务人接到债权转让通知时,债务人对让与人的抗辩,可以向受让人主张"的规定,债务人可以其对原债权人的一切抗辩权对抗债权的受让人。

债务人的抗辩权包括:

第一,法定的抗辩事由。法定的抗辩事由是指法律规定的,合同的一方当事人用以主张对抗另一方当事人的免责事由。依照我国《合同法》的规定,合同责任的免责事由就是不可抗力。这是唯一的法定抗辩事由,债务人可以依据这一抗辩事由对抗新债权人的履行请求。

第二,在实际订立合同以后,发生的债务人可据以对抗原债权人的一切事由,债务人可以之对抗债权的受让人:对于可撤销的合同关系,债务人享有撤销权的,对于受让人也可行使其撤销权,如显失公平、因重大误解订立的合同,债务人在债权转让以后可以向受让人主张撤销该合同。受让人不得依其受让时不知道该情形而对抗债务人。对于原债权人的行为引起的债务人的抗辩权,如原债权人的违约行为、原债权人有关免责的意思表示、原债权人的履行债务的行为等,都可以作为对抗债权受让人的抗辩。对于债务人的行为所产生的可以对抗原债权人的一切抗辩事由,均可以之对抗债权的受让人,如债务人对原债权人已为的履行行为,可以对抗新的债权人。

(4) 债务人的抵销权仍然有效。

债务抵销是合同法的重要制度,是合同消灭的方式之一,在合同权利转让中同样适用。转让的债权如果是债权人与原债务人互负债务,各以其债权充当债务的清偿,债务人可以向债权的受让人主张抵销,而使其债务与对方的债务在相同数额内互相消灭,不再履行。

(二) 对第三人的效力

1. 债权双重转让时

债权转让不同于物权转让,物权转让在形式上有划一的公示方法,无谓双重受让。即使发生双重受让,因前受让人即已履行公示方法,则后手受让人亦无生效的可能。债权转让则不然,债权转让虽为准物权契约,但除以通知债务人为生效要件之外,对于第三人没有其他公示方法,因而在形式上不能一望而知,因而难免发生双重转让。① 因此,双重转让债权均未通知债务人时,均不对债务人生效。两个受让人究竟以何人为生效？应以成立在先者为生效。如果已经通知债务人,则仍应以通知债务人的受让人为有效,通知乙为受让人的,债务人应向乙履行债务；通知丙为受让人的,债务人向丙履行债务。如果双重转让均通知债务人的,通知到达在先效力在先；如果在对乙的转让已经通知,但在通知到达之前债务人已经向丙清偿的,该清偿有效。

2. 有利害关系的第三人为清偿时

在债务履行中,如果是有利害关系的第三人,例如保证人为清偿时,应当为有效清偿。如果在债务人收到通知之前,第三人已经向原债权人为清偿的,其清偿当然有效。如果是无利害关系人为清偿的,原则上不受此保护。

【案例讨论】

讨论提示：本案构成合同权利转让,张某成为新债权人王某的债务人,应当履行债务。该债权转让时,经过债务人同意,因此,转移后的债权的诉讼时效应从权利转让之后起算,王某的起诉没有超过诉讼时效。

讨论问题：1. 债权转让应当具备哪些构成要件？2. 为什么说本案构成权利转让？3. 合同权利转让的法律后果是什么？

第四节　合同义务转移

【典型案例】

2009年1月5日,乙向甲借款10万元,约定期限1年。清偿期届至,乙无法清偿债务。丙原来欠乙货款20万元。经甲乙丙三方协商,书面约定乙向丙转移债务12万元,其中本金10万元,利息2万元,约定丙如果在1个月内还清,可不额外支付利息；1月内不能还清,则按甲乙原定利率月息1分付息。债务转移后,丙于1年10个月未予清偿。甲起诉请求乙和丙连带清偿12万元的本金和利息,乙主张债务转移,丙主张不承担利息清偿义务。

---

① 郑玉波：《民法债编总论》(修订二版),陈荣隆修订,中国政法大学出版社2004年版,第445页。

一、合同义务转移概述

(一)合同义务转移的概念

合同义务转移又称为合同债务让与,是指合同的债务人将其负有的债务转移给第三人,由第三人取代债务人的地位,对债权人负责给付。

按照我国《合同法》第 84 条规定,合同的债务人可以将其债务转让给第三人,债务可以全部转让,也可以部分转让。债务人转让其债务,除应与受让人达成相关的转让协议外,还应当征求债权人的意见;如果债权人不同意债务转让,则债务人转让其债务的行为无效,不对债权人产生拘束力。

(二)合同义务转移的种类

合同义务转移分为全部转移和部分转移。

合同债务的全部转移,是指债务人与第三人达成协议,将其在债的关系中的全部债务一并转移给第三人。合同债务的全部转移,是由新的债务人取代原债务人的地位成为合同关系的当事人,承担合同关系中原债务人的义务。这仅是合同关系的主体变更,由于合同内容不发生变更,所以并没有形成新的合同关系。

合同债务的部分转移,是指合同债务人将债的关系中债务的一部分转移给第三人,由第三人对债权人承担一部分债务。这样,合同关系中的原债务人并没有退出债的关系,而又加入了一个新债务人,原债务人与新债务人共同对债权人承担履行债务。但这并不是由原债务人与新债务人对全部债务共同承担履行义务,第三人仅就其与债务人签订的转让债务协议规定的应承担的债务部分承担责任。除此之外的债务仍应由原债务人承担。因此,这种共同债务是按份债务。

二、合同义务转移的构成要件

(一)须有有效的债务存在

没有有效成立的债务存在,签订转移债务的协议不发生法律效力。对未来发生的债务当事人也可以转让,而且这种转让与对已有债务的转让效力相同,只是这种转让协议只有在债务实际成立时才能生效。如果债务已经消灭的,也不能成立债务转让协议。

自然债务具有特殊性。自然债务是指已经超过诉讼时效的债务。此种债务因时效期间完成,不再受法律的强制保护,债务人可以不必对债权人履行债务,不构成违约。但债务人与第三人就超过诉讼时效的债务达成转让协议,且经债权人同意的,对债权人发生法律效力。债务人与受让人之间的转让协议是合法有效的,应受法律保护。债务的受让人取得对债权人的抗辩权,即可以诉讼时效对抗债权人。如果受让人对债权人履行了其债务,则这种履行发生法律上的效力,不得再以受让时不知该债务已经超过诉讼时效而要求使履行归于无效。

(二) 转让的债务应具有可转让性

转让的债务应当是可以进行转让的债务,即债务须具有可转让性。在性质上不能进行转移的债务,或者法律、行政法规规定禁止转让的债务,不得进行转移,否则转移协议无效。性质上不得转移的债务,如果是经债权人同意的,在大多数情况下也可以进行转移。但法律、行政法规禁止转移的债务,则即使经债权人同意,也不能产生债务转移的法律效力。如果已经明确约定为不得转移债务的,债务人不得转移债务,否则转移协议无效,在债务转让人与受让人之间不发生法律效力。但只要取得债权人的同意的债务转移,则原有的禁止转移债务的协议视为被撤销,债务即变为可以进行转移的债务。

(三) 须有债务转移的内容

债务转移协议中必须有债务转移的约定,否则不能转移债务。债务转移协议的目的就是由第三人取得债务人的地位,成为债的关系当事人,由受让人独立承担对债权人的债务。债务转移后,新债务人履行债务行为是他对自己的债务的履行,而不是代替他人履行。

(四) 须经债权人同意

债务转移,除债务人与第三人达成转让债务的协议外,只有在取得债权人的同意后,才对债权人产生法律效力。债权人的同意,可以采用明示方式,也可以采取默示方式。如果债权人未作出明示的同意,但他已经将第三人作为债务人、要求第三人履行债务的,则应认为债权人已经同意债务人对其债务的转让,债务转让的协议则为有效。如果债务转让的协议送达债权人以后,债权人没有作出明确的同意表示,从债权人的行为也不能认定债权人已经接受第三人为新债务人的,则认为债权人没有同意债务转让,债务转让协议没有发生法律效力。此时,债务人或者受让人可以要求债权人于一定期限内作出同意或者不同意的意思表示,如果在此期限内债权人仍没有表示同意的,则认为债权人拒绝同意。

债权人拒绝同意债务转移,或者因债权人没有作出同意的意思表示,而使债务转移的协议对债权人不发生效力的,第三人不能成为债的关系当事人,也就不会对债权人承担债务。但这并不影响债务人与第三人达成的有关转让债务的协议的效力。只是由于债权人的不同意,而使债务人与第三人无法履行他们的债务转让协议,这是典型的履行不能,是一种客观不能,因而转让债务协议的当事人应当解除合同,互负恢复原状的义务。

三、合同义务转移的效力

(一) 债务受让人代替原债务人地位成为新债务人

合同义务转移的首要效力,就是债务受让人代替原债务人地位成为新债务人。债务转移的这一法律效力,因全部转移或者部分转移债务而有所不同。

全部转移债务的,是债务人的替换,即原债务人退出合同关系,由受让人取得其地位,并承担原债务人的一切债务。

部分转移债务的,则形成同时并存的两个以上债务人的情形。各债务人之间的关系根据债务的转移协议而定,可以是按份之债,也可能是连带之债。如果是按份之债,则债务人按照各自既定份额分别对债权人履行其债务。连带之债则是各债务人对债权人共同承担连带履行的债务。每一个债务人都有义务就全部债务承担责任,债权人也可以要求其中的一个债务人履行全部债务。其中一个债务人履行的实际债务超过其应当履行的债务份额的,有权向其他债务人要求追偿。不过就实际情况而言,其"部分"应当是有限定的,如果没有特别约定,该共同债务应当是按份债务。

(二)债务人抗辩权的转移

债务人转移其债务后,新的债务人取得原债务人的一切法律地位,有关对债权人的一切抗辩事由,新债务人有权对债权人主张。

债务的受让人取得的抗辩权的内容主要包括:

第一,法定的抗辩事由。依照我国《合同法》的规定,合同责任的免责事由就是不可抗力。债务在未转移前发生的不可抗力,原债务人取得该抗辩权,受让人接受该债务时同样取得该抗辩权。

第二,在实际发生合同关系以后发生的债务人可据以对抗债权人的一切事由,新债务人可以之对抗债权人。例如,可撤销的合同原债务人享有的撤销权,债权人的违约行为,债权人有关免责的意思表示,债权人的履行债务的行为,以及原债务人对债权人已为的履行行为,新债务人都可以其对抗债权人。但应注意,这种抗辩应当符合下列条件:一是该种行为是有效的履行行为;二是债务人履行的时间应在转让债务得到债权人的同意之前。

(三)合同债务的从债务一并转移

对于附属于合同主债务的从债务,在债务人转让债务以后,新债务人一并应对从债务予以承担,即使在转让债务的协议中没有对从债务的转让作出明确约定的,亦同样如此。这是"从随主"原则的另一种表现形式。"从随主"原则的例外情况是,从债务专属于原债务人的,新债务人不予承担,即仍由原债务人对债权人负责,债权人无权要求新债务人履行这些债务。

从属于主债务的从债务,因主债务的转移而一并发生转移,即使当事人在转让债务时未在转让协议中明确规定从债务问题,也不影响从债务转移给债务的受让人,尤其在全部债务转移时,原债务人的地位由受让人取得,从而脱离债的关系。所以,债权人权利的实现只能依赖于新债务人的履行行为,新债务人自然应当对从债务予以承担。如附属于主债务的利息债务等,因债务转移而将之移转承担人。应当注意的是,第三人原来向债权人所提供的担保,在债务转移时,若担保人未明确表示继续承担担保责任,则担保责任将因债务的转移而消灭。

只有专属于原债务人的从债务,在主债务转移时才不必然随之转移。专属于原债务人的从债务是指应当由原债务人自己来履行的、附属于主债务的债务。一般的在债务转移之前已经发生的从债务,要由原债务人来履行,不得转由债务的受让人来承担。对于与债务人的人身相关或者与原债务人有特殊关联的从债务,应由原债务人来承担,不随主债务的转让而由新债务人承担。

【案例讨论】

讨论提示:本案的债务转移经过债权人的同意,发生法律效力。债权人再主张原债务人承担连带清偿责任,为无理由;债权人主张新债务人履行利息清偿义务,为有理由,但2万元利息之债不应计算复利。

讨论问题:1.债务转移应当具备哪些构成要件? 2.本案构成债务转移,发生何种法律效力?

第五节 合同权利义务概括转移

【典型案例】

原告某食品贸易公司与被告某粮油公司签订了一份大米购销合同,合同约定:原告向被告出售1500吨大米,每吨单价6100元,2009年3月底于某火车站交货,货到3天后付款。几天后,原告又与第三人签订了一份同样的大米购销合同,第三人在合同订立后,立即向原告汇出500吨大米的货款,原告在收到该款后,先向第三人通过火车发送了500吨大米。10天后,原告向被告发送了1000吨大米。至2月中旬,原告不能收集到余下500吨大米给被告。被告遂多次发函催要,原告遂商请第三人暂时拨出500吨大米给被告,以后再由原告向第三人补齐。第三人表示同意,但仅剩下400吨尚未销售,第三人遂向被告发函,称愿帮助某贸易公司(即原告)交付大米400吨,货款由第三人与原告结清。被告表示同意接收。但在收到货物以后,以"尚欠100吨大米"为由,要求第三人补足,同时拒绝向原告支付1400吨的全部货款。原告多次催讨未果,遂向法院起诉,要求被告支付1400吨大米的货款,同时原告、被告要求追加第三人。

一、合同权利义务概括转移概述

合同权利义务概括移转,是指合同关系当事人一方将其债权与债务一并转移给第三人,由第三人概括地继受这些债权和债务的合同转让形态。

合同权利义务概括移转与前述合同权利转让及合同义务转移不同之处在于,权利转让和义务转移仅是债权或者债务的单一转让,而合同权利义务概括转移则是债权与债务的一并转让。所以,合同权利义务概括转移又叫做合同之债的转让。

二、合同权利义务概括转移方式

合同权利义务概括转移,一般由债的一方当事人与合同关系之外的第三人通过签订转让协议的方式,约定由第三人取代债权债务转让人的地位,享有合同关系中转让人的一切债权并承担转让人的一切债务。

可以进行合同权利义务概括转移的只能是双务合同。仅仅一方负有债务另一方享有债权的单务合同不符合这样的特征,不适用权利义务概括转移。其理由是,单务合同的当事人只能是享有债权的一方当事人或者是承担债务的一方当事人,一方当事人不可能既享有债权又承担债务,所以一方当事人不可能有进行债权与债务同时转让的可能。

由于合同权利义务概括转移在转让债权的同时也有债务的转让,为保护当事人的合法权利,不因合同债权债务的转让而使另一方受有损失,所以法律规定,概括转让必须经另一方当事人同意,否则转让协议不产生法律效力。这一规则与债务转移的法律规定相同。

我国《合同法》第89条对权利义务概括转移规定的规则是:

第一,权利义务概括转移的,应适用《合同法》第79条有关债权转让的规定,对于该条所规定的不得进行转让的债权,例如根据合同的性质不得进行转让的,按照合同当事人约定不得进行转让的,依照法律的规定不得进行转让的债权等,不得进行权利义务概括转移。

第二,《合同法》第81条和第86条规定的债权转让和债务转移的"从随主"原则,概括转让亦受其约束。

第三,权利义务概括转移,适用《合同法》第82条有关债权人对债务受让人的抗辩权的规定,即债权人对债务受让人可以对原债务人的一切抗辩事由对抗之。

第四,《合同法》第83条有关债务人对债权转让人的抵销权的规定,进行权利义务概括转移时同样有效,债权转让的通知到达债务人时,债务人得以即时所有的到期债权主张对原债权人进行抵销。

第五,《合同法》第85条规定的债务受让人抗辩权规定,对权利义务概括转移的,也同样适用。债务的受让人因取得原合同当事人一切在合同中的权利义务,所以债权债务转让人的一切权利也一并转移于受让人,转让人的抗辩权自然也转移于受让人。

三、合同当事人变化后的债权债务承担[①]

合同当事人的变化,是指合同当事人本身发生变化,而不是指合同当事人的变更。按照我国《合同法》第90条规定,合同当事人的变化主要包括两种方式,一是当事人合并,一是当事人分立。

当事人的合并,是指合同当事人与其他的民事主体合成一个民事主体。合并也有两种方式,一是新设合并,由原来的两个以上的民事主体合并成一个新的民事主体。另一种方式是吸收合并,即两个以上的民事主体,由其中的一个加入另一个当中。

合同当事人与其他民事主体进行合并的,不管是新设合并还是吸收合并,合并后的民事主体,成为合同当事人,对合同的另一方当事人承担债务,享有债权。

当事人的分立,是指合同当事人由一个分成两个或者两个以上的民事主体。当事人的分立有两种情形,一是由原来的主体分出另外一个民事主体,而原主体并不消灭,依旧存在;二是由原来的主体分成两个新的民事主体,原来的民事主体不复存在。对于第一种情况,尽管原来的合同当事人还存在,但实际上已经发生了变化,分出的新的合同主体也是原来合同当事人的一部分,所以这一部分也应当对原来的合同关系享有权利、承担义务。在后一种情况下,原来的合同当事人已经不复存在,由原来的合同当事人权利的承担者来对原合同享有权利、承担义务。

合同当事人发生分立的,分立的后的当事人之间对原合同享有连带债权、承担连带债务,即各分立后的法人或者其他组织对合同另一方当事人承担连带责任,其中一个法人或者其他组织负有对合同所有债务进行清偿的义务,也享有要求合同另一方当事人对其履行全部债务的权利。但是分立后的当事人约定各自的债权比例,并且通知债务人的,则它们之间为按份债权。但对应承担的债务的约定,不得对抗债权人,只对它们内部有约束力。当然,如果征得合同的另一方当事人同意的,可以不受此限制。

四、合同权利转让和债务转移的手续问题

合同权利义务转让,一般仅有当事人的合意即为有效。债权的转让,债权人

[①] 合同当事人变化不是权利义务概括转移,在这里讨论这个问题仅仅是为了阐释的方便。

与第三人达成有效的转让协议,并于将债权转让的事实通知债务人时,即发生债权转让的效果。债务的转让,债务人与第三人达成转让协议后,并于经债权人的同意之后,转让债务的协议即为生效。合同权利义务的转让,是合同当事人之间的事情,只要当事人达成真实的合意,即可发生合同权利义务转让的法律效果。但是对于一些特殊的合同的权利转让和义务转让,法律、行政法规明确规定合同转让应当进行登记或者批准的,当事人在转让其合同债权、债务时,应当申请有关部门批准或者到有关登记机关进行登记,未按照要求进行批准或者登记的,当事人之间的转让协议不发生法律效力。

【案例讨论】

讨论提示:本案争议的焦点是,500吨大米的买卖合同债权债务是已经构成债权债务的概括转移,还是构成第三人履行行为。确定的标准是,是否符合债权债务转移的构成要件。

讨论问题:1. 本案三方就500吨大米的问题,是否构成权利义务概括转移?根据是什么? 2. 第三人履行行为与权利义务概括转移的区别是什么?

第八章 合同消灭

第一节 合同消灭概述

【典型案例】

甲公司和乙公司订有一份煤炭购销合同,由甲公司向乙公司提供煤炭300吨,乙公司付货款28万元。甲公司供货后,乙公司没有及时付款。后经主管部门决定,乙公司被分立为丙、丁两个公司,并将现有财产和债务一分为二,但对甲公司的欠款没有分配。甲公司得知乙公司分立后,要求丙、丁两个公司偿还欠款,均遭拒绝。甲又找乙的主管部门索要欠款,亦遭拒绝,遂向法院起诉。

一、合同消灭概念及与相关概念的区别

(一)合同消灭的概念

合同消灭,也叫做合同终止,《合同法》称之为"合同的权利义务终止",是指合同当事人之间的合同关系在客观上已经不复存在,合同的债权、债务归于消灭。

(二)合同消灭与相关概念的区别

1. 合同消灭与合同效力停止和合同效力减弱

合同消灭与合同效力停止和合同效力减弱是不同的概念。合同效力停止,是指因债务人行使抗辩权而拒绝债权人的履行请求,从而使合同债权的效力受到阻止。合同效力减弱,是指债权人不能行使给付请求权而仅能受领债务人的给付。例如,诉讼时效期间完成之后的合同债权,债权人就不能行使给付请求权,而只能单纯地接受债务人的给付。不论是合同效力停止还是合同效力减弱,它们之间的合同关系都仍然存在,只是合同效力有所变化。而合同的消灭却是合同关系已经死亡,合同效力不复存在。

2. 合同消灭与合同解除

合同消灭与合同解除也是不同的。合同解除,是指债具有法定原因或者约定原因,而使合同自始消灭或者向前消灭。它仅仅是合同的消灭的一种原因。而合同的消灭则是包括合同解除以及因其他原因而使所有的合同关系最终死亡。

3. 合同消灭与合同变更

合同消灭与合同变更也不相同。合同关系消灭之后,合同关系当事人之间的债权债务关系于客观上不再存在。而广义的合同变更,在合同主体变更的时候,债权债务关系发生转移;而在合同内容变更,则仅仅是合同内容发生了部分变动。这两种情况下的合同关系都没有死亡,而仅仅是发生了部分变化。

二、合同消灭的原因

合同消灭的原因,我国《合同法》规定为七种,即:(1)债务已经履行,即清偿;(2)合同解除;(3)抵销;(4)提存;(5)免除;(6)混同;(7)其他原因。这些合同的消灭原因综合起来,可以分为以下三种:

(一)基于合同目的达到而消灭

合同目的的达到,就是债权人的预期利益得到了满足。例如,当事人订立合同的目的是为了实现订立合同的预期利益,而合同预期利益必须通过合同的实现才能够实现。合同目的实现了,合同利益也就实现了,合同也就消灭了。清偿和混同,都是因为合同目的实现而使债权债务关系消灭的原因。

(二)基于当事人的意思而消灭

合同当事人之间的债权债务关系都是依照当事人的意思而设立,都可以依据当事人的意思而消灭。如果当事人意思一致要消灭合同关系,当然可以消灭合同。例如,当事人双方不想继续保持合同关系,通过合同解除而消灭合同关系,就是基于当事人的意思而消灭债。如果当事人一方要消灭合同,且具有消灭合同权利的,也可以消灭合同,例如免除债务和抵销。

(三)基于法律的直接规定而消灭

合同是当事人之间约定的权利义务关系,遵守意思自治原则。但是,在法律直接规定合同消灭的情况出现时,合同也归于消灭。例如合同的法定解除,当事人死亡或丧失行为能力,法人的终止等,都属于基于法律的直接规定而消灭合同。

三、合同消灭的效力

合同消灭之后,发生的效力表现在以下几个方面:

（一）债权债务关系消灭

合同消灭之后，合同当事人之间的债权债务关系消灭，债权人不再享有债权，债务人不再负担债务。

（二）债权的担保及其他从属的权利义务消灭

合同关系消灭，消灭的是主合同关系，但附随于主合同关系的从合同关系也随之一并消灭。例如，担保物权、保证债权、违约金债权、利息债权等，在合同关系消灭时一并消灭。

（三）负债字据的返还

负债字据是合同债权人和债务人之间债权债务的证明。有负债字据的合同关系消灭后，债务人可以请求返还或者涂销负债字据；合同关系部分消灭的，或者负债字据上载有债权人其他权利的，债务人可以请求将合同的消灭的事由记入负债字据。债权人主张不能返还或者不能记入的，债务人可以请求债权人出具合同消灭的证书。

（四）附随义务履行

附随义务并不止于我国《合同法》第92条规定的合同关系消灭后的通知、协助、保密等内容，还包括当事人约定的附随义务，例如汽车售出后的免费保养、保修，装修房屋后的若干时间的保修期等，都是约定的附随义务。合同关系消灭后，这些附随义务产生履行的效力，当事人必须履行。例如，销售合同主债务履行之后，其附随的售后服务义务开始履行，并且须依约履行。

（五）合同消灭后不影响合同关系中结算和清理条款的效力

这是因为，合同关系消灭，如果将在合同中约定的合同结算和清理条款也一并消灭，将会使合同关系的结算和清理失去法律依据，势必影响当事人之间的交易关系。因此，合同关系消灭之后，并不影响合同关系中结算和清理条款的效力，使债权人和债务人之间的结算和清理能够有据可依。

【案例讨论】

讨论提示：本案是双务合同之债，甲公司已经完成了给付，消灭了乙公司的债权；但乙公司拒不履行交付货款的债务，甲公司有权请求分立的丙公司和丁公司承担连带清偿责任，以消灭债务，实现自己的债权。

讨论问题：1. 合同之债的消灭原因有哪些？2. 甲公司履行债务消灭合同之债的行为属于哪种给付？3. 分立的丙公司和丁公司是否负有清偿义务？拒不履行债务行为应当承担何种责任？

第二节 清 偿

【典型案例】

原告何豆粒之子白聪明在中国人民建设银行厦门市分行中山储蓄所存入定期1年的储蓄人民币3万元。白聪明因车祸死亡，该笔存款的存单下落不明。何豆粒委托亲戚陈明坤去该储蓄所办理挂失止付手续。陈在挂失申请书上写明挂失原因系因车祸丢失存单，并提供本人身份证，在身份证号码后注明"代"字，其余栏目由储蓄所业务员经查询存款确实在账后代填。该储蓄所向陈收取了挂失手续费，在挂失申请书上加盖了业务章，出具挂失申请书第三联单据给陈。3日后，储蓄所内部监督部门核算科经审查认为，该笔挂失缺乏储户本人身份证，违反银行挂失原则，挂失无效，通知该储蓄所立即予以撤销。次日，该储蓄所撤销该挂失申请，但未告知何豆粒和陈明坤。6个月后，有人凭取款人所持的存单支取了该笔存款的本息共32443.12元。嗣后，何豆粒委托陈到该储蓄所要求支取该笔存款的本息，储蓄所告知其提供财产继承公证书、户口簿等有关证件。何持上述证件要求取款时，储蓄所才将存款已被他人领走的事实告知何。何向法院起诉，要求支付存款本息，并赔偿其经济损失。

一、清偿的概念和性质

（一）清偿的概念

清偿又被称为履行，是指合同的债务人按照合同内容向债权人履行债务，实现合同目的的行为。换言之，清偿者，实现债务内容之行为也。[①] 我国《合同法》使用的"债务已经按照约定履行"的概念，就是清偿的概念。

合同债务内容的实现，为合同债权本来的目的，债权的内容一经实现，其合同即因达其目的而消灭。所以，只需债务人的行为客观地适合于债权的内容，即足消灭其合同。

（二）清偿的性质

对于清偿的性质历来有不同主张，主要有法律行为说、非法律行为说和折中说三种。一是法律行为说，认为清偿须有清偿的意思，即为消灭债务的意思，属

[①] 洪文澜：《民法债编通则释义》，上海法学编译社、会文堂新记书局1948年版，第379页。

于效力意思。如果给付欠缺清偿意思,则不发生合同消灭的效果,因而是法律行为。二是非法律行为说,认为清偿不是法律行为,因而无须有清偿的意思,理由是,给付行为与清偿不同,给付是为清偿所为的行为,清偿为给付目的的达到;因清偿所为的给付行为可能是事实行为,也可能是法律行为,也可能是不作为,但不论其性质如何,均属于清偿的手段,于清偿本身并无影响。三是折中说,认为对于清偿的性质不必统一,应当分别具体情况,是法律行为的就是法律行为,不是法律行为的就不是法律行为,应当区别对待。

对于清偿的法律性质,应当采纳通说,即非法律行为说,这种主张的弹性较大,区分给付行为与给付目的的不同,且比较适合实际情况,是较为稳妥的主张。

二、清偿的基本要求

（一）清偿主体

清偿的主体,就是清偿的当事人,包括清偿人与清偿受领人。

1. 清偿人

清偿人,是指清偿债务的人。分为须为清偿之人和得为清偿之人。从身份上说,清偿人包括债务人、债务人的代理人、第三人。

债务人负有清偿义务,是须为清偿之人,包括连带债务人、不可分债务人、保证债务人。给付行为是事实行为的,债务人无须具备行为能力;而给付行为属于法律行为时,债务人须有民事行为能力,如无民事行为能力人或者限制民事行为能力人,则应由其法定代理人为清偿或者征得法定代理人的同意。

如果按照法律规定或者当事人约定或者合同性质决定,债务不是必须由债务人亲自履行的,且在给付行为为法律行为时,债务清偿可由债务人的代理人清偿。

债务人以外的第三人也可以作为清偿人,但是法律规定、当事人约定或者按照合同性质决定不得由第三人清偿的除外。

2. 清偿受领人

清偿受领人,是指受领债务人给付的人,即受领清偿利益的人。债务的清偿应当由清偿人向有清偿受领权的人为之,并经受领后,才能发生清偿的效力。

债权人是当然的清偿受领人,因为他就是债的关系的权利主体。但在下列情况下,债权人不得受领:(1) 债权已经出质。此时,非经质权人同意,债权人不得受领。(2) 债权人已经宣告破产。此时,债权人已经不能为有效的受领,其债权应由破产清算人受领。(3) 在债务人的履行行为属于法律行为且须债权人为必要协助时,如果债权人无民事行为能力,则不能实施有效的受领行为,须由其法定代理人代理。(4) 法院按照我国《民事诉讼法》的规定,对债权人的债权采取强制执行措施时,债权人不得自行受领。

其他清偿受领人还包括：债权人的代理人，债权人的破产管理人，债权质权的质权人，持有合法收据的人（表见受领人），代位权人，债权人和债务人指定受领清偿的第三人。

债务人向无受领权人清偿的，其清偿无效。但是，其后受领人的受领经债权人承认，或者其取得债权人的债权的，债务人的清偿为有效清偿，发生消灭债权的效力。

（二）清偿标的

清偿标的，就是债务的履行标的，即合同给付的内容。清偿标的应当是全面清偿，即按照法律规定或者合同约定的债务全面履行。只有在特殊情况下，才可以部分清偿和代物清偿。

部分清偿，也叫做一部清偿。准许部分清偿的条件是：第一，双方当事人同意部分清偿；第二，部分清偿不损害债权人的利益。

代物清偿，是指以他种给付代替原定给付，债权人受领该给付而使合同关系消灭的清偿。换言之，代物清偿即债权人与债务人或第三人所谓受领他种给付以代原定给付，而消灭债权债务关系。[①] 代物清偿的构成要件是：（1）须有合同关系存在。（2）须以他种给付代替原定给付，如提供财产以代替原定的提供劳务；同为给付财产的，以给付电视机替代给付电冰箱，也是代物清偿。（3）代物清偿须订立合同，双方要有代物清偿的合意。（4）须清偿受领人现实受领他种给付，如不受领，自不发生代物清偿的效果。

代物清偿一经成立，即发生合同消灭的后果。代物清偿不要求原定给付于他种给付在价值上完全相同，因此，当事人在达成代物清偿的协议时，应就其价值差额的处理作出约定。

（三）清偿期、清偿地、清偿费用

债务人清偿债务，应当在当事人约定的履行地点、履行期限之内实施清偿。当事人没有约定的，按照法律规定予以确定。清偿费用，按照法律规定或者当事人约定处理；法律没有规定，当事人也没有约定的，按照合同的有关条款或者交易习惯确定；据此仍不能确定的，清偿费用由债务人负担。

三、代为清偿

（一）代为清偿的概念和类型

代为清偿，是指由第三人代而为之的清偿。例如，在酒店就餐，其他人暗中代消费者买单，就是典型的代为清偿。

代为清偿有两种类型：一是第三人向债权人代为清偿，使债权人的债权得到

[①] 陈瑾昆：《民法通义债编总论》，北平朝阳学院1933年版，第417页。

实现,消灭合同关系,转由债务人向第三人承担债务。在这种情形下,债权人和债务人之间的合同关系消灭,但又产生一个新的合同关系。二是第三人以赠与为目的的代为清偿,不仅使债权人的债权得到实现,而且也免除了债务人的债务,因此完全消灭债权人和债务人之间的合同关系,并且在债务人和第三人之间也不产生新的合同关系。代为买单属于后一种代为清偿。

(二) 代为清偿的成立

代为清偿符合以下条件的,方为成立并发生效力:

(1) 依债的性质可以由第三人代为清偿。

有的合同可以代为清偿,有的合同不可以代为清偿,主要决定于合同的性质。只有依照合同的性质可以由第三人代为清偿的债的关系,才可以由第三人代为清偿。如果合同关系规定债务属于专属性的,则性质上不许代为清偿。例如演出合同之债,物业管理公司受聘管理物业,都属于专属性债务。基于合同性质不得代为清偿的情形有:不作为债务,以债务人本身的特别技能、技术为内容的债务,因债权人与债务人之间的特别信任关系所生的债务等。

(2) 债权人和债务人之间没有不得由第三人代为清偿的约定。

成立代为清偿,必须在债权人和债务人之间没有关于不得由第三人代为清偿的约定或者规定。如果有不准由第三人代为清偿的约定或者规定的,则不得进行代为清偿;但在代为清偿之后约定不得由第三人代为清偿的,不妨害代为清偿的效力。

(3) 债权人没有拒绝代为清偿的特别理由。

债权人没有拒绝代为清偿的特别理由,债务人也没有提出异议的正当理由,代为清偿即为成立。如果代为清偿有违社会公共利益、社会公德或者诚实信用,对债权人或者债务人或者社会有不利影响,或者代为清偿违背其他强制性规定时,债权人就有权拒绝受领代为清偿,债务人也有权提出异议,因而代为清偿不成立。

(4) 代为清偿的第三人须有为债务人清偿的意思。

代为清偿的第三人必须有为债务人清偿的意思表示,没有为债务人清偿的意思表示,就不成立代为清偿。如果清偿人基于错误,误信债务人的债务为自己的债务而为清偿的,不成立代为清偿。

(三) 代为清偿的效力

成立代为清偿,发生以下效力:

(1) 在债权人和债务人之间发生消灭合同的后果。

成立代为清偿,在债权人和债务人之间消灭合同关系,债权人债权实现,债务人免除清偿义务,是代为清偿的基本效力。在双务合同中,须双方的债务均获清偿,合同关系才完全消灭。除非第三人可以代位债权人,否则债务人可以请求返还债权证书。

（2）在债权人和第三人之间债权当然转移给第三人。

第三人代为清偿，债权人的债权实现之后，其债权当然转移给第三人，第三人成为新的债权人。如果是就一部债务代为清偿，则只在该部分消灭债权，该部分债权转移给第三人，债权人对第三人取得的债权不负瑕疵担保责任。第三人对于债权证书有返还请求权，如果仅仅是部分代为清偿的，则可以请求在债权证书中记入代为事实。同时，代为清偿的第三人有权指定清偿抵充；如果是选择债务，第三人有选择权。

（3）在第三人与债务人之间产生新的合同关系。

第三人代为清偿之后，在第三人和债务人之间发生新的合同关系。具体情形是：第三人与债务人之间具有委托关系的，应当适用委托合同的约定，确定双方之间的权利义务关系；如果第三人与债务人之间既无委托合同又无其他履行上的利害关系，第三人可以依照无因管理或者不当得利的规定，发生合同关系。如果第三人代为清偿具有赠与的意思的，则不发生合同关系。

四、清偿抵充

（一）清偿抵充的概念

清偿抵充，是指同一债权人的负担数宗债务的债务人，其给付的种类相同，其所提出的给付又不足以清偿全部债务时，决定其清偿抵充何种债务的制度。[①] 清偿抵充的适用条件是，只有在债务人相统一、债权人担负同种标的之数宗债务，其为清偿而提出至给付不足消灭全部债务者，才发生清偿抵充的问题。[②]

清偿抵充产生于罗马法，后世各国民法大都采纳清偿抵充规则。[③] 最高人民法院《关于适用〈中华人民共和国合同法〉若干问题的解释（二）》第20条规定："债务人的给付不足以清偿其对同一债权人所负的数笔相同种类的全部债务，应当优先抵充已到期的债务；几项债务均到期的，优先抵充对债权人缺乏担保或者担保数额最少的债务；担保数额相同的，优先抵充债务负担较重的债务；负担相同的，按照债务到期的先后顺序抵充；到期时间相同的，按比例抵充。但是，债权人与债务人对清偿的债务或者清偿抵充顺序有约定的除外。"

清偿抵充是合同债务清偿中经常出现的问题，对债权人和债务人的利益有直接影响。例如，债务人欠银行数宗欠款，设置担保、利息高低各不相同，在其清偿不能清偿全部债务时，该次清偿系偿还哪笔欠款，就是清偿抵充。

---

① 参见史尚宽：《债法总论》，台湾荣泰印书馆1978年版，第752页。
② 宣巽东：《中国民法债编》，北平大学法学院1935年版，第296页。
③ 王利明：《合同法研究》（修订版第二卷），中国人民大学出版社2011年版，第271页。

(二) 清偿抵充的成立条件

(1) 债务人须对同一债权人负担数宗债务。

债务人如果对债权人仅负担一宗债务,即使其给付不能为全部清偿,也属于一部清偿,而不是清偿抵充。债务人对同一债权人负担数宗债务,才能够成立清偿抵充。至于该数宗债务是发生在债权人与债务人之间,还是从别处承担而来,抑或该数宗债务是否都已届清偿期,均不论。

(2) 债务人负担的数宗债务的种类相同。

如果数宗债务给付的种类不同,则应以给付的种类确定清偿的为何宗债务,不能发生清偿抵充。如果就某项债务的给付,清偿人提出的给付超出规定的数额,当事人双方有同意就此多余的给付代他项债务的清偿,属于代物清偿,也不是清偿抵充。只有在债务人负担的数宗债务的种类相同的情况下,才能够发生清偿抵充。

(3) 债务人提出的给付不足以清偿全部债权。

如果有数宗债务,但债务人提出的给付足以清偿其全部债权,不发生清偿抵充,只有不足以清偿全部债权时,才发生清偿抵充。

(三) 清偿抵充的确定方法

在债务人所负担的数宗债务中,性质、数量、数额、履行期限等可能均有所不同。清偿抵充的方法按照原本债务和利息及费用之债的不同,分别规定不同的方法。

1. 原本债务的清偿抵充

清偿抵充分为约定抵充、法定抵充和指定抵充。①

(1) 约定抵充

约定抵充是指当事人之间事先约定债务人的清偿系抵充何宗债务。如果当事人之间就债务人的清偿系抵充何宗债务有约定时,应从其约定。约定抵充可以在清偿之前进行,也可以在清偿之时进行。

(2) 指定抵充

指定抵充是指当事人一方以其意思指定清偿人的清偿应抵充的债务。指定抵充应当具备两个条件:第一,指定应于清偿时为之,并且一经指定不得撤回。第二,指定抵充的指定权人为清偿人。

(3) 法定抵充

法定抵充是指当事人在未指定抵充时,依据法律规定决定清偿人的清偿应抵充的债务。其顺序:一是债务人的给付不足以清偿其对同一债权人所负的数笔相同种类的全部债务,应当优先抵充已到期的债务;二是几项债务均到期的,

---

① 彭隋生:《合同法要义》(第三版),中国人民大学出版社 2011 年版,第 101 页。

优先抵充对债权人缺乏担保或者担保数额最少的债务;三是担保数额相同的,优先抵充债务负担较重的债务;四是负担相同的,按照债务到期的先后顺序抵充;五是到期时间相同的,按比例抵充。

2. 利息及费用之债的清偿抵充

如果债务人除了原本债务之外,还应支付利息和费用之债,而债务人的清偿不足以清偿全部债务时,则清偿抵充应以法定顺序为之。我国法律没有规定法定清偿顺序,最高人民法院《关于适用〈中华人民共和国合同法〉若干问题的解释(二)》第21条对此作出了规定:"债务人除主债务之外还应当支付利息和费用,当其给付不足以清偿全部债务时,并且当事人没有约定的,人民法院应当按照下列顺序抵充:(一)实现债权的有关费用;(二)利息;(三)主债务。"

五、对债权准占有人给付的效力

(一)对债权准占有人给付效力的基本规则

对债权人准占有人给付效力,是清偿中的一个问题,它决定的是债务人对非债权人的准占有人的给付是否发生清偿的效力。其基本规则是:债务人对债权准占有人所为的给付,如系善意、无过失,发生清偿的效力;如果债权人在为给付时具有过失,则不发生清偿的效力,应另行清偿。

(二)债权准占有人的概念及其特征

债权准占有人是指外观征象依一般社会交易观念足使他人认其为债权人,并为自己的意思以真实债权人的身份行使债权的非债权人。例如占有他人存款凭证而向银行主张债权的非存款人。

债权准占有人的法律特征是:(1)债权准占有人不是真正的债权人,因而与善意占有人不同。(2)债权准占有人在客观上有真正债权人的外观表征,因而与不当得利人不同。(3)债权准占有人在主观上须有为自己的意思,因而与表见代理人不同。(4)债权准占有人须以真实债权人的身份行使债权,因而与代位权人不同。

对债权准占有人可以进行不同的分类:(1)按照其是否占有债权文书,可以分为持有债权文书的债权准占有人和非持有债权文书的债权准占有人。(2)按照债权准占有人的身份是否可以明确,得分成可明确的债权准占有人和不明确的债权准占有人。前者可以查明其是否为真正的债权人,多见于持有记名债权文书的情况,通过记名债权文书可以确定真正的债权人,后者无法查明是否为真正的债权人,如无记名债权文书的持有人。(3)按照债权准占有人的主观心态,可以分为恶意的债权准占有人和善意的债权准占有人。前者在行使债权时,明知自己不享有债权并通过行使他人的债权而获得私利,后者在行使债权时,不知自己所行使的债权为他人所享有,主观上并没有行使他人债权的意图。

(三) 对债权准占有人给付发生清偿效力的构成要件

债务人对债权准占有人的给付发生清偿的效力,应当具备以下要件:

(1) 债权准占有人必须合格。

债权准占有人须持有合法债权文书或具有足以使债务人认为其为债权人的外观征象。这就是债权准占有人必须合格的要件。构成该种给付的清偿的效力,其主体的要件就是受清偿人要符合上述特征,有债权准占有人的资格。非债权人这一特定身份,往往是因真实债权人主张债权而被证实,并不难查清。具有债权人的外观表征则是最重要的判断根据,应根据债权准占有人是否持有债权文书而定。持有债权文书的债权准占有人,以持有有效的债权文书为已足。

(2) 须在客观上已经履行了给付义务。

清偿的含义,就是依债务之本质,向债权人或其他有受领权人提出给付,实现债务内容,以消灭债务关系。① 因而,发生清偿效力的客观要件,必须是在客观上履行了给付义务。

(3) 债务人履行债务时须善意无过失。

此要件为立法通例和学者一贯主张。以善意无过失为要件,是对债权准占有人给付效力构成的最重要的要件,为主观要件。

具备以上三个要件,即构成对债权准占有人给付的清偿效力。

(四) 对债权准占有人给付的法律后果

对债权准占有人给付发生清偿的法律后果,其效力包括以下三点:

(1) 债权人和债务人之间的债权债务关系消灭。

对债权准占有人给付的清偿效力,首先及于债权人和债务人。债务人对债权准占有人的给付具备三个构成要件,即发生清偿的效力,其法律后果就是债权债务关系消灭,债权人不得再向债务人请求清偿。

(2) 债权的从权利亦因清偿而消灭。

债权因清偿而消灭,其效力及于债权的从权利,包括担保物权、保证债权及其他权利,例如将来之利息债权、违约金债权等,亦随同主债权的消灭而消灭。② 对债权准占有人的清偿,亦使主债权的从权利同时归于消灭,从权利的债务人因主债务人对债权准占有人的清偿而使其债务消灭,并取得对抗债权人的抗辩权。

(3) 债权人和债权准占有人间产生债权债务关系。

债权准占有人因此而获得清偿的性质,或者是侵权行为,或者是不当得利。债权准占有人的这种占有均为非法占有,应当予以追夺。这种追夺的关系,依据债权准占有人获清偿行为的性质,分为侵权之债和不当得利之债。债权准占有

---

① 刘清波:《民法概论》,台湾开明书店 1979 年版,第 329 页。
② 史尚宽:《债法总论》,台湾荣泰印书馆 1978 年版,第 760 页。

人明知自己为非债权人而以债权人的身份冒领债权的给付的,债权人与债权准占有人在给付发生清偿效力之时,产生侵权责任,债权人享有侵权之债的请求权,债权准占有人负有侵权责任,负返还原物或赔偿之责。债权准占有人接受给付时有法律上的原因,后因该法律上的原因丧失,该接受的给付为不当得利时,债权人与债权之准占有人形成不当得利的债权债务关系,债权准占有人负有返还不当得利的义务,债权人有权请求债务人履行债务。

（五）欠缺对债权准占有人给付效力构成要件的后果

欠缺对债权准占有人给付具有清偿效力构成要件的,不发生清偿的效力。受清偿人不具有债权准占有人的资格,或者债务人尚未给付,或者债务人在实施给付行为中有恶意或有过失,均不发生债务清偿的效力,债务人须另行履行债务,以满足债权人的债权。

对于债权准占有人获得的不当利益,债务人享有追偿权。

【案例讨论】

讨论提示:本案中的储蓄所已经支付了争议的存款,但为非债权人所支取。作为债务人,储蓄所对持有债权文书的非债权人的支付是否发生清偿的效力,关键在于其是否具有过错。有过错则支付无效,须继续支付;无过错,则支付有效,债权人须向冒领存款人即债权准占有人请求赔偿。

讨论问题:1. 本案的储蓄所在支付争议的存款中,是否有过错？2. 对债权准占有人给付具有清偿效力的具体规则是什么？3. 构成对债权准占有人有效给付的法律后果是什么？4. 代为清偿和清偿抵充分别适用何种规则？

第三节 解 除

【典型案例】

刘某到某影楼交了1688元拍摄婚纱照,与丈夫拍完照片后,看了照片小样感到不满意,要求退款。影楼承诺可以重新提供拍摄服务,直到刘某满意为止,但因已经拍摄而不同意退款。嗣后,刘某的婚姻出现危机,一直没有去补照。一年后,刘女士离婚,到影楼要求返还1688元照相款,影楼予以拒绝。刘某认为,她因离婚这一原因已无法再补照,只能要求解除拍摄合同,影楼必须退款,遂向法院起诉。

一、解除的概念和特征

(一) 解除的概念

解除是指合同的解除,有两种含义:狭义的合同解除是指合同有效成立以后,在具备解除条件时,因当事人一方基于法律规定或双方的意思表示而使合同关系归于消灭的一种法律行为。① 广义的合同解除,除了包括狭义的合同解除以外,还包括合同的协议解除。在大陆法系,一般采取的立法例是狭义的合同解除,合同解除就是对法律关系进行清算,即指签订合同以后,由一方当事人通过意思表示溯及性地消除合同关系。债务尚未履行的,没有必要再履行;已经履行的,双方予以返还。这是站在"直接后果"的立场上,针对因债的不履行而产生的法定解除所做的理解。②

我国《合同法》采用广义的解除概念。我国的合同解除,是指在合同之债成立之后而尚未全部履行前,当事人基于协商、法律规定或者当事人约定而使合同关系归于消灭的法律行为。③

(二) 解除的特征

(1) 解除以当事人之间存在有效合同为前提。

当事人不存在合同关系,就不存在解除的问题;当事人之间有合同关系但是合同无效,也不存在解除问题;当事人之间虽然存在有效合同,但是已经消灭的,亦不存在解除问题。此外,可撤销合同、效力待定合同也不存在解除的问题。

(2) 解除须具备一定的条件。

合同生效即不准许擅自解除。但是,在具备了一定条件的时候,法律也允许当事人解除合同,以满足当事人的利益需要。解除条件分为法律规定的条件、当事人约定的条件,以及通过协商确定的解除合同。

(3) 解除是一种消灭合同关系的法律行为。

当事人解除合同必须实施一定的行为,即解除行为。这种行为是一种法律行为。如果仅有解除的条件,而没有当事人的解除行为,合同不能自动解除。解除合同的行为,既可以是单方法律行为,也可以是双方法律行为。

二、解除的种类

解除的种类通常认为有三种,即协议解除、约定解除和法定解除,狭义的解除只包括后两种解除,即约定解除和法定解除。有的学者认为,我国的解除分为

---

① 王利明、崔建远:《合同法新论·总则》(修订版),中国政法大学出版社 2000 年版,第 497 页。
② 〔日〕渡边达德:《日本民法中的合同解除法理》,钱伟荣译,载韩世远、〔日〕下森定主编:《履行障碍法研究》,法律出版社 2006 年版,第 202 页。
③ 王利明等:《合同法》,中国人民大学出版社 2002 年版,第 238—239 页。

约定解除和法定解除,将协议解除和约定解除都作为合同解除的范畴。① 笔者认为,协议解除与约定解除是完全不同的,将其混在一起,并不妥当。

(一) 协议解除

协议解除,也叫做合意解除、解除契约或反对契约,是指在合同有效成立后、尚未履行完毕之前,当事人双方通过协商而使合同效力消灭的双方法律行为。

对于将合同的协议解除作为合同解除的种类的做法有反对意见。因为合同的协议解除不过是合同自由原则的内在要求,无须将其纳入合同解除制度的范围之内。其原因在于:第一,合同解除中的解除权的发生以及解除权行使方式和解除权行使的法律后果等方面的基本规则,都旨在规范解除权的运作,而协议解除是双方当事人通过协商同意将合同之债解除的行为,它不以解除权的存在为必要,解除行为也不是解除权的行使,其价值相反,是于解除权不存在或不成就的场合,解决合同的解除问题。第二,将性质、目的、功能完全不同的协议解除和行使解除权解除合同安排在同一制度模式下,必然会破坏合同解除制度内部的和谐统一。因而,立法将合同的协议解除纳入合同解除制度,将其作为合同解除基本类型的做法是有失妥当的。这些意见是正确的,但是,既然我国《合同法》已经把协议解除作为解除的一种类型,这样研究和适用还是有道理的。

(二) 约定解除

约定解除,是指在原合同中通过解除权条款,或另外签订一个合同赋予一方或双方当事人在一定条件下享有解除权,当事人行使解除权解除合同。约定解除的基本特点是,它是通过原有合同或者新订立的合同约定解除合同的条件,当约定的条件出现时,当事人即可行使解除权而解除合同。因此约定解除是单方解除合同。

合同的约定解除与附解除条件是不同的,尽管在使民事行为效力消灭这一点上是相同的,但存在明显的区别:(1) 解除条件原则上可以附加于一切民事法律行为及意思表示,而合同约定解除仅限于合同领域。(2) 解除条件成就后,附解除条件的民事法律行为当然且自动地消灭,无须当事人再作意思表示,而在合同约定解除时,解除条件的具备仅仅是使合同当事人享有了解除权,而未必必然导致合同解除,只有当解除权人依法行使解除权予以解除时,才会使合同解除。(3) 所附解除条件成就,一般是使附解除条件的民事法律行为向将来失去效力,并不溯及既往;而合同解除则是使合同关系自始消灭,未履行的终止履行,已经履行的一般应当恢复原状,如有损失还须由有过错方赔偿损失。

(三) 法定解除

法定解除,是指合同在有效成立后尚未履行或未完全履行完毕前,由于法律

---

① 王利明:《合同法研究》(修订版第二卷),中国人民大学出版社 2011 年版,第 294、297、300 页。

规定的事由行使解除权而使合同归于消灭的行为。

法定解除发生的原因有针对一般合同而规定的,也有针对个别合同而规定的,我国《合同法》规定的法定解除是解除权发生的一般原因。两大法系都将违约作为法定解除权发生的原因,但大陆法认为"迟延履行"、"履行不能"是法定解除权发生的原因,英美法则将根本违约或重大违约作为法定解除权发生的原因。

三、解除的条件

解除的条件又叫做合同解除的原因,是指允许当事人解除合同的确定原因。

(一)协议解除和约定解除的条件

协议解除合同的条件,就是双方协商一致,订立一个新的合同,合同的内容就是把原来的合同废弃,使基于原合同发生的债权债务归于消灭。其条件是,解除合同的协议应当采取合同形式,具备合同的有效要件。

约定解除合同的条件,在于合同当事人在合同中的约定,约定在什么条件下合同解除,当出现约定的条件时,对方当事人就享有解除权,行使解除权就可以解除合同。具体约定解除权的合同,可以是原合同,也可以是新订立的合同。约定的解除条件具有约束力。

(二)法定解除的条件

(1)因不可抗力导致不能实现合同目的。

不可抗力的发生并不必然导致合同法定解除权的产生,因为不可抗力对合同的影响程度是不同的,有的只会影响到合同履行时间,有的只会对合同履行方式产生影响,并不会使合同目的落空。只有当不可抗力的发生致使合同当事人所期望从合同履行中获得的利益无法实现时,合同当事人方可享有解除合同的权利。而且该种情况下合同的解除权是由合同双方当事人享有的,任何一方都可以主张解除合同,合同因不可抗力被解除后,一般也不存在损害赔偿的问题。我国《合同法》之所以作此规定,目的在于让当事人互通信息,相互配合,共同采取补救措施以减少损失。例如汶川大地震发生后,在重灾区中的绝大多数合同都不能继续履行,需要解除,其理由就是不可抗力。①

(2)在履行期限届满之前,当事人一方明确表示或者以自己的行为表明不履行主要债务。

这种情形就是基于预期违约的解除合同条件,是指在合同有效成立后至履行期到来前,一方当事人肯定地、明确地表示他将不履行合同,或者一方当事人根据客观事实预见到另一方到期将不履行合同。② 预期违约分为明示的预期违

---

① 参见杨立新:《地震引发的民事法律后果分析》,载《检察日报》2008年5月26、27日。
② 李永军:《我国合同法是否需要独立的预期违约制度》,载《政法论坛》1998年第6期。

约和默示的预期违约。预期违约都是发生在合同履行期届满之前,它将使合同的目的不能实现。在这种情况下,合同的对方当事人可以在履行期届满之前行使合同解除权,而不是一定要等到合同履行期届满之后才行使解除权。

(3) 当事人一方迟延履行主要债务,经催告后在合理期限内仍未履行。

迟延履行是指债务人负有到期债务,且有能力履行,但在履行期限届满时对主债务未履行的行为。当事人一方迟延履行,经催告后在合理期限内仍未履行的,表明债务人根本就没有履行合同的诚意,或者根本就不可能履行合同。因此,应当允许债权人解除合同。这种解除合同的条件是:第一,迟延履行的是主要债务,而不是一般的债务;第二,经催告在合理期限内仍未履行。具备这两个条件,债权人即可解除合同。

(4) 当事人一方迟延履行债务或者有其他违约行为,致使不能实现合同目的。

当事人一方迟延的不是主要债务,而是一般的债务以及其他违约行为,如果该行为致使合同的目的不能实现,债权人据此也享有法定解除权,可以依法解除合同,因为这就是根本违约。构成根本违约,可以依法解除合同。但是,根据合同的性质和当事人的合意,履行期限的迟延如果并不必然导致合同目的无法实现,一般不能解除合同,这是为了防止债权人滥用合同解除权,维护合同安全,以免造成财产的不必要的浪费和损失。

(5) 法律规定的其他情况。

除上述条件外,法律规定其他解除合同的条件,当这些条件具备时,当事人可以依法解除合同。例如,当事人在行使不安抗辩权而中止履行的情况下,如果对方在合理期限内未恢复履行能力并且未提供适当的担保,则中止履行的一方可以解除合同。[①]

四、解除的程序

解除的程序分为两种,一种是协议解除合同的程序,一种是通知解除合同的程序。

(一) 协议解除程序

在协议解除合同,当事人必须订立一个新的合同,达到解除合同的目的。解除合同的协议应当按照订立合同的程序,经过要约、承诺的两个阶段,使合同成立并有效。要求是:(1) 双方当事人必须在解除合同的事项上达成意思表示一致,确定合同解除。(2) 由于合同解除并不是简单地消灭合同关系,而且还要对合同存续期间发生的各种权利义务关系进行处理,因此,对这些已经发生的权利

---

① 王利明等:《合同法》,中国人民大学出版社 2002 年版,第 242 页。

义务关系如何处理,也必须达成意思表示一致。这两个方面的问题达成了合意,合同即可解除。

(二) 通知解除程序

约定解除和法定解除都是单方解除。在具备了当事人约定的条件或者法律规定的条件时,当事人一方或者双方就享有解除权。

解除权的性质是形成权,解除权人在行使解除权时,只要将解除合同的意思表示通知对方,包括合同对方当事人及其代理人,即可产生解除的效力,无须对方当事人作出答复,更无须同意。因此,合同自通知到达对方时解除,对方如果对解除合同有异议,可以请求法院或者仲裁机构确认解除合同的效力。值得研究的问题是,一方通知行使解除权,对方不同意而发生争议,诉讼到法院的,法院判决解除合同,其确定解除的时间究竟是法院判决之日起计算,还是通知到达之时起计算。有的认为应当从法院判决之时确定合同解除,因为是法院判决;有的认为应当是解除权人通知到达对方当事人之时合同解除,因为解除合同的通知已经到达,合同就即时解除。对此,我们认为是后者,法院应当判决解除权人的解除通知到达对方当事人之时,合同就已经解除,法院的判决实际上是确认解除权行使正当,而非法院判决合同解除。

行使解除权的规则是:(1) 解除权的行使,应当采取法律规定的或者当事人约定的方式。没有法律规定也没有约定的,原则上应当采取书面形式,以避免发生争议。(2) 解除权应当及时行使,应当在确定的期间或者合理期间内进行。超出确定的期间或者法定的期间的,解除权消灭,不得再行使解除权。

对于通知解除提出异议的,究竟应当如何处理,按照最高人民法院《关于适用〈中华人民共和国合同法〉若干问题的解释(二)》第24条规定要求,当事人对解除可以提出异议,但异议提出的时间必须适当。第一,当事人约定有解除异议期限的,当事人对解除虽有异议,但在约定的异议期限届满后才提出异议并向人民法院起诉的,人民法院不予支持。第二,当事人对解除没有约定异议期间,法定异议期限为三个月,在解除的通知到达当事人之日起三个月以后才向人民法院起诉的,人民法院不予支持。

五、解除的效力

(一) 解除效力的概念

解除效力,是指合同解除后所产生的法律后果。主要涉及解除的溯及力和解除与损害赔偿责任的关系问题。

(二) 解除的溯及力问题

解除的直接法律后果,是使合同关系消灭,合同不再履行。问题是,解除之前的债权债务关系应当如何处理,涉及解除的溯及力问题。如果具有溯及力,则对解除之前已经履行的部分,就要发生恢复原状的法律后果;如果解除不具有溯及力,则解除之前所为的履行仍然有效存在,当事人无须恢复原状。

我国《合同法》第97条规定的规则是:(1)当事人是否请求。合同解除后,当事人可以请求恢复原状,也可以不请求,完全取决于当事人的意志。请求恢复原状的,这种合同解除就具有溯及力,反之,就不具有溯及力。(2)合同的履行情况和合同性质。根据履行情况和合同性质能够恢复原状的,当事人又予以请求,则可以恢复原状。如果根据履行情况和合同性质是不可能恢复原状的,即使当事人请求,也不可能恢复原状。例如,租赁、借贷、委托、居间、运输等合同,都是不能恢复原状的。

(三)解除与损害赔偿责任的关系

解除与损害赔偿责任之间的关系,有三种立法例:(1)解除与债务不履行的损害赔偿责任不能并存;(2)解除与债务不履行的损害赔偿可以并存;(3)解除与损害赔偿并存。

我国民事立法历来承认解除与损害赔偿可以并存。《民法通则》第115条规定,合同的解除不影响当事人要求损害赔偿的权利。《合同法》第97条也规定,解除合同后,当事人可以要求赔偿损失。这种损害赔偿的标的,应当是债务不履行的损害赔偿,只要合同不履行已经造成了债权人的财产利益损失,违约方要进行赔偿,无论当事人是否解除合同,均无影响。如果解除合同的原因是不可抗力,则不发生损害赔偿的责任。

【案例讨论】

讨论提示:刘某在拍摄婚纱照的服务合同履行过程中,因对拍照效果不满意,影楼不同意退款,只同意补照,并非没有理由。但刘某离婚后,再补照婚纱照已经不可能,因此,刘某提出解除合同为有理由,但应适当赔偿影楼的损失。

讨论问题:1.解除合同的条件是什么?2.本案刘某提出合同解除,属于哪种类型的解除?解除的后果是什么?

第四节 抵 销

【典型案例】

储某租赁卫某的房屋,欠卫某租金1.5万元未付;卫某向储某购买价值3.6万元的货物,支付了货款2万元,尚欠1.6万元。年底,卫某主张抵销储某所欠租金1.5万元,另外的1000元作为欠租的利息。储某不同意,主张应当抵销1.5

万元,其余的 1000 元应予清偿。双方达不成协议,储某诉至法院。受诉法院判决对待给付债务可以抵销,据实结算,卫某应当给付抵销后的 300 元。

一、抵销的概念和种类

(一) 抵销的概念

抵销,是指当事人互负给付债务,各以其债权充当债务的清偿,而使其债务与对方的债务在对等额内相互消灭的合同消灭制度。故抵销者,债务人对于债权人有给付种类相同之债权时,使其债权与债务均归消灭之单独行为也。[①] 为抵销的债权,即债务人的债权,称为主动债权、抵销债权或反对债权;被抵销的债权,即债权人的债权,叫做被动债权、受动债权或主债权。[②] 我国《合同法》第 99 条和第 100 条对此有明确规定。

抵销的类型依其产生的依据不同,可分为法定抵销与合意抵销两种。

(二) 抵销的意义

(1) 抵销可以便利当事人。

当事人通过协议为彼此设定债权、债务关系,只有债务人及时、适当地履行其债务,债权人的债的利益才能获得满足,合同目的方可实现,所以《合同法》明文规定合同应当履行。但是,当双方当事人互负同种类给付债务,且其债务均届清偿期时,通过抵销,当事人双方即可不再实行给付行为而使合同关系消灭,这不仅使双方当事人均免于实际履行行为,而且可以节省履行费用。

(2) 抵销具有担保功能。

如果互负债务的一方当事人财产状况严重恶化,不足以清偿其所负债务,或者虽能履行其债务却故意不履行,对方当事人将因此得不到对待履行,失去利益上的保障。在一方当事人破产时,对方当事人为履行所交付的财产将被作为破产财产,在破产人的诸债权人之间按比例分配,而给付方当事人对破产人所享有的债权却只能进行债权申报,通过破产程序取得部分清偿,这显然不利于对方当事人。在这种情况下,对方当事人虽可预先要求提供担保,但担保须具备成立及公示要件。不如通过抵销,不待公示即当然发生抵销权,并因抵销权的行使,而不必经过破产程序即可迅速获得债权的满足。因而在各国破产法上,均有债务人对于破产人有债权时,可在破产清算前抵销的规定。

---

① 洪文澜:《民法债编通则释义》,上海法学编译社、会文堂新记书局 1948 年版,第 419 页。
② 王利明、崔建远:《合同法新论·总则》(修订版),中国政法大学出版社 2000 年版,第 551 页。

二、法定抵销

（一）法定抵销的概念和性质

法定抵销，是指由法律规定两债权得以抵销的条件，当条件具备时，依当事人一方的意思表示即可发生抵销效力的抵销。最高人民法院《关于适用〈中华人民共和国合同法〉若干问题的解释（二）》第 23 条规定："对于依照合同法第 99 条的规定可以抵销的到期债权，当事人约定不得抵销的，人民法院可以认定该约定有效。"反之，只要没有约定不得抵销，即为法定抵销。

这种通过单方意思表示即可产生抵销效力的权利，是形成权。行使抵销的权利，具有形成权的性质。只要具备了法定的抵销条件，当事人一经提出抵销的请求，抵销即发生法律效力。

关于法定抵销的性质，学说存在分歧。有的认为抵销为清偿，有的认为是拟制清偿，有的认为抵销是为自己清偿，有的认为抵销系债务人抛弃自己的债权而为清偿，有的认为抵销是自己清偿的指示等。通说认为，抵销为单方法律行为，依当事人一方的意思表示而发生，具有与清偿同样的消灭债的效力，也为合同的消灭原因。① 这种意见是正确的。

（二）法定抵销的构成要件

法定抵销由法律规定其构成要件，当要件具备时，依当事人一方的意思表示即可发生抵销的效力。抵销必须具备以下要件才能生效：

（1）双方当事人必须互负债权、债务。

抵销权产生的前提就在于每一方当事人对对方当事人既负有债务，又享有债权，其目的是为了使同等数额的债权债务归于消灭。如果只有债务而无债权，或者只有债权而无债务，则只存在债务履行或债权实现的问题，而不存在抵销问题。当然，得以抵销的债权债务必须是合法有效的债权债务，其中任何一个不成立或者无效，均不得主张抵销。

因可撤销合同产生的债权能否主张抵销，应区分不同情况：产生主动债权的合同得撤销时，在撤销前，其债权合法有效，因而可主张抵销，抵销后合同被撤销的，合同自始无效，故抵销也无效，被抵销的债权仍旧存在；产生被动债权的合同可撤销时，对方当事人（即抵销权人或撤销权人）知道该合同为可撤销时仍主动抵销的，视为他已放弃撤销权，其抵销行为有效，如果他不知道该合同可撤销时主张抵销的，其撤销权仍存在，合同一经撤销则自始无效，因而其抵销行为亦无效。

附条件合同的债权，如所附条件为停止条件，在条件成就前，债权尚未产生

---

① 王利明等：《合同法》，中国人民大学出版社 2002 年版，第 246 页。

效力,因而也不得主张抵销;如所附条件为解除条件,则条件成就前债权即已有效存续,因而可以主张抵销,条件成就没有溯及力,所以抵销后解除条件成就的,抵销仍然有效。

附期限合同的债权,如所附期限为解除期限,在期限到来前,债权为有效债权,所以可以主张抵销,在期限到来后,债权为无效债权,因而不得主张抵销;如所附期限为延缓期限,在期限到来以前债权尚未生效,因此也不得主张抵销,在期限到来后,债权有效存在,可以主张抵销。

超过诉讼时效期间的合同债权,不得作为主动债权而主张抵销,否则无异于强迫履行自然债务。被动债权已过诉讼时效期间的,可用作抵销,于此场合,可认为债务人抛弃了时效利益。[①]

(2) 双方当事人所负债务的给付须是同一种类。

要求法定抵销的构成必须是双方可以抵销的债务的给付为同一种类,原因在于只有当双方所负债务的经济功能相同时,以此债权抵销彼债权,相互间仍可获得合同的预期利益,合同目的仍可实现。如果双方互负债务的标的物种类、品质相异甚远,各自担负着不同的经济功能,此时如仍允许抵销,则难免使一方或双方当事人的合同目的无法实现,因而法定抵销要求用来抵销的合同标的物种类、品质必须相同。实践中,用于抵销的债务,以金钱债务和种类物债务居多,如等额的金钱与金钱抵销,相同品质的玉米与玉米相抵销。应当注意的是,当抵销的标的物为种类物时,其品质也应当相同,对于品质不同者,原则上不允许抵销,但是以品质较高者为主动债权而主张与品质较差者抵销时,对于被抵销人并无不利,应当允许。以特定物为给付物时,即使双方的给付物属于同一种类,也不允许抵销。但是在双方当事人均以同一物为给付物时,仍属同一种类的给付,因而可以抵销。在双方当事人的债权皆为种类债权,但种类债权的范围有广有狭时,范围狭的种类债权对范围广的种类债权可以抵销;范围广的种类债权对范围狭的种类债权则不允许抵销,因为在后者,其给付的种类不同一。在双方的债权或一方的债权为选择债权场合,如果依据选择权行使的结果是给付种类相同,就允许抵销。[②]

清偿地不同的债务得为抵销,但主张抵销的人,应赔偿他方因抵销所生的损害。

(3) 主张抵销的债务必须均届清偿期。

这是仅就双方均享有抵销权的情形而言,由于抵销中有主动债权和被动债权之分,所以对二者期限的要求也应有所不同:主动债权必须已届清偿期,因为

---

① 王利明、崔建远:《合同法新论·总则》(修订版),中国政法大学出版社 2000 年版,第 552 页。
② 参见同上书,第 555 页。

债权人通常在清偿期限届至时,才可以现实地请求清偿,若未至清偿期也允许抵销的话,就等于在清偿期前强制债务人履行其债务,牺牲其期限利益,显属不合理,所以主动债权只有当清偿期届满时才允许抵销。不过,如果主动债权未定清偿期,只有给债务人一定的宽限期,宽限期届满债权人即可主张抵销。对于受动债权,即使未届清偿期,也应当允许主张抵销,因为债务人有权抛弃期限利益,在无相反的规定或约定时,债务人可以在清偿期前清偿。

在破产程序中,破产债权人对于其享有的债权,无论种类、品质是否相同,无论是否已届清偿期亦或无论是否附有期限或解除条件,均可主张抵销。我国《企业破产法》第33条规定:债权人对破产企业负有债务的,可以在破产清算前抵销。

(4)双方所负债务必须都属于可抵销的债务。

债务以清偿为原则,因而抵销后达不到合同清偿目的的,应当不允许抵销。不可抵销的债务大致有以下几种情况:

第一,法律规定不得抵销的。

法律规定不能抵销的债务通常有如下几种:一是法律禁止强制执行的债务;二是因故意实施侵权行为产生的债务;三是按约定应向第三人给付的债务;四是违约金债务;五是赔偿金债务。

第二,按债的性质不能抵销的。

依债务的性质,若非清偿不能达到债的目的的,互相抵销就会违反成立债的本质,无法达到双方当事人订立合同的目的。如标的为提供劳务的合同、不作为义务的合同——咨询、服务、雇佣、医疗、培训等,如允许抵销,订立合同就无任何意义,因而这样的债务不得主张抵销。此外,与人身不可分离的债务,如工资、奖金、抚养费、抚恤金、退休金、生活补助等不得抵销,即使合同当事人特别约定也不得抵销。

第三,当事人约定不得抵销的债务。

合同当事人双方约定不得抵销的债务,应当遵守当事人的约定,不得抵销。

(三)法定抵销权的行使

抵销权为形成权,发生于双方当事人互负种类、品质相同的债务,且均已届清偿期时。当这一条件具备时,双方当事人均取得此项权利,权利人可以即时行使,也可以放弃。当然,当事人双方也可以通过事先的合意将这一未来可能会享有的权利予以排除,法律亦应予以认可。

关于抵销权的行使,存在两种立法例,一种为当然抵销主义,即无须当事人的意思表示,依双方债权对立的事实即当然发生抵销的效力。法国采此例。一种为单独行为主义,该说认为因有债权相互对立的事实,从而产生抵销权,因抵销权的行使,才发生合同消灭的效果。其他各国立法大体采用此说。

抵销为处分债权的单方法律行为,应当适用关于法律行为和意思表示的法律规定:(1)抵销权人应当具有民事权利能力和行为能力,且对债权享有实质上的处分权,否则无权为抵销;(2)抵销应由抵销权人以意思表示向受动债权人为之,一般采用通知的形式,当抵销的通知到达受动债权人处时发生抵销的效力。当受动债权人为无行为能力或限制行为能力人时,抵销的通知到达其法定代理人处时发生效力。抵销的意思表示应当具有确定性,否则会使抵销的效力不确定,从而害及他人的利益,这明显有背于抵销的宗旨,所以抵销的意思不得附有条件和期限。我国《合同法》第99条第2款对抵销权的行使有明确规定:当事人主张抵销的,应当通知对方。通知自到达对方时生效。抵销不得附条件或者期限。

对于抵销提出异议的,究竟应当如何处理,按照最高人民法院《关于适用〈中华人民共和国合同法〉若干问题的解释(二)》第24条规定要求,当事人对债务抵销可以提出异议,但异议提出的时间必须适当。第一,当事人约定有异议期限的,当事人对债务抵销虽有异议,但在约定的异议期限届满后才提出异议并向人民法院起诉的,人民法院不予支持。第二,当事人对债务抵销没有约定异议期间,法定异议期限为三个月,在债务抵销的通知到达当事人之日起三个月以后才向人民法院起诉的,人民法院不予支持。

(四)法定抵销的效力

抵销的效力涉及两方面问题:一是抵销的溯及力,二是抵销的债权额范围。

(1)双方的债权债务于抵销数额内消灭。

当事人双方的债务数额相等的,双方的债权债务全部消灭。双方的债务额不等的,数额少的一方债务全部消灭,另一方的债务在与对方债务相等的数额内消灭,其余额部分仍然存在。该债务人对此余额部分仍负有清偿责任。在抵销后,如果当事人对已经抵销部分再为清偿时,发生不当得利之债。

(2)抵销的意思表示溯及于得为抵销之时。

抵销为法律行为,而法律行为的效力原则上不具有溯及力,但是因当事人在具备抵销条件时常常认为可以随时抵销,因而往往怠于为抵销的意思表示,所以仅让抵销的意思表示向将来发生效力,很容易发生不公平的结果,故法律令抵销的意思表示溯及到得为抵销时发生效力,即相互间的债权溯及到得为抵销时按照抵销数额而消灭。溯及力的内容是:第一,一般应包括双方债权的担保以及其他从权利、双方债权的利息债权、给付迟延以及受领迟延的损害赔偿金、违约金等,均从得为抵销时消灭。第二,自抵销之时起,不再发生当事人的迟延履行责任。第三,自抵销之时起,债务人所发生的损害赔偿责任、违约金责任免除。

(3)抵销不得附条件或者附期限。

我国《合同法》第99条规定,抵销不得附条件或者附期限。当事人在为抵销时,应按照此规定进行。其原因在于,抵销附条件或者附期限,会使抵销的效力变得不确定,有违抵销的本意,也有害于他人的利益。

三、合意抵销

(一) 合意抵销的概念

合意抵销,也叫做约定抵销、意定抵销,是指当事人双方基于协议而实行的抵销。

合意抵销重视的是债权人之间的意思自由,因而可以不受法律规定的构成要件的限制,当事人只要达成抵销合意,即可发生抵销的效力。之所以这样规定,是因为债权属于债权人私权的范畴,债权人有处分的权利,只要其处分行为不违背法律、法规与公序良俗,法律就无权干涉。

(二) 合意抵销合同

当事人之间这种抵销的合意是一种合同,因而其成立也应当依民法关于意思表示的一般规定和合同法关于合同订立的规则进行。

至于抵销合同的性质,有人认为属于清偿或拟制清偿,有人认为是代物清偿,有人认为是两个互无关系的免除合同,有人认为系独立种类的合同。

(三) 合意抵销的效力与法定抵销的区别

合意抵销的效力是消灭当事人之间同等数额之内的债权债务关系。对此,与法定抵销的效力没有区别。

在以下问题上,合意抵销与法定抵销有区别:

(1) 抵销的根据不同。

法定抵销的根据在于法律规定,只要具备法律规定的条件,当事人任何一方都有权主张抵销。合意抵销的根据在于当事人双方订立的抵销合同,只有基于抵销合同当事人才可以主张抵销。

(2) 债务的性质要求不同。

法定抵销要求当事人互负债务的种类、品种相同;合意抵销则允许当事人互负债务的种类、品种不同。

(3) 债务的履行期限要求不同。

法定抵销要求当事人的债务均已届清偿期;合意抵销则不受是否已届清偿期的要求。

(4) 抵销的程序不同。

法定抵销以通知的方式为之,抵销自通知到达对方时生效;合意抵销采用合同的方式为之,双方达成抵销协议时发生抵销的效力。

【案例讨论】

讨论提示:本案当然就1.5万元的债务可以实行抵销,争议的利息之债是否可以抵销,乙的主张有理由。

讨论问题:1. 抵销分为几种类型? 各自的特点是什么? 2. 本案的利息之债是否可以抵销? 为什么?

第五节 提 存

【典型案例】

田某出租一处住房,被张某看中,双方签订了租赁合同,约定租期为两年,每季度交纳租金6000元。两个月后,薛某也想承租这处住房,并且给出的租金高出张某租金的1倍。张某准备给田某缴纳下季度的租金时,田某一直躲避不见,拒绝受领租金。经过咨询,知道债权人不受领租金可以提存,张某遂到公证处将租金提存,并且作了公证。超过一个季度的租期之后,张某出现,要求解除租赁合同,理由是张某迟延缴纳租金。张某出示提存公证予以对抗。

一、提存的概念与意义

(一)提存的概念

提存,是指债务人于债务已届履行期时,将无法给付的标的物提交给提存机关,以消灭债务的合同消灭方式。最高人民法院《关于适用〈中华人民共和国合同法〉若干问题的解释(二)》第25条规定:"依照合同法第101条的规定,债务人将合同标的物或者标的物拍卖、变卖所得价款交付提存部门时,人民法院应当认定提存成立。""提存成立的,视为债务人在其提存范围内已经履行债务。"

前述提存是狭义的提存概念。广义的提存概念,包括清偿提存、担保提存和保管提存三种类型,狭义提存仅指清偿提存。[1]

(二)提存的意义

提存制度建立的最初目的,在于平衡债权人和债务人双方的利益冲突。债

---

[1] 王利明:《合同法研究》(修订版第二卷),中国人民大学出版社2011年版,第364页。

权是一种请求权,债权人的利益必须通过义务人的积极行为方能实现,因而在合同关系中,债务的履行主要是债务人的义务。然而合同毕竟是双方交易行为,单有债务人的履行行为有时并不能实现合同的完全履行,还必须有债权人的协助。倘若债权人无正当理由不为受领或延迟受领,其债权仍然有效存在,而债务人的清偿义务并不能因此而消灭。法律以提存为清偿方式,即使债权人不为协力,亦可使债务人的债务得以早日消灭。提存制度的设置,可使债务人将无法交付给债权人的标的物交付给提存机关,消灭合同关系,从而免除债务人为债务履行的困扰,为保护债务人的利益提供了一项行之有效的措施。

(三) 提存的法律性质

关于提存的性质,有以下几种观点:一是公法上之关系说;二是国家处理非诉讼事件的公法上的法律关系说;三是寄托契约关系说;四是向第三人给付的契约关系说;五是提存为私法上的寄托契约,并且有为第三人利益契约的性质。①

笔者认为:首先,因清偿提存,债权人依民法规定可随时收取提存物,清偿人将清偿标的物合法提存后,不论债权人受领与否,即生清偿的效力,合同关系即告消灭,所以提存人与提存机关之间的关系,应理解为具有向第三人为给付的合同关系。其次,由于提存人将提存物提存后,如果能证明其提存是出于错误,或因提存原因消灭时,提存人可取回提存物,申请取回的,就提存人方面而言,是属于自己取回。如果就提存机关方面而言,则属于返还,其与保管性质无异,故应解为保管合同关系。再次,提存人在为提存后,与提存机关之间的法律关系,虽因债权人领取提存物,与提存人的取回提存物而有所差异,但提存兼具保管与为第三人利益的合同关系的性质。②

二、提存的原因

提存的适用,必须存在阻却债务人履行债务的法定原因。我国《合同法》对提存原因作了具体规定:

(一) 债权人无正当理由拒绝受领

债权人拒绝受领必须是债务人现实地提出了给付,其形式一般应当是实际交付,个别情况下也可以言词指出给付。如果债务人未现实地提出给付(包括以言词提出给付),则不构成债权人拒绝受领,因而债务人也不得要求提存。债权人拒绝受领必须是无正当理由,从而使债务人无法履行其债务;倘使债权人存在正常的抗辩事由而拒绝受领的,也不构成提存的原因。

(二) 债权人下落不明

债权人下落不明包括债权人住所不清、地址不详、债权人失踪又无代理人或

---

① 参见史尚宽:《债法总论》,中国政法大学出版社2000年版,第343页。
② 参见《民法债编论文选辑(中)》,中国政法大学出版社2000年版,第956页。

代管人而无法联络等情形。尽管宣告失踪、宣告死亡和提存都要求下落不明,但前二者所要解决的是被宣告失踪人的财产代管问题和被宣告死亡人的财产继承和婚姻关系终止问题,所以对下落不明的要求较为严格,即必须达到生死不明的程度。而提存所要解决的仅仅是债务人由于债权人的原因无法履行债务的问题,因此这里的债权人下落不明并不要求债权人生死不明。债权人下落不明使债务人无法履行,即使履行也达不到合同目的,故《合同法》允许债务人提存,以保护其合法利益。但是若下落不明的债权人有法定代理人,或指定了代理人,或根据《民法通则》已被通告为失踪人并由法院指定了财产管理人的,则不能构成提存原因。

(三) 债权人死亡未确定继承人或者丧失行为能力未确定监护人

债权人死亡未确定继承人或者丧失行为能力未确定监护人,债务人失去履行对象,或者即使履行也达不到合同目的,为使债务人从这一困境中解脱出来,允许债务人将标的物提存。

(四) 法律规定的其他情形

如我国《合同法》第70条规定,债权人分立、合并或者变更住所没有通知债务人,致使履行债务发生困难的,债务人可以中止履行或将标的物提存。债务人依照该条规定以提存方式消灭合同之债应具备以下条件:(1) 债权人由于分立、合并或者变更住所没有通知债务人,致使履行债务发生困难,使债务人无法履行。(2) 以提存方式履行的债务必须是已到履行期限的,未到履行期限的债务不能以提存方式履行。提存必须同时具备上述两个条件,缺一不可。债务虽已到履行期,但不能证明履行债务发生困难的,不能提存。

三、提存的条件

关于提存的条件,我国《合同法》基本未加以规定,《提存公证规则》作出原则性的规定:

(一) 提存人具有行为能力且意思表示真实

提存人,是指为履行清偿义务或担保义务而向公证处申请提存的人。由于提存为一种民事法律行为,因而行为人必须在提存时具有民事行为能力。而意思表示真实是任何民事法律行为的有效要件,因而提存若要产生消灭债的关系的效力,则提存人在提存时的意思表示必须是真实的。

(二) 提存之债必须真实、合法且已届清偿期

只有存在真实、合法的债权债务关系,债务人才有义务履行其债务,也才可能在债务履行受阻的情况下将标的物提存,从而摆脱债务的束缚。倘若不存在真实、合法的债的关系,就不会产生债务的履行,也不可能产生提存问题。同时,该债务也须已届清偿期。

（三）存在提存的原因

如前所述,提存是为救济债务人因债务履行受阻的情况下摆脱债务束缚的一种法律措施。因而只有在存在提存的原因的情形下方可进行。

（四）提存的标的与合同标的相符且适于提存

首先,提存作为合同消灭的原因之一,是法律在设定条件下对清偿的一种代替安排。因此提存的标的物应与合同约定给付的标的物相符合,否则不发生清偿的效力。其次,由于提存涉及提存机关保管提存物,因而提存的对象应以有体物为限,如给付的标的物是债务人的行为、不行为或单纯的劳务,则不适用提存。再次,给付的标的物必须适于提存。是否适宜提存应根据相关法律以及交易习惯和实际情况予以考虑。比如容积过大之物,易燃易爆的危险物,易腐烂变质的蔬菜、水果等物品,提存费用过高的物品等,一般不予提存,而是由债务人依法拍卖或变卖,将所得的价金进行提存。

四、提存主体

提存主体又称提存当事人,包括提存人(一般为债务人)、提存受领人(通常为债权人)、提存机关。

提存人,是指为履行给付义务或担保义务而向提存机关申请提存的人,提存人必须具有民事行为能力。

提存受领人,是指提存之债的受领人,即债的关系的债权人。

提存机关,是国家设立的接收提存物而进行保管,并应债权人请求将提存物返还债权人的机关。提存机关是提存的主体或中介。确定提存机关,是提存制度必须解决的问题。提存机关一般为法院,法院设有专门的提存所;另外,法院指定的银行、信托商行、仓库营业人也可以办理提存业务。提存由债务履行地的公证机关管辖。

五、提存的程序

提存的程序包括以下内容:

第一,提存申请人应当填写公证申请表,并提交相关材料。

第二,提存部门收到申请后,通过询问申请人和初审,对符合条件的申请决定受理。条件是:(1)申请人对提存受领人负有清偿或担保义务;(2)存在提存的原因;(3)申请事项属于该公证处管辖;(4)申请人提交的材料齐全。做出受理决定的日期为收到申请之日起3日内。对欠缺上述条件之一的,提存部门应在收到申请之日起3日内作出不予受理的决定,并应告知申请人对不予受理不服的复议程序。

第三,公证员应当按照《公证程序规则(试行)》第23条规定,进行审查。

第四,在提存人具有行为能力,意思表示真实,提存之债真实、合法,具备提存的原因、条件以及标的符合法定要求、提存标的与债的标的相符时,提存部门应当予以提存。提存标的与债的标的不符,或在提存时难以判明两者是否相符的,提存部门应告知提存人;如提存受领人因此原因拒绝受领提存物,则不能产生提存的效力。债务人将合同标的物或者标的物拍卖、变卖所得价款交付提存部门时,也应当认定提存成立。

第五,通知债权人受领提存物。在提存时,债务人应附具提存通知书。在提存后,应将提存通知书送达债权人。我国《合同法》采取了国际通行的做法,将提存的通知义务规定由债务人承担。

六、提存的效力

提存成立的,视为债务人在其提存范围内已经履行债务,这是提存的基本效力。提存涉及债务人、提存机关和债权人三方之间的关系,也就必然会在债务人与债权人之间、债务人与提存机关之间以及提存机关与债权人之间产生法律效力。[①]

（一）债务人与债权人之间的效力

提存须有合法原因,亦即提存应合法有效,否则不发生提存效力,故应认为债的关系自提存时消灭。但在提存出于错误或有提存原因消灭的事实时,提存原因事实不成立或已消灭,提存的效力并不发生,提存人对于提存物得主张返还,因而债务亦不消灭。我国《合同法》第91条将提存规定为合同终止的原因,《提存公证规则》第17条明确规定:提存之债从提存之日即告清偿。

标的物提存后,其所有权何时转移于债权人,有分歧意见:(1)认为债权人表示领取的意思时,所有权转移;(2)认为提存机关将提存物交付债权人时,转移所有权;(3)认为无取回权时,于提存时所有权转移;有取回权时,于取回权消灭时转移所有权。我国《合同法》第103条规定:"标的物提存后,毁损、灭失的风险由债权人承担。提存期间,标的物的孳息归债权人所有。提存费用由债权人负担。"据此,提存标的物的所有权自提存之时起,所有权转移到债权人所有。

（二）债务人与提存机关之间的效力

债务人在符合提存条件时,有权向提存机关提出申请,并将给付的标的物提交提存机关,而提存机关则必须接受,并负有妥善保管的义务。所以,债务人与提存机关的关系是基于意思自治而产生的保管合同关系。有关提存物的保管费用,债务人不负责支付,而由债权人承担。这与一般的保管合同关系不同。

债务人提存后,可否将标的物取回,各国立法对此均作了限制性规定,只是

---

① 史浩明:《论提存》,载中国人民大学复印报刊资料《民商法学》2002年第2期。

限制的程度有别。有的国家民法以债务人可以随时取回为原则,以某些情况下禁止取回为例外。我国《合同法》未明确规定债务人的取回权问题,《提存公证规则》第 26 条规定:"提存人可以凭人民法院生效的判决、裁定或提存之债已经清偿的公证证明取回提存物。提存受领人以书面形式向公证处表示抛弃提存受领权的,提存人得取回提存物。"上述规定对提存物取回的限制过于严格,如果债务人能证明提存系出于错误(如误认为无效债务为有效债务)或者提存的原因已经不再存在(如提存后合同之债解除),均应允许撤回提存,取回提存物。提存撤回后,提存原有的效力消灭,债务人的债务也同时恢复,有关提存的费用应由债务人自负。债务人未支付提存费用前,提存机关有权留置价值相当的标的物。

(三) 提存机关与债权人之间的效力

在提存后,债权人与提存机关之间会形成一定的权利义务关系。由于提存具有使债务人摆脱债务约束的效力,因此自提存之日起,债权人即独立地享有提存所设定的权利并承担相应的义务。债权人在规定期间内,对提存机关享有交付提存物的请求权,同时须承担提存费用。由于自提存之日起,提存物的所有权即转归债权人所有,故债权人应承担提存期间标的物以外灭失的风险责任。各国立法都规定债权人对提存标的物的领取权应受一定的时间限制,该期间属于除斥期间,除斥期间届满,债权人丧失领取权,提存物归国家所有。《合同法》第 104 条第 2 款规定,领取提存物权利的除斥期间为 5 年,逾期不行使而权利消灭,提存物扣除提存费用后归国家所有。

【案例讨论】

讨论提示:田某追求高租金而欲毁约,但无理由,企图造成张某欠缴租金的事实而主张解除租赁合同。但由于张某已经将房租予以提存,因而使田某解除合同的企图不能实现。

讨论问题:1. 提存的理由和条件是什么?张某提存是否符合要求?2. 提存的法律后果是什么?如果张某不对租金履行予以提存,后果将会怎样?

第六节 免 除

【典型案例】

陈某通过曹某、彭某认识了徐某,陈某与徐某在湘东承包铁路土方工程。2009 年 1 月 28 日,徐某向陈某出具借条,借款 16.75 万元,约定 2009 年 4 月中旬还清,如 4 月中旬没还清,由曹某和彭某清偿。2009 年 2 月 26 日,曹某和彭某签字认可,陈某将借款交付徐某。期限届满后,徐某偿付陈某 11.75 万元,尚有 5 万元未还。陈某免除徐某的剩余债务,主张由曹某和彭某履行保证责任,并诉至法院,请求判令曹某和彭某承担保证责任,清偿剩余欠款。曹某和彭某认为,既然陈某已经免除了徐某的债务,保证债务随之消灭,故二人不应承担保证责任。

一、免除的概念和性质

免除,是指债权人基于单方行为抛弃债权,从而全部或者部分消灭合同的单方法律行为。故免除是债权人抛弃其债权之行为。[①]

对免除的法律性质有两种对立的观点。(1)认为免除是双方法律行为,因此是契约行为,法国、德国、瑞士都采此说。理由是:第一,既然债的关系是双方当事人的特定法律关系,就不应当仅仅依债权人的单独行为发生合同消灭的后果,忽视债务人的意思;第二,尽管免除是一种恩惠行为,但是恩惠不得强施,强施则有害于债务人的人格;第三,债权人免除债务必有一定的动机和原因,因而不能断定债权人的免除是否会损害债务人的利益,应当避免权利滥用。(2)认为免除是单方法律行为,依当事人一方的意思表示而发生效力,我国和日本以及我国台湾都采此说。理由是,债务人被免除债务,只不过是债权人抛弃债权的间接效果,债务人受此利益,没有必要征得其同意。如果免除必须征得债务人的同意,那么债务人不同意时就会发生债权人不得抛弃债权的效果,这也违反债权人的权利要求。

免除还具备以下性质:第一,免除是一种无因行为,债权人究竟为什么原因而免除债务,在所不问。第二,免除是一种无偿行为,并不以债权人取得相应对价为条件。第三,免除是一种不要式行为,免除的意思表示无须特定的方式。

二、免除的成立条件

免除是法律行为,应当具备法律行为成立的一般条件。此外,还应当具备以下条件:

(一)免除的意思表示须向债务人为之

免除作为一种单方法律行为,其免除的意思表示应当由债权人向债务人或者其代理人为之,该意思表示到达债务人或其代理人时生效。如果当事人是订

[①] 洪文澜:《民法债编通则释义》,上海法学编译社、会文堂新记书局 1948 年版,第 431 页。

立免除协议的,则该协议达成时生效。

（二）债权人须具处分能力

债权人免除债务,也就是放弃自己的债权,作出这种决定的债权人必须具有对债权的处分能力。如果是法律禁止抛弃的债权,债权人免除的行为无效。

（三）免除不得损害第三人利益

债权人免除债务人的债务,虽然是债权人的权利,但该权利的行使不得损害第三人的利益。例如,已就债权设定质权的债权人,不得免除债务人的债务而对抗质权人。

三、免除的效力

免除的效力是使合同关系消灭。债务全部免除的,合同关系全部消灭;债务部分免除的,合同关系于免除的范围内部分消灭。主债务因免除而消灭的,从债务随之消灭。但从债务免除的,不影响主债务的存在,但其他债务人不再负担该份债务。

债权人免除连带债务人中一个债务人的债务的,其他连带债务人的债务应视为一并免除;但是,如果债权人明确表示仅仅免除连带债务人中的一人应负的债务份额的,则其他债务人的债务不应免除。

【案例讨论】

讨论提示:免除消灭债的关系,免除主债务人的债务,该债务的保证债务是附随债务,随之一并消灭。

讨论问题:1. 本案中陈某免除徐某的债务,是否符合免除的要求? 2. 免除成立须具备哪些要件?

第七节 混　同

【典型案例】

甲公司欠乙公司货款1000万元,以自己所有的价值2000万元的一栋办公大楼作为抵押,已经办理了抵押登记手续。一年后,甲公司经营陷入困境,被乙公司兼并。甲公司的员工认为,办公大楼抵偿1000万元本金和利息债务之后的剩余部分价值,应当属于甲公司的资产,主张清算。乙公司认为甲公司已经成为乙公司的组成部分,主体合一,不同意清算。甲公司部分员工向法院起诉。

一、混同的概念与性质

混同,是指合同的债权和债务同归于一人,而使合同关系消灭的事实。我国《合同法》第 106 条规定:"债权和债务同归于一人的,合同的权利义务终止,但涉及第三人利益的除外。"就混同的实质而言,其实就是不能并立之两种资格同归于一人。①

法律上的混同有广义和狭义之分。广义的混同包括权利义务的混同、权利与权利的混同和义务与义务的混同,而狭义的混同仅指权利与义务的混同。②作为合同关系消灭原因的混同,是狭义的混同。

混同作为合同的消灭的原因,其性质是什么,有不同的看法。一种观点认为,混同具有债务清偿的性质,例如债权人继承债务人的债务时,自其遗产受清偿,债务人继承债权人的债权时,对债权人的遗产为清偿。第二种意见认为,合同因混同而消灭,系基于合同关系成立须有两个主体的观念,任何人不得对自己享有债权,同一人同时为债务人和债权人时,有背于债的观念,合同关系自应消灭。笔者赞同后一种主张。

二、混同的原因和效力

(一)混同的原因

混同以债权与债务归属于一人而成立,与人的意志无关,因而属于事件。发生混同的原因可以分为两种:

1. 概括承受

概括承受,是指合同关系的一方当事人概括承受他人权利与义务。例如,债务人继承被继承人对其享有的债权,债权人甲与债务人乙合并成立新厂丙,都发生混同的后果。

2. 特定承受

特定承受,是指因债权让与或者债务承担而承受权利和义务。例如,债务人自债权人受让债权,或者债权人承担债务人的债务,也发生混同,债的关系归于消灭。

(二)混同的效力

关于混同的效力,有两种不同的主张。一种主张认为,混同不发生合同消灭的后果,只发生履行不能,因此,债权债务归属于一人时,为履行不能。另一种主张认为,混同消灭合同关系。我国《合同法》采用后一种意见,认为混同消灭合

---

① 宣巽东:《中国民法债编》,北平大学法学院 1935 年版,第 312 页。
② 王利明:《合同法研究》(修订版第二卷),中国人民大学出版社 2011 年版,第 392 页。

同关系。

混同的效力是导致合同关系的绝对消灭,并且主债务消灭,从债务也随之消灭,如保证债务因主债务人与债权人混同而消灭。

在连带债务中,当连带债务人之一与债权人混同,或者连带债权人与债务人混同时,合同关系是否消灭,各国规定不同。我们认为,在连带债务中,一人与债权人混同时,债仅在该连带债务人应负担的债务额限度内消灭,其他连带债务人对剩余部分的债务仍负连带债务。在连带债权人中一人与债务人混同时,债也仅在该连带债权人所享有的债权额度内消灭,其他连带债权人对剩余部分的债权仍享有连带债权。

混同虽然产生合同消灭的效力,但在例外的情形下,即涉及第三人利益时,虽然债权人和债务人混同,但是合同并不消灭。例如,债权出质时,债权不因混同而消灭。

【案例讨论】

讨论提示:甲公司被乙公司兼并,成为一个公司,构成主体混同,而使债权债务混同而消灭。

讨论问题:1. 混同的原因有哪些？2. 本案原告的主张是否应当支持？

第八节 合 同 更 新

【典型案例】

甲银行和贷款人乙公司订立贷款合同,丙公司为其提供保证。合同履行期届至,乙公司无法清偿债务。甲银行与乙公司协议,重新订立贷款合同,约定以新抵旧,丙公司同意继续提供保证。新合同成立之后,甲银行并没有将新合同贷款打入乙公司账户,只在自己的账上作了记载,在自己的账册上冲销旧的债务。新合同债务到期,债务人乙公司无法履行新债务,债权人甲银行请求保证人丙公司承担保证责任。保证人以新合同的贷款并未实际履行为由,拒绝承担保证责任。

一、合同更新概述

(一) 合同更新的概念

合同更新,也叫作债务更改、债务更替,在我国司法实务上叫做以新抵旧,是指合同当事人之间因成立新合同而使旧合同为之消灭的合同法制度。因此,合同更新的实质是以消灭旧合同为目的而设立新合同。[1]

本书所称合同更新,不是有的学者所称的"合同更新"。其所说的这种"合同更新",是双方当事人约定以另一种标的物代替原标的物履行,或者当事人通过设立与原合同性质不同的合同来代替原合同,或者合同的价款、酬金条款发生了重大变更。[2] 这是废弃旧合同而订立新合同。本书所称的合同更新,是指以新抵旧,例如旧贷到期无法清偿,债务人又向债权人借新贷清偿旧贷。这是两个不同的概念。

我国《合同法》没有规定合同更新制度,但是在实践中普遍存在,并且经常因此而发生纠纷,法院受理很多这类案件,有必要在司法实务中,对当事人依照合同自由原则约定合同更新予以准许,对合同更新的规则予以阐释。

(二) 合同更新的法律特征

(1) 合同更新是当事人约定的一个新合同。

合同更新虽然涉及两个合同,发生旧合同消灭新合同发生的效果,但是就其本身而言,合同更新本身仍然是一个合同关系。因此,合同更新适用合同成立和有效的一般规定,即使是附条件的合同更新也是如此,同样有效。

(2) 合同更新是有因合同。

在合同更新中,新合同发生的目的是为了消灭旧合同,而旧合同的消灭是由于新合同的发生,二者之间具有因果关系。正因为如此,合同更新是有因合同,是因新合同的发生而使旧合同消灭的合同。至于新旧合同之间的关系,罗马法上的解释有两种:第一,变形说,认为旧合同因变为新合同而消灭。新旧合同为同一合同,有同一的原因和内容,实质并无不同,只不过在形式上发生变更而已,因此,合同更新就是新旧合同的变形,实质未变。第二,代位说,认为新旧合同不仅形式不同,而且实质也不同,在原因及内容等方面新旧合同完全无关。因新合同的发生而使旧合同消灭,是新旧合同的交替,新合同代替了旧合同而存在。代位说为多数人的主张。

(3) 合同更新是以新合同成立的意思为要素的合同。

合同更新必须具有使新合同成立为意思表示的要素,否则不能构成合同更

---

[1] 崔建远主编:《新合同法原理与案例释评》,吉林大学出版社 1999 年版,第 372 页。
[2] 王利明:《合同法研究》(修订版第二卷),中国人民大学出版社 2011 年版,第 180、181 页。

新。因为只有存在新合同成立才能够使新合同代替旧合同,实现合同更新的目的。因此,合同更新与因免除而消灭合同不同,不能依一方当事人的意思表示而消灭债务,而必须具有新合同的成立为必要。如果新合同无效,旧债务就不能消灭。

(4) 合同更新以旧合同的消灭为目的。

合同更新的目的是消灭旧合同。如果不是以消灭旧合同为目的,就失去了合同更新存在的意义。

二、合同更新的构成

(一) 当事人双方须有更新合同的确定意图

构成合同更新,当事人双方必须具有明确的旨在消灭旧合同的意思。这个更新合同的意思必须确定,并且不能只是一方当事人的确定,必须是双方当事人均已确定,达成合意。如果当事人的约定并没有消灭旧合同的意思,就只能构成合同变更,而不能构成合同更新。对此,我国《合同法》虽然没有规定,但是在实践中的操作则是必须具备的要件。

(二) 当事人间须有应当消灭的旧合同存在

当事人旨在更新的旧合同必须为有效成立。如果是无效的合同或者未成立的合同,均无法进行更新。对于自然债务,虽然没有法律的强制力,但当事人如果达成更新的合意,也不妨确认其更新的效力。即使是可撤销、可变更的效力待定的合同,在没有撤销或者没有变更之前,也可以约定进行更新。

(三) 当事人间须有新合同的发生

合同更新的前提必须是存在新合同的发生,如果没有新合同的发生,就不会发生旧合同消灭的法律后果。新合同的发生应当具备合同成立的一般条件,符合合同成立的一般要求。因此,新合同的发生与旧合同的消灭具有因果关系。如果新合同欠缺法定方式,因不法原因或者因原始给付不能而无效,或者更新因行为人的行为能力有欠缺而不生效力,或者因错误、欺诈、胁迫等原因而被撤销的,由于新合同不能有效成立,就不会发生旧合同消灭的后果。

(四) 新旧合同在内容上应当有所区别

构成合同更新,必须存在两个不同的合同,而不能是一个合同。这两个合同在内容上应当有所不同,而不是仅仅变更履行期限、履行场所或者给付的数量等。如果合同仅仅是这些内容的变更,那就构成合同变更,而不能构成合同更新。

三、合同更新的效力

（一）因合同更新而新合同发生

合同更新的基本效力是新合同发生，债权人产生新债权。新合同的发生必须符合合同成立并有效的要件，且应当实际履行。如果新合同虽然成立但没有生效，或者虽然生效但没有履行，或者虽然有效成立但由于其他原因而被解除或者被撤销，都不能为新合同的有效成立。例如，借贷合同的合同更新，虽然约定以新抵旧，但是新债务根本没有履行，并没有实际将贷款划拨到债务人的账户上，债务并没有实际发生，因此也不存在发生新合同、消灭旧合同的效果。

新合同有效成立，附着于原合同的抗辩权随之消灭，并不转移到新合同。所以，新合同的债务人不得以原债权的抗辩权对抗新合同的债权人，不得据此而拒绝履行。

（二）因合同更新而旧合同消灭

1. 旧合同的主债权和从债权

因合同更新有效成立而使原合同消灭，是合同更新的基本效力。其消灭的效力，首先及于原合同，使原合同消灭。如果是连带债务合同、不可分债务合同，债务人一人与债权人约定合同更新，或者不可分债权的债权人一人与债务人约定合同更新，这时仅发生相对的效力，不及于其他部分。其次使旧合同消灭，如果该合同有从合同的，从合同也随之消灭。

2. 原合同的担保债务

旧合同的主债权更新，消灭的效力及于担保债务，担保债务人的债务随之消灭，如果要担保人为新合同担保，则必须进行协议，达成担保的新的合意，才发生担保合同更新的效果。随之一并消灭的担保合同有保证、抵押权、质权；留置权也应消灭，但因为债权人对留置物的占有可以一直延续到新合同的发生，因此基于新合同，债权人仍然占有留置物，因此也发生新的留置权。

3. 原合同的撤销权、解除权

原债权的撤销权、解除权等权利，随着原债权的消灭而消灭，不再存在。

4. 利息之债

原合同的债权附有利息之债的，无论是约定利息之债或者法定利息之债，因合同更新而消灭，不过这种消灭仅仅向将来发生利息之债予以消灭，已经发生的利息之债仍然存在，应当清偿。至于迟延利息之债是否消灭，应当依当事人的约定，如果没有约定，则应当解释为不为消灭，直至新合同的效力发生之时终止。

5. 违约金之债

如果旧合同约定有违约金债权的，旧合同因合同更新而消灭，违约金债权亦应消灭。不过，如果合同更新之前已经履行迟延的，是否履行违约金债务，应当由当事人约定。不能约定的,应当解释为就已经违约的实际情况,承担部分违约金责任。

(三) 更新合同的解除

合同更新的合同也是一种合同,当事人可以约定解除条件,符合约定的条件的,当事人可以解除。同时,当事人也可以协议解除合同更新的合同。解除之后的效果是恢复原状,债权人和债务人应当予以恢复原状,但是对第三人不发生影响。如果新合同发生而使旧合同消灭,即使是其后由于新债务不履行或者依其他原因解除新合同的,也不因此而使已经消灭的旧合同复活,只有当事人之间负责恢复原状的义务而已。

四、合同更新中的担保责任

(一) 合同更新中的担保效力

在我国司法实践中,关于合同更新中遇到最多的问题,就是合同更新中的担保责任如何承担。争议的主要表现是,合同的债权人和债务人约定合同更新,但是担保人不知情,当新合同债务不能履行时,担保人是否应当承担担保责任。

对此,关键的问题不在于合同更新是否具有效力,而在于新合同债务的担保人是否知情,当事人对于合同更新是不是知道。现实的情况有三种:(1) 合同当事人恶意串通,在约定合同更新中,对担保人隐瞒真相,骗担保人为新合同债务进行担保,在新合同不能履行时,由担保人承担担保责任。(2) 有的合同当事人即债权人和债务人虽然没有进行恶意串通,但是没有将合同更新的情况告知担保人,将以新抵旧的合同更新当作新合同,要求担保人提供担保,如果新合同债务不能履行,要求担保人承担担保责任。(3) 合同当事人在约定合同更新时,尽管没有向担保人告知以新抵旧的事实,但是担保人明知是以新抵旧的,在新合同不能履行时,要求担保人承担责任。

对于以上三种情形,应当区别对待。凡是对担保人隐瞒真实情况,不论是恶意串通还是未告知真相,都应当作为或者视为《担保法》第30条规定的主合同当事人骗保,保证人不承担保证责任的情形。因此,在第一种和第二种情况下,担保人都不应当承担对新债务的保证责任。而在第三种情况下,由于担保人对合同更新的事实已经知情,尽管主合同当事人没有告知其真实情况,也应当认定为担保合同有效。担保人已经知情的举证责任,应当由主张担保人承担担保责任的债权人证明。

对于合同更新中的旧合同债务已经提供担保的担保人,在以新抵旧的新合同中又为新合同债务提供担保的,原则上应当承担担保责任,除非另有证据证明骗保的事实成立。

（二）新合同债务没有实际发生的债务保证的效力

在司法实践中还遇到的一个问题，就是新合同债务没有实际发生的债务保证的效力。例如，主合同当事人的旧合同债务有担保人进行担保，但是主债务没有履行，债权人并没有要求保证人承担保证责任，而是采取以新抵旧的方法，进行合同更新，订立新合同，担保人继续对新合同的债务提供保证。但是，作为贷款人的债权人并没有实际将新合同的贷款划拨到债务人的账户，而是采用默认的方式，仅仅在自己的账册冲销旧的债务。新合同债务到期，债务人无法履行新债务，债权人请求保证人承担保证责任。保证人以新债并没有实际履行为由，拒绝承担保证责任。在这种情况下，新合同虽然成立，但并没有实际履行，那么，旧合同债务是不是随着新合同发生而消灭，保证人是否要承担保证责任？

我们认为，保证人明知主合同当事人的合同更新，仍然为新合同债务提供保证，这种保证是有效的。但是，新合同虽然已经发生，债权人并没有将贷款交付给债务人，债务人也没有实际取得贷款的所有权，新合同并没有实际履行。尽管在这种情况下，旧合同已经消灭，但是由于新合同没有实际履行，保证人也就没有发生保证责任。因此，保证人对尚未发生的债务不承担保证责任。

【案例讨论】

讨论要点：确定合同更新中的担保人的责任，关键在于担保人是否对以新抵旧的事实知情。知情者，不存在骗保的问题，应当承担担保责任。本案的争议，在于新合同是否履行，如果新合同没有履行，则担保人不发生担保责任。

讨论问题：1. 本案的丙公司同意为以新抵旧继续担保，该担保约定是否有效？2. 本案的债权人与主债务人之间的新债是否已经发生？理由是什么？

第三编 合同保障

第九章 合同保全

第一节 债的保全概述

【典型案例】

刘某为某公司占全部股份27%的股东,与金某签订400万元转让自己全部股权的转让协议,股东金某受让刘某的股份,并且在工商部门办理了股东变更登记。嗣后,金某一直未支付转让款。刘某向法院起诉,法院判决金某应支付刘某股份转让款400万元。在判决生效后执行中,金某与其女儿金女(系在校学生)签订两份房地产买卖合同,分别以30万元、16万元(市价应为180万元、150万元)的价格将98.86平米以及64.65平米房屋低价转让给金女,并办理了房屋所有权转让过户登记。刘某向法院起诉,要求撤销金某与金女之间转让两套房屋的行为。

一、债的保全的概念和地位

(一)债的保全的概念

债的保全,即债的对外效力,是指法律为防止债务人财产的不当减少给债权人的债权带来损害而设置的债的保障形式,是债法的一项重要制度,对于债权的保障具有重要作用,包括债权人代位权和债权人撤销权。[①] 合同之债的债权保全,适用债的保全制度。

---

① 杨立新:《论合同之债的保全》,载《法学与实践》1990年第2期。

(二) 债的保全的地位和意义

我国的债的保全制度规定在《合同法》,而不是债法中,因此,通常称之为合同保全,其实是所有的债的保全制度。在成文法国家,《合同法》中规定合同之债的保全制度的鲜见其例。但这并不能说明我国的债的保全制度仅仅是合同保全制度,仅仅对合同之债的保全发挥作用,其仍然对全部债的关系起到保全的作用。

债的保全制度之所以被称为债的对外效力,是相对于债的一般效力而言。在一般意义上说,债的效力只是对当事人发生,并不针对债的关系以外的第三人。合同的这种约束力就是债的对内效力,即对当事人的效力。当然,债对债的关系以外的任何第三人都具有法律效力,不过这种效力不是债的约束力,而是我国《民法通则》第5条规定的"公民、法人的合法的民事权益受法律保护,任何组织和个人不得侵犯"的效力,是合同对第三人的一般效力。债的保全的对外效力,是当事人一方在债的存续期间,实施削弱其作为履行债务的一般担保资力的财产,损害债权或者有害及债权的可能,债权人即可对债务人与第三人实施的行为行使代位或者撤销的权利,使债务人与第三人之间的积极或者消极处分财产的行为归于无效,以保证实现自己的债权。这种权利的行使,既不是对债的关系的效力,又不是对债的关系以外的第三人的一般效力,而是直接向第三人行使的权利,因而称为债的对外效力[①],也被视为债权相对性的突破的内容之一。简言之,债的保全就是债权人为确保债权实现,用以防止债务人减少财产的权能。[②]

二、债的保全的内容和历史

(一) 债的保全的内容

债的保全制度由债权人代位权和债权人撤销权组成。尽管目的都是对债权进行保全,但两者各自的方式和具体内容均不同。

债权人代位权着眼于债务人的消极行为,债权人代位权是债权的从权利,是一种以行使他人权利为内容的管理权,债权人以自己的名义代债务人之位而主张债务人的权利,其目的完全是为了保全自己的债权,增大债权的一般担保的资力。

债权人撤销权着眼于债务人处分自己的现有财产的积极行为和放弃债权的消极行为,是指债权人依法享有的为保全其债权,对债务人处分作为债务履行资力的财产,以及放弃到期债权行为,请求法院予以撤销的实体权利。当债务人实

[①] 参见杨立新主编:《疑难民事纠纷司法对策》(第三集),吉林人民出版社1997年版,第265—266页。

[②] 林诚二:《民法债编总论——体系化解说》,中国人民大学出版社2003年版,第404页。

施减少其财产或者放弃其到期债权而损害债权人债权的民事行为时,可以请求法院对该民事行为予以撤销,使已经处分了的财产回复原状,以保护债权人债权实现的物质基础。债权人撤销权虽然是债权的从权利,但它是兼有形成权和请求权双重性质的实体权利。

从上述内容可以看出,债权人撤销权与债权人代位权的着眼点不同:债权人撤销权主要着眼于积极的财产处分行为,债权人代位权则着眼于消极的债权处分行为;债权人撤销权的主张是对债务人处分财产的行为予以撤销,债权人代位权的主张是对债务人的债权代债务人主张权利。①

(二) 债的保全制度的历史沿革

债的保全制度的历史相当悠久,但它的两个组成部分不是同时产生的。债权人代位权产生的时间较晚,而债权人撤销权产生的时间较早。

1. 债权人撤销权的历史沿革

债权人撤销权在历史上称为废罢诉权,在罗马法的文献上也叫做"保留斯之诉"或"保利安之诉",是债权人为维护本身的合法权益得请求法院撤销债务人处分财产的行为。② 这种制度,是由债权人或代表他们的破产保证人提起的要求撤销债务人对他们实施的欺诈行为的程式诉讼方式。查士丁尼《法学总论》第六篇"诉权"规定:"同样,债务人为了要欺骗债权人,将其所有物交付他人,而其物业经总督命令由债权人占有者,债权人得主张撤销交付,并诉请恢复该物,这就是说,可主张该物未曾交付,从而它仍属于债务人财产的一部分。"③罗马《民法大全》"契约之债编"选编了乌尔比安《论告示》第66编的论述:"裁判官说:对于明知是欺诈债权人而为欺诈行为,我赋予诉讼中债务人的财产保管人和那些在这一情况下享有诉权的人以诉讼保护。他们可在从知晓这一欺诈行为之时起一年内行使这一诉权。我认为,这一原则亦适用于对欺诈人提起的诉讼。"④罗马法的债权人撤销权注重债务人的主观要件,对故意欺诈行为才可以行使撤销权。

至14世纪,意大利诸州法律开始承认不以主观要件为必要的撤销权。随后,在很多国家的立法中,将债权人撤销权分为破产法上的撤销权和破产外的撤销权。例如,法国先在《商法》第424条以下规定了破产法上的撤销权,后在《民法典》"契约对第三人的效果"中第1167条规定了破产外的撤销权。德国亦采此例,前者规定在《破产法》中,后者在1889年的《债权人撤销权法》中加以规定。日本《民法典》第424条至第426条规定了破产外的撤销权;《破产法》第72

---

① 杨立新:《论合同之债的保全》,载《法学与实践》1990年第2期。
② 江平:《罗马法基础》,中国政法大学出版社1988年版,第218页。
③ 〔古罗马〕查士丁尼:《法学总论》,张企泰译,商务印书馆1989年版,第207页。
④ 〔意〕桑德罗·斯奇巴尼选编:《债·契约之债》,中国政法大学出版社1992年版,第40页。

条规定了否认权即破产法上的撤销权。

在现代,这种立法已成通例。

2. 债权人代位权的历史沿革

关于债权人代位权发展历史,一说认为罗马法、古代德国法及法国法中都没有建立此制,只是到了近代立法,才由《法国民法典》最先确认。① 一说认为债权人代位权在罗马法中就已经建立起来,是近代和现代保全制度的实质内容;罗马法"推产"的实现,就是债权人代位请求权实现的一种形式;代位请求权是债权人一方的要求在法律的保护下予以实现,故是单方的、强制的,就此而言,它才是近代和现代保全制度的部分实质内容。②

在立法上完整地确立债权人代位权制度的,是《法国民法典》。该法第1166条规定:"但债权人得行使其债务人的一切权利和诉权,权利和诉权专属于债务人个人者,不在此限。"随后,《西班牙民法典》、《意大利民法典》、《日本民法典》等均设立了这项制度。《日本民法典》第423条规定:"债权人为保全自己的债权,可以行使属于其债务人的权利。但是,专属于债务人本身的权利,不在此限。""债权人于其债权期限未届至间,除非依裁判上的代位,不得行使前款权利。但保存行为,不在此限。"

3. 我国债的保全制度发展历史

中国古代没有类似于债的保全的制度。对于债权的保障,不是以平等、自愿、诚实信用的民法原则和契约形式来调整,而是以行政手段和刑事法律手段来调整。③ 因此,在立法上只有较为软弱的担保制度,而无债的保全制度。

清末编制《大清民律草案》,借鉴《日本民法典》的立法例,在第396条至第398条拟定了债权人撤销权的条文,在第399条至402条拟定了债权人撤销权的条文。《民国民律草案》在第340条至第341条、第342条至第343条,分别规定了债权人代位权和债权人撤销权的内容。

1929年国民政府制定的民法典,在"债编"中专设保全一款,在第242条至第245条规定了上述完整的内容。第242条和第243条规定:"债务人怠于行使其权利时,债权人因保全债权,得以自己之名义,行使其权利。但专属于债务人本身者,不在此限。""前条债权人之权利,非于债务人负迟延履行责任时,不得行使。但专属为保存债务人之权利之行为,不在此限。"第244条和第245条规定:"债务人所为之无偿行为,有害及债权者,债权人得声请法院撤销之。债务人所为之有偿行为,于行为时明知有损害于债权人之权利者,以受益人于受益时

---

① 史尚宽:《债法总论》,台湾荣泰印书馆1988年版,第444页。
② 江平:《罗马法基础》,中国政法大学出版社1988年版,第211页。
③ 孔庆明:《秦汉法律史》,陕西人民出版社1992年版,第125页。

亦知其情事者为限,债权人得声请法院撤销之。债务人之行为非以财产为标的者,不适用前二项之规定。""前条撤销权,自债权人知有撤销原因时起,1年间不行使,或自行为时起经过10年而消灭。"此外,国民政府还在《破产法》上规定了破产上的撤销权。自此,中国历史上第一次建立了民法的债的保全制度。

1937年,伪"满洲国民法"在第二编"债权"第一章"总则"第二节"债权之效力"中,在第391条至第395条规定了债权人代位权和债权人撤销权。

三、我国立法中确立的债权保全制度

(一)《企业破产法(试行)》规定的债权保全制度

我国民法在《合同法》制定之前没有规定债的保全制度。《企业破产法(试行)》第35条规定了破产法上的撤销权和代位权的内容,只是规定其法律后果不是撤销和代位,而是无效。有的学者认为,《企业破产法(试行)》的这一规定不能看作是债权人撤销权,因为该条第1款已明确规定"破产企业的上述行为无效",因而不属于撤销权的规定。① 这种看法并不准确。该条的内容是:"人民法院受理破产案件前6个月至破产宣告之日的期间内,破产企业的下列行为无效:(一)隐匿、私分或者无偿转让财产;(二)非正常压价出售财产;(三)对原来没有财产担保的债务提供财产担保;(四)对未到期的债务提前清偿;(五)放弃自己的债权。""破产企业有前款所列行为的,清算组有权向人民法院申请追回财产。追回的财产,并入破产财产。"本条第1款第1项至第4项规定的内容,属于债权人撤销权的积极处分财产害及债权的情形;第5项规定的情形,属于债权人代位权的内容。认为《企业破产法(试行)》第35条规定的是破产法上的债的保全制度,是有确实根据的。

(二)司法解释对债的保全制度的补充

最高人民法院在制定《关于贯彻执行〈中华人民共和国民法通则〉若干问题的意见(试行)》(以下简称《民通意见》)时,制定了一条与债权人撤销权相关的司法解释。《民通意见》第130条规定:"赠与人为了逃避应履行的法定义务,将自己的财产赠与他人,如果利害关系人主张权利的,应当认定赠与无效。"最高人民法院上述关于赠与人恶意赠与财产无效的司法解释,基本上体现了债权人撤销权的基本原理。在立法欠缺、实践急需的情况下,最高人民法院仅仅就赠与人恶意赠与财产害及利害关系人权利的行为来作出司法解释,具有局限性,远远不适应实践对于债权人撤销权的需要。它基本上是一个就事论事的解释。在现实生活中,赠与人恶意赠与财产害及利害关系人,即债权人利益的行为是存在的,运用债权人撤销权的原理,在审判实践中确认这种恶意行为无效,使赠与人

---

① 王家福主编:《民法债权》,法律出版社1991年版,第188页。

恶意赠与他人的财产回复原状,保全其作为履行债务的财产资力,以保护债权人的合法债权,无疑是必要的。但是,在保全债权方面,债务人害及债权的财产处分行为,决不仅是恶意、无偿地赠与财产这一种行为,还包括善意赠与、有偿赠与,以及善意地、有偿地除赠与以外的其他积极处分财产行为、消极处分财产行为。其他这些害及债权的财产处分行为,对于整个民事财产流转的危害,同样是很严重的。最高审判机关只就恶意赠与行为作出司法解释,显然没有考虑到更为宽泛的债权保全问题。这种就事论事的解释,只能是挂一漏万,没有从根本上解决当前急需解决的合同之债的保全制度的适用问题。①

最高人民法院在制定《关于适用〈中华人民共和国民事诉讼法〉若干问题的意见》时,于第 300 条规定:"被执行人不能清偿债务,但对第三人享有到期债权的,人民法院可依申请执行人的申请,通知该第三人向申请执行人履行债务。该第三人对债务没有异议但又在通知指定的期限内不履行的,人民法院可以强制执行。"这一司法解释将债权人代位权应用到执行程序中,别有新意,符合债权人代位权的基本原理,使我国通过司法解释建立完整的合同之债的保全制度的事业,又向前迈进了一步。该条司法解释的基本含义,是为保全债权人即申请执行人的债权,而对债务人对第三人享有的到期的债权,债权人可以代其位向人民法院申请,由第三人向其履行债务。这是符合债权人代位权的基本法律特征的。这一司法解释的最大局限性是,将债权人代位权仅仅限于在民事诉讼程序的执行程序中适用,使其法律作用大大地打了折扣,因而并不是完整意义上的债权人代位权制度。尽管如此,该司法解释所作的努力,对于创建中国债法的合同之债的保全制度,其意义还是十分重要的。

(三) 我国《合同法》规定的债的保全制度

专家学者在制定《合同法》时,就拟定了债的保全的条文。立法机关采取灵活方式,从合同履行保障的角度,规定了合同保全制度,解决了立法和司法的急需。随后,最高人民法院通过司法解释,对债的保全制度的具体规则进行了完善。

【案例讨论】

讨论提示:金某在其负债得到法院确定判决的情况下,为逃避债务,将自己的房产低价转让给自己的女儿,使债权人刘某的债权受到损害,刘某有权行使保全自己债权的权利。

讨论问题:1. 刘某保全自己的债权,应当行使债权人代位权还是债权人撤销权?为什么?2. 债的保全在合同法中的作用是什么?

---

① 对于这样的问题,最高人民法院是有认识的,并且相应地提出了建立合同之债的保全的草拟的解释条文。

第二节 债权人代位权

【典型案例】

孙某为与他人合伙经营服装生意,向许某借款1.5万元,约定借期6个月,月息为银行利息的2.5倍,到期本息一起付清。孙某为许某出具了欠条。孙某用此款与他人合伙倒卖服装旧货,被工商机关查处,其旧货被全部没收,每人被罚款1万元。孙某为翻本,竭尽所有财产再次经营服装生意,又亏损,至还款期届满,已经无支付能力。许某多次催要,孙某无法清偿欠款。某日,许某又向孙某催债,恰有姜某找孙某还款,孙某将话岔开,进行掩饰。许某经了解,原来孙某数年前曾借给姜某2万元作经营资金,现在本息已达2万多元。孙某认为收回这2万元也得还债,故放弃这一债权,给姜某作经营资金,日后自己入股共同经营。许某向法院起诉,请求孙某以此款清偿债务。孙某辩称该债权已经放弃,无法清偿债务。

一、债权人代位权的概念和特征

(一) 债权人代位权的概念

债权人代位权,也称之为间接诉权[1],是指债权人依法享有的为保全其债权,以自己的名义行使属于债权人权利的实体权利。当债务人怠于行使属于自己的到期债权而害及债权人的权利实现时,该债权人可依债权人代位权,以自己的名义行使债务人怠于行使的债权。[2]

债权人代位权着眼于债务人的消极行为,当债务人怠于行使属于自己的到期债权而损害债权人的债权实现时,债权人可依债权人代位权,以自己的名义行使债务人的债权。它是债权的从权利,是一种以行使他人权利为内容的管理权,债权人以自己的名义代债务人之位而主张债务人的权利,其目的完全是为了保全自己的债权,增大债权的一般担保的资力。

有的学者坚持将债权人代位权称为代位权。[3] 这是不妥的。债权人代位权与一般的代位权不同。一般所称的代位权,是指权利因法律规定而当然转移至

---

[1] 柯凌汉:《中国债权法总论》,新明公司1924年版,第123页。
[2] 参见杨立新:《论债权人代位权》,载《法律科学》1990年第2期。
[3] 王利明:《合同法研究》(修订版第二卷),中国人民大学出版社2011年版,第99页。

另一主体,即当然代位,例如连带债务人的清偿代位、利害关系人的清偿代位、保证人的清偿代位、物上保证人的清偿代位等,均是当然代位。而债权人代位权的代位,仅指权利行使上的代位而已,并不发生权利当然转移的后果,不因债权人的行使而转移至该债权人。① 因此,对于这个权利的称谓应当采用全称即债权人代位权,而不应当简称为代位权,以示与其他代位权的区别。

(二) 债权人代位权的特征

我国《合同法》规定的债权人代位权的法律特征是:

(1) 债权人代位权是债权的从权利。

债权人代位权是债权的从权利,不是独立的权利,因而,债权人代位权不能独立产生,也没有独立存在的可能,只能依附于合同债权以及其他债权而存在。债权产生,其随之产生;债权转移,其随同转移;债权消灭,其随同消灭。

(2) 债权人代位权是债权人以自己的名义代债务人之位行使的权利。

债权人代位权是债权人代债务人之位,行使债务人的权利,因此是代位权而不是代理权。在古罗马法中曾有为自己的代理或委任行为,其特点是债权人为自己的利益,以债务人的名义行使权利。债权人代位权的不同之处,就在于债权人是以自己的名义而不是以债务人的名义行使权利。按照传统的债权人代位权的规则,代位的结果,是债务人的债务人向债务人清偿债务,而不是直接向债权人清偿债务。最高人民法院《关于适用〈中华人民共和国合同法〉若干问题的解释(一)》第 20 条规定:"债权人向次债务人提起的代位权诉讼经人民法院审理后认定代位权成立的,由次债务人向债权人履行清偿义务,债权人与债务人、债务人与次债务人之间相应的债权债务关系即予消灭。"这样的规定,实际上已经不是代位权的概念。这也是这一司法解释存在的问题之一。

(3) 债权人代位权的目的是为了保全债权。

债权人代债务人行使其权利,不是扣押债务人的权利,也不是就收取的财产有优先受偿权,而是将行使权利的后果归于债务人,这样,就保全了债务人的财产,增大了债权的一般担保资力,具有为强制执行作准备的作用。《合同法》草案曾经规定"行使代位权取得的财产,归债务人之后再清偿债务",正是体现了这样的意思。但是,最高人民法院前述司法解释将这一内容作了改变,由次债务人直接向债权人清偿,这就改变了保全的性质。

(4) 债权人代位权的性质是管理权。

债权人代位权不是对于债务人或第三人的请求权,也不是纯粹的形成权,而是以行使他人权利为内容的管理权。

应当看到的是,最高人民法院《关于适用〈中华人民共和国合同法〉若干问

---

① 林诚二:《民法债编总论——体系化解说》,中国人民大学出版社 2003 年版,第 406—407 页。

题的解释(一)》中关于债权人代位权的规定是存在较大的问题的,与传统债权人代位权的规则不符,与我国《合同法》第 73 条规定也不相符,应当仔细研究并加以解决。

二、债权人代位权的行使要件

按照我国《合同法》第 73 条第 1 款规定,行使债权人代位权应当具备相应的要件。之所以称之为债权人代位权的行使要件,而不称为构成要件或者成立要件,是因为债权人代位权和债权人撤销权并非新生的权利,而是随着债权的产生就已经产生并附着于该债权的权利。债权发生,就包含了债权人代位权和债权人撤销权,只是不具备行使要件,尚不可以行使而已。待具备了债权人代位权和债权人撤销权的行使要件时,就可以行使了。一方面称债权人代位权是固有权,另一方面又称其为构成要件[1]或者成立要件[2],显系矛盾。

对此,最高人民法院《关于适用〈中华人民共和国合同法〉若干问题的解释(一)》第 11 条规定:"债权人依照合同法第 73 条的规定提起代位权诉讼,应当符合下列条件:(一)债权人对债务人的债权合法;(二)债务人怠于行使其到期债权,对债权人造成损害;(三)债务人的债权已到期;(四)债务人的债权不是专属于债务人自身的债权。"这一规定基本合适,特别是没有说这些条件是构成要件或者成立要件,而仅仅说是应当符合行使债权人代位权的条件,所以是正确的。

(一)债权人对债务人的债权合法

债权人代位权是债权的从权利,没有合法债权的存在,就没有代位权的存在。如果在当事人之间不存在合法的债权债务关系,就不可能产生债权人代行债务人权利的权利。代行者如果与被代行者没有合法的债权债务关系,则代行者即无代位的基础。

(二)债务人对次债务人享有债权且合法

债务人有债权存在并且该债权为合法债权,是债权人代位权行使的必要条件。如果债务人对他人无债权存在,或其债权已经行使完毕,债权人就无从代位行使权利。我国《合同法》第 73 条规定为"到期债权",比传统民法只规定为"权利"更为准确。在传统民法中一般规定为权利,然后再对权利进行限制,比较麻烦。直接规定为债权就避免了这样的问题,对其他权利则一律不得行使代位权。

司法解释特别强调债务人的债权应当合法,对于不合法的债权,债权人不得代位行使。债务人对次债务人的赌债、盗卖毒品之债的债权,由于这些是非法债权,因此不能行使债权人代位权。

---

[1] 林诚二:《民法债编总论——体系化解说》,中国人民大学出版社 2003 年版,第 408—409 页。
[2] 陈界融:《中国民法学·债法学源论》,人民法院出版社 2006 年版,第 216—217 页。

对于自然债权是否可以行使债权人代位权,学说认为不可行,理由是,自然债务不受法律约束,不具有清偿的强制性,债务的履行依靠债务人的自觉,因此债权人无法依照法律行使债权人代位权。

（三）债务人的债权已经到期

债务人的债权已经到期,是我国《合同法》对债权人行使代位权成立要件的要求,即债务人对次债务人的债权应当已经到期,次债务人应当对债务人履行债务,债务人作为债权人有权向次债务人主张债权。

我国《合同法》对这个要件的要求,与传统民法的债权人代位权不同。传统的债权人代位权行使条件并不要求债务人的债权已经到期,而是只要是现实的债权即可,不论是到期债权还是未到期债权,理由是债权人行使权利的目的是保全这个权利,并不要求直接行使这个权利。我国《合同法》第73条限缩了债权人代位权行使的范围,仅规定对到期债权有权行使代位权,而不得向未到期的债权主张行使债权人代位权。这对保护债权人的利益不利,理由是,对于未到期的债权不能行使债权人代位权,债务人为逃避债务而怠于履行或者放弃未到期债权时,债权人对此毫无办法,无法保护债权人的债权。同时,对于没有期限的债务人的债权,债权人行使债权人代位权,就必须先使该债权具备行使的条件,然后才能够行使权利,存在诸多困难。

对此,应当加以区别。对于债务人享有的已经到期债权,债权人当然可以行使代位权。对于债务人享有的未到期限的债权,债权人应当可以依法要求保全,待该债权到期后,行使代位权。对于没有期限的债务人享有的债权,只要债务人享有行使债权的条件,债权人就应当可以主张行使债权人代位权。

（四）债务人怠于行使债权且损害债权人的债权

债务人怠于行使债权且该行为损害了债权人的债权,是债权人代位权的行使要件之一。

传统民法认为,行使债权人代位权的这个要件是债权人有行使代位权的必要。所谓必要,是指债权人的债权有不能依合同内容接受给付的危险,因而有代位行使债务人的权利以图债权满足的现实必要。我国《合同法》第73条和最高人民法院《关于适用〈中华人民共和国合同法〉若干问题的解释（一）》第13条都认为,债务人怠于行使其到期债权,对债权人造成损害的,是指债务人不履行其对债权人的到期债务,又不以诉讼方式或者仲裁方式向其债务人主张其享有的具有金钱给付内容的到期债权,致使债权人的到期债权未能实现。相比较,我国规定的债权人代位权的行使要件更为苛刻,看似更加公允,实则不利于保护债权人的债权。

债务人怠于行使债权,是说债务人应行使并能行使该债权而不行使。应行使,是指如果不及时行使,权利将有消灭或丧失的可能。例如请求权将因时效完成被次债务人当作抗辩事由,受偿权将因不申报破产债权而丧失。能行使,是指不存在行使权利的任何障碍,债务人在客观上有能力行使其权利。不行使,即消极的不作为。[1] 至于债务人对此有无故意、过失或其他原因,再所不问,只要是怠于行使该债权即可。债权人曾经催告债务人行使其债权与否也不过问,无论债权人是否催告债务人,均不影响债权人代位权的行使。只要是债务人没有行使其债权,在债务人行使其债权之前,债权人就可以行使代位权。但是,只要债务人已经行使自己的权利,债权人即使不满意该行使权利的方法或者后果,也不得再行使代位权。例如,债务人承诺过不利的代物清偿或者因不适当的诉讼方法而败诉,债权人均不得主张代位权。当然,在债务人以加害债权人为目的而行使权利的情况下,债权人可以通过行使债权人撤销权的方法保全债权。

究竟何为对债权人的损害,我国《合同法》第73条和最高人民法院《关于适用〈中华人民共和国合同法〉若干问题的解释(一)》对此规定得比较严格,是"对债权人造成损害的"。而传统民法规定债权人代位权的行使要件是造成债权损害或者债权损害之虞的,均可。鉴于我国债权人代位权行使要件的规定对债权人保护不力的现状,对于该损害的解释应当适当从宽,应理解为债权人的债权有不能依合同内容接受给付的现实危险,其中包括债权人的债权非代位行使该债权已经不能实现。债务人应履行债务而未按期履行即履行迟延,或者不履行,因而使债权未能及时实现或者不能实现,均为造成债权人的损害。传统民法认为,如果是专为保全债务人权利的行为,其目的在于防止债务人权利的变更或消灭,如果有履行迟延之可能时,可在履行期未届至之前,行使代位权。这种情况,我国《合同法》没有作出规定,似乎不将其包括在内,但是这种情况出现时,应当有行使债权人代位权的必要,准许债权人进行保全。[2]

(五) 债务人的债权不是专属于债务人自身的债权

债务人享有的债权不是专属于债务人自身的债权,这是我国《合同法》第73条规定的要件,即"该债权专属于债务人自身的除外"。如果债务人享有的专属于自身的债权,即使债权人有行使债权人代位权的必要,也不符合行使该权利的要求,不得行使债权人代位权。

所谓债权专属于债务人自身,也叫做专属权利,是指专属于债权人所有,不得转让或者扣押的权利。通常说专属权利而不说专属债权,是因为权利者中的专属权较多,不可以转让或者扣押,而债权专属者较少。不是专属于债权人的债权,即不得是非财产权性质的身份权或者人格权,也不得是基于身份权或者人格权而发生的债权。最高人民法院《关于适用〈中华人民共和国合同法〉若干问题的解释(一)》第12条规定:专属于债务人自身的债权,是指基于扶养关系、抚养关

---

[1] 参见崔建远主编:《合同法》(第五版),法律出版社2010年版,第151—152页。
[2] 同上书,第152页。

系、赡养关系、继承关系产生的给付请求权和劳动报酬、退休金、养老金、抚恤金、安置费、人寿保险、人身伤害赔偿请求权等权利。此外,还应当包括的是,父母对子女财产的收益权,夫或妻对于共同财产的收益权,因人身自由、名誉、隐私、肖像等人格权遭受损害所生损害赔偿请求权。① 对这些权利,债权人不得行使代位权。

对于退伍军人的转业费、医疗费等债权,也不得行使代位权。对于著作财产权,例如债务人写作的著作已经出版,出版社给付其稿酬,债务人拒绝领取,不属于专属债务人自身的债权,债权人有权主张债权人代位权。债务人的肖像、形象、姓名、名称、隐私等人格利益进行商品化开发、利用所获得的债权,尽管与人格利益有关,但不属于专属于自身的债权,应当准许债权人主张代位权。

三、债权人代位权的行使

最高人民法院《关于适用〈中华人民共和国合同法〉若干问题的解释(一)》对债权人代位权的行使规定了具体规则,结合传统民法,行使代位权的规则应当包括以下内容。

(一) 保全的必要范围

债权人代位权保全的必要范围,应以以给付为标的的债权为准。如不作为的债权和以劳务为标的的债权不能保全。不是以给付为标的的债权,不符合保全的必要状态。符合保全的必要状态应由债权人举证证明。

行使债权人代位权的客体是债务人现有的债权。这有两个含义:

第一,是债权而非其他权利。有疑问的是,如果是所有权的收益权能,是否也可以行使债权人代位权呢?有的学者认为,所有权的使用、收益、处分等权能,债权人不能代位行使。② 对此,仅仅是债务人的所有权的收益权能,当然不能行使,因为它只是一个权能而不是权利;但是,所有权的收益权能已经现实地变成为一个权利,当然可以行使。例如将自己所有的房屋租赁收取租金的权利,既是收益权能,又是现实的债权,当然可以代位行使。不过,如果债务人享有所有权,那就有可供履行债务的财产,它本身就是履行债务的保障。另外,认为"第三人对债务人为赠与,或为其他有利合同的要约时,债权人不能代位受赠与或代位承诺"③,也有不妥之处。不能代位承诺当然没有问题,而赠与就是赠与合同,既然赠与合同成立,就是有效的债权,应当有代位权行使的可能。

第二,该债权是现有的而非可能享有的。债务人与次债务人订有合同预约,或者订有合同意向书,这些都不是现有的债权,是将来可能享有的债权,对此不

---

① 孙森焱:《债法总论》(下册),台湾三民书局2004年版,第628页。
② 陈界融:《中国民法学·债法学源论》,人民法院出版社2006年版,第219页。
③ 同上。

能行使债权人代位权。

（二）债权人行使代位权的名义

债权人行使代位权应以自己的名义，不能以债务人的名义行使。同时，债权人应以善良管理人的注意标准行使代位权。否则，造成损害应负损害赔偿责任。

债权人代位权的行使主体可以是多数债权人。各个债权人在符合法律规定的条件下，均可以行使代位权，各个债权人可以作为共同原告。在这种情形下，两个或者两个以上的债权人均以自己的名义以同一债务人为被告提起代位权诉讼的，人民法院可以合并审理。

在债权人代位权的诉讼中，次债务人对债务人的抗辩事由，可以直接对抗债权人的债权主张和代位权主张。

传统民法认为，债权人代位权不一定须经法院裁判，可采裁判方式，也可采裁判外的径行方式行使。学者提出，依我国目前情况看，仍以裁判方式为必要，以免造成民事财产流转的混乱。[①] 我国《合同法》对此已经明确规定，债权人代位权须"请求人民法院"来行使。应当注意的是，《合同法》在关于债权人代位权和债权人撤销权的救济方法上，没有提到请求仲裁机构予以仲裁的方式。对此应当理解为，债权人行使撤销权和代位权只能向人民法院请求，不能向仲裁机构请求。仲裁机构无权裁决债权人代位权和债权人撤销权的纠纷。

（三）债权人代位权行使的范围

我国《合同法》规定，代位权的行使范围以债权人的债权为限。这与传统民法的要求是一致的。行使代位权应以债权保全为限度。在必要范围内，可以同时或顺序代位行使债务人享有的数个债权。在行使债务人的一个债权就足以达到保全债权目的时，不得行使债务人的其他权利。如果代位行使债务人权利的价值超过债权保全的范围，应在必要限度内，分割债务人的权利，以满足代位权的需要；如果该债权为不可分割的，可以行使全部权利，将行使的结果归于债务人。对于专属于债务人自身的权利，债权人不得代位行使。

对此，最高人民法院《关于适用〈中华人民共和国合同法〉若干问题的解释（一）》规定了两个条文，即第21条和第22条。第21条的内容是，在代位权诉讼中，债权人行使代位权的请求数额超过债务人所负债务额或者超过次债务人对债务人所负债务额的，对超出部分人民法院不予支持。这一规定是正确的。第22条规定：债务人在代位权诉讼中，对超过债权人代位请求数额的债权部分起诉次债务人的，人民法院应当告知其向有管辖权的人民法院另行起诉。因此，保全的范围也仅仅是以债权人的债权保全为限。

按照最高人民法院《关于适用〈中华人民共和国合同法〉若干问题的解释

[①] 参见杨立新：《疑难民事纠纷司法对策》，吉林人民出版社1991年版，第269页。

(一)》的规定,债权人行使代位权,限于保存行为和实行行为,不包括处分行为,例如不允许免除单纯债务、放弃权利、延缓期限等处分行为。

四、债权人代位权行使的效果

(一) 司法解释规定的效果与传统规则的差异

关于债权人代位权行使的效力,最高人民法院《关于适用〈中华人民共和国合同法〉若干问题的解释(一)》第20条规定:"债权人向次债务人提起的代位权诉讼经人民法院审理后认定代位权成立的,由次债务人向债权人履行清偿义务,债权人与债务人、债务人与次债务人之间相应的债权债务关系即予消灭。"这与传统民法的规定不同。

传统民法认为,债权人代位权的效力及于债务人、次债务人(即第三人)及债权人本人。对于债务人,在债权人已着手于代位权行使而且通知债务人后,债务人不得再为妨害债权人代位行使的权利处分,即不得为抛弃、免除、让与或其他足以使代位权行使失去效力的行为;代位权行使所产生的民法上的效力,直接归属于债务人,而不是归属于债权人。对于次债务人,债权人代位权的行使相当于债务人向次债务人行使权利。同时,代位权行使及通知债务人后,次债务人取得的对于债务人的抗辩权,可以对抗债权人,如不可抗力、已过诉讼时效等。对于债权人,因其行使代位权支出的必要及有益的费用,可以请求债务人返还。当该债权归于债务人以后,债权人可以该债权实现的财产清偿自己的债权。当行使代位权使次债务人向债务人履行债务以后,如果债务人还有其他债权人,行使债权人代位权的债权人的债权仍然是平等债权,与其他债权人处于平等的地位,不能优先受偿。

最高人民法院《关于适用〈中华人民共和国合同法〉若干问题的解释(一)》规定的效力与传统民法的规则相比较,二者存在的差异是:第一,直接清偿债权人的债务。传统民法的规则是,债权人行使代位权的效果是保全债权,而不是直接清偿。最高人民法院《关于适用〈中华人民共和国合同法〉若干问题的解释(一)》规定为直接清偿,其实就不是保全,而是"保全+债权实现"。这样尽管可以使诉讼简洁,能够节省司法资源,但实际上是债权人直接依据代位权向不是自己的债务人行使债权,是不符合我国《合同法》第73条规定的。第二,既然如此,就有可能使债权人对于债务人的其他债权人取得优先受偿权。合同之债的保全不能使债权人获得优先受偿权,其债权与其他债权人的债权一样,都是平等债权。如果通过合同之债的保全行使代位权,就使债权人获得优先权,是不公平的。尽管最高人民法院《关于适用〈中华人民共和国合同法〉若干问题的解释(一)》第16条第2款作出了"两个或者两个以上债权人以同一次债务人为被告提起代位权诉讼的,人民法院可以合并审理"的规定,但这仅仅能够解决同时起诉的债权人的平均受偿问题,对于没有起诉代位权的债权人的债权,并不能得到平均受偿。这也是必须纠正的问题。

(二) 我国债权人代位权行使的效果

1. 限制债务人的处分权

债权人行使代位权后,对被代位行使的债权,债务人的处分权能受到限制。债权人通知债务人之后,或者债务人已经知晓债权人行使代位权之后,债务人不得再行使自己对次债务人的债权,不得处分该权利,不得提起为行使该权利的诉讼。这是因为,如果准许债务人继续行使该债权,不加以限制,债务人就会任意处分该债权,因而使债权人代位权的目的落空,损害债权人的债权。限制处分权的债权范围,应当以债权人代位请求数额的债权部分为限;超出部分,债务人的债权不受限制。

2. 时效中断

债权人提起代位权诉讼,对债权人的债权和债务人的债权均发生诉讼时效中断的效力。如果债权人代位请求数额的债权超出债务人所享有的债权范围,按照"权利人对同一债权中的部分债权主张权利,诉讼时效中断的效力及于剩余债权,但权利人明确表示放弃剩余债权的情形除外"①的规定,时效中断的效力应当及于代位行使的债权全部。

3. 效果归属

依照最高人民法院《关于适用〈中华人民共和国合同法〉若干问题的解释(一)》第20条规定,我国债权人代位权行使的效果归属,是由此债务人向债权人履行清偿义务,债权人与债务人、债务人与次债务人之间相应的债权债务关系即予消灭。

这样的做法比较简洁,便于保护债权人的债权。问题在于,在该债务人不仅对该债权人负有债务,还对其他债权人负有债务的时候,如果允许将代位行使的债权直接清偿对债权人的债务,有违于债权平等原则,其他债权人的债权就无法得到保障,使行使债权人代位权的债权人的债权事实上具有了对抗其他债权人债权的效力。这是不正确的。债权人代位权的后果,传统民法认为属于"入库规则"②,即代位权行使的后果应当归属于债务人,成为全体债权人的共同担保,而不能使行使代位权的债权人取得优先受偿权。

鉴于我国司法解释的这种规定,如果债务人只有一个债权人,且该债权人主张行使债权人代位权,没有其他债权人主张权利的,可以按照最高人民法院的上

---

① 最高人民法院法释(2008)11号司法解释《关于审理民事案件适用诉讼时效制度若干问题的规定》第11条。
② 崔建远、韩世远:《合同法中的债权人代位权制度》,载《中国法学》1999年第3期。

述规定,由次债务人向债权人履行清偿义务,债权人有权直接受领次债务人的清偿。债权人的债权实现之后,债权人与债务人、债务人与次债务人之间的债权债务关系一并消灭。如果该债务人还有其他债权人,该债权人行使债权人代位权,不能直接由次债务人对债权人进行清偿,而是向债务人清偿;债务人受领后,作为债务人对所有债务的担保财产,由所有的债权人按照债权比例受偿。

4. 费用负担

债权人行使代位权的必要费用,应当由债务人负担。这些费用包括律师代理费、差旅费、诉讼费。对此,债权人享有费用偿还请求权,有权向债务人主张。

五、行使债权人代位权的程序问题

最高人民法院《关于适用〈中华人民共和国合同法〉若干问题的解释(一)》规定了债权人代位权的行使程序的规则,主要内容是:(1)债权人提起代位权诉讼的,由被告住所地人民法院管辖。(2)债权人向人民法院起诉债务人以后,又向同一人民法院对次债务人提起代位权诉讼,符合起诉条件的,应当立案受理;不符合规定的,告知债权人向次债务人住所地人民法院另行起诉。受理代位权诉讼的人民法院在债权人起诉债务人的诉讼裁决发生法律效力以前,应当中止代位权诉讼。(3)债权人以次债务人为被告向人民法院提起代位权诉讼,未将债务人列为第三人的,人民法院可以追加债务人为第三人。两个或者两个以上债权人以同一次债务人为被告提起代位权诉讼的,人民法院可以合并审理。(4)在代位权诉讼中,债权人请求人民法院对次债务人的财产采取保全措施的,应当提供相应的财产担保。(5)债务人在代位权诉讼中对债权人的债权提出异议,经审查异议成立的,人民法院应当裁定驳回债权人的起诉。(6)在代位权诉讼中,债权人胜诉的,诉讼费由次债务人负担,从实现的债权中优先支付。(7)债务人在代位权诉讼中,对超过债权人代位请求数额的债权部分起诉次债务人的,人民法院应当告知其向有管辖权的人民法院另行起诉。债务人的起诉符合法定条件的,人民法院应当受理;受理债务人起诉的人民法院在代位权诉讼裁决发生法律效力以前,应当依法中止。

最高人民法院《关于适用〈中华人民共和国合同法〉若干问题的解释(二)》第17条规定,债权人以境外当事人为被告提起的代位权诉讼,人民法院根据《民事诉讼法》第241条的规定确定管辖,即因合同纠纷或者其他财产权益纠纷,对在中华人民共和国领域内没有住所的被告提起的诉讼,如果合同在中华人民共和国领域内签订或者履行,或者诉讼标的物在中华人民共和国领域内,或者被告在中华人民共和国领域内有可供扣押的财产,或者被告在中华人民共和国领域内设有代表机构,可以由合同签订地、合同履行地、诉讼标的物所在地、可供扣押财产所在地、侵权行为地或者代表机构住所地人民法院管辖。

【案例讨论】

讨论提示：孙某为逃避对许某的债务，放弃自己对姜某的债权。对此，许某主张债权人代位权，理由成立。

讨论问题：1. 许某是否具备了行使债权人代位权的条件？2. 行使债权人代位权的法律后果是什么？

第三节 债权人撤销权

【典型案例】

原告侯某与被告王某因债务清偿发生纠纷，诉至某市郊区法院。经调解，双方达成协议，王某偿还本金和利息28795元，并以王某所有的房产一处作为抵押。履行期限届至，王某没有还款。侯某申请强制执行，法院拟以抵押的房产清偿债务，案外人尚某提出异议，认为王某抵押的房产是尚某的私产，包括王某所有的那部分财产王某也已处分给了尚某。尚某为证明自己的主张，出示了尚与王的离婚调解书，王与尚离婚时，已将全部夫妻共同财产分给尚某所有。经查，王某与尚某结婚多年，有一栋面积为236.88平方米的小楼，换照时一分为二，双方分别持有119.95平方米和116.93平方米的产权。在王某与侯某达成债务清偿协议后，王某、尚某为逃避债务，决定假离婚，遂去异地法庭起诉，达成离婚调解协议，将全部夫妻共同财产都处分给尚某所有，王某净身出户。王某据此拒绝履行债务。离婚后，二人仍然同居。

一、债权人撤销权的概念和特征

（一）债权人撤销权的概念

债权人撤销权，是指债权人依法享有的为保全其债权，对债务人处分作为债务履行资力的现有财产，以及放弃到期债权的行为，请求法院予以撤销的权利。

对债权人撤销权的称谓，曾有学者援用罗马法，称之为废罢权[①]，或者废罢

---

① 黄景柏：《民法债编总论》，大东书局1931年版，第181页。

诉权①，不过在学说上较少使用。有的学者将债权人撤销权称为撤销权②，亦不妥当。须知在民法中称为撤销权的权利比比皆是，容易混淆在一起。应当有所区别，不应为了节省三个字而影响概念的准确性。

(二) 债权人撤销权的目的和性质

1. 债权人撤销权的目的

债权人撤销权的目的，是为保全债务人的一般财产，否定债务人不当减少一般财产的行为(欺诈行为)，将已经脱离债务人一般财产的部分恢复为债务人的一般财产的制度。③ 当债务人实施减少其财产或者放弃其到期债权而损害债权人债权的民事行为时，债权人可以依法行使这一权利，请求法院对该民事行为予以撤销，使已经处分了的财产回复原状，以保护债权人债权实现的物质基础。正如日本学者所说的那样，当债务人明知债权的共同担保(责任财产)不足而实施减少财产的行为时，通过否定该行为的效力来维持和充实责任财产。④ 应当看到的是，债权人行使债权人撤销权的目的，在于保全一般债权人的共同担保，换言之，债权人撤销权制度的本质在于保障一般债权人的全体利益，而非各个债权人的个别利益，我国《合同法》对此虽然未作规定，但也应当作相同的解释。⑤

2. 债权人撤销权的性质

对于债权人撤销权的性质，学说认识不同。主要的意见是：(1)形成权说。认为债权人撤销权为否认诈害行为效力的形成权，其效力在于，依债权人的意思而使债务人与第三人之间法律行为的效力绝对地消灭。这种学说认为债权人撤销权足以发生物权变动，因此这种学说也叫作物权说。因而撤销诉讼属于形成诉讼。(2)请求权说。认为债权人撤销权是纯粹的债权请求权，是直接请求返还因诈害行为而脱逸的财产的权利，所谓撤销，不过为返还请求的前提，并非对于诈害行为效力的否认。因此，撤销诉讼属于给付诉讼。(3)折中说。认为债权人撤销权兼具撤销和财产返还请求的性质，是撤销诈害行为，请求归还脱逸财产的权利，撤销的后果是诈害行为相对无效，被告仅限于归还财产的人，并不以债务人为被告。(4)责任说。这是债权人撤销权性质的最新学说，认为债权人撤销权是一种伴有责任上无效效果的形成权。该学说指出，迄今为止的学说都认为，使财产从债务人名下转移到受益人处有害及债权人，故欲恢复责任财产，须实际上将取回的财产收归到债务人名下。这种看法是不对的。撤销权的行

---

① 熊元楷、熊元襄：《民法债权》，安徽法学社1914年版，第84页。
② 王利明：《合同法研究》(修订版第二卷)，中国人民大学出版社2011年版，第138页。
③ 〔日〕我妻荣：《新订债权总论》，王燚译，中国法制出版社2008年版，第154页。
④ 〔日〕下森定：《日本民法中的债权人撤销权制度及其存在的问题》，钱伟荣译，载韩世远、〔日〕下森定主编：《履行障碍法研究》，法律出版社2006年版，第190页。
⑤ 韩世远：《合同法总论》(第二版)，法律出版社2008年版，第300—301页。

使,是财产物权流失的反射效果,同时使它不再构成债务人的责任财产。故欲恢复责任财产,只要撤销这一反射性效果,使之归于无效即可。撤销权的效果是使撤销的相对人处于以其取得的财产对债务人债务负责的状态。[①] 因此,撤销权诉讼是一种形成诉讼。

我国民法通说采折中说,认为债权人撤销权虽然是债权的从权利,但它是兼有形成权和请求权双重性质的实体权利,其目的也是为了保全债权。它与债权人代位权的着眼点不同:前者着眼于积极的财产处分行为,后者着眼于消极的财产处分行为;债权人撤销权的内容是主张对债务人处分财产的行为予以撤销,债权人代位权的内容是主张对债务人的债权代债务人主张权利。[②]

(三) 债权人撤销权的特征

债权人撤销权的法律特征是:

(1) 债权人撤销权是附属于债权的实体权利。

债权人撤销权的内容,既以撤销债务人与第三人的非法民事行为为特点,又以请求恢复原状,即取回债务人财产为特点,是兼有形成权和请求权双重性质的实体权利。它是附属于债权而存在的从权利,而不是独立的权利,不能与债权相分离而进行处分;当债权让与时,撤销权随之移转;当债权消灭时,撤销权亦随之消灭。

(2) 债权人撤销权产生在债权产生之时。

债权人撤销权是债权保全的从权利,债权成立,债权人撤销权即随之产生。因此,债权人撤销权与合同之债的担保有本质区别。债权人撤销权着眼于债的履行之中,依照法律规定,随着债权的产生而产生,并须依法定程序申请人民法院裁决;而合同的担保则着眼于债的产生之初,在于双方的约定或法定,在债务不履行时,债务人可自行处理担保物,以其变价款优先受偿。

(3) 债权人撤销权须在债务人处分其财产害及债权时方能行使。

债务人处分其财产害及债权,是债务人实施减少其财产的积极行为和放弃其债权的消极行为,因此对债权人的债权造成损害。只有在这时,债权人方能行使债权人撤销权。传统民法认为,债权人撤销权与债权人代位权都是债的保全方法,二者之间的区别是:债权人代位权是在债务人实施听任其一般财产减少,即怠于行使或者放弃其债权的消极行为时采取的保全方法,而债权人撤销权是在债务人实施减少其财产的积极行为时所应采取的保全方法。我国《合同法》对两种债的保全方法的调整范围作了重新分配,即对单纯的怠于行使债权的消极处分财产的行为适用债权人代位权;对积极的处分财产行为以及放弃债权的

---

① 韩世远:《合同法总论》(第二版),法律出版社2008年版,第304页。
② 杨立新:《论合同之债的保全》,载《法学与实践》1990年第2期。

消极处分财产的行为适用债权人撤销权。①

（4）债权人撤销权的适用范围包括全部债权。

债权人撤销权不仅是合同之债的保全方法，而且包括对侵权行为之债、不当得利之债、无因管理之债的保全。尽管我国《合同法》将债权人代位权和债权人撤销权规定在该法的总则之中，但并非仅是合同之债的保全方法。当任何债权债务关系中的债务人一方实施害及债权的积极处分财产行为和放弃自己债权的消极行为时，债权人都可以依法行使撤销权。

二、债权人撤销权的行使要件

法律规定债权人撤销权的行使要件，有两种模式：一种是罗马法模式，首先区分有偿行为与无偿行为，在此基础上，再具体设定主观要件和客观要件。另一种是法国法模式，不区分有偿行为和无偿行为，对债权人撤销权的要件统一把握。我国《合同法》采取罗马法模式，按照债务人处分财产是否有偿，分为两种情况，有偿行为适用共同性要件，无偿行为除了适用共同性要件之外，还要适用非共同性要件。在下面的四个要件中，前三个是共同要件，后一个是非共同要件。

（一）债权人与债务人之间有债权债务关系

债权人与债务人之间具有债权债务关系，是行使债权人撤销权的首要要件，否则，债权人不具有撤销权，无从行使该权利。正因为债权人和债务人之间有债权债务关系，因而，债权人撤销权的权利主体，是因债务人处分财产的行为而受其害的债权人。债权人的主体资格基于具有下述性质的债权而产生：

第一，应是以财产给付为目的的债权，非以给付为目的的债权不能行使撤销权。例如，对不作为的债权，债权人无法行使债权人撤销权。

第二，应是以作为一般担保的财产的减少而受损害的债权。如果债务人作为一般担保的财产并没有减少，债权人就没有行使撤销权的必要。应当注意的是，债权人撤销权所撤销的客体，必须是债务人作为责任保障的一般财产，而不是债权关系标的物。例如在双重买卖的场合，在出卖人与前手买受人确定第一个买卖合同关系后，又与后手买受人订立同一标的物的第二个买卖合同关系，如果认为出卖人订立第二个买卖合同关系是害及前一买卖合同关系买受人的债权，则有可能行使债权人撤销权而予以撤销。但是，在双重买卖关系中，是不允许前手买卖合同的买受人作为债权人行使撤销权撤销后手买卖合同以保全债

---

① 对于这个问题，应当说明如下：传统民法区分代位权和撤销权，基于权利行使的对象不同这一标准，凡是行使对象是债权或者非专属于债务人的权利的，为代位权；凡是行使对象是现有的财产的，为撤销权。我国《合同法》将放弃到期债权作为撤销权的行使对象，确有值得斟酌之处。

的。因为如果这样,将会破坏债法基本规则,造成民事财产流转关系的混乱。原因在于,买卖合同买卖的标的物并不是履行债务的责任保障,责任保障在于债务人的一般财产,将合同标的物作为撤销权行使的客体,不符合债权人撤销权的基本规则和制度设置宗旨。

第三,应是在债务人处分财产的积极行为或者放弃债权前发生的债权。作为债务担保的一般财产也叫作责任财产,只有在债务人处分其在债权发生之前的责任财产时,才可以行使债权人撤销权。如果在债务人处分其财产或者放弃其债权时发生或者之后发生的债权,债权人没有行使撤销权的可能。除非债权发生的可能性非常高,为了逃避将来会发生的债务的履行,实行处分自己的财产的行为,仍有可能构成诈害行为①,不过这种情形证明起来比较困难。

(二)债务人实施了处分财产的积极行为或者放弃债权的消极行为

债权人撤销权的客体是债务人或其代理人的有害于债权的财产处分行为。有的学者将其叫作欺诈损害行为②或者诈害行为③。诈害行为分为两种:第一种是处分财产的积极行为,例如债务人及其代理人将作为一般担保的财产赠与他人、订立买卖合同、设立抵押等。当债务人实施上述行为是虚伪的登记行为时,这种虚伪的登记行为也是撤销权的客体。当债务人实施的上述行为处分的是与他人共有之物时,撤销权要求撤销的只能是处分共有财产中债务人应有的部分。第二种是放弃债权的消极行为,例如债务人的债权到期,债务人对次债务人明确表示放弃该债权,免除其债务。

构成这一要件须具备:

(1)债务人处分其财产的诈害行为。

诈害行为既可以是单方行为,也可以是双方行为。不能作为撤销权的行为,则不能撤销。如毁弃财产的事实行为;财产上得利的拒绝行为;以及其他非减少财产的行为。前者因已无救济手段;中者为债务人之自由,他人无可强制之理;后者则不可能害及于债权。

我国《合同法》第74条将诈害行为分为三种:一是放弃到期债权,二是无偿转让财产,三是以明显不合理的低价转让财产。对这些行为的要求,首先,须是债务人的行为,债务人以外的其他人所为的行为不是诈害行为;其次,债务人的行为主要是法律行为,包括发生法律效果的非法律行为,例如买卖、借贷、遗赠、赠与、债务免除、设立担保,以及会发生损害债权人债权的催告、债权让与、为中断时效而作的债务承认等准法律行为。对于事实行为,例如物的毁弃则不得撤

---

① 参见史尚宽:《债法总论》,台湾荣泰印书馆1978年版,第277—278页。
② 〔日〕我妻荣:《新订债权总论》,王燚译,中国法制出版社2008年版,第154页。
③ 韩世远:《合同法总论》(第二版),法律出版社2008年版,第309页。

销,对于赠与的拒绝承诺、第三人承担债务的拒绝等,则不成立债权,也不得撤销。

诈害行为既可以是无偿行为,也可以是有偿行为。对此,《合同法》第74条规定了两种情形:一是放弃债权、转让财产,须为无偿行为;二是低价转让财产,是有偿转让,但转让财产的价格明显低价。如果转让财产的行为是有偿且价格是正常的,则不仅要具备共同要件,还须具备非共同要件。

最高人民法院《关于适用〈中华人民共和国合同法〉若干问题的解释(二)》第18条和第19条对债权人撤销权的适用范围作了扩大解释,也就是对债权人撤销权行使要件中的诈害行为的范围予以扩大。

该司法解释第18条规定:"债务人放弃其未到期的债权或者放弃债权担保,或者恶意延长到期债权的履行期,对债权人造成损害,债权人依照合同法第74条的规定提起撤销权诉讼的,人民法院应当支持。"扩大的范围是:

第一,放弃未到期债权。在起草《合同法》过程中,我们就提出不要只规定债务人放弃到期债权,对未到期的债权予以放弃的,也对债权人的债权构成损害。但立法没有采纳这种意见。司法解释补充规定,债务人放弃未到期债权,造成债权人债权损害的,也是行使债权人撤销权的诈害行为。

第二,放弃债权担保。债务人对自己已经设置了担保的债权,放弃该债权的担保,致使自己的债权丧失了担保,沦为无担保债权,如果该行为造成了债权人债权的损害,也应当认定为诈害行为,债权人可以行使债权人撤销权,对债务人的放弃债权担保的行为请求予以撤销,以保全债权。

第三,恶意延长到期债权的履行期。债务人对自己的到期债权虽然没有放弃,但恶意延长该债权的履行期,致使该债权不能按期实现,如果造成了债权人债权的损害,也构成诈害行为。债权人可以请求行使债权人撤销权,撤销该行为,以保全自己的债权。

《关于适用〈中华人民共和国合同法〉若干问题的解释(二)》第19条规定:"对于合同法第74条规定的'明显不合理的低价',人民法院应当以交易当地一般经营者的判断,并参考交易当时交易地的物价部门指导价或者市场交易价,结合其他相关因素综合考虑予以确认。""转让价格达不到交易时交易地的指导价或者市场交易价70%的,一般可以视为明显不合理的低价;对转让价格高于当地指导价或者市场交易价30%的,一般可以视为明显不合理的高价。""债务人以明显不合理的高价收购他人财产,人民法院可以根据债权人的申请,参照合同法第74条的规定予以撤销。"这一司法解释最重要的内容是,将以明显不合理的高价收购财产解释为诈害行为;解释了明显不合理的低价和明显不合理的高价。具体解释是:

第一,明显不合理的低价的判断标准,是交易当地一般经营者的判断,这是一个客观标准,同时参考交易当时交易地的物价部门指导价或者市场交易价,再结合其他相关因素综合考虑予以确认。明显不合理的低价,是按照上述标准,达不到交易时、交易地的指导价或者市场交易价70%,也就是低于30%的,就可以认定为明显不合理的低价。

第二,债务人以明显不合理的高价收购他人财产,债权人可以行使债权人撤销权。在《合同法》第74条只规定了明显不合理的低价处分自己的财产,是适用债权人撤销权的要件之一,并没有规定明显不合理的高价处分财产,损害债权人债权的,可以行使该权利。债务人以明显不合理的高价收购他人的财产,使自己的财产明显减少,降低了对债权人债权的担保力,也是损害债权人债权的行为,扩大《合同法》第74条的适用范围是有道理的,债权人行使债权人撤销权,撤销该处分行为,使债务人的财产回复原来的状况,以保全债权。明显不合理的高价的标准,是转让价格高于当地指导价或者市场交易价30%,据此可以认定为明显不合理的高价。

(2) 债务人的行为于债权发生后有效成立而且继续存在。

债权人行使债权人撤销权的要件之一,是债务人的行为于债权发生后有效成立而且继续存在。其行为的有效成立,起码条件为形式上有效成立,而不论其实体上有效成立与否。这种形式上有效成立呈继续状态,尚未失去效力。

(三) 债务人的行为须有害于债权

债务人的行为须有害于债权,也叫做债务人行为的诈害性,我国《合同法》第74条称之为对债权人造成损害。其特点是使债务人的一般财产减少,以至不能满足债权人债权的要求。其标准,应以债务人的财产不足以满足债权人的债权要求为必要,即债务支付不能。我国《合同法》第74条关于"对债权人造成损害"的表述,就是指债务人的财产处分行为害及债权人的债权,具有诈害性。

如果债务人处分财产的行为没有害及债权人的债权,则不得行使债权人撤销权。如果债务人在发生债权关系时有足以清偿债务的财产,并未害及债权人,即使其后因经济的变动致害及债权人,也不得行使债权人撤销权。同样,债务人在发生债权关系后,实施害及债权人债权的处分财产行为,但在撤销权行使之时,债务人已经具有充分的清偿资历的,也不认为债权人必得行使撤销权,这是因为债权人撤销权并非是惩罚债务人的手段,而是债权保全制度。

(四) 非共同要件的主观恶意

在无偿行为产生的债权人撤销权构成上,具有以上三个共同要件为已足。但在有偿行为产生的债权人撤销权的构成上,除有以上共同要件之外,尚应具备主观要件。

1. 诈害意思的确定

债权人撤销权的非共同要件,是指债务人以及财产处分受益人的过错,主要的表现形式是恶意,学者称之为诈害意思①。在罗马法,以不法行为思想作为诈害行为救济制度的基础,对债务人不论是有偿行为还是无偿行为,均以其主观上具有诈害意思为必要。在后来,为了适应新兴商业贸易的需要,对此多有改变。后世立法,对作为债权人撤销权制度的主观要件和客观要件的配置,有所差异,但在债务人恶意上,倾向于强调对于损害债权人有所认识即可,并不要求具备积极的害意。

对放弃到期债权的行为和无偿转让财产的行为的撤销,无须以恶意为要件,即有无恶意均可撤销。对有偿行为的撤销,包括以明显不合理的低价和非明显不合理的低价转让财产的有偿行为,则均须以恶意为必要条件。

2. 不同当事人的恶意

(1) 债务人的恶意。债务人的恶意以知其行为可能引起或增强债务清偿的无资力而有害于债权人的权利时为准,即严重损害债权人的利益。如无此认识,则不可撤销。但债务人认识到其行为有害及债权的可能,却相信其行为结果可以维护债权人的权利,该行为亦可撤销。因此,债务人的恶意含故意、过失两种情况。债务人的代理人在实施行为时,其有无恶意,应以代理人的主观状态判断,对代理人的恶意视为债务人的恶意,同样需具备主观要件。

(2) 受益人的恶意。受益人的恶意可以表现为与债务人的恶意串通;也可以表现为知其恶意而与债务人实施民事行为。因此,受益人恶意的标准,就是"知道"债务人转让财产行为对债权人造成损害的情形,"知道"就是恶意。至于受益人于受益之前还是受益之时知其恶意,则在所不问。受益之后方知情,有恶意的,也不构成诈害行为,不得行使撤销权。受益人无恶意者,一般不得行使撤销权。这是为了保护善意第三人利益的需要,且其行为也是有偿的。以明显的低价处分财产的,也应作为有偿处分,债务人及受益人亦须具备主观要件。

(3) 转得人的恶意。我国《合同法》第74条没有规定转得人,但在实务上可能会存在。如果债务人转让财产,受益人再将该财产转让的,即存在转得人。转得人就是由受益人处分受让财产而取得权利的人。如果转得人受让财产为善意,债权人行使撤销权的效力不得及于转得人。但转得人受让财产时为恶意,即转得人知道债务人处分财产的诈害意思的,其具备主观要件,债权人可以行使债权人撤销权,请求撤销转让行为。

---

① 韩世远:《合同法总论》(第二版),法律出版社2008年版,第313页。

三、债权人撤销权的行使

（一）债权人撤销权行使的主体

债权人撤销权的行使，必须由享有债权人撤销权主体资格的债权人，以自己的名义向人民法院提起诉讼请求，由人民法院依法受案、审理、裁判。当债权人为一人时，该债权人为原告；当债权为连带债权时，连带债权人中可一人提起诉讼，也可以由所有连带债权人共同行使撤销权，作为共同原告起诉；当数个债权受同一债务人行为危害，各债权人均有权依撤销权起诉，其请求范围仅及于各自债权的保全范围，法院为便于审判、公正处理，可以并案审理。

（二）债权人撤销权行使的被告

债权人撤销权之诉的被告，分为两种情况，依撤销权之诉的性质不同而不同。当撤销权属形成权性质，即处分行为只达成协议而未实际转移占有时，该诉的性质为形成之诉，被告系处分行为的债务人。当撤销权以返还原物的请求权性质为主，即处分行为已实际转移占有时，该诉的性质为给付之诉，以债务人及受益人为共同被告。当然，有偿行为的相对人应以有恶意为其被告资格。

转得人具有恶意的，在诉讼中应为被告。

（三）债权人撤销权行使的效力

债权人撤销权的效力，应依法院的撤销判决的确定始发生。撤销判决确定之后，债务人处分的财产应当返还给债务人；债务人因此而取得受益人的财产的，亦应予以返还。

对于撤销权的效力范围，学说上分为两种。一是相对无效说，认为撤销的效力虽然为自始无效，但效力范围，以保全债权人的权利范围为标准，超出其保全范围的部分仍然继续有效。二是绝对无效说，即债务人行为撤销后，对于任何人的全部行为视为自始无效。上述两说，各国均有不同采用，其基本原则是以法律规定为准。在无明文规定者，多采绝对无效说。我国《合同法》第74条规定，撤销权的行使范围以债权人的债权为限，采纳的是相对无效的主张，应当按照这一规定执行。

最高人民法院《关于适用〈中华人民共和国合同法〉若干问题的解释（一）》第25条规定："债权人依照合同法第74条的规定提起撤销权诉讼，请求人民法院撤销债务人放弃债权或转让财产的行为，人民法院应当就债权人主张的部分进行审理，依法撤销的，该行为自始无效。"因此，债权人撤销权行使以后，将债务人的财产回复为债务人所有，债权人就其债权的行使，不享有优先受偿权，仍为平等债权。

（四）费用负担

债权人行使撤销权的必要费用，应当由债务人负担。受益人和转得人亦有过错的,应当分担费用。债权人行使撤销权的必要费用,包括支付的律师代理费、差旅费等。

(五)债权人撤销权行使的程序

最高人民法院《关于适用〈中华人民共和国合同法〉若干问题的解释(一)》规定了债权人撤销权行使的程序:(1)债权人依照《合同法》第 74 条的规定提起撤销权诉讼的,由被告住所地人民法院管辖。(2)债权人提起债权人撤销权诉讼时只以债务人为被告,未将受益人或者受让人列为第三人的,人民法院可以追加该受益人或者受让人为第三人。(3)两个或者两个以上债权人以同一债务人为被告,就同一标的提起撤销权诉讼的,人民法院可以合并审理。(4)债权人行使撤销权所支付的律师代理费、差旅费等必要费用,由债务人负担;第三人有过错的,应当适当分担。

四、债权人撤销权的除斥期间

债权人撤销权应在一定的期限内行使,因为撤销权是为了保护债权人的利益,如果债权人自愿接受债务人行为的后果,则法律准许这种行为有效。如果债权人长期不行使撤销权,在债务人的行为产生的法律效力生效后的很长时间再提出撤销,则会使一些合同的效力长期处于不稳定的状态,不利于社会经济秩序的稳定。我国《合同法》第 75 条规定的债权人撤销权的除斥期间是:

首先,债权人行使撤销权,应当在知道或者应当知道出现撤销事由之日起的一年内,行使该权利。起算的时间界限是债权人知道或者应当知道出现的事由。自此开始的一年内,债权人都可以行使这一权利。超出这一期限的,法院不能判决撤销债务人的处分行为。

其次,债权人不知道或者不应当知道撤销事由的,从撤销事由出现之时,即债务人的处分行为发生之日起,经过 5 年债权人不行使者,撤销权消灭。

【案例讨论】

讨论提示:王某为了逃避到期债务,与妻子尚某调解离婚,将自己应当分得的共同财产份额全部处分给尚某,自己净身出户,造成无力清偿债务的假象。债权人侯某主张行使债权人撤销权,理由成立。

讨论问题:1. 行使债权人撤销权与行使债权人代位权的要件有哪些不同? 2. 行使债权人撤销权的法律后果是什么? 3. 行使债权人代位权的法律后果是什么?

第十章 合同担保

第一节 合同担保概述

【典型案例】

甲向乙借款20万元，丙为上述借款承担连带保证责任，并要求甲提供反担保，丁以其所有的房产抵押为甲提供反担保，约定：甲若不能归还借款，丙承担保证责任后，可行使抵押权。甲未按约定期限向乙归还借款，乙遂起诉丙。法院判决丙承担清偿责任。丙承担了清偿责任之后，向法院起诉，请求丁承担反担保责任。丁以反担保协议约定丁承担反担保责任的前提条件是"甲若不能归还借款"而不是"甲若不归还借款"，因甲具备偿债能力为由，拒绝承担反担保责任。

一、合同担保概念和特征

（一）合同担保的概念和意义

合同担保，是指债权人为了保证其债权的实现，以债务人的财产或者第三人的特定财产或一般财产设定优先权利，在债务人不履行债务时优先受偿的保障债权实现的法律手段。

担者，负担、承担之意；保者，负责、保证之意。合同担保的意义在于，扩大用于清偿债务的财产范围或使其特定化，克服债权平等原则对特定合同实现的障碍，使特定债权人的债权享有优先受偿的权利，以保障其合同的实现。

（二）合同担保的特征

（1）合同担保的目的是保障债务履行、债权实现。

担保的直接目的，就在于保障债务人履行债务，使债权人的债权实现得到保障。不是以保障债权实现、债务履行为目的的担保，不是合同的担保，而是非债担保，例如出国担保、犯罪嫌疑人的保释等，都不是合同担保。

（2）合同担保是保障特定债权实现的措施。

合同担保并不保障所有的债权的实现，也不担保特定债权人的一切债权，而只担保设置了担保的特定债权的实现。因此,合同担保的意义正是为了强化债务人清偿特定债务的能力和打破债权平等原则,以使特定的债权能够优先于其他债权受偿或者从第三人处得到清偿。

(3) 合同担保以责任财产范围的扩大或特定化为手段。

任何债务人都以自己的特定财产作为履行债务的保障。合同担保不是着眼于债务人的一般财产的保障,而是着眼于债务人以外的第三人的一般财产,以及债务人和第三人的特定财产的保障。第三人以其信用(即一般财产)为债务人的债务履行提供保证担保,属于以扩大责任财产范围、增加债权受偿机会的担保方式;在债务人或者第三人提供的特定财产之上设立担保,使特定债权人对该特定财产的变价价值有优先于其他债权人受偿的权利,则是将责任财产特定化,以击破债权平等原则而设定的担保方式。

(4) 合同担保强化和补充了债的效力。

债的保障中的违反债的责任与债的保全,是债的效力的自然延伸,并没有特别弥补或者增强债的效力。合同担保使特定债权摆脱了债权平等的局限,取得了更为充分、确实的保障,使从债支持主债,补充主债的效力;债权人对债务人或第三人取得担保物权,以物权的效力来保障特定合同债权的实现,强化了合同的效力。

二、合同担保的基本方式和分类

(一) 担保的基本方式

担保方式又称为担保方法、担保种类,是指担保债权实现的方法和手段。我国《担保法》借鉴国外立法经验并根据我国实际情况,规定了保证、抵押、质押、留置、定金这五种基本的担保方式,这些是法律规定的典型担保方式。非典型的担保方式还有优先权、所有权保留和让与担保。

(二) 合同担保的分类

1. 典型担保与非典型担保

根据保障合同实现的方法与手段是否被法律明定为担保方式,担保分为典型担保与非典型担保。

典型担保,是指由法律明确规定为担保方式的保障债权实现的特别措施。保证、抵押、质押、留置、定金五种担保方式,均为典型担保。非典型担保,又称不规则担保或变态担保,是指于交易实践中自发产生、立法上未明确规定而为判例学说所承认的担保,优先权、让与担保、所有权保留等为非典型担保。[①]

区分典型担保与非典型担保,对于明确有关制度的担保价值及其法律适用

---

① 参见杨立新:《物权法》,高等教育出版社2007年版,第316页。

规则,具有重要意义。

2. 法定担保与约定担保

根据担保设立的方式不同,合同担保可以分为法定担保与约定担保。

法定担保是指直接依照法律的规定而成立的担保,于符合法定条件时当然发生,无须当事人以合同约定。我国现行法上明确规定的法定担保只有留置权一种。约定担保又称意定担保,是指当事人经协商,通过合同设立的担保。我国《担保法》规定的保证、抵押、质押、定金四种担保均为约定担保。

区分法定担保与约定担保的意义,在于明确各种担保成立的要件及其权利义务的具体内容。

3. 人的担保、物的担保

根据担保标的的不同,合同担保可以分为人的担保和物的担保。

人的担保又称信用担保,是指由债务人以外的第三人以其一般财产为债务清偿保障所提供的担保。人的担保不是以人身作担保,而是以债务人以外的特定人的一般财产为担保。人的担保以保证为典型形式。

物的担保,是指在债务人或第三人所提供的特定财产上设定的担保。其意义在于使保障债权实现的责任财产特定化。物的担保的典型形式有抵押、质押、留置。此外,金钱担保,是指以一定的金钱为标的物而设定的担保,其实质也是物的担保,其典型形式为定金。

区别人的担保和物的担保,对于明确担保标的的区别及担保的性质与规则具有重要意义。

4. 本担保与再担保、反担保

本担保是以债权人对债务人的债权为担保对象的担保。前述 5 种担保即典型担保均为本担保。本担保是再担保与反担保成立的前提和基础。

再担保,又叫副担保,是对担保的担保,即以债权人对本担保人的担保权为对象而又设定的担保。对一项债权设定了担保,仍不能排除在债权人届期对保证人求偿或对担保物行使担保物权时遭遇本担保人无力担保或者担保物灭失、毁损等无法保障债权实现的情况。为防范这种情况的出现,债权人要求本担保人提供新的担保,设定对担保的担保或称第二担保、补充担保,以使担保更为可靠。再担保中的担保权人与本担保中的担保权人为同一人,再担保人须是本担保人之外的人,本担保人是再担保的被担保人。再担保以再保证为典型,但不限于保证。

反担保,又叫求偿担保,是第三人为债务人向债权人提供担保,担保人为将来承担担保责任后对债务人的追偿权的实现而设定的担保。在债务人以外的第三人为债务人向债权人提供担保时,担保人承担了担保责任后,即成为债务人的新债权人,为避免或减少其追偿权实现的风险,可以要求债务人提供反担保。反担保的担保权人为本担保人,是债务人或者第三人为本担保人提供的担保,担保方式限于保证、抵押和质押。反担保具有重要意义,是维护本担保人的利益、保障其将来可能发生的追偿权得以实现的有效措施。

反担保与再担保在担保对象、当事人及权利义务关系等方面均不同,不可混淆。

三、担保的设立和效力

(一) 担保的设立

法定担保,例如留置权,依照法律规定的条件而发生。

意定担保,例如保证、定金、抵押和质押等,由当事人签订担保合同设立。

1. 设立担保的条件

设立担保的条件是:(1)在借贷、买卖等民事活动中,债权人的债权有不能实现的可能;(2)债权人为了避免出现债务人不履行对自己的债务,有设置担保以保障其债权实现的必要,该必要完全是债权人自己的判断;(3)由于物权法定主义原则的约束,当事人设立担保物权应当依照法律的规定进行。

2. 设立担保的合同

设立担保,应当订立担保合同。订立担保合同应当依照《合同法》的规定进行,担保合同的当事人是债权人和担保人,担保人可以是债务人,也可以是第三人。

3. 担保合同无效的后果

担保合同是从合同,其效力依附于被担保的主合同。主合同无效的,担保合同无效;主合同有效、担保合同无效的,不影响主合同的效力,担保合同自己无效。

确定担保合同无效的法律后果,应当依照我国《物权法》第 172 条第 2 款规定,实行过错责任原则,由有过错的一方当事人承担责任。在实践中,担保合同无效,多数是债务人、担保人和债权人都存在过错,因此,"担保合同被确认无效后,债务人、担保人、债权人有过错的,应当根据其过错各自承担相应的民事责任"。

(二) 反担保

第三人为债务人向债权人提供担保的,如果第三人对于自己承担担保责任后追偿权的安全有顾虑,可以要求债务人提供反担保。对此,我国《物权法》第 171 条第 2 款作了原则性的规定。

反担保的意义在于,在本担保中,为债务人向债权人提供担保的第三人,在债务人届期不履行债务时,或者发生当事人约定的实现担保物权的情形,须依合同约定或者法律规定承担担保责任,以自己的财产代为债务的清偿。代偿债务后,该担保人即成为债务人的债权人,有权就其代债务人向债权人清偿的债务向债务人追偿。正像债权人因担忧债务人的清偿能力而要求债务人或第三人为债务的履行提供担保一样,担保人为了自身的利益安全,为了避免其对债务人期待的追偿权成为既得权后不能实现的风险,可以要求债务人或债务人以外的人向其提供反担保,以保障其承担担保责任后向债务人追偿损失的权利的实现。

与本担保相比较,反担保具有以下几个显著特点:(1) 反担保的担保对象不是原来的债权,而是本担保人的追偿权;(2) 反担保合同的当事人不是担保人和债权人,而是本担保人和债务人或者债务人提供的第三人,即反担保人;(3) 反担保从属于担保人与债务人间的担保合同,是担保合同的从合同,而不是主合同的从合同;(4) 本担保人在取得对债务人的追偿权后,债务人不对本担保人的损失履行清偿义务时,反担保人对本担保人负代为清偿责任。

反担保的形式有以下几种:

(1) 保证反担保。保证反担保又称信用反担保、求偿保证,是实践中较常采用的一种反担保方式。保证反担保可以是一般保证或者连带保证,但由于债务人已经清偿能力不足,故本担保人通常要求提供连带责任保证,而不是一般保证。

(2) 抵押反担保。抵押反担保是反担保人以抵押的方式提供反担保。债务人对本担保人不履行被追偿的债务时,或者发生当事人约定的实现抵押权的情形,本担保人有权依法以该抵押财产折价或者以拍卖、变卖该财产的价款优先受偿。

(3) 质权反担保。质权反担保是反担保人以质押方式提供的反担保。债务人对本担保人不履行被追偿的债务时,或者发生当事人约定的实现质权的情形,本担保人有权依法以该动产或权利折价或者以拍卖、变卖的价款优先受偿。

如果反担保人是由债务人之外的第三人充任的,则该反担保人承担反担保责任后,取得对债务人的再追偿权,因而可能发生反担保人要求债务人提供再反担保的问题。事实上,再反担保也是反担保,仍然应当依照反担保的规则进行。

在上述三种反担保中,抵押反担保和质押反担保适用我国《物权法》的规定,保证反担保适用我国《担保法》的规定。

(三) 再担保

1. 再担保的概念

再担保,是指为担保人设立的担保。再担保成立之后,当担保人不能独立承担担保责任时,再担保人将按照合同约定比例,向债权人继续完成剩余的清偿,以保障债权的实现。双方按约承担相应责任,享有相应权利。

再担保是一种特殊的担保形式,具有特别的价值。它不同于共同担保、重复担保和反担保,而是对担保人设立的不能承担担保责任时的担保。

可以设立再担保的主担保仅限于保证、抵押和质押,再担保的方式有保证再担保、抵押再担保和质押再担保三种。再担保人享有主担保人享有的一切抗辩权,同时也享有专属于再担保人的抗辩权。再担保人在承担再担保责任之后,享有向债务人和主担保人的追偿权。

2. 再担保的方式

再担保方式主要采用固定比例再担保、溢额再担保和联合再担保三种。(1)固定比例再担保,是由担保人和再担保人约定,对在一定担保责任限额内的业务,担保人将全部同类担保业务都按约定的同一比例向再担保人进行再担保,每项业务的担保费和发生的损失,也按双方约定的比例进行分配和分摊。(2)溢额再担保,是由担保人将其超过预定限额的担保责任向再担保人进行再担保,或由担保人和再担保人共同对被担保人担保,由再担保人承担超过担保人预定限额的担保责任,对每一项业务的担保费和发生的损失也按双方承担的比例进行分配和分摊。(3)联合再担保,是指对于数额较大的或超过担保人规定担保能力较多的单项担保业务,经协商一致,可由较多的担保机构共同与被担保人签订委托保证协议,共同与银行签订保证合同,双方按各自承担责任的比例承担相应的权利和义务。

3. 再担保的条件

再担保作为一种特殊的担保方式,其设定必须符合以下条件:一是,以主担保存在为前提。再担保的设定必须以主债权之上已设定担保为前提,这是再担保设立的对象条件。不存在这个前提条件,不能成立再担保。二是,再担保人必须是主担保人之外的人,通常是特定的再担保公司,或者其他有资格承担担保责任的法人。主担保人自己不能为再担保人。三是,再担保的设立需要当事人明确约定,应当由担保人和再担保人进行协商,取得合意后,成立再担保合同,发生再担保关系。

(四)担保的效力

1. 担保的一般效力范围

对于担保的一般效力范围,我国《物权法》第173条作出了原则性规定:"担保物权的担保范围包括主债权及其利息、违约金、损害赔偿金、保管担保财产和实现担保物权的费用。当事人另有约定的,按照约定。"应当注意的是,这里规定的担保效力范围是担保物权的一般范围,其中某些范围对于某些担保物权并不适用。例如,不承担保管担保财产的抵押权就不存在保管担保财产的费用问题。

2. 担保财产的代位物

担保物权的担保效力及于担保财产的代位物。我国《物权法》第174条规定:"担保期间,担保财产毁损、灭失或者被征收等,担保物权人可以就获得的保险金、赔偿金或者补偿金等优先受偿。被担保债权的履行期未届满的,也可以提存该保险金、赔偿金或者补偿金等。"这些保险金、赔偿金和补偿金都是担保财产毁损、灭失或者被征收的代位物,是担保财产的另一种表现形式,担保物权的担保效力当然及于该代位物。由于这些代位物都是金钱形式,因此,可以直接由债权人期前优先受偿,或者提存待履行期届满时优先受偿。

3. 债务转让中担保的效力

担保人向债权人提供担保,尽管是在债权人和担保人之间发生法律关系,但通常是担保人与债务人之间存在信赖关系。如果在担保期间债务人转移债务,对担保人存在利益影响。如果担保人知道债务转移,仍然同意继续提供担保的,则没有问题。如果债务转移未经担保人书面同意,债权人允许债务人转让全部或者部分债务的,担保人不再承担相应的担保责任。即使是口头同意,也不发生担保人继续担保的后果。

4. 不同担保形式之间的关系

在各种不同的担保形式之间的效力确定,我国《物权法》第176条规定的规则是:(1)如果在原来的合同中已经约定了如何处理的,应当按照约定实现债权。对此,任何一方都不会也不应有异议。(2)当事人事先没有约定或者约定不明确,如果是债务人自己提供了物的担保的,债务人的物权担保优先,债权人应当先就该物的担保实现债权;清偿不足部分,第三人作为保证人,承担补充的担保责任。(3)当事人事先没有约定或者约定不明确,如果是第三人提供了物的担保的,物的担保和人的担保处于同等地位,由债权人选择,可以就物的担保实现债权,也可以要求保证人承担保证责任。(4)提供担保的第三人承担了担保责任的,取得向债务人的追偿权,可以向债务人追偿,补偿自己因承担担保责任的损失。

(五) 担保的消灭

担保关系消灭的原因有以下几种:(1) 主债权消灭;(2) 担保物权实现;(3) 债权人放弃担保;(4) 法律规定担保物权消灭的其他情形,如担保财产灭失等。

担保消灭之后,担保法律关系不复存在。

【案例讨论】

讨论提示:本案的反担保成立。尽管反担保协议约定的反担保条件是"甲若不能归还借款"而不是"甲若不归还借款",但丙承担的是连带责任担保,因此,只要担保人承担了担保责任,反担保人就应当承担反担保责任。

讨论问题:1. 合同担保有哪些形式?各自的作用是什么? 2. 为什么要设置反担保?反担保的基本规则是什么?

第二节 典型担保方式

【典型案例】

徐某与钟某协议将徐某的东风牌旧汽车作价1.5万元卖给钟,徐提出先交付3000元定金,钟同意,遂交给徐3000元,同时约定徐再跑一次长途运输后,将车交付给钟,钟再付1.2万元车款,办理汽车过户手续。徐回来后,与钟一起去车辆管理所办理过户手续,车辆管理所告知该车已经报废,不得再转卖。钟向徐追索定金,徐不予返还,发生争执。钟以徐违约为由,起诉要求徐双倍返还定金。

一、保证

（一）保证概述

1. 保证的概念

保证,是指保证人和债权人约定,当债务人不履行债务时,保证人按照约定履行债务或者承担责任的行为。[1]

民法上的保证,并非通常所说的"保证完成任务"中的保证,亦非"保证按期交货(或者清偿)"中的债务人保证,而专指保证人对于债权人债权实现、债务人债务履行提供担保的一种专门方法和法律制度。[2]

2. 保证的特征

（1）保证具有债权性。

保证合同是依附于主合同的从合同,以主合同的存在为基础和前提。因此,保证是从属于主债的一种从债,具有债权性。

（2）保证具有人身性。

保证也称之为"人保",以保证人的信誉作为担保的基础,因此,保证的建立与保证人的人格、身份密不可分,但现代保证已经不再直指保证人的人身,保证人的经济实力是其接受债务人委托的客观基础。[3]

---

[1] 参见我国《担保法》第6条规定。
[2] 参见王家福:《中国民法学·民法债权》,法律出版社1991年版,第97页。
[3] 同上书,第99页。

（3）保证具有补充性。

保证的功能表现在两个方面，首先是担保功能，设置该保证，督促债务人的债务履行；其次是保证的补充性，当债务人不履行主债务的时候，保证人才履行保证债务，主债务的履行期限未满，主债务人的债务履行并未违约，保证债务不发生履行的问题。因此，保证合同是以主债务的不履行为生效条件的合同。

（4）保证具有相对独立性。

尽管保证依附于主债而存在，具有从属性，但保证是区别于主债的一个从债，具有相对独立性。

3. 保证的性质

保证具有两种不同的属性。首先，保证是一种担保形式。其次，保证又是一种合同。保证关系的建立适用合同自由原则，依保证合同的成立而发生。保证中的一切事项，均须由债权人和保证人合意确定。

4. 保证的种类

保证分为一般保证和连带责任保证。

一般保证，是指当事人在保证合同中约定，在债务人不能履行债务时，由保证人承担保证责任，代为履行债务的保证方式。

一般保证的突出特点是保证人享有先诉抗辩权。先诉抗辩权也叫做检索抗辩权，是指保证人基于其特定地位所享有的、于债权人未就主债务人的财产强制执行无效果前，对债权人得拒绝清偿的抗辩权。因此，债权人仅仅向债务人请求履行，并不能阻止先诉抗辩权的行使，保证人可以先诉抗辩权予以抗辩。

连带责任保证，是指债务人在债务履行期届满时未履行债务的，债权人既可以请求债务人履行债务，也可以请求保证人在其保证范围内履行保证债务的保证方式。

连带责任保证中的保证人不享有先诉抗辩权。因此，只要债务履行期届满，债务人未履行债务的，不问其原因如何，也不问债务人有无履行能力，债权人均可不请求债务人履行债务，而直接向保证人请求履行保证债务。

应当明确的是，连带责任的保证属于不真正连带债务。尽管在保证人和债务人之间存在债权人可以选择的连带关系，但是最终的债务承担必定是由债务人承担的，而不能分为份额由债务人和保证人承担自己的份额，因此不是真正的连带责任。

5. 共同保证

两个以上的保证人共同为同一债务人的同一债务提供保证的，是共同保证。共同保证分为按份保证和连带保证。

按份保证是数个共同保证人与债权人约定保证的各自份额，按照约定的保证份额承担保证责任的共同保证。在按份保证中，保证人不承担连带责任。不过,按份保证必须由保证人与债权人特别约定,如无特别约定,则数个保证人应负共同保证责任,也就是说,他们共同对债权人负连带责任。

连带保证是数个共同保证人与债权人没有约定保证份额,或者约定不明确,共同作为债务人的保证人,并对全部债务负连带责任的共同保证。在连带保证中,债权人可以要求任何一个保证人承担全部保证责任,保证人都负有担保全部债权实现的义务。连带保证的特点在于他们彼此之间是连带关系,都要向债权人负连带责任。

(二) 保证合同及其成立

1. 保证合同的概念和特征

保证合同是指保证人和债权人约定,当债务人不履行债务时,保证人按照约定履行债务或者承担责任的合同。[①]

保证合同的特征是:(1) 保证合同是不要式诺成合同;(2) 保证合同是从合同,从属于所担保的主合同;(3) 保证合同是单务、无偿合同;(4) 保证合同是非专属性合同,除非当事人有特别约定,否则保证人死亡,债权人仍可向保证人的继承人请求履行保证责任。[②]

2. 保证合同的成立要件

(1) 保证人具有作保证的民事行为能力。

这是保证成立的首要条件。自然人作保证人,应当具有完全民事行为能力。限制民事行为能力人和无民事行为能力人不能作为保证人。法人作为保证人,一般都具有保证的民事行为能力,但是,公司董事、经理不得以公司资产为本公司的股东或其他个人保证,国家机关不得作保证人。

(2) 保证人有担任保证人的明确意思表示。

保证人必须有担任保证人的意思表示,且其意思表示必须真实。如果第三人只表示债务人有清偿能力或者向债权人担保债务人有可靠的信用,但并无意愿为债务人承担保证责任的,不能认定保证合同成立。

(3) 保证合同须具备法定形式。

尽管保证合同是非要式合同,但司法解释对此有特别规定。法人之间、法人与公民之间的保证合同,须以书面形式订立。自然人之间订立的保证合同,可以用口头形式订立;如果当事人对口头保证合同是否成立有异议,则须有两个以上无利害关系人证明。举证责任由债权人承担。

[①] 《中国民法典学者建议稿》第1791条,见王利明主编:《中国民法典学者建议稿及立法理由·债法总则编和合同编》,法律出版社2005年版,第717页。

[②] 黄立主编:《民法债编各论》(下),中国政法大学出版社2003年版,第864页。

(三) 保证的效力

1. 保证责任的范围

(1) 有约定的保证责任范围的确定。

依照合同自由原则,确定保证责任的具体范围,应按照保证合同的约定确定。约定的保证责任范围可能与主债务的范围并不一致,应当允许,但约定的保证责任范围只能比主债务为轻,不能比主债务为重,否则应当缩减至主债务的限度。①

(2) 没有约定的保证责任的确定。

我国《担保法》第21条明确规定,除合同另有约定外,"保证担保的范围包括主债权及利息、违约金、损害赔偿金和实现债权的费用"。但在保证合同成立后,主债务人与债权人约定的或约定增加的利息、违约金,属于新增加的债务,保证人未同意担保的,不应列入保证范围。

2. 债权人与保证人的权利

(1) 债权人的权利。

债权人对于保证人的权利,主要是主张履行的请求权。债权人向保证人请求履行保证债务,须保证债务已届履行期,如果是一般保证,则需先向主债务人请求履行却未受履行,否则一般保证的保证人可以主张先诉抗辩权以对抗。如果保证人不主张先诉抗辩权,债权人可以同时或者先后对于债务人及保证人行使给付请求权。

(2) 保证人对债权人的权利。

在一般保证中,保证人享有先诉抗辩权。保证人在债权人未就主债务人的财产强制执行无效果前,对债权人可以拒绝其清偿的请求。

由于保证合同具有从属性,因此,不论何种保证,主债务人对于债权人所有的抗辩以及其他类似权利,保证人均可主张。

(3) 保证人对债务人的追偿权。

保证人承担保证责任后,有权向债务人追偿。保证人对债务人即被保证人行使追偿权的条件是:(1) 保证人向债权人履行了保证债务;(2) 因保证人的履行而使债务人免责;(3) 保证人履行保证债务无过错。

3. 保证期间

保证期间,是保证人承担保证责任的期间。换言之,保证人只在保证期间内对其担保的主债务负保证责任,而于保证期间届满后,保证人不再负保证责任。保证期间只能为在保证人的保证责任发生后的一定期间,而不能是保证责任发生前的一定期间。

---

① 黄立主编:《民法债编各论》(下册),中国政法大学出版社2003年版,第867页。

保证期间的确定,分为约定的保证期间和法定的保证期间。

(1) 约定的保证期间。

按照合同自由原则,双方当事人对于保证期间有约定的,按照约定的期间确定。

(2) 法定的保证期间。

一般保证的保证人与债权人未约定保证期间的,保证期间为主债务履行期届满之日起 6 个月。连带责任保证的保证人与债权人未约定保证期间的,债权人有权自主债务履行期届满之日起 6 个月内要求保证人承担保证责任。

(3) 保证期间的意义。

对一般保证,在合同约定的保证期间和法定的保证期间,债权人未对债务人提起诉讼或者申请仲裁的,保证人免除保证责任;债权人已提起诉讼或者申请仲裁的,保证期间适用诉讼时效中断的规定。

对连带责任保证,在合同约定的保证期间和法定的保证期间内,债权人未要求保证人承担保证责任的,保证人免除保证责任。

4. 保证与物保的关系

(1) 物保优先于保证。

在同一债权之上同时存在物保和人保两个担保,确定担保人的责任应当适用我国《担保法》第 28 条规定:"同一债权既有保证又有物的担保的,保证人对物的担保以外的债权承担保证责任。""债权人放弃物的担保的,保证人在债权人放弃权利的范围内免除保证责任。"这一规定的意义在于,一旦债务人不履行债务,物的担保人要首先承担担保责任,而债权人应首先请求抵押人、质押人等承担责任,在其承担责任后仍未满足债权时,所剩的余额才应由保证人承担保证责任。如果物的担保人已以其担保的财产清偿完债务,则保证人将不再承担任何责任。

(2) 第三人提供的物权担保与保证的关系。

在保证与第三人提供物的担保并存的情况下,应当允许债权人选择,以保障债权人的债权。规则是:其一,在保证和债务人提供物的担保并存的情况下,应当适用物的担保优先于人的担保的原则。其二,如果保证人自愿优先承担责任,按照合同自由原则也应允许。保证人可以选择与物的担保人共同负连带责任,也可以选择不管债权人是否向物的担保人请求,都由保证人负责。不过,在现实生活中,后一种情况少见。其三,在物的担保是由第三人提供的情况下,物权担保与保证同时存在,债权人可以进行选择。

(四) 保证的消灭

1. 保证消灭的一般规则

保证的性质是合同,其效力的消灭应当适用一般法律行为及债的效力消灭的规定。因此,保证目的实现、基于当事人的意思、无实现或请求必要、基于法律规定等,都可以消灭保证的效力。于一般合同的消灭原因,也是保证效力消灭的原因。

2. 保证消灭的具体原因

(1) 保证期限届满而债权人未为请求时,保证责任免除。

约定有保证期间的保证,或者没有约定保证期间适用法定保证期间的保证,债权人应当在保证期间内向保证人请求承担保证责任。超过该期间,保证人的保证债务消灭,不再承担保证责任。

(2) 债权人放弃物的担保,在放弃权利的范围内保证责任免除。

担保物权,包括抵押权、质权以及留置权。就同一债务既有保证人又有其他担保物权存在的,按照我国《担保法》第28条规定,保证人在其放弃权利的范围内,免除其保证责任。

(3) 变更主债内容,未经保证人同意而消灭保证责任。

在保证责任期限内,债权人和债务人未经保证人同意而转让债务,除变更主合同(保证合同另有约定的外),自债务转让或者主合同变更之日起,保证人不承担保证责任。

(4) 保证合同解除或者终止,保证责任消灭。

在保证合同存续期间,保证人与债权人合意解除或者终止保证合同,以及依据法定解除条件或者约定解除条件而解除保证合同的,保证责任消灭。

(5) 主债务消灭,保证债务消灭。

在保证人承担保证责任的主债务消灭时,保证债务随之消灭,保证人不再承担保证责任。

二、定金

(一) 定金概述

1. 定金的概念

定金,是指以担保债权实现为目的,依据法律规定或双方当事人约定,由一方在合同订立时或订立后至合同履行之前,按照合同标的额的一定比例,预先给付对方一定数额货币的担保形式。

2. 定金的法律特征

(1) 定金的权利义务关系产生于定金合同。

当事人对于定金的约定,不是主合同本身的内容。定金的约定不论写于主合同中,还是另外签订的合同,都是主合同的从合同。因此,定金合同对于所担保的主合同而言,既具有从属性,又具有相对独立性,前者是指定金合同依附于主合同而存在,后者是指定金合同本身是合同。

(2) 定金是典型的担保形式。

定金担保属于物保,形式是给付金钱的典型担保。其担保的作用,在于定金的丧失或双倍返还。债权的担保形式具有选择性,应由当事人双方合意决定,既可以选择保证,也可以选择定金,还可以选择抵押或者质押来担保债权。法律也不要求订立合同都必须采用定金担保。

(3) 定金担保是一种双方当事人担保。

定金只由合同当事人自己来担保。然而,定金担保虽然由一方当事人给付对方当事人定金,但对方一旦收受定金,也负有担保的义务,双方当事人均负有担保义务,享有担保的权利。因此,定金的担保效力较为优越。

(4) 定金的支付须在合同履行前进行。

定金的支付须在合同订立之时,或者在合同订立之后至合同履行之前。即使立约定金,也是在订立合同之前支付。总之,定金决不能在合同不履行之后才支付。

3. 定金的性质

定金是担保债权实现的方式。关于定金性质主要有以下几种说法:(1)证约定金,是指为证明合同的成立而交付的定金,定金是合同已经成立的证据。(2)成约定金,是指交付定金是合同成立的要件,因定金交付的事实,合同才告成立。(3)违约定金,是指交付定金的一方如不履行债务,收受定金的一方得没收该定金。(4)解约定金,是指以其为保留解除权的代价的定金。交付定金的一方可以丧失定金为代价解除合同,收受定金的一方则可以以双倍返还定金的代价而解除合同。(5)立约定金,是指为保证订立正式合同而交付的定金,即在订立合同前交付的定金,其目的在于保证正式订立合同。①

确定我国定金性质的基本意见是:

(1) 定金的基本属性是违约定金。

我国定金的基本性质是违约定金。在《担保法》公布实施之前,《民法通则》对定金作了原则规定,这些规定与《担保法》第 89 条规定没有区别,其核心内容是"给付定金的一方不履行约定的债务的,无权要求返还定金;收受定金的一方不履行约定的债务的,应当双倍返还定金"。这一内容的着眼点是不履行债务,即违约。据此可以确认,法律将定金性质确定为违约定金。

(2) 定金具有附属性质。

确认违约定金是定金的基本性质,并不排斥定金还具有其他附属性质。定金确实具有证约定金的性质,这是因为,交付、收受定金的事实,确实是证明合同成立的证据。定金也有解约定金的性质,一方当事人违反合同,须放弃或者双倍

---

① 参见王利明:《民商法研究》(修订版第四辑),法律出版社 2001 年版,第 633—644 页。

返还定金;但法律确实未规定放弃或双倍返还定金后,还强制违约一方继续履行合同。这说明,承担了放弃或双倍返还定金的责任之后,原来的主合同就不必再继续履行,这与违约定金的性质没有原则区别。

(3) 不反对当事人对定金的性质另有约定。

确认定金的性质是违约定金并兼有证约定金、解约定金的性质,但并不反对当事人对定金性质另有约定。例如,当事人在合同中约定放弃或者双倍返还定金以后就可以解除合同的,该定金就是解约定金;如果当事人约定以交付定金作为合同成立要件的,这种定金就是成约定金;如果当事人约定只有交付定金才订立合同的,这种定金就是立约定金。对此,确定合同定金性质的原则是:当事人在合同中对定金有特别约定的,依其约定;没有特别约定的,定金的基本性质是违约定金。

4. 定金与违约金、预付款、押金的区别

(1) 定金与违约金的区别。

定金与违约金的区别为:一是交付的时间有区别。定金是在合同履行之前交付的,而违约金是在发生违约行为之后交付的。二是根本目的不同。定金的目的是担保债权实现,而违约金是民事责任方式,是合同当事人违反合同所应承担的财产责任。三是作用不同。定金有证约作用和预先给付的作用,在合同已经履行的情况下,定金还可以抵作价款。违约金根本没有这些作用。四是产生的方式不同。定金由当事人双方约定而发生,违约金既可以是约定,也可以是法定。

(2) 定金与预付款的区别。

定金与预付款的主要区别为:一是性质不同。定金是债的担保方式,主要作用在于担保债务人履行债务,而预付款的性质则是履行债务,属于履行给付义务的一部分。二是产生的基础不同。定金不是基于主合同而产生,而是基于定金合同产生。交付预付款的协议是主合同内容的一部分,并不构成从合同关系。三是支付方式不同。定金支付一般是一次性支付,交付以后才可能履行合同。预付款则可以分期支付或一次性支付,交付即为开始履行。四是适用范围不同。定金不仅适用于以金钱履行的合同,而且也可以适用于其他种类的合同。预付款只能适用于须以金钱履行义务的合同。五是法律后果不同。支付及收受定金的当事人不履行合同时,适用定金罚则,须丧失或双倍返还定金。预付款交付以后,交付方不履行合同,并不丧失返还预付款的请求权,接受方不履行,也不发生双倍返还的法律后果。

(3) 定金与押金的区别。

定金与押金的主要区别是:一是性质有所不同。定金的性质是典型的担保形式,押金适用于民间交易场合,但《担保法》和其他民事法律并不认其为担保形式。二是交付时间不同。定金的交付是在合同订立时或履行前,押金的交付一般与履行同时,也可以与履行相继进行。三是数额不同。定金的数额必须低于合同的标的数额,且不得超过法定的比例。押金的数额一般要等于被担保的价款,甚至可以高于被担保的价款。四是法律后果不同。定金的法律后果是发生丧失或双倍返还的效力,且对双方当事人发生拘束力。押金在当事人不履行合同时,并不当然地完全丧失押金,且押金的效力只拘束交付押金的当事人一方,接受押金的当事人不履行合同,不发生双倍返还的后果。

(二) 定金的成立

1. 定金合同

(1) 定金合同的概念和特征。

定金基于定金合同而产生,因而定金的成立是指定金合同的成立。

定金合同,是指依附于主合同,为担保债权实现而设定定金权利义务关系的从合同。

定金合同的法律特征是:一是定金合同是从合同,定金合同永远依附于主合同;二是定金合同产生的权利具有相对性,只约束债权人和债务人,对其他人不发生拘束力;三是定金合同是实践性合同;四是定金合同是书面合同。

(2) 定金合同的适用范围。

定金合同不能仅限于在买卖合同中适用,在承揽合同、建设工程勘察设计合同中都有适用。我国《担保法》对定金合同的适用范围未作限制性规定,因而准许当事人依自由意志约定定金合同,不必对此加以限制。

2. 定金法律关系

(1) 定金的主体。

定金的主体,就是在定金法律关系中享有权利或承担义务的人,即定金法律关系的当事人。可以作为定金主体的,首先是自然人和法人。其次,定金的主体只能是定金合同所依附的主合同的双方当事人,而不能是其他人。

(2) 定金的内容。

定金的基本权利与义务,是担保主合同的履行。定金虽然是由合同的一方当事人向对方当事人给付,但定金一经交付和收受,就对双方当事人产生担保作用,产生相互担保债务履行的权利与义务。这种权利义务的产生是在定金交付之时,而不是定金合同诺成之时。

交付定金的一方当事人应当在约定的期限届至时交付定金,对方当事人应当接受该定金。定金合同生效、定金的权利义务的产生,不以定金合同签订的日期和约定定金交付的期限为准,而以实际交付定金之日作为定金合同生效之日。

(3) 定金的标的。

定金均以货币交付,且定金的数额以合同标的额的比例作为根据。我国

《担保法》第 91 条规定:"定金的数额由当事人约定,但不得超过主合同标的额的 20%。"这一条文确定了两条原则,一是定金数额由当事人约定的原则;二是定金数额不得超过法定上限的原则。

3. 定金成立的一般条件

定金是合同,定金成立的一般条件是主合同当事人就定金约定的要约和承诺。(1)当事人应当有意思表示能力,如果合同当事人是无民事行为能力人或者限制民事行为能力人,则应与主合同的要求相一致,必须委托代理人代理。(2)一方当事人提出有效的定金要约,定金要约必须是以缔结定金合同为目的的意思表示,定金要约须有主合同的一方当事人向对方当事人作出的意思表示,定金要约的内容足以决定定金合同的主要条款。(3)对方当事人对定金要约的承诺,须是由受要约的主合同当事人向发出定金要约的对方当事人作出的意思表示,承诺的内容应当与定金要约的内容完全一致,须在定金要约的有效期间内作出。定金的要约一经承诺,即表明定金合同已经具备合同成立的一般要件。

4. 定金成立的特殊要件

定金成立除应具备合同成立的一般要件外,还应当具备以下特殊要件:(1)定金合同以主合同的有效成立为其成立的必要前提;(2)定金合同须以定金的交付为成立要件;(3)定金合同须以货币为标的;(4)定金的数额不能超过法定限额。

(三)定金的效力

1. 证约效力

定金具有证明主合同成立的作用,当定金已经交付,即发生证明主合同成立的效力。对此,我国法律虽未明确规定,但在客观上,定金的证约效力是明显的,司法实务已予以确认。例如,一方当事人已经收受定金,尽管合同订有公证条款而未予公证,但收受定金一方接受定金,就表明他已确认合同为有效。如果他违反合同,应当双倍返还定金。

2. 抵作价款或收回

定金的第二种效力,是在主合同履行后,定金应当抵作价款或者收回。我国《担保法》第 89 条规定:债务人履行债务后,定金应当抵作价款或者收回。

关于定金的抵作价款或者收回效力,常见的争论是:(1)抵作价款还是收回。抵作价款,是以定金抵销货币给付义务,对给付定金的一方有利,因而该方更愿意抵作价款;接受定金一方对此可能要求全部履行价款给付义务,然后退还定金,这样对收受定金一方有利。对此,应当依公平原则和法律规定,优先以抵作价款计算,只有在不能抵作价款时,才考虑退还定金的办法。如果双方约定采取后一种办法,也应当允许。(2)定金抵作价款如何计算。例如,定金交付时和履行债务时,货币的通胀率不同,如何折抵债务,可能出现较大的利益差异。如果定金交付与债务履行时,合同标的额没有变化,应以1∶1折抵。如果通胀率过高,债务履行时债务标的额已随通胀率作过更改,则应实事求是地折价抵销。(3)定金抵作价款或者收回应否计算利息,法律没有明文规定。我们认为,从定金证约和担保的基本职能出发,定金抵作价款或者收回不应计算利息。

3. 违约定金罚则

当一方当事人违约时,定金罚则发生效力。我国《担保法》第89条后段规定:给付定金的一方不履行约定的债务的,无权要求返还定金;收受定金的一方不履行约定的债务的,应当双倍返还定金。

按照法律的规定,适用定金罚则的条件是不履行债务,即违约。违约的归责事由属于哪一方当事人,就由那一方当事人承担定金罚则。违约的归责事由属于给付定金一方,则由给付定金一方承担;属于收受定金一方,则由收受定金一方承担。具体的违约行为,可以是主观上的原因,也可以是客观上的原因,具体原因不论,只要不履行债务即可适用定金罚则。

具体的问题是:(1)除去违约适用定金罚则外,因付定金一方的过失而致合同被撤销的,无权请求返还定金;因收受定金一方的过失而致合同被撤销的,则应双倍返还定金。(2)一方当事人给付迟延或受领迟延,不具有适用定金罚则的条件,因为不是不履行债务,所以不能丧失定金或双倍返还定金。但如果因为给付迟延或者受领迟延而导致不能履行债务,则应适用定金罚则。

4. 因不可归责于双方当事人的事由致债务不能履行时的定金效力

当合同债务不能履行是因不可归责于双方当事人的事由时,依照《民法通则》第107条关于"因不可抗力不能履行合同或者造成他人损害的,不承担民事责任,法律另有规定的除外"的规定,不履行者当然不应承担民事责任,定金作为合同的担保,也就不再发生效力,应当使其回复原状,收受定金一方应当将定金返还给付定金的一方当事人。

(四)关于定金的几个具体问题

1. 主合同无效如何处理定金

定金有证约效力,如果双方当事人对主合同是否成立有争议,但已经交付和收受了定金,应当认定主合同成立。但是,如果已经交付和收受了定金,主合同却因法定事由而被认定为无效,应将定金返还给交付定金的一方当事人。其理由:一是主合同无效,定金属于从合同,当然无效,应当返还定金;二是按照《合同法》规定,合同无效的责任是返还财产和损害赔偿,不适用定金罚则,前者已经救济了主合同无效的损失,勿须也不可能依定金罚则处理。

2. 合同部分不履行定金如何处理

合同债务部分不履行,定金应当如何处理,有部分适用定金说和不适用定金说两种不同意见。我们认为应当采用部分适用定金的主张,理由是:第一,部分不履行合同债务虽然也是部分履行,但就不履行的部分而言,应当是不履行。第二,定金既然是担保形式之一,作用是担保主合同债务的履行,其担保的范围应当是全部债务。部分不履行,其不履行的部分仍在担保范围之内。

应当注意的问题是:第一,部分不履行合同债务应当是真正部分不履行而不是暂时部分不履行。真正的部分不履行,是就未履行的部分债务不能再继续履行,如客观给付不能,或者主观上拒绝履行。对暂时的部分不履行不得适用定金罚则。第二,要计算部分不履行的定金罚则,应当计算定金罚则的具体数额。其基本方法,是按照未履行的部分合同债务占主合同债务总数的比例,给付一方当事人部分不履行的,依比例丧失定金,其余部分可以抵作价款或返还;收受定金的一方当事人部分不履行的,依比例双倍返还定金,其余部分可以抵作价款或返还。

3. 定金与损害赔偿的关系

交付或收受定金的一方当事人不履行合同的,应当适用定金罚则,如果这种不履行合同的行为又造成了对方当事人财产利益损失,应当予以损害赔偿的,有不同意见:一是主张损害赔偿金扣除定金;二是主张超出定金数额部分承担损害赔偿责任;三是主张单独承担违约损害赔偿数额;四是主张定金之外不得请求损害赔偿金。

对此,可以参照的立法例是《德国民法典》第333条第2项规定:"如受定金人因契约不履行请求损害赔偿,在发生疑问的,定金应算入赔偿金额中,否则,在给付损害赔偿时,定金应返还之。"我们认为,在当事人不履行合同债务适用定金罚则时,对因此而受有损失的对方当事人应当准许其提出损害赔偿请求,但在确定损害赔偿数额时,应当扣除定金数额,即以定金抵作赔偿金;当定金不能抵作赔偿金时,受损害一方当事人在受领全额赔偿金以后,应当将定金返回对方当事人。这是因为,定金虽为担保形式,但在其发生丧失定金和双倍返还定金的效力时,定金本身就具有赔偿对方当事人损失的作用。如果既准许适用定金罚则,又要全额赔偿损失,则使受损害一方当事人得到不正当利益,对方当事人等于承担了双重的民事责任,因而是不公平的。

三、抵押权

(一) 抵押权的概念和特征

抵押权,是指债权人对于债务人或者第三人不转移占有而为债权提供担保的抵押财产,于债务人不履行债务时,或者发生当事人约定的实现抵押权的情形,依法享有的就该物变价并优先受偿的担保物权。

在抵押权法律关系中,提供担保财产的债务人或者第三人为抵押人;享有抵押权的债权人为抵押权人;抵押人提供的担保财产为抵押财产,也叫作抵押物。

抵押权的特征是：(1) 抵押权的性质属于担保物权，用以担保债权的实现，权利人对抵押财产具有支配效力与优先效力。(2) 抵押权的标的物是债务人或者第三人的不动产、动产或者权利。这些动产、不动产或者权利的提供者，可以是债务人，也可以是债权关系以外的第三人。(3) 抵押权的标的物不需要移转占有，抵押人仍然可以占有标的物而予以使用、收益、处分，抵押权人也不负保存标的物的义务，并能取得完全的担保权。(4) 抵押权的价值功能在于就抵押财产所卖得的价金优先受偿。

（二）抵押财产的范围

抵押财产，也称为抵押权的标的物或者抵押物，是指被设置了抵押权的不动产、动产或者权利。

依照我国《物权法》第180条和第184条的规定，允许抵押的财产范围是：(1) 建筑物和其他土地附着物；(2) 建设用地使用权；(3) 以招标、拍卖、公开协商等方式取得的荒山、荒沟、荒丘、荒滩等土地承包经营权；(4) 生产设备、原材料、半成品、产品；(5) 正在建造的建筑物、船舶、飞行器；(6) 交通运输工具；(7) 法律、法规规定可以抵押的其他财产。禁止抵押的财产范围是：(1) 土地所有权；(2) 耕地、宅基地、自留山、自留地等集体所有的土地使用权，但法律规定可以抵押的除外；(3) 学校、幼儿园、医院等以公益为目的的事业单位、社会团体的教育设施、医疗卫生设施和其他社会公益设施；(4) 所有权、使用权不明或者有争议的财产；(5) 依法被查封、扣押、监管的财产；(6) 法律、行政法规规定不得抵押的其他财产。

我国《物权法》对抵押财产还有以下特别规定：(1) 建筑物与其建设用地使用权一并抵押，规定的目的在于体现和维护"房随地走"和"地随房走"的原则，《物权法》第182条明确规定这一原则，以避免出现纠纷。(2) 乡村企业的建设用地使用权不得单独抵押，《物权法》第183条规定，乡镇、村企业的建设用地使用权不得单独抵押。以乡镇、村企业的厂房等建筑物抵押的，其占用范围内的建设用地使用权一并抵押。

（三）抵押权的取得

抵押权的取得，分为基于法律行为取得和非基于法律行为取得两种。

1. 基于法律行为取得

基于法律行为取得抵押权，分为抵押权设立与抵押权转让两种。抵押权设立，是取得抵押权最为常见的方式，即债权人与债务人之间通过抵押合同或者遗嘱设定抵押权。基于抵押合同取得的抵押权也叫做约定抵押或意定抵押。抵押权转让，受让人也取得抵押权。当债权人向他人转让债权时，该债权的抵押权随同该债权一并转让的，受让人因此而同时取得抵押权。

2. 非基于法律行为取得

非基于法律行为取得抵押权包括两种:(1)基于法律的规定而取得抵押权,即法定抵押权;(2)通过继承而取得抵押权。

(四)抵押权登记

设定抵押权,应当进行物权登记。以建筑物和其他土地附着物,建设用地使用权,以招标、拍卖、公开协商等方式取得的荒地等土地承包经营权,正在建造的建筑物抵押的,应当办理抵押登记,抵押权自登记时设立。以生产设备、原材料、半成品、产品抵押,以正在建造的船舶、飞行器抵押的,抵押权自抵押合同生效时设立;未经登记,不得对抗善意第三人。浮动抵押权自抵押合同生效时发生效力,未经登记,不得对抗善意第三人。

(五)抵押权的效力

1. 抵押权对担保债权的效力

依照我国《物权法》第173条规定,抵押权担保的范围包括主债权及利息、违约金、损害赔偿金、实现担保权的费用。当事人另有约定的,按照约定。

2. 抵押权对抵押财产的效力

抵押权对抵押财产的效力,就是抵押权效力所及标的物的范围,是指当抵押权人实现抵押权时可以就哪些财产进行折价或拍卖、变卖,并优先受偿。为了维护抵押权标的物的经济效用和交换价值,同时兼顾双方当事人的利益,对标的物以外的其他物或权利,在一定条件下也应纳入抵押权标的物的范围。

3. 抵押权对抵押权人的效力

抵押权对抵押权人的效力表现为:一是保全抵押权的权利;二是抵押权人的处分权;三是抵押权人的顺位权。

4. 抵押权对抵押人的效力

在抵押关系存续期间,抵押人可以出租抵押财产。在抵押权人实现抵押权时,该租赁关系不得对抗已登记的抵押权。在抵押关系存续期间,抵押人转让抵押财产,经过抵押权人同意的,应当将转让所得的价款向抵押权人提前清偿债权或者提存。转让的价款超过债权数额的部分归抵押人所有,不足部分由债务人清偿。财产抵押后,该财产的价值大于所担保债权的余额部分,可以再次抵押。

(六)特殊抵押权

1. 共同抵押权

共同抵押权,也叫做总括抵押权或聚合抵押权,是指为担保同一个债权而在数项不动产、动产或权利上设定的抵押权。这数个不动产、动产或权利可以属于同一个人,也可以分别属于不同人。例如,债务人甲为担保所欠乙300万元债务,提供丙、丁各值200万元的二宗土地的建设用地使用权设定抵押权。我国《物权法》第180条第2款规定:"抵押人可以将前款所列财产一并抵押。"

2. 浮动抵押权

浮动抵押,是指抵押人以其所有的全部财产包括现有的以及将有的财产为标的而设立的抵押权。浮动抵押权的特点就是其担保物的不特定性,因此,在抵押权实现时,应当按照我国《物权法》第 196 条规定,将其确定,才能够保障抵押权的实现。浮动抵押权在以下情形时确定:(1)债务履行期届至,债权未实现;(2)抵押人被宣告破产或者被撤销;(3)发生当事人约定的实现抵押权的情形;(4)严重影响债权实现的其他情形。

3. 最高额抵押权

最高额抵押权,是指为担保债务的履行,债务人或者第三人以抵押财产对一定期间将要发生的债权提供担保的,债务人未履行债务时,抵押权人有权在最高债权额限度内就该财产优先受偿的特殊抵押权。

(七)抵押权的实现与消灭

1. 抵押权的实现

抵押权实现,是指债务履行期届满,债务人未履行债务,通过依法处理抵押财产而使债权获得清偿。抵押权实现的条件是:(1)抵押权有效存在;(2)债务人不履行到期债务,或者发生当事人约定的实现抵押权的情形;(3)债权人的债权未受清偿。具备以上三个条件,抵押权人可以实现其抵押权。

实现抵押权的程序是:(1)协议实现。具备抵押权实现的条件,抵押权人可以与抵押人通过协议,以抵押财产折价或者以拍卖、变卖该抵押财产所得的价款优先清偿债务。(2)诉讼实现。抵押权人和抵押人协议实现抵押权不成的,抵押权人可以向人民法院提起诉讼,由人民法院判决或者调解拍卖、变卖抵押财产,实现抵押权。

流押,也叫做流押契约、抵押财产代偿条款或流抵契约,是指抵押权人与抵押人约定,当债务人届期不履行债务时,抵押权人有权直接取得抵押财产的所有权。抵押权人和抵押人订立流押契约的,一律无效。

依照我国《物权法》第 195 条规定,抵押权实现的具体方法包括:对抵押财产进行折价、拍卖或变卖等三种方式。(1)抵押财产折价。抵押权人与抵押人协议,或者协议不成经由人民法院判决,按照抵押财产自身的品质、参考市场价格折算为价款,把抵押财产所有权转移给抵押权人,从而实现抵押权。(2)抵押财产拍卖。抵押权人与抵押人就抵押财产拍卖协商一致,可以自行委托拍卖机构进行拍卖。如果当事人就抵押财产拍卖没有达成一致,则只能通过法院强制拍卖。(3)抵押财产变卖。当事人可以通过协商方式将抵押财产变卖。协商不成的,抵押权人可以向法院起诉,在胜诉判决后通过法院的强制执行程序将抵押财产拍卖或变卖。人民法院一般是以拍卖为原则而以变卖为例外。

抵押财产折价或者拍卖、变卖后,其价款超过债权数额的部分归抵押人所有,不足部分由债务人清偿。抵押权人与抵押人之间可以就该抵押财产折价、拍卖或变卖后所得价款的清偿顺序问题作出约定。如果当事人没有约定,则应按照下列顺序清偿:首先,抵偿实现抵押权的费用,即将抵押财产折价或拍卖、变卖抵押财产的花费,包括诉讼费、保全费、鉴定费、评估费、拍卖费等;其次,抵偿主债权的利息;再次,抵偿主债权。

四、质权

（一）质权概述

质权,是指债务人或第三人将特定的财产交由债权人占有,或者以财产权利为标的,作为债权的担保,在债务人不履行债务时,或者发生当事人约定的实现质权的情形,债权人有权以该财产或者财产权利折价或以拍卖、变卖所得价款优先受偿的权利。

债务人或者第三人交由债权人占有的特定财产叫做质押财产,也叫做质押物;债权人叫做质权人,而提供质押财产出质的人叫做出质人。

质权的特征是:(1)质权是为了担保债权的实现而设立的担保物权,因而质权具有从属性。(2)质权的标的物是动产或者权利,只能在债务人或者第三人提供的特定财产或者权利上设定。(3)动产质权必须转移标的物的占有,即由质权人占有质押财产。即使是权利质权,也需要交付权利凭证或者进行登记才能成立。(4)质权人在债务人履行债务前对质押财产享有留置的权利,债务人不履行债务时,或者发生当事人约定的实现质权的情形,质权人有权以质押财产的变价款享有优先受偿的权利。

依照质权标的物的性质不同,质权分为动产质权与权利质权。

（二）动产质权

1. 动产质权的概念和设立

动产质权,是债务人或者第三人以动产为标的物设立的质权。

动产质权,最常见的是通过质权合同设定动产质权。质权合同为要式合同。质权合同不得约定流质。

质押财产的条件是:(1)该动产须为特定物;(2)该动产须为独立物;(3)该动产必须是法律上允许流通或者允许让与的物。

质权自出质人交付质押财产时设立。交付包括现实交付、简易交付和指示交付,但不包括占有改定。出质人代质权人占有质押财产的,质权合同不生效。如果债务人或者第三人未按质权合同约定的时间移交质押财产,因此给质权人造成损失时,出质人应当根据其过错承担赔偿责任。

2. 动产质权的效力

（1）动产质权对所担保的债权的效力。

质权担保的范围包括主债权及利息、违约金、损害赔偿金、质押财产保管费用和实现质权的费用。质权合同另有约定的，按照约定。

（2）动产质权对质权标的物的效力。

作为质押财产的动产为质权的效力所及。对质押财产以外的其他物或权利，在一定条件下也纳入质权效力所及的标的物范围。

（3）质权对出质人的效力。

质权对出质人的效力，包括出质人的权利和出质人的义务。

出质人的权利包括：一是质押财产的收益权。二是质押财产的处分权。三是物上保证人的代位权。四是保全质押财产的权利。

出质人的义务是：因质押财产存在隐蔽瑕疵而致质权人遭受损害时，应由出质人承担赔偿责任，但质权人在质押财产移交时明知质押财产有瑕疵而予以接受的除外。

（4）质权对质权人的效力。

质权人的权利是：一是留置质押财产的权利。出质人或者质押财产的第三取得人请求其交付质押财产，质权人都可予拒绝。二是优先受偿的权利。三是收取孳息的权利。四是转质权。转质是指质权人为了担保自己的或者他人的债务，将质押财产向第三人再度设定新的质权。转质的后果是：第一，转质权担保的债权范围，应当在原质权所担保的债权范围之内，超过的部分不具有优先受偿的效力；第二，转质权的效力优于原质权。五是因质权受侵害的请求权。六是质权保全权。

质权人的义务是：一是质押财产的保管义务。因保管不善致使质押财产毁损、灭失的，应当承担赔偿责任。二是返还质押财产的义务。债务人履行债务或者出质人提前清偿所担保的债权的，质权人应当返还质押财产。

3. 动产质权的实现

动产质权的实现，是指质权所担保的债权已届清偿期，债务人未履行债务，质权人与出质人协议以质押财产折价，或依法拍卖、变卖质押财产并就所得的价款优先受偿的行为。动产质权实现的条件有：（1）动产质权有效存在；（2）债务人不履行到期债务，或者发生当事人约定的实现质权的情形；（3）作为质权人的主债权人未受清偿。

动产质权实现的方法有三种：折价、拍卖和变卖，其中拍卖是主要方法。质押财产拍卖、变卖的变价款，质权人有权优先受偿。质押财产折价或者拍卖、变卖后，其价款超过债权数额的部分归出质人所有，不足部分由债务人清偿。

除担保物权的共同消灭原因，如混同、抛弃、没收等会导致动产质权消灭之外,以下几项原因也会导致动产质权的消灭:(1)质押财产返还;(2)质押财产灭失;(3)质权人丧失质押财产的占有无法请求返还。

（三）权利质权

1. 权利质权的概念和设立

权利质权,是指以依法可转让的债权或者其他财产权利为标的物而设定的质权。

由于权利质权准用动产质权的规定,因此其取得方式大体与动产质权相同,即包括基于法律行为如质权合同或遗嘱而取得、基于法律行为以外的事实而取得(如善意取得)等。通过质权合同设定权利质权,是最常见、最重要的方式。包括:(1)有价证券质权;(2)基金份额、股权质权;(3)知识产权质权;(4)应收账款质权;(5)依法可以质押的其他权利。

2. 权利质权的效力

（1）权利质权对担保的债权和质押财产的效力。

权利质权对担保的债权的担保范围,包括主债权、利息、违约金、损害赔偿金以及实现质权的费用。

（2）权利质权对出质人的效力。

出质人的权利是:出质人有权要求质权人将该权利凭证提存,也有权提前清偿债权而消灭权利质权,以取回设质的权利凭证。出质人均有权提前清偿所担保的债权以消灭权利质权;权利质权因出质人提前清偿债权而消灭的,有权取回质押的权利凭证,或者注销权利质权的登记。

出质人的义务是:出质人在将其享有的权利出质之后,并未丧失对该权利的处分权。

（3）权利质权对质权人的效力。

权利质权准用动产质权的有关规定,权利质权人的权利义务基本上与动产质权人相同。特殊之处在于:第一,股票质权人保全股票价值的权利。第二,禁止质权人转让标的物。第三,禁止质权人转质。

3. 权利质权的实现

权利质权的实现,是指权利所担保的主债权已届清偿期而债务人不履行债务时,或者发生当事人约定的实现质权的情形,质权人依法以质押的权利变价,并就其价款优先受偿的行为。

质权实现的一般方法有三种,即协议以质押的权利折价、拍卖或变卖。

五、留置权

（一）留置权概述

留置权,是指在法律规定可以留置的债权,债权人依债权占有属于债务人的动产,债务人不按照约定的期限履行债务时,债权人有权依法留置该财产,以该财产折价或者以拍卖、变卖该财产的价款优先受偿的担保物权。

在留置权法律关系中,留置债务人财产的债权人叫做留置权人,被留置财产的债务人叫做被留置人,被留置的财产叫做留置财产,也叫做留置物。

留置权的特征是:(1)留置权的性质为他物权。留置权是以他人之物而发生的物权,是限制性物权。(2)留置权是法定担保物权。当事人自己不能约定留置权,当法律规定的条件具备时,留置权自己产生;留置权的适用范围由法律规定。(3)留置权是二次发生效力的物权:第一次效力发生在留置权产生之时,债权人即留置权人于其债权未受清偿前可以留置债务人的财产,促使债务人履行其义务,留置权人对留置财产享有继续占有的权利,并享有物上请求权,至债务人履行债务时,该效力终止。第二次效力是第一次效力发生之后,留置权人于债务人超过规定的宽限期仍不履行其义务时,得依法以留置财产折价,或拍卖、变卖的变价款优先受偿。(4)留置权是不可分性物权,其效力就债权的全部及于留置财产的全部。(5)留置权为从权利,依主权利的存在而存在,依主权利的消灭而消灭。

留置权的作用是担保债权,具体表现在,留置权是被动发生的,仅具有债权担保一项作用,不能起到融通资金的作用。

(二) 留置权的成立

1. 留置权成立的积极要件

留置权成立的积极要件通常有以下三项:(1)须债权人合法占有债务人的动产。债权人占有债务人的动产,必须为依其自己的意思对某物予以控制。债权人持有某物,不能成立留置权。(2)须债权的发生与该动产有牵连关系。债权人所占有的债务人的动产必须与其债权的发生有牵连关系,才可成立留置权。债权与债务都是因债权人取得占有的债权发生的,即债权人的权利与债务人的请求交付标的物的权利是基于同一法律事实发生的,则认为债权的发生与动产有牵连关系。(3)须债权已届清偿期且债务人未履行债务。只有在债权已届清偿期,债务人仍不履行义务时,债权人才可以留置债务人的动产。在债务人无支付能力时,如果债务人的债务未到履行期,成立紧急留置权,留置权也可以成立。

2. 留置权成立的消极要件

留置权成立的消极要件通常有以下五项:(1)须当事人事先无不得留置的约定;(2)须留置债务人的财产不违反公序良俗;(3)须留置财产与债权人所承担的义务不相抵触;(4)须留置财产与对方交付财产前或交付财产时所为的指示不相抵触;(5)对动产的占有须非因侵权行为而取得。

（三）留置权的效力

1. 留置权所担保的债权范围

留置权所担保的债权范围，原则上应与担保物权所担保的债权范围相同，是与留置财产有牵连的一切债权，包括原债权、债权的利息、迟延的利息、实现留置权的费用、留置财产保管费以及因留置财产瑕疵而产生的损害赔偿等。

2. 留置权标的物的范围

留置权的标的物就是留置财产。留置权对留置财产所及的范围，法律无明文规定，在解释上认为包括主物、从物、孳息和代位物。

3. 留置权对留置权人的效力

留置权人的权利是：(1) 留置财产的占有权。(2) 留置财产孳息收取权。(3) 留置财产必要的使用权。(4) 必要费用偿还请求权。(5) 留置财产变价权。(6) 优先受偿权。优先受偿权是留置权第二次效力中的最后一个权利，是保障留置权人债权的根本方法。

留置权人的义务是：(1) 留置财产的保管义务。(2) 不得擅自使用、利用留置财产的义务。(3) 返还留置财产的义务。

4. 留置权对债务人的效力

留置权对于债务人的效力是：(1) 债务人仍享有留置财产的原有权利。(2) 债务人行使留置财产的权利受到限制。(3) 不得干扰、阻碍留置权人行使留置权。(4) 偿付因留置财产而支出的必要费用。

（四）留置权的实现

留置权的实现，也叫留置权的实行，是指留置权的第二次效力的实现。债务人于债权人留置标的物后一定的期限内仍不履行其债务，留置权人得以留置财产的变价优先受偿。

1. 留置权实现的程序和条件

留置权的实现必须经过一定的程序和具备一定的条件：(1) 确定留置财产后的履行债务宽限期。债权人一经留置依债权占有的债务人的财产，应当立即确定宽限期。宽限期的确定有两种办法：一是由当事人双方事先在合同中约定，约定的期限不得少于两个月。二是如果当事人双方在合同中没有事先约定宽限期，债权人在留置财产后，应自行确定一个宽限期，但最短亦不得少于两个月。(2) 对债务人的通知义务。债权人留置合同标的物以后，应当立即通知债务人。通知的内容：一是已将合同标的物留置，二是告知债务人宽限期，三是催告债务人在宽限期内履行债务。债权人未经通知债务人上述内容，不得实现留置权。宽限期应于债权人通知留置之日起计算。(3) 留置财产变价、取偿。

2. 留置权实现的方式

依照我国《物权法》的规定,留置权的实现方式有两种:当事人协商一致折价的,可依约定办理;当事人约定折价不成,则须依变价方式。当事人约定变价的也应准许。

留置权人最终实现留置权,是以处分留置财产的变价款和留置财产的折价款额,优先偿付债权人的债权。

(五) 留置权的消灭

留置权的消灭,是指留置权成立以后至留置权实现之前,留置权因一定原因的出现而不复存在。

留置权的消灭分两种:一是永久消灭,一经消灭,永不再产生;二是相对消灭,留置权消灭后还会依法再生。

留置权消灭的效力,是消灭留置权法律关系,留置权人和债务人丧失这种法律身份,仍为债权人和债务人。留置权消灭不发生返还留置财产的后果,而是承担原债的给付标的物的后果。留置权消灭以后,还产生其他具体的法律后果。

留置权的消灭原因分为三类:

(1) 留置权因物权消灭的共同原因而消灭。

留置权是物权,当物权消灭的共同原因出现时,留置权因此而消灭。这些原因是:标的物灭失;标的物被征用;留置权与所有权混同。

(2) 留置权因担保物权消灭的共同原因而消灭。

我国《物权法》第177条规定了担保物权消灭的共同原因,都适用于留置权的消灭:担保物权所担保的主债权消灭;担保物权实现;留置权被放弃。

(3) 留置权消灭的特别原因:债务人另行提供担保;留置权人对留置财产丧失占有;债权清偿期的延缓。

【案例讨论】

讨论提示:本案的担保方式是定金。争议的焦点是,报废车转让为非法,合同无效,定金是否可以返还?

讨论问题:1. 定金和保证的担保方式各自有哪些基本特点? 2. 本案的定金是否可以双倍返还? 3. 担保物权有哪些种类?

第三节 非典型担保方式

【典型案例】

甲公司与乙公司签订了一份所有权保留买卖合同,约定乙公司从甲公司购得一台价值50万元的设备,交付货物时,乙公司付款30万元,余款20万元分4个月付清,在货款未付清前,设备的所有权仍归属甲公司。设备交付后,乙公司向甲公司提出以该设备作抵押向银行贷款,以偿付余下的货款20万元,甲公司同意,并开具了一张乙公司已全部付清货款的销售发票。随后,乙公司凭该销售发票向不知情的丙银行办理了抵押贷款,并就前述设备予以抵押登记,丙银行遂向乙公司发放贷款35万元。乙公司向甲公司偿还了10万元货款后,将其余贷款用于经营。贷款到期后,乙公司无力向丙银行偿还本息,丙银行要求行使对该台设备的抵押权。甲公司以其与乙公司签有所有权保留买卖合同,乙公司未清偿余款10万元,自己享有对该台设备的取回权为由,提出异议。

一、优先权

(一) 优先权的概念和性质

优先权也称先取特权,是指特定的债权人依据法律的规定而享有的就债务人的总财产或特定财产优先于其他债权人而受清偿的权利。[1]

在优先权中,就债务人不特定的总财产上成立的优先权叫做一般优先权,而就债务人特定动产或不动产上成立的优先权叫做特别优先权。[2]

我国民法理论对优先权的性质认识不同。"特种债权说"认为,优先权并非一种独立的担保物权,它不过是立法政策对特种债权的特殊保护,而特种债权主要是指工资、生活费、司法费用、抚养费用等支付关系,它们是基于公法关系、劳动法关系、婚姻家庭法关系产生的,并非民法上的债权关系。[3] "担保物权说"则认为,优先权是独立的担保物权,它既不是优先受偿效力或特殊债权的清偿顺

---

[1] 谢怀栻:《外国民商法精要》,法律出版社2002年版,第158页。
[2] 申卫星:《物权立法应设立优先权制度》,载王利明主编:《物权法专题研究》(下册),吉林人民出版社2001年版,第414页。
[3] 董开军:《担保物权的基本分类及我国的立法选择》,载《法律科学》1992年第1期。

序,也与抵押权等担保物权具有明显的区别。① 本书采纳后一种意见。

（二）优先权的类型

1. 民法上的优先权与特别法上的优先权

根据规定优先权的法律不同,可以把优先权分为民法上的优先权和特别法上的优先权。民法上的优先权,是指由民法加以规定的优先权。如我国《合同法》第286条规定的建设工程价款的优先权。特别法上的优先权,是指由民法之外的单行法律所确立的优先权,主要包括《海商法》规定的船舶优先权、《民用航空法》规定的民用航空器优先权、《税法》规定的税收优先权等。

2. 一般优先权与特殊优先权

依据优先权的标的物不同,可以把优先权分为一般优先权与特殊优先权。一般优先权是指就债务人的总财产而优先受偿的优先权,如受雇人的工资债权就债务人的总资产优先受偿。特殊优先权包括三种,一是司法费用优先权,例如我国《侵权责任法》第4条第2款规定的侵权损害赔偿责任请求权的优先权,就是对抗同一侵权行为发生的刑事责任和行政责任的司法费用优先权;二是民事优先权,包括为了债务人的利益而设立的优先权,为债权人利益而设立的优先权;三为国库优先权,是为了维护国库收入而设立的优先权,如税收优先权。

3. 优先于所有债权的优先权和优先于普通债权的优先权

依据优先权的优先效力的不同,可分为优先于所有债权的优先权和优先于普通债权的优先权。前一种优先权的效力最为强大,其所担保的债权不仅优先于普通债权,而且优先于那些附有担保物权的债权而受清偿。后一种优先权,所担保的债权只能优先于没有担保的债权而受清偿,不能优先于附有担保物权的债权而受清偿。

4. 动产优先权和不动产优先权

依据特殊优先权的标的物的不同,可以分为动产优先权和不动产优先权。动产优先权,就债务人的特定动产优先受偿的优先权,如旅店主人就旅客所欠食宿费,可以对旅客的行李优先受偿。不动产优先权,是就债务人的特定不动产优先受偿的优先权,如建设工程承包人的建设工程价款债权的优先权。

（三）优先权的效力

1. 优先权担保的债权范围

优先权所担保的债权范围主要包括:主债权、利息、违约金、损害赔偿金以及优先权人因保全和实现优先权所支出的费用。对此,应当原则上适用《物权法》第173条规定的担保物权所担保的一般范围的规定。

由于优先权是一种法定性非常强的担保物权,因此,不同的优先权所担保的

---

① 王利明:《物权法论》(修订版),中国政法大学出版社2004年版,第720页。

债权范围必须依据法律的明确规定。对于不同性质的优先权所担保的债权范围作不同的规定,是因为优先权是无须公示而产生的物权,如果不对其担保的债权范围予以限制,将会对交易安全造成很大的威胁;同时,优先权的立法目的就在于基于社会政策以及公平的考量而对某种利益予以优先保护,对利益保护的程度不同,决定了不同的优先权所担保的债权范围的不同。

2. 优先权的顺位

在同一动产或不动产上能够同时产生数个优先权,故而在数个优先权中存在顺位问题。优先权之间的顺位分为以下情形:

(1) 一般优先权之间的顺位,通常要由法律作出明确规定,因而不需要法官进行判断。例如破产费用,应当从破产财产中优先拨付;破产财产优先拨付破产费用后,其他优先权的顺序是:第一,破产人所欠职工的工资和医疗、伤残补助、抚恤费用,所欠的应当划入职工个人账户的基本养老保险、基本医疗保险费用,以及法律、行政法规规定应当支付给职工的补偿金;第二,破产人欠缴的除前项规定以外的社会保险费用和破产人所欠税款;第三,普通破产债权。破产财产不足以清偿同一顺序的清偿要求的,按照比例分配。

(2) 特殊优先权之间的顺位包括以下两类情形:

一是性质相同的特殊优先权的顺位是:第一,基于设定质权的理由而创设的优先权,两种性质相同的优先权的顺位应当依照权利成立的先后顺序确定。第二,基于债务人财产增值的理由而创设的优先权,解决优先权顺位的方法是"时间优先,权利优先"。第三,基于保值(保存费用)的理由而创设的优先权,解决顺位的原则是"时间在后,权利优先",即顺位在后的优先权先于顺位在前的优先权受偿。因为如果没有在后的保值行为,在先的保值行为所发生的债权是不可能就现存的财产行使优先权的。这一点最鲜明地体现在海难救助当中,因为如果不规定顺位在后的海难救助费用优先权先于顺位在前的海难救助费用优先权,人们就不会踊跃地对海难进行救助。

二是在性质不同的优先权之间发生冲突时,其受偿顺位可以按照以下顺序确定:第一,最后保存费用优先权;第二,基于设定质权的理由而创设的优先权,但限于善意债权人;第三,保存费用优先权;第四,基于债务人财产增值的理由而创设的优先权。

(3) 一般优先权应当优先于特殊优先权而受偿,因为一般优先权所实现的价值大于特殊优先权所实现的价值。一般优先权通常维护的都是公共利益以及债权人的共同利益,或者债权人的生存权,或者是保护劳动者的合法权益等,而特殊优先权主要维护的是债权人或债务人的个人利益,从价值衡量的角度上,自然应当得出一般优先权优先于特殊优先权的结论。

3. 优先权与其他担保物权的冲突

首先,在同一动产上将出现一般优先权或动产优先权与质权的冲突,原则是:

(1) 一般优先权与质权的冲突。

一般优先权与质权冲突时,原则上质权应当优先于一般优先权,但是法律另有规定的相反。

(2) 动产优先权与质权的冲突。

动产优先权中第一顺位的优先权如动产租赁优先权、旅店住宿优先权以及运送人优先权等与质权发生冲突时,二者处于同一顺位。其理由在于,这种动产优先权是基于当事人意思推测对标的物的动产有担保的默示,与质权应当等量齐观,而不应差别待遇。至于动产质权与上述第一顺位之外的动产优先权冲突时,原则上质权优先于动产优先权,但是以下两种情形例外:一是质权人在取得债权时已经知道存在动产优先权,此时动产优先权优先于质权;二是动产优先权为质权人保存了质押财产的,此时动产优先权也优先于质权。

其次,在同一不动产上也会如同动产上那样出现一般优先权或不动产优先权与抵押权的冲突。

(1) 一般优先权与抵押权的冲突。

在一般优先权与抵押权出现冲突时何者优先?尽管一般优先权的立法目的在于维护一种较私人利益更高层次的社会公共利益或者推行一定的社会政策,但是由于一般优先权无须公示即可产生,因此出于维护交易安全以及强化公示原则的要求,除非法律另有规定(如《海商法》第25条第1款、《民用航空法》第22条),对于一般优先权与抵押权的冲突应当按照登记与否加以确定。本书赞同这种观点。

(2) 不动产优先权与抵押权的冲突。

不动产优先权经过登记时,可以先于抵押权行使。

最后,动产优先权和一般优先权会与留置权发生冲突。在一般优先权与留置权冲突时,一般优先权应当优于留置权;动产优先权与留置权发生冲突,除非法律另有规定,留置权人优先于动产优先权人受偿。

二、所有权保留

(一) 所有权保留概述

所有权保留,是指在转移所有权的商品交易中,根据法律规定或者当事人约定,所有权人转移财产占有于对方当事人,而保留其对该财产的所有权,待对方当事人交付价金或者完成特定条件时,所有权才发生转移的担保物权。我国《合同法》第134条规定:"当事人可以在买卖合同中约定买受人未履行支付价款或者其他义务的,标的物的所有权属于出卖人。"这是所有权保留的法律根据。

所有权保留究竟是何性质,有不同意见。第一种意见认为是特殊质押关系,出卖人保留所有权所取得的是特别质权。① 第二种意见认为是担保物权,出卖人手中保留的所有权就成为其实现买价请求权的担保物权。② 第三种意见认为是担保性财产托管,债权人只具有一定条件下请求债务人返还出卖物的权利,而所有权的其他权能全部由债务人行使。③ 第四种意见认为是担保权益,卖方保留标的物的所有权,就是在其出卖的货物上设定担保权益。④ 我们认为,所有权保留是一种非典型担保物权,其担保的内容虽然不是物而是权利,但是这种权利是所有权,其实质上还是物的担保,是物的所有权的担保。它通过保留出卖的标的物所有权,实现对标的物的买价的担保,因此,这种担保方式应当是一种特殊的担保物权。

(二) 所有权保留的成立和登记

所有权保留担保形式适用的范围,适用于转移所有权的场合,一般在买卖、互易等领域中适用,尤其是在分期付款和赊销中,具有更为广泛的适用价值。分期付款的买卖广泛存在,为暂时不具备消费条件的消费者提供了提前消费的空间,但是,由于分期付款买卖的形式具有极大的风险,因此使出卖人的利益不能得到充分的保障。实行所有权保留的担保形式,出卖人将出卖的标的物的所有权保留在自己的手中,一旦发生价金难以追回的风险,出卖人就可以行使自己的所有权,取回标的物。

所有权保留的成立,是通过合同当事人在合同中约定所有权保留条款进行的。当事人可以在买卖合同中,或者在另行制定所有权保留合同中,约定交付标的物而不交付标的物的所有权。所有权保留条款应当是要式合同,应当明示;在特殊情况下,根据合同的内容和交易习惯能够确定所有权保留的,也可以确认这种担保形式。例如,在分期付款买卖合同中,尽管没有约定所有权保留条款,但根据交易方式和交易习惯,仍然可以认定为所有权保留。

所有权保留担保方式的最大缺陷在于缺乏公示性,因而第三人难以知悉标的物的权属状态。当卖方或者买方违反合同义务而将标的物的所有权让与第三人,或者在标的物上为第三人设定担保时,需要采取办法平衡买方、卖方以及第三人之间的利益关系。对于不动产或者车辆、船舶、航空器等特殊动产的所有权保留,应当采取登记生效主义,不登记不发生所有权保留的担保效力;对于其他动产,应当采取登记对抗主义。

---

① 参见王泽鉴:《民法学说与判例研究》(第1册),中国政法大学出版社1998年版,第159页。
② 孙宪忠:《德国当代物权法》,法律出版社1997年版,第345页。
③ 尹田:《法国物权法》,法律出版社1998年版,第455页。
④ 余能斌等:《保留所有权买卖比较研究》,载《法学研究》2000年第5期。

（三）所有权保留的效力和当事人破产

1. 所有权保留的客体范围

所有权保留的客体范围究竟应当是哪些，一般国家的立法都认为适用于动产的买卖。至于买卖的动产范围，有的国家立法有限制，有的则没有限制。我国立法对此没有明确限制，最高人民法院《关于审理买卖合同纠纷案件适用法律问题的解释》第 34 条规定："买卖合同当事人主张合同法第 134 条关于标的物所有权保留的规定适用于不动产的，人民法院不予支持。"这一司法解释采用通说，凡是动产买卖都可以采用所有权保留的方式进行担保。对于不动产买卖应当尽可能地采用其他方法担保，而不采用所有权保留的方式进行担保。

2. 所有权保留的取回权、回赎权和期待权

所有权保留成立后的法律效力，表现在出卖人的取回权和买受人的回赎权与期待权。

（1）出卖人的取回权。

出卖人的取回权，是指在所有权保留中，出卖人享有的在买受人有特定违约行为，损害出卖人的合法权益时，从买受人处取回标的物的权利。该权利的性质，有解除效力说、附法定期限解除合同说和就物求偿说三种，通说认为解除效力说较为妥当。最高人民法院《关于审理买卖合同纠纷案件适用法律问题的解释》第 35 条规定了取回权。

按照上述司法解释规定，具有以下取回权行使条件之一的，当事人可以行使取回权：不依约定偿还价款；不依约定完成特定条件；将标的物出卖、出质或者为其他不当处分。

如果取回的标的物的价值显著减少，出卖人可以要求买受人赔偿损失。损失应当以原物的折旧等标准，进行计算。对于出卖人的这种请求，人民法院应当予以支持。

限制取回权行使的条件有两个：其一，前述取回权的第一个要件，并非只要是不依约定偿还价款就可以行使。依照最高人民法院《关于审理买卖合同纠纷案件适用法律问题的解释》第 36 条第 1 款规定，买受人已经支付标的物总价款的 75%以上的，出卖人不得再行使取回权。其二，前述取回权的第三个要件，即将标的物出卖、出质或者为其他不当处分的，如果符合我国《物权法》第 106 条规定，构成善意取得，出卖人不得再行使取回权。前述司法解释第 36 条第 2 款对此也作出了规定。

（2）买受人的回赎权。

出卖人行使取回权之后，并未当然发生合同解除的法律后果，买受人可以在当事人双方约定或出卖人指定的回赎期内，或者履行价金的偿付义务，或者完成特定条件，或者停止对标的物的处分，其可以重新占有标的物，回到双方当事人

的交易上来。出卖人应当返还取回的标的物,交易重新进行。最高人民法院《关于审理买卖合同纠纷案件适用法律问题的解释》第 37 条第 1 款规定:"出卖人取回标的物后,买受人在双方约定的或者出卖人指定的回赎期间内,消除出卖人取回标的物的事由,主张回赎标的物的,人民法院应予支持。"

如果买受人在回赎期间内没有回赎标的物,则出卖人可以另行出卖标的物。买受人无权阻止出卖人出卖该标的物。

出卖人另行出卖标的物,应当按照下列方法处理:第一,用出卖所得价款依次扣除取回和保管费用、再交易费用、利息、未清偿的价金;第二,仍有剩余的,应返还原买受人;第三,如有不足,出卖人要求原买受人清偿的,应当予以清偿,但原买受人有证据证明出卖人另行出卖的价格明显低于市场价格的除外。

(3) 买受人的期待权。

买受人的期待权,是指买受人在未取得出卖标的物的所有权前,享有期待实现买卖标的物所有权的权利。因此,期待权是在具备取得权利的要件时受到法律保护的、具有权利性质的一种法律地位。

法律对买受人的期待权予以保护,表现在三个方面:第一,买受人完成了约定的条件,就享有取得标的物所有权的权利,任何人不得剥夺这一权利;第二,在经过登记的所有权保留买卖中,买受人期待权具有对抗第三人的效力,出卖人将标的物让与第三人的行为,并不妨碍买受人于条件完成时取得标的物所有权,造成损失的,出卖人承担赔偿责任;第三,当第三人非法侵夺买受人占有的标的物或者第三人的侵害致标的物毁损或者灭失的,买受人可以基于其从所有权保留买卖合同中取得的直接占有人的身份,请求侵权人承担侵权民事责任。

3. 当事人破产

在所有权保留中,买受人在价金没有全部清偿之前,出卖人破产的,不应将标的物作为出卖人的破产财产,破产管理人不得主张取回标的物,买受人一旦依约完成约定条件,即取得标的物的所有权;破产管理人只能将出卖人已经得到的价金以及买受人没有清偿的价金作为破产债权,列入破产财产范围。

在所有权保留中,买受人在价金没有全部清偿之前破产的,分为两种情形:第一,买受人决定继续履行合同,未到期的价款应当视为已经到期,买受人一经给付,即应扣除期限利益,买受人取得所有权。第二,买受人拒绝履行合同或者解除合同的,出卖人有权取回标的物,并就此所造成的损失请求买受人予以赔偿,该损害赔偿义务属于破产债务。无论出现何种情形,买受人破产,该买卖标的物都不得作为其破产财产。

三、让与担保

（一）让与担保概述

让与担保是指债务人或者第三人为担保债务人的债务，将担保标的物的所有权等权利转移于债权人，债务清偿后，担保标的物应返还于债务人或者第三人，债务不履行时，担保人得就该标的物优先受偿的担保物权。例如，夏某是65岁老人，有一套自有房屋，无其他经济收入，经与信用社协商，签订了夏某将该房屋所有权转移给信用社，信用社将在20年内每月向夏某贷款1000元人民币的借款合同。随后，夏某将房屋所有权过户登记给信用社，信用社按照约定向夏某贷款。这是典型的让与担保。

在让与担保中，提供担保物的一方当事人为设定人，接受让与担保权利的债权人为担保权人，设定让与担保的财产为担保物。

（二）让与担保的设定

1. 可以设定让与担保的标的物

让与担保是将财产或者财产权利转移于债权人以担保债权的清偿的担保物权制度，由它的性质所决定，让与担保的标的物仅以具有可转让性的特征为已足，因此，让与担保的标的物的范围很广，是一切可以依法转让的财产和财产权利。不具有可转让性的财产或者财产权利不能作为让与担保标的物。

下列财产可以设定让与担保：(1) 设定人的动产、不动产；(2) 设定人的用益物权；(3) 设定人依法拥有的汇票、支票、本票、债券、存款单、仓单、提单，依法可以转让的股权、股票，依法可以转让的知识产权中的财产权利；(4) 计算机软件的财产权等。

2. 让与担保的设定方法

设定让与担保，应当采用法律行为的方式为之，即通过订立让与担保合同的方式，确定让与担保的法律关系。债权人依照法律行为取得让与担保权，就应当与让与担保标的物或者权利的所有人、权利人订立书面让与担保合同，确立债权人与设定人之间让与担保的权利和义务。

让与担保合同应当具有以下内容：(1) 让与担保的当事人，包括让与担保设定人，取得让与担保的担保权人的姓名或者名称以及住所；(2) 被担保债权的种类、性质、数额；(3) 担保标的物（或者权利）的名称、种类、数量、状况和处所等；(4) 担保标的物（或者权利）的评价；(5) 担保标的物（或者权利）的占有、管领、收益以及有关费用的负担；(6) 让与担保权的期限；(7) 让与担保权的消灭条件；(8) 当事人解决争议的方式；(9) 双方当事人约定的其他事项。

让与担保是以转移担保标的物的权利于债权人的方式实现对债权担保的职能的，因此，让与担保的设定人应当转移担保标的物的财产权给债权人，否则不发生让与担保的效力。

让与担保以转移担保物的所有权等权利为担保手段,因此,让与担保合同成立生效后,应当将担保物的所有权或者其他权利的变动进行公示。按照我国《民法通则》第 72 条和《物权法》第 6 条规定,设定让与担保的标的物是动产的,应当以交付为所有权转移的标志。设定让与担保的标的物为不动产的,应当以登记为所有权变动的标志,因此,必须对不动产设定的让与担保进行物权登记。具体要求是:(1)以动产为担保标的物设定让与担保的,应以占有改定的方式移转财产所有权。这样,在以动产作为让与担保标的物时,作为担保物的动产仍然由设定人占有,担保权人则对标的物实行间接占有,所有权的转移方式是占有改定。但是,如果以船舶、民用航空器的所有权设定让与担保的,应当办理让与担保的标的物所有权的转移登记;未经登记的,不能对抗第三人。(2)以不动产为担保标的物设定让与担保的,担保权人和设定人应就标的物所有权的转移进行登记,让与担保自担保物的所有权转移登记之时起发生效力。登记应当办理以下事项:一是设定人和担保权人的姓名(名称)和住所;二是担保物的性质、种类、状况、所有权的权属;三是所担保的债权额、利息率、受偿期限;四是所有权转移登记的申请日期和登记日期等。(3)以权利设定让与担保的,应依照各种权利的转让方式完成权利的让与。如果有权利证书,则应当将权利证书交付担保权人占有。以票据设定让与担保的,应当通过背书转让的方式交付于担保权人占有;以股票等证券设定让与担保的,应当将股票等证券交付担保权人占有。

(三)让与担保的效力

1. 让与担保所担保的债权范围和标的范围

让与担保设定之后,不论担保物是否由设定人占有,其所有权都移转于担保权人,发生让与担保的效力。其基本效力,就是担保债务的清偿,保证债权实现。

让与担保所担保的债权范围,首先是原始债权及其利息,对所担保的债权及其利息进行担保。其次,让与担保的效力还包括与原始债权相关的内容,如果当事人没有明确约定,则让与担保对于原始债权行使不能所发生的损害赔偿请求权、担保权人行使担保物所有权的费用,都发生效力,都在担保的范围之内。

让与担保的效力及于担保物以及担保物的从物和孳息以及其他利益。

(1)让与担保的效力及于担保物本身。

让与担保让渡的是担保物的所有权和其他财产的财产权,对于担保物本身必然受其效力所支配,担保物的所有权已经转移到担保权人所享有,而担保人则不再享有担保物的所有权或者其他权利。

(2)让与担保的效力及于担保物的从物。

依照"从随主"原则,从物和从权利随主物和主权利的变动而变动。担保物为主物并附有从物的时候,除非设定人和担保权人另有约定,否则从物随主物的所有权转移而转移于担保权人,属于被担保债权受偿的标的物。但是,如果让与担保设定后,在设定人占有担保物期间,设定人又取得了具有担保物从物性质的物,其不构成担保物的从物,不能为担保权人所有,不属于让与担保效力范围。

(3) 让与担保的效力及于担保物所产生的孳息。

这种孳息包括天然孳息和法定孳息。这是因为,担保物的所有权已经归属于担保权人,担保物所产生的孳息当然属于担保权人,同属于担保标的物的范围。

(4) 让与担保的效力及于担保物的代位物。

在让与担保之中,担保物的所有权已经转移为担保权人所有,那么,担保物在担保期间所受到的损失,应当是担保权人的损失。在此期间,因担保物的灭失、毁损、被征收等所取得的保险金、赔偿金或者补偿金,构成担保物的代位物,受到担保效力的支配。

2. 担保物的利用和保管

在让与担保期间,担保物的利用应当依照让与担保当事人的意思表示确定,有约定的依照约定办理;没有约定的,准许设定人利用,利用也不需要支付费用。这是因为,让与担保的目的在于以转移担保物的所有权担保债权的受偿,并不在意于担保物的利用,因而不是用益物权。且让与担保不以担保权人占有担保物为前提,原则上是由设定人占有、利用。因此,如果当事人对此没有明确约定,应当确定设定人对担保物为有权利用。设定人利用担保物,不必向担保权人即担保物的所有权人负担费用;如果特别约定要付费用的,依照约定。

对担保物的保管,由双方当事人约定。没有约定的,按照担保物由谁占有来确定:由设定人占有的,设定人负有保管责任;由担保权人占有的,担保权人负有保管责任。

违反保管义务造成担保物损害的,应当向对方承担赔偿责任。设定人损害的,损害赔偿的范围以所担保的债权为限;担保权人损害的,赔偿范围以物的损失为准。

3. 设定人的返还请求权

让与担保的目的在于担保债权。当债务人的债务已届清偿期,债务人已经清偿债务时,让与担保的作用已经完成,没有继续存在的必要,担保权人应当将担保物的所有权以及其他权利返还设定人。对此,设定人可以请求返还担保物的所有权及其他权利,恢复自己对担保物或者权利的支配。

4. 让与担保与第三人和担保权人以及设定人的债权人的关系

在债权的清偿期届至前,让与担保的标的物系由担保权人处分时,担保权人在法律上因系所有权人,所以无论标的物是动产或者不动产,第三人是善意或者恶意,第三人均取得所有权。担保权人就该标的物设定物权的,也适用同样的规则。

让与担保成立后,标的物所有权已转移于担保权人,设定人已无处分权,尤其是标的物是不动产时,因登记上的所有人是担保权人,所以事实上不可能发生由设定人处分,而由第三人取得所有权或者他物权。如果担保物是动产,假如设定人予以处分,第三人为善意取得的,第三人即可取得担保物的所有权或者其他权利。

担保权人的债权人对标的物声请强制执行时,因该标的物在法律上系担保物,设定人无法对第三人提出强制执行的异议之诉,故对其诉求无法支持。

担保权人破产时,担保权人的财产成为破产财产,担保标的物在法律上属于担保权人所有,对此,设定人并无取回权。

设定人的债权人对担保物申请强制执行的,如果是不动产,由于登记上的所有人为担保权人,所以设定人的债权人对该不动产不得申请强制执行。如果担保物是动产,且在设定人占有中时,设定人的债权人可以申请强制执行。这时,担保权人为法律上的所有人,可以本于所有权而提出第三人异议之诉。

设定人破产,如果担保物在其占有中,担保权人可以行使取回权。

（四）让与担保的实行和消灭

1. 让与担保的实行

债务人在被担保的债务已届清偿期而没有清偿债务时,担保权人可以实行让与担保权,以取得标的物的交换价值而实现其债权。具体的实行方式有两种：

（1）变价担保物受偿。这是指担保权人将担保物出售取得担保物的价金,以其价金清偿债权。变价一般应当采用拍卖方式,也可以采用变卖的方式,但不得损害设定人和其他利害关系人的利益。这种方法也被称为处分清算型方法。

（2）估价取得担保物。这是指担保权人将担保物以公平的方式进行估价,以其估价额替代变价担保物的金额清偿债权。以估价方式取得担保物,应当清算担保物的价额和债权额；超过债权额的部分,应当返还设定人。以这种方式实行让与担保权的,债权人必须通知设定人,否则不发生债权人确定的取得担保物所有权的效果。双方当事人有明确约定的除外。这种方法也称之为归属清算型方法。

无论采用上述两种方法中的哪一种,担保权人在实行时均负有清算义务。担保物变卖的价金超过担保债权数额的,担保权人就该超过部分的金额应当交还设定人。如果采用的是估价受偿方式,担保物估价所得的价额如果超过担保债权数额的,就该超过部分,担保权人应负给付设定人的义务。

2. 让与担保的消灭

让与担保因下列情形而消灭：（1）让与担保因被担保的债权消灭而消灭。（2）让与担保因担保物所有权及其他权利的消灭而消灭。（3）让与担保因让与担保权的实行而消灭。

【案例讨论】

　　讨论提示：本案的所有权保留的担保物权成立。甲公司同意将买卖标的物进行抵押，其享有的所有权当然要受到设置的抵押权的限制，因此，其抗辩为无理由。

　　讨论问题：1. 对于非典型担保，应当如何适用法律？是否受到物权法定原则的约束？2. 本案应当如何确定抵押权的效力？所有权保留的担保物权对抵押权是否具有对抗效力？

第四编　合同责任

第十一章　合同责任概述

第一节　合同责任的概念与范围

【典型案例】

某周五下午,仇某等4名矿工欲回城里家中与亲人团聚,持前一天预购的该市客运站发售的回城班车客票,赶往车站。车票标明发车时间为该日下午4:00,他们提前15分钟赶到车站,但该班车已于下午3:35提前发车。仇某等找到车站工作人员质问,工作人员回答说,司机今晚有急事,车已发出,没有别的办法。仇某等提出车站另行派车,不然他们就搭出租汽车回城。工作人员称:现在没车可派;你们买一张票8元,四人包一出租车需190元,车站不能同意;只能帮助安排住宿、吃饭,费用自理,签字后可改乘次日班车。仇某等因乘明日班车回城无法按时赶回上班,又耽误假日,故不同意车站一方的意见,遂乘出租车返回城里。嗣后,仇某等持出租车车票到该车站要求赔偿损失,车站以未经车站同意而包出租车为由,拒不赔偿。仇某等4人向法院起诉,要求车站赔偿损失。

一、合同责任的概念和特征

(一)合同责任的概念

合同责任是指合同当事人或者缔约人违反合同义务以及先契约义务、后契约义务时应当承担的法律后果。

合同责任的概念有广义和狭义之分。上述界定的合同责任是广义的合同责任概念。狭义的合同责任概念仅指合同的违约责任。

(二) 合同责任的法律特征

（1）合同责任是违反合同义务的法律后果。

责任是违反义务的法律后果，合同责任是当事人违反合同义务的法律后果。当事人违反的合同义务，既有约定义务也有法定义务。在违约责任中，当事人违反的合同义务主要是约定义务；在其他的合同责任中，特别是违反附随义务引起的合同责任主要是因违反法定义务。

（2）合同责任违反的义务包括先契约义务、后契约义务和合同主义务。

合同责任所违反的合同义务是广义的合同义务，其中主要是作为合同本体的合同主义务；其他的还有先契约义务、后契约义务以及附随义务。违反这些合同义务都发生合同责任。所以，合同责任不仅仅是违约责任，还包括其他合同责任。

（3）合同责任的责任人既有合同当事人也有缔约人。

既然违反的合同义务既包括合同主义务，还包括其他附随义务；既然合同责任不仅仅是违约责任，还包括其他合同责任，因此，承担合同责任的主体就不仅仅是合同当事人，还包括缔结合同的缔约人，以及合同消灭之后的承担后契约义务的后契约义务人。

（4）合同责任既包括约定责任又包括法定责任。

合同责任主要的是约定责任，是当事人在订立合同时约定的违约责任。合同法准许当事人自行约定合同责任，支持对于违约人予以约定的合同责任制裁。合同责任也是法定的责任，具体表现是：一方面，合同法规定违约责任，尽管是任意性法律规范，但如果当事人没有约定违约责任，或者约定的违约责任没有效力，这种法律规定的违约责任就会约束合同当事人；另一方面，有一些合同责任是法律规定的强制性责任，例如，在先契约阶段发生的缔约过失责任、在合同履行中发生的预期违约责任，都是法定合同责任。

二、确定合同责任范围的基础

传统合同法认为合同责任的范围只包括违约责任。这种观点有一定的局限性，我国合同责任范围不仅包括违约责任，而且是一个含义广泛的合同责任体系。

（一）将合同责任界定为违约责任的局限性

按照一般理解，合同责任就是违约责任，不包括其他合同责任形式，或者说其他涉及合同的责任不属于合同责任。这种意见集中反映在我国《民法通则》第6章，其将我国的民事责任界定为两种，即违反合同的民事责任和侵权的民事责任，没有规定其他民事责任。

我国《民法通则》这种意见的不适当，已被司法实践和理论研究所证明。焦点是民事责任除了侵权责任和违约责任以外,还有其他民事责任形态,只规定两种民事责任没有反映我国合同责任的实际状况。

同样,我国《民法通则》将合同责任仅仅规定为违约责任也是不完整的。违约责任仅仅是大陆法系合同法的"合同债权的效力",英美法系合同法的"违约的补救"问题。① 大陆法系民法典都在债法中规定"债的效力",完整规定债的不履行的后果,即债权的效力,其中债权的对内效力,就包括合同不履行的法律后果。② 在英美法系,合同法将当事人违约的法律后果称之为对违约的救济或者对违约的补救,一方当事人违约,另一方当事人可以请求损害赔偿、依约履行、撤销合同、设置禁令等。③ 在俄罗斯联邦《民法典》,则采用我国的习惯,将其称之为"违反债务的责任"。④

(二) 准确理解合同责任范围的基础是对合同概念的界定

将合同责任限定为违约责任,根本原因是对合同概念的理解过窄。我国对于合同概念的理解有以下几种观点:

一种观点认为,合同概念不仅仅包括有效合同,而且包括无效合同。因为无效合同已经具备了双方当事人的合意,双方当事人经过要约和承诺,就他们之间的权利、义务关系达成了协议,因此,不管是否具备合同的有效要件,凡是已经成立的合同,都属于合同的范畴。⑤

另一种观点认为,无效合同因其具有违法性,不属于合同的范畴。在我国,《民法通则》区分"民事法律行为"和"无效民事行为",是将这两种概念严格加以区分的,作为民事行为的典型形式的合同,无效合同和有效合同也应当严格加以区分,因此,无效合同在性质上不是合同,不具有合同所应有的拘束力,而是一个独立的范畴。⑥

这些不同意见的产生,是由于对合同概念的界定标准认识不同。以狭义概念作为标准,按照后一种意见界定合同概念并无不当,应当限定为生效的合同才是真正意义上的合同。但如果按照广义的标准界定合同概念,将合同概念仅仅限定在有效合同上,是不适当的。合同概念不仅应当包括有效合同,而且应当包括无效合同,以及合同缔结前的先契约和合同消灭后的后契约阶段。这就是将有效合同作为合同概念的基干,向前延伸,将合同无效和合同缔结的先契约阶段概括进去;向后延伸,将后契约阶段也视为合同概念,也作为合同的范围。这样,

---

① 参见王利明:《违约责任论》,中国政法大学出版社1996年版,第1页。
② 参见《日本民法典》债编第一章第二节"债权的效力",我国台湾地区"民法"债编第三节"债之效力",以及其他民法典相关的内容。
③ 参见高尔森:《英美合同法纲要》(修订版),南开大学出版社1997年版,第172页。
④ 俄罗斯联邦《民法典》第三编第二十五章。
⑤ 参见杨立新主编:《民事审判诸问题释疑》,吉林人民出版社1992年版,第31页。
⑥ 参见王利明、崔建远:《合同法新论·总则》,中国政法大学出版社1996年版,第242页。

广义的合同概念就是非常宽泛的概念,将整个缔结、成立、生效、履行以及后契约义务的履行过程都包括在内。

对合同概念的两种不同理解是德国法和法国法的基本分歧之一。法国法采用狭义合同概念,认为只有有效成立的合同才是合同,缔结合同的行为不属于合同行为,发生的责任也不是合同责任,而是认定缔约过失责任为侵权责任。德国法认为,缔约人为缔结合同而进行的行为当然是合同行为,应当受合同法的调整,因而合同的缔约阶段以及合同消灭之后的后契约阶段都是合同概念的外延,都属于广义的合同概念。

我国《合同法》对合同概念的理解采用德国法立场,《合同法》就是按照这样的理论基础编制的,其总则部分从第二章开始至第七章,将上述内容规定得清清楚楚,尤其是在缔约、生效和后契约义务的履行上都作了规定。如果不是将合同概念作广义理解而是狭义理解,《合同法》就只能规定合同生效之后到合同履行完毕为止的规则。

只有对合同概念的正确理解,才能准确界定合同责任的范围。

三、合同责任的完整内容

以对合同概念的广义理解为基础来研究我国合同责任的概念,就会发现,将合同责任仅仅限定在违约责任是不正确的。违约责任仅仅建立在狭义合同概念的基础之上,解决的只是合同有效成立之后,债务人不履行合同义务,或者履行合同义务不符合约定,违约一方当事人所应当承担的民事责任,不能包括合同有效成立之前和合同履行之后发生的不履行法定或者约定义务的当事人的民事责任。这些不能被包括进来的合同责任包括缔约过失责任、合同无效责任和后契约责任。

按照这样的认识基础,我国合同责任应当包括以下六种具体形式。

（一）缔约过失责任

将合同责任从合同无效责任再向前延伸,就是缔约过失责任,也称为先契约责任。在合同的订立阶段,缔约当事人违反法定的先契约义务,造成对方当事人的损害,应当承担损害赔偿责任。这是在先契约阶段发生的合同责任。

（二）合同无效责任

将合同概念向前延伸,必然将合同责任的概念向前延伸,合同无效责任也必然作为合同责任的具体形态。合同无效责任是合同责任向前延伸的第一个阶段,从合同生效开始,延伸到合同成立为止。在这一期间发生的合同责任是合同无效责任,即由于合同无效而引发的民事责任。

（三）预期违约责任

预期违约也称作先期违约,原是英美合同法的制度,与大陆法的拒绝履行很相似,是指在合同履行期限到来之前,一方当事人无正当理由而明确肯定地向另一方当事人表示他将不履行合同,包括明示毁约和默示毁约。① 《合同法》第108条完整地规定了预期违约的明示违约和默示违约制度,并且对预期违约作出了准确界定。预期违约作为合同责任中的一种具体形态,在我国合同责任体系中具有重要地位。

(四) 实际违约责任

这是合同责任的基干形态,是合同责任的基本形态,是债务人不履行或者不适当履行合同债务所承担的民事责任。对于这种合同责任,《合同法》第七章作了详细规定。实际违约责任是狭义违约责任中的具体形式,是实际违约、预期违约和加害给付三种违约责任形式中的一种。这三种合同责任都是违约责任,但在内容上各不相同,应当分别进行研究,以揭示它们各自不同的特点。

(五) 加害给付责任

这种合同责任也是违约责任,与实际违约责任有所不同。债务人履行债务所交付的标的物存在瑕疵或者缺陷,造成债权人履行利益之外的人身或者财产损害的,债务人应当向债权人承担的赔偿责任,就是加害给付责任。它是违约责任的一个特别形式。《合同法》草案的第四次审议稿第112条第2款曾经规定:"质量不符合约定,造成其他损失的,可以请求赔偿损失。"这就是加害给付责任。在《合同法》最后通过时,将加害给付的内容删除,有人据此认为我国《合同法》不承认加害给付责任。

这种理解是不正确的。理由是:第一,加害给付是违约责任的特殊表现形式,尽管《合同法》对此没有明文规定,但由于加害给付是违约责任的形式之一,为民法所确认,即使不加以规定,它也包括在违约责任之中。第二,《合同法》第122条规定:"因当事人一方的违约行为,侵害对方人身、财产权益的,受损害方有权选择依照本法要求其承担违约责任或者依照其他法律要求其承担侵权责任。"这一条文规定的是责任竞合,但在该条文中所包含的主要含义却是加害给付责任,因为在合同领域中,最常见、最主要的侵害对方人身、财产权益的行为就是加害给付行为。可以肯定,《合同法》是确认加害给付责任的。加害给付是合同责任的一种具体类型。

(六) 后契约责任

后契约责任也是合同责任。《合同法》第92条规定了合同当事人的后契约义务,没有规定相应的违反后契约义务的责任。但不应当据此得出我国合同责任不包括后契约责任的结论。其理由是:第一,规定义务就意味着责任,由于义务的不履行必然发生责任,即使在后契约义务的规定中没有规定其责任,也应当

---

① 参见王利明:《民商法研究》(第2辑),法律出版社1999年版,第499页。

理解后契约义务的不履行必然发生后契约责任。第二,《合同法》将后契约义务规定在第六章,在接下来的第七章规定了"违约责任"条款,应当理解对违反后契约义务的行为适用违约责任的条文规定。将后契约责任作为我国合同责任的一个组成部分,是有充分理由的,其责任确定的法律就是违约责任的法律规定。最高人民法院《关于适用〈中华人民共和国合同法〉若干问题的解释(二)》第22条关于"当事人一方违反合同法第92条规定的义务,给对方当事人造成损失,对方当事人请求赔偿实际损失的,人民法院应当支持"的规定,就是确认后契约责任的依据。

【案例讨论】

讨论提示:车站出售车票给乘客后,却提前发车,又不作任何通知,当然构成违约责任。仇某等4人搭乘出租车回家,是对违约行为造成损害的合理救济办法。

讨论问题:1. 本案的车站作为违约方,承担的是何种违约责任?2. 如何理解我国合同责任体系?

第二节 合同责任的归责原则

【典型案例】

储户赵某到建行某支行声明银行卡丢失,要求办理卡的挂失手续。当天8时47分,建行为他办理了卡的书面挂失。赵某提出银行卡的密码写在卡面上,想尽快取出卡内存款。建行又于9时4分11秒解除该卡的挂失,在9时06分和9时07分分别进行了密码挂失和卡的书面挂失。手续完成后,建行发现赵某卡内的21万余元存款在解除卡挂失的16秒钟,即9时04分27秒被外地银行划转到他人卡上,存款被冒领。赵某向法院起诉,根据《储蓄管理条例》第31条的规定,储蓄机构办理挂失后,必须立即停止支付储蓄存款,由于建行支行的过错导致自己损失了21万余元,故要求建行赔偿。建行则主张,赵某的卡并非丢失,而是他在赌博时赌输,将银行卡和密码交给了赢家。3月21日办理了卡挂失后,赵又提出密码挂失,银行按照系统设置和操作惯例,先解挂再进行密码和卡的双挂失,本身没有任何过错,存款丢失是基于赵先生自身违法行为造成的。

一、合同责任的归责原则概述

（一）合同责任的归责

合同责任的归责，是指债务人的行为违反约定或者法定义务，致合同债务不能履行，或者造成债权人损害的事实发生以后，应依何种根据使其负责任的过程。此种根据体现了法律的价值判断，即法律应以行为人的过错还是应以已发生的损害结果为价值判断标准，而使债务人承担合同责任。

归责这个概念包含以下三层意义：

（1）归责的根本含义是确定责任的归属。

归责的根本含义是决定违反约定或者法定义务的行为产生的责任的归属。违反义务的行为实施以后，总要有人承担责任。归责，就是将该行为所造成的后果归于对此后果负有责任的人来承担。没有归责的过程，违反约定或者法定义务所造成的后果就没有人来承担，合同债权不能实现的后果就没有办法得到救济。

（2）归责的核心是标准问题。

归责的核心，是决定何人对违反约定或者法定义务行为的结果承担责任时所应依据的标准，这种标准是某种特定的法律价值判断因素。确定合同责任的归属必须有统一的标准和根据，因而使在合同责任的归属上实现民法的公平、正义原则。合同责任归属的标准和依据是法律所确认的法律价值判断因素。

（3）归责与责任的区别。

归责是一个过程，而责任则是归责的结果。如果将违反义务行为的后果作为起点，将责任作为终点，归责就是连接这两个点的过程。归责是一个复杂的责任判断过程，是归责的结果。当违反义务的行为发生以后，责任并非自然发生，必须有一个确定责任的过程。责任的成立与否，取决于违反义务行为人的行为及其后果是否符合责任构成要件，而归责只是为责任是否成立寻求根据，并不以责任的成立为最终目的。

（二）合同责任归责原则的概念

合同责任归责原则，是指确定违反约定义务和法定义务的行为人承担合同责任的一般准则，是在违反约定或者法定义务的事实已经发生的情况下，为确定责任人对自己的行为所造成的后果是否需要承担合同责任的原则。

二、对合同责任归责原则的不同主张

理论和实务对我国合同责任归责原则的认识不一致，对同一种合同责任究竟适用何种归责原则也有不同看法。

(一) 我国《合同法》公布实施以前的主要观点

1. 以过错推定原则归责的一元论观点

这种观点认为,合同责任的归责原则就是过错责任原则,所有的合同责任都适用过错责任原则,没有其他的归责原则。债务人对于债务的不履行有过错,是确定合同责任的要件之一。债务人的不履行或者迟延履行如果不是由债务人自己的过错造成的,则不承担责任。① 由于合同责任的特殊性,合同责任的一元化归责原则,即过错责任原则,是过错推定原则。②

2. 以无过错责任原则归责的一元论

这种观点认为,合同责任应当采取客观归责原则,而不是过错责任原则,因而过错不是合同责任的构成要件。客观归责原则就是无过错责任原则。只要债务人违反合同约定的义务,无论其在主观上有无过错,都应当承担民事责任。③

3. 过错责任原则和无过错责任原则并存的二元论

这种观点认为,合同责任的归责原则应当是二元化,而不是单一的归责原则。单一的归责原则,无论是过错责任原则还是无过错责任原则,都不能适应合同责任的负载情况。二元的合同责任归责原则是过错责任原则和无过错责任原则并立的两个归责原则,我国《合同法》确立了并存过错责任原则和无过错责任原则的双轨制归责原则体系。④

在以前的司法实践中,过错推定原则为合同责任的归责原则是通说。

上述关于合同责任归责原则的情形说的是违约责任,并不包括其他合同责任。在包括缔约过失责任等其他合同责任的情况下,合同责任的归责原则的情形更为复杂。

(二) 我国《合同法》实施后对我国合同责任归责原则的影响

1. 合同责任统一严格责任说

我国《合同法》公布以后,学界对《合同法》规定的是什么样的归责原则,几乎众口一词,认为《合同法》规定的是无过错责任原则即严格责任,并且将严格责任作为《合同法》的基本特点之一作广泛介绍。这种观点认为,违约责任是由合同义务转化而来的,本质上出于当事人双方的约定,法律确认合同具有拘束力,在一方不履行时追究违约责任,不过是执行当事人的意愿和约定而已。因此,违约责任与一般侵权责任比较,应该更严格。易言之,违约责任出于当事人自己的约定,这就使违约责任具有了充分的说理性和说服力,此外无须再要求使

---

① 参见谢邦宇:《民事责任》,法律出版社 1991 年版,第 107 页。
② 参见王家福:《合同法》,中国社会科学出版社 1986 年版,第 481 页。
③ 参见今晓:《"过错"并非违约责任的要件》,载《法学》1987 年第 3 期。
④ 参见崔建远:《合同责任研究》,吉林大学出版社 1992 年版,第 73 页。

违约责任具有合理性和说服力的其他理由。① 因此,《合同法》规定的就是绝对的无过错责任原则。②

2. 合同责任实行有主有从的归责原则体系

这种观点认为,在合同责任中,单一的归责原则是不适当的,应当在一种归责原则作为主要归责原则的前提下,还要有补充性的归责原则,以适应合同责任的不同情况。一种意见认为合同责任归责原则以过错责任原则为主,以无过错责任原则为辅③;另一种意见认为以无过错责任原则为主,以过错责任原则为辅④。虽然有些合同责任适用过错责任,却不应以之为与严格责任原则相并列的的过错责任原则。⑤ 即使是主张实行严格责任原则的学者也认为,在实质上,严格责任和过错推定责任的差别也不是那么大,严格责任并不等于绝对的无过错责任。⑥

3. 法律规定严格责任但过错责任原则更合于中国的实际情况

有些学者对我国《合同法》第107条规定合同责任为严格责任表示质疑,认为实行单一的严格责任调整合同责任难免导致合同法内部体系的矛盾,法官和民众也难以接受,因而应当考虑对严格责任的规定慎重适用,终究要以过错责任原则作为主要的归责原则,调整合同责任的归属问题。⑦

4. 合同责任原则三元论

有的学者认为,我国合同法的归责原则体系是由严格责任和过错责任原则构成的,仅在例外情况下实行绝对责任。所谓严格责任,是指无论违约方主观上有无过错,只要其不履行合同债务给对方当事人造成了损害,就应当承担合同责任。⑧ 绝对责任,是依据当事人的特别约定以及法律在例外情况下的特殊规定,债务人也需要对事变负责,这就是所谓的例外情况下的无过错责任,适用于金钱债务的迟延责任、迟延履行期间的责任、对第三人的严格责任,以及关于旅客运输合同中的严格责任。⑨

---

① 张广兴、韩世远:《合同法总则》(下),法律出版社1999年版,第86—87页。
② 刘景一:《合同法新论》,人民法院出版社1999年版,第468页。
③ 参见河山、肖水:《合同法概要》,法律出版社1999年版,第127页。
④ 房维廉主编:《中华人民共和国合同法实用讲座》,中国人民公安大学出版社1999年版,第161—163页。
⑤ 韩世远:《合同法总论》(第三版),法律出版社2011年版,第23页。
⑥ 张广兴、韩世远:《合同法总则》(下),法律出版社1999年版,第87页。
⑦ 崔建远主编:《新合同法原理与案例评释》,吉林大学出版社1999年版,第499—501页。
⑧ 王利明:《合同法研究》(修订版第二卷),中国人民大学出版社2011年版,第435页。
⑨ 同上书,第446—448页。

三、国外合同责任的归责原则

(一) 大陆法系

在大陆法系,一般认为合同法的归责原则是过错责任原则。这是自法国《民法典》就确立的原则。

1. 法国法

法国《民法典》第1147条规定:"凡债务人不能证明其不履行债务系出于不应归其个人负责的外在原因时,即使在其个人方面并无恶意,债务人对于其不履行或者迟延履行债务,如有必要,应支付损害赔偿。"法国学者认为,就强迫债务人补偿其行为所造成的损害这一点而言,合同责任的效果与侵权行为引起的效果并无不同。事实上,合同责任与侵权责任是同一制度(即当事人应为其过错承担责任)中的两个组成部分,二者的不同之处仅在于对过错的评断,在合同责任中当事人的过错表现为当事人基于故意或者过失而违反合同的规定;而在侵权责任中,当事人的一切行为均可作为其承担责任的根据。归结到一点,就是合同责任与侵权责任在性质上具有一致性,但基于对当事人过错评断的不同方式,二者在制度上存在区别。①

2. 德国法

德国《民法典》第275条规定:"债务人除另有规定外,对故意或过失应负责任。"这一规定的实质是对违约的合同责任实行过错责任原则,违反合同约定的,由具有过错的债务人承担违约责任。

3. 意大利法

意大利《民法典》第1218条规定:"如果债务人不能证明债的不履行或者迟延履行是因不可归责于他的给付不能所导致,则未正确履行应当给付义务的债务人要承担损害赔偿责任。"所谓的"因不可归责于他的给付不能所导致"的不履行或者迟延履行,正是指的过失。意大利民法实行的违约责任也是过错责任原则。

大陆法系对合同责任坚持过错责任原则的同时,并不绝对排斥严格责任。相反,在金钱债务到期未履行,债务人无能力转移种类物,承运人对旅客受到人身伤害的责任等情况下,无论债务人是否具有过错,均应承担民事责任。② 所以大陆法系承认在过错责任原则作为一般的合同法归责原则的前提下,有条件地适用无过错责任原则。

(二) 英美法系

英美法系坚持合同责任为严格责任。因此,英美合同法对履行合同中的过

---

① 尹田编著:《法国现代合同法》,法律出版社1995年版,第286—287页。
② 参见王利明、崔建远:《合同法新论·总则》,中国政法大学出版社1997年版,第48—49页。

错并不重视,正象英格兰的一位法官所说的那样:"因违约引起的损害赔偿责任的请求不考虑过错,一般来说,被告未能履行其注意义务是无关紧要的,被告也不能以其尽到注意义务作为其抗辩理由。"① 英国学者认为:"合同应当严格遵行,没有过错并不能成为抗辩的理由。很自然的,在请求因违约造成的损失赔偿时,被告违约的原因是无关紧要的。"② 美国《合同法重述》第2版第260(2)条规定:"如果合同的履行义务已经到期,任何不履行都构成违约。"可见,英美合同法的严格责任是不可动摇的,是一般的归责原则。

但英美法并不是完全排斥过错责任原则的适用。在迟延履行中,英美法规定过错应作为归责事由,在该种合同责任的归责中,英美法常常将过错作为确定违约的重要因素。自1863年以来,英美法在强调合同义务的绝对性的同时,也注意到故意和过失对责任的影响,提出由于无法抗拒的外来事由,且当事人亦无故意或过失致使契约不能履行时,契约应当终止,而当事人的权利义务亦告免除。③

(三) 评价

大陆法系合同法通行的归责原则是过错推定原则,这就是在违约责任或者其他合同责任中,债务人违约,包括造成对方当事人的损害,首先从违约事实以及损害事实中推定违约一方当事人在主观上有过错。如果对方当事人认为自己没有过错,则自己承担举证责任,证明自己没有过错。证明成立则可以免除自己的责任,证明不足或者证明不能则推定其构成违约责任(包括损害赔偿责任)或者其他责任。

英美法系合同法实行严格责任,但这种严格责任并不完全排斥过错问题,例如,在合同落空等情况下,合同当事人可以解除履约的义务,免负违约责任。这正是对违约人主观上无过错的考虑。④

尽管大陆法系和英美法系的合同法在这个问题上存在着这些差异,但是学者指出,两大法系在违约责任构成要件上的不同立场,可以表述为:大陆法——有过错的违约才有责任;英美法——违约即有责任,除非存在免责事由。因而,两大法系在这个问题上并没有根本的冲突,主要是表述方式不同而已,⑤ 并无孰优孰劣之分,只是在依据本国的法律文化和法律传统的基础上如何选择对法律适用更为有利。正如学者所说,两大法系合同法的归责原则是"不同的起点,相

---

① *Rainer v. Mils* (1981) A. c. 1050. 1086.
② 〔英〕P. S. 阿狄亚:《合同法导论》,赵旭东等译,法律出版社2002年版,第222页。
③ 参见王利明、崔建远:《合同法新论·总则》,中国政法大学出版社1997年版,第52页。
④ 崔建远:《新合同法原理与案例评释》(上),吉林大学出版社1999年版,第498—499页。
⑤ 苏惠祥主编:《中国当代合同法》,吉林大学出版社1992年版,第293页。

似的终点"。①

正因为如此,选择我国合同责任的归责原则,更主要的是要考虑我国法律文化和法律传统,以及我国民事司法的习惯。在这样的基础上,才能正确确定我国的合同责任归责原则。

四、对我国《合同法》关于归责原则规定的分析

（一）我国《合同法》规定的合同责任是一个制度体系

我国《合同法》规定的合同责任并不是单纯的违约责任,而是一个宽泛的法律概念。首先,《合同法》将合同责任以违约责任作为基点,向前延伸,将先契约阶段的缔约过失责任概括进合同责任之中,又将合同无效的责任继续保留在合同责任的概念之中。其次,《合同法》在合同责任的核心形式即违约责任中,又加进了预期违约和加害给付的责任。这样在《合同法》中规定的违约责任,就包括实际违约、预期违约和加害给付三种责任。最后,《合同法》将合同责任的概念向后延伸,把后契约责任纳入合同的概念之中。

将这些合同责任加在一起,我国的合同责任有六种,并非仅仅一种违约责任制度,而是一个合同责任体系。

（二）六种合同责任并非通行单一的归责原则

在我国《合同法》规定的六种责任中,并不是都实行单一的归责原则,而是适用不同的归责原则。

缔约过失责任、合同无效责任和后契约责任适用过错责任原则或者过错推定责任原则。在《合同法》第42条规定缔约过失责任时,使用了"恶意"、"故意隐瞒"、"违背诚实信用原则"的表述,其含义是要求承担缔约过失责任的当事人应当具备故意或者过失的主观要件。这正与缔约过失责任中的"过失"二字相吻合,缔约过失责任是过错责任。《合同法》第58条后段规定合同无效的损害赔偿责任,明确规定"有过错的一方应当赔偿对方因此所受到的损失,双方都有过错的,应当各自承担相应的责任",明白无误地将合同无效的损害赔偿责任规定为过错责任,适用过错责任原则。对后契约责任,《合同法》没有作具体规定,但是与缔约过失责任和合同无效的损害赔偿责任相对应,其适用过错责任原则是理所当然的。

加害给付责任应当适用过错责任原则。按照德国判例和学说的观点来看,债务不履行的过错,原则上对积极侵害债权(即加害给付)是适用的。在我国,加害给付责任应以债务人具有过错为要件。债务人作出不适当履行行为并造成债权人履行利益以外的其他利益的损害,就表明债务人是有过错的。换言之,如

---

① 韩世远:《合同法总论》(第三版),法律出版社2011年版,第593页。

果是债务人不能证明损害后果是因为不可抗力或其他法定事由所致,则应推定债务人具有过错。① 确定加害给付责任的归责原则为过错责任原则,是妥当的。

预期违约责任应当适用过错责任原则。《合同法》第 108 条明确规定"当事人一方明确表示"、"以自己的行为表明"对合同义务不再履行。"明确表示"和"行为表明",都说明必须是在主观上的故意所为,可以确定立法者关于预期违约责任主观要件的要求是故意,"明知"是必要要件。

在实际违约责任中,如果仅仅适用无过错责任原则,也不是一个最佳的选择。违约责任是一个很广泛的概念,不仅仅是赔偿问题,还有继续履行、采取补救措施、给付违约金等违约责任形式。在后三种违约责任方式上,适用无过错责任原则是正确的,只要债务人违反约定不履行或者不适当履行,无论有无过错都应当承担责任。如果将违约责任中的损害赔偿也适用严格责任,则与立法意旨相悖。《合同法》第 113 条第 2 款规定商业欺诈行为的惩罚性赔偿中所要求的"欺诈",是以故意为构成要件,不能以无过错责任原则为归责原则。在构成损害赔偿责任的要件中,传统民法要求的都是过错责任原则。即使在当代,对违约损害赔偿适用过错责任原则归责也没有对债权人保护不周的问题。对《合同法》第 120 条规定的与有过失,如果不适用过错责任原则,将无法确定双方当事人各自的责任。因此,尽管《合同法》第 112 条规定违约责任的条文中没有写明"过错",仍应当确认违约责任中的损害赔偿责任的归责原则是过错推定原则。可见,《合同法》对违约责任的规定并非都采用严格责任归责。

(三) 在同一个合同责任中不一定只适用单一归责原则

在我国《合同法》规定的六种合同责任制度中,有的合同责任不一定只适用单一归责原则,而是适用不同的归责原则。

在合同无效责任中,按照《合同法》第 58 条关于"合同无效或者被撤销后,因该合同取得的财产,应当予以返还;不能返还或者没有必要返还的,应当折价补偿。有过错的一方应当赔偿对方因此所受到的损失,双方都有过错的,应当各自承担相应的责任"的规定,前一句并没有强调过错,可以认为,无效合同责任中的返还财产、折价补偿责任适用无过错责任原则。后一句强调的显然是过错责任原则。可见,无效合同责任适用两个归责原则,一是过错责任原则,二是无过错责任原则,分别调整不同的合同责任,即过错责任原则调整无效合同责任的赔偿责任,无过错责任原则调整合同无效的返还财产和折价补偿责任。

在实际违约责任中,也不能简单地适用单一的无过错责任原则。按照《合同法》第 107 条关于"当事人一方不履行合同义务或者履行义务不符合约定的,应当承担继续履行、采取补救措施或者赔偿损失等违约责任"的规定,似乎在违

---

① 参见王利明:《民商法研究》(第 2 辑),法律出版社 1999 年版,第 541 页。

约责任中只规定了无过错责任原则为统一的归责原则。但事实并非如此。首先,《合同法》第 113 条第 2 款关于"经营者对消费者提供商品或者服务有欺诈行为的,应当依照《中华人民共和国消费者权益保护法》的规定承担损害赔偿责任"的规定中,明文规定服务欺诈和商品欺诈的惩罚性赔偿责任适用过错责任原则。其次,在实际违约的损害赔偿责任中,适用无过错责任原则不符合损害赔偿的宗旨。损害赔偿的基本宗旨是将损失归咎于有过错的一方当事人。如果不讲过错,有损失就予以赔偿,将使现代的损害赔偿制度落入原始的"加害原则"的旧巢。更重要的是,如果在违约损害赔偿中仅仅适用无过错责任原则,不适用过错推定原则,那么将无法处理违约损害赔偿中的与有过失的责任归属。《合同法》第 119 条规定:"当事人一方违约后,对方应当采取适当措施防止损失的扩大;没有采取适当措施致使损失扩大的,不得就扩大的损失要求赔偿。"这里体现的,就是有过错的受害人不得就其过错所造成的损害要求赔偿。如果在违约损害赔偿中不适用过错责任原则,就无法处理这样的问题。

我国《合同法》分则在违约责任的具体规定中,更不能将严格责任的规定贯彻始终。下面是其中的主要规定:

1. 赠与合同等的过错责任

强调因一方故意或者重大过失造成对方损害的,违约方应当承担损害赔偿责任。《合同法》第 189 条和第 191 条规定的赠与合同、第 374 条规定的无偿保管合同、第 406 条规定的无偿委托合同由于违约发生的损害赔偿责任,都强调因故意或者重大过失造成对方损害的,才应当承担损害赔偿责任。这样的规定是强调应当实行过错责任原则,即受害人举证证明违约人的故意或者重大过失,才能构成这种损害赔偿责任。

2. 货物托运合同等的过错责任

规定一方具有过错造成对方损害的,违约方应当承担损害赔偿责任。《合同法》第 303 条规定,在旅客运输合同中,对旅客自带物品的损失,承运人只有在有过错时,才承担损害赔偿责任。《合同法》第 320 条规定,因托运人托运货物时的过错造成多式联运经营人损失的,托运人应承担损害赔偿责任。第 374 条规定,在保管期间,因保管人保管不善造成保管物毁损、灭失的,保管人应当承担赔偿责任,其中的保管不善就是有过错。

3. 运输合同的过错责任

因对方过错造成损失的,违约方不承担赔偿责任。《合同法》第 302 条规定旅客运输合同,旅客伤亡属于自己故意、重大过失造成的,承运人不承担责任。第 311 条规定,因收货人的过错造成托运货物毁损的,承运人不承担赔偿责任。

这些规定都特别强调在具体合同中,在确定违约损害赔偿时,必须坚持以过错作为判断责任的根据,没有过错就没有赔偿责任。这与强调单一严格责任的主张不一致。换言之,单一的严格责任在合同责任中无法贯彻始终。

五、我国合同责任归责原则体系及调整范围

(一)我国合同责任归责原则的体系

在合同法上,过错责任原则不会被无过错责任原则完全取代的原因之一,是分配风险的理念没有全面占据道德伦理统治的领域,区分善恶而决定违约责任的有无,仍然具有合理性和正当性。[①] 我国合同责任的归责原则体系由三个归责原则构成,即过错责任原则、过错推定原则和无过错责任原则。

首先,我国的合同责任归责原则是三元化体系,过错责任原则、过错推定原则和无过错责任原则并存,各自调整不同的合同责任。任何强调合同责任单一归责原则的主张,理由都不充分。

其次,无过错责任原则的存在是客观的、不可否认的,但这个归责原则的调整范围并不如有些学者主张的适用范围那样广泛,不是调整违约责任的唯一归责原则,还有过错推定原则调整的违约损害赔偿责任等情形。所以完全否认过错责任原则对违约责任的调整是不客观的。在某些合同责任中,例如缔约过失责任、预期违约责任等,根本就没有适用严格责任的余地。

最后,过错推定原则也是合同责任的归责原则。在通常的理论中,总是认为合同法的过错责任原则是推定过错责任原则,其实也不尽然。违约损害赔偿责任应当适用过错推定原则;但在缔约过失责任、预期违约责任,尤其是商品欺诈、服务欺诈惩罚性赔偿责任,应当适用过错责任原则,对于违约一方的过错应当由主张权利的人承担举证责任。合同无效的损害赔偿责任,对造成合同无效一方的过错,应当由主张权利的一方举证,如果实行过错推定让被告一方承担举证责任,则对被告一方所加的责任过重,应当实行过错责任原则。对于后契约责任,则应当实行过错推定原则。

(二)不同的归责原则所调整的范围

在我国的合同责任中,三种归责原则调整的内容各不相同:

1. 过错责任原则

过错责任原则调整的范围是:(1)缔约过失责任;(2)合同无效责任中的损害赔偿责任和收归国家集体所有、返还个人责任;(3)预期违约责任;(4)加害给付责任;(5)实际违约责任中的惩罚性赔偿责任。

2. 过错推定原则

过错推定原则调整的范围是:(1)违约损害赔偿责任;(2)后契约责任。适用过错推定原则的合同责任,应当注意其范围限制,同时要注意举证责任的特殊

---

① 崔建远主编:《合同法》(第五版),法律出版社2010年版,第297页。

规则。

3. 无过错责任原则

无过错责任原则调整的范围是:(1) 违约责任中的继续履行责任,采取补救措施责任,以及违约金责任;(2) 合同无效责任中的返还财产和适当补偿责任。对于其他种类的合同责任不能适用严格责任。

(三) 归责原则对举证责任的影响

不同的合同责任实行不同的归责原则,对当事人之间的举证责任不无影响。换言之,合同责任诉讼中举证责任规则随着归责原则的不同而予以变化。

1. 过错责任原则的举证责任

对实行过错责任原则的合同责任纠纷案件实行一般的举证责任,即谁主张谁举证,原告主张权利,原告就要负担举证责任。其举证证明的内容是全部合同责任成立的要件。被告不承担举证责任。

2. 过错推定责任的举证责任

对实行过错推定原则的合同责任纠纷案件实行举证责任倒置。举证责任倒置的不是合同责任成立的全部要件,而仅仅是实行推定的过错要件,过错要件的证明实行举证责任倒置,即从违反义务的行为及合同债权不能实现的事实等要件的存在,推定对方当事人具有过错,然后举证责任倒置,由被告承担自己没有过错的证明责任。举证证明成立的,免除责任;不能证明的,过错推定成立,合同责任成立。其他要件仍然由原告举证。

3. 无过错责任原则的举证责任

实行无过错责任原则的合同责任纠纷案件,责任成立要件的证明责任由原告负担,属于一般的举证责任。如果被告主张自己具有免责事由,则举证责任倒置,由被告负责举证。证明成立的免除责任,不能证明的承担合同责任。

【案例讨论】

讨论提示:赵某将银行卡密码写在卡上,本身就是个错误。对于办理增加密码挂失手续前须先解除挂失的巨大风险,赵某应预见,并采取措施尽力避免。赵某因为自己的重大过失造成自己财产的损失,应自行承担部分后果。建行有义务对持卡人申请增加密码挂失存在的风险进行提示和告知,本案没有证据显示建行已进行告知;原则上挂失生效7日后才能支取现金及更换密码,但建行却在赵先生申请双挂失的情况下解除挂失,操作违反规定,应承担赔偿责任。

讨论问题:1. 合同责任的归责原则有哪些?各自调整何种合同责任? 2. 本案应当适用何种归责原则确定合同责任?应当怎样承担合同责任?

第三节　合同责任的构成要件和抗辩事由

【典型案例】

鹤壁市消费者李某购买了当地某建筑公司出售的一套住房,总价65.78万元。李某交付54.8万元房款,打了10.98万元的欠条,建筑公司出具了财务收据。入住后不久,李某发现房子多处裂缝,获悉这套住房是该公司未经规划部门批准擅自建设的,建委已经发出拆除令,而且整栋楼房的房产证又被该公司抵押给了银行。李某以欺诈销售商品房为由,向法院起诉,请求依据我国《合同法》第113条和《消费者权益保护法》第49条规定,予以双倍赔偿。建筑公司以政府行为属于不可抗力为由,拒绝承担赔偿责任。

一、合同责任构成要件

按照不同的合同责任,分别适用过错责任原则、过错推定原则或者无过错责任原则,合同责任的构成分为共同要件和非共同要件。共同要件是所有的合同责任都必须具备的要件,非共同要件是适用过错责任原则或过错推定原则的合同责任应当具备的要件。

（一）违反约定或法定义务的行为

在各种合同责任的构成中,都必须具备违反约定或者法定义务的行为的要件。这一要件的要求,一是具备行为的要素,二是具备违反约定或者法定义务的要素。

行为不仅仅是"发端于人类思想之身体动静"[①],更重要的,行为是人类或者人类团体受其意志支配,并且以其自身或者其控制、管领下的物件或他人的动作、活动,表现于客观上的作为或者不作为。[②] 行为在合同法领域的表现,是自然人或者法人以及其他组织在合同活动中的作为或者不作为。合同的主体即构成合同责任的人必须是合同当事人,不能是合同关系之外的其他人。只有这些主体违反约定或者违反法定义务的行为,才能构成合同责任的行为。

构成合同责任的行为大多数或者绝大多数是不作为,是按照合同的约定或

---

① 胡长清:《中国民法债编总论》,商务印书馆1946年版,第122页。
② 杨立新:《人身权法论》,中国检察出版社1996年版,第170页。

者法律的规定,负有履行义务的当事人没有履行义务。也有一些当事人采取积极的作为形式,例如缔约过失责任中的故意隐瞒或者恶意磋商行为,就是积极作为的行为。

合同责任须是违反义务的行为。以往过于强调违反合同约定的行为,而忽视违反法定的合同义务的行为,是不正确的。违反合同约定的行为是合同责任行为要件的主流和主体,但违反法定义务的行为也不能忽视。《合同法》的立法者强调合同当事人的法定义务。例如,先契约的法定义务、合同履行中的法定义务以及后契约中的法定义务,都是法律规定的义务。这些法定义务不履行,同样构成合同责任。

(二) 合同债权不能实现或者不能完全实现以及损害事实等后果

将合同责任构成要件的客观后果称之为合同债权不能实现或者不能完全实现以及损害事实等后果,是因为不同的合同责任形态的后果要件各有不同。这里所说的合同债权不能实现或者不能完全实现以及损害事实等后果,包含了合同责任构成中的各种事实。合同责任的客观后果有以下几种。

1. 损害事实

在所有的合同责任中,都有可能造成财产的或者人身的损害后果。合同责任中的损害不同于法国法中的合同损害概念。法国法的合同损害,是指由于合同双方当事人在相互所获利益上的严重不等价,而使一方当事人所遭受的损失。例如买卖合同的出卖物价格太低,出卖人便遭受了合同损害。[1] 可见,合同损害相当于显失公平的概念。而合同责任中的损害事实,是违约人或者缔约人违反约定或者法定义务而给对方当事人所造成的财产损害事实。这种财产损害事实分为三种:

(1) 信赖利益的损失

信赖利益损失是指合同未成立、无效或者可撤销,相对人信赖合同成立或有效,却因为合同未成立或者无效、被撤销的结果所蒙受的利益损失。信赖利益又叫做消极利益或者消极合同利益。信赖利益赔偿的标准是如同合同未曾发生一样,但是其最高赔偿额不得超过预期利益,除非违约方具有欺诈等行为。可以讲,非违约方的全部损失转嫁给违约方也是必要的。[2] 这种利益的损失存在于缔约过失责任和合同无效责任(包括被撤销的合同无效后果)之中。在合同的其他领域中,信赖利益也是存在的。[3] 保护信赖,如同保护人的生命一样具有正当性。[4]

---

[1] 尹田:《法国现代合同法》,法律出版社2009年版,第81页。
[2] 王利明:《合同法研究》(修订版第二卷),中国人民大学出版社2011年版,第647页。
[3] 同上书,第641页。
[4] 马新彦:《信赖原则指导下的规则体系在民法中的定位》,载《中国法学》2011年第6期。

（2）预期利益的损失

预期利益损失也叫做履行利益损失、交易利益损失,是指合同有效成立,但因债务不履行或者不适当履行而发生的,债权人基于合同履行所能获得的财产利益损失。有的学者将预期利益界定为"是指当事人在订立合同时期望从此交易中获得的各种利益和好处"[1],这种说法十分鲜明。预期利益损失是合同责任构成中的消极利益损失,是可得利益的损失。

（3）固有利益的损失

固有利益的损失,是指合同预期利益以外的合同当事人的其他人身和财产利益的损失。这样的损害包括财产利益的损害和人身利益的损害。一般认为,合同责任中的固有利益损失是加害给付责任的损害事实,其实不然。在其他的合同责任中也有这样的损害事实。例如,在高速公路使用中,管理者一方未尽善良管理人的注意,在公路上留有遗失物,致使高速公路上的车辆躲避不及肇事,车毁人亡,既有财产损失,又有人身损害。这是违约损害事实中的典型事例。[2]

财产损害分为直接损失和间接损失。合同责任的损害事实要特别注意间接损失,因为在合同责任中的财产损失大部分是间接损失,即"合同履行后可以获得的利益"的损失。[3] 应当注意的是,实际违约和预期违约责任中的损害事实,主要是履行利益的损失,即债权人在订立合同时所期待的从合同行为中能够得到的利益。

2. 财产被对方当事人占有

财产被对方当事人占有,占有财产的一方丧失了合法占有的依据。在缔约、合同成立但尚未生效以及其他一些合同场合,当事人依据约定可能占有对方的财产。但在合同没有成立,或者合同虽然成立但却被宣告无效或被撤销时,占有对方的财产就成为非法占有。这种占有对于财产所有人而言,也是一种损害事实。

3. 合同债权未能实现或者不能实现之虞

在实际违约责任中,客观后果主要是合同债权不能实现或者不能完全实现,即合同履行期限届至,债务人不履行债务,使债权人期待的履行利益不能实现或者不能完全实现。债权不能实现就是一种财产损失,称之为债权期待利益的财产损失。同样,债权的期待利益不能实现之虞,也是一种合同责任构成后果要件的表现形式之一。

---

[1] 焦津洪:《违约赔偿范围的比较研究》,载《中外法学》1991年第6期。
[2] 关于这样的案例,请参见杨立新:《民法判解研究与适用》(第四辑),人民法院出版社1999年版,第579—580页。
[3] 参见我国《合同法》第113条。

4. 财产利益损失之虞

在预期违约中,客观的损害后果不是期待利益的损失,而是这种财产利益损失之虞。这种损害事实的可能性应当具有高度盖然性,因为明示毁约和默示毁约均已为债务人所确认,只是由于债务履行期限还没有到罢了。

(三) 因果关系

合同责任构成中的因果关系,是指违反义务的行为与损害等后果之间的引起与被引起的客观联系。有因果关系就构成合同责任,没有因果关系就不能构成合同责任。

判断合同责任的因果关系,应当依据相当因果关系理论判断。对此,学者早有论述,应当参照。[①] 这就是在确定行为与结果之间有无因果关系,要依行为时的一般社会经验和智识水平作为判断标准,如果认为该行为有引起该损害结果的可能性,而在事实上该行为又确实引起该损害结果,就应当认为该行为与该损害结果之间具有因果关系。[②]

(四) 过错

在适用无过错责任原则的合同责任中,具备上述三项要件即构成合同责任,行为人应当承担责任。在适用过错责任原则或者过错推定原则的合同责任构成中,除了应当具备上述三项要件以外,还应当具备非共同要件,即过错要件。

在这样的场合,行为人在主观上必须具备故意或者过失的主观要件。故意欺诈、故意隐瞒、故意毁约,以及其他一切故意借合同行为或者违约行为等使对方当事人受到损害,或者使自己得到利益的主观心理,都是合同责任中的故意。违反善良管理人的注意,违反与处理自己的事务为同一的注意,以及违反一般人的注意,都是合同责任中的过失。凡是具有上述故意或者过失的行为人,都具备合同责任构成中的主观要件。

二、合同责任的抗辩事由

(一) 抗辩事由的概念

抗辩事由是指被告针对原告的诉讼请求而提出的证明原告的诉讼请求不成立或不完全成立的事实。在合同法中,抗辩事由是针对承担合同责任的请求而提出来的,所以又称为免责事由。

合同法规定的唯一的抗辩事由就是不可抗力。

(二) 不可抗力的概念和确定

不可抗力是指人力所不可抗拒的力量,包括自然原因如地震、台风、洪水、海

---

① 参见梁慧星:《民法立法学说与判例研究》,中国政法大学出版社1993年版,第270页以下。
② 杨立新:《人身权法论》,中国检察出版社1996年版,第196页。

啸，以及社会原因如战争等。不可抗力独立于人的行为之外，不受当事人的意志支配，是各国立法通行的合同责任的抗辩事由。

怎样确定不可抗力，有三种不同的学说：(1) 客观说，主张应以事件的性质和外部特征为标准，凡属于一般人无法防御的重大的外来力量，均为不可抗力。(2) 主观说，主张以当事人的预见力和预防能力为标准，凡属于当事人虽尽最大努力仍不能防止其发生者，为不可抗力。(3) 折衷说，认为应采主客观相结合的标准，凡属基于外来因素而发生的，当事人以最大谨慎和最大努力仍不能防止其发生的事件为不可抗力。①

我国《民法通则》采纳第三种学说，第153条规定：不可抗力是指"不能预见、不能避免并不能克服的客观情况"，要求从主客观两方面的因素考虑何种现象为不可抗力。

1. 不可预见

这是从人的主观认识能力上来考虑不可抗力因素的，是根据现有的技术水平，一般人对某种事件的发生无法预料。不可预见的标准不能依某个人的标准，因为每一个人的预见能力都是不同的，预见性因人而异，某人可以预见而他人却不能够预见。必须以一般人的预见能力而不是当事人的预见能力为标准来判断对某种现象是否可以预见。

2. 不可避免并不能克服

这是指当事人已经尽到最大努力和采取一切可以采取的措施，仍然不能避免某种事件的发生并克服事件造成的损害后果。不可避免和不能克服，表明事件的发生和事件造成损害具有必然性。某种事件是否不能避免并不能克服，也要根据具体情况来确定。

3. 属于客观情况

这是指外在于人的行为的自然性。不可抗力作为独立于人的行为之外的事件，不包括单个人的行为。第三人的行为对被告来说是不可预见并不能避免的，但它并不具有外在于人的行为的客观性的特点，因此不能作为不可抗力对待。

（三）不可抗力的法律后果

因不可抗力造成损害的，当事人免除合同责任。但是，不可抗力导致免责须是不可抗力为损害发生的唯一原因，当事人对违反义务行为造成损害的发生或扩大不能产生任何作用。在发生不可抗力时，应当查清不可抗力与造成后果之间的关系，并确定当事人的活动在发生不可抗力的条件下对造成的损害后果的作用。

我国《民法通则》规定了不可抗力作为合同责任抗辩事由的除外条款。在

---

① 参见王利明、杨立新：《侵权行为法》，法律出版社1997年版，第93页。

法律有特别规定的情况下,不可抗力不作为免责事由。例如,我国《邮政法》第48条第1项规定,因不可抗力造成的保价的给据邮件的损失,邮政企业不能免除赔偿责任。

【典型案例】

讨论提示:本案讨论的要点是,李某基于商品房欺诈,是否取得惩罚性赔偿请求权,以及该请求权的性质是什么。

讨论问题:1. 原告起诉被告构成违约责任,承担产品欺诈的惩罚性赔偿责任的主张是否成立? 2. 被告的不可抗力抗辩事由是否成立?

第四节 合同责任方式及其适用

【典型案例】

甲公司有一座楼房欲出租或者出卖,乙公司与其签订合同,约定乙公司租赁甲公司该楼房,期限2年,租金200万元;如果乙公司届时愿意买受该楼房,可以再付租金的5倍作为买房的差价款,即可取得该楼房的所有权;也可以继续租赁该楼房。乙公司在租用该楼房之后,对该房屋用200万元进行装修后使用。2年租期届满之后,乙公司欲交足1000万元购买该房屋。因此时房价大涨,甲公司不同意出卖该楼房。双方发生争议,诉至法院。

一、合同责任方式及适用的一般要求

我国《合同法》规定的合同责任方式,源于《民法通则》规定的民事责任方式概念,含义为违反约定或者法定合同义务的行为人承担民事责任的具体方式。

我国《合同法》规定的合同责任方式有以下几种:

(一)继续履行

继续履行是《合同法》第107条规定的合同责任形式,适用范围是违约责任。按照《合同法》第108条和第122条规定,继续履行不仅适用于实际违约,

也适用于预期违约和加害给付,是适用于一切生效合同没有实际履行或者没有完全履行的场合,并且该合同能够履行、合同也有继续履行的必要。在后契约责任中,约定的后契约义务不履行也可以采取继续履行的责任方式。

(二) 采取补救措施

采取补救措施是一个概括性的责任方式,具体内容包括很多,《合同法》未作具体规定。参照《合同法》第 111 条规定的内容,提到的具体方式为修理、更换、重作、退货、减少价款或者报酬。《民法通则》规定的恢复原状方式,如果有必要且能够救济违约后果,也可以适用。采取补救措施适用于违约责任,是对合同没有履行而采取的民事责任方式。这些责任方式在违约责任包括实际违约、预期违约和加害给付中都可以适用,在实践中可以根据实际的违约情况选择适用。

(三) 返还财产或折价补偿

这种合同责任方式是《合同法》第 56 条规定的,适用范围是合同无效或者被撤销。凡是在合同行为中一方占有对方财产,当占有财产的依据已经不复存在时,都可以适用这种责任方式。这种合同责任方式的适用范围不应当局限在《合同法》第 56 条限定的范围。

这里规定的实际上是两种责任方式,一是返还财产,二是折价补偿。在适用中应当注意适用的顺序,首先应当适用的是返还财产,在返还财产不能或者返还财产没有必要时,才考虑适用折价补偿。折价补偿在侵权法中是作为赔偿形式出现的。如侵占他人财产,应当返还原物;不能返还者,应当折价补偿,这就是财产损害赔偿。其区别是依据合同占有他人的财产是合法占有,不是侵占;而侵权行为人占有他人的财产是非法占有,是侵权。所以一种称作补偿,一种称作赔偿。

(四) 给付违约金

违约金,是由当事人约定或法律直接规定的,在一方当事人违约时,向另一方当事人支付一定数额的金钱或者其他给付。[①] 违约金是救济违约的一种责任方式,具有担保作用,不过我国《合同法》没有规定它的担保性质。

适用违约金责任方式,当事人在合同中应当事先约定。按照约定,在一方当事人违约的时候,对方按照约定给付违约金。违约金的适用范围,在实际违约、预期违约和加害给付中都可以根据约定适用。约定违约金的高低没有特别限制,《合同法》第 114 条第 2 款规定应当受到实际损失的限制。[②]

---

① 崔建远主编:《合同法》(第五版),法律出版社 2010 年版,第 342 页。
② 即违约金低于实际损失的,可以要求增加,过分高于实际损失的,可以请求适当减少。下文对此还要详细说明。

《合同法》规定的违约金分为不履行的违约金和迟延履行的违约金,区别是:其一,对于没有约定迟延履行违约金,或者约定不明确的,应当视为不履行违约金;其二,明确约定迟延履行违约金的,违约方在支付了违约金后还应当履行债务。

(五)赔偿损失

这种合同责任方式是应用最为广泛的一种,在《合同法》总则第42、43、58、107、112条以及相关的条文中都有规定。违约损害赔偿责任的意旨在于,作为对违约进行的补偿,原告有权获得他被许诺的价值,而通过给予这种损害赔偿,法律旨在保护期待利益,也就是将原告置于被告如若履行了许诺他所应处的位置。① 这个说法是正确的。不仅如此,在所有的六种合同责任中,都可以适用损害赔偿责任方式,都具有这样的意旨,只有程度的区别而已。

《合同法》规定的损害赔偿责任方式有两种,一是补偿性损害赔偿;二是惩罚性损害赔偿。一般的合同责任适用的是补偿性损害赔偿,不得适用惩罚性赔偿。惩罚性赔偿只有在商品欺诈和服务欺诈中才可以适用,②不得随意扩大适用范围。

《合同法》第113条规定了确定违约损害赔偿范围的原则,即"损失赔偿额应当相当于因违约所造成的损失,包括合同履行后可以获得的利益"。其中重要的不是前一句内容,而是后一句对可得利益赔偿的表述,这是对间接损失赔偿的准确表述。在合同责任中,既要赔偿直接损失,又要赔偿间接损失。合同债权的损害通常是间接损失。

关于违约损害赔偿的最高限额,《合同法》第113条第1款后段规定:赔偿数额"不得超过违反合同一方订立合同时预见到或者应当预见到的因违反合同可能造成的损失"。掌握这个限额,可以按照违约一方当事人在订立合同时的预期利益考虑。预见的内容,是当事人在订立合同时应当预见的违约的损失内容。③ 除了违约责任以外,其他的损害赔偿特别是加害给付责任不考虑这样的限额。

关于受损害一方对损失的扩大具有原因力的问题,实际上是一种与有过失的特殊表现形式,《合同法》第119条和第120条规定的都是与有过失的责任问题。双方违约,当事人各自承担相应的责任;一方违约,对方当事人没有采取适当措施致使损失扩大的,也是与有过失,需要承担相应的责任,不得就扩大的损失要求赔偿。这样的结果都是过失相抵。

第三人的原因造成违约的处理原则是,先由违约的当事人承担责任;在违约

---

① 〔加〕Peter Benson主编:《合同法理论》,易继明译,北京大学出版社2004年版,第2页。
② 关于惩罚性赔偿金的适用,请参见杨立新:《〈消费者权益保护法〉规定惩罚性赔偿责任的成功与不足及完善措施》,载《清华法学》2010年第4卷第3期。
③ 王利明:《合同法研究》(修订版第二卷),中国人民大学出版社2011年版,第674页。

的当事人承担了责任后,由该方当事人与第三人另行处理。

二、合同责任方式的综合运用

在一个合同纠纷中,往往要同时运用几种责任方式,我国《合同法》规定了详细方法。各种合同责任方式可以综合运用。在以下几种情况,综合运用合同责任方式,应当注意的是:

(一)违约金与定金的竞合

《合同法》第116条规定:"当事人既约定违约金,又约定定金的,一方违约时,对方可以选择适用违约金或者定金条款。"同时约定定金和违约金,只能请求违约方承担这两种责任中的一种违约责任,或者是给付违约金,或者是执行定金条款,选择权在未违约的一方。不能合并适用违约金和定金条款。

(二)违约金与损害赔偿竞合

违约金具有多种性质,但主要性质是违约赔偿金。违约金的适用可能与违约损害赔偿的适用经常发生冲突。违约金与违约损害赔偿是一致的,适用违约金,在没有造成损害时,就是惩罚性违约金;造成损害,就是赔偿性违约金。既然是赔偿性违约金,就应当与违约的损失相结合。原则是:第一,约定违约金的,就应当按照违约金的约定执行;第二,约定的违约金低于造成损失的,可以请求增加,俗称"找齐",这是因为违约金具有损害赔偿性质,只要低于实际损失,就应当找齐;第三,约定的违约金过分高于造成的损失的,可以请求适当减少。"过分高于"的标准,应当按照《关于适用〈中华人民共和国合同法〉若干问题的解释(二)》第29条第2款关于"当事人约定的违约金超过造成损失的30%的,一般可以认定为合同法第114条第2款规定的'过分高于造成的损失'"的规定认定。

【案例讨论】

讨论提示:本案双方当事人签订的合同是选择之债,为先租后买,乙公司在租赁合同期间届满时享有择定权,有权选择继续租赁还是购买标的物。因房价上涨,甲公司反悔,不准许乙公司行使择定权,违反合同约定,应当承担违约责任。择定权的性质是形成权。

讨论问题:1. 甲公司构成违约责任,应当承担何种违约责任方式?能够支持乙公司的诉讼请求吗?2. 不同的合同责任方式综合运用的规则是什么?

第五节　合同责任竞合

【典型案例】

2000年11月24日,某甲购买了位于新明胡同甲1号1门301号房屋一套,2001年3月1日,某甲与物业管理公司就该房签订了房屋委托管理合同,约定:物业管理公司负责维护小区的公共秩序,包括巡视、门岗值勤、盘查可疑人员,违反合同的约定,未达到约定的管理目标,造成某甲经济损失的,应予赔偿。2003年11月15日凌晨4时30分许,某甲发现家中发生盗窃,遂拨打物业电话,随后物业管理员赶到现场,并打电话报警。某甲丢失三星手机一部、索尼收录机一台及现金2000元。某甲作为原告,认为物业管理公司既违反合同约定义务构成违约责任,又违反安全保障义务构成侵权责任,遂以违约责任起诉,请求物业管理公司赔偿被盗物品的经济损失。

一、合同责任竞合概述

(一) 民事责任竞合的概念

民事责任竞合是指因某种法律事实的出现,而导致两种或两种以上的民事责任产生,各项民事责任相互发生冲突的现象。责任竞合作为一种客观存在的现象,既可以发生在同一法律部门内部,如民法中的违约责任与侵权责任的竞合;也可以发生在不同的法律部门之间,如民事责任与刑事责任、民事责任与行政责任竞合等。民事责任竞合,从民事权利的角度来看,是因不法行为人实施的一个行为在法律上符合数个法律规范的要求,因而使受害人产生了多项请求权,这些请求权相互冲突。因此,民事责任竞合又被称为请求权竞合。我国《合同法》第122条规定了侵权责任与违约责任的竞合:"因当事人一方的违约行为,侵害对方人身、财产权益的,受损害方有权选择依照本法要求其承担违约责任或者依照其他法律要求其承担侵权责任。"

(二) 合同民事责任竞合的产生

民事责任竞合来源于法律规范竞合理论。现代法律都作抽象规定,并且从各种不同角度对社会生活加以规范,因而经常发生同一个事实符合几个法律规范的要件,致使这几个法律规范竞合。[①]

[①] 参见王泽鉴:《民法学说与判例研究》(第一册),中国政法大学出版社1998年版,第371页。

法律规范竞合如果发生在民法领域,就发生民事责任竞合。当同一违反合同义务的行为同时符合数种民事权利保护的规定时,构成合同责任竞合。同一事实符合数个法律规范的情况,必然表现在请求权上,合同责任竞合也叫做请求权竞合,就是合同责任请求权与依其他民事规范产生的请求权是由同一法律事实发生,形成的合同责任请求权与其他民事请求权的竞合。尽管英美合同法不采用请求权竞合的理论,但是也承认"合同相对性谬论",认为因为原告不能以合同起诉,他就不能依侵权起诉的观点是一个谬论,侵权责任与合同责任是完全不同的两码事。法院认为,瓶中有蜗牛的倒霉的姜啤酒,消费者有权就其喝了(以及看到)令人恶心的蜗牛所受到的损害起诉生产者。[①]

二、合同责任竞合的法律后果

(一)处理合同责任竞合的一般规则

处理侵权责任与合同责任竞合法律后果的规则是择一方式,从两个请求权中只能选择一个行使;一个请求权行使后,另一个请求权即行消灭,不能两个请求权一并行使或者分别行使。

在国外,处理侵权责任与违约责任的竞合,主要有三种不同规则:(1)以法国为代表的国家禁止当事人自行选择。合同当事人不得因对方在履行合同过程中有侵权行为而提起侵权诉讼,但合同无效的除外。(2)以英美为代表的国家采取有限选择原则。受害人可以选择提出一个请求,如败诉后不得以另一个请求再诉。在特殊情况下,法律规定只能以侵权提出诉讼,如人身侵权等。(3)以德国为代表的国家规定受害人可以任意选择。如提出侵权之诉后因时效届满等原因被驳回后,还可以违约提出诉讼,而且在诉讼中也可以变更诉讼请求。

尽管各国对侵权责任与违约责任竞合的规定不同,但权利人只能行使一个请求权,不能重复受偿,这一点各国的立法和司法实践的立场是一致的。[②]

我国《合同法》第 122 条规定了侵权责任和违约责任竞合的一般规则,这是立法第一次对民事责任竞合作出的规定,确立了民事责任竞合的选择规则,虽然规定的只是侵权责任与违约责任的竞合规则,但是对研究合同责任竞合的其他形式也提供了法律依据。

(二)合同责任竞合的法律后果

由于各种请求权的着眼点各有不同,尽管救济的内容基本相同,但行使哪一个请求权,其结果并不完全相同。权利人究竟选择行使何种请求权,对权利人的利益有相当关系。因此,合同责任竞合的法律后果说到底是规范请求权的选择。

---

① 〔英〕P. S. 阿狄亚:《合同法导论》,赵旭东等译,法律出版社 2002 年版,第 397 页。
② 参见浦增平、翟崇林:《民事法律关系中的侵权与违约责任竞合》,载《法学》1989 年第 11 期。

具体有五种方法:

第一,对于法律已经明确规定了责任性质的,一般应当依据法律规定,确定责任的性质。其中因不法行为造成受害人的人身伤亡和精神损害的,当事人之间虽然存在着合同关系,也应按侵权责任而不能按合同责任处理。如因缺陷产品致债权人伤害,构成加害给付责任和侵权责任的竞合,我国《民法通则》第122条和《侵权责任法》第41条至第43条明确规定其为侵权责任,这种责任的性质已经确定,一般来说,按照侵权责任处理对受害人较为有利,但当事人坚决选择违约损害赔偿请求权的,也应当准许。

第二,双方当事人事先存在合同关系,但一方当事人与第三人恶意通谋,损害合同另一方当事人的利益,则由于恶意串通的一方当事人与第三人的行为构成共同侵权,第三人与受害人之间又无合同关系存在,因此应按侵权责任处理,使恶意串通行为人向受害人负侵权责任。选择作为共同侵权行为起诉,则只能行使侵权损害赔偿请求权,不能再同时行使违约责任请求权。

第三,对于当事人在合同中已经有明确约定的,应当按照约定的内容行使请求权。在当事人之间事先有合同关系,且已经明确约定如何承担民事责任的,说明当事人之间对民事责任的承担有一致的意思表示,因此应当按照当事人的事先约定来承担民事责任。在这种情况下,一般应按照违约责任处理。

第四,对于法律没有规定,当事人事先也没有明确约定的,应当准许请求权人按照自己的意愿选择。请求权人就是受害人,受害人的权利受到侵害,享有损害赔偿的请求权。但在合同责任竞合的情况下,究竟行使侵权损害赔偿请求权,还是行使违约损害赔偿请求权或者其他请求权,应当依照请求权人有利于自己利益的选择进行。

第五,构成违约责任与侵权责任竞合,受害一方主张承担精神损害赔偿责任的,只能行使侵权责任请求权,不能以违约责任请求精神损害赔偿。

总之,构成合同责任竞合,其法律后果就是当事人选择请求权。对此,应当保障受害人的权利,径由其选择。

【案例讨论】

讨论提示:确定是否构成违约责任和侵权责任的竞合,关键在于确定造成的损害是预期利益的损害还是固有利益的损害。如果造成的损害是预期利益损害,就不会发生责任竞合;如果造成的损害是固有利益的损害,则构成违约责任与侵权责任的竞合。

讨论问题:1. 本案物业的行为造成的损害是预期利益损害,还是固有利益损害? 2. 构成侵权责任与违约责任的竞合,其法律后果是什么?

第十二章 具体合同责任类型

第一节 缔约过失责任

【典型案例】

原告某测控技术有限公司参与被告某市税务局煤炭产量监控系统设备采购投标,最终中标,被告的招标代理机构向原告发出中标通知书,但未按中标通知书要求与原告签订书面合同。原告以被告不履行合同的行为给原告造成巨大财产损失为由,向一审法院起诉,要求被告赔偿损失 215 万元及保证金占用期间贷款利息 2.61 万元。一审法院以双方合同关系未成立,原告没有举证证明存在损失为由,判决被告支付原告保证金占用期间贷款利息 2.61 万元,驳回原告的其他诉讼请求。原告不服,提起上诉。二审法院审理认为,被上诉人对于双方未订立合同存在过错,应当承担缔约过失责任。根据本案具体情况判决被上诉人赔偿上诉人 20 万元损失及保证金占用期间贷款利息 2.61 万元。

一、缔约过失责任概述

(一)缔约过失责任的概念和特征

缔约过失责任,原本叫做"契约缔结之际的过失"[1],也称为先契约责任或者缔约过失中的损害赔偿责任,是指在合同缔结过程中,当事人因自己的过失致使合同不能成立,对相信该合同为成立的相对人,为基于此项信赖而生的损害应负的损害赔偿责任。

有学者指出,耶林在研究缔约过失责任时,并不包括故意,而是指疏忽和不注意等过失;而当今的研究中,早已经突破了过失的限制,包括了故意的内容。因此,继续使用缔约过失责任概念是不适当的,应当采用缔约责任。[2] 不过,笔者认为这个问题并不大,只要将缔约过失责任的概念界定清楚了,并不会误解为

---

[1] 刘得宽:《民法诸问题与新展望》,台湾三民书局 1980 年版,第 426 页。
[2] 彭隋生:《合同法要义》(第三版),中国人民大学出版社 2011 年版,第 75—76 页。

缔约过失责任不包括故意。

我国《合同法》规定的缔约过失责任,具有以下法律特征:

(1) 缔约过失责任是缔结合同中的民事责任。

缔约过失责任只能存在于缔约阶段即先契约阶段,不可能存在于其他阶段。缔约过失责任与合同无效责任及违约责任的区别在于合同是否成立,合同成立之前发生的合同责任,是缔约过失责任;成立之后发生的合同责任,则是合同无效责任或者违约责任。

(2) 缔约过失责任是以诚实信用原则为基础的民事责任。

就民事责任承担的法律基础而言,违约责任的法律基础基本上是双方当事人的约定,即双方一致的意思表示;侵权责任的法律基础为法律关于侵权行为的规定。而缔约过失责任的法律基础是诚实信用原则。诚实信用原则赋予缔约双方当事人必须遵守的法定义务,违背这种义务,应当承担相应的法律责任。

(3) 缔约过失责任是以补偿缔约相对人损害后果为特征的民事责任。

缔约过失行为人因自己未遵守法定义务,致使相对人误认为尚未成立的合同为已经成立,因而造成财产损失。当其应当承担责任时,依据等价有偿原则,行为人应赔偿相对人因此造成的财产损失。补偿性是缔约过失责任的基本特征之一,缔约过失责任是缔约中因过失引起的损害赔偿责任。而违约责任不是单纯的损害赔偿责任,还包括其他责任方式。

(二) 缔约过失责任的意义

缔约过失责任的作用在于保护交易安全。随着经济交往的不断扩大,交易活动出现了更深、更广、更高频的发展趋势。缔约过失责任适应这种趋势,突出强调当事人在缔约之际的过失,对因这种过失而招致损害的人采取救济手段,从而给交易活动增加了一道安全阀,给当事人增加了一项义务链。这种法律约束可以规范人们恪守良性交易行为准则,对商业欺诈是一种有针对性的制约,能够促进公平交往,保障交易安全,完全符合诚实信用原则的要求。

(三) 缔约过失责任的历史发展

1. 罗马法

缔约过失责任是产生较晚的一项民事责任制度。有的学者认为,在罗马法中曾经确认买卖诉权制度以保护信赖利益的损失;同时,罗马法还存在缔约过程中一方应当对对方负有谨慎注意义务的规定。[1] 因而罗马法就已经存在缔约过失责任的影子,但罗马法并没有形成关于前契约义务和缔约过失责任的完整理论和制度。[2]

---

[1] 参见王利明:《合同法研究》(第一卷),中国人民大学出版社2002年版,第302页。
[2] 王利明:《合同法研究》(修订版第一卷),中国人民大学出版社2011年版,第328—329页。

但是,缔约过失责任制度并没有在那个时候形成。一千多年以来,在传统的民事立法和民法理论中,合同责任只包括违约责任,对于契约无效或者根本不成立似乎无由归责;因而合同法只保护契约阶段而不保护先契约阶段。这种保护对缔约当事人的权益保护是不全面的。

2. 德国法

狭义的契约阶段是指合同有效成立后到合同债务履行完毕之间的这一过程。广义上的契约阶段除去上述这一过程以外,还应包括先契约阶段和后契约阶段。先契约阶段是指缔约当事人已经开始协议但尚未缔约之间的这一过程,是以要约的提出为开始的标志,以契约的成立为结束的标志,是要约到承诺作出之前的整个过程。

法律对于契约阶段以违约责任加以重点保护是完全正确的,但忽略以至放弃对先契约阶段的保护,既不全面也不公正。契约的成立、契约责任的产生,并不是凭空虚构,必有一个当事人双方联系、协商的磋商阶段。从契约的提出到承诺的作出,就是这样一个磋商阶段。在这个阶段中,不可避免地在一方或双方当事人方面出现不当行为,使对方在先契约阶段遭受损失。法律只规定契约责任而未规定先契约责任,就契约当事人的保护而言,是一个残缺的法律制度,当事人所受损害无法得到必要的救济。

德国法学家耶林于1861年发表《契约缔约之际的过失》一文,将德国普通法源的罗马法扩张解释,广泛地承认信赖利益损失的赔偿。他指出:"契约的缔结产生了一种履行义务,若此种效力因法律的障碍而被排除时,也会产生一种损害赔偿义务。所谓契约无效者,仅指不发生履行效力,不是说不发生任何效力。当事人因自己过失致使契约不成立者,应对信其契约为有效成立的相对人,赔偿基于此项信赖而产生的损害。"《德国民法典》将耶林的主张大幅度采纳,承认在契约不成立时的各种信赖利益的赔偿,在立法上确认了缔约过失责任制度。诸如,契约因非真实的意思表示而无效,或因错误的意思表示而被撤销时,信其为有效而受损害者,得请求信赖利益的损害赔偿;缔结自始标的不能的契约,契约无效,此时对给付不能的事实有预知或因过失而不知者,对相对人应负信赖利益的赔偿责任;因意思表示有瑕疵而无效或被撤销时,表意人即使无故意、过失,违反告知、报告或解释等义务,亦要他负担表意人的赔偿责任;交涉缔约的辅助者,在契约成立前怠于报告义务或注意义务而予相对人以损害时,亦应负赔偿责任。[①]

3. 法国法

在法国,学说和实践按照另一个思路解决缔约过失责任问题,认为缔约阶段

---

① 刘得宽:《民法诸问题与新展望》,台湾三民书局1980年版,第427—428页。

并不是合同的阶段,不是合同的概念,因此不能受到合同法的保护。既然缔约当事人基于过错而造成对方当事人的利益损失,恰好符合《法国民法典》第1382条规定的侵权行为一般条款的要求,符合侵权责任构成要件的要求,因而应当依照侵权行为法的规定认定其性质。所以,法国法认为缔约过失不是合同责任而是侵权责任。许多受法国法影响的国家民法差不多都采用这种做法,例如《埃塞俄比亚民法典》就是将缔约过失责任规定在侵权行为法之中。[1]

4. 英美法

英美法没有缔约过失的概念,但是,自从1933年曼斯菲尔德将诚信义务引入英美法之后,获得了广泛的赞成。美国统一商法典也确认诚信义务,认为诚信是事实上的忠诚,对于商人来说,是指遵循正当交易的合理商业标准。同时,英美法历来重视保护信赖利益,认为信赖利益是指合同当事人因信赖对方的允诺而支付的代价或费用,信赖利益的赔偿主要是为了弥补合同法规则的缺陷,强化"禁反言"原则,弥补受害人的损失而创设的制度。[2]

5. 我国立法

我国以往的合同立法没有关于缔约过失责任的规定。《民法通则》第61条规定了缔约过失责任,受到好评,在司法实践中发挥了重要作用。我国《合同法》接受国外民事立法的先进经验,总结了自己的司法实践经验,在第二章对缔约过失责任作出完整规定,确立了我国的缔约过失责任制度。

二、缔约过失责任与相关合同责任的界限

有的学者将缔约过失责任的范围界定得较宽,包括合同未成立型、合同成立型、合同无效型和合同有效型四种。[3] 笔者认为,还是将缔约过失责任界定为合同未成立之前的阶段存在的缔约过失较为妥当。其区别的界限如下:

(一)缔约过失责任与合同无效责任

在法律适用中,应当特别注意缔约过失责任与合同无效责任的区别。两种合同责任在时间顺序上是前后相序、衔接的,基本界限是合同是否成立。在我国《合同法》实施之前,由于《民法通则》第61条将缔约过失责任和合同无效责任规定在一起,在理论上出现了将这两种合同责任混淆在一起的主张。有的学者在表述缔约过失责任时,将缔约过失责任与合同无效责任的界限认定为合同有效。这是不正确的。合同成立与合同有效不是一个概念,我国《合同法》对此已

---

[1] 见埃塞俄比亚《民法典》第2000条。
[2] 参见王利明:《合同法研究》(第一卷),中国人民大学出版社2002年版,第306—307页。
[3] 韩世远:《合同法总论》(第三版),法律出版社2011年版,第125页。

经作出了明确的规定。① 在合同成立之前发生的合同责任只能是缔约过失责任,在合同成立之后不应当再有缔约过失责任的存在。我国《合同法》将缔约过失责任规定在第二章"合同的订立"之中,将合同无效责任规定在第三章"合同的效力"之中,其立法含义非常明确。

对缔约过失责任与合同无效责任的损害赔偿关系,存在两种不同的观点。一种观点认为这是两种不同的损害赔偿责任,一个发生在合同订立阶段,一个发生在合同生效阶段。另一种观点认为这两种损害赔偿责任就是一个责任,就是缔约过失责任,合同无效的损害赔偿就是缔约过失责任。

缔约过失责任的损害赔偿与合同无效的损害赔偿是两种损害赔偿责任,一个是缔约之际发生的损害赔偿,一个是合同生效之际发生的损害赔偿。这两个损害赔偿责任适用的规则是一样的,与缔约过失损害赔偿规则相同,而不是两个截然不同的损害赔偿。不仅如此,就是在合同成立并生效后,由于存在法定原因,经过当事人的请求而被撤销的合同的损害赔偿责任,也与缔约过失损害赔偿责任规则相同。合同无效责任的其他责任方式,则不与缔约过失责任规则相同,是专门的合同无效责任。不过合同无效的损害赔偿责任也仅仅是与缔约过失责任的规则相同而已,并不是缔约过失责任,其性质仍然是无效合同责任。

(二) 缔约过失责任与实际违约责任

缔约过失责任与实际违约责任的区别主要表现在以下几点:

(1) 产生责任的法律事实不同。

违约责任产生于合同有效成立之后的一方或双方当事人违反合同的约定;而缔约过失责任则产生于合同成立之前的缔约之际,也就是先契约阶段,责任的发生是一方当事人或双方当事人的故意或者过失行为。

(2) 责任的构成要件不同。

违约责任须有违反约定义务的行为;而缔约过失责任则须有意思表示瑕疵的行为,这种行为可能并不违法,也不是违约行为。违约责任的行为所违反的是约定的义务,缔约过失行为所违反的义务则是法定的先契约义务。

(3) 责任方式不同。

缔约过失责任方式仅有赔偿损失一种方式,没有其他责任方式。而违约责任的责任方式呈多样化形态,存在多种合同责任方式。

(4) 适用的法律不同。

缔约过失责任规定在我国《合同法》第二章第 42 条和第 43 条,应当适用这

---

① 对于这个问题应当加以说明。我国《合同法》将合同成立和合同有效分别规定在第 25 条和第 44 条,在立法逻辑上是清楚的,就是要区分合同的成立和生效的不同法律后果。但是我国《合同法》在规定这个问题的时候,忽略了合同生效的要件,将合同法草案中关于合同生效条件的条文删除,这是一个不应有的失误。在理论研究上,对此不应当再发生错误。

些法律规定确定缔约过失责任。而实际违约责任规定在该法第七章第 107 条至第 122 条,规定的规则极为复杂,不像缔约过失责任的规则那样简单。

三、缔约过失责任的构成要件

构成缔约过失责任须具备以下四个要件:

(一) 须一方当事人违反先契约义务

按照诚信原则,缔约当事人在缔约过程中应负必要的注意义务,这就是先契约义务。耶林认为,从事契约缔结的人,是从契约交易外的消极义务范畴进入到契约上的积极义务范畴,其因此而承担的首要义务系于缔约时善尽必要的注意。[①] 这种先契约阶段缔约人根据诚信原则产生的必要注意义务,就是法定义务,是对对方当事人的相互协力、相互通知和相互保护的义务。这是缔约人的义务,缔约人必须履行,以使"法律所保护的,并非仅是一个业已存在的契约关系,正在发生的契约关系亦应包括在内,否则,契约交易将暴露于外,不受保护,缔约一方当事人不免成为他方疏忽或不注意的牺牲品"。[②]

构成缔约过失责任的首要条件是缔约当事人违反这一先契约义务,没有履行这种缔约之际的注意义务。凡是违反无正当理由不得撤销要约的义务、违反使用方法的告知义务、违反合同订立前重要事项的告知义务、违反协作和照顾义务、违反忠实义务、违反保密义务、违反不得滥用谈判自由的义务的行为,都构成这一要件。

(二) 须当事人意思表示瑕疵而使对方当事人误信合同已经成立

构成缔约过失责任,不仅要一方当事人违反先契约义务,并且还要有当事人的意思表示瑕疵。这种意思表示瑕疵是指其在要约或承诺中的意思表示出现的瑕疵,而不是其他的意思表示瑕疵。对于这种瑕疵应作广义上的理解,即意思表示不真实,只要意思表示与客观实际的作为有差距,使意思表示不能成为实际履行,即为意思表示瑕疵。这种意思表示瑕疵可能是缔约一方当事人的意思表示瑕疵,也可能是双方当事人的意思表示瑕疵。

当缔约的一方当事人或双方当事人意思表示具有瑕疵,而相对人以这种有瑕疵的意思表示作为真实的意思表示而与之磋商缔结合同时,相信该合同已经成立,就构成缔约过失责任的这一要件。如果缔约相对人根本就不相信该合同已经成立,尽管对方当事人的意思表示具有瑕疵,但他也不会从事履行合同的准备行为甚至是履行行为,因而也就不可能造成损失。只有误信合同已经成立,他才会去履行合同或者作履行合同的准备,也才有可能造成财产上的损失。

---

① 参见王泽鉴:《民法学说与判例研究》(第 1 册),中国政法大学出版社 1998 年版,第 88 页。
② 同上。

（三）须缔约当事人具有过错且发生在合同订立过程中

缔约当事人对于自己的违反先契约义务的行为以及自己的意思表示瑕疵须具有过错，才能构成缔约过失责任。

故意和过失都是构成缔约过失责任的主观要件。故意是构成缔约过失责任的要件，如利用缔约而进行诈欺，构成先契约责任。过失是缔约过失责任主观构成要件的主要表现形式，表现为对注意义务的违反。因此，缔约过失的过错按照《合同法》的表述，就是恶意磋商、故意隐瞒、提供虚假情况，以及违背诚实信用原则。在契约缔结阶段，从事契约缔结的人是从契约交易外的消极义务范畴进入契约上的积极义务范畴，其因此而承担的首要义务，系于缔约时须尽必要的注意。缔约之际的当事人之间互以利益信赖关系为基础，互相负有的必要注意义务的内容就是保护对方利益的安全。对相对方当事人利益保护注意义务的违反，就构成缔约过失责任构成中的过失要件。恶意磋商和故意隐瞒同样构成这一要件。

缔约当事人的上述过错应当发生在缔约过程中，即合同尚未成立之前。合同尚未成立，是指缔约双方对契约内容进行了磋商，但合同并没有成立。确认这一要件应适用客观标准，而非主观标准，即无论当事人是否相信合同已经成立，判断合同成立只能依法审查，只有在客观上成立的合同才能认定其成立。在客观上没有成立的合同才能发生缔约过失责任。

（四）缔约当事人须受有信赖利益损害

信赖利益，是缔结合同当事人因信赖对方当事人的允诺而产生的利益；而信赖利益损失则是指另一方缔约人违反先契约义务而使合同不能成立，导致信赖人所支付的代价和各种费用不能得到弥补的财产损失。信赖利益损失的范围应当局限在可以客观预见的范围内，同时也必须是基于合理信赖而产生的利益。如果在客观事实上不能对合同的成立产生信赖，即使已经支付了大量费用，也不能认定为信赖利益损失。

这种损害可以是缔约一方当事人的损害，也可以是双方当事人的损害。损害应当是财产利益的损害，而不是非财产利益的损害。这种财产利益的损害是由于缔约人未尽先契约义务致使合同未能成立而引起的，二者之间应有因果关系。不是由于合同未能成立而引起的损害，不构成缔约过失责任。

具备以上四项要件，即构成缔约过失责任，在当事人之间发生缔约过失的损害赔偿关系。

四、缔约过失责任的类型

缔约过失责任的主要类型有以下几种：

（一）恶意磋商

我国《合同法》第 42 条根据缔约过失责任原理并借鉴《国际商事合同通则》的经验,规定假借订立合同恶意进行磋商的行为是缔约过失责任的一个类型。

假借,就是根本没有与对方订立合同的意图,与对方进行谈判仅是一个借口,目的就在于损害对方或者他人的利益。恶意是假借磋商、谈判而故意给对方造成损害的主观心理状态。其中假借是手段,是表现形式,而恶意是其内心的真实意思。因此,恶意是这种缔约过失责任的核心,应以故意为其主观要件。

确定恶意磋商的缔约过失责任应当与合同自由区别开来。其判断的标准应当是在谈判过程中,一方向另一方作出允诺,而另一方已经对此产生了信赖,如果提出允诺的一方突然中断谈判而无任何理由,即可认定为恶意终止谈判,构成恶意磋商的缔约过失责任。

（二）缔约欺诈

我国《合同法》第 42 条规定,故意隐瞒与订立合同有关的重要事实或者提供虚假情况,构成缔约过失责任。这就是缔约欺诈。

缔约欺诈是指在缔约过程中,一方故意实施某种欺骗对方当事人的行为,并使其陷入错误而与该方协商订立合同的行为。故意隐瞒和提供虚假情况都是欺诈。《民通意见》第 68 条规定:"一方当事人故意告知对方虚假情况,或者故意隐瞒事实情况,诱使对方当事人作出错误意思表示的,可以认定为欺诈行为。"缔约欺诈就是一种发生在缔约之际的欺诈行为。

判断缔约欺诈的标准是:在缔约过程中,(1)欺诈是故意所为,故意的表现是欺诈的一方明知自己告知对方的情况是虚假的,且会使被欺诈人陷入错误认识,而希望或者放任这种结果的发生;(2)欺诈人将这种内心的欺诈故意表现于外部,变为具体的行为;(3)受欺诈人因此而陷入错误认识。符合这三点要求,就构成缔约欺诈。

（三）泄密或者不正当使用商业秘密

这种缔约过失责任类型也是借鉴《国际商事合同通则》确定的。传统合同法理论认为,缔约各方没有特别的义务为对方当事人在订约过程中与交易有关的问题进行保密。现代合同法认为,谈判过程中,一方对另一方在谈判中披露的具有商业秘密性质的信息,都应当予以保密,不得泄露。《国际商事合同通则》第 2.16 条规定:"在谈判过程中,一方当事人以保密性质提供的信息,无论此后是否达成合同,另一方当事人有义务不予泄露,也不得为自己的目的不适当地使用这些信息。在适当的情况下,违反该义务的救济可以包括根据另一方当事人泄露该信息所获得之利益予以赔偿。"

判断泄密或者不正当使用商业秘密行为应当掌握的标准是:在缔约过程中,(1)一方当事人已经知道自己掌握的或者对方提供的信息为商业秘密,对对方的经营具有重要意义;(2)却将该商业秘密向他人予以泄露,或者自己在经营活动中进行不正当使用;(3)因此给对方当事人造成了信赖利益的损失。符合这些条件的,构成泄密或不正当使用商业秘密的缔约过失责任。

(四)其他违背诚信原则的行为

下列行为属于其他违背诚信原则的缔约过失责任:

(1)违反初步的协议或者允诺。

缔约双方在协商过程中已就合同的主要条款达成初步的意向,但双方没有正式签订合同,合同虽未成立但已建立信赖关系。如果一方违反对另一方的允诺,破坏了信赖关系,即构成缔约过失责任。这种缔约过失行为也称之为违反预约。①

(2)违反有效的要约邀请。

要约邀请的发出是订立合同的预备行为,当事人并未受到约束。但在特殊情况下,要约邀请的内容足以使相对人产生一定信赖,相对人对此发出要约,并支付了一定的费用,如果邀请人因过失或者故意行为致使相对人信赖利益的损失,邀请人应当承担缔约过失责任,赔偿对方的信赖利益损失。

(3)要约人违反有效要约。

我国合同法准许在一定情况下撤销要约,但是,在要约人确定了承诺期限或者以其他形式明示要约是不可撤销的,或者受要约人有理由认为要约是不可撤销的,使对方建立信赖,并为订立合同进行准备,如果要约人违反要约,造成了信赖人的信赖利益损失,则构成缔约过失责任。

(4)违反强制缔约义务。

负有强制缔约义务的一方当事人违反强制缔约义务,不构成违约责任,因为这时合同还没有成立,不能认定为违约责任。但是,违反强制缔约义务的行为发生在缔约的过程中,对方当事人完全可以基于强制缔约义务的法律规定建立信赖,违反强制缔约义务会造成信赖利益的损害。因此,违反强制缔约义务的行为也构成缔约过失责任。

(5)无权代理未经被代理人追认。

没有代理权、超越代理权或者代理权已经终止后以被代理人的名义订立合同的,都是无权代理。无权代理经过被代理人追认,合同成立,被代理人成为合同当事人;如果未经被代理人追认,则由无权代理人向第三人承担责任。这种责任的性质有的认为是侵权责任,有的认为是狭义的合同责任,笔者认为是缔约过失责任。理由是,侵权责任救济这种第三人的权利损害不够全面,且要求很严,不利于权利保护;如果认为是狭义的合同责任,则这时合同尚未成立,不能

---

① 彭隋生:《合同法要义》(第三版),中国人民大学出版社 2011 年版,第 79 页。

认定为违约责任。而这种行为符合缔约过失责任的构成要件,认定为缔约过失责任,既能保护第三人的合法权益,又能够对无权代理人的无权代理行为予以制裁。

五、缔约过失责任的损害赔偿责任

（一）赔偿法律关系

缔约过失责任的基本责任方式是损害赔偿。缔约责任不像违约责任那样由几种责任方式组成,而是只有一种方式。构成缔约过失责任后,就在双方当事人之间形成了损害赔偿的权利义务关系。在先契约阶段中因相信合同已经成立并且因此而遭受损失的一方当事人,是损害赔偿的权利人,享有损害赔偿权利。因过失使受损害的当事人相信合同成立的另一方当事人,是损害赔偿的义务主体,负有损害赔偿义务。

（二）赔偿形式

在先契约阶段,因双方过失造成一方损害的,也构成缔约过失损害赔偿关系,受损害的一方享有损害赔偿的权利,相对的一方当事人负有损害赔偿的义务。受损害一方不能请求相对一方当事人赔偿全部损失,按照过失相抵原则,只能就因为对方过失所造成的那一部分损失请求损害赔偿,因自己的过失造成的损害应由自己承担。

在先契约阶段,双方均有过失又均造成损害,构成两个损害赔偿关系,互为缔约过失的损害赔偿权利人和义务人,应相互承担损害赔偿责任。

（三）范围和方法

缔约过失的救济方法是赔偿损失。这种损失赔偿应当以信赖利益的损失为赔偿的基本范围。信赖利益损失主要是直接损失,也包括间接损失,是指基于信赖合同成立而支出的各种费用,包括:(1)因信赖对方要约邀请或有效要约而与对方联系、赴实地考察以及检查标的物所支出的各种合理费用;(2)因信赖对方将要缔结合同,为缔约做各种准备工作所支出的各种费用;(3)为谈判支出的劳务;(4)为支出上述各种费用所失去的利息。

赔偿损失应当适用全部赔偿原则,缔约过失的损害赔偿义务人对于赔偿权利人的全部损失予以全部赔偿,包括财产的直接损失和间接损失,应当实事求是地加以计算。确定缔约过失责任的损害赔偿责任,应当遵守信赖利益不能超过履行利益原则,即有过错的一方所赔偿的信赖利益不应该超过合同有效或者合同成立时的履行利益。①

适用过失相抵原则时,应当在全部损失的数额中,扣除赔偿权利人因自己的

---

① 王利明:《合同法研究》(修订版第一卷),中国人民大学出版社2011年版,第367—368页。

过失造成的损害部分。双方互有损害时,应当各自赔偿对方的损失,计算时也应确定双方的过失大小,正确认定双方的赔偿责任。在责任确定之后,可以就双方的赔偿责任重合部分予以抵销,就剩余部分由一方向另一方赔偿。

【案例讨论】

讨论提示:我国《招标投标法》第45条第2款规定:中标通知书对招标人和中标人具有法律效力。招标人通知中标人已经中标,却未与中标人签订合同,构成一方因故意或过失违背诚实信用原则、使合同未成立的缔约过失责任。中标通知书不能代替书面合同,仅发出中标通知书而没有订立书面合同的,双方合同关系不成立,故应承担缔约过失责任而不是违约责任。

结合本案,请讨论:1. 缔约过失责任的构成要件是什么?缔约过失责任与合同无效责任、实际违约责任有哪些区别?

第二节 合同无效责任

【典型案例】

臧某和同事到某涮肉饭庄就餐,桌上事前已摆放好收费套筷,没有摆放免费套筷。该收费套筷套封背面印有"工本费一元"字样,套内有湿纸巾一张,塑料质地有罗纹筷子一双。用餐后,服务员给臧某的预结账单上,将一次性套筷计算在菜品一栏内,单价1元,数量为3,收费金额为3元。臧某按预结账单上的195元(包括3元的收费套筷)交付后,服务员为其开具了195元发票。臧某拿到发票后,到法院起诉称,饭店经营者有义务提供用餐时必用工具,用收费套筷代替传统免费筷子的行为,不符合传统交易惯例和社会公平观念,严重侵犯了消费者的公平交易权,也侵犯了消费者的知情权、选择权,要求返还一次性套筷费3元。饭庄辩称,曾经三次告知臧某使用的筷子是收费的,饭庄是清真饭店,须遵守宪法和伊斯兰协会的要求,所以在顾客用餐时一贯提供小包装收费筷子和免费消毒筷子两种,供顾客选择。

一、合同无效责任概述

(一) 合同无效责任的概念

合同无效责任,是合同成立之后由于欠缺某种生效要件使合同无效或者被撤销,致使合同在其成立时起即为无效,对合同无效或者被撤销负有责任的一方或者双方当事人所应当承担的责任。

合同无效责任中的合同无效是广义概念。狭义的合同无效仅指合同的绝对无效,由于具备我国《合同法》第58条和第59条规定的法定事由而被宣告为无效。广义的合同无效是指绝对无效的合同被宣告无效、相对无效的合同被撤销、效力待定的合同未被追认或者被撤销以及合同成立之后欠缺合同生效条件而未生效。因此,广义的合同无效实际上就是合同未生效。

合同无效责任是不是一种合同责任,也有不同看法。多数学者在研究《合同法》的著作和教材中仅仅阐释合同无效或者被撤销的法律后果,而不说是合同无效责任。[①] 我们认为,合同无效的法律后果就是合同无效责任,属于合同责任中的一种形态。

(二) 合同无效责任与缔约过失责任的区别

1. 发生时间不同

合同无效责任与缔约过失责任发生的时间并不相同,界限在于缔约过失责任发生在合同订立阶段,即缔约阶段;而合同无效责任发生在合同生效阶段。以合同的成立为界限,之前发生的合同责任是缔约过失责任,之后发生的合同责任是合同无效责任。

2. 发生原因不同

合同无效责任发生的原因是合同订立后,由于违反法律或者缺少合同生效要件而无效或者被撤销,因而发生合同责任。缔约过失责任的发生原因是缔约中一方或者双方缔约人违反先契约义务造成对方损害,因而发生合同责任。

3. 责任构成要件不同

构成合同无效责任,只要合同无效或者被撤销就可以构成,合同无效损害赔偿责任构成要有过错要件,属于推定过错;其他责任方式无须过错要件。缔约过失责任的构成必须具备过错要件,没有过错不构成缔约过失责任。

4. 承担责任方式不同

合同无效责任的方式包括返还财产,折价赔偿,损害赔偿和收归国有或者返还集体、第三人。缔约过失责任只有损害赔偿一种责任方式。

[①] 参见崔建远主编:《合同法》(第三版),法律出版社2003年版,第85页。

(三) 合同无效责任与预期违约责任的区别

合同无效责任与预期违约责任容易混淆。这两种合同责任的区别是：

1. 发生时间不同

这两种合同责任也是在时间上前后相序、相互衔接的。两者之间衔接的标志是合同是否发生效力。合同生效之前只能发生合同无效责任，合同生效之后到合同履行期届满之前发生的合同责任是预期违约责任。

2. 发生原因不同

合同无效责任的发生原因是因为合同成立之后没有发生预期的效力或者被撤销，因而发生合同责任。而预期违约责任则是合同有效成立，但由于当事人一方故意毁约而发生的合同责任。

3. 归责原则不同

对合同无效责任的归责原则，应当分别情况适用无过错责任原则和过错推定原则。预期违约责任适用过错责任原则，不适用其他归责原则。

4. 适用的责任方式不同

合同无效责任的方式为返还财产，折价赔偿，损害赔偿以及收归国家所有，返还集体、第三人，而预期违约责任的方式主要是损害赔偿和给付违约金。

二、引起合同无效责任的原因

合同无效应当具有法定原因。《合同法》规定，我国合同效力的状态有三种形式，这三种形式产生的原因，就是引起合同无效的原因。合同效力状态的三种形式及其具体原因是：

(一) 绝对无效合同被宣告无效

合同绝对无效，是指合同因为具有法律所规定的合同无效的事由之一，自始就不发生合同的效力。凡是具有《合同法》第52条规定的情形之一的，合同一律无效。

在《合同法》的条文中，没有规定无民事行为能力人订立的合同的效力问题，既没有在合同效力待定中规定，也没有在合同绝对无效和相对无效中规定。对此，应当适用《民法通则》第58条第1项规定，认定无民事行为能力人订立的合同为绝对无效合同。

合同被宣告无效后，发生合同无效责任。

(二) 相对无效合同被撤销

合同相对无效，是指合同在成立之时还是有效的，但是由于该合同在订立时具有法定情形之一，因一方当事人的原因，而使对方当事人的意思表示违背了其真实的意思，致使其利益受到损害，因此对方当事人可以请求撤销或者变更该合同。相对无效合同被当事人请求撤销后，原合同无效。

合同撤销,发生合同自始无效的后果,因而与合同绝对无效的后果是一样的,即同样发生合同无效的法律后果,当事人应当承担合同无效责任。

(三)合同效力待定未被追认或者被撤销

限制民事行为能力人、无权代理人订立的合同,由于其订立合同的资格受到限制,他们订立的合同的效力是不能确定的,因此称作合同效力待定。

合同效力待定说明合同的效力还没有确定。按照规定,一是由法定代理人或被代理人追认,或者经过相对人催告,法定代理人或者被代理人追认;二是善意相对人撤销;三是法定代理人或者被代理人拒绝追认。在善意相对人撤销和法定代理人或者被代理人拒绝追认的情况下,效力待定合同归于无效,发生合同无效的法律后果,应当承担合同无效责任。

(四)因欠缺生效条件而不生效的合同

合同成立之后,由于欠缺生效条件而使该合同不生效,其效果既不是合同不成立,也不是合同无效。合同成立之后不生效,法律效果与合同无效责任基本相同,也发生合同无效责任。

三、合同无效责任的构成

合同无效责任的构成,应当具备合同责任构成的一般要件,但有自己的特点,并以这些特点与其他合同责任构成相区别。

(一)造成合同无效的行为

在合同绝对无效、相对无效和效力待定三种情况中,法律都规定了具体事由。由于已经成立的合同具有这些事由,造成了合同无效的后果。此外,合同未具备生效条件,也是构成合同无效责任的要件。

(二)合同无效的后果以及当事人财产损失的事实

合同无效的后果是构成合同无效责任的客观要件,无论是承担返还财产还是折价补偿或者损害赔偿责任,都必须具备这一客观要件。在合同无效的损害赔偿责任中,还要具备财产或者财产利益损失的要件。这一要件只包括财产损失,不能包括人身伤害及精神损害的事实。如果造成人身伤害的事实,则应当按照《侵权责任法》规定的规则处理;如果造成精神损害的事实,则无法依据《合同法》予以保护。构成责任竞合的,应当寻求《侵权责任法》的保护。

合同无效的财产损失是指信赖利益的损失,应当参照缔约过失责任的信赖利益损失的确定方法予以确定。

(三)造成合同无效的行为与合同无效以及损害之间具有因果关系

构成合同无效责任的因果关系,是指造成合同无效的行为与合同无效以及财产损失的事实之间,具有引起与被引起的关系。因果关系对于一般的合同无效责任没有特别的意义,但对于合同无效责任的损害赔偿责任则是必备要件。

合同无效行为如果与损害事实之间没有因果关系,则不构成合同无效的损害赔偿责任。

(四) 行为人的过错

当事人一方在造成合同无效的行为中如果具有过错,就构成损害赔偿的责任;如果双方都具有过错,则遵照过失相抵原则,按照过错以及原因力的比例分担损失。如果没有造成损失只是依据合同占有对方财产,则应当承担返还财产及折价补偿责任,不必具有过错要件。

四、合同无效责任的方式

按照我国《合同法》第 58 条和第 59 条规定,合同无效的法律后果是:

(一) 返还财产或者折价补偿

合同成立之后,由于无效、被撤销、不被追认或者根本未生效,该合同自始归于消灭,不复存在。当事人一方或者双方基于曾经存在的合同所为的给付就失去存在依据,应当返还。如果该财产为财产交付时,发生返还财产的效果。

返还财产如果是所有物返还时,返还范围为受领给付时的价值额,应当如数返还。如果返还财产由于原物不存在而变为不当得利返还时,返还范围以现存利益为限,除非返还义务人为恶意。①

如果根据该合同的实际情况,已经占有的财产不能返还或者没有必要返还的,应当折价补偿。

返还财产具有物权效力,即优先于普通债权的效力。如果返还义务人的财产不足以清偿数个并存的债权时,返还权利人能够优先于其他人而获得财产返还。如果原物不存在而变为折价补偿时,则无此效果。

(二) 赔偿损失

合同无效责任中的损害赔偿责任的性质是缔约过失责任,确定合同无效责任的损害赔偿责任,应当遵循缔约过失责任损害赔偿的规则进行。

(三) 收归国家所有或者返还集体、第三人

依照《合同法》第 59 条规定,当事人恶意串通,损害国家、集体或者第三人利益的,因此而获得的财产应当收归国家所有或者返还集体、第三人。

【案例讨论】

讨论提示:饭庄关于就餐套筷收取 1 元钱费用的声明属于店堂告示。我国《消费者权益保护法》第 24 条规定:"经营者不得以格式合同、通知、声明、店堂告示等方式作出对消费者不公平、不合理的规定,或者减轻、免除其损害消费者

---

① 崔建远主编:《合同法》(第三版),法律出版社 2003 年版,第 85 页。

合法权益应当承担的民事责任。格式合同、通知、声明、店堂告示等含有前款所列内容的,其内容无效。"因此,本案的店堂告示内容无效,客人拒绝给付饭庄套筷费用的行为不构成违约行为。

讨论问题:1. 店堂告示是否属于合同的内容? 2. 合同无效责任的基本内容是什么? 3. 合同内容部分无效,应当怎样处理?

第三节 预期违约责任

【典型案例】

原告、被告双方于2004年10月4日签订购销纱布合同,规定被告供给原告某种型号的纱布6666.7 m,交货时间为2005年1月15日,交货方式为原告自提,并对纱布质量作出了明确规定。在合同订立后,原告向被告预付定金1万元。2005年1月3日,原告派人到被告方检查纱布质量,发现被告生产的纱布密度不够,并有污渍,不符合合同规定的质量标准,当即向被告提出,原告不能派人前来提货。被告表示会想办法消除瑕疵,希望继续交货。原告认为已临近交货期,被告不可能在短期内达到合同规定的质量标准,遂于2005年1月8日给被告发函提出因被告违约而解除合同,被告不同意,原告在1月10日向法院起诉,主张被告应承担不能交货的违约责任,并应双倍返还定金。

一、预期违约责任概述

(一) 预期违约责任的概念与特征

预期违约责任是广义违约责任中的一种特殊形式,也叫先期违约责任,是指在合同履行期届满之前,一方当事人无正当理由而明确表示其在履行期届满之前将不履行合同,或者以其行为表明其在履行期届满以后也不可能履行合同时应当承担的合同责任。

预期违约责任与其他合同责任相比,具有以下特点:

(1) 预期违约行为发生在合同履行期届满之前。

传统的预期违约责任发生的时间界限,是以合同有效成立为起点,至合同履行期届至为终点,只有在这个期间才可能发生预期违约责任,而且在这个期间只能发生预期违约责任,不能发生其他合同责任。因此,预期违约也叫做期前违约。我国《合同法》第108条规定预期违约,规定的是履行期限届满之前违约。对其如何理解应当分为两种情形:第一种情形,是约定确定的履行开始期且有确定的期间的,履行届至之前违约,即为预期违约,例如约定供货期为1年,1月1日开始供货,1月1日之前违约者为届至之前违约。第二种情形,是合同约定期限届满才开始履行债务的,履行期届满之前不履行债务的,为预期违约,例如借贷合同,约定1年后期限届满,即当年12月31日,开始履行清偿债务,在该期限届满之前即违约者,为预期违约。下文称履行期限届满之前,包括以上两种情形。

(2) 预期违约行为的具体表现是未来将不履行合同义务。

预期违约行为不是现实地不履行合同,因此不是实际违约。在合同双方当事人订立了合同之后,虽然在它们之间已经确立了权利义务关系,但这种权利义务关系还没有到履行的时间,债权人还不能请求债务人清偿债务,所以,债务人还没有必须立即履行债务的法律依据,是可以不履行的。预期违约的明示毁约或者默示毁约,都是表示自己在合同履行期届满之后将不履行合同,因而是未来的不履行,而不是现实的不履行。

(3) 预期违约侵害的合同债权是期待的债权。

一般认为"没有到期的债权等于没有债权",因而没有到履行期的合同债权还不是现实的债权,而是期待的债权,合同没有到履行期,债权只能是一种期待利益。因此,预期违约所侵害的合同债权并不是现实的债权,而是期待的债权。规定预期违约责任是为了切实保护债权人的利益,避免受到债务人明示或者默示毁约的损害。将债权人的期待债权置于法律保护之下,使这种期待的债权不遭受债务人的侵害。

(4) 预期违约不是仅有一种救济手段。

债务人明示或者默示毁约,债权人可以在合同履行期限届满之前请求债务人承担违约责任。但我国《合同法》第108条在这里使用的是"可以",意味着债权人可以选择:既可以选择履行期届满之前起诉,让债务人承担预期违约责任;也可以等待合同履行期限届满之后,要求债务人继续履行,待其不履行时再起诉债务人承担实际违约责任。

(二) 预期违约责任与实际违约责任的时间界限

预期违约责任与实际违约责任在时间界限上是有区别的。

预期违约责任与实际违约责任都发生在合同成立并且发生效力以后,而不是发生在合同有效成立之前。这一点是相同的,但在时间顺序上有严格区别:预期违约责任发生在合同成立并发生效力之后,其截止时间是合同的履行期限届满之前,因此是"期前违约"和履行期届满之前违约。而实际违约责任虽然也是发生在合同成立并生效之后,但只要合同履行期限没有届满,就不发生实际违约责任,只有在合同的履行期限届满之后,债务人不履行或者不适当履行,才能够发生实际违约责任。

(三)预期违约责任存在的基础

对于预期违约责任制度的存在基础,存在不同理解,主要有以下几种学说:(1)要约承诺理论;(2)不能履行理论;(3)隐含条件理论;(4)实际违约理论;(5)保护履行期理论;(6)必然违约理论。① 我们认为,预期违约责任制度是为了解决合同生效后至义务履行前发生的合同履行上的风险而建立的一项法律制度。预期违约中违约人所违反的,恰恰是依诚实信用原则所产生的合同当事人的义务。因为按诚实信用原则的要求,合同当事人不仅要承担法律规定和合同约定的义务,还应当承担随着合同关系的发展所产生的诚实、善意的附随义务。换言之,预期违约实质上是在合同有效成立后、履行期届满之前,违反双方当事人基于诚实信用原则所产生的积极准备以保证合同履行的义务时所产生的责任形态。

(四)预期违约责任的历史发展

预期违约责任起源于19世纪50年代的英国。在霍切斯特诉戴·纳·陶尔案中,被告与原告约定,被告作为原告的送信人,从1852年6月1日起作为送信人,雇用期为6个月。同年5月15日,被告向原告明确表示,将不履行合同为原告送信。原告于5月22日起诉,要求被告损害赔偿,同时,原告也找到了其他人来为其工作。法院判决原告胜诉。本案的争议焦点在于原告是否可以在期前起诉追究被告的违约责任,很多人认为原告的起诉过早。法官认为,原告的起诉并不过早,如果不准许原告在期前即起诉,而让他坐等实际违约的发生,他必将陷入无人为其送信的境地。在一方当事人明确表示他将不履行该合同的情况下,允许受害方缔结其他合同关系是合理的。这是明示毁约的最早判例。

1894年,在英国辛格夫人诉辛格案件中又确立了默示毁约规则。该案是:被告于婚前向原告许诺,他婚后将把一栋房屋转归原告所有,但被告此后又将该房屋卖给第三人,使其许诺成为不可能。法院认为,尽管不排除被告重新买回该房屋以履行其许诺的可能性,但是原告仍有权解除合同并请求赔偿。②

同时,英国法院也准许一方预期违约后,另一方基于自身利益的考虑,可能会置对方的预期违约于不顾,对预期违约暂不提起诉讼,而要等到履行期到来之后要求违约方继续履行或者赔偿损失。

学者认为,预期违约规则有助于使损失降到最低限度。在像霍切斯特诉

---

① 杨永清:《预期违约规则研究》,载梁慧星主编:《民商法论丛》(第3卷),法律出版社1995年版,第355页。
② 参见王利明:《合同法研究》(第二卷),中国人民大学出版社2003年版,第499页。

戴·纳·陶尔这样的案件中,如果原告不立即起诉,就得准备履行合同。预期违约规则赋予原告立即起诉的权利,无论如何都等于鼓励他解除合同。这样,可以避免额外的损失。① 在以后的实践中,这些判例确立的原理进一步得到确认,并创立了完善的预期违约责任规则,在实践中得到广泛应用。美国《统一商法典》采取了预期违约概念,并分为明示毁约和默示毁约两种形式。《联合国国际货物销售合同公约》也采纳了预期违约概念,但没有像英美法那样分为明示毁约和默示毁约,而是分为预先非根本性违约和预先根本性违约两种形式。

大陆法系国家民法没有设立预期违约责任制度,但绝大多数国家立法确立的不安抗辩权制度与英美法系的预期违约责任制度比较相似。

我国《合同法》确认预期违约责任,在第108条中规定了预期违约的两种基本形式,即明示毁约和默示毁约。

二、明示毁约

(一)明示毁约的概念

明示毁约是指一方当事人无正当理由,明确、肯定地向另一方当事人表示他将在履行期限到来之际不履行合同约定的义务的违约行为。正如美国《合同法重述》第二版第250条规定的那样,只有在"一方当事人的行为是自愿的、确定的,而且使其义务的履行现实地、明显地表现为不可能时,才构成明示毁约"。

(二)明示毁约的构成要件

构成明示毁约,应当具备以下条件:

(1)毁约方必须肯定地向对方提出毁约的表示。

只有在毁约方自愿地、肯定地提出毁约意思的情况下,才能构成明示毁约。为了确定毁约方的毁约表示,有的学者认为,由于毁约方在作出毁约的表示以后,还可能撤回其毁约的意思,因此,对方应当向毁约方发出要求其撤回毁约表示的催告,这样才能最终确定对方的毁约是最终的表示。但预期违约责任允许毁约方撤回毁约表示,也允许受害一方在其撤回毁约表示之前解除合同,因而不必以催告作为确定毁约行为的条件。只要毁约方所作出的毁约表示是明确的、肯定的,就可以构成明示毁约。

(2)毁约方必须明确表示在履行期限到来以后不履行合同义务。

只有在履行期尚未到来前,毁约方明确提出他将不再履行合同,才能构成期前毁约。如果是在履行期限界限到来之后提出毁约的,则构成实际违约。明示毁约的明确表示,既要有明确的不再履行合同的意思,又要有明确的毁约内容。如果仅仅说不再履行合同,原因却是第三人的原因等非因毁约人的过错导致的

---

① 转引自韩世远、崔建远:《先期违约与中国合同法》,载《法学研究》1993年第3期。

履行不能,则拒绝履行是合理的,不能认定为明示毁约。

(3)毁约方必须表示不履行合同的主要义务。

明示毁约必须对对方当事人的利益构成重大威胁,将严重损害其期待利益,因此,明示毁约的不履行合同义务必须是合同的主要义务,而不是一般义务或者附随义务。明示毁约的拒绝履行对相对人从合同履行中获得的利益有重大影响,致使合同目的落空。如果拒绝履行的仅仅是合同的部分义务或者非主要义务,并不妨害债权人所追求的根本利益,就不构成明示毁约。

(4)明示毁约没有正当理由,明显具有过错。

明示毁约须无正当理由。毁约有正当理由的不构成明示毁约。在一般情况下,明示毁约的原因有:第一,为了获得更大利益而将一物数卖;第二,为了避免履行期到来时市场行情的不利而减少损失;第三,认识到从事了一项对自己不利的交易而准备撤回交易,等等。这些理由都不是正当理由。在实践中确定一个当事人的行为是否构成明示毁约,应当按照这样的要件来把握。应当注意的是,明示毁约都是故意行为,当事人之所以明确表示毁约,总是另有所图。因此,明示毁约的当事人应当在主观上具有故意。不具有故意的,不能构成明示毁约。

三、默示毁约

(一)默示毁约的概念

默示毁约是指当事人一方在合同履行期限届满之前,以自己的行为表明不履行合同约定的债务的违约行为。

与明示毁约相比,默示毁约在行为是发生在合同履行期限届满之前、行为的目的是不再履行合同债务、没有正当理由等方面是一致的;只是在毁约表现的形式上有所区别,即明示毁约是当事人公开表示毁约,有明确的意思表示;默示毁约当事人则没有明确的表示,只是在行为上表现出不再履行合同债务的意思。

(二)默示毁约与不安抗辩权

在实践中,与默示毁约最相类似的制度是不安抗辩权。

默示毁约是英美法的制度,大陆法系一般不承认这一制度。大陆法系的类似制度是不安抗辩权,同样可以保护债权人的利益。因此,有些学者认为,我国不应当建立默示毁约制度,甚至不承认我国《合同法》规定了默示毁约制度,认为只要规定了不安抗辩权制度就足以保护债权人的利益了。

在《合同法》公布之前,我国立法既不承认默示毁约,也不承认不安抗辩权。《合同法》制定时,将这样两种制度同时规定,既规定了默示毁约,又规定了不安抗辩权,这是立法的客观事实,是不能否认的。

同时,尽管默示毁约与不安抗辩权是两个相类似的合同法制度,同时规定会给执法者正确适用法律带来一定困难,但是,这两个制度毕竟不是一个制度,各有不同的构成要件和适用范围,其作用也各不相同。只要把默示毁约与不安抗辩权之间的区别界定清楚,就能够在实践中准确掌握,更好地保护合同债权人的合法权益。

默示毁约与不安抗辩权的主要区别是:

(1)两者适用的前提不同。

不安抗辩权适用的前提是双务合同,且履行的先后顺序有所不同,先履行合同义务的一方当事人享有不安抗辩权。默示毁约在适用上不要求有这样的条件,无论是双务合同还是单务合同,无论是先履行还是后履行,都可以适用默示毁约责任。

(2)在构成要件尤其是过错的要件上有所不同。

不安抗辩权的构成不必具备过错的要件,只要是负有后履行义务的一方其财产显形减少,有不履行之虞的,对方就可以行使不安抗辩权。默示毁约则不同,毁约的一方当事人在主观上应当有过错的要件,没有过错的主观要件不构成默示毁约责任。

(3)适用的法律依据不同。

行使不安抗辩权的法律依据是我国《合同法》第68条规定;默示毁约的法律依据是我国《合同法》第108条规定。前者是在合同履行中规定的,性质是合同履行中的抗辩权;后者是在违约责任中规定的,性质是违约责任。

(4)法律救济的后果不同。

不安抗辩权的救济后果是中止履行合同,当行使不安抗辩权的条件消失后,应当继续履行合同。默示毁约的法律后果是责令违约方承担违约责任,而合同本身已经消灭,不再履行。

(三)默示毁约的构成要件

默示毁约的构成应当具备的条件是:

(1)一方预见对方在履行期限到来时将不履行或者不能履行合同。

构成默示毁约的主要条件不像明示毁约那样,有毁约人的明确表示,而是一方当事人的合理预见。这种合理预见对方当事人在履行期限到来时将不履行或者不能履行合同的事实,就是我国《合同法》第68条所规定的情况,即:经营状况严重恶化;转移财产、抽逃资金,以逃避债务;丧失商业信誉;有丧失或者可能丧失履行债务能力的其他情形。凡是具有上述情况的,尽管他们没有明确表示自己毁约,但根据其行为和能力等情况表明他将会不履行或者不能履行合同。

(2)一方当事人的预见须有确切的证据。

对于预见到合同当事人将会不履行或者不能履行合同义务的事实,提出主张的一方当事人应当有确切的证据证明。这就要求预见的一方当事人必须举证证明对方的届时将会或者可能不会履行合同的事实,使法官建立起确信。

(3) 对方当事人具有毁约的过错。

默示毁约尽管当事人对毁约还没有作出明确的意思表示，但在他的客观行为上已经有了明确的外在表现，表明了他在合同期限届满时不履行合同约定的义务，一般是故意的主观状态。确定默示毁约的构成适用过错责任原则，不具有过错，不能认定为默示毁约。如何判断对方当事人的故意？如果对方当事人已经具备了上述两个要件，即具有毁约的事实和证据，而又不能按照债权人的要求对履行合同债务提供担保，就可以认定债务人构成了默示毁约的故意。

四、预期违约的责任方式

我国《合同法》规定，预期违约的救济手段与实际违约的救济手段是一样的，都是承担违约责任。这就是继续履行、采取补救措施、支付违约金、损害赔偿。

(一) 明示毁约的责任方式

(1) 非违约方可以无视违约方预期违约而继续维持合同效力。

基于合同秩序的效益考虑，法律将确定合同效力存续的决定权赋予非违约方，非违约方只要不选择解除合同，合同效力就将继续存续并将继续约束双方当事人。非违约方不能在履行期到来之前要求预期违约方赔偿损害，而只能等到履行期届满之后，请求其继续履行合同，或者要求其承担实际违约责任。违约方在履行期届满之前，可以撤回其预期违约的意思表示，继续履行合同，因为预期违约只是违约的风险，并不必然导致实际违约。

(2) 非违约方也可以立即解除合同并要求损害赔偿。

预期违约的损害赔偿与实际违约的损害赔偿范围是不同的。实际违约的违约人所承担的是由于其违约行为所造成的非违约方期待利益的损失，而预期违约因债务尚未届至清偿期，尽管一方明确表示将不履行合同，但该当事人并未违反到期履行义务，而只是违反了"不危害给付实现的不作为义务"，他所侵害的只是债权期待。而且在预期违约，发生非违约方解除合同到合同履行期到来，债权人有很长时间可以采取补救措施以减少损失，因而他采取补救措施所减少的损失也应当从赔偿数额中扣减。如果毁约方履行债务应在将来某个时间，而现在由于其期前毁约就要求其承担债务到期不履行的实际违约责任，等于加速了毁约方的债务履行，也使其承担了过重的责任。

此外，预期违约方在作出毁约的意思表示以后至履行期到来之前，倘若非违约方尚未解除合同，毁约方可以作出撤回毁约的意思表示。因为在此期间，非违约方虽有权解除合同，但他放弃了该项权利的行使，足以证明非违约方是希望继续维持合同效力的，法律从鼓励交易的价值角度出发，应当允许毁约方作出撤回毁约的意思表示。但受害方在其毁约后取消了合同，或者从根本上改变了其境况，或者表示他认定毁约为最终性的，则不可撤回。

（二）默示毁约的责任方式

对于默示的预期违约救济，原则上与明示预期违约的救济是一致的，即赋予非违约方以选择权，非违约方既可于期限届满之前解除合同，也可无视其毁约表示，坐待期限届满之后主张实际违约责任。只不过非违约方选择行使期前解约权或者主张实际违约责任，应当有两项不同的前置做法：

（1）要求毁约方提供担保。

如果债权人选择行使期前解除权，应当先要求默示毁约方就合同履行提供担保；如果毁约方拒绝提供担保，非违约方才有权解除合同。

（2）暂时中止履行合同。

如果债权人选择坐待合同履行期满，则在默示毁约发生后可以暂时终止履行合同，以避免造成更大的损失。否则一旦违约事实发生，其损失就难以挽回。

【案例讨论】

讨论提示：确认是否构成预期违约，应当首先确认是否在期前违约，其次应确认属于明示毁约还是默示毁约。

讨论问题：1. 本案被告的行为构成预期违约吗？2. 如果构成预期违约，是明示毁约还是默示毁约呢？3. 明示毁约和默示毁约应当如何进行区别？

第四节 加害给付责任

【典型案例】

何某在水暖卫生洁具公司购买了某日用电器卫生厂生产的DL—20型不锈钢淋浴器一台，同时购买了某无线电厂生产的多功能漏电保护器一个，安装在自己家的卫生间中。何某于当日晚在用该淋浴器洗澡时，因淋浴器漏电和多功能漏电保护器质量不合格，遭电击死亡。何妻向法院起诉，状告两个产品的生产厂商，请求连带赔偿责任。

一、加害给付责任概述

（一）加害给付责任的概念

加害给付亦称为积极侵害债权，是德国学者创造的概念，指债务人履行给付不合债务本质,除发生债务不履行的损害之外,更发生履行利益之外的固有利益损害,债务人应当承担履行利益之外的固有利益损害赔偿的违约责任制度。

加害给付作为一种特殊的违约形态,表现在债务人不仅实施了不符合债的规定的履行行为,而且这种履行行为侵害了债权人履行利益以外的固有利益。德国学者将其称为附带损害,即履行利益以外的损害。①

(二) 加害给付责任与其他责任的区别

1. 加害给付与瑕疵履行

有的学者认为,加害给付也称为不完全履行,乃债务人未依债之本质所为之给付也。② 这种意见将加害给付与瑕疵履行予以混淆,是不正确的。诚然,加害给付行为也是瑕疵履行,但是,加害给付超出了一般的瑕疵履行,是由于瑕疵履行行为而造成了债权人的固有利益损害。如果仅仅是瑕疵履行,就没有债权人固有利益的损害;构成加害给付,必须在瑕疵履行的基础上,又造成了债权人的固有利益损害。这就是加害给付与瑕疵履行的基本区别。

2. 加害给付责任与实际违约责任

在合同责任中,加害给付与实际违约是一种特殊关系,构成责任竞合。因此,这两种合同责任的界限不是像其他合同责任那样,从时间顺序上就可以将其界定得十分清楚。

加害给付与实际违约最基本的区别,就在于履行合同所交付的标的物的质量不符合约定,即瑕疵履行,并且因此而给债权人造成合同利益以外的固有利益损失,而不是一般的实际违约。可以说,加害给付责任就是实际违约责任中的特殊责任,只不过由于加害给付责任自己的特殊性,既涉及固有利益的损失问题,又涉及违约责任与侵权责任的竞合问题,才作为单独的合同责任进行规制。我国《合同法》之所以没有明文规定加害给付责任,其实立法者就是要把加害给付作为违约责任对待,因而简化立法。事实上,这样并没有简化立法,还是在第122条中进行了规定。在实务中注意分清加害给付与实际违约之间的界限,关键是解决对我国《合同法》第122条的正确适用,掌握加害给付责任与产品责任及实际违约责任的界限,正确适用民事责任竞合的规则。

二、加害给付责任构成

加害给付责任的构成要件是:

(一) 债务人的履行行为不符合债务的本质

加害给付首先应当有债务人的给付行为。给付包括给付行为、给付效果及

---

① 王利明:《合同法研究》(修订版第二卷),中国人民大学出版社2011年版,第493页。
② 郑玉波:《民法债编论文选辑》(中),台湾五南图书出版公司1984年版,第717页。

给付标的。① 加害给付中的给付包括上述三种内容,但主要是指给付行为。合同的给付行为必须按照债务的本质进行,即按照双方当事人约定的债务内容和要求进行。不按照约定的债务内容和要求履行债务实施的给付行为,就是不符合债务本质的给付。

构成加害给付的给付行为只能发生在有效合同中,如果合同没有成立或者虽然成立了但没有生效或者无效以及被撤销,都不能发生加害给付责任,而是缔约过失责任或者合同无效责任。同时,加害给付行为的行为主体必须是债务人,而不能是第三人,因为第三人侵害债权则构成侵害债权的侵权行为。

(二) 加害给付的瑕疵履行造成了债权人固有利益的损害

加害给付行为本身就是一种瑕疵履行行为,但它损害的不是合同的预期利益,而是债权人的履行利益以外的固有利益,是债权人预期利益以外的人身的和财产的损害。一般的瑕疵给付所侵害的是债权人的履行利益即预期利益,是使债权人所接受的给付本身的价值的减少乃至于丧失。预期利益以外的利益就是固有利益,是指债权人享有的不得债务人和其他人侵害的现有人身和财产利益,是指产品和劳务瑕疵以及违反附随义务等使债权人遭受的人身伤害和给付标的以外的其他财产损害。② 这些利益的损害构成加害给付的客观要件。

预期利益与固有利益的区别在于:预期利益是指债务人依债的本旨履行时,债权人从中所得到的利益;换言之,债务人未依合同的规定履行时,债权人依合同本来应当得到,因为债务人的不履行或者不适当履行而没有得到的利益。固有利益包括两种,一是债权人的人身利益,它不可能是合同的预期利益;二是合同履行标的之外的其他的财产和财产利益。

(三) 加害给付侵害的既有债权人的相对权又有债权人的绝对权

债务人的给付行为造成债权人履行利益以外的损害,这种被损害的权利具有双重属性。它首先侵害了债权人的债权,这是侵害的相对权。同时它又侵害了债权人的绝对权,即债权人的财产权和人身权。应当区别的是,人身权的损害都是绝对权,是加害给付的行为所致。在财产权方面,损害履行利益的,侵害的是相对权,不包括对作为绝对权的财产权的损害。履行利益以外的财产利益则是债权人的绝对权。加害给付的侵害客体是双重客体,即债权和人身权或财产权。

(四) 加害给付的受害人是债权人,不包括第三人

加害给付行为既可能侵害债权人,又可能侵害债权关系以外的第三人。侵害债权人的财产权和人身权的,是加害给付所能概括的。加害给付的行为造成

---

① 参见王利明:《民商法研究》(第 2 辑),法律出版社 1999 年版,第 530 页。
② 同上书,第 532 页。

第三人损害的,不是加害给付的调整范围,而是产品责任的调整范围。对此应当注意区别。

（五）实施加害给付行为的债务人在主观上具有过失

构成加害给付责任,债务人应当具备过错要件,即有过错才能构成,没有过错就没有损害赔偿责任。这种过错应当按照过错推定原则的要求实行推定,如果债务人不能证明自己的给付行为给债权人所造成的损害后果是由于不可抗力或者其他的法定免责事由所致,则债务人的过错推定成立,构成加害给付责任。

三、加害给付与产品责任竞合

加害给付与产品责任密切相关,相互之间具有极为密切的关联。如何区别以及在法律适用上如何做到准确,需要特别注意。

（一）不构成责任竞合的部分

缺陷产品致人损害,包括对缺陷产品买受人即债权人的损害和对第三人的损害。缺陷产品造成第三人损害,该第三人原本与产品制造者、销售者之间不存在合同关系,其损害赔偿关系只能是侵权责任,应当以侵权损害赔偿责任确认其性质。因此,在缺陷产品造成的不是债权人的固有利益损害,而是造成合同关系以外的第三人损害的,不发生责任竞合,只能按照产品责任适用法律。

（二）构成责任竞合的部分

缺陷产品致买受人即债权人的固有利益损害,在产品生产者、销售者与买受人即受害人之间原本就存在合同关系,双方当事人本来就是这种合同关系的债权人和债务人。在发生缺陷产品造成损害之后,在受害人与加害人之间产生两个损害赔偿法律关系,一是产品责任的侵权损害赔偿法律关系,二是加害给付的违约损害赔偿法律关系。前者依据《侵权责任法》的规定而发生,后者依据合同约定的给付义务、附随义务、保护义务的不履行而发生,形成侵权责任与合同责任的竞合。

加害给付的不适当履行行为造成了对债权人的履行利益以外的固有利益损害,是一种同时侵害债权人的相对权和绝对权的不法行为。在加害给付损害固有利益方面的加害给付责任,既是一种合同责任,也是一种侵权责任,是合同责任与侵权责任的竞合。

在判例和学说中,加害给付与侵权行为常常互相代替。一般认为,由于加害给付导致缺陷产品致人损害后果,一般应按产品责任处理。我国《侵权责任法》也是把产品责任作为侵权责任对待的。

（三）产品责任不能保护的加害给付责任的部分内容

加害给付责任与产品责任不是完全相同的。加害给付是侵害了债权人的相对权与绝对权的违约行为,在侵害绝对权方面,造成了债权人固有利益的损害,既构成侵权责任,也构成违约责任。但是,在加害给付所造成的预期利益损失方面,产品责任不能保护。在这种情况下,如果债权人依据我国《合同法》第122条规定起诉,选择侵权责任追究债务人的责任,则势必还要另行起诉一个请求,就是依据合同责任的规定,请求实际违约责任,以救济其预期利益的损失。按照我国《侵权责任法》第41条规定的理解,产品自损与侵权责任即使可以同时起诉,作出诉的合并,但也还是两个不同的诉。因此,加害给付责任所包含的范围更为广泛,产品责任只是加害给付的一种形态,不能完全代替因加害给付所产生的合同责任。同时,产品责任也有加害给付责任包含不了的内容,例如造成侵权损害的精神损害赔偿问题。

(四)责任竞合的规则

民事责任竞合,实际上表现为请求权竞合。受害人对竞合的赔偿请求权享有选择权。我国侵权法理论通说认为产品责任的赔偿请求权性质是单一的,不存在竞合问题,当事人只能依侵权赔偿请求权行使。这种看法不完全正确。在缺陷产品致害第三人的责任中,这种看法是正确的。但在缺陷产品造成债权人固有利益损害的场合,这种主张就不准确,因为对此不准许受害人自由选择赔偿请求权是不公平的。

第一,从责任竞合的观点看来,由于合同责任和侵权责任在举证、归责原则、责任构成条件、免责条件以及诉讼管辖上,都存在着重大区别,例如,合同纠纷的诉讼,由被告住所地或者合同履行地人民法院管辖;侵权行为的诉讼,由侵权行为地或者被告住所地人民法院管辖。受害人选择何种请求权起诉,直接关系到受诉法院管辖权,不允许受害人选择对其不利。

第二,从赔偿的范围来看,违约损害赔偿旨在补偿受害人的预期利益损失,使受害人获得从交易中应该得到的利益。产品责任的受害人因瑕疵履行遭受了重大的预期利益损失,允许受害人选择合同责任,就可以得到预期利益的赔偿,而按照侵权责任的赔偿范围,则很难包括预期利益的赔偿。可见,准许受害人选择侵权赔偿请求权或违约赔偿请求权,对于保护受害人的合法权益是有利的。

产品致害责任并不是在任何情况下由受害人作出选择都对受害人有利,因而必须明确在何种情况下受害人可以选择,在何种情况下受害人不可以选择而只得按侵权责任起诉。其规则是:

1. 受害人不得选择的缺陷产品致害

受害人只能依照侵权诉因起诉的主要情形有如下两种:

(1)缺陷产品造成第三人损害。缺陷产品造成第三人损害由于只有一种救济方法,即侵权的救济方法,故而由加害人直接对第三人负侵权责任,不可以选择合同责任救济损害。

(2)缺陷产品的受害人主张精神损害赔偿。缺陷产品造成受害人人身损害并且造成精神痛苦或者精神利益损失,主张精神损害赔偿的,由于精神损害赔偿是侵权责任独有的责任方式,合同法不可以确认这种责任方式,因而受害人不得主张加害给付责任,只能选择主张产品责任追究对方的侵权责任。

2. 受害人可以选择的产品致害责任

除上述两种情况以外的其他缺陷产品致害,受害人可以选择侵权诉因或者违约诉因向法院起诉。选择的原则是赔偿权利人认为对自己有利。加害人对此无选择权,亦无拒绝选择的权利。受害人选择不明或未选择的,法院应依对受害人有利的原则裁判。

【案例讨论】

讨论提示:判断是否构成加害给付责任,关键在于违约行为是否造成了债权人的固有利益损害。

讨论问题:1. 本案两名被告的行为是否构成加害给付责任? 2. 构成加害给付责任,承担的责任与实际违约责任有何不同? 3. 加害给付责任构成责任竞合,应当如何适用法律?

第五节 实际违约责任

【典型案例】

南通市王先生为装修新房,先后于 2002 年 7 月 15 日及 8 月 12 日向某地板销售门市部购买了 120 平方米、18.27 平方米的水曲柳实木地板,共花 8711 元。2003 年 4 月装修竣工后不久,王先生发现地板上有虫蛀痕迹,且有蛀虫出现,在室内飞舞。王先生要求销售者赔偿,销售者说其产品经过高温高压消毒,不会出现虫蛀,拒绝赔偿。王先生起诉。经过鉴定,王先生家中的飞虫是该水曲柳地板所生的"家茸天牛"。一审法院查明该地板无厂家名称、生产日期、检验合格证明,为不合格产品,认为消费者有权要求退换,对造成的损失销售商应予赔偿,判决该门市部于判决生效之日起 10 日内赔偿王先生地板款和损失共计人民币 25077 元。

一、实际违约责任概述

（一）实际违约责任的概念

实际违约责任是指合同履行期限届满，债务人不履行或者不完全履行合同约定的义务，债务人应当承担的合同责任。实际违约责任是广义违约责任三种责任形态中的核心部分，是最重要、最常见的合同违约责任形式。

（二）实际违约责任的特征

（1）实际违约责任是当事人不履行合同债务所生的合同责任。

合同成立并有效，在合同当事人之间发生合同法律关系，即产生合同之债。合同债务是合同债务人依据法律或合同的规定负有的，按照债权人的请求为一定给付的义务。狭义的合同给付义务包括主给付义务和从给付义务，广义的给付义务还包括附随义务和次给付义务。对这些合同债务不履行，都构成实际违约责任。

（2）实际违约责任是合同之债发生的第二次给付效力。

合同之债的债权债务关系是合同之债的第一次给付义务。当合同债务不履行时，则发生合同之债的第二次给付义务，也称为次给付义务。与它相对应的是合同的原给付义务，即合同的第一次给付义务。第二次给付义务是原给付义务在履行过程中，因特殊事由演变而生的义务，不是合同原本的义务。当债务人在合同履行中不履行或者不适当履行，致使债权人发生财产损害时，在合同当事人之间即发生损害赔偿的第二次给付义务。违约人应当承担赔偿义务，受害人即债权人一方享有请求赔偿的权利。第二次给付义务构成合同当事人之间的新的债权债务关系，就是实际违约责任。

（3）实际违约责任基本上是财产责任。

在罗马法，把债的关系视为人身关系，债务不履行，债权人就可以拘押债务人。在日尔曼法也有过这样的规定。在当代，实际违约责任是财产责任，不具有人身性，其中的损害赔偿、违约金、强制履行、采取补救措施等，都具有财产性，不具有人身性。

（4）实际违约责任的基本性质是补偿性，但少数具有惩罚性。

实际违约责任的基本性质是补偿性，其功能在于补偿受害人的财产以及财产利益的损失。它是通过损害赔偿、违约金支付、继续履行债务、采取补救措施等方式，使受到损害的债权人得到补偿。同时，我国《合同法》第113条第2款也承认部分实际违约场合的惩罚性赔偿制度。例如，对于产品欺诈和服务欺诈行为，就规定了双倍赔偿的惩罚性赔偿制度。

（5）实际违约责任是可以由当事人在法律允许范围内约定的责任。

合同关系是因当事人的协议而成立，当合同关系遭到破坏时，作为补救措施的违约责任自然可以由当事人自行约定,但应当在法律规定的范围内约定,超出法律规定的违约责任,法律不予承认。

二、实际违约责任的构成

(一) 违反合同约定义务的行为

违反合同约定义务的行为是构成违约责任的要件。违约是违反在合同中约定的义务,特征是这种合同义务一般不是法律规定的,而是当事人自己约定的。《合同法》的基本原则之一就是信守合同原则,要求当事人必须遵守约定。违反自己承诺义务的行为,就等于违反当事人自己的法律。

违约行为具有以下特点:(1)违约行为只能发生在合同关系之中。如果合同关系不存在,就不能发生违约行为。(2)违约行为的主体是合同关系当事人,其他任何第三人由于对特定合同关系当事人不承担义务,因而不能成为违约行为当事人。(3)违约行为在客观上违反了合同约定的义务,违约行为正是合同当事人一方对约定义务的不履行,在客观上表现为违反了合同的约定。违反法定的合同义务,也认为是违约行为。(4)违约行为在后果上导致了对债权人债权的侵害,不是第三人对债权的侵害,而是合同当事人对合同债权的侵害。

(二) 合同不履行的后果

合同不履行的后果,是指合同不履行给债权所造成的后果,包括给债权人所造成的损害。

在一般情况下,合同义务不履行只是造成债权人债权的损害,债权不能实现。损害的表现是,债权人订立合同所期待的合同利益不能实现,即预期利益的不能实现。另一种损害事实是构成损害赔偿的客观依据,即合同不履行所造成的财产损失和人身损害的客观事实。后一种损害后果即固有利益的损害已经包含在加害给付责任之中,除了个别场合,实际违约责任的损害后果不包括这种损害结果。

违约损害赔偿责任构成的财产损害事实是债权的损害事实。当一方当事人违反合同的约定,侵害了另一方当事人的债权,使债权人的债权这种期待财产利益造成损害时,就构成违约损害赔偿责任。

在违约损害赔偿中,区分财产损失的主要标准是直接损失和间接损失。直接损失是受害人现有财产的减少,也就是加害人违约行为或不法行为侵害受害人的财产权利,致使受害人现有财产减少的损失,如财物被毁损、被侵占而使受害人财富的减少。间接损失是受害人可得利益的丧失,即应当得到的利益因受违约行为或不法行为的侵害而没有得到。间接损失有三个特征:一是损失的是一种未来的可得利益,而不是既得利益。在违约行为实施时,它只具有财产取得的可能性,还不是现实的财产利益。二是这种丧失的未来利益是具有实际意义的,是必得利益而不是假设利益。三是这种可得利益必须是在一定范围之内,即违约行为或侵权行为的直接影响所及范围,超出该范围不认为是间接损失。

我国《合同法》第 113 条第 1 款明确规定了违约损害赔偿的范围,即:"当事人一方不履行合同义务或者履行合同义务不符合约定,给对方造成损失的,损失赔偿额应当相当于因违约所造成的损失,包括合同履行后可以获得的利益,但不得超过违反合同一方订立合同时预见到或者应当预见到的因违反合同可能造成的损失。"

（三）因果关系

实际违约的因果关系是违约行为与后果事实之间引起与被引起的因果关系,指的是违约行为作为原因,后果事实作为结果,在它们之间存在的前者引起后果,后者被前者所引起的客观联系。在违约损害赔偿责任构成中,因果关系的判断更为重要,应以相当因果关系规则作为标准。

（四）过错

实际违约的过错只有在违约损害赔偿中才应具备,在继续履行、采取补救措施和承担违约金的责任构成不要求具备这样的要件。法国法认为,合同关系中债务人的过错与侵权行为人的过错并不完全相同,在《法国民法典》第 1147 条规定的"不履行义务的行为"中,已当然地包含了当事人的过错。[①]

实际违约的过错,可以是故意,也可以是过失。惩罚性赔偿责任的过错要件必须是故意,不具有故意,不能构成商品欺诈和服务欺诈,不能构成惩罚性赔偿责任。其他实际违约损害赔偿责任,故意或者过失都可以构成。

过错程度有轻重之分。但过错的轻重与损害赔偿责任的关系,传统学说一直认为,"区分故意与过失,在刑法上对于定罪量刑具有重要意义,而在民法上,一般情况下,对于确定行为人的民事责任并无实际意义。因为民事责任的承担,完全是根据损害事实决定的"。[②] 这种观念并不完全准确。在惩罚性赔偿责任中,由于债务人具有故意,因此应当承担双倍的赔偿责任。不仅如此,在合同责任中,债务人过错程度的严重程度不同,会导致不同的效果。因而法国法将过错分为欺诈性过错、不可原谅的过错、重过错以及一般过错。[③] 这种看法是正确的。我国将过错分为故意、重大过失、过失（包括主观过失和客观过失）、一般过失和轻微过失。

实际违约责任过错要件的证明责任,由于适用过错推定原则,因而过错要件是推定的,由于产品欺诈和服务欺诈的惩罚性赔偿责任实行过错责任原则,因而

---

① 尹田:《法国现代合同法》,法律出版社 2009 年版,第 81 页。
② 马原主编:《中国民法教程》,人民法院出版社 1989 年版,第 310—311 页。
③ 尹田:《法国现代合同法》,法律出版社 2009 年版,第 364—365 页。

产品欺诈和服务欺诈责任故意要件应由原告举证证明,不能实行推定。

三、实际违约的行为形态

（一）履行不能

履行不能也叫做给付不能,是指债务人在客观上已经没有履行能力,或者法律禁止该种债务的履行。例如,劳务合同的债务人丧失劳动能力,以交付特定物为给付标的的合同该特定物毁损灭失,都是履行不能。履行不能的判断标准是社会一般观念,不是一般的物理学的标准,应针对个案的具体情况,斟酌交易观念进行判断。①

1. 自始不能和嗣后不能

自始不能是合同无效的原因,而嗣后不能则是实际违约责任的要件。

2. 永久不能和一时不能

永久不能是指在履行期限或者可以为履行的期限届满时都不能履行。一时不能则为在履行期满时因暂时的障碍而不能履行。永久不能如果是嗣后不能,则为违约责任要件。一时不能在继续性合同场合成为部分不履行,构成违约;如果债务人在履行不能的障碍消失后仍不履行的,为迟延履行,构成违约责任。

3. 全部不能和部分不能

全部不能是指合同债务全部不能履行,如果属于嗣后不能,构成违约责任要件。部分不能,是指合同债务的一部分不能履行,如果属于嗣后不能,属于违约责任;如果属于自始不能,仍可能构成违约责任,但也有人认为构成瑕疵担保责任。

4. 事实不能和法律不能

事实不能是指基于自然法则而构成的履行不能,例如特定物的灭失而造成的履行不能;法律不能是指基于法律的规定而构成的履行不能,例如出卖禁止流通物的合同的履行不能。这两种履行不能都构成实际违约责任。

（二）迟延履行

迟延履行,又称之为债务人迟延或者逾期履行,是指债务人能够履行,但在履行期限届满时却未履行债务的违约行为。构成迟延履行,一是存在有效的债务,二是债务人能够履行,三是债务履行期届满而债务人没有履行,四是债务人的未履行没有正当事由。

根据债务履行期限的不同,迟延履行的判断标准如下:

1. 确定期限的迟延履行

合同有明确的履行期限的,采取"期限代人催告"原则。期限完成,债务人

---

① 崔建远主编:《合同法》(第三版),法律出版社 2002 年版,第 224 页。

当然陷入履行迟延。如果履行期限是一个时间段,期间的末尾具有确定期限的意义。

例外的情况是:(1)往取债务,即由债权人到债务人的住所请求债务履行的债务,例如除了给付货币的债务和交付不动产的债务之外,"其他标的,在履行义务一方的所在地履行"[①]的,债权人不去催收,债务人并不因履行期限的经过而陷入迟延履行。(2)以债权人协助为必要的债务,例如债务人交付标的物需要债权人受领的合同,即使存在确定的期限,如果债权人没有到债务人所在地催收债务,或者债权人没有作出必要的协助,债务履行期限的经过亦不使债务人的履行陷入迟延。(3)票据债权人行使票据债权只有一种法定方式,即向债务人"提示"票据,持票人对票据债务人行使票据权利,应当在票据当事人的营业场所进行。债权人到期没有提示,不发生债务人迟延履行问题。

2. 不确定期限的迟延履行

合同规定有期限,但该期限不明确,例如约定某人死亡之日给付某物即是。原则上自债权人通知或者债务人知道期限到来时起,经过一个宽限期,即可认定履行迟延。

3. 履行期限不明确的迟延履行

合同履行期不明确的,债权人可以随时向债务人主张债权,债务人可以随时履行债务,但要给予必要的准备时间。对此,债权人应当进行催告,经过催告之后的一个宽限期,即可确定履行迟延责任。

(三)瑕疵履行

瑕疵履行,也叫不完全给付或者不完全履行,是指债务人虽然履行了债务,但其履行不符合债务本质的违约行为。确定瑕疵履行的标准是:履行期届满,仍未消除履行的瑕疵或者另行给付。具体表现是:

(1)履行数量不完全。履行数量不完全是履行数量的短缺。债务人不予补充履行,或者补充履行仍然达不到合同目的,构成瑕疵履行。

(2)标的物的品种、规格、型号等不符合合同约定。标的物的品种、规格、型号等不符合合同约定,或者隐有瑕疵,可以由债权人指定一定期限,由债务人修补或者另行给付,债务人不予修补或者不予另行给付,或者修补或另行给付仍达不到合同目的的,可以构成违约。

(3)履行方式不完全。例如本应一次履行完成却分期履行,本应选择最近的运输线路却选择较远的运输路线,也构成违约。

(四)拒绝履行

拒绝履行是指债务人对债权人表示不履行合同的违约行为。这种表示可以

---

① 我国《合同法》第62条第3项规定、《民法通则》第88条第3项规定。

是明示方式,也可以是默示方式,例如,债务人将应当交付的标的物处分给第三人,即可视为拒绝履行。履行期限届至之前的拒绝履行为预期违约,履行期限届满之后发生的拒绝履行是实际违约行为。

拒绝履行是根本违约行为,应当承担违约责任。

(五) 受领迟延

1. 受领迟延的概念和意义

受领迟延,也叫做债权人迟延,是指债权人对于债务人的给付应当且能够受领,却不为或者不能受领。换言之,债权人就对于自己提出之给付,拒绝受领或者不能受领,就是受领迟延。[①]

受领迟延,法律虽然规定债权人应负迟延责任,但受领迟延的性质属于债权人对权利不行使,充其量不过出现失权后果,债权人并不因此负担法律责任。因此,除了法律特别规定受领是债权人的义务的以外,受领迟延并不是债务不履行,债务人也不得强制债权人受领给付,也不生其他债务不履行的效果。

2. 受领迟延的构成要件

受领迟延的构成要件是:

(1) 须债务人的给付需要债权人接受或者予以协助。

债务履行,债权人应当予以接受;如果需要债权人协助的,债权人应当予以协助。这是债权人受领迟延的前提条件。对于不需要债权人受领或者协助的给付,例如小时工提供擦玻璃服务的履行,不存在不为受领的问题;不作为债务的履行,不存在不为受领或者予以协助的问题。有的给付,如果没有债权人的协助或者受领,无法实现给付或者达到给付的目的。这类债务主要是:第一,往取债务;第二,债权人应为接受的行为,例如送货上门的供货合同债务;第三,债权人应当提供材料,例如约定业主提供装修材料的家庭装修合同之债;第四,债权人应当将物品送往特定地点,例如仓储合同之债;第五,债权人应为指示,如挖沟筑渠的规格尺寸;第六,债权人应当提供场地,例如演出的剧场;第七,债权人与债务人应当共同办理法定登记手续,例如不动产买卖;第八,选择之债的选择权在债权人,债权人应为选择;第九,债权人应为特定的不作为,例如患者容许医生接触自己的身体进行诊治。在这些债的关系中,债权人如果不予协助,债务人无法完成给付,债权人不为协助时,即可能构成受领迟延。

(2) 须债务已届履行期。

这是受领迟延的时间标准。在定有履行期的债务,履行期届至前,原则上不得提前履行。债务人提前履行的,债权人有权拒绝履行。在没有规定履行期的债务,债务人尽管可以随时履行,但应当给债权人必要的准备时间;如果没有给

[①] 蔡天锡:《民法债编总论》,政法学社 1932 年版,第 190 页。

债权人必要的准备时间,债权人可以拒绝受领,不构成受领迟延。在债权人往取债务中,期限届至后,债权人没有往取标的物的,构成受领迟延。

(3) 须债务人已经提出或者实行履行。

这是受领迟延必要的客观条件。债务人已经提出或者实行履行,就使债权人处于受领的状态,债权人应当受领。已经提出履行,如债务人已经通知债权人前往领取合同之债的标的物;债务人实行履行,例如债务人已经将约定送货的合同之债的标的物运送到债权人处。这时,只要债权人往取标的物,或者予以接受,就完成了受领。应当注意的是,债务人已经提出或者实行履行,应当符合受领的条件,不符合条件的,债权人当然可以拒绝。如果债权人事先已经表示拒绝受领,例如无正当理由要求延期受领或者变更履行地,债务人可以通知催告;履行期届至而债权人仍不同意受领的,债务人无须实行履行,避免徒增债务人的负担。

(4) 须债权人不为或者不能受领。

不为受领,包括债权人不予受领和不予协助,都构成受领迟延。不能受领,是基于债权人自己的原因,客观上无法受领,例如债权人失踪、存放货物的仓库倒塌、场地没有准备完毕等。

3. 受领迟延的法律后果

债权人受领迟延,有两种法律效果:第一,债权人不负有受领义务的,因受领迟延仅减轻债务人的责任。这时,债权人对受领迟延不须具有过失,仅有不受领的事实即可。第二,债权人负有受领义务的,由于债权人负有受领义务,其受领义务的违反,与债务人的债务违反同其性质,应当承担违反债的责任。

具体的受领迟延责任是:

(1) 债务人的义务减轻。

在通常情况下,债务人应对轻过失负责。但在债务人受领迟延时,债务人的注意义务降至对故意或者重大过失负责:第一,债务人受领迟延而致履行不能的,即使是债务人对履行不能有轻过失的,免除其履行义务,债务因此消灭,亦不负违反债的责任。第二,在双务合同,受领迟延后发生履行不能,除了债务人具有故意或者重大过失外,应当认为系可归责于债权人的事由所致,风险负担自债权人受领迟延时转移于债权人,债务人的履行义务消灭,并得请求债权人实行对待给付。

(2) 停止利息支付。

受领迟延后,金钱债务而生的利息债务,自受领迟延时起,向后消灭。理由是,此时债务人的债务并不消灭,因而债务人仍应随时准备履行,而债权人已经不能利用该项金钱取得收益,所以债务人不再支付嗣后的利息。

(3) 缩小孳息返还范围。

受领迟延之后,原来债务人因债的关系有收取和返还标的物所生孳息义务的,则债务人仅需返还已经收取的利息,对以后所生的孳息不再负有收取的义务;对已经收取的孳息,就其减少和灭失,仅在有故意或者过失的情形负责。

(4) 债务人可以请求标的物保管费和因受领迟延而增加的必要费用。

这些费用包括提存的费用,货物往返运送费用、履行债务所支出的路费、通知费用、对不宜保存的标的物的处理费用等。

(5) 债务人可以自行消灭债务。

受领迟延后,合同之债的标的物为动产的,债务人可以提存的方式消灭债务;不宜提存或者提存费用过巨的,可以拍卖或者变卖后提存价金。标的物是不动产的,债务人可以抛弃占有,但须通知债权人,能通知而未通知造成标的物损害的,债务人应当承担损害赔偿责任。

(6) 赔偿债务人因履行所受到的损害。

因债权人受领迟延而造成债务人损害的,应由债权人承担损害赔偿责任。例如,家庭装修时,承揽人将调制好的油漆等材料送至业主家,由于业主不予协助造成损失,业主自应承担受领迟延的损害赔偿责任。

(六) 产品欺诈与服务欺诈

按照我国《消费者权益保护法》第49条和《合同法》第113条第2款规定,以及最高人民法院《关于审理商品房买卖合同纠纷案件适用法律若干问题的解释》的规定,对产品欺诈、服务欺诈以及商品房买卖中的欺诈行为,可予以惩罚性赔偿责任。

1. 产品欺诈

在经营领域中,经营者提供假冒伪劣等质量不合格的产品欺诈消费者的,构成产品欺诈。例如,人大法工委民法室原巡视员何山购买经营者以水印冒充真品的徐悲鸿画作,向法院起诉请求惩罚性赔偿金,法院认定经营者的行为构成产品欺诈。应当注意的是,产品欺诈与产品责任是不同的概念。产品欺诈仅仅是产品的品质不符合要求,并没有造成买受人固有利益的损害,因而构成违约责任;而产品责任则是具有缺陷的产品在使用中已经造成了买受人以及其他第三人的固有利益损害,构成侵权责任。

2. 服务欺诈

在经营领域中,经营者在服务中进行欺诈损害消费者利益的,构成服务欺诈。例如,丘建东对两起多收电话费案件依法起诉,所诉的就是电话经营单位的服务欺诈行为。

3. 商品房买卖中的欺诈行为与恶意违约

最高人民法院在关于商品房买卖的司法解释中规定,适用惩罚性赔偿有 5 种情况:(1) 商品房买卖合同订立后,出卖人未告知买受人又将该房屋抵押给第三人;(2) 商品房买卖合同订立后,出卖人又将该房屋出卖给第三人;(3) 故意隐瞒没有取得商品房预售许可证明的事实或者提供虚假商品房预售许可证明;(4) 故意隐瞒所售房屋已经抵押的事实;(5) 故意隐瞒所售房屋已经出卖给第三人或者为拆迁补偿安置房屋的事实。这些都是商品房买卖中的欺诈行为,都是在买卖商品房中出卖方不遵守法律进行的欺诈行为。

四、实际违约的责任方式

实际违约的法律后果,一是继续履行,二是采取补救措施,三是支付违约金,四是损害赔偿。

合同债务不履行所产生的损害赔偿,是基于合同原给付义务的不履行,且给合同债权人造成财产的损害而发生的。仅是合同债务不履行,可以产生继续履行的债务。这种债务是合同原给付义务的继续,而不是第二次给付义务。合同债务不履行还可以产生丧失定金、给付违约金等责任,这样的责任与损害赔偿不同,它们都是合同不履行产生的责任。这种责任的产生不需要实际损害的发生。

合同债务不履行的损害赔偿责任,在原合同的当事人之间发生。合同履行不能、迟延履行或者瑕疵履行,造成债权人的财产损害,就发生损害赔偿责任。受损害的一方享有损害赔偿的请求权,有权要求违约人承担损失的赔偿责任。

在构成上述产品欺诈、服务欺诈以及商品房买卖中的欺诈行为时,当事人请求经营者承担惩罚性赔偿金责任的,人民法院应当予以支持。计算方法是以支付的价金为基数,承担两倍的责任,即在对支付的价金予以返还之外,再加一倍的惩罚性赔偿金。

【案例讨论】

讨论提示:确认合同责任中的某种责任是加害给付责任还是实际违约责任,基本区别在于:该责任给债权人造成的损失是预期利益损失还是固有利益损失。造成预期利益损失而没有造成固有利益损失的,应当是实际违约责任;造成了固有利益损失的,为加害给付责任。

讨论问题:1. 本案中的被告履约行为造成原告损失,是构成实际违约责任,还是加害给付责任? 2. 如何判断实际违约责任和加害给付责任的区别界限?

第六节 后契约责任

【典型案例】

2007年4月,韦保旺与焦新岭共同出资购买一辆奇瑞牌出租车,二人各半出资,各有一半份额,各自分时经营,各自经营收入归各自所有,车辆登记在韦保旺名下,挂靠在第三人康乐出租汽车公司名下。2007年,经李圣同说和,韦保旺将该车转让给徐画强,价格11万元,双方交付价款和汽车,徐画强和焦新岭合伙经营,各自分时经营,收入归各自所有。2009年5月,徐画强要求韦保旺办理车辆过户手续,韦保旺拒绝办理。徐画强向法院起诉。一审法院依照我国《合同法》第92条规定,判决韦保旺10日内履行该出租车的过户手续。韦保旺不服判决上诉,二审法院判决维持原判。

一、后契约责任概述

(一)后契约责任的概念

后契约责任是合同当事人在合同关系消灭之后,对于法定的或者约定的后契约义务不履行或者不适当履行,给对方当事人造成损害,应当承担的合同责任。

一般认为,合同的权利义务终止之后,合同即告消灭,当事人之间不再存在任何关系。按照现代合同法的观念,合同终止之后,当事人之间还存在一定的关系,这就是合同后契约阶段的附随义务。这种附随义务也叫做后契约义务,它将合同终止后的当事人仍然连接在一起,按照附随义务的要求,须将附随义务履行完毕,合同当事人之间的关系才真正消灭。在后契约阶段,当事人一方不履行附随义务,给对方当事人造成损害的,就应当承担后契约损害赔偿责任。例如债务人将标的物送到指定的交付地点后,没有履行通知义务,债权人不知道债务人已经交付,致使合同的标的物受到损失。对此,应当认为这是债权人的损失,应当由没有履行附随通知义务的债务人承担。最高人民法院《关于适用〈中华人民共和国合同法〉若干问题的解释(二)》第22条规定:"当事人一方违反合同法第92条规定的义务,给对方当事人造成损失,对方当事人请求赔偿实际损失的,人民法院应当支持。"这一司法解释规定的就是后契约责任。

（二）后契约责任与实际违约责任的界限

后契约责任与违约责任之间的界限是时间界限。在合同债务履行完毕之前的责任是违约责任，不会是后契约责任；合同债务履行完毕之后才可能产生后契约责任。

二、后契约义务

（一）后契约义务的概念

后契约义务也叫做后合同义务[①]，是指合同关系消灭之后，为了保护合同当事人的利益不受损害，合同当事人仍然负有的法定或者约定的附随义务。我国《合同法》第 92 条规定的就是合同当事人的后契约义务。

（二）后契约义务的特征

（1）后契约义务是合同消灭之后发生的义务。

后契约义务不是合同本身的义务，而是合同消灭之后发生的义务，即合同终止后的义务，属于无原给付义务的法定债的关系。

（2）后契约义务是附随义务。

后契约义务不是合同义务，更不是合同的主义务，而是附随义务，是附随于合同而发生，于合同消灭之后发生作用的义务，具有附随性。

（3）后契约义务有法定义务也有约定义务。

后契约义务主要是法定义务，即我国《合同法》第 92 条规定的义务。一般认为，后契约义务不具有约定性的特征[②]，但在合同消灭之后，确实存在约定的后契约义务的情形。而且随着现代交易活动对消费者保护的不断发展，约定的后契约义务越来越多。例如，消费品买卖合同因当时人履行合同而终止后，销售者还应负有售后服务的义务，就是约定的后契约义务。[③]

（4）后契约义务也具有法律的强制性保障。

后契约义务虽然是在合同关系消灭之后产生的附随义务，但也具有强制性的法律效力，法律予以保护。后契约义务不履行，造成对方当事人的损害，法律规定同样要承担合同责任。

（三）后契约义务的种类

后契约义务分为法定义务和约定义务两种。

1. 法定的后契约义务

法定的后契约义务是指法律规定的后契约义务。按照我国《合同法》第 92

---

① 李开国主编：《合同法》，法律出版社 2007 年版，第 152 页。
② 参见崔建远：《合同法》（第三版），法律出版社 2002 年版，第 233 页。
③ 李开国主编：《合同法》，法律出版社 2007 年版，第 153 页。

条规定,法定的后契约义务有三种:

(1) 通知义务。

合同消灭之后,一方当事人应当将合同履行的有关事项及时通知对方,对方能够及时处理,共同协商妥善的办法应对。例如,履行合同方式为送货的,货物送达指定地点即为交付,如果债务人不予通知,即为违反后契约义务,造成损害自应承担责任。

(2) 协助义务。

协助是指在合同消灭之后还存在具体事宜,当事人应当相互协作的义务。合同消灭之后,合同权利的实现还需要当事人的合作,就必须履行协助义务。

(3) 保密义务。

一方当事人在履行合同中掌握了对方的商业秘密、技术秘密,应当严守,即使是合同消灭之后也不得加以泄露。违反这种后契约义务将承担责任。

2. 约定的后契约义务

当事人约定合同消灭之后一方或者双方负有的义务,为约定的后契约义务。买卖合同关系消灭后的售后服务义务,承揽合同关系消灭后的质量保修义务等,都属于约定的后契约义务。例如,在修理钟表等承揽加工合同中,约定合同的主义务履行完毕后,附随一定时期的保修义务,在保修期内承揽人免费保修。

三、后契约责任的构成要件

后契约损害赔偿责任的构成,与一般的违约损害赔偿责任的构成是一样的,都应当具备违反义务的行为、损害事实、因果关系和过错要件。

(一) 违反后契约义务的行为

无论是法定的后契约义务还是约定的后契约义务,都具有强制性,当事人不可以违反。违反后契约义务的行为,是对上述法定或者约定的义务不履行或者不适当履行。如约定的售后服务义务没有履行或者没有适当履行,法定的通知、协助、保密义务没有履行或者没有适当履行,都是违反后契约义务的行为。

(二) 损害事实

后契约损害赔偿责任的构成必须具备损害事实要件,只有违背后契约义务的行为造成对方当事人的损害事实,才能构成损害赔偿责任。后契约损害赔偿责任的损害事实是财产的损害事实,包括财产的现实减少和财产利益的丧失。

(三) 因果关系

违反后契约义务的行为与损害事实之间必须具有引起和被引起的因果关系,只有违反后契约义务的行为是造成损害的原因、损害事实是该违反后契约义务行为的结果时,才能构成后契约损害赔偿责任。

(四) 过错

构成后契约损害赔偿责任适用过错责任原则。在过错的确定上,首先,没有过错就没有赔偿责任;其次,过错是推定的,要由违反后契约义务的行为人承担举证责任,证明自己对于损害的发生没有过错。证明成立的免除其赔偿责任,证明不足或者证明不能则推定成立,构成损害赔偿责任。

四、后契约责任的法律适用与责任方式

(一) 后契约责任的法律适用

我国《合同法》在形式上只规定了后契约义务,并没有规定后契约责任。事实上,《合同法》是将合同的后契约责任确定为违约责任,对后契约责任统一适用违约责任的规定。对此,可以在我国《合同法》的条文顺序中看出来。首先,后契约义务规定在第六章的"合同的权利义务终止"中,在它前边的条文是合同权利义务终止的事由,就是说,后契约义务产生在合同消灭之后。其次,我国《合同法》第七章规定的是"违约责任",既然在合同的权利义务关系中也包括后契约义务,对于后契约义务的违反也应当视为违约责任。因此,对于后契约义务的违反,直接适用我国《合同法》第七章的规定,以违约责任界定后契约责任,是有道理的。

(二) 后契约责任的方式

后契约责任的方式主要是损害赔偿,其次还有继续履行。

后契约损害赔偿责任的具体赔偿,与一般的违约损害赔偿责任是一样的,没有特别要求。赔偿的内容是财产损害赔偿。凡是造成损害的实际损失,都在赔偿之列。

对约定的后契约义务不履行,继续履行的责任方式也应适用。这些责任方式虽然在我国《合同法》中没有规定,但为救济当事人权利损害所必须,且不违反我国《合同法》的本质要求。在当事人约定的后契约附随义务没有履行的,例如约定保修、退还等附随义务不履行的,可以责令义务人继续履行。

【案例讨论】

讨论提示:本案的出租车买卖合同已经履行完毕,办理车辆过户手续属于合同消灭之后的附随义务,韦保旺不履行该义务,应当依据我国《合同法》第113条规定承担违约责任。

讨论问题:1. 后契约义务有哪些种类? 2. 后契约义务不履行,应当承担后契约责任,其法律依据是什么?本案判决只引用我国《合同法》第92条规定,而不引用第113条规定,是否妥当?

第五编　有名合同

第十三章　买卖、供用、赠与合同

第一节　买卖合同

【典型案例】

原告工贸有限公司与被告实业有限公司一直保持业务关系,交易时双方均不签订书面合同,一般先由被告根据所需货物通知原告送货,再由原告凭原料进库数额开具发货单交被告方签字,并确定价格,待被告给付货款时,原告凭发货单和增值税发票滚动结算。2005年1月10日、13日,原告依惯例分两次向被告运送两批货物,总计货款260538元。被告的业务员姚某在发货单核价栏内签字。当原告向被告提出结算这两批货款时,被告以未收到货物为由,拒绝结算。原告向法院起诉,庭审时原告对其主张的事实提供了由姚某签字的发货单、此前与被告交易时原料进库单、结算收据等证据,证明在以前的买卖中,不光是保管员签字,也有姚某的签字作为结算凭据的交易惯例。法院审理认为,原、被告双方虽然未签订书面合同,但货物买卖关系是否成立并不以有无书面合同为唯一标志,实际交付的标的物也能表明合同成立。虽然原告未能提供完整的进库单,但有被告工作人员认可的记载全部货物的发货单,从双方交易习惯看,被告工作人员签字是基于收到货物时所为。姚某也曾在发货单签过字,只要被告方工作人员签字,就表明货物已交付,以往的结算过程已得到证实。故判决被告应履行合同给付货款的义务。

一、买卖合同概述

（一）买卖合同的概念

买卖合同是指出卖人转移标的物的所有权于买受人，买受人支付相应价款的合同。

买卖合同属于民事法律中拥有漫长发展历史的最重要的传统合同之一。[①]买卖合同是商品交换发展到一定阶段的产物，是商品交换的最基本、最重要、最有代表性的法律形式。我国《合同法》针对买卖合同设置的法律规则，确立了在市场交易中以财产价值的流转为内容的交易形式的基本规则。买卖合同对促进商品流通，繁荣市场经济，满足人民群众的生活、生产需要，具有重要作用。因此，研究具体合同应当着重研究买卖合同。

按照最高人民法院《关于审理买卖合同纠纷案件适用法律问题的解释》第45条规定，法律或者行政法规对债权转让、股权转让等权利转让合同有规定的，依照其规定；没有规定的，人民法院可以根据《合同法》第124条和第174条的规定，参照适用买卖合同的有关规定。权利转让或者其他有偿合同参照适用买卖合同的有关规定的，人民法院应当首先引用《合同法》第174条的规定，再引用买卖合同的有关规定。

（二）买卖合同的法律特征

（1）买卖合同是转移标的物的所有权的合同。

当事人签订买卖合同的目的是转移买卖标的物的所有权。在出卖人一方，是出让自己所有的标的物的所有权；在买受人一方，是取得买卖标的物的所有权。而标的物的所有权转移与价款的交付和受领，是互为对价的关系。

（2）买卖合同是双务合同。

买卖合同的出卖人移转他的财产权于买受人，而买受人亦支付价金于出卖人，这种契约是对待给付[②]，双方当事人在各自享有合同权利的同时，还各自负担相应的合同债务，权利义务相互交错，是典型的双务合同。

（3）买卖合同是有偿合同。

买卖合同是典型的有偿合同，出卖人负担交付买卖标的物并转移标的物的所有权于买受人的义务，于买受人所负担的支付价款的义务互为对价。对价就是有偿，因此，买卖合同与赠与合同完全不同。

---

① 〔俄〕E. A. 苏哈诺夫主编：《俄罗斯民法》（第3册），付荣译，中国政法大学出版社2011年版，第892页。

② 北平法律函授学校讲义：《民法债编分则》，北平法律函授学校1934年版，第1页。

(4) 买卖合同是诺成性合同。

买卖合同自当事人双方意思表示一致时起成立,并不以一方当事人标的物的交付或一定的行为的进行作为合同的成立要件,不是实践性合同而是诺成性合同。

(5) 买卖合同一般是不要式合同。

买卖合同不要求必要的形式,口头、书面以及其他形式都可以,属于不要式合同。在法律有明文规定情况下,有些买卖合同是要式合同。例如我国《海商法》第9条第2款规定船舶所有权的转让应当签订书面合同。[①] 对于以数据电文进行交易订立的电子交易合同,认定其成立和效力,还应当适用我国《电子签名法》的规定。对于没有采用书面形式订立的买卖合同,最高人民法院《关于审理买卖合同纠纷案件适用法律问题的解释》第1条规定了认定方法:一是,当事人之间没有书面合同,一方以送货单、收货单、结算单、发票等主张存在买卖合同关系的,人民法院应当结合当事人之间的交易方式、交易习惯以及其他相关证据,对买卖合同是否成立作出认定。二是,对账确认函、债权确认书等函件、凭证没有记载债权人名称,买卖合同当事人一方以此证明存在买卖合同关系的,人民法院应予支持,认定买卖合同关系存在,但有相反证据足以推翻的除外。

(三) 买卖合同的当事人

买卖合同的当事人包括买受人和出卖人。

1. 买受人

对于买受人,我国《合同法》规定必须具有相应的民事行为能力。除此之外,根据法律规定和买卖合同性质,下列具有特殊身份的人不能成为特定买卖合同的买受人:(1) 监护人不得购买被监护人的财产。监护人负有保护被监护人、维护被监护人合法利益的责任,如果监护人购买被监护人的财产,就难以保护被监护人的利益。(2) 受托人不得购买委托人委托其出售的财产。(3) 公务人员及其配偶不得购买由该公务人员依职权出售、变卖的财产。(4) 有限责任公司以及股份有限公司的董事、经理不得同本公司订立合同或者进行交易,成为特定买卖合同的买受人。

2. 出卖人

对于出卖人,除了须具备相应的民事行为能力之外,根据我国《合同法》第132条第1款规定,还应当是买卖合同标的物的所有权人或者其他有处分权人。所有权人是指依法对自己的财产享有占有、使用、收益、处分权能的人,因此可以处分自己所有的财产。有处分权人是指经过所有权人授权或者基于法律的规定,可以对他人的财产为出卖行为的人。有处分权人包括:(1) 抵押权人和质权人。他们作为抵押或者质押的标的物的权利人,在债务人不能履行债务时,有权

[①] 崔建远主编:《合同法》(第五版),法律出版社2010年版,第383页。

依照抵押合同或者质押合同的约定,将抵押物、质押物拍卖或者变卖,并从变价款中优先受偿。(2)留置权人。留置权人对于依法留置的财产,在经过催告并且宽限期满之后,有权拍卖、变卖留置物,并以变价款优先受偿。(3)法定优先权人。建设工程合同的承包人可以依照法律的规定,享有法定优先权。在发包人未依照约定支付价款,且经过催告仍不支付时,得申请人民法院将建设工程依法拍卖,从变价款中优先受偿。(4)行纪人。行纪人是接受委托人的委托,以自己的名义为委托人进行贸易活动的人。行纪人在所有人的授权下,可以遵从所有权人的指示进行财产的处分行为。(5)经营权人。国有企业对国家授予的财产享有经营权,这个权利包括占有、使用、收益和处分权能。经营权人尽管为非所有权人,但仍有权以出卖的方式处分国有财产。(6)人民法院。按照我国《民事诉讼法》第226条规定,人民法院有权对逾期不履行法律文书确定义务的被执行人的财产,进行查封、扣押,并交有关单位拍卖或者变卖。

(四)无权处分与多重买卖

1. 无权处分

无权处分行为,是指无处分权人处分他人财产,并与相对人订立处分财产的合同的行为。① 对于无权处分合同的性质,有不同意见,诸如效力待定说、无效说、完全有效说等。对此,我国最高人民法院的立场采用完全有效说,认为出卖他人之物的合同应当认定为有效;但该出卖之标的物所有权是否发生转移,则处于效力待定状态。② 因此规定,当事人一方以出卖人在缔约时对标的物没有所有权或者处分权为由主张合同无效的,人民法院不予支持,即仍然确认无权处分合同为有效,而不是认为其无效。

这个解释与我国《合同法》第51条规定并不完全一致,需要进行协调。综合起来,其规则应当是:

第一,依照《合同法》第51条规定,无处分权的人处分他人财产订立买卖合同,有两种情形可以直接认定为合同有效:一是经权利人追认;二是无处分权的人在订立合同后取得处分权。

第二,出卖人对出卖的标的物没有所有权或者无处分权,出让该财产,未经权利人追认,无权处分人在订立合同之后也没有取得处分权的,尽管可以认定为合同有效,但这仅是债权行为的效力,并非处分物权的行为也有效力,不发生转移财产所有权的法律效力。

第三,无权处分买卖合同尽管出卖人为无权处分,但受让人订立该买卖合同

---

① 王利明:《合同法研究》(第二版第一卷),中国人民大学出版社2011年版,第594页。
② 奚晓明主编:《最高人民法院关于买卖合同司法解释理解与适用》,人民法院出版社2012年版,第77、81页。

如果为善意、无过失，构成善意取得的，承认善意取得的效力，受让人即时取得标的物的所有权。

第四，出卖人因未取得所有权或者处分权致使标的物所有权不能转移，即买卖合同履行不能的，如果买受人要求出卖人承担违约责任或者要求解除合同并主张损害赔偿的，人民法院应予支持，认定出卖人构成违约责任，承担违约责任，或者支持买受人解除合同并予以损害赔偿的请求。

2. 多重买卖

出卖人出卖自己的财产，就同一标的物分别订立数个买卖合同的，为多重买卖合同。多重买卖的本质是数个平等的买卖合同之间由于合同的主体及内容上的部分重叠而发生效力互相排斥的现象。①

处理多重买卖纠纷的规则，理论上认为应当依照合同自由原则和债权平等原则，各个买卖合同都为有效，不得确定订立在先的买卖合同应当优先。② 但是，最高人民法院《关于审理买卖合同纠纷案件适用法律问题的解释》第9条和第10条对此作出了新的规定，基本规则是：

（1）普通动产的多重买卖。

出卖人就同一普通动产订立多重买卖合同，在买卖合同均有效的情况下，买受人都要求实际履行合同的，应当按照以下情形分别处理：第一，先行受领优先。先行受领交付的买受人请求确认所有权已经转移的，人民法院应予支持。第二，先行支付价款优先。均未受领交付，先行支付价款的买受人请求出卖人履行交付标的物等合同义务的，人民法院应予支持。第三，订约在先优先。均未受领交付，也未支付价款，依法成立在先合同的买受人请求出卖人履行交付标的物等合同义务的，人民法院应予支持。

（2）特殊动产的多重买卖。

出卖人就同一船舶、航空器、机动车等特殊动产订立多重买卖合同，在买卖合同均有效的情况下，买受人均要求实际履行合同的，应当按照以下情形分别处理：第一，先行受领的买受人请求办理登记优先。先行受领交付的买受人请求出卖人履行办理所有权转移登记手续等合同义务的，人民法院应予支持。第二，均为受领先行请求交付标的物优先。均未受领交付，先行办理所有权转移登记手续的买受人请求出卖人履行交付标的物等合同义务的，人民法院应予支持。第三，合同成立在先优先。均未受领交付，也未办理所有权转移登记手续，依法成立在先合同的买受人请求出卖人履行交付标的物和办理所有权转移登记手续等合同义务的，人民法院应予支持。第四，受领在先优先。出卖人将标的物交付给

---

① 王利明、杨立新：《侵权行为法》，法律出版社1996年版，第153页。
② 杨立新：《债与合同法》，法律出版社2012年版，第523页。

买受人之一,又为其他买受人办理所有权转移登记,已受领交付的买受人请求将标的物所有权登记在自己名下的,人民法院应予支持。

上述这些规定,尽管与传统的理论具有一定的差距,与合同自由原则有不合之处,但对于人民法院审理案件适用法律而言,具有操作的方便性,且对于罔顾信用、图谋私利[①]行为的纠正,有较好的矫正价值。

在数个买受人中,只有一个买受人可以取得标的物的所有权,其他未取得的标的物所有权的买受人,依照最高人民法院《关于适用〈中华人民共和国合同法〉若干问题的解释(二)》第15条规定,如果多重买卖合同中的数个合同均不具有《合同法》第52条规定的无效情形,请求追究出卖人违约责任的,人民法院应予支持,出卖人应当承担违约责任。

(3)商品房的双重买卖。

关于商品房的双重买卖规则,最高人民法院提出的一般原则是:在审理一房数卖案件纠纷时,如果数份合同均为有效且各买受人均要求履行合同,一般应按照已经办理房屋所有权变更登记、合法占有房屋以及买卖合同成立先后等顺序确定权利保护顺位,即办理房屋所有权变更登记在先优先、合法占有房屋在先优先、买卖合同成立在先优先这样三个顺位。有两个特别规则:第一,合法占有房屋可以对抗没有占有房屋的变更登记,即已办理登记的买受人,其权利不能优先于已经合法占有该房屋的买受人;第二,变更登记和合法占有不得对抗预告登记,即变更登记、合法占有发生在预告登记有效期内的,登记权利人或占有人的权利不能对抗预告登记权利人。

如何确定买卖合同在先的时间问题,关键在于对买卖合同的成立时间确定,应当综合合同在主管机关的备案时间、合同载明的签订时间以及其他证据证明的合同签订时间等因素进行确定。[②]

此外,最高人民法院《关于审理商品房买卖合同纠纷适用法律若干问题的解释》还对商品房双重买卖作了具体规定,主要的规则是:

第一,前手商品房买卖合同订立后,出卖人又将该房屋出卖给第三人,导致前手商品房买卖合同目的不能实现的,无法取得房屋的买受人可以请求解除合同、返还已付购房款及利息、赔偿损失,并可以请求出卖人承担不超过已付购房款一倍的赔偿责任。[③]

第二,出卖人订立商品房买卖合同时,故意隐瞒所售房屋已经出卖给第三人的事实,导致合同无效或者被撤销、解除的,买受人可以请求返还已付购房款及

---

① 王泽鉴:《民法学说与判例研究》(第四册),中国政法大学出版社1998年版,第162页。
② 最高人民法院《全国民事审判工作会议纪要》。
③ 最高人民法院《关于审理商品房买卖合同纠纷适用法律若干问题的解释》第8条规定。

利息、赔偿损失,并可以请求出卖人承担不超过已付购房款一倍的赔偿责任。

第三,买受人以出卖人与第三人恶意串通,另行订立商品房买卖合同并将房屋交付使用,导致其无法取得房屋为由,请求确认出卖人与第三人订立的商品房买卖合同无效的,法院应予支持。

（五）买卖合同的标的物

买卖合同的标的物应当是属于出卖人所有或者出卖人有权处分的财产。法律、行政法规禁止或者限制转让的物,应当依照其规定,禁止转让或者限制转让。

买卖合同的标的物应当是实物。在国外,有的规定为既可以是实物,也可以是财产权利,但我国《合同法》第130条规定买卖合同的标的物应当是实物。至于买卖标的物是现实存在的物还是将来产生的物,是特定物还是种类物,在所不论。

如果买卖合同的标的物是禁止流通物,则合同无效。如果买卖标的物是限制流通物,买卖合同的效力应区别对待：当事人无该物的经营资格的,买卖合同无效；有经营资格的,买卖合同有效；订立合同的当事人可以经由审批手续取得标的物的经营资格的,为尚未生效的合同,待其通过审批手续取得资格的为有效,不能取得资格的为无效。

二、买卖合同的内容

买卖合同的内容应由当事人约定。以下是主要内容：

（一）标的

标的是买卖合同双方当事人权利义务的指向对象。买卖合同不规定标的,就会失去目的,失去买卖合同的意义。因此,标的是买卖合同的主要条款,必须写明标的物的名称。

（二）数量

标的物的数量是确定买卖合同标的物的具体条件之一。标的物的数量要确切,应当选择双方共同接受的计量单位。一般应当采用通用的计量单位,也可以采用行业或者交易习惯认可的计量单位。要确定双方认可的计量方法,同时应当允许规定合理的磅差或尾差。标的物的数量属于买卖合同成立应当具备的主要条款。

（三）质量

标的物的质量是确定买卖合同标的物的具体条件,是这一标的物区别于另一标的物的具体特征。标的物的质量需要订得详细具体：一是标的物的品种和规格,通常指标的物的型号、批号、尺码、级别等；二是标的物的内在品质,通常指标的物应达到其应有的功效,并且不含有隐蔽瑕疵、缺陷等。质量条款不是主要条款,欠缺质量条款不影响买卖合同的成立；没有约定或者约定不明确的,可以依照我国《合同法》第61条和第62条补充确定。

(四) 履行期限、地点和方式

履行期限直接关系到买卖合同义务的完成时间,涉及当事人的期限利益,也是确定违约与否的标准之一,十分重要,应当在合同中写明。履行期限可以规定为即时履行,也可以规定为定时履行,还可以规定为一定期限内履行。如果是分期履行,还应写明每期的准确时间。

履行地点意义重大,是确定验收地点的依据,是确定运输费用由谁负担、风险由谁承受的依据,是确定标的物所有权是否转移、何时转移的依据,也是确定诉讼管辖的依据之一;对于涉外买卖合同纠纷,它是确定法律适用的一项依据。履行地点十分重要,应当在合同中写明。

履行方式,例如是一次交付还是分期交付,是交付实物还是交付标的物的所有权凭证,是铁路运输还是空运、水运等,事关当事人的利益,应当在合同中写明。

(五) 价款

价款是当事人取得标的物所有权所应支付的对价,通常指标的物本身的价款,但因商业上的大宗买卖一般是异地交货,便产生了运费、保险费、装卸费、报关费等一系列额外费用。这些费用由谁支付,应当在买卖合同的价款条款中写明。

(六) 违约责任

违约责任是督促当事人履行债务,使非违约方免受或者少受损失的法律措施,对当事人的利益关系重大,合同应当明确规定。例如对违约损害赔偿的计算方法、赔偿范围的确定等,对将来及时解决违约问题意义重大。当然,违约责任是法律责任,即使合同不予以约定,只要未依法或者依约免除责任,违约方就应当承担责任。

(七) 包装方式

包装对标的物起到保护和装潢的作用。标的物的包装有两层含义,一是盛标的物的容器,通常称为包装用品或者包装物;二是包装标的物的操作过程。因此,包装方式既可以指包装物的材料,又可以指包装的操作方法。在某些情况下,包装还可以反映标的物的质量。因此,在买卖合同中应明确规定包装的方式,包括包装材料、装潢、包装物的交付、包装费用承担等。包装应当按照国家标准或者专业标准执行,没有上述标准的,可按照承运、托运双方商定并在合同中写明的标准进行包装。产品包装必须负有装箱清单。除了国家规定由买受人提供的以外,包装物应由出卖人提供,运输包装上的标记由出卖人印刷。除国家另有规定者外,包装费用由出卖人负担,不得向买受人另外收取。如果买受人有特殊要求,双方应在合同中明确约定。其包装费用超过原定标准的,超过部分由买受人负担,其包装费用低于原定标准的,相应降低产品价格。

对包装方式条款没有规定的,不影响买卖合同的成立,未约定或者约定不明确的,依照我国《合同法》第 156 条规定补充确定。

（八）检验方法和标准

合同应当对检验标准、检验期限、凭封单检验还是凭现状检验,以及对标的物的质量和数量提出异议和答复的期限,作出明确约定。对检验方法和标准未约定的,也不影响买卖合同的成立。未约定或者约定不明确的,依照我国《合同法》第 61 条和第 157 条、第 158 条补充确定。

（九）结算方式

结算方式是指出卖人向买受人交付标的物之后,买受人向出卖人支付标的物价款、运杂费和其他费用的方式。买卖合同的结算方式应当遵守中国人民银行结算办法的规定,除法律或者行政法规另有规定的以外,必须用人民币计算和支付。同时,除国家允许使用现金履行义务的以外,必须通过银行转账或者票据结算。当事人对结算方式应当明确约定。用托收承付方式的,合同中应明确是验单付款还是验货付款。为了便于结算,合同应注明双方当事人的开户银行、账户名称、账号和结算单位。对结算方式未约定的,不影响买卖合同的成立。未约定或者约定不明确的,依照我国《合同法》第 61 条补充确定。

（十）合同使用的文字及其效力

合同使用的文字及其效力是涉外买卖合同和跨民族买卖合同的重要条款。双方当事人应当就合同所使用的文字作出明确的约定,当事人应当使用约定的文字订立合同。对合同使用的文字没有约定的,不影响买卖合同成立。未约定或者未明确约定的,依照我国《合同法》第 61 条补充确定。

三、买卖合同的效力

买卖合同的效力是指生效的买卖合同所具有的法律效力。广义的买卖合同效力既包括买卖合同的对外效力,其核心是合同债权的不可侵犯性,主要由侵权法予以调整;也包括买卖合同的对内效力,以合同的内容为基础,表现为出卖人和买受人双方所享有的权利和所负担的义务。狭义的买卖合同效力仅指买卖合同的对内效力。

（一）出卖人的义务

1. 交付标的物并转移标的物的所有权于买受人

这是出卖人的主合同义务,由两部分内容组成：

（1）交付标的物。

买卖合同就是要转移财产所有权,因此前提就是要将标的物交付给买受人。交付标的物可以是现实交付、简易交付、占有改定、指示交付。现实交付是指出卖人将标的物置于买受人的直接控制之下,即标的物的直接占有的转移。简易交付是指买卖合同订立前,买受人已经实际占有标的物,标的物的交付由于合同生效而完成的交付方式。占有改定是指由双方当事人签订协议,使买受人取得标的物的间接占有,以代替标的物直接占有的转移标的物的交付方式。指示交付是指让与返还请求权以代替现实交付。例如,将出租给乙的汽车出售给丙,得通过让与返还请求权,代替现实交付,使丙取得该车的所有权。

交付标的物的规则是:

第一,交付的标的物有从物的,当事人如果没有另外约定,应当同时交付标的物的从物。

第二,出卖人交付标的物的义务可以亲自履行,也可以由第三人履行。第三人交付的情形是:第三人作为出卖人的受托人进行交付;第三人作为出卖人的占有辅助人代为交付;第三人依出卖人的指令交付;第三人代为履行。第三人交付时,对交付中出现的违约情况,第三人不负违约责任,仍应由出卖人承担违约责任。

第三,出卖人应当按照约定的期限交付标的物。约定交付期间的,出卖人可以在该交付期间的任何时候交付,但应当在交付前通知买受人。出卖人提前交付标的物的,应当取得买受人的同意,否则买受人可以拒绝受领,但提前交付不损害买受人的利益的除外。出卖人提前交付给买受人增加费用的,由出卖人负担。当事人未约定标的物的交付期限或者约定不明的,可以补充协议。不能达成补充协议的,按照合同有关条款或者交易习惯确定。仍不能确定的,可以随时交付,但应给买受人必要的准备时间。

第四,出卖人应当按照约定的地点交付标的物。当事人未约定交付地点或者约定不明确的,可以补充协议,不能达成补充协议的,按照合同的有关条款或者交易习惯确定;仍不能确定的,适用下列规定:标的物需要运输的,出卖人应当将标的物交付给第一承运人以运交给买受人。标的物不需要运输的,出卖人和买受人订立合同时知道标的物在某一地点的,出卖人应当在该地点交付标的物;不知道标的物在某一地点的,应当在出卖人订立合同时的营业地交付标的物。

第五,出卖人应当按照约定的质量要求交付标的物。出卖人提供有关标的物的质量说明的,交付标的物应当符合该说明的质量要求。当事人对标的物的质量标准没有约定或者约定不明确的,可以补充协议;不能达成补充协议的,按照合同的有关条款或者交易习惯确定;仍不能确定的,出卖人应按照国家标准、行业标准履行;没有国家标准、行业标准的,出卖人应按照通常标准或者符合合同目的的特定标准履行。

第六,出卖人应当按照约定的数量交付标的物。出卖人交付标的物的,买受人可以接收或者拒绝接收多交的部分。买受人接收多交的部分的,按照原合同的价格支付价款。买受人拒绝接收多交部分标的物的,可以代为保管多交部分标的物。买受人主张出卖人负担代为保管期间的合理费用的,人民法院应予支持。① 买受人主张出卖人承担代为保管期间非因买受人故意或者重大过失造成的损失的,人民法院应予支持。出卖人少交标的物的,除了不损害买受人利益的以外,买受人有权拒绝接收。买受人拒绝接收标的物的,应当及时通知出卖人。买受人怠于通知的,应当承担因此产生的损害赔偿责任。但出卖人交付的标的物数量在合理的磅差或者尾差之内的,应当认为交付的数量符合约定的标准。合同中约定分批交付的,出卖人应按照约定的批量分批交付。出卖人未按照约定的时间和数量交付的,应就每一次的不适当交付承担责任。

第七,出卖人应当按照约定的包装方式交付标的物。对包装方式没有约定或者约定不明确的,可以补充协议;不能达成补充协议的,按照合同有关条款或者交易习惯确定;仍不能确定的,应当按照通用的方式包装,没有通用方式的,应当采取足以保护标的物的包装方式包装。

第八,交付电子信息产品。标的物为无需以有形载体交付的电子信息产品,当事人对交付方式约定不明确,且依照我国《合同法》第61条的规定仍不能确定的,买受人收到约定的电子信息产品或者权利凭证即为交付。②

对于出卖人交付买卖合同标的物的证明,如果出卖人仅以增值税专用发票及税款抵扣资料证明其已履行交付标的物义务,买受人认可的,应当认为标的物已经交付;买受人不认可的,出卖人应当提供其他证据证明交付标的物的事实,没有提供其他证据证明交付标的物的事实的,不能认定为标的物已经交付。

(2)转移标的物的所有权。

取得标的物的所有权是买受人的交易目的。将标的物的所有权转移给买受人,是出卖人的主要义务。

转移标的物的所有权是在交付标的物的基础上,实现标的物所有权的转移,使买受人获得标的物的所有权。

标的物所有权转移的原则是:标的物所有权自标的物交付时起转移,但法律另有规定的除外。具体规则是:

第一,动产买卖,除了法律另有规定或者当事人另有约定之外,所有权依交付而转移。当事人另有约定,是指当事人可以约定出卖人先行交付标的物,在买受人未履行支付价款或者其他义务以前,标的物的所有权仍归出卖人所有,即所有权保留制度。所有权保留是一种物权担保制度,在交易实践中,经常与分期付款买卖结合在一起。在保留所有权的分期付款买卖中,买受人在条件成就前享有所有权期待权,该项权利为物权化的债权或者效力扩张的债权;出卖人基于其

---

① 最高人民法院《关于审理买卖合同纠纷案件适用法律问题的解释》第6条规定。
② 最高人民法院《关于审理买卖合同纠纷案件适用法律问题的解释》第5条规定。

所保留的所有权享有收回权。该制度以微观上的利益均衡和交易安全为宗旨，以权利拥有和利益享用相分离的权利分化理论为构思主题，以设定标的物所有权转移的前提条件为特点，精巧地实现了买受人对标的物的提前享用，有效地避免了出卖人滞后收取价金的交易风险，从而以制度设计的内在合理性为契机，得到了广泛应用。

第二，就船舶、航空器、车辆等特殊类型的动产，所有权一般也自交付之时起转移，但未依法办理登记手续的，所有权的转移不具有对抗第三人的效力。

第三，不动产所有权的转移须依法办理所有权转移登记。未办理登记的，尽管买卖合同已经生效，但标的物的所有权不发生转移。这说明，我国《合同法》就不动产所有权转移经法律的强行性规定，确立了债权形式主义的物权变动模式。

第四，出卖具有知识产权的计算机软件等标的物的，除了法律另有规定或者当事人另有约定之外，该标的物的知识产权并不随同标的物的所有权一并转移于买受人。这一规则叫做"知识产权保留条款"，其规范目的在于保护知识产权人的利益。

2. 标的物瑕疵担保责任

标的物的瑕疵担保责任是指出卖人保证出卖的标的物的品质没有瑕疵，在标的物的品质存有瑕疵时，出卖人就应对标的物本身所存在的瑕疵向买受人承担的违约责任。

出卖人负担物的瑕疵担保责任是由买卖合同的有偿性决定的。所有权人出卖自己的财产于他人，对于其转让所有权的财产应当承担品质的保证责任。确定标的物的质量标准，是判断出卖人是否全面履行该项义务的前提。在买卖合同中，当事人对标的物的质量没有约定或者约定不明确的，可以补充协议；不能达成协议的，按照合同有关条款或者交易习惯确定。仍不能确定的，出卖人交付标的物，应当具有同种物的通常标准或者为了实现合同目的的该物应当具备的特定标准。

出卖人交付的标的物不符合质量标准的，属于对物的瑕疵担保义务的违反，传统民法规定此时发生物的瑕疵担保责任。我国《合同法》没有区别违约责任和瑕疵担保责任的界限，因此，违反了瑕疵担保义务要承担的责任是违约责任。对于如何承担责任，没有约定或者约定不明确，也不能达成补充协议或者按照合同有关条款以及交易习惯仍不能确定的，根据《合同法》第155条规定，受损害方根据标的物的性质以及损失的大小，可以合理选择请求修理、更换、退货或者减少价款。

作为救济手段的退货，在通常情形下就是行使解除合同的权利。具体规则是：（1）因标的物的主物不符合约定而解除合同的，解除合同的效力及于从物。

(2)因标的物的从物不符合约定而被解除的,解除的效力仅及于从物,不及于主物。(3)标的物为数物,其中一物不符合约定的,买受人可以就该物解除,但该物与他物分离使标的物的价值显受损害的,当事人可以就数物解除合同。(4)出卖人分批交付标的物的,出卖人对其中一批标的物不交付或者交付不符合约定,致使不能实现合同目的的,买受人可以就该批标的物解除合同。出卖人不交付其中一批标的物或交付不符合约定,致使今后其他各批标的物的交付不能实现合同目的的,买受人可以就该批以及其他各批标的物解除。出卖人已经就其中一批标的物解除,该批标的物与其他各批标的物相互依存的,买受人可以就已经交付和未交付的各批标的物解除。这种解除权的性质是请求权,应受诉讼时效的约束,不得与减少价款同时主张,也不得与修理、更换同时并举。质量不符合约定造成其他损失的,受损害方可以请求损害赔偿。

买受人要求出卖人承担违反物的瑕疵担保的违约责任,一般以买受人及时向出卖人通知标的物质量不合格为条件,买受人在订立买卖合同时,知道或者应当知道标的物质量不合格的,不得向出卖人主张违反物的瑕疵担保义务的违约责任。买卖合同当事人也可以通过约定免责条款的方式,在不违反法律的强制性规定情况下,预先免除出卖人的这种责任。

3. 权利瑕疵担保责任

权利瑕疵担保又称为追夺担保,是指出卖人担保其出卖的标的物的所有权完全转移于买受人,第三人不能对标的物主张任何权利。权利瑕疵担保责任是指出卖人就交付的标的物负有保证第三人不得向买受人主张任何权利的义务。

出卖人违反权利瑕疵担保责任,应当承担违约责任。具体表现是:(1)出卖人出卖标的物为无权处分且不符合善意取得要件;(2)抵押人将已经设定抵押并办理了抵押登记的财产出卖给买受人,出卖人未通知抵押权人或者未告知买受人的;(3)共有人出卖共有财产或者出卖共有财产中他人的份额;(4)出卖人向买受人出售第三人享有法定优先权的财产;(5)出卖人出售给买受人的财产上存在第三人的租赁权;(6)出卖人出售给买受人的财产,第三人可以根据知识产权主张权利或者要求的;(7)其他情形。

在买卖合同订立时,买受人知道或者应当知道第三人对买卖的标的物享有权利的,出卖人不负担该项义务。另外,买受人能够依据保护交易安全的规定,善意取得标的物的所有权的,出卖人也无须承担违反权利瑕疵担保责任。

买受人有确切的证据证明第三人可能就标的物主张权利的,可以在出卖人未提供适当担保时,行使合同履行抗辩权,中止支付相应的价款。

4. 交付有关单证和资料

出卖人的义务之一,就是要按照约定或者交易习惯,向买受人交付提取标的物的单证以外的有关单证和资料。这项义务是出卖人在买卖合同中所负担的从义务,是辅助合同主义务的义务,以实现买受人的交易目的。应当交付的单证和资料主要应当包括保险单、保修单、普通发票、增值税专用发票、产品合格证、质量保证书、质量鉴定书、品质检验证书、产品进出口检疫书、原产地证明书、使用说明书、装箱单等。①

5．其他义务

出卖人除了应当负担以上各项义务之外,还应当遵循诚信原则,根据合同的性质、目的,负担通知、协助、保密等附随义务,以及相应的不真正义务等法定义务。

(二) 买受人的义务

1．支付价款

支付价款是买受人的主要义务,应当按照下述内容履行：

(1) 价款数额的确定。

价款数额由总价和单价构成。总价为单价乘以标的物的数量。合同约定的总价与单价不一致的,又不能证明总价为折扣价的,原则上应当按照单价计算总价。当事人对价款的确定须遵守国家物价法规的强制性规定。

买受人应当按照约定的数额支付价款。如果对价款没有约定或者约定不明确的,可以补充协议,不能达成补充协议的,按照合同的有关条款或者交易习惯确定;如果仍然不能确定的,按照订立合同时履行地的市场价格履行,依法应当执行政府定价或者政府指导价的,按照规定履行。具体的办法是：当事人在合同中约定执行政府定价的,在合同约定的交付期限内政府价格调整时,按照交付时的价格计价。逾期交付标的物的,遇价格上涨时,按照原价格执行;价格下降时,按照新价格执行。逾期提取标的物或者逾期付款的,遇价格上涨时,按照新价格执行;价格下降时,按照原价格执行。

(2) 价款的支付时间。

价款的支付时间可以由双方当事人约定。买受人应当按照约定的时间支付价款。对支付时间没有约定或者约定不明确的,可以补充协议,不能达成补充协议的,按照合同的有关条款或者交易习惯确定;仍不能确定的,按照同时履行的原则,买受人应当能在受到标的物或者提取标的物单证的同时支付。价款支付迟延时,买受人要继续支付价款,并且要支付迟延利息。

如果出卖人违约,买受人有拒绝支付价款、请求减少价款、请求返还价款的权利。如果出卖人交付的标的物有重大瑕疵以致难以使用时,买受人有权拒绝接收交付,有权拒绝支付价款。如果出卖人交付的标的物虽有瑕疵,但买受人同意接受,买受人可以请求减少价款。标的物在交付后部分或者全部被第三人追

---

① 最高人民法院《关于审理买卖合同纠纷案件适用法律问题的解释》第 7 条规定。

索,买受人不但有权解除合同、请求损害赔偿,而且有权要求返还全部或部分价款。

(3) 价款的支付地点。

价款的支付地点可以由双方当事人约定。买受人应当按照约定的地点支付价款。对支付地点没有约定或者约定不明确的,可以补充协议,不能达成补充协议的,按照合同的有关条款或者交易习惯确定;仍不能确定的,买受人应当在出卖人的营业地支付,但约定支付价款以交付标的物或者交付提取标的物的单证为条件的,在交付标的物或者提取标的物单证的所在地支付。

(4) 价款的支付方式。

价款的支付方式可以由当事人约定,但当事人关于支付方式的约定不得违反国家关于现金管理的规定。

在诉讼中,出卖人履行交付义务后诉请买受人支付价款,买受人以出卖人违约在先为由提出异议的,在程序上应当怎样处理,最高人民法院《关于审理买卖合同纠纷案件适用法律问题的解释》第44条规定,人民法院应当按照下列情况分别处理:买受人拒绝支付违约金、拒绝赔偿损失或者主张出卖人应当采取减少价款等补救措施的,属于提出抗辩,应当按照抗辩理由是否成立的方法确定;买受人主张出卖人应支付违约金、赔偿损失或者要求解除合同的,应当提起反诉,按照反诉程序进行审理。

(5) 支付价款的证明。

对于买受人是否已经支付价款发生争议,如果合同约定或者当事人之间习惯以普通发票作为付款凭证,买受人以普通发票证明已经履行付款义务的,人民法院应予支持,但有相反证据足以推翻的除外。[①]

2. 受领标的物

买受人有依照合同的约定或者交易习惯受领标的物的义务。对于出卖人不按合同约定条件交付的标的物,如多交付、提前交付、交付的标的物有瑕疵等,买受人有权拒绝受领。

3. 及时检验出卖人交付的标的物

买受人收到标的物时有及时检验的义务。当事人约定检验期间的,买受人应当在约定期间内及时检验,并将标的物的数量和质量不符合约定情形通知出卖人。买受人怠于通知的,视为标的物的数量和质量符合约定。当事人没有约定期间的,买受人应当及时检验并在发现或者应当发现标的物数量和质量不符合约定的合理期间内将该情形通知出卖人。买受人在合理期间内未通知或者自标的物收到之日起二年内未通知出卖人的,视为标的物的数量和质量符合约定;

---

① 最高人民法院《关于审理买卖合同纠纷案件适用法律问题的解释》第8条第2款规定。

但对标的物有质量保证期的,适用质量保证期,不适用二年的规定。

最高人民法院《关于审理买卖合同纠纷案件适用法律问题的解释》第15条至第20条对于标的物检验专门作了规定,主要规则是:

(1) 当事人对标的物的检验期间未作约定,买受人签收的送货单、确认单等载明标的物数量、型号、规格的,人民法院应当根据我国《合同法》第157条的规定,认定买受人已对数量和外观瑕疵进行了检验,但有相反证据足以推翻的除外。

(2) 出卖人依照买受人的指示向第三人交付标的物,出卖人和买受人之间约定的检验标准与买受人和第三人之间约定的检验标准不一致的,人民法院应当根据我国《合同法》第65条的规定,以出卖人和买受人之间约定的检验标准为标的物的检验标准。

(3) 人民法院具体认定我国《合同法》第158条第2款规定的"合理期间"时,应当综合当事人之间的交易性质、交易目的、交易方式、交易习惯,标的物的种类、数量、性质、安装和使用情况,瑕疵的性质,买受人应尽的合理注意义务,检验方法和难易程度,买受人或者检验人所处的具体环境、自身技能以及其他合理因素,依据诚实信用原则进行判断。我国《合同法》第158条第2款规定的"两年"是最长的合理期间。该期间为不变期间,不适用诉讼时效中止、中断或者延长的规定。

(4) 约定的检验期间过短,依照标的物的性质和交易习惯,买受人在检验期间内难以完成全面检验的,人民法院应当认定该期间为买受人对外观瑕疵提出异议的期间,并根据最高人民法院《关于审理买卖合同纠纷案件适用法律问题的解释》第17条第1款(即前述第3点内容)的规定确定买受人对隐蔽瑕疵提出异议的合理期间。约定的检验期间或者质量保证期间短于法律、行政法规规定的检验期间或者质量保证期间的,人民法院应当以法律、行政法规规定的为准。

(5) 买受人在合理期间内提出异议,出卖人以买受人已经支付价款、确认欠款数额、使用标的物等为由,主张买受人放弃异议的,人民法院不予支持,但当事人另有约定的除外。

(6) 我国《合同法》第158条规定的检验期间、合理期间、两年期间经过后,买受人主张标的物的数量或者质量不符合约定的,人民法院不予支持。出卖人自愿承担违约责任后,又以上述期间经过为由反悔的,人民法院不予支持。

出卖人知道或者应当知道提供的标的物不符合约定的,买受人可以在发现标的物质量或者数量不符合约定的任何时间,向出卖人主张责任的承担。

及时检验的义务是买受人的不真正义务,该项义务的违反不发生违约责任,但由此造成的损失由买受人自己承担。

4. 保管义务

买受人对于出卖人不按合同约定交付的标的物,如多交付、提前交付、交付的标的物有瑕疵等,有权拒绝受领,但在特殊情况下,买受人有暂时保管并应急处置标的物的义务。其条件是:(1)必须是异地交付,货物到达交付地点时,买受人基于正当理由作出拒绝接收的意思表示;(2)出卖人在标的物接受交付的地点没有代理人,即标的物在法律上已处于无人管理的状态;(3)一般物品由买受人暂时保管,但出卖人接到买受人的拒绝接收通知时,应立即以自己的费用将标的物提回或者做其他处置,并支付买受人的保管费用;(4)对于不易保管的易变质物品,买受人可以紧急变卖,但变卖所得在扣除变卖费用后须退回出卖人。

买受人履行这一义务,必须是出于善良动机,不得扩大出卖人的损失;出卖人也不能因为买受人在上述情况下的保管或者紧急变卖行为而得免除责任。

四、买卖合同的风险负担与利益承受

(一)标的物的风险负担

买卖合同中的标的物风险负担,是指对买卖合同标的物由于不可归责于双方当事人的事由毁损、灭失所造成的损失应当由谁承担的规则。

1. 当事人约定的规则

标的物风险负担的规则,可以由当事人约定。当事人约定负担原则的,买卖合同标的物毁损、灭失所造成的损失,应当按照约定的方法处理。

2. 法律规定的规则

当事人没有特别约定的,应当按照法律规定的风险负担原则处理:

(1)标的物毁损、灭失的风险依标的物的交付而转移,即在交付之前由出卖人承担,交付之后由买受人承担。依据这个规则,最高人民法院《关于审理买卖合同纠纷案件适用法律问题的解释》第12条规定:"出卖人根据合同约定将标的物运送至买受人指定地点并交付给承运人后,标的物毁损、灭失的风险由买受人负担,但当事人另有约定的除外。"

(2)因买受人的原因致使标的物不能按照约定的期限交付,自约定交付之日起标的物毁损、灭失的,风险转移给买受人承担。

(3)出卖人出卖交由承运人运输的在途标的物的,标的物毁损、灭失的风险,自合同成立时起由买受人承担。如果出卖人在合同成立时知道或者应当知道标的物已经毁损、灭失却未告知买受人,买受人主张出卖人负担标的物毁损、灭失的风险的,人民法院应予支持。①

(4)当事人未明确约定交付地点,按照规定标的物需要运输的,自出卖人将

---

① 最高人民法院《关于审理买卖合同纠纷案件适用法律问题的解释》第13条规定。

标的物交付第一承运人之后,标的物毁损、灭失的风险由买受人承担。如何理解"标的物需要运输",最高人民法院《关于审理买卖合同纠纷案件适用法律问题的解释》第11条规定,《合同法》第141条第2款第1项规定的"标的物需要运输的",是指标的物由出卖人负责办理托运,承运人系独立于买卖合同当事人之外的运输业者的情形。标的物毁损、灭失的风险负担,按照我国《合同法》第145条的规定处理,即"出卖人将标的物交付给第一承运人后,标的物毁损、灭失的风险由买受人承担"。

(5)按照约定或者规定,出卖人应于特定地点交付标的物的,出卖人将标的物置于交付地点,买受人违反约定没有收取的,自买受人违反约定之日起,标的物的毁损、灭失风险转移给买受人。

(6)因标的物质量不符合质量要求致使不能实现合同目的,买受人拒绝接受标的物或者解除合同的,标的物的毁损、灭失风险由出卖人承担。

(7)标的物毁损、灭失的风险由买受人承担,不影响因出卖人履行债务不符合约定,买受人要求其承担违约责任的权利。例如出卖人交付标的物而未交付有关标的物的单证或资料,标的物的毁损、灭失风险虽然已经转移由买受人承担,但出卖人仍应负债务不履行的违约责任。

(8)当事人对风险负担没有约定,标的物为种类物,出卖人未以装运单据、加盖标记、通知买受人等可识别的方式清楚地将标的物特定于买卖合同,买受人主张不负担标的物毁损、灭失的风险的,人民法院应予支持。[①]

(二)买卖合同中的利益承受

利益承受,是指标的物于买卖合同订立后所生的孳息的归属。标的物于合同订立后所生孳息的归属,与标的物的风险负担密切相联,二者遵循同一原则。因此,我国《合同法》第163条规定的规则是:标的物在交付之前产生的孳息,归出卖人所有;标的物交付之后产生的孳息,由买受人承受。合同另有约定的,依其约定。

五、买卖合同的解除

买卖合同因解除的特殊性有以下几种情形:

(一)主物从物的解除

因标的物的主物不符合约定而解除合同的,解除合同的效力及于从物。因标的物的从物不符合约定被解除的,解除的效力不及于主物。

(二)数物解除

标的物为数物,其中一物不符合约定的,买受人可以就该物解除,但该物与

[①] 最高人民法院《关于审理买卖合同纠纷案件适用法律问题的解释》第14条规定。

他物分离使标的物的价值明显受损害的,当事人可以就数物解除合同。

（三）分批交付的解除

分批交付,是指种类物的分批交付。分为三种情形：

1. 就其中一批解除

出卖人分批交付标的物的,出卖人对其中一批标的物不交付或交付不符合约定,致使不能实现合同目的的,买受人可以就该批标的物解除。

2. 就某批和今后各批的解除

出卖人不交付其中一批标的物或交付不符合约定,致使今后其他各批标的物的交付不能实现合同目的的,买受人可以就该批以及其他各批标的物解除。

3. 全部解除

出卖人已经就其中一批标的物解除,该批标的物与其他各批标的物相互依存的,买受人可以就已经交付的和未交付的各批标的物解除。①

六、买卖合同的违约责任

买卖合同的违约责任,应当按照确定违约责任的一般规则进行。最高人民法院《关于审理买卖合同纠纷案件适用法律问题的解释》第21条至第33条对于买卖合同的违约责任的一些具体情形作出了具体规定。这些规定的内容是：

（一）交付标的物的违约责任

司法解释对出卖人交付标的物的违约责任,主要规定了三种情形：

1. 未及时解决标的物质量的违约责任

买受人依约保留部分价款作为质量保证金,出卖人在质量保证期间未及时解决质量问题而影响标的物的价值或者使用效果,出卖人主张支付该部分价款的,人民法院不予支持。②

2. 未按照要求采取必要措施的违约责任

买受人在检验期间、质量保证期间、合理期间内提出质量异议,出卖人未按要求予以修理或者因情况紧急,买受人自行或者通过第三人修理标的物后,主张出卖人负担因此发生的合理费用的,人民法院应予支持。③

3. 质量不符合约定的减少价款责任

标的物质量不符合约定,买受人依照我国《合同法》第111条关于"质量不符合约定的,应当按照当事人的约定承担违约责任。对违约责任没有约定或者约定不明确,依照本法第61条的规定仍不能确定的,受损害方根据标的的性质

---

① 彭隋生:《合同法要义》(第三版),中国人民大学出版社2011年版,第300页。
② 最高人民法院《关于审理买卖合同纠纷案件适用法律问题的解释》第21条规定。
③ 最高人民法院《关于审理买卖合同纠纷案件适用法律问题的解释》第22条规定。

以及损失的大小,可以合理选择要求对方承担修理、更换、重作、退货、减少价款或者报酬等违约责任"的规定要求减少价款的,人民法院应予支持。当事人主张以符合约定的标的物和实际交付的标的物按交付时的市场价值计算差价的,人民法院应予支持。如果价款已经支付,买受人主张返还减价后多出部分价款的,人民法院应予支持。①

(二) 交付价款的违约责任

司法解释对于买受人交付价款的违约责任,第24条主要规定了以下情形:

1. 付款期限变更的违约责任

买卖合同对付款期限作出的变更,不影响当事人关于逾期付款违约金的约定,但该违约金的起算点应当随之变更。

2. 买受人拒绝支付逾期违约金的责任

买卖合同约定逾期付款违约金,买受人以出卖人接受价款时未主张逾期付款违约金为由拒绝支付该违约金的,人民法院不予支持。

3. 对账单、还款协议未涉及逾期付款的责任

买卖合同约定逾期付款违约金,但对账单、还款协议等未涉及逾期付款责任,出卖人根据对账单、还款协议等主张欠款时请求买受人依约支付逾期付款违约金的,人民法院应予支持,但对账单、还款协议等明确载有本金及逾期付款利息数额或者已经变更买卖合同中关于本金、利息等约定内容的除外。

4. 未约定逾期付款违约金的责任

买卖合同没有约定逾期付款违约金或者该违约金的计算方法,出卖人以买受人违约为由主张赔偿逾期付款损失的,人民法院可以中国人民银行同期同类人民币贷款基准利率为基础,参照逾期罚息利率标准计算。

(三) 从履行义务的违约责任

司法解释规定,出卖人没有履行或者不当履行从给付义务,致使买受人不能实现合同目的,买受人主张解除合同的,人民法院应当根据我国《合同法》第94条第4项即关于"当事人一方迟延履行债务或者有其他违约行为致使不能实现合同目的","当事人可以解除合同"的规定,予以支持。②

(四) 违约金责任

司法解释对于违约金责任规定了两种情形:

1. 解除合同后守约方主张违约金的责任

买卖合同因违约而解除后,守约方主张继续适用违约金条款的,人民法院应予支持;但约定的违约金过分高于造成的损失的,人民法院可以参照我国《合同

---

① 最高人民法院《关于审理买卖合同纠纷案件适用法律问题的解释》第23条规定。
② 最高人民法院《关于审理买卖合同纠纷案件适用法律问题的解释》第25条规定。

法》第114条第2款关于"约定的违约金低于造成的损失的,当事人可以请求人民法院或者仲裁机构予以增加;约定的违约金过分高于造成的损失的,当事人可以请求人民法院或者仲裁机构予以适当减少"的规定处理。①

2. 一审未释明不支持违约金免责抗辩的二审纠正方法

买卖合同当事人一方以对方违约为由主张支付违约金,对方以合同不成立、合同未生效、合同无效或者不构成违约等为由进行免责抗辩而未主张调整过高的违约金的,人民法院应当就法院若不支持免责抗辩,当事人是否需要主张调整违约金进行释明。一审法院认为免责抗辩成立且未予释明,二审法院认为应当判决支付违约金的,可以直接释明并改判。②

(五)定金责任

司法解释规定,买卖合同约定的定金不足以弥补一方违约造成的损失,对方请求赔偿超过定金部分的损失的,人民法院可以并处,但定金和损失赔偿的数额总和不应高于因违约造成的损失。③

(六)违约损害赔偿责任

对于买卖合同的违约损害赔偿责任,司法解释规定了以下三种情形:

1. 守约方主张赔偿可得利益损失的认定

买卖合同当事人一方违约造成对方损失,对方主张赔偿可得利益损失的,人民法院应当根据当事人的主张,依据我国《合同法》第113条关于"当事人一方不履行合同义务或者履行合同义务不符合约定,给对方造成损失的,损失赔偿额应当相当于因违约所造成的损失,包括合同履行后可以获得的利益,但不得超过违反合同一方订立合同时预见到或者应当预见到的因违反合同可能造成的损失。经营者对消费者提供商品或者服务有欺诈行为的,依照《中华人民共和国消费者权益保护法》的规定承担损害赔偿责任"的规定,第119条关于"当事人一方违约后,对方应当采取适当措施防止损失的扩大;没有采取适当措施致使损失扩大的,不得就扩大的损失要求赔偿。当事人因防止损失扩大而支出的合理费用,由违约方承担"的规定,以及司法解释第30条、第31条等规定进行认定。④

2. 双方过错违约损失赔偿额的扣减

买卖合同当事人一方违约造成对方损失,对方对损失的发生也有过错,违约方主张扣减相应的损失赔偿额的,人民法院应予支持。⑤

---

① 最高人民法院《关于审理买卖合同纠纷案件适用法律问题的解释》第26条规定。
② 最高人民法院《关于审理买卖合同纠纷案件适用法律问题的解释》第27条规定。
③ 最高人民法院《关于审理买卖合同纠纷案件适用法律问题的解释》第28条规定。
④ 最高人民法院《关于审理买卖合同纠纷案件适用法律问题的解释》第29条规定。
⑤ 最高人民法院《关于审理买卖合同纠纷案件适用法律问题的解释》第30条规定。

3. 违约获利的扣除

买卖合同当事人一方因对方违约而获有利益,违约方主张从损失赔偿额中扣除该部分利益的,人民法院应予支持。[①]

(七) 违反瑕疵担保责任

合同约定减轻或者免除出卖人对标的物的瑕疵担保责任,但出卖人故意或者因重大过失不告知买受人标的物的瑕疵,出卖人主张依约减轻或者免除瑕疵担保责任的,人民法院不予支持。[②]

买受人在缔约时知道或者应当知道标的物质量存在瑕疵,主张出卖人承担瑕疵担保责任的,人民法院不予支持,但买受人在缔约时不知道该瑕疵会导致标的物的基本效用显著降低的除外。[③]

七、特种买卖合同

(一) 分期付款买卖

分期付款买卖,是指买受人将其应付的总价款按照一定期限分批向出卖人支付的买卖合同关系。[④] 简言之,分期付款买卖就是当事人约定分期支付价金的买卖。[⑤] 按照最高人民法院《关于审理买卖合同纠纷案件适用法律问题的解释》第 38 条规定,《合同法》第 167 条第 1 款规定的"分期付款",系指买受人将应付的总价款在一定期间内至少分三次向出卖人支付。如果在两次以下,不认为是分期付款。

分期付款买卖是一种特殊形式的买卖,通常用于房屋、高档消费品的买卖。由于买受人的分期支付货款影响了出卖人的资金周转,故分期付款的总价款可略高于一次性付款的价款。在分期付款买卖中,为了保护买受人的利益,只有当买受人未支付到期价款的金额达到全部价款的五分之一时,出卖人才可以要求买受人支付全部价款或者解除合同。出卖人解除合同的,可以向买受人要求支付该标的物的使用费。

在分期付款买卖中,出卖人须先交付标的物,买受人在受领标的物后分若干次付款,因而出卖人存在不能实现价款债权的风险。在交易实践中,当事人双方就分期付款买卖通常有以下特别约定:

(1) 所有权保留特约。

在分期付款买卖合同中,所有权保留特约是指买受人虽先占有、使用标的

---

① 最高人民法院《关于审理买卖合同纠纷案件适用法律问题的解释》第 31 条规定。
② 最高人民法院《关于审理买卖合同纠纷案件适用法律问题的解释》第 32 条规定。
③ 最高人民法院《关于审理买卖合同纠纷案件适用法律问题的解释》第 33 条规定。
④ 王利明等:《合同法》(第三版),中国人民大学出版社 2009 年版,第 292 页。
⑤ 周新民:《民法债》(下册),商务印书馆 1936 年版,第 28 页。

物,但在双方当事人约定的特定条件(通常是价款的一部或者全部清偿)成就之前,出卖人保留标的物的所有权;待条件成就后,再将所有权转移给买受人。这种特约一般适用于动产买卖,不动产的买卖不适用这种方法。

(2) 解除合同或者请求支付全部价款的特约。

分期付款的买受人未付到期价款的金额达到全部价款的五分之一的,出卖人可以要求买受人支付全部价款或者解除合同。除非当事人另有约定,应当按此办理。出卖人如果要求解除合同的,可以向买受人要求支付该标的物的使用费。如果分期付款买卖合同的约定违反我国《合同法》第 167 条第 1 款的规定,即买受人未支付到期价款的金额达到全部价款不足五分之一,出卖人就可以行使解除权或者请求支付全部价款,因而损害买受人利益的,买受人可以主张该约定无效。提出这种请求的,人民法院应予支持,仍然应当按照我国《合同法》第 167 条规定要求处理。

(3) 解除合同的损害赔偿金额的特约。

解除合同的损害赔偿特约,是指当事人双方关于解除合同时一方应向对方支付的赔偿金额的约定。解除合同时,双方当事人应将从对方取得的财产返还对方,有过错的一方应赔偿对方的损失。分期付款买卖在因一方的原因而由出卖人解除合同时,标的物已经交付买受人,因此,买受人在占有标的物期间获得的利益也就是出卖人的损失。为保护出卖人的利益,在分期付款买卖中,当事人经常有关于出卖人于解除合同时得扣留其已受领的价款或请求买受人支付一定金额的约定。这种约定如果过于苛刻,则对买受人不利。为了维系公平和保护买受人的利益,法律对关于解除合同时出卖人得扣还价款或请求支付价款的约定作一定的限制。一般说来,因买受人一方的原因由出卖人解除合同时,出卖人向买受人请求支付或扣留的金额,不得超过相当于该标的物的通常使用费的金额。如果标的物有毁损时,则应再加上相当的损害赔偿金额。如果当事人约定的出卖人于解除合同时得扣留的价款或请求支付的金额超过上述限度的,则其超过部分的约定无效。最高人民法院《关于审理买卖合同纠纷案件适用法律问题的解释》第 39 条规定:"分期付款买卖合同约定出卖人在解除合同时可以扣留已受领价金,出卖人扣留的金额超过标的物使用费以及标的物受损赔偿额,买受人请求返还超过部分的,人民法院应予支持。""当事人对标的物的使用费没有约定的,人民法院可以参照当地同类标的物的租金标准确定。"

(二) 样品买卖

样品买卖又称为货样买卖[①],是指当事人双方约定一定的样品,出卖人交付

---

① 周新民:《民法债》(下册),商务印书馆 1936 年版,第 27 页。

的标的物应当与样品具有相同品质的买卖合同。① 样品又称为货样,是指当事人选定的用以决定标的物品质的货物。它通常是从一批货物中抽取出来或者由生产、使用部门加工、设计出来的,用以反映和代表整批商品品质的少量实物。

由于样品买卖是在普通买卖关系中附加了出卖人的一项"须按样品的品质标准交付标的物"的担保,因此,样品买卖除了适用普通买卖的规定外,还产生下列效力:

(1) 封存样品予以说明。

当事人应当封存样品,并且可以对样品质量予以说明,出卖人交付的标的物应当与样品及其说明的质量相同。在判断交付的标的物是否与样品及其说明的质量相同时,应当依据合同的性质以及交易的习惯确定。最高人民法院《关于审理买卖合同纠纷案件适用法律问题的解释》第 40 条规定:"合同约定的样品质量与文字说明不一致且发生纠纷时当事人不能达成合意,样品封存后外观和内在品质没有发生变化的,人民法院应当以样品为准;外观和内在品质发生变化,或者当事人对是否发生变化有争议而又无法查明的,人民法院应当以文字说明为准。"

(2) 隐蔽瑕疵的责任。

买受人不知道样品有隐蔽瑕疵的,即使交付的标的物与样品相同,出卖人交付的标的物的质量仍然应当符合同种物的通常标准。

(三) 试用买卖

试用买卖合同,也叫做试验买卖,是指当事人双方约定于合同成立时,出卖人将标的物交付买受人试验或者检验,并以买受人在约定期限内对标的物的认可为生效要件的买卖合同。换言之,试验买卖就是已买受人承认标的物为停止条件而订立的合同②,实质上是买卖合同已经成立,与此合同中仍然寓有一个合同,即须经一度试验,认为适意,经表示承认此标的物时,此合同的效力始完全发生。③

试用买卖的特征有二:(1) 试用买卖约定由买受人试验或者检验标的物;(2) 试用买卖是以买受人对标的物的认可为生效条件的买卖合同。

最高人民法院《关于审理买卖合同纠纷案件适用法律问题的解释》第 42 条规定了四种不属于试用买卖的情形:买卖合同存在下列约定内容之一的,不属于试用买卖。买受人主张属于试用买卖的,人民法院不予支持:一是约定标的物经过试用或者检验符合一定要求时,买受人应当购买标的物;二是约定第三人经试

---

① 龙翼飞主编:《合同法教程》,法律出版社 2008 年版,第 204 页。
② 周新民:《民法债》(下册),商务印书馆 1936 年版,第 25 页。
③ 北平法律函授学校讲义:《民法债编分则》,北平法律函授学校 1934 年版,第 15 页。

验对标的物认可时,买受人应当购买标的物;三是约定买受人在一定期间内可以调换标的物;四是约定买受人在一定期间内可以退还标的物。

由于试用买卖合同的生效是以买受人对标的物的认可为条件,因而确定买受人的认可具有重要意义。

(1) 买受人应当在试用期间作出是否认可的表示。

试用买卖合同当事人应当约定试用期间。没有约定或者约定不明确的,可以补充协议;不能达成补充协议的,按照合同的有关条款或者交易习惯确定;如仍不能确定的,由出卖人确定。在试用期间内,买受人应当作出是否认可的意思表示。

(2) 认可的意思表示形式。

出卖人认可的意思表示可以是口头的,也可以是书面的。

在下列情况下,尽管买受人虽未作出认可的意思表示,也应视为认可:第一,买受人在试用期间内未作出是否认可的意思表示,视为认可[1];第二,买受人全部或一部支付价款,人民法院应当认定买受人同意购买,但合同另有约定的除外。第三,在试用期内,买受人对标的物实施了出卖、出租、设定担保物权等非试用行为的,人民法院应当认定买受人同意购买。[2]

买受人对标的物认可,买卖合同即发生效力,双方当事人应按约定履行合同。

在试用期间买受人作出不认可的意思表示的,该买卖合同不生效力。买受人负返还标的物的义务。试用买卖的当事人没有约定使用费或者约定不明确,出卖人主张买受人支付使用费的,人民法院不予支持。[3] 因可归责于买受人的事由造成标的物毁损、灭失而返还不能时,买受人负赔偿责任。

(四) 招标投标

招标投标,是指由招标人向数人或公众发出招标通知或招标通告,在诸多投标中选择自己最满意的投标人并与之订立合同的方式。

招标投标的程序是:

1. 招标

招标是招标人采取招标通知或招标公告的形式,向数人或者公众发出投标邀请。招标的法律性质是要约邀请,投标人投标则是发出要约。招标人在招标公告中已明确表示将与报价最优者订立合同的,这一招标行为就已具有要约的性质。

---

[1] 崔建远主编:《合同法》(第五版),法律出版社2010年版,第407页。
[2] 最高人民法院《关于审理买卖合同纠纷案件适用法律问题的解释》第41条规定。
[3] 最高人民法院《关于审理买卖合同纠纷案件适用法律问题的解释》第43条规定。

2. 投标

投标是投标人按照招标文件的要求,向招标人提出报价的行为。招标人响应招标、参加投标竞争,必须具备承担招标项目的能力,应当在规定的投标期限内做好投标书,密封后按照规定的方法、时间、地点投入标箱。投标的性质是要约,必须具备足以使合同成立的必要条件。

3. 开标和验标

开标是招标人在召开的投标人会议上,当众启封标书,公开标书内容。验标是验证标书的效力,对不具备投标资格的标书、不符合招标文件规定的标书,以及超过截止期限送达的标书,招标人可以宣布其无效。

4. 评标和定标

评标由招标人依法组成的评标委员会负责,由招标人和专家组成,成员应在5人以上。定标是招标人对有效标书进行评审,选择自己满意的投标人,决定其中标。定标是对投标的完全接受,因此是承诺。

5. 签订合同书

中标人接到中标通知书后,在指定的期间与地点同招标人签订合同书。招标投标即告完成。

(五) 拍卖

1. 拍卖的概念

拍卖有广义、狭义之分。广义的拍卖是指竞争买卖,泛指竞争方式的缔约,包括拍卖和招标,即众多欲订约的人通过竞争与出卖人订立合同。狭义的拍卖是指对物品的拍卖,即以公开竞价的方法,将标的物的所有权转移给最高应价者的买卖方式。这里所说的拍卖是狭义拍卖。

拍卖按照不同的标准,可以分为法定拍卖和意定拍卖、委托拍卖和自己拍卖、强制拍卖和任意拍卖。[①]

2. 拍卖的程序

拍卖的程序是:(1)签订拍卖委托合同。委托人与拍卖人签订拍卖的委托合同,约定拍卖的权利义务关系。(2)拍卖公告和拍品展示。在拍卖日的前7日发布拍卖公告,该公告属于要约邀请。拍卖前应当展示拍卖标的,不得少于2日。(3)竞买。竞买是以应价的方式向拍卖人作出应买的意思表示,众多竞买人彼此互不隐瞒情况,以公开的方式应价,形成竞争。竞买的性质属于要约。(4)拍定。拍定是拍卖人在竞买人众多的应价中选择最高者予以接受的意思表示,其法律性质属于承诺。拍卖人一经拍定,拍卖合同即告成立。拍卖方式分为一般式和荷兰式。前者先由拍卖人出底价,规定两次应价之差,然后由竞买人竞

---

① 龙翼飞主编:《合同法教程》,法律出版社2008年版,第206页。

相加价,直到无人再加价为止。后者先由拍卖人出最高价为起价,若在规定的时间内无人应叫,即依此逐次降低价格,直至成交。

3. 拍卖的效力

拍卖的效力是:(1)拍卖人应当履行交付标的物和转移标的物所有权的义务。拍卖与一般的买卖合同一样,拍卖人负有交付标的物的义务和转移标的物所有权的义务。未能履行该义务的,应当承担违约责任。按照规定应当办理所有权转移手续的,双方应当持出卖人出具的成交证明和有关材料,到有关行政机关办理手续。由于拍卖人或者委托人的原因不能办理有关手续的,拍卖人应当负违约责任。(2)拍卖人的瑕疵担保责任。拍卖人应当对交付的标的物承担瑕疵担保责任。拍卖人于拍卖时向竞买人说明标的物的瑕疵的,或者拍卖人、委托人在拍卖前声明不能保证拍卖标的物的真伪或者品质的,不承担瑕疵担保责任。拍卖人未声明标的物瑕疵,给买受人造成损害的,买受人有权向拍卖人要求赔偿;属于委托人责任的,拍卖人有权向委托人追偿。(3)买受人支付价款和再拍卖。买受人应当按照约定向拍卖人支付标的物的价款和佣金。未按照约定支付价款的,应当承担违约责任,或者由拍卖人将拍卖的标的物再行拍卖。再拍卖时,原拍卖的买受人应当支付第一次拍卖中买卖双方应支付的佣金。

4. 流拍

流拍是指在拍卖中,由于起拍价格过高造成的拍卖失败。在拍卖中,拍卖人叫价之后,没有人应价,使得拍卖无法成功进行,对拍卖的标的物得不到想要成交的数额。

流拍的意义既有负面意义,也有正面意义。流拍的负面作用除了使拍卖价格越来越低,影响拍卖的收益外,还使买主产生了盼低观望心态,不利于拍卖市场的健康发育。但流拍也有积极作用,如在接连两次流拍后,有的拍卖标的物的社会地位和品牌形象反而更好。从这个意义上看,流拍的效应不完全是负面的。

八、互易合同

(一)互易合同的概念和法律适用

互易合同也叫物换物合同、易货贸易或者易货交易合同,是指当事人双方约定以货币以外的财物进行交换的合同。① 换言之,互易就是当事人双方约定互相转移金钱以外的财产权的合同。②

互易合同也是转移财产所有权的合同,与买卖合同的区别在于,买卖合同虽然转移的是财产的所有权,但只有一方是买方,另一方为卖方,转移财产所有权

---

① 王利明等:《合同法》(第三版),中国人民大学出版社2009年版,第295—296页。
② 周新民:《民法债》(下册),商务印书馆1936年版,第32页。

的方式是出让一个标的物,取得财产所有权的方式是以货币作为交易的对价。互易合同是双方当事人都转移财产的所有权,即以交付和转移自己所有的财产和所有权的目的,是为了取得对方的财产及所有权,交付和转移自己所有财产的所有权是取得对方财产所有权的代价,其中没有货币作为中介。因此,互易合同是一种特殊的买卖合同。

互易合同是物物交换的法律形式,是原始的商品交换的合同形式。自货币出现以后,互易合同就被买卖合同所取代,不再是商品交换的主要的、基本的形式,但直到现在,互易合同在市场上还有存在的现实需要。这是因为,买卖有时候会受到国家的某种限制,同时当事人还必须有足够的资金。而互易就可以避免这些限制,并且可以节省成本,因此,法律承认互易合同,确定其交易规则。

买卖合同的一般规则适用于互易关系使得不必要详细研究关于该合同的主体构成和形式,以及关于违反该债务的后果的规范,包括交付不合质量或者有其他瑕疵的商品。① 这是我国《合同法》第175条规定互易合同参照买卖合同的有关规定的原因。

(二) 互易合同的种类

互易合同分为单纯互易和价值互易两种基本类型。

单纯互易,是指当事人双方并不考虑给付对方的财产的价值,而只追求相互的财产所有权转移的互易。例如,以粮食若干换取彩电一台,双方并不计较各自财产的价值多少。

价值互易,是指当事人双方以标的物的价值为标准,互换财产标的物的互易。在这种互易中,双方互换的标的物的价值应当相当,如果价值不等,则一方应当向另一方支付差价,或者以相当的物补齐。

(三) 互易合同的成立与效力

罗马法认为互易合同为要物合同,以标的物的交付为成立条件。现代法规定,互易合同为诺成性合同,自当事人双方意思表示一致即可成立互易合同。

互易合同一经成立生效,其效力适用买卖合同的规定。互易合同当事人应当负担以下义务:

(1) 按照合同约定向对方交付标的物并转移所有权。

这是互易合同的基本义务,只有以自己的交付并转移所有权,才能够换取对方的财产交付和所有权。当事人未在约定期限内履行交付义务的,应当承担违约责任。标的物因未可归责于当事人的事由而意外灭失时,当事人双方免除相互给付的义务;一方已经交付的,另一方应当将其受领的标的物返还。

---

① 〔俄〕E.A.苏哈诺夫主编:《俄罗斯民法》(第3册),付荣译,中国政法大学出版社2011年版,第1006页。

(2) 当事人相互对其应交付的标的物负瑕疵担保义务。

互易合同的当事人均应保证其交付的标的物符合约定的品质,并能将其所有权完全转移给对方。在标的物存在质量瑕疵或者权利瑕疵时,当事人应当承担相应的违约责任。

(3) 价值互易的价款补足。

当事人的互易为补足价款的价值互易的,负有补足价款的一方应当按照约定的时间、地点补足应当交纳的价款。当事人不履行其补足价款义务的,应当承担违约责任。

【案例讨论】

讨论提示:本案争执的虽然是口头合同问题,但实际上是口头合同在发生争议时如何确定合同是否存在,以及具体责任的承担。本案双方当事人有以往的交易惯例,又有对方负责人在交货单上签字,认定有此口头合同,是有充分根据的。

讨论问题:1. 结合本案,买卖合同的概念应当怎样界定?有哪些法律特征? 2. 认定发生争议的口头买卖合同,应当注意哪些问题?

第二节 供用电、水、气、热力合同

【典型案例】

2007年7月7日,保亭供电公司在对金都康乐馆用电进行检查时,发现金都康乐馆的计量装置电流互感器的C相电压线源被老鼠咬断,导致该计量装置记录用电量减少,经公司测算,造成计量误差-1/3,电量损失为1310度,电费为10504元。7月20日,供电公司向金都康乐馆发出《催费通知书》,要求金都康乐馆接到通知后3日内交清追补损失电费,逾期未缴,将依法停止供电。金都康乐馆对此有异议,但又怕停止供电,于是在7月25日缴纳部分损失电费3000元,随后向法院起诉,请求判令《催费通知书》无效,并返还3000元追缴的电费。一审判决驳回原告的诉讼请求。金都康乐馆上诉期间,供电公司于2006年1月1日10时剪断金都康乐馆的供电电源线,停电3天。金都康乐馆又向一审法院提起诉讼,请求判令供电公司赔偿损失28656元。一审法院判决供电公司赔偿25044元。供电公司上诉。二审法院认为,一审法院适用法律正确,但认定损失数额有误,改判供电公司赔偿6000元。

一、供用电、水、气、热力合同概述

（一）供用电、水、气、热力合同的概念

供用电、水、气、热力合同，是指一方提供电、水、气、热力供另一方利用，另一方支付报酬的合同。提供电、水、气、热力的一方为供应人，利用电、水、气、热力的一方为利用人。

这种合同也是由一方向另一方提供商品，另一方支付价款的合同，属于转移财产所有权的合同，属于特种商品的买卖合同，法律关于买卖合同的规定对此类合同有参照适用的效力。在俄罗斯，这种合同也叫做供应合同或者商品供应合同[1]，供用电合同就叫电力供应合同[2]，供用水、气、热力合同叫做通过并联网供应合同[3]。

供用电、水、气、热力合同具有公共利用的性质，对全社会的经济发展和人民生活水平的提高具有重要作用，必须予以保障。我国《合同法》对这种合同专门进行规定，特别是对供用电合同专门规定了具体内容，具有示范性的作用，目的在于保证经济发展和人民生活的质量。司法实践对这类合同适用法律，应当特别注意保护利用人的合法权益。

（二）供用电、水、气、热力合同的法律特征

1. 公用性

供用电、水、气、热力合同具有公用性的特点，是因为它们的消费对象不是社会中的某些特殊阶层，而是一般的社会公众，包括自然人、法人和其他组织，涉及公众生活和社会经济发展。因此，供应人一方负有强制缔约义务，不得拒绝利用人的利用请求，因而保障一切人都能够平等地享有与供应人订立合同利用这些资源的权利。

2. 公益性

供用电、水、气、热力合同也具有公益性的特点，供用合同的目的不只是为了让供应方从中得到利益，更主要的是为了满足人民的生产、生活需要，提高人民的生活水平。因此，供应人不应当是纯粹的营利性企业，而是以提高公共生活水平等公益事业为目标的企业。正因为如此，供用电、水、气、热力合同的收费标准都有一定的限制，供应人不得随意将收费标准提高。

3. 继续性

供用电、水、气、热力合同的标的物都是一种能的利用，无论对于哪一方当事

---

[1] 〔俄〕E. A. 苏哈诺夫主编：《俄罗斯民法》（第3册），付荣译，中国政法大学出版社2011年版，第935页。

[2] 同上书，第953页。

[3] 同上书，第973页。

人都不是一次性的,而是持续不断的,因此是继续性合同。特点是,即使其供给或收取费用都是分期的,或者为各个的,但是这些各次分开的给付或者费用支付都不是作为各个独立的合同,而是一个合同。

4. 合同消灭的非溯及性

供用电、水、气、热力合同的标的物都是可消耗物,在一次利用以后不再存在,即为返还不能。因此,供用电、水、气、热力合同因各种原因终止以后,其效力只能向将来的方向发生,不能溯及过去。

(三) 供用电、水、气、热力合同与格式条款

由于供用电、水、气、热力合同的使用是大量的、经常的、持续的,因而作为供应人的电力公司、自来水公司、燃料公司、热力公司不可能跟每一个利用人进行协商,各个订立不同的合同,因此,格式条款实属必然。订立合同时,供应人提供格式条款,利用人申请订立合同只要在格式条款上签名,并添上相应事项,合同即告成立,不必再作更多的协商。

大量使用的供用电、水、气、热力合同的格式条款应当特别维护利用人的权利。这就要保证供用电、水、气、热力合同格式条款的公平性。由于这些供应人往往处于同行业的独占和垄断地位,而对电、水、气、热力的利用又是绝大多数人生活和生产的必须,因此,利用人可能被迫接受一些不平等的格式条款内容。对此,应当按照我国《合同法》第39条至第41条的规定,保护利用人的合法权利。

二、供用电合同

(一) 供用电合同的概念和特征

供用电合同是指供电人向用电人供电,用电人支付电费的合同。其法律特征是:

(1) 供用电合同的标的物是无形物。

电能是一种特殊商品,其无形、无声、无色,明显区别于其他合同的标的物。因电能供应对保障社会正常运转具有十分重要的作用,供用电合同在履行中对供电质量及连续性的要求非常高,国家有关规定对供电人应连续供电义务作出了严格要求。

(2) 供用电合同是强制缔约合同。

供用电合同是关系到广大人民群众的生活和工作的合同,涉及面极广,因此,供电一方负有强制缔约义务,没有正当理由不得拒绝用电人的缔约请求。

(3) 供用电合同是双务、有偿合同。

在供用电合同中,供电人有义务按合同约定向用电人供应符合合同要求的电能,违约应承担相应责任;用电人有义务按合同约定向供电人及时、足额交付电费,否则亦应承担相应责任。

(二) 供用电合同的内容

供用电合同应当明确约定以下事项:

1. 电力

我国电能供应的额定频率为交流 50 赫兹,采用高压、低压两种形式,低压供电的额定电压单相为 220 伏,三相为 380 伏;高压供电的额定电压分为 10、35(63)、110、220 千伏。供用电双方在签订合同时,应明确供电人向用电人提供的是何种电力及供电容量。

2. 电量、用电时间

供用电人应约定用电人需用电能的数量及用电时间,以便于供电人合理安排生产。

3. 电价与电费的结算方式

供用电双方应明确供电人所供电能的价格,目前,我国对电价实行统一政策、统一定价原则,分级管理,即电价由国家统一制定,不能由供用电双方自行约定。

供电人、用电人应约定抄表日期,根据用电计量装置的记录,计算用电人应支付的电费。

4. 供用电设施的维护责任

供用电设施的维护责任应当依供用电设施的产权所属划分,也可由双方约定。通行的做法是,供电人、用电人协商确认供用电设施运行管理责任的分界点,分界点电源侧供用电设施属供电人,由供电人负责运行维护管理,分界点负荷侧的供用电设施属用电人,由用电人负责运行维护管理。因供用电造成第三人损害时的法律责任承担,也以运行维护管理责任分界点为基准划分。

除此之外,供用电双方还可在合同中约定违约责任及双方同意的其他条款。

(三) 供用电合同的效力

1. 供电人的义务

(1) 供电人应当按照国家规定的供电标准和约定安全供电。

用电人提出申请的,供电人应当尽速确定供电方案,并在一定期限内正式书面通知用户。合同订立后,供电人应当按照合同约定的时间向用电人供电。当事人对供电标准有约定的,依其标准供应;当事人没有特别约定的,则根据用电人具体的用电意图可以推定的标准或者国家规定的标准供电。供电人必须安全、合格地供电,不得超过电力系统正常状况下所供电能的频率的电压允许的偏差。供电人未按照国家规定的供电标准和约定安全供电,造成用电人损失的,应当承担损害赔偿责任。

(2) 供电人具有因限电、检修等停电的通知义务。

电力在社会生产、生活中的特殊作用要求其供应应是连续的。供电人在发电、供电系统正常的情况下,应当连续向用电人供电,不得中断,这是供电人的一个重要义务。供电人因供电设施检修等原因需要中断供电时,应当按照国家有关规定,事先通知用电人。供电人因故需要停止供电时,应当按照下列要求事先通知用户或者进行公告:一是因供电设施计划检修需要停电时,供电人应当提前7天通知用户或者进行公告;二是因供电设施临时检修需要停止供电时,供电人应当提前24小时通知重要用户;三是因发电、供电系统发生故障需要停电、限电时,供电人应当按照事先确定的限电序位进行停电或者限电。引起停电或者限电的原因消除后,供电人应当尽快恢复供电。用电人如因未事先得到断电通知而遭受的损失,由供电人赔偿。

(3) 供电人有对事故断电的抢修义务。

因自然灾害等原因断电,供电人应当按照国家有关规定及时抢修,及时恢复供电。按照规定,引起停电或限电的原因消除后,供电企业应在3日内恢复供电。不能在3日内恢复供电的,供电企业应向用户说明情况。如果供电人怠于职守,故意拖延,迟迟不能恢复供电,使用电人因此而遭受损失的,供电人应承担赔偿责任。

2. 用电人的义务

(1) 用电人有交付电费的义务。

用电人既然使用电能,就应履行交付电费的义务。用电人应当按照国家有关规定,及时向供电人交付电费;如双方当事人在合同中约定了交费时间,用电人应当按约定时间交费。用电人逾期不交电费,如果合同中有违约金条款,用电人应按照约定向供电人支付违约金;如果没有约定违约金,则用电人应支付电费的逾期利息。

(2) 供电人有对电力设施的安全保持义务。

用电人按照国家有关规定和双方当事人的约定用电,是其应尽的义务。我国《电力法》第32条规定:"用户用电不得危害供电、用电安全和扰乱供电、用电秩序。"《电力供应与使用条例》第30条规定:"用户不得有下列危害供电、用电安全,扰乱正常供电、用电秩序的行为:(一)擅自改变用电类别;(二)擅自超过合同约定的容量用电;(三)擅自超过计划分配的用电指标;(四)擅自使用已经在供电企业办理暂停使用手续的电力设备,或者擅自启用已经被供电企业查封的电力设备;(五)擅自迁移、更动或者擅自操作供电企业的用电计量装置、电力负荷控制装置、供电设施以及约定由供电企业调度的用户受电设备;(六)未经供电企业许可,擅自引入、供出电源或者自备电源擅自并网。"用电人若有上述行为,会打乱电力生产的供需平衡,极易影响整个电网的稳定运转,引起不必要的拉闸限电、停电,给供电人和其他用户造成不应有的损失。用电人擅自改动供电人的用电计量装置和供电设施、擅自超负荷用电等,造成供电人损失的,应当承担损害赔偿责任。

（3）用电人有对供电人正当检修、停电、限电的容忍义务。

供电属于高度危险作业,因各种意外事故而需要对用电设施进行检修,或是因此而停电、限电,都是较为正常的现象,也是防止危险发生的必要措施。用电人对此应当容忍。有的由于特定时期对供电量进行限制的限电,也应当容忍。供电人检修设备时,用电人有协助义务。

（四）供用电合同的中止

用电人拖欠电费的,供电人可以中止供用电合同。在用电人补交电费及其迟延利息之后,应当重新供电。

【案例讨论】

讨论提示:本案金都康乐馆电线被老鼠咬断,并非人为原因,对供电公司追缴电费的决定有异议,在案件审理期间,供电公司断然剪断供电线路,显然是"电霸"作风,违反供用电合同的法律规定。

讨论问题:1. 供用电合同的法律特征是什么？2. 本案的二审判决是否正确？理由是什么？

第三节　赠与合同

【典型案例】

原告张军与被告袁凤伢、第三人陈永新(袁与陈系母子关系)于2006年10月25日因租赁合同纠纷一案,经法院审理判决确定陈永新偿还原告张军房屋租金10万元、垫付款2万元,赔偿经济损失2000元,袁凤伢在其所享有的继承财产范围内承担连带责任。判决生效后,原告向法院申请强制执行,但没有执行完毕。2010年3月,袁凤伢以公证的形式将其继承所得的胜利路75号1号楼3单元341室房产权无偿赠与第三人陈永章(陈永新之弟),并办理了变更登记。原告起诉,主张被告以合法形式掩盖非法目的,欺瞒公证人员,骗领公证书,侵犯了原告的合法权益,诉请法院确认被告袁凤伢与第三人陈永章所签订的《房产赠与合同》无效,并撤销相关的第2308号、2309号公证书。法院审理后,判决该赠与合同无效。

一、赠与合同概述

(一) 赠与合同的概念与当事人

赠与合同是指赠与人将自己的财产及权利无偿给予受赠人,受赠人表示接受赠与的合同。或云,赠与者,当事人一方表示以自己之财产,无偿给与他方之意思表示,经他方允受而成立之契约。①

在赠与合同中,转让财产的一方为赠与人,接受财产的一方为受赠人。

赠与行为是赠与人依法处分自己财产的法律行为,要求自然人作为赠与人必须有民事行为能力的限制。无民事行为能力人没有能力管理和处分自己的财产,不能成为赠与合同的赠与主体;限制民事行为能力人具有部分行为能力,其赠与行为是否有效,应当从赠与标的的价值、赠与行为的性质和后果是否与其年龄和智力相适应以及与其生活的关联程度来认定。

接受赠与是一种纯获利的行为,法律承认无民事行为能力人和限制民事行为能力人的受赠人法律地位,由其法定代理人或者监护人代理接受并管理受赠财产,但法定代理人或者监护人不得代为拒绝接受,损害被监护人的受赠利益。

(二) 赠与合同的性质

(1) 赠与是诺成合同。

赠与合同是诺成合同,只要双方当事人的意思表示一致,合同即成立,不以赠与人赠与物的交付为合同成立的要件。赠与合同也是双方法律行为,只有当赠与人要约表示要将自己的财产无偿给予受赠人,受赠人并没有表示接受赠与的时候,赠与合同并不成立。所以,赠与合同与以单方意思表示就可成立的遗赠行为是完全不同的。不过,在立法例和我国司法解释上也有认赠与合同为实践性合同的,例如前苏联和东欧国家民法将赠与合同规定为实践合同,我国最高人民法院《民通意见》第 128 条体现的就是这个意思。② 不过,现行《俄罗斯民法典》认为赠与可以是实践性合同(现实合同),也可以是诺成性合同(合意合同),延续了俄罗斯的民法学传统,消除了前苏联民法的这一缺陷。③

(2) 赠与是无偿法律行为。

无偿法律行为,是指一方给予对方某种利益,对方只接受该利益并不因此支付相应对价的法律行为。对价特指与所接受利益相对应的对待给付,它区别于报酬、代价和义务。在赠与合同中,受赠人接受赠与物不必支付报酬和对价,但是有可能要付出代价,甚至要附随一定的义务。

---

① 武钟临:《民法债编各论·各种之债》,大东书局 1940 年版,第 57 页。
② 王利明等:《合同法》(第三版),中国人民大学出版社 2009 年版,第 313 页。
③ 〔俄〕E.A.苏哈诺夫主编:《俄罗斯民法》(第 3 册),付荣译,中国政法大学出版社 2011 年版,第 1010 页。

(3) 赠与合同是单务合同。

赠与合同是典型的单务合同,受赠人一方仅享有赠与并接受赠与物的权利;赠与人只负有给付赠与物的义务。因此,赠与合同是当事人不都要负担对待给付的债务,是只有一方给付而对方不必对价给付的合同。

(4) 赠与合同不是商品流通的法律形式。

赠与合同虽然是财产或者财产权利在民事主体之间流转的常见形式,但赠与合同的无偿性决定了财产流转的目的往往是出于帮助、关心或报答等感情需求的原因,而不是通过商品流转进行价值和使用价值的交换,实现合同主体的经济利益和价值增值。所以赠与合同对促进商品流通、发展市场经济不具有直接的作用。

(5) 赠与合同为非要式合同。

赠与合同不必采用书面或者其他特殊形式。可以采取书面形式,也可以采用口头形式。赠与财产如需办理登记手续的,必须按有关规定办理。

(三) 赠与合同的种类

1. 附条件赠与和无条件赠与

附条件赠与是指赠与人对赠与附有一定条件,在该条件成就时赠与才生效的赠与合同。附条件赠与合同分为两种,一是仅附生效条件的赠与合同,二是对受赠人附有一定义务的赠与合同。无条件赠与合同是指赠与人的赠与既不给受赠人提出任何负担义务的要求,也不对自己的赠与行为附带任何条件的赠与合同。这种区分的意义是:无条件的赠与,赠与人在赠与财产的权利转移后,一般不享有撤销权;而附条件的赠与,赠与人可以通过主张受赠人未尽到所负担的义务而撤销赠与。

2. 履行道德义务的赠与和非履行道德义务的赠与

赠与人的目的如果是为了履行道德义务,为履行道德义务的赠与;反之,则为非履行道德义务的赠与。区分的意义在于:履行道德义务的赠与对赠与人的约束力较强,不能任意撤销;而对于非为履行道德义务的赠与,在赠与财产的权利转移前,赠与人一般可以任意撤销。

二、赠与合同的效力

(一) 赠与合同的生效时间

赠与合同在受赠人表示接受赠与,如果该合同不存在妨碍合同生效的消极条件时,该合同生效。表示接受该赠与,是指受赠人在接到赠与人的赠与的意思表示后作出承诺,赠与合同即成立,并依照法律规定生效,对当事人产生法律拘束力。

(二) 赠与合同的效力内容

1. 交付赠与标的物

赠与合同以使赠与财产归于受赠人为直接目的,赠与人的主要义务是依照合同的约定期限、地点、方式、标准将标的物转移给受赠人。需要办理登记等手续方能发生财产转移效力的,赠与人办完有关手续后,方为完成给付。

2. 瑕疵担保责任

赠与合同一般不要求赠与人承担瑕疵担保责任。有两个例外:(1)在附义务赠与中,赠与的财产有瑕疵的,赠与人在附义务的限度内承担与出卖人相同的瑕疵担保责任。(2)赠与人故意不告知赠与财产的瑕疵或保证赠与的财产无瑕疵,造成受赠人损失的,应当承担损害赔偿责任。

对于赠与财产存在的瑕疵,如赠与人已明知但未履行告知义务,或者故意隐瞒赠与财产的瑕疵,受赠人因此受到损失的,应承担损害赔偿责任;赠与人对于赠与财产的瑕疵仅在其明知而故意不告知的情况下承担瑕疵担保责任。对于因重大过失而不知其赠与财产存在瑕疵,以及赠与人虽未告知但受赠人已知赠与的财产有瑕疵,不能发生因信赖赠与财产无瑕疵而受有损害的问题,赠与人此时也无瑕疵担保责任。

赠与人保证赠与财产无瑕疵,指的是其保证赠与财产具有同类财产的通常效用或价值。此时的损害赔偿范围也应限于受赠人信赖赠与财产具有保证的价值而受到的信赖利益损失,不应包括赠与物完全没有瑕疵时所得到的利益损失。信赖利益损失,主要指订约支出的费用,受领该赠与财产的费用。此外,受赠人就因赠与物的瑕疵所造成的直接损失亦得请求损害赔偿。

(三) 赠与无效的情形

以下赠与无效:(1)以赠与为名规避有关限制流通物和禁止流通物规定的赠与合同无效。(2)国有财产或者集体财产的行政管理者,除非为特殊情况并经特别批准,不得将所管理财产赠与他人;但是国有财产或者集体财产已经被授予他人经营管理,并由经营管理人依法赠与处分的除外。(3)以规避法律义务为目的的赠与无效。

三、赠与合同消灭

(一) 赠与的任意撤销

赠与的任意撤销,是指无须具备法定情形,得由赠与人依其意思任意撤销赠与合同。撤销的时间应当在赠与财产的权利转移之前。

不得撤销的情形是:(1)标的物已经交付或已办理登记等有关手续的;(2)具有救灾、扶贫等社会公益、道德义务性质的赠与合同或者经过公证的赠与合同。

(二) 赠与的法定撤销

赠与的法定撤销,是指具备法定条件时,允许赠与人或其继承人、监护人行使撤销权,撤销赠与合同的行为。法定撤销与任意撤销不同,必须具有法定理由,在具备这些法定事由时,权利人可以撤销赠与。

1. 赠与人的撤销

赠与人的法定撤销,有以下三种法定情形:(1) 受赠人严重侵害赠与人或赠与人的近亲属。严重侵害,一些大陆法系国家将其限定在受赠人对赠与人及其近亲属实施的故意犯罪行为。我国的《继承法》第 7 条也将继承人丧失继承权的法定事由限定在继承人故意实施的犯罪行为中。笔者认为,此处的严重侵害行为,是指受赠人对赠与人及其近亲属实施的触犯《刑法》和违反《治安管理处罚法》的行为,含故意和重大过失两种。(2) 对赠与人有扶养义务而不履行的。(3) 不履行赠与合同约定的义务。在附义务的赠与合同中,受赠人如果不按约定履行该负担的义务,有损于赠与人利益的,赠与人可以行使法定撤销权。

赠与人行使撤销权应当自知道撤销原因之日起一年内为之,超过一年不行使的,该撤销权即消灭。

2. 赠与人的继承人或监护人的撤销

在一般情况下,法定赠与撤销权应由赠与人本人享有,但在因受赠人的违法行为致使赠与人死亡或者丧失民事行为能力时,赠与人的继承人或者监护人享有法定赠与撤销权。这是因为赠与人的继承人或者监护人往往与该赠与人有密切的亲缘关系,比较关注赠与人的财产,往往都能达成一致意见积极行使该撤销权,以维护赠与人的利益。

赠与人的继承人或者法定代理人的撤销权,自知道或者应当知道撤销原因之日起六个月内行使。

(三) 拒绝赠与履行

赠与合同是诺成合同,合同一经成立,就应当履行。但在特定情况下,如果强制赠与人履行赠与义务将使赠与人受到重大的经济上的不利益,这样的赠与合同再继续坚持履行,其结果将是显失公平。为了平衡当事人之间的利益,在特定的情况下,赠与人可以免除赠与义务。

拒绝赠与履行的要件是:

(1) 赠与人经济状况显著恶化。

赠与人经济状况显著恶化,是指赠与人的经济状况发生了重大的变化,这种变化是恶化,而不是向好的方面转化。它不仅指赠与人的积极财产的减少,还应包括消极的支付的增加,因而使赠与人无力支付赠与的财产。

(2) 严重影响生产经营或者家庭生活。

严重影响生产经营和严重影响家庭生活是两个并列的条件,只要具备一个就构成免除赠与义务的条件,不必两个条件都须具备。是否严重影响,以客观标准判断,应参照赠与人生产经营或者家庭原有生活的标准。

赠与人拒绝履行赠与,可以用口头形式,也可以用书面形式为之,还可以在诉讼中作为一种抗辩事由为之。

（四）公益赠与与履行道德义务赠与

公益赠与是赠与人以救灾、扶贫等公益目的进行的赠与。履行道德义务赠与的赠与人是以履行道德义务进行的赠与。前者如对灾区人民的赠与,后者如儿媳为尽道德上的义务而对丈夫的父母为赠与。

按照赠与的规则,赠与人在赠与财产的权利转移之前可以撤销赠与合同。但对于公益赠与以及履行道德义务的赠与,诸如具有救灾、扶贫等社会公益、道德义务性质的赠与合同或者经过公证的赠与合同,一经成立,不得撤销,赠与人必须履行赠与义务。

【案例讨论】

讨论提示:本案的争议焦点是赠与合同是否有效。被告实质上是为了规避法律责任而实施赠与行为,应当无效。其实,这种争议也涉及债权人撤销权的适用问题,也有另外一种解决的办法。

讨论问题:1. 赠与合同的法律效力是什么？2. 赠与合同无效的情形有哪些？本案符合哪种情形？3. 对于本案,请求赠与无效和行使债权人撤销权,在法律后果上有何区别？4. 公益赠与与普通赠与有何区别？

第十四章 借款、租赁、融资租赁合同

第一节 借款合同

【典型案例】

2008年2月10日,有人以韩兆来的名义与银霄信用社签订一份借款合同,借款5万元用于购房,同时该人持韩兆来位于五松新村56栋406室房产证,以韩兆来的名义与银霄信用社签订了抵押合同,银霄信用社据此作为权利人在该房产证上设定了抵押权。2010年,因借款到期未还,银霄信用社向法院起诉韩兆来,韩兆来对借款一事毫不知情,并称2008年初其同事冯及以想了解买房如何办理房产证为由将其房产证借去过一段时间。经查,贷款合同和抵押合同文书署名均非韩兆来所签。韩兆来反诉借款合同和担保合同无效。法院支持了韩兆来的反诉请求。

一、借款合同概述

(一)借款合同的概念及当事人

借款合同,是指借款人向贷款人借款,到期返还借款并支付利息的合同。借款合同是消费借贷中的一种,消费借贷为当事人一方移转金钱或其他代替物之所有权于他方,而他方以种类品质数量相同之物返还之契约。[①] 金钱的消费借贷就是借款合同。

借款人是借进款项的一方当事人,可以是自然人、法人或其他组织。法律对借款人的资格并未作任何限制。贷款人是借出款项的一方当事人。在较长的时间里,作为适格贷款人的法人必须是商业银行、信托投资公司等经中国人民银行批准,有经营金融业务资格的金融机构,禁止非金融机构经营金融业务。企业之间的借贷受到严格禁止,只准许自然人作为贷款人与其他自然人签订的借款合

---

① 参见武钟临:《民法债编各论·各种之债》,大东书局1940年版,第103页。

同,一般称之为民间借贷。2011年12月6日,最高人民法院发布《关于依法妥善审理民间借贷纠纷案件,促进经济发展维护社会稳定的通知》,提出加强民间借贷规范监管,有条件放开企业间借贷。这将进一步扩大和规范民间借贷,促进资金流通,推动经济发展。2011年6月《全国民事审判工作会议纪要》指出:民间借贷纠纷案件审理对于维护人民群众之间的合法借贷关系,保护中小企业生存发展、维护国家金融安全,保障经济健康发展具有重要作用。在处理民间借贷纠纷时,要严格审查事实,准确适用法律。

(二)借款合同的特征

(1)借款合同标的物为货币。

双方当事人签订借款合同,是以一方借出货币、一方借入货币为目的,合同的客体只能是货币,包括人民币和外币。货币本身是消费物,一经使用即被消耗,原物不再存在。所以,借款人在借到款项投入使用后,无法再向贷款人返还"原来"的借款,在合同到期时只能返还给贷款人同种货币的款项本息。

(2)借款合同是转让借款所有权的合同。

借款合同转移的是借款的所有权。货币是消耗物,从所有权角度观察,对消耗物行使处分权必须以同时享有所有权为前提。在借款合同中,借款一旦交付给借款人,则该款项即归借款人使用并所有,贷款人对该款项的所有权则转化为合同到期时主张借款人偿还借款本息的请求权。故借款合同是转让借款所有权的合同。

(3)借款合同一般是有偿合同。

银行等金融机构向借款人发放贷款,除法律另有规定外,都向借款人按一定标准收取利息。利息是借款人取得并使用借款的对价,故借款合同是有偿合同。自然人之间借款对利息如无约定或约定不明确,视为不支付利息。

(4)借款合同一般是诺成、双务合同。

除了自然人之间口头借款合同要求是实践性合同外,其余借款合同均应是诺成合同。借款合同为诺成合同,使借款人能根据合同中约定的可取得的借款数额来预先组织生产、经营活动,有利于保护借款人的利益。在借款合同订立后,贷款人负有按合同约定交付款项的义务,借款人有按期偿还所借款项并支付利息的义务,故借款合同是双务合同。

(三)借款合同在订立过程中借款人就负有义务

贷款人在与借款人签订借款合同前,必须首先了解借款人业务活动及财务状况,对借款人的经营情况进行调查,根据调查情况,决定是否向借款人发放贷款。资信状况良好的,签订借款合同;资信欠佳的,不予贷款,从而有效保证借款的安全、维护贷款人的利益。

因此,借款人在借款合同订立过程中,应当按照贷款人的要求,提供与借款有关的真实情况。应当告知借款人方负责人员的经历和情况,企业的概况如业务经营情况、企业所处行业的特点,提供企业的财务报表,从而使贷款人能够系统分析借款人的信用状况,为贷款提供依据。如果借款人故意隐瞒上述真实情况,或者捏造虚假情况,应当按照欺诈的规定处理。同时,在订立借款合同时,贷款人为了确保借款人能够按时返还借款,可以要求借款人提供相应担保。借款人应当提供。

二、借款合同的效力

（一）贷款人的义务

（1）依约提供款项的义务。

借款合同签订后,贷款人提供给借款人的款项应当符合合同约定的数额,按时、按量提供,如果违约,应承担违约责任。借款的利息不得预先在本金中扣除。利息预先在本金中扣除的,按照实际借款数额计算利息。

自然人之间、企业之间以及自然人和企业之间的民间借款合同,自贷款人提供借款时生效。

（2）保密义务。

贷款人对基于借款合同所掌握的借款人的各项商业秘密,应当尽到保密义务。

（二）借款人的义务

（1）按期收取借款的义务。

借款人应当按照合同约定的日期、数额收取借款,如果借款人没有按照约定收取借款,仍有义务按照约定的日期和数额支付利息。

（2）接受贷款人检查、监督的义务。

借款人应就贷款的使用情况接受贷款人的检查和监督。为了配合贷款人的检查、监督,借款人应当定期向贷款人提供有关财会报表等资料。

（3）按照约定的用途使用借款的义务。

借款人应当按照合同约定的用途使用借款。借款人未按照约定的借款用途使用借款的,贷款人可以停止发放借款,提前收回借款或者解除合同。

（4）按期返还借款及利息的义务。

第一,借款人应当按期返还借款。

借款人应在合同到期时,依照约定期限及时返还借款。借款合同对借款期限没有约定或者约定不明确,应首先按照我国《合同法》第61条规定,可以协议补充;不能达成补充协议的,按照合同有关条款或者交易习惯确定。如果仍不能确定返还借款的期限,借款人可以随时向贷款人返还借款,贷款人不得拒绝;贷款人也可以随时向借款人请求返还,但应给借款人保留合理的准备期限,合理期限的标准,应根据具体情况确定。在合理的准备期限届满后,如果借款人仍不能按时归还借款本金和利息,则应承担违约责任。

第二,借款人应当按期支付借款利息。

对支付利息的期限没有约定或者约定不明确,依照我国《合同法》第61条规定仍不能确定的,借款期间不满一年的,应当在返还借款时一并支付;借款期间一年以上的,应当在每届满一年时支付,剩余期间不满一年的,应当在返还借款时一并支付利息。自然人之间的借款合同对支付利息有约定的,从其约定,但不得违反国家有关限制高利贷的规定。没有约定或者约定不明确的,视为不支付利息。

在民间借贷中,应当坚决控制复利及高利贷。一般应将民间借贷借据上记载的借款金额认定为本金,但是当事人约定利息预先在本金中扣除的,应当按照实际出借金额认定本金。民间借贷既约定利息又约定违约金的,当事人同时请求支付利息和违约金的,可予以支持,但二者之和不能超过依据最高人民法院《关于人民法院审理借贷案件的若干意见》第6条规定利率限度所计算的数额;对超出的部分,一般不予保护。

当事人仅约定借期内利率,未约定逾期利率,出借人以借期内的利率主张逾期还款利息的,是正当的要求,应当予以支持。当事人既未约定借期内利率,也未约定逾期利率的,出借人参照中国人民银行同期同类贷款基准利率,主张自逾期还款之日起的利息损失的,亦为正当要求,法院亦应予以支持。[①]

三、借款合同的消灭

借款合同因不同原因而消灭。一是借款合同因期限届满时双方履行合同而消灭。借款合同期限届满,当事人未约定继续展期的,借款人应当依照约定将借款及利息返还贷款人,借款合同因此消灭。二是借款合同因解除而消灭。借款人未按照约定的借款用途使用借款的,贷款人可以解除合同,借款合同消灭。此外,合同消灭的其他原因也适用于借款合同。

【案例讨论】

讨论提示:本案争议的是借款合同纠纷,但实质上是因诈骗取得贷款和担保的借款合同纠纷,问题的关键是诈骗犯罪嫌疑人究竟骗的是信用社还是韩兆来。

讨论问题:1.借款合同双方当事人的权利义务是什么?2.本案受诉法院为什么判决该借款合同和担保合同为无效?

---

① 引自最高人民法院《全国民事审判工作会议纪要》。

第二节 租赁合同

【典型案例】

　　某仪表厂聘请被告焦某为其总工程师,被告提出需要解决住房问题,仪表厂遂购买了位于该市海新村20号的205室房(三室一厅),租给被告使用,双方订立了租赁合同,合同约定租期为三年,"如果乙方(即被告)不愿受聘于甲方(即仪表厂),则解除租赁合同"。一年以后,仪表厂发现被告能力有限,不能使仪表厂扭亏为盈,遂提出不再聘请被告,被告也表示同意,但提出房屋租期未满,不能交回房屋。仪表厂多次要被告交房,遭被告拒绝,后仪表厂将该房卖给其本厂职工李某,李某因急需住房,也多次要被告腾房,被告不同意,李某遂在法院提起诉讼,要求被告腾退房屋。

一、租赁合同概述

(一)租赁合同的概念及当事人

　　租赁合同是指出租人将租赁物交付承租人使用、收益,承租人支付租金的合同。传统民法称之为"租赁云者,即当事人约定一方以物租与他方使用收益,他方支付租金之契约也"。[①]

　　出租人是负有将租赁物交付对方使用、收益的一方当事人。出租人一般应为出租标的物的所有人,但不以所有人为限。凡对标的物享有合法的使用、收益权的人,原则上均可为出租人,有权将其使用的标的物转由他人使用。

　　承租人是依照租赁合同可以取得租赁物的使用收益并向承租人交付租金的人。承租人可以为自然人,也可以为法人。对于某些租赁关系,法律规定了承租人范围的,法律不许租赁他人财产的人,不能成为该租赁合同的租赁人。租赁合同是能够扩大对财产经营使用可能性的法律行为。财产的所有权人没有转让财产,而只是将其提供给另一人使用,从此获得一定的收益。承租人通过使用别人的财产获得自己的利益。[②]

[①] 武钟临:《民法债编各论·各种之债》,大东书局1940年版,第67页。
[②] 〔俄〕E.A.苏哈诺夫主编:《俄罗斯民法》(第3册),付荣译,中国政法大学出版社2011年版,第1031—1032页。

（二）租赁合同的特征

（1）租赁合同为双务、有偿、诺成性合同。

租赁合同的双方当事人既负有一定的义务，也享有一定的权利，其权利义务具有对应性和对价性，所以为双务、有偿合同。租赁合同自双方当事人达成协议时成立，其成立无须进行实际的履行行为，故为诺成性合同。

（2）租赁合同是转移财产使用、收益权的合同。

租赁合同是以承租人一方取得承租物的使用、收益为目的，因而租赁合同仅转移标的物的使用、收益权，不转移物的所有权，因而承租人并不享有对物的处分权，承租人的债权人不能以租赁物清偿承租人的债务，在承租人破产时租赁物也不能列入破产财产，出租人有收回权。

（3）租赁合同是承租人须交付租金的合同。

租赁合同的承租人取得标的物的使用、收益权，以支付租金为代价。租金是租赁合同的必要条款。租金为承租人使用租赁物的代价，一般以现金的方式计算，也可以是实物。以法律禁止流通物为租金的无效。

（4）租赁合同具有临时性。

租赁合同是出租人将其财产的使用、收益权临时转让给承租人，因此，租赁合同具有临时性的特征，不适用于财产的永久性使用。我国《合同法》规定，当事人约定的租赁期限不得超过 20 年，当事人约定的租赁期限超过 20 年的，超过部分无效，应缩短为法定的最长期限。

（5）租赁合同终止后承租人须返还原物。

承租人为了使用、收益的需要对租赁物有权占有，但无权处分。租赁期满，承租人须返还原物，而不能以其他物代原物返还。

（三）租赁物

租赁合同的标的物即租赁物，是指出租人于合同生效后应交付承租人使用、收益的物。租赁物既可以为动产，也可以为不动产。租赁物为动产的，则租赁合同的性质决定了该动产应为不可代替的非消耗物。以可代替物为租赁物的，只能是用以为特定目的的使用，例如用于展览。否则，以代替物为标的物的合同不能为租赁。不动产作为租赁合同的标的物，包括土地、房屋或其他建筑物、工作物。对土地租赁，我国仅认可土地使用权为租赁合同的标的物。

租赁物应具有合法性。以法律禁止流通物出租的，租赁合同无效。租赁物一般为现存的物，但不以现存的物为必要，当事人就将来之物成立租赁关系的，租赁合同也有效。但以将来之物为租赁物的，应为出租人将来可取得之物。

租赁物可否为物的一部分，有不同的观点。我们认为，租赁合同的标的物可以是财产的整体，也可以是财产的一部分。但为避免纠纷的发生，以物的一部分出租的，当事人应明确使用的范围，并且仅限于该物的部分可单独使用的情况。

例如,房屋所有人可将房间租给他人居住,还可以将房屋的外墙壁租给他人作广告;可将一所房屋不同的房间分别出租,但同一房间不宜再分割出租。

(四)租赁合同的种类

1. 动产租赁与不动产租赁

动产租赁是指以动产为租赁物的租赁合同。包括一般的动产租赁、动物租赁、船舶租赁、汽车租赁等。

不动产租赁是指以不动产作为租赁物的租赁合同。包括房屋租赁、土地使用权租赁、土地承包经营权租赁、宅基地租赁等。

2. 定期租赁与不定期租赁

定期租赁是指约定有明确期限的租赁合同。定期租赁应当按照租赁的期限确定权利义务关系的存续。在租赁期限内终止合同的,为违约,须承担违约责任。

不定期租赁是指合同当事人对租赁期限没有约定或者约定不明确的租赁合同。其产生有三种情形:(1)当事人在租赁合同中没有约定租赁期限。(2)当事人在租赁合同中将租赁期限约定为6个月以上,但没有采取书面形式,双方当事人又就租赁期限产生争议的,租赁合同为不定期租赁合同。(3)租赁期间届满,承租人继续使用租赁物,出租人没有提出异议的,原租赁合同继续有效,但租赁期限为不定期。不定期租赁合同除非另有规定,当事人双方均可随时终止合同。

3. 本租和转租

在不动产租赁中,存在本组和转租。本租,是不动产租赁的初始租赁合同。转租,是承租人不退出租赁关系,而将租赁物出租给次承租人使用收益的租赁合同。我国《合同法》对转租采限制主义立场。承租人未经出租人同意转租的,出租人可以解除合同。承租人经出租人同意,可以将租赁物转租给第三人。承租人转租的,承租人与出租人之间的租赁合同继续有效,第三人对租赁物造成损失的,承租人应当赔偿损失。

(五)租赁合同的形式

不定期租赁合同以及租赁期不满6个月的定期租赁合同,为不要式合同,无须采用书面形式。租赁期为6个月以上的租赁合同,为要式合同,应当采用书面形式;未采用书面形式的,双方当事人对租赁期存在争议的,推定租赁合同为不定期租赁合同。

二、租赁合同的效力

(一)出租人的义务

(1)交付租赁物并在租赁期间保持租赁物符合约定用途。

租赁合同的目的在于承租人对租赁物为使用、收益。因此,出租人依合同约

定交付租赁物给承租人使用收益,并于租赁关系存续期间保持租赁物合于约定的使用、收益状态,是出租人的基本义务。具体表现在:

第一,依合同约定交付租赁物的义务。

交付租赁物,是指移转标的物的占有于承租人。出租人应于合同约定的时间交付租赁物。如于合同成立时,租赁物已为承租人直接占有,则于合同约定的交付时间起承租人即得对租赁物为使用、收益。如依合同约定的使用性质不以标的物的交付为必要,则出租人应作成适于承租人使用的状态。租赁物有从物的,出租人于交付租赁物时应当同时交付从物。出租人不能按时交付标的物,应负迟延履行的违约责任。

第二,出租人应保持租赁物合于使用、收益状态。

承租人不仅应使交付的租赁物适于约定的使用、收益状态,而且于租赁关系存续期间也应保持租赁物的状态适合于约定的使用、收益。当承租人的使用、收益因毁损以外的原因,受有妨害或有受妨害的危险时,出租人负有除去或防止的义务。第三人侵夺租赁物或为其他妨害时,承租人得基于自己对租赁物的占有权,直接对于第三人主张占有的返还或请求排除妨害,也可代位行使出租人的物上请求权。在标的物受到自然侵害而不适于约定的使用、收益状态时,出租人应当予以恢复。

(2)维修租赁物的义务。

除法律或合同另有规定外,出租人对租赁物有修缮的义务。出租人的该项义务实际上是出租人应维持租赁物合于使用、收益状态义务的引申。修缮是指于租赁物不合约定的使用、收益状态时,对租赁物予以修理,以使承租人得以按照约定,正常使用、收益。修缮义务的构成,一是确有修缮的必要,是指租赁物需要修缮方能满足承租人依约定对租赁物为使用、收益。二是有修缮的可能,指损毁的租赁物在事实上能够修复,并且在经济上也合算。三是在租赁期间承租人已为修缮的通知。承租人应为通知而未为通知的,出租人不发生修缮租赁物的义务。

(3)物的瑕疵担保义务。

出租人的物的瑕疵担保义务,是指出租人应担保所交付的租赁物能够为承租人依约正常使用、收益。如果租赁物有使承租人不能为正常使用、收益的瑕疵,出租人即应承担责任,承租人得解除合同或者请求减少租金。

物的瑕疵担保一般包括价值的瑕疵担保、效用的瑕疵担保及所保证的品质担保三种情况。物的价值瑕疵担保是指担保标的物无灭失或减少其价值的瑕疵。物的效用瑕疵担保是指当事人应担保标的物具备应有的使用价值,即担保标的物无灭失或减少效用的瑕疵。所保证的品质担保是指当事人应担保标的物具备其所保证的品质。此处所保证的品质主要是指影响标的物的价值或效用的一切法律上或事实上的关系。租赁物的瑕疵担保主要是物的效用的瑕疵担保,当然,并不必然地排除物的价值的瑕疵担保和所保证品质的担保。出租人承担物的瑕疵担保责任,承租人可以解除合同或者请求减少租金。

(4) 权利瑕疵担保义务。

出租人的权利瑕疵担保责任,是指出租人应担保不因第三人对承租人主张权利而使承租人不能依约为使用、收益。如果出租人未经租赁物的所有权人或处分权人许可即出租他人之物,或者租赁物因受其他用益物权的限制,致使承租人事实上不能对租赁物为使用、收益的,即发生出租人承担权利的瑕疵担保责任问题。

出租人权利瑕疵担保责任的构成要件为:

第一,第三人就租赁物向承租人主张权利的事实发生。

有第三人就租赁物向承租人主张权利的事实发生,如果第三人不向承租人主张权利,即使租赁物上存在第三人的权利,也不发生权利的瑕疵担保责任问题。

第二,第三人就租赁物向承租人主张权利的事实发生在租赁物交付之前。

第三人就租赁物向承租人所主张的权利发生于租赁物交付之前,妨害了承租人对租赁物的使用、收益。第三人就租赁物所主张的权利,可以是所有权、用益物权或担保物权,所主张的权利应发生在租赁物交付之前,如果该项权利发生于租赁物交付后,则因承租人的租赁权具有对抗第三人的效力,承租人仍可以对租赁物为使用、收益,自无权利的瑕疵担保问题。即使第三人所主张的担保物权如抵押权设定于租赁物交付之前,但第三人仅为权利的主张并无进一步主张权利的实现,此时也不发生权利的瑕疵担保,因为抵押权的设定着眼于抵押物的交换价值,尚不妨害承租人对租赁物的使用收益。

第三,承租人于合同订立时不知有权利瑕疵。

如果承租人在合同订立时明知有权利瑕疵,但自愿承担了第三人主张权利的风险,此时出租人无须承担权利瑕疵担保责任。

第四,承租人在第三人主张权利时及时通知出租人。

承租人在第三人主张权利时,应当及时通知出租人。承租人未通知的,构成违约责任。

出租人承担权利的瑕疵担保责任时,承租人可以请求减少价金或者不支付价金。其中不支付价金,既包括暂时不支付价金,也包括解除租赁合同从而终局地不支付价金。

(二) 承租人的义务

(1) 依约定方法或租赁物的性质使用租赁物的义务。

承租人在占有租赁物后,应当合理利用租赁物。合理利用包括:第一,在双方当事人就租赁物的使用方法有明确约定时,应当按照双方的约定;第二,在双方当事人没有约定时,可以将关于租赁物使用方法的条款视为留待将来确定的条款,由双方当事人事后协商确定;如果经协商无法达成协议的,则应运用合同的解释方法,尤其是体系解释的方法,来确定租赁物的使用方法。仍然无法确定的,可参照交易习惯;交易习惯无法确定或者没有交易习惯的,则应依照租赁物的性质来确定租赁物的使用方法。

承租人按照约定的方法或者租赁物的性质使用租赁物,致使租赁物受到损失的,无须承担损害赔偿义务。承租人如果不依约定的方法或者租赁物的性质为使用收益,出租人得请求承租人停止其违反义务的行为。

(2) 妥善保管租赁物的义务。

承租人在租赁期间占有租赁物的,负有妥善保管租赁物的义务。承租人应以善良管理人的注意保管租赁物。租赁物有收益能力的,应保持其收益能力。承租人违背妥善保管租赁物的义务致使租赁物毁损灭失的,应对出租人承担损害赔偿责任,可依照债务不履行的违约责任确定;在承租人系因故意或过失致租赁物毁损时,也可依照侵权责任处理,构成民事责任竞合。出租人可选择其一向承租人主张损害赔偿。如果承租人系依双方当事人所约定的方法或者是依租赁物的性质使用租赁物致租赁物毁损的,无须承担损害赔偿责任;租赁物因承租人的重大过失致毁损灭失的,承租人应承担损害赔偿责任。

承租人的保管义务,还有以下派生的从属义务:

第一,通知义务。

在租赁关系存续期间,出现应及时通知出租人的情况时,承租人有及时通知的义务。该义务须具备以下条件才能成立:① 出现应为通知的事项。具体包括:一是租赁物有修理、防止危害的必要。有无修理、防止危害的必要,应以是否会损害承租人、出租人及第三人的利益为判断。尽管危害的存在尚不致影响承租人的使用、收益,但如不及时处置会损害出租人利益的,也应为通知。二是第三人就租赁物主张权利。因出租人负有权利瑕疵担保责任,在第三人主张权利时,承租人应通知出租人,以使出租人能够及时采取救济措施。三是其他依诚实信用原则应当通知的事由。② 在出现承租人应当为通知事项时,只有在出租人不知该事项的情形下,承租人才负通知的义务;如果出租人已知情,则承租人不负此通知义务。

承租人怠于通知,为义务的违反,应负赔偿责任。赔偿范围为出租人因承租人怠于通知致不能及时救济而受到的损害。承租人在出租人不能及时救济时,不得以出租人债务不履行为理由请求损害赔偿。承租人是否怠于通知,应由出租人负举证责任。

第二,保存行为容忍义务。

出租人为保存租赁物的必要行为,承租人不得拒绝。对此,我国立法尚未明文规定,在未为补充前,应根据诚实信用原则予以确认。

(3) 不作为义务。

第一,不得随意对租赁物进行改善或在租赁物上增设他物义务。

承租人经出租人同意,可以对租赁物进行改善或者增设他物。承租人未经出租人同意对租赁物进行改善或者增设他物的,出租人可以要求承租人恢复原状或者赔偿损失。

第二,不得随意转租。

未经出租人同意而转租的,为违约行为,出租人可以解除合同。

(4) 支付租金的义务。

租金是承租人使用收益租赁物的对价,一般以金钱计算,但在当事人约定以租赁物的孳息或其他物品充当租金的,也可以。

租金的数额由当事人自行约定,但法律对租金数额有特别规定的,应依法律规定进行约定;当事人约定的租金高于法律规定的最高限额的,其超过部分为无效。承租人支付租金应依当事人约定的数额交付。租金虽为租赁物使用、收益的代价,但在因承租人自己的事由而致不能对租赁物的一部或全部为使用、收益的,不能免除或部分免除承租人交付租金的义务,仍应按约定的数额交付租金。由于承租人的原因致租赁物全部毁损灭失的,当事人之间的租赁合同终止,承租人应负损害赔偿责任,但其交付租金的义务应当终止。

承租人应当按照约定的期限支付租金。对支付期限没有约定或者约定不明确,依照我国《合同法》第61条的规定予以确定,仍不能确定的,租赁期间不满1年的,应当在租赁期间届满时支付;租赁期间在1年以上的,应当在每届满1年时支付,剩余时间不满1年的,应当在租赁期间届满时支付。

出租人没有正当理由,未支付或者迟延支付租金的,出租人可以要求承租人在合理期间内支付。在宽限期内承租人仍不支付的,出租人可以解除合同。

(5) 返还租赁物的义务。

承租人于租赁关系消灭时,应向出租人返还租赁物。在租赁关系消灭时,只要租赁物存在,承租人就应返还租赁物;只有租赁物不存在了,承租人才不负返还义务。

(三) 租赁合同的特别效力

(1) 承租人获取租赁物收益的权利。

承租人订立租赁合同,除非租赁合同的双方当事人另有约定,在租赁期间占有使用租赁物所获取的收益归承租人所有。

(2) 租赁权的物权化。

租赁权具有对抗效力，即通常所谓"买卖不破租赁"规则，是租赁权物权化的具体体现。物权化是指在租赁关系存续期间，承租人对租赁物的占有和使用可以对抗第三人，即使该租赁物所有权人或享有其他物权的人也不例外。[①] 近世各国立法为谋求社会生活的稳定，促进社会生活的发展，对以居住或农耕为目的而承租他人不动产时，均采取巩固承租人地位的方针，这种法律现象被称为"租赁权的物权化"。这一规则具体表现在：

第一，租赁权的对抗效力。

在历史上，罗马法将租赁权列入债权，采买卖破除租赁的原则，否认其对第三人的对抗效力；日耳曼法相反，将租赁权列入物权范畴，承认其对抗力。随后德国民法也受其影响，尽管将租赁权视为债权，但却承认因租赁物占有的移转发生对抗力。日本民法虽然将租赁权规定于债权章，但判例一向保护租赁权，强调租赁权的不可侵性，也有学说主张租赁权为直接支配物的权利。

我国确认租赁权的对抗效力。《城市房地产管理法》第53条规定："不论房屋租赁要求进行登记备案是否妥当，但经由登记备案，承租人的租赁权即可具有对抗的效力。"《合同法》规定，无论是需要进行登记的租赁还是不需要进行登记的租赁，无论是动产租赁还是不动产租赁，租赁权都可具有对抗效力。

第二，承租人可以基于租赁权对第三人主张排除妨害请求权。

承租人取得租赁物的占有，可以基于占有权行使上述请求权。对于承租人是否可以基于租赁权行使这一请求权，各国立法有不同规定，我国《合同法》未设明文。对此应当贯彻物权法定主义，依照我国《物权法》第245条规定，承租人只能基于占有行使排除妨害的请求权和赔偿损失的请求权，不能依据租赁权行使这些请求权。

第三，租赁权的继续性。

租赁权的继续性是指延长租赁期限并限制出租人的解约权。我国立法就租赁合同的期间设有最长期间限制，为20年。期间更新时，也不得超过20年。就租赁权的继续性主要体现在我国《合同法》第236条的规定，即："租赁期间届满，承租人继续使用租赁物，出租人没有提出异议的，原租赁合同继续有效，但租赁期限为不定期。"但该项规定对于租赁期限的延长并不有利。就出租人的解约权，则依据合同法定解除的事由，有诸多限制。

租赁权尽管出现物权化的趋势，但其性质仍为债权。租赁权的物权化应有一定的边界，否则不但有违物权化的初衷，而且会导致法律体系的紊乱。若就租赁权的物权化程度不设限制，则难免使一些用益物权无适用的余地。

---

① 李开国主编：《合同法》，法律出版社2007年版，第246页。

(3) 房屋承租人的优先购买权。

承租人的优先购买权,是指当出租人出卖承租人租赁的房屋时,承租人在同等条件下,依法享有优先于其他人而购买房屋的权利。我国《合同法》确认承租人的优先购买权。承租人的优先购买权依法产生,只能属于特定人享有,具有一定的专属性,承租人不能将该权利转让给他人享有。承租人只有在特定的法律事实出现时才可以行使:第一,承租人的优先购买权发生于出租人转让房屋所有权时。第二,出租人出卖租赁房屋应为通知义务。承租人应当在接到通知之后的15天之内履行优先购买权。第三,承租人仅在同等条件下享有优先购买权。同等条件是指价格的同一,主要是指出价,包括价格、交付房价期限、方式等,至于所出售房屋的部位、数量应无区别;如果出租人基于某种特殊原因给了其他买受人一种较优惠的价格,而此种优惠能以金钱计算,则应折合成金钱加入价格中。如果不能以金钱计算,则应以市场价格来确定房价。

三、租赁合同的风险负担

租赁合同的风险负担是指当由于既不可归责于承租人,又不可归责于出租人的事由,致使租赁物部分或全部毁损、灭失的,其风险由哪方当事人负担的规则。包括租赁物和租金两种风险负担。

(一) 租赁物的风险负担

租赁物的风险负担,即当由于不可归责于承租人和出租人双方当事人的事由,致使租赁物部分或全部毁损灭失的,自罗马法以来,就形成了由物之所有人负担风险,即"不幸事件只能落在被击中者头上"的法律观念,出租人应负担此种情形下标的物毁损灭失的风险。

(二) 租金的风险负担

因不可归责于双方当事人的事由致使租赁物部分或全部毁损灭失,从而引致租赁合同部分或全部不能履行时,租金风险负担与租赁物的风险负担不同,当因不可归责于双方当事人的事由致使合同部分或全部不能履行时,承租人即可相应地减少履行或不履行其对待给付义务,即请求减少租金或者不支付租金。

四、租赁合同的变更和消灭

(一) 租赁合同的变更

1. 出租人的变更

在租赁关系存续期间出租人死亡的,其地位一般由其继承人继承;出租人让与租赁物的,受让人取得出租人的地位。

2. 承租人的变更

（1）租赁权的法定让与。

承租人在房屋租赁期间死亡的，与其生前共同居住的人可以按照原租赁合同租赁该房。

（2）租赁权的承继。

承租人租赁房屋后以个体工商户或者个人合伙方式从事经营活动，承租人在租赁期间死亡、宣告失踪或者宣告死亡，其共同经营人或者其他合伙人请求按照原租赁合同租赁房屋的，也发生承租人的变更。

（3）租赁权的转让。

除非租赁合同对此另有约定，承租人转让租赁权应取得出租人的同意。

3. 转租

转租分为合法转租与不合法转租。

合法转租是指承租人的转租取得了出租人同意。出租人既可以在承租人转租前，经概括授权的方式或个别认可的方式表示同意，也可以在事后予以追认。合法转租的，当事人之间的法律关系是：（1）转租人与次承租人的关系，与普通的租赁并无区别。但在出租人与承租人之间的租赁关系与承租人和次承租人之间的租赁关系同时终止时，次承租人可以直接将租赁物返还给出租人，免除其对于承租人的返还义务。（2）出租人与承租人之间的租赁关系不因转租而受影响，承租人并应就因次承租人应负责的事由所产生的损害向出租人负赔偿责任。至于损害的发生，承租人有无过失在所不问，只要是可归责于次承租人的事由即可。（3）出租人与次承租人之间原本并不存在直接的法律关系，但基于保护出租人利益的法律目的确认以下法律关系：次承租人可以直接向出租人履行承租人应当履行的义务，出租人也可以直接向次承租人行使转租人得行使的权利。

转租是以承租人存有租赁权为基础的，在承租人的租赁权因合同终止等原因消灭时，次承租人不能向出租人主张租赁权。如因此导致次承租人不能得到租赁权而受有损害时，次承租人也只能向转租人请求赔偿。

不合法转租是指未经出租人允许所进行的转租。发生的法律关系是：（1）转租人与次承租人之间的租赁合同可以生效，转租人负有使次承租人取得对租赁物为使用、收益权利的义务，因转租人不能使次承租人取得租赁物的使用、收益的权利，次承租人得向其主张违约损害赔偿责任。在双方当事人订立租赁合同时，次承租人如果误信转租人业已取得出租人的允许，理论上认为可以认可以错误为理由行使合同的撤销权，以营造次承租人更大的选择空间。（2）承租人擅自转租为严重的违约行为，出租人有权解除合同。（3）次承租人的租赁权不得对抗出租人。在出租人终止租赁关系时，出租人自得直接向次承租人请求返还租赁物。但如出租人不终止租赁关系，出租人得以所有权为据向次承租人主张排除妨害。

(二) 租赁合同消灭

1. 租赁合同期限届满

租赁合同期限届满,自然消灭;但承租人继续使用租赁物,出租人没有提出异议的,原租赁合同继续有效,但租赁期限为不定期。

2. 出现约定或法定的事由而解除合同

租赁合同期限虽未届满,但是出现了法定或者约定的事由,由当事人双方或者一方解除合同的,租赁合同而消灭。

(三) 租赁合同消灭的效力

租赁合同为继续性合同,在合同存续期间,承租人以支付租金为对价而对租赁物使用收益。合同消灭后,租金虽有返还可能,承租人的使用、收益却不可能返还。因此,租赁合同的消灭只能向将来发生,不能溯及既往;其消灭后果只能自产生消灭原因之时起,向将来发生效力。

五、城镇房屋租赁合同

2009年9月1日实施的最高人民法院《关于审理城镇房屋租赁合同纠纷案件具体应用法律若干问题的解释》,内容丰富,法理蕴含深刻,确定了城镇房屋租赁合同很多新的规则。

(一) 关于城镇房屋租赁合同的效力问题

1. 城镇房屋和城镇房屋租赁合同的界定

2009年最高人民法院上述司法解释确定,城镇房屋是指按照《中华人民共和国城乡规划法》的规定,属于城市规划区、镇规划区范围内的房屋。当事人约定出租人将城镇房屋交付承租人使用、收益,承租人支付租金的合同,就是城镇房屋租赁合同。乡村房屋进行租赁,如果法律没有特别规定,原则上都适用该司法解释确定的规则。

城镇房屋租赁合同的限制性条件是承租人依照国家福利政策承租的公有住房、廉租住房和经济适用房因租赁产生的纠纷案件,不按照城镇房屋租赁合同来处理。

2. 城镇房屋租赁合同的效力

城镇房屋租赁合同的效力有三种特殊情况:(1) 出租人就未取得建设工程规划许可证或者未按照建设工程规划许可证规定建设的房屋订立的租赁合同一律无效。(2) 出租人以其未经批准或未按照批准的内容建设的临时建筑订立的租赁合同无效。但在一审法庭辩论终结前,经有审批权的行政机关批准,就可以认定为有效。(3) 当事人约定的租赁期限超过临时建筑使用期间,例如临时建筑是经过批准的,可以使用10年,但是租赁合同的期限已经超出这个期限了,超出部分无效。但如果在一审辩论终结之前,经过批准延长的,租赁期限只要在延长期限内的,都是有效的。

3. 城镇房屋租赁合同登记备案的效力

房屋租赁合同的登记备案是一个程序性的规定,但不是房屋租赁合同必须经过登记备案才生效。首先,当事人仅以房屋租赁合同未办理登记备案手续为由,请求确认合同无效的,人民法院不予支持。其次,当事人约定以办理登记备案手续为房屋租赁合同生效条件的,备案登记才能生效。但当事人一方已经履行合同主要义务,对方接受的,就不受这个约定的限制,合同已经生效。

(二) 城镇房屋租赁合同无效及责任

1. 租赁合同无效可以要求支付房屋使用费

房屋租赁合同无效,当事人请求参照合同约定的租金标准支付房屋使用费的,人民法院应当支持。房屋租赁合同确定无效后,承租人要腾房,但承租人已经实际使用了出租房屋,腾房只是恢复原状①,尽管不要求交租金,但要交房屋使用费,否则是不公平的。

2. 房屋租赁合同无效的赔偿损失责任

房屋租赁合同因合同无效而请求赔偿损失的,法院支持三种损失赔偿:(1) 承租人经出租人同意装饰装修,但租赁合同无效的,没有构成附和的装饰装修物由承租人拆除造成的损失。(2) 承租人没有经过出租人同意装饰装修,或者扩建发生的费用,是给出租人造成的损失,应当予以赔偿。(3) 承租人经过出租人同意扩建,租赁合同无效或者有效而终止履行,双方当事人对扩建费用没有办理合法建设手续的,当事人双方对扩建费用没有约定,未办理合法建设手续的,扩建造价费用造成的损失,应当赔偿。

3. 房屋双重租赁的效力问题

出租人就同一房屋订立两份以上的租赁合同,在合同均有效的情况下,承租人主张履行合同的,应当按照下列顺序确定履行合同的承租人:第一顺序,已经合法占有租赁房屋的;第二顺序,已经办理登记备案手续的;第三顺序,是合同生效在先的。按照上述顺序确定了应当履行的租赁合同后,不能取得租赁权的承租人可以请求出租人解除合同、赔偿损失。

4. 出租人的法定解除权

房屋租赁合同在履行过程中,承租人擅自变动房屋建筑主体和承重结构或者扩建,在出租人要求的合理期限内仍不予恢复原状,构成承租人的根本违约,出租

---

① 我国《合同法》第58条规定:"合同无效或者被撤销后,因该合同取得的财产,应当予以返还;不能返还或者没有必要返还的,应当折价补偿。有过错的一方应当赔偿对方因此所受到的损失,双方都有过错的,应当各自承担相应的责任。"

人享有解除权。出租人请求解除合同并要求赔偿损失的,人民法院应当予以支持。

5. 承租人的法定解除权

承租人产生法定解除权的条件是:(1)在租赁过程中,司法机关或者行政机关依法查封了租赁房屋,致使承租人无法使用,承租人可以请求解除。(2)租赁房屋出现了权属争议,租赁房屋到底是谁的都不知道,承租人当然可以要求解除合同。(3)不符合《建筑法》、《消防法》等法律、行政法规关于房屋使用条件的强制性规定。在上述三种情况下,租赁房屋没有适住条件,承租人享有解除权,可以要求法院解除租赁合同。

(三)房屋租赁期间的添附问题

在房屋租赁合同中,对出租房屋的添附比较普遍。司法解释对此作了比较好的规定,能够比较妥善地处理房屋租赁的添附纠纷。

1. 处理房屋租赁期间添附问题的三个原则

(1)承租人对租赁房屋添附的主要形式是装修、装饰、改建、扩建,是承租人将自己的动产添附在出租人的不动产上使其增值,性质是附合。

(2)房屋租赁期间原则上承租人不得对租赁房屋进行添附,应当保持租赁房屋原状。

(3)承租人要求添附须经出租人同意。未经出租人同意进行添附就是违约。双方约定可以添附的,应当确认合意的效力,按照约定处理。

2. 处理房屋租赁期间添附的具体规则

(1)出租人同意添附,租赁合同无效的。

承租人经出租人同意装饰装修,但租赁合同无效,添附部分的处理分为两种情形:① 未形成附合的装饰装修物,出租人同意利用的,可折价归出租人所有;出租人不同意利用的,可由承租人拆除。因拆除造成房屋毁损的,承租人应当恢复原状。② 已形成附合的装饰装修物,出租人同意利用的,可折价归出租人所有;不同意利用的,由双方各自按照导致合同无效的过错分担现值损失。

(2)出租人同意添附,租赁期间届满或者解除但未形成添附的。

承租人经出租人同意进行装饰装修,在租赁期间届满或者合同解除时,对未形成附合的装饰装修物,可由承租人拆除。因拆除造成房屋毁损的,承租人应当恢复原状。如果当事人另有约定,则应当按照约定处理。

(3)出租人同意添附,在租赁期间合同解除但形成添附的。

租赁双方当事人经合意进行添附,承租人的添附当然没有问题。对于装饰装修构成添附,在租赁期间合同解除时,当事人对解除后的装饰装修费用负担又没有约定的,根据谁在违约这一因素确定处理规则。① 由于出租人违约导致合同解除的,承租人要求出租人赔偿剩余租赁期间添附残值的,法院应予支持。② 由于承租人违约导致合同解除的,承租人请求出租人赔偿剩余租赁期间的添附残值的,因是承租人违约而导致合同解除,故不予赔偿。③ 由于当事人双方违约导致合同解除的,对于剩余租赁期间内添附的残值,由出租人和承租人各自承担相应的责任。处理的方法,要看过错的大小,按照过错程度承担相应责任。④ 因不可归责于当事人双方的原因导致合同解除的,剩余租赁期间内添附的残值应该由当事人按照公平原则分担,每个人适当分担;但法律另有规定的,按照规定处理。

(4) 出租人同意添附,租赁期满承租人请求出租人补偿装饰装修费用的。

承租人经出租人同意装修装饰,在合同履行期满时,承租人请求出租人补偿装修装饰费用的,法院对此请求不予支持。如果双方当事人原来约定在合同履行期满后给承租人一定补偿的,按照约定。

(5) 推定出租人同意添附。

推定出租人同意添附,是出租人明知道承租人对租赁房屋进行装饰装修,但没有明确表示异议,法官依此推定出租人同意承租人装饰装修。出租人明知的证明,由承租人举证。

(6) 未经出租人同意,承租人进行添附的。

承租人没有经过出租人同意进行装饰装修或者扩建发生的费用,应当由承租人自己负担。出租人请求承租人恢复原状或者赔偿损失的,应当予以支持。

(7) 租赁期间承租人进行扩建的。

承租人承租后对租赁房屋进行扩建,必须经过出租人同意。如果合同无效,或者有效后被终止,双方当事人对扩建费用没有约定的:① 扩建已经办理了合法的建设手续,扩建部分的权属归属于出租人,享有所有权,扩建造价费用由出租人承担。② 没有经过办理合法建设手续的,扩建造价费用由当事人双方按照过错分担。

(四) 租赁房屋转租

确定转租合同有效的基本条件,一是出租人同意,二是在剩余租赁期间。(1) 在房屋租赁的承租期间,承租人在原则上不可以转租。承租人进行转租必须经过出租人同意,没有经过出租人同意转租的,叫不合法转租或者违法转租[①],为无效。(2) 出租人同意转租的,转租合同约定的租赁期限应当在承租人的剩余租赁期限内,超出承租人剩余租赁期限的转租期间无效,但出租人与承租人另有约定的除外,但这等于本租又约定了新的租赁期间。

如果出租人知道承租人转租而不反对的,承租人构成擅自转租,出租人享有6个月的异议期限,在6个月内可以提出异议。一经提出异议,转租即为无效。超出6个月异议期,出租人没有提出异议的,推定出租人同意转租,转租合同有

[①] 宁红丽等:《合同法分则制度研究》,人民法院出版社2003年版,第257页。

效,认可承租人和次承租人之间的转租合同的效力。

转租合同的第三人即次承租人在本租当事人之间发生争议时,可以参加诉讼,次承租人的身份是无独立请求权的第三人。

承租人拖欠租金属于根本违约,出租人起诉要求解除合同,涉及次承租人的转租合同利益。对此,次承租人可以代承租人缴纳拖欠的租金和违约金,以之作为抗辩理由进行抗辩,主张不得解除合同。次承租人缴纳的租金和违约金是替承租人履行义务,超出次承租人应付的租金数额,可以抵作转租的租金,或者向承租人追偿。

房屋租赁合同解除以后,因为有转租合同存在,出租人在次承租人还在占有这个房子的时候,有权要求次承租人腾房。如果次承租人在解除合同之后,对租赁房屋仍然占有一段时间的,对逾期腾房的房屋使用费负有支付义务。

（五）城镇房屋租赁合同的效力延伸

城镇房屋租赁合同的效力延伸,我国《合同法》第234条规定与承租人生前共同居住人可以按照原租赁合同租赁该房屋。2009年最高人民法院上述司法解释规定了另外两个效力延伸的规则:(1) 个人租赁房屋给个体工商户的家庭使用的,承租人在租赁期间死亡或者失踪的,其他家庭成员作为个体工商户的经营者,有权主张继续租赁合同的效力,一直用到合同约定的租赁期满。(2) 个人租赁房屋从事合伙经营,即合伙人个人租赁房屋给合伙使用,不是自己使用,承租人死亡或者失踪,其他合伙人主张把合同继续延续到租赁期满后的,应当予以支持。

（六）买卖不破租赁原则的适用

租赁房屋在租赁期间发生所有权变动,承租人请求房屋受让人继续履行原租赁合同的,符合买卖不破租赁原则要求,应予支持。例外的是:(1) 当事人另有约定,依照约定。(2) 房屋在出租前已设立抵押权,因抵押权人实现抵押权发生所有权变动。(3) 房屋在出租前已被人民法院依法查封。上述三种情形,都不适用买卖不破租赁原则。

（七）承租人优先购买权问题

出租人出卖租赁房屋,承租人享有优先购买权。在司法实践中,承租人优先购买权的适用比较混乱,缺乏准确的规则。2009年最高人民法院上述司法解释对此作了统一规定:

(1) 承认承租人优先购买权。

司法解释承认承租人优先购买权,但是这种优先购买权与基于共有的优先购买权不同,效力有所差别,共有人的优先购买权优先于承租人优先购买权。

(2) 侵害承租人优先购买权的救济方式为赔偿损失。

出租人违反义务侵害承租人的优先购买权的,其救济方式是损害赔偿,而不是必须保障承租人优先购买。确定侵害承租人的优先购买权的标准,就是出租人出卖租赁房屋在合理期限内没有通知承租人。

(3) 对以协议折价变卖方式实现抵押权的租赁房屋承租人享有优先购买权。

在对租赁房屋以协议折价、变卖方式实现抵押权时,出租人应当在合理期限内通知承租人,承租人主张优先购买权的,在同等条件下可以优先购买,保障承租人的优先购买权。条件是,租赁房屋原来是设置了抵押权的,出租人要把该房实现抵押权,是用协议折价和变卖的方式,才可以主张承租人优先购买权。如果是用拍卖的方式实现抵押权的,不在此限。

(4) 以拍卖方式出卖租赁房屋对承租人的保护。

对以拍卖方式对租赁房屋实现抵押权的,出租人委托拍卖人拍卖租赁房屋,应当在拍卖5日前通知承租人。承租人未参加拍卖的,应当认定承租人放弃优先购买权。

(5) 对抗承租人优先购买权的法定事由。

2009年最高人民法院上述司法解释规定了可以对抗承租人优先购买权的有以下几种:第一,房屋共有人行使优先购买权的,依照物权优先原则,可以对抗承租人的优先购买权;第二,出租人将房屋出卖给近亲属,包括配偶、父母、子女、兄弟姐妹、祖父母、外祖父母、孙子女、外孙子女的,其近亲属的优先购买权优先;第三,出租人履行通知义务后,承租人在15日内未明确表示购买的,视为放弃优先购买权;第四,第三人善意购买租赁房屋并已经办理登记手续的,优先购买权无法实现,采取出租人赔偿的方法救济。

【案例讨论】

讨论提示:本案争议的焦点,是租赁合同约定的解除条件是否成就。如果成就,则应当解除合同,不受买卖不破租赁规则的影响;如果没有成就,则不得解除合同,买卖不破租赁规则就应当适用。

讨论问题:1. 你认为本案争议的租赁合同约定的解除条件成就了吗?理由是什么?2. 买卖不破租赁的规则应当如何适用?

第三节 融资租赁合同

【典型案例】

2006年2月14日,原告环宇邮电国际租赁有限公司与被告天津同盛数码科技有限公司签订融资租赁合同,约定原告根据被告的要求从新锐公司购买总价值65万元的富士数码冲印设备Frontier340,由新锐公司负责向被告提供教辅设备,原告向新锐公司支付货款,即使购销合同是以原告作为购货方与新锐公司签订的,原告只承担根据购销合同规定向新锐公司支付设备货款的责任,除此之外,购销合同规定的其他所有责任、义务,均由被告承担并履行,原告对设备不作任何陈述和保证,并且原告对设备的任何瑕疵不负任何责任,与设备的瑕疵相关的任何索赔应当在被告与新锐公司及其关联方之间直接解决,而不得牵涉原告;在租赁期满、被告支付全部租金后,被告向原告发出设备转让证书,将设备所有权转让给被告;租赁期限4年,租金总额为694043.52元(共48期),被告预付租金26万元以冲抵后期租金,被告需支付租赁手续费45205.33元,本息均为一个月支付一次,第1期至第30期各为14459.24元,第31期租金为266.32元,被告迟延支付租金时,应按每日4‰支付迟延利息,对于被告不能付款、停止付款、不能履行规定的条款时,原告有权要求被告立即偿还租金、损失金额、留购价格。同日,原告与新锐公司签订了前述冲印设备的买卖合同,双方约定,新锐公司负责将设备交付给最终用户,交付地点为天津市,合同总金额为65万元。上述合同签订后,原告于2006年2月22日向新锐公司交付货款,新锐公司向被告交付了冲印设备,被告出具了验收报告,并支付新锐公司预付租金和手续费305205.33元,新锐公司将该笔款项交付给了原告。此后,被告仅向原告支付了7期租金,剩余租金一直未支付。原告向法院起诉。北京市东城区法院判决,被告向原告支付租金343729.21元及留购价格100元,支付利息32053.83元。

一、融资租赁合同概述

(一) 融资租赁合同的概念及其发展

融资租赁合同是指出租人根据承租人对出卖人、租赁物的选择,向出卖人购买租赁物,提供给承租人使用,承租人支付租金的合同。

融资租赁交易是第二次世界大战后发展起来的,融金融、贸易和租赁为一体的新型信贷方式。融资租赁最早出现于美国。第二次世界大战后,美国企业界迫切需要巨额投资,以实现军需品生产向民用品生产的转变。由于战后经济的不景气,当时的企业界通过传统的融资方式获得中长期贷款的来源十分有限,融资租赁作为一种新型的信贷方式应运而生。这种通过租赁进行的融资活动受到重视,承租人可以通过融资租赁,用较少的资金解决生产需要,出租人既可获取丰厚的利润,又有较为可靠的债权保障。灵活方便的融资租赁这一交易方式能够适应企业界各种实际需要,提供了一般中长期贷款方式不能提供的独特的融资便利。因而融资租赁交易在世界范围内,尤其是在经济发达国家获得了飞速的发展。融资租赁合同就是融资租赁交易的法律表现形式。对此,俄罗斯学者解释得比较清楚:"意图使用特定财产的主体,在市场上找到它,并请求拥有资金的另一主体购买该财产,随后转移给他供其暂时使用。"[1]

我国融资租赁业的发展起步较晚,1981年成立了第一家融资租赁企业;但发展迅速,目前,已成为我国利用和引进外资的一条重要途径。

(二)融资租赁合同的特征

融资租赁合同为诺成、双务、有偿合同。其特征是:

(1)融资租赁合同是由两个合同、三方当事人结合在一起的合同。

融资租赁交易是由两个合同、三方当事人所构成的交易。这两个合同是由融资租赁公司与承租人所签订的融资性租赁合同以及由融资租赁公司与供应商所签订的买卖合同。融资租赁合同有三方当事人,即出卖人、出租人(即买受人)和承租人。其过程是:第一,由用户(未来的承租人)与供应商协商确定买卖设备(未来的租赁物)的合同条件;第二,用户向融资租赁公司提出融资性租赁申请;第三,融资租赁公司作为出租人与用户(承租人)订立融资性租赁合同;第四,由融资租赁公司(出租人)作为买受人与供应商订立买卖合同;第五,供应商(出卖方)向承租人交货;第六,承租人向出租人交付物件受领证,并支付第一期租金;第七,买受人(出租人)向出卖人支付买卖价金。可见,两个合同并不是独立存在,而是在效力上相互交错,主要体现在:买卖合同的出卖人不是向买卖合同的买受人履行现实交付标的物的义务,而是向另一合同即租赁合同中的承租人交付标的物,承租人享有与受领标的物有关的买受人的权利和义务;在出卖人不履行买卖合同义务时,承租人得在一定前提下,向出卖人主张赔偿损失;买卖合同的双方当事人不得随意变更买卖合同中与租赁合同的承租人有关的合同内容。

(2)融资租赁合同将融物与融资相结合。

融资租赁合同不同于传统租赁合同的重要特征,是将融物与融资相结合,以融资为目的,以融物为手段。租赁合同的出租人出租的租赁物,是依自己的需要并按自己的要求购买的,其购置行为与租赁合同并无直接关联。而融资租赁合同的出租人不但要按照承租人的要求购买标的物,而且还只能向承租人指定的出卖人购买,出租人购置物件的行为是与其出租物件的行为密切联系在一起的,它们共同构成融资租赁关系的内容。买卖合同的买受人按自己的意愿购买物品,目的在于取得物的所有权,以满足自己生产经营或生活的需要;但在融资租

---

[1] 〔俄〕E. A. 苏哈诺夫主编:《俄罗斯民法》(第3册),付荣译,中国政法大学出版社2011年版,第1065页。

赁交易中,出租人购买物件是为了将其出租,以满足承租人的特定要求。因此,融资租赁合同的承租人通过出租人购买并将标的物出租,达到融资的目的,以解决自己一次性购买标的物所需资金的不足。从这点上看,承租人等于是向出租人借贷,但由于承租人此时并不是从出租人那里取得租赁物的所有权或货币的所有权,仅是通过租赁的形式取得标的物的使用权,以租金的形式偿还出租人为购买租赁物所付出的对价和费用。

(3) 融资租赁合同中的出租人为专营融资租赁业务的租赁公司。

融资租赁合同的出租人只能是专营融资租赁业务的租赁公司,而不能是一般的自然人或法人。在我国,只有经金融管理部门批准许可经营的公司才有从事融资租赁交易、订立融资租赁合同的资格。

(三) 融资租赁合同与所有权保留的分期付款买卖合同

融资租赁合同与保留所有权的分期付款买卖合同有相似之处,但却是两种不同的合同,存在根本区别:

(1) 当事人的交易意图不同。

所有权保留的分期付款买卖合同的出卖人,其交易意图是出让标的物的所有权,获取价金,买受人的交易意图是支付价金,获取标的物的所有权。而融资租赁合同的出租人虽为承租人的使用购买租赁物,但出租人所购买的物件却是归出租人所有,出租人仅将物的使用收益权利授予了承租人。仅在当事人双方有特别约定的情况下,承租人方可以在租赁期满时,取得租赁物的所有权。

(2) 租赁期中无期待权。

在所有权保留的分期付款买卖合同中,尽管买受人没有取得所有权,但买受人享有期待权,系取得所有权的先前阶段,因条件成就而变为所有权。但在融资性租赁的整个租赁期间,承租人并无取得租赁物所有权的期待权。

(3) 期间届满后标的物所有权归属不同。

所有权保留的分期付款买卖,以支付全部价金为移转标的物所有权的停止条件。一旦买受人支付全部价金,标的物所有权便当然移转于买受人。而融资租赁合同必须有特别约定,承租人方可于租赁期满时取得租赁物的所有权。

(4) 融资租赁合同租金的构成与分期付款买卖合同价金构成不同。

融资租赁合同的租金包括物件买价及利息、保险费、手续费、利润等在内,显然高于分期付款买卖的总价金。

二、融资租赁合同的效力

融资租赁合同是两个合同、三方当事人构成的新型合同关系,其法律效力也表现在两种合同关系上。

（一）出卖人与出租人订立的买卖合同

该买卖合同关系应当遵循买卖合同的一般规则，但在以下几个方面有所不同：第一，出卖人应当按照约定向承租人而不是向作为买受人的出租人交付标的物，承租人享受与受领标的物有关的买受人的权利和义务。第二，因出卖人不履行买卖合同义务所产生索赔的权利，买受人即出租人转让给承租人行使，如果出租人未转让的，该权利才由买受人即出租人行使。第三，买受人即出租人按照承租人的要求所订立的买卖合同，未经承租人同意不得变更与承租人有关的合同内容。第四，买受人即出租人享有租赁物的所有权。尽管租赁物由承租人占有，但承租人破产的，租赁物不属于破产财产。

（二）出租人与承租人订立的融资性租赁合同

融资租赁合同属于转移财产使用权的合同，基本特点仍属于租赁合同，但是在以下方面具有自己的特点：

（1）融资租赁合同对于出租人的效力是：

第一，不承担租赁物目的责任。

租赁物不符合约定或者不符合使用目的的，出租人不承担责任，但承租人依赖出租人的技能确定租赁物或者出租人干预选择租赁物的除外。

第二，不承担租赁物损害责任。

在承租人占有租赁物期间，租赁物造成第三人的人身伤害或者财产损害的，出租人作为所有权人不承担赔偿责任，而由承租人承担责任。

第三，不承担交付租赁物责任。

出租人交付租赁物的义务不是由自己承担，而是由买卖合同的出卖人一方，作为交付租赁物义务的辅助人向承租人交付，承租人受领交付也是作为买受人的受领辅助人的身份实施的。

第四，出租人应当保证承租人对租赁物的占有和使用。

（2）融资租赁合同对于承租人的效力是：

第一，支付租金的义务。

承租人应按照约定支付租金。承租人经催告后在合理期限内仍不支付租金的，出租人可以请求支付租金，也可以解除合同收回租赁物。

融资租赁合同租金的构成，应当根据购买租赁物的大部分或者全部成本以及出租人的合理利润确定。一是应收回其为购买租赁物所支出的全部或部分费用。主要根据出租人和承租人如何在租赁合同中约定租赁期间届满时租赁物的归属而定：约定租赁期间届满租赁物的所有权即转归承租人所有的，出租人收取的租金应包括购买租赁物的全部费用；约定在租赁期间届满出租人有权收回租赁物，或者约定承租人在租赁期限届满时再支付一部分价金即可取得租赁物的所有权的，出租人应收取的租金构成就只应包括购买租赁物的部分价金。二是要获取一定的营业利润。营业利润应在合理的限度内确定,不得约定过高,避免显失公平。

支付租金的要求是:租赁物有瑕疵时,承租人不得拒付租金;在租赁期间,承租人承担租金的风险,租赁物因不可归责于当事人的原因而毁损灭失时,仍应承担租金义务;因承租人违约而由出租人收回租赁物时,承租人不得以租赁物收回而拒绝履行支付租金义务。

承租人不按照约定支付租金的,出租人可以确定合理期限催告。仍不支付的,可以采取以下措施:一是请求承租人支付到期和未到期的全部租金;二是解除合同,收回租赁物。如果当事人已经约定租赁期满租赁物归承租人所有,承租人已经支付大部分租金,只是无力支付剩余租金,出租人因此解除合同收回租赁物的,收回租赁物的价值超过承租人欠付的租金以及其他费用的,承租人可以要求部分返还。

第二,承租人应当妥善保管、使用租赁物。

在租赁期间,承租人占有租赁物,对租赁物负有妥善保管、使用的义务。出租人须容忍承租人为使用、收益。承租人为自己使用、收益时,应当顾及对出租人利益的保护,应予妥善保管。

第三,在占有租赁物期间承担租赁物维修义务。

融资租赁合同具有较强的融资性,因此,承租人履行占有租赁期间的维修义务,而不是由所有人即出租人承担此项义务。

三、融资租赁合同的消灭

(一)消灭原因

融资租赁合同因租赁期间届满、合同解除等原因而消灭。但融资租赁合同与一般租赁合同的区别是,租赁合同如果没有特别约定,一旦租赁物因不可归责于当事人的事由归于消灭,租赁合同得因解除而消灭。融资租赁合同的租赁物毁损、灭失而形成的租金风险,由承租人承担,合同并未消灭。[①]

(二)因租赁期限届满而消灭时租赁物的归属

由于融资租赁合同兼具融物与融资的双重属性,因此,保有租赁物的所有权仅仅是为了担保租金债权的实现。当事人约定于租赁期间届满时租赁物的所有权转归承租人所有的,一方面满足了承租人无须一次性支付大笔价金,即可继续对标的物为使用、收益的需求;另一方面也免却了出租人占有保管标的物或为标的物寻找并不太容易寻找的新的承租人或买受人之累。因此,我国《合同法》准许当事人约定租赁期间届满时,租赁物归属于承租人所有。

[①] 参见崔建远主编:《合同法》(第五版),法律出版社2010年版,第442页。

【案例讨论】

讨论提示:本案是典型的融资租赁合同纠纷,展示了融资租赁合同的典型特征。

讨论问题:1. 融资租赁合同的基本法律特征是什么?与普通的租赁合同有哪些区别?2. 融资租赁合同的违约责任应当怎样确定?

第十五章　承揽、建设工程、运输、技术合同

第一节　承揽合同

【典型案例】

方某应俞某要求到俞某家中做木工,为俞某打家具、天花板和地板。因人手不够,方某帮助俞某另外介绍了几个木工共同做工,同工同酬。双方认可按照农村习惯,方某等人在俞某家中为俞某打家具、天花板、地板等,俞某按照做工天数向方某等人支付报酬,按照当时农村惯例每人每天以30元至33元计算工钱,俞某每天提供午餐一顿及一包香烟。数日后,方某在切割木板中,被木板中飞溅出来的铁钉刺伤眼睛,损失医药费等2.6万余元。方某诉至法院,要求俞某赔偿其经济损失。

一、承揽合同的概述

（一）承揽合同的概念

承揽合同是指承揽人按照定作人的要求完成工作,交付工作成果,定作人给付报酬的合同。承揽也称为工作之租赁,为当事人一方约为他方完成一定工作,而他方约待工作完成给付报酬之契约。[1]

根据当事人间订立的承揽合同,承揽人应使用自己的设备、技术和劳力,为定作人加工、定作、修理或完成其他工作;定作人则应给付相应报酬。其中,提出工作要求并给付报酬的一方是定作人,按照要求完成一定工作的人是承揽人。承揽合同的当事人可以是自然人,也可以是法人。

（二）承揽合同的法律特征

承揽合同是双务、有偿、诺成合同,其特征是:

---

[1]　武钟临:《民法债编各论·各种之债》,大东书局1940年版,第115页。

(1) 承揽合同以完成一定的工作并表现为一定的劳动成果为目的。

承揽合同首先是按照定作人的要求完成某种工作,并向定作人交付劳动成果。这些工作成果是为了满足定作人特殊需要而专门完成,虽然它们是由承揽人的劳动直接产生,但不能就此认为承揽合同的标的是劳务本身,而是经过某种工作的劳动成果。

(2) 承揽合同的定作物是具有特定性质的物。

承揽合同的定作物不是一般的劳动成果,而是按照定作人的特殊要求完成并交付的特定劳动成果。因此,承揽人完成的劳动成果不同于市场上的一般商品,不能用其他物品代替,具有特定性。

(3) 承揽人须以自己的设备、技术和劳力独立完成主要工作。

承揽合同的订立是基于定作人对承揽人完成工作能力的信任,因此,承揽人不得未经定作人同意而将工作的主要部分交由他人完成。承揽人应当按照自己的工作条件,自行制定工作计划,安排劳动量,确定工作方法等。定作人也不得妨碍承揽人的正常工作。

(4) 承揽人在工作中自己承担风险。

承揽人在完成定作中,对定作人的材料、定作物负有占有、管理的责任,不仅要对完成工作的质量、数量、期限等负全部责任,而且在实际交付劳动成果以前,即使由于出现了不可归责于承揽合同双方当事人的意外损害,如不可抗力,造成标的物毁损或灭失,以及造成承揽人自己的人身损害,都要由承揽人承担相应责任。

(5) 承揽合同以留置定作物的方式实现担保。

在承揽合同中,担保采用法定形式。当定作人未按约定期限支付报酬时,承揽人对完成的工作成果享有留置权,有权将其按照一定的程序变卖,用所得价款偿付报酬、保管费及其他费用。

(三) 承揽合同的种类

1. 加工合同

加工合同是指由承揽人利用定作人提供的原材料或半成品,按照双方约定的产品、规格、数量、质量和期限等要求,加工特定产品,并由定作人按照约定给付报酬的协议。

2. 定作合同

定作合同是指由承揽人根据定作人提出的品种、规格、质量和数量等要求,使用自己的原材料为定作人制成特定产品并向定作人收取相应报酬的协议。

3. 修理合同

修理合同是指承揽人按照定作人的要求为其修复损坏的物品,并由定作人给付约定的报酬的协议。修理合同的标的物一般是机器设备、工具等物品,当标的物是房屋时,修理合同又称修缮合同。在修理合同中,如果修理所需的材料由承揽人提供,那么定作人除了给付承揽人工作报酬以外,还应向其支付修理材料的价款。

4. 复制合同

复制合同是指由承揽人按照定作人提出的要求为其重新制作与其提供的样品相类似的制品,并由定作人支付相应报酬的协议。

5. 其他承揽合同

测试合同、检验合同是指承揽人以自己的技术、设备和仪器对定作人制定的特定项目或特定事物完成相应的测试或检验工作,由定作人支付报酬的合同。

此外,实际生活中还存在改造、改制、翻译、医疗护理等承揽形式,由此签订的合同也是承揽合同。

二、承揽合同的效力

(一)承揽人的义务

1. 承揽人完成承揽工作的义务

承揽人的主要义务是按照合同的约定,以自己的技术、设备完成承揽的工作,并将工作成果交付给定作人。① 包括三个方面:

(1)应当在约定的期限内完成工作。

承揽合同成立后,承揽人即应开始工作,如果另有约定,则按照约定的期限开始。对于约定了工作完成的期限的,应当在约定的期限内完成工作,交付工作成果。对上述期限没有约定或者约定不明确的,应当按照《合同法》第61条和第62条规定确定。如果属于定作人的原因,例如未支付预付报酬、原材料供应不及时、提供的图纸或者技术要求不合理等,承揽人可以向定作人请求,因此而延误工期不作为承揽人违约的事由。

(2)承揽人应以自己的工作依定作人的要求完成工作。

承揽人应当以自己的设备、技术和劳力完成主要工作,但当事人另有约定的除外。主要工作,是指对定作人提交的工作构成实质意义的部分,即对定作物的质量有决定性作用的部分,或者是指定作工作中数量上的大部分。未经定作人的同意,承揽人将其承揽的主要工作交由第三人完成的,定作人可以解除合同;定作人不解除合同的,承揽人应当就该第三人完成的工作成果向定作人负责。承揽人可以将其承揽的辅助工作交由第三人完成。承揽人将其承揽的辅助工作交由第三人完成的,应当就该第三人完成的工作成果向定作人负责。

---

① 〔俄〕E. A. 苏哈诺夫主编:《俄罗斯民法》(第3册),付荣译,中国政法大学出版社2011年版,第1151页。

(3)承揽人完成的工作成果应当符合定作人的要求。

不符合质量要求的,定作人可以要求承揽人承担修理、重作、减少报酬、赔偿损失等违约责任。

2. 接受定作人提供材料或依约提供材料的义务

承揽合同的材料来源有两种,一是由承揽合同的承揽人提供,一是由定作人提供。当事人有约定的依照约定,没有约定的,一般是由承揽人提供。有争议的可以协商解决,也可以通过司法途径解决。

(1)承揽人提供原材料。

由承揽人提供原材料的,承揽人应当按照合同约定选用材料。合同对原材料的质量有约定的,承揽人提供的原材料应当符合约定的质量标准。不符合约定质量要求的,承揽人应当对此负责,造成违约的,应当承担违约责任。承揽人提供的材料质量高于合同约定的,未经定作人同意而使用,视为材料质量符合约定标准,承揽人不得要求定作人支付增加的费用。承揽合同未约定材料质量标准的,承揽人应当按照通常的加工定作物所需要材料的质量标准提供材料。同时应当考虑承揽合同中有关定作物的质量要求及定作物的使用目的选择提供材料。在承揽合同中没有约定材料的质量要求的,承揽人自行选定的材料,在加工前应当征求定作人的同意。承揽人选用材料应当接受定作人检验。定作人对材料的检验是定作人的一项权利,对承揽人是一种法定义务,不以当事人在合同中有约定为必要。

(2)定作人提供原材料。

由定作人提供原材料的,承揽人应当及时接受定作人交付的材料,并及时对其进行检查验收。及时接受,就是在定作人向其提出材料的交付时,能够按照合同的约定接受材料,不得拒不接受或者迟延接受。因承揽人不能及时接受材料,造成的材料的一切损失以及其他增加的一切必要费用,应当由承揽人承担或者赔偿。

定作人应当按照约定提供材料。定作人提供材料的质量不符合约定的,承揽人有权要求更换材料。定作人提供的材料数量应当符合约定。在定作人提交材料时,承揽人应当对材料进行相应的验收。如果发现定作人提供的材料数量不足时,定作人应当及时补足。定作人提交材料应当符合约定的时间要求。定作人应当在合同约定的期限内向承揽人交付材料,一般不得违反。如果迟延履行,承揽人有权相应地推迟定作物的交付时间。

3. 接受定作人的检验、监督的义务

承揽人在完成工作期间,应当接受定作人必要的监督、检验。在定作人提出对承揽工作进行检验时,承揽人不得拒绝。承揽人对定作人的监督检验应当提供必要的方便。承揽人应当如实向定作人反映工作情况,不得故意隐瞒工作中存在的问题。

4. 交付工作成果的义务

向定作人按期交付工作成果是承揽人的主要义务之一。交付工作成果,首先应当按时交付,对工作成果的交付期限有约定的,承揽人应当按合同约定的期限交付工作成果。不能按约交付,构成违约。如果不能按约交付是由于定作人的原因造成的,或者是由于不可抗力,则迟延交付工作成果不构成违约。对交付期限没有约定的,承揽人应当在完成工作后的合理期限内向定作人交付工作成果。

承揽人交付定作物应当按照合同约定的方式和地点进行。可以由承揽人送交交付,也可以由定作人自提,还可以通过运输部门代为运送或邮政部门代为寄送。由承揽人送交的,以定作人指定的地点为交付的地点,定作人实际接受的日期即为承揽人实际交付的日期;由定作人提货的,交付地点应为承揽人工作完成的地点或者承揽人指定的地点,以承揽人通知定作人提货的合理日期为交付日期;由运输部门代为运送或邮政部门代为寄送的,一般应以合同约定的运(寄)送部门收货的地点为交付地点,运(寄)送部门接受运送的货物的日期为实际交付日期。按照合同的约定无须为特别交付的承揽工作,则于承揽人完成工作之日即为交付。

承揽人在向定作人交付工作成果的同时,还应当一并向定作人提交必要的技术资料和有关质量证明,如实反映工作成果的情况,以便定作人进行验收。

在承揽人交付工作成果时,定作人应当对工作成果进行验收,对承揽人提交的工作成果的数量质量进行检验,以确定与合同约定的工作成果的质量和数量是否相同。承揽人交付的工作成果不符合质量要求的,定作人可以请求承揽人承担修理、重作、减少报酬、赔偿损失等违约责任。

5. 承揽人保密义务

承揽合同约定保密条款的,承揽人对其所完成的工作负有保密义务,未经定作人许可,不得泄露定作人的秘密,否则,定作人因此而受到的损失应由泄密的承揽人负责赔偿。

6. 共同承揽人的连带责任

在承揽合同中,有两个以上承揽人时,有三种情况:

(1) 共同承揽。

承揽工作由共同承揽人共同完成,每一个承揽人都负有完成承揽工作的义务。构成共同承揽关系的,各承揽人承担连带责任。在承揽工作未能按约定完成或者因承揽人的原因造成其他损失的,定作人可以向共同承揽人全体或其中的任何一个请求赔偿,被请求者应当承担全部责任。其中一个承揽人对定作人承担法律责任后,其实际承担的部分超过其应当承担的份额的,有权向其他承揽人追偿。

（2）按份承揽。

如果数个承揽人中的每一个承揽人只按照既定的份额完成承揽工作的,各承揽人为按份承揽人。

（3）单独承揽。

在各承揽人单独向定作人负责的承揽合同中,各承揽人只对自己的履行合同行为负责,对于其他承揽人的工作不负任何责任,是单独的责任。

（二）定作人的义务

1. 定作人向承揽人支付报酬的义务

（1）应当按照约定的期限支付报酬。

对支付报酬的期限没有约定或者约定不明确,依照《合同法》第61条规定仍不能确定的,定作人应当在交付工作成果的同时支付;工作成果部分交付的,定作人应当相应支付。

（2）应当按照约定的数额支付报酬。

承揽合同中对定作人须支付的报酬标准有约定的,按照约定的报酬支付;没有约定的,则按照通常标准支付,即工作成果交付的当时、当地的同种类工作成果的一般报酬为标准。

（3）未支付报酬的留置权。

定作人未向承揽人支付报酬或者材料等价款的,承揽人对完成的工作成果享有留置权,但当事人另有约定的除外。

2. 定作人的协助义务

当承揽人为完成工作需要定作人协助时,定作人有予以协助的义务。根据承揽的工作性质,双方约定由定作人提供原材料的,定作人应当按照约定的标准提供原材料;约定由定作人提供设计图纸或者技术要求、技术资料的,定作人应当按照约定的期限提供设计图纸、技术要求和技术资料;约定由定作人提供样品的,定作人应当按照约定提供所需的样品;约定由定作人提供工作场所的,定作人应当提供工作场所;约定由定作人提供承揽人完成工作所需要的工作环境和生活条件的,定作人应当按照合同的约定予以提供。

3. 受领工作成果的义务

定作人对交付的工作成果,负有验收和受领义务。定作人无正当理由受领迟延的,承揽人可以请求其受领并支付相应的报酬和费用。定作人还要负担受领迟延而发生的工作成果的风险。

三、承揽合同中的风险负担

（一）材料的风险负担

承揽材料的风险是指承揽原材料由定作人提供由承揽人保管而意外毁损、

灭失的风险。其负担规则是:定作人提供的材料在承揽人占有期间意外毁损、灭失的,除非有不可抗力事件发生,承揽人负有不可推卸的责任,应当由承揽人承担风险。

(二) 工作成果的风险负担

工作成果的风险是指承揽人完成承揽工作,工作成果仍由承揽人占有时,意外毁损、灭失的风险。负担的规则是:工作成果须实际交付的,在工作成果交付前发生风险的,由承揽人负担;交付后发生风险的,由定作人负担。但工作成果的毁损、灭失发生于定作人受领迟延后的,则应由定作人承担该风险。

工作成果无须实际交付的,工作完成即视为交付。在工作完成前发生的风险由承揽人负担;在工作完成后发生的风险则由定作人负担。

(三) 报酬的风险负担

报酬的风险负担是指承揽人已经完成的工作成果由于不可归责于当事人的事由而毁损、灭失,无法交付工作成果及其所有权时,是否可以支付报酬的风险负担。规则是,如果是定作人自始取得工作成果的所有权的,报酬的风险应由双方合理负担;如果是由承揽人首先取得所有权的,则由承揽人负担报酬的风险,不得向定作人主张报酬;另有约定的,依其约定。

四、承揽合同的消灭

(一) 承揽合同的协议消灭

当事人约定承揽合同的期限的,其期限届至时合同消灭。当事人双方协议解除合同的,承揽合同也消灭。

(二) 因当事人行使解除权而消灭

当事人一方不再需要承揽人继续完成工作的,允许定作人及时以赔偿承揽人的损失为代价而解除承揽合同,承揽合同因此而消灭。

承揽合同因当事人一方严重违约而解除的,承揽合同也予以消灭,有损害存在的,并可同时请求损害赔偿。

【案例讨论】

讨论提示:本案争议的焦点是双方的权利义务关系,究竟是雇佣关系,还是承揽关系。雇佣关系和承揽关系的最主要区别是:雇佣关系的雇佣人出资购买的是雇工的劳动力,承揽关系的定作人出资购买的是承揽人的劳动成果。

讨论问题:1. 本案双方当事人之间成立的合同关系,是雇佣合同关系,还是承揽合同关系?理由是什么?2. 对于本案应当如何适用法律?

第二节 建设工程合同

【典型案例】

2007年1月24日,原告Y装饰公司与被告郑某某签订了一份工程协议书,约定:被告X建筑公司承接的H沥青有限公司办公楼、变电房、水泵房等土建工程中的塑料门窗、幕墙、油漆等工程的施工、安装,由原告Y装饰公司承包,承包方式为包工包料,工期为以超前土建施工15天为准,付款方式为2007年5月1日前付总造价的95%,剩余5%留作保证金,1年内付清。合同签订后,原告于2007年2月初组织人员进场施工,同年4月完成并通过验收,总工程款为12万元,两被告拒付。原告起诉两被告,并申请法院查封X建筑公司的银行账户存款。法院判决2被告承担支付工程款12万元并支付延期付款的利息。

一、建设工程合同概述

(一)建设工程合同的概念

建设工程合同是指承包人进行工程建设,发包人支付价款的合同。建设工程合同包括工程勘察设计合同、施工合同。

(二)建设工程合同的特征

建设工程合同实际是承揽合同的一种,我国《合同法》关于建设工程合同没有规定的内容,应当适用承揽合同的法律规定。

建设工程合同与承揽合同相比,其特征是:

(1)合同的标的物仅限于基本建设工程。

建设工程主要是指土木建筑工程和建筑业范围内的线路、管道、设备安装、工程的新建、扩建、改建,以及大型的建筑装修装饰活动。居民个人为住宅建设、装修的合同,属于一般承揽合同,不是建设工程合同。

(2)合同的主体应当具备相当的条件。

建设工程投资大,周期长,质量要求高,技术力量要求全面,因此,建设工程的双方当事人的主体资格都是有限制的,特别是建设单位更要有资质的限制和要求。

(3)建设工程合同具有很强的国家管理性。

建设工程合同的标的物为不动产,涉及人民安危和建设发展,因此国家对其进行严格的管理和监督,具有强烈的国家干预色彩。

(4) 建设工程合同为要式合同。

建设工程合同应当采用书面形式,不得采用口头形式订立。

(三) 建设工程合同的订立

1. 建设工程合同订立形式

订立建设工程合同应当采取招标投标的方式进行,遵循公开、公平、公正的原则。其订立主要采取两种形式:一是发包人与承包人就整个建设工程从勘察、设计到施工,签订总承包协议,由承包人对整个建设工程进行承包。二是由发包人分别与勘察人、设计人、施工人签订勘察、设计、施工合同,实行平行发包,各个承包人分别就建设工程的勘察、设计、建筑、安装阶段的质量、工期、工程造价等与发包人发生债权债务关系。

如果是国家重大建设工程合同,应当按照国家规定的程序和国家批准的投资计划、可行性报告等文件订立。

2. 分包、转包合同的订立

建设工程可以分包和转包。分包是指工程的承包人经发包人同意后,依法将其承包的部分工程交给第三人完成的行为。转包是指施工单位以赢利为目的,将承包的工程转给其他的施工单位,不对工程质量承担任何法律责任的行为。

对于建设工程合同的分包和转包,法律适用的规则是:(1) 分包须经发包人同意,承包人将自己承包的部分工作交由第三人完成,第三人就其完成的工作成果于总承包人或者勘察、设计、施工承包人向发包人承担连带责任。(2) 建设工程主体结构的施工必须由承包人自行完成,禁止承包单位将其承包的全部建筑工程转包他人。禁止承包单位将其承包的全部工程肢解之后,以分包的名义分别转包他人。(3) 分包人须具备相应的建设资质,并且分包只能分包一次,不得再次分包。

二、建设工程合同的一般效力

(一) 承包人的义务

承包人作为承揽人,除了对于法律关于承揽合同规定的义务之外,还应当承担以下义务:

1. 承包人的容忍义务

建设工程的进度和质量对发包人的利益影响重大,所以承包人有义务接受发包人对工程进度和工程质量进行必要的监督,有义务对发包人的检查予以支持和协助。发包人的检查内容应当是对工程进度和工程质量的检查,如果发包人的检查超出了适当的范围,影响到工程的正常作业,承包人有权在说明理由的基础上予以拒绝。

2. 承包人的通知义务

对建设工程中的中间工程、隐蔽工程的检查验收,要早于主体工程,不能在覆盖之后再与主体工程一起进行检查验收。对此,法律赋予承包人以通知义务,在中间工程、隐蔽工程隐蔽前,应当及时通知发包人进行检查验收,以确定工程质量是否符合合同约定和法律规定的要求。怠于通知或未及时通知造成的损失,由承包人负担。即使发包人没有及时对隐蔽工程进行检查,承包人也不能自行检查后将工程隐蔽。在这种情况下,承包人可以顺延工期,并享有请求赔偿停工、窝工损失的权利。

(二)发包人的义务

1. 发包人的协助义务

发包人的协助是建设工程承包合同得以顺利履行的保证。发包人必须履行协助义务,按照约定提供相关材料、设备、场地、资金、资料等。违反这一协助义务、影响工程进度的,承包人可以顺延工期,请求赔偿停工、窝工的损失。

(1)提供材料和设备的义务。

发包人应当按照约定提供材料和设备。在承包人采用包工不包料、包工半包料的方式时,发包人应当负责材料和设备的全部或者部分的供应。未按照约定的时间和要求提供原材料、设备的,即构成违约。

(2)提供场地义务。

发包人提供场地,是发包人负责办理的正式工程和临时设施所需土地使用权的征用、民房的拆迁、施工用地和障碍物的拆除等许可证。发包人应当按期完成这些工作,为承包人提供施工场地。

(3)按时提供资金义务。

发包人应当按时提供建设资金,不能依约定时间和支付方式支付工程价款的,须承担责任。

(4)及时提供技术资料义务。

发包人应当按照合同要求及时全面地提供相关的技术资料,不得无故拖延和隐匿。

2. 对工程的验收义务

建设工程完工后,发包人应当及时对工程进行验收。

验收所应当依循的依据是:(1)施工图纸及说明书。施工图纸有更改的,验收时应当以施工图纸为准。(2)国家颁发的施工验收规范。(3)国家颁发的建设工程质量验收标准。

建设工程必须经过验收后,由发包人正式接收该工程后,方可投入使用。建设工程未经验收,或者验收不合格的,不得交付使用。交付使用未经验收或者验收不合格工程,既可能有发包人的责任,也可能有承包人的责任,在使用过程中出现质量问题,承包人不能当然免责。

3. 支付价款并接收建设工程的义务

发包人对建设工程验收合格后,应按照约定,扣除一定的保证金后,将剩余工程价款按约定方式付给承包人。同时,发包人应当与承包人办理移交工程手续,正式接收建设工程。其中给付工程价款是发包人主要合同义务。如果发包人逾期支付,应当承担逾期付款的违约责任。

在给付工程价款中,我国《合同法》第286条规定了承包人的法定优先权。其内容是:

（1）法定优先权的实现时间。

发包人未按时支付价款,承包人应当对发包人进行催告,对其规定支付价款的合理期限,即付款宽限期,宽限期届满发包人仍不支付的,发包人可以行使优先权。

（2）法定优先权的实现方式。

法定优先权的实现方式有:一是通过发包人与承包人之间的协议,对建设工程折价,承包人在支付折价款与工程款的差额之后,取得该项建设工程的所有权,使工程价款债权得到实现。二是对建设工程进行拍卖,在变价款中优先受偿。

（3）法定优先权的法律地位。

这种优先权优先于发包人以在建工程为其他债权人所设定的抵押权,即优先权受到清偿之后,才可以行使抵押权。

（4）法定优先权的登记问题。

这种法定优先权虽然也具有担保物权的性质,但它不是约定的物权,而是法定权利,是基于法定条件的满足而直接取得,因此不需要进行登记。学者认为,优先权进行登记后,可以对抗发包人在本登记手续后,就建设工程为第三人设定的抵押权或者其他权利,反之,则不能对抗这些权利。① 这种说法也有道理。

（5）关于建设工程承包人的垫资问题。

承包人对工程款的垫资,是一个实际问题,我国《合同法》对此没有禁止性的规定,在实务操作中一般持反对态度。但在现实生活中,垫资施工又是较为普遍的现象。一般认为,垫资属于违背社会公共利益的无效合同。问题是,垫资既然已经成为事实,对于垫资,承包人是否也享有法定优先权呢？多数人认为,垫资与借款行为无异,无法在价值判断上得出需要优先保护的结论。如果承认对于垫资也可以适用法定优先权,从而使垫资产生的债权优先于银行以抵押权担

---

① 王利明等：《合同法》,中国人民大学出版社2002年版,第427页。

保的债权,就更无法自圆其说了。① 这种说法有值得推敲之处。尽管垫资等于是承包人对发包人享有的债权,但是这个债权仍然是工程款,是基于工程款未付而发生的债权。因此,笔者倾向于认为承包人对实际发生的垫资也享有法定优先权。

三、建设勘察设计合同

(一) 建设勘察设计合同的概念和内容

建设勘察设计合同是勘察合同和设计合同的统称,是指建设工程的发包人或承包人与勘察人、设计人之间订立的,由勘察人、设计人完成一定的勘察、设计工作,发包人或承包人支付相应对价的合同。

勘察设计合同的主要内容是:(1) 提交勘察或设计基础资料、设计文件的期限;(2) 勘察、设计的质量要求;(3) 勘察、设计费用;(4) 其他协作条件。

(二) 建设勘察设计合同双方当事人的责任承担

1. 发包人的责任

发包人将一项工程的勘察、设计工作委托给勘察人、设计人后,勘察人、设计人即应按照合同约定开展勘察、设计工作。发包人则应当严守合同约定,不得随意更改勘察、设计内容,并按照合同约定,全面、准确、及时地提供勘察、设计所需的资料、工作条件等。发包人单方更改合同条款,或者不尽协助义务,增加了勘察人、设计人的额外的工作量和额外的开支,使勘察、设计费用不合理增加,对此勘察人、设计人有权请求发包人承担实际损失的赔偿责任。

2. 勘察人、设计人的责任

勘察人、设计人的勘察、设计质量不符合要求,质量没有达到合同要求或者勘察、设计不符合法律、法规的强制性标准,或者勘察人、设计人未按照合同约定的期限提交勘察、设计文件,致使工期拖延,因此而给发包人造成损失的,承包人应当对发包人承担损害赔偿责任。

勘察人、设计人违约责任的承担方式为:(1) 实际履行,继续完成勘察、设计;(2) 损害赔偿,方法是或者减收或者免收应得的勘察、设计费用,补偿相对人的损失,勘查、设计费用不足以赔偿的,需要另行赔偿。

四、建设施工合同

(一) 建设施工合同的概念

建设施工合同是指发包方即建设单位与承包方即施工人为完成商定的施工工程,明确相互权利、义务的协议。

---

① 王利明等:《合同法》,中国人民大学出版社 2002 年版,第 427 页。

依照施工合同,施工单位应当完成建设单位交给的施工任务,建设单位应当按照约定提供必要的条件并支付工程价款。

(二)建设施工合同的内容

1. 工程范围

主要包括工程名称、地点、建筑物的栋数、结构、层数、面积等。

2. 建设工期

是指施工人完整施工工程的时间或者期限,是重要的合同条款。

3. 中间交工工程的开工和竣工时间

一个整体的工程中有很多中间工程,前后相序,必须有明确的开工、完工时间,否则影响后续工程的开工。

4. 工程质量

对建设工程的设计、施工方法和安全要求,要按照统一的技术标准进行,合同应当规定清楚,并且由建设主管部门对工程质量进行监督。

5. 工程造价

在以投标招标方式订立的合同中,应以中标时确定的金额为准。如果按初步设计总概算投资包干时,应以经审批的概算投资中与承包内容相应的部分的投资为工程款。如按施工图预算包干,则应以审查后的施工图总预算或综合预算为准。

6. 技术资料交付时间

工程的技术资料,如勘察、设计资料等,发包方必须全面、客观、及时地交付给施工人,以保证工程的顺利进行。

7. 材料和设备的供应责任

应当明确约定,由哪一方承担材料和设备的供应责任。

8. 拨款和结算

采用何种方式拨款、结算,合同均要明确约定:(1)预付款;(2)工程进度款;(3)竣工结算款;(4)保修扣留金。

9. 竣工验收

对建设工程的验收方法、程序和标准,国家制定了相应的行政法规予以规范,应当遵守。

10. 质量保修范围和质量保证期

施工工程在办理移交验收手续后,在规定的期限内,因施工、材料等原因造成施工质量缺陷的,施工单位应当负责维修、更换。对于建筑工程的质量保证期限,国家都有明确的要求。

11. 相互协作条款

各方当事人不仅需要各自积极履行义务,还需要相互协作,协助对方履行义务。

（三）施工人的责任

1. 无偿修理或者返工、改建

这是承包人需要继续履行的责任，应当根据不合格工程的具体情况，或者修理，或者改建，或者返工，使之达到合同约定的质量要求。承包人修理、返工、改建所支出的费用，由自己负责。

2. 逾期违约责任

因承包人自己的原因使工程质量不合格，虽经承包人修理、返工、改建导致工程逾期交付的，也构成迟延履行，承包人应当承担迟延履行的违约责任，还应当赔偿发包人因此而遭受的损失。

【案例讨论】

讨论提示：本案双方当事人发生的纠纷性质是建设工程承包合同的转包纠纷，争议的是拖欠工程款纠纷。

讨论问题：1. 建设工程承包合同的承包人和发包人的权利义务内容是什么？2. 建设施工合同的违约责任应当怎样确定？3. 建设工程中的部分工程转包，应当遵守哪些规则？

第三节　运　输　合　同

【典型案例】

2006年11月10日7时25分，第三人王红斌驾驶大货车沿翠湖五路由西向东行驶中，与张军驾驶的中客车相撞，造成两车损坏，中客车上张军、原告王子舜等19人受伤。交通警察支队交通事故认定书认定：王红斌应负本起事故全部责任；张军在本起事故中无责任；王子舜等人在本起事故中无责任。王子舜因伤治疗等损失费用8.59万元。王子舜系新苑幼儿园学生，其乘坐张军驾驶的中客车系新苑幼儿园校车，该车负责接送幼儿园学生上学和放学。王子舜每月乘坐该车需交纳车费20元，于2006年8月29日一次性交纳车费半年共计120元。王子舜以旅客运输合同赔偿为由起诉，主张违约损害赔偿。

一、运输合同概述

（一）运输合同的概念

运输合同又叫做运送合同，是指承运人将旅客或者货物从起运点运输到约定地点，旅客、托收人或者收货人支付票款或者运输费用的合同。由于运输合同是实现人流、物流的重要法律形式，因此各国民法都普遍规定了运输合同[①]，实现物与人之处所移转，乃人类生活上之必然的要求。[②]

（二）运输合同特征

（1）运输合同原则上是双务、有偿合同。

承运人负有将旅客或货物运送到约定地点的义务，旅客负有按规定支付票款或运费的义务，互为对价，为双务、有偿合同。

（2）运输合同一般为诺成合同。

运输合同一般是诺成合同，但是以托运单、提单代替书面运输合同的，因承运人往往需要收取货物并核查后，才能签发提单或在托运单上签字盖章，所以其性质为实践性合同。

（3）运输合同多为格式条款。

承运人为了重复使用而预先拟定了格式条款，在订立合同时，旅客或者托运人只有同意或者不同意的选择。同时，客票、货运单、提单等均按照专门法规统一印制，具有合同书的性质，为格式条款的典型形态。

（三）运输合同的分类

以运输的对象为标准，运输合同可以分为旅客运输合同与货物运输合同。以运输工具为标准，运输合同可以分为铁路运输合同、公路运输合同、航空运输合同、水上运输合同、海上运输合同以及管道运输合同等。以承运人的多少为标准，运输合同可以分为单一运输合同和联合运输合同。

（四）承运人在合同订立中的强制缔约义务

运输合同的承运人从事的是关乎广大群众利益的业务，因而法律赋予其强制缔约的义务。我国《合同法》第289条规定："从事公共运输的承运人不得拒绝旅客、托运人通常、合理的运输要求。"承运人不得拒绝旅客和托运人的订约要求，对于旅客和托运人的通常的、合理的订约要求必须作出承诺。如果拒载，则应承担违约责任。

[①] 郭明瑞主编：《合同法学》，复旦大学出版社2005年版，第355页。
[②] 武钟临：《民法债编各论·各种之债》，大东书局1940年版，第254页。

（五）运输合同的一般效力

1. 承运人的义务

（1）承运人在运输期间将客货运送到目的地的义务。

这是运输合同适当履行义务的表现,具体为按照运输期间、地点和约定方式,由特定主体履行。一是在约定的期间履行,是承运人应当在运输合同约定的期间内实施运输。二是在合理期间履行,若是不可抗力、其他意外原因而导致承运人的逾期履行都要承担违约责任,则过于严苛,故法律规定因特殊原因不能在约定期间运送的,应当在合理期间运送。

（2）承运人将客货安全运输到约定地点的义务。

一是安全运输义务,旅客持票上了承运人的运输工具后,或者托运人将货物交付承运人之后,承运人即负有将客货安全运输到目的地的义务。非因法定的免责原因而造成客货损害的,应当承担相应责任。二是运送到约定地点并交付合同载明的收货人的义务。不履行按约定地点运送客货的,承运人对造成的损害承担违约责任。

（3）承运人有按通常的运输路线运输的义务。

运输线路的选择,影响着客货的运输时间,故承运人负有按照通常的运输路线将旅客、货物运输到约定地点的义务。

2. 旅客、托运人或者收货人的义务

旅客、托运人或者收货人应当按照约定支付票款和运费。承运人不得违反国家的规定收取票款和运费。支付客货运输中的杂费,也属于旅客、托运人、收货人的义务,不应拒绝。

承运人未按照通常路线运输增加票款或者运费的,旅客、托运人、货运人有权拒绝支付增加的部分票款和运费。承运人未按照规定多收的杂费,旅客、托运人、货运人也有权拒付。

二、客运合同

（一）客运合同的概念和特征

客运合同,也叫做旅客运输合同,是指承运人与旅客关于承运人将旅客及其行李安全运输到目的地,旅客为此支付运费的运输合同。其特征是:

（1）客运合同的标的是运输旅客的行为。

客运合同是旅客与承运人关于运输旅客的协议,客运合同的目的是按时将旅客安全送到目的地,所以,客运合同的标的是运输旅客的行为。

（2）客运合同为格式合同。

客运合同通常采用票证的形式,如车票、船票、机票,合同的价款、运输时间、运输路线都是由承运人事先拟定,旅客只能选择购票或者不购票,没有讨价还价的余地。

(二) 客运合同的成立

客运合同一般自承运人向旅客交付客票的时候起成立,旅客提出购票的请求即为要约。在特殊情况下,承运人交付客票并不是合同成立,例如旅客先上交通工具而后补票的,承运人准许其乘上交通工具之时,就是承诺之时。只不过乘上交通工具之时尚未有书面合同而已。

客运合同何时生效?一般认为是客票剪口、办理登机手续时生效,客运合同的权利义务正式开始生效,约束双方当事人。

(三) 客运合同的效力

1. 旅客的义务

(1) 旅客有持有效客票乘运的义务。

客票是表示承运人有运送其持有人义务的书面凭证,是收到旅客乘运费用的收据。尽管它是不是客运合同的书面合同形式有待争论,但是,旅客必须出示有效客票才能向承运人主张权利,不能无票乘坐。

(2) 旅客有限量携带行李的义务。

客运合同准许旅客携带行李一同乘运,但是携带行李的数量是有限制的,旅客应当遵守这样的义务。如果携带行李超出限量,旅客凭客票办理行李托运,承运人出具行李票。

(3) 旅客有不随身携带或者在行李中夹带违禁物品的义务。

旅客不得随身携带或者在行李中夹带易燃、易爆、有腐蚀性、有放射性以及有可能危及运输工具上人身和财产安全的危险物品或者其他违禁物品。违反者,承运人应予卸下、销毁或者送交有关部门,旅客坚持携带或者夹带的,承运人拒绝运输。

2. 承运人的义务

(1) 承运人有告知义务。

承运人应当向旅客及时告知有关不能正常运输的重要事由和安全运输应当注意的事项。例如,因承运人的原因或者天气原因引起的延迟,车次、航班取消,需要提醒旅客注意的安全事项等。

(2) 承运人有按照客票载明的时间和班次运输旅客的义务。

客票上载明的时间、班次是客运合同双方当事人的合意,必须依约履行。承运人未按照客票载明的时间和班次进行运输的,旅客有权要求改乘其他班次、变更运输路线以到达目的地或者退票。

(3) 承运人有在运输过程中的救助义务。

运输过程中,如果旅客出现意外情况,如患病、分娩、遇险等,承运人应当尽力救助,违反该义务造成后果的,应当承担违约责任。

3. 承运人的赔偿责任

（1）承运人对运输过程中旅客伤亡的赔偿责任。

承运人应当保证旅客的人身安全，对旅客在运输过程中伤亡的，承运人应当承担损害赔偿责任。承运人免除责任的理由有三个：一是旅客故意造成的伤亡，二是旅客重大过失造成的伤亡，三是旅客自身健康原因造成的伤亡。承运人对旅客伤亡的赔偿责任及其免责事由的适用，不仅适用于正常购票乘运的旅客，而且也适用于按照规定免票、持优待票或者经承运人许可搭乘的无票旅客。对于没有合法有效的合同关系的无票乘客并未经允许搭乘的，承运人不承担责任。《合同法》对承运人的赔偿限额没有规定，由运输主管部门制定。

（2）承运人对运输过程中旅客行李毁损、灭失的损害赔偿责任。

旅客自带行李毁损、灭失的，承运人应当承担过错责任的损害赔偿责任。旅客托运的行李的毁损、灭失，适用货物运输合同的有关规定确定。

（四）客运合同的变更和解除

1. 因旅客自身原因导致的变更和解除

旅客运输合同成立后至履行前，旅客因自己的原因不能按照客票记载的时间乘坐的，可以在法定或者约定的时间内变更或解除合同，即变更客票记载或办理退票手续。这种变更和解除为自愿变更和解除，承运人要收取一定比例的手续费，应予变更和退票，不得拒绝。特殊情况下，例如购买的是打折机票，就不准改签变更，只能退票和重新购票。旅客逾期办理的，承运人不予退票，并不再承担运输义务。

2. 因承运人的原因导致的变更和解除

因承运人的原因导致客运合同的变更或解除，称为非自愿的变更或解除。

（1）因承运人的迟延运输导致的变更或解除。

一是变更合同，应当根据旅客的要求安排改乘其他班次。二是解除合同，旅客可以要求解除合同，由承运人原价退还旅客支付的票款，不得另收手续费。[①]至于是变更还是解除，承运人依据旅客的决定确定。

（2）承运人擅自变更运输工具引起的合同变更。

采用何种运输工具运送旅客，是客运合同的主要内容，关乎承运人运输服务的质量和水平。如果承运人单方变更运输工具，是违约行为，应当区分情况确定责任：一是因改变运输工具而降低服务标准的，旅客有权要求退票或者减收票款；二是因变更运输工具而提高服务标准的，承运人无权向旅客加收票款。

---

① 对此，承运人还应当承担损害赔偿责任，但是我国《合同法》第299条没有明文规定。

三、货运合同

（一）货运合同的概念和特征

货运合同是指承运人将托运人交付的运输货物运送到约定地点，托运人支付运费的合同。

除了一般运输合同的特征外，货运合同还有以下特征：

（1）货运合同往往涉及第三人。

货运合同由托运人和承运人订立，二者为合同当事人。但托运人也可以为第三人的利益托运货物。这时，第三人并不是合同当事人，而是收货人，是合同的利害关系人。

（2）货运合同以将货物交付给收货人为履行完毕。

货运合同的标的是运输行为，不仅要将运输的货物运输到目的地，而且要把货物交付给收货人，其义务方为履行完毕。

（二）货运合同的订立

货运合同的成立，以托运人提出运输货物的请求为要约，以承运人的同意运输为承诺。

托运人托运货物应当办理托运手续，负有申报义务，如实填报托运单，承运人在托运单上签字认可后，货运合同即告成立。

（三）货运合同的效力

1. 托运人的义务

（1）如实申报义务。

托运人在将货物交付运输时，对法律规定或者约定的事项，诸如收货人的姓名、名称、收货地点、货物性质、重量、数量以及其他有关货物运输的情况，都必须如实填报。托运人不如实申报或者遗漏重要情况，造成承运人损失的，应当承担赔偿责任。

（2）按约定向承运人提交审批、检验等文件的义务。

对于需要国家批准、检验之后才可以运输的货物，托运人应当将办理审批、检验手续的文件提交给承运人。

（3）包装义务。

一是合同对包装方式有约定的，托运人应当按照约定的方式包装货物。二是合同中对包装方式没有约定或者约定不明确的，包装方式应当按照我国《合同法》第61条规定的方法确定，仍然不能确定的，应当采用通用的方式包装，没有通用方式的，应当采取足以保护货物的包装方式进行包装。三是托运人如果违反包装方式，承运人有权拒绝运输。

（4）托运人托运危险物品时的义务及责任。

托运人应当按照国家有关危险物品运输的规定对危险物品妥善包装，作出危险物标志和标签，并将有关危险物品的名称、性质和防范措施的书面材料提交承运人。违反上述义务，承运人可以拒绝托运；造成损害时，托运人应当承担赔偿责任。

2. 承运人的权利、义务和责任

（1）承运人在托运人或收货人不支付运输费用时享有留置权。

可以对相应的货物进行留置，经过催告后仍不交付的，变卖以清偿债务。当事人另有约定的，按照约定处理。

（2）承运人在货物不能正常受领时享有提存货物的权利。

不能正常受领货物可以提存的法定事由：一是收货人不明；二是收货人拒绝受领货物。据此，承运人可以将货物提存，消灭货运合同债务。提存期间货物的孳息归属于收货人，所生费用和风险也由收货人负担。

（3）通知义务。

货物运输到达后，承运人负有及时通知收货人的义务。由于托运人或收货人的原因不能为通知时，承运人免除其通知义务。

（4）承运人对运输过程中货损的赔偿责任和免责事由。

一是赔偿责任。货物交付收货人后，承运人基于运输合同对承运的货物毁损、灭失负损害赔偿责任，是一般原则。具体赔偿数额，有约定的按照其约定，没有约定或者约定不明确的，依照我国《合同法》第61条规定仍不能确定的，按照交付或者应当交付时货物的到达地的市场价格计算。法律和行政法规另有计算方法和赔偿数额规定的，依照规定。二是免责事由。运输过程中的货物所有权仍属于托运人或者收货人，因此，在运输过程中货物毁损、灭失的，如果是不可抗力、货物本身的自然性质或者合理损耗以及托运人、收货人的过错造成的，承运人不承担责任，而由托运人、收货人承担。

3. 收货人的义务

（1）及时提货及支付逾期提货费用的义务。

收货人没有参与订立货运合同的活动，但其享受接收货物的权利，也应承担一定的义务。主要义务是及时提货；逾期提货的，应当支付保管费等逾期提货的费用。

（2）支付托运人未付或者少付的运费以及其他费用的义务。

运费应由托运人支付，如果约定有收货人在到站支付或者托运人未支付或者少支付的，收货人应当支付。货物因不可抗力而毁损、灭失的，承运人免负责任，其未付的运费也不应继续支付，已支付的，托运人可以要求返还。

(3) 在一定期限内检验货物的义务。

收货人提货时,应当按照约定的期限检验货物。期限没有约定或者约定不明确的,依照我国《合同法》第 61 条仍不能确定的,应当在合理期限内检验货物。收货人在约定的期限或者合理期限内对货物的数量、毁损等未提出异议的,视为承运人已经按照运输单证的记载交付。

(四) 货运合同的变更或解除

托运人或货物凭证持有人可以请求货物运输合同中如下具体内容的变更或解除:(1) 解除合同,由承运人中止运输、返还货物;(2) 变更到达地,即将按照原定运输合同的到达地甲地,变更为乙地;(3) 将货物交付其他收货人,即变更收货人。

托运人变更或解除货运合同应当在承运人将货物交付收货人之前,超过这个期限,不能予以变更或解除。

托运人变更或解除货运合同,给承运人增加额外负担的,对承运人的损失,应当负责赔偿。

四、联运合同

(一) 联运合同的概念

联运合同,就是联合运输合同,是指托运人和两个或者两个以上的承运人通过衔接运送,用同一凭证将货物运送到指定地点,托运人支付各承运人运输费用的合同。

(二) 单式联合运输合同

单式联运合同,是指托运人与两个以上承运人以同一种运输方式的就货物运输所订立的合同。

对于单式联运合同中各承运人的责任负担,我国《合同法》明确规定,两个以上的承运人以同一运输方式联运的,与托运人订立合同的承运人应当对全程运输承担责任。损失发生在某一个运输区段的,与托运人订立合同的承运人和该区段的承运人承担连带责任。

(三) 多式联合运输合同

1. 多式联运合同的概念

多式联运是与单一运输以及单式联运相对立的一种运输形式,是指多式联运经营人与托运人订立的,约定以两种或者两种以上的不同运输方式,采用同一种运输凭证将货物运输至约定地点的合同。其特点是,一次托运、一次收费、一票到底、一次保险、全程负责的"一条龙"服务的综合性运输,有独特的优越性,对于满足人民生活需要,促进国民经济发展,具有重要意义。

2. 多式联运单据

多式联运的托运人在办理多式联运手续时,在交付货物、支付运费的同时,还应当填写相关的联运单据,确认相关事项。

多式联运单据可以是可转让单据,也可以是不可转让单据,是否为可转让,经营者应根据托运人的要求签发,托运人对此有选择权。

3. 多式联运合同的效力

(1) 多式联运经营人的一般权利和义务

多式联运经营人是与托运人相对应的联运合同的另一方当事人,负责对多式联运合同的履行和组织履行。他享有全程运输的全部权利,包括收取运输费用,在托运人违约时请求赔偿等。同时,他也履行全部义务和承担全部责任,在各实际承运人在运送中造成迟延或者货物损害的,经营人都要承担赔偿责任。

(2) 多式联运经营人于参加多式联运的承运人与托运人之间的责任承担

多式联运经营人对于多式联运承担责任,但由于多式联运的各区段承运人之间都存在通过共同合作从事联合运输的内部协作,所以在各承运人之间存在一种事实上的合同型的联营关系。在经营人与托运人签订了多式联运合同后,各承运人都参与了这一合同关系,故而都应当承担责任。《合同法》第318条规定:"多式联运经营人可以与参加多式联运的各区段承运人就多式联运合同的各区段运输约定相互之间的责任,但该约定不影响多式联运经营人对全程运输承担的义务。"这就是,就联运的各个承运人尽管可以约定各区段的责任归属,但是对托运人而言,经营人承担全部责任,约定对其不发生作用。

(3) 多式联运经营人对货损的赔偿责任和责任限制

货物的毁损、灭失发生于多式联运的某一运输区段的,如果法律法规对某种运输方式、某种运输工具、某一运输区段有特别规定的,多式联运经营人的赔偿责任和责任限额,应当适用调整该区段、该运输方式的有关法律规定予以确定。

(4) 托运人的赔偿责任

在多式联运合同中,由于托运人托运货物时的过错造成多式联运经营人的损失的,即使是托运人已经转让了多式联运单据,托运人也仍然应当承担对该损害的赔偿责任,并不因为其已经不是该货物的所有人而免除责任。

【案例讨论】

讨论提示:本案的纠纷性质比较复杂,既是机动车交通事故责任,也是教育机构违反安全保障义务的侵权责任,也是客运合同纠纷。原告选择客运合同纠纷起诉,理由成立。

讨论问题:1. 运输合同有哪些种类?本案的运输合同属于哪一类? 2. 客

运合同的双方当事人的权利义务有哪些？3. 本案原告选择运输合同纠纷起诉的优势在哪里？有更好的选择吗？

第四节 技术合同

【典型案例】

原告科技公司与被告股份公司就被告公司中央空调节能技术改造项目合作事宜，于2006年3月签订《中央空调系统节能技术改造EMC合同能源管理投资性合作协议》，约定被告委托原告对其研发楼、制丝一车间及制丝二车间中央空调系统实施节能技术改造。原告负责自行设计、安装和投资，并将改造后的系统安装在被告公司指定的中央空调系统中使用。从产品投入运行之日开始，原告在六个节能年度内按7∶4的比例分享中央空调系统节能收益，从第七个节能年度起不再分享节能收益。原告履行义务后，系统运行良好，降低了被告的运行成本。被告至2008年6月份起没有依据合同的约定按期向原告支付节能收益费。原告起诉被告构成违约，被告以分配节能收益比例显失公平为由抗辩。一审法院判决被告依约履行支付节能收益款1390296.11元，并支付逾期付款利息。二审维持原判。

一、技术合同概述

（一）技术合同的概念

技术合同是指当事人就技术开发、转让、咨询或者服务订立的，确立相互之间权利和义务的合同。

（二）技术合同的特征

（1）技术合同的标的是技术成果。

技术合同的标的不是一般的财产或劳务，而是凝聚着人类智慧和创造性劳动的技术成果，它的表现形式既可以是某种信息，也可以是某种实物或智力劳动。无论是技术开发、技术转让还是技术服务，当事人双方的权利义务共同指向的都是技术成果。

（2）技术合同受多重法律调整。

技术合同作为合同的组成部分，应当遵循民法关于债的一般规定，受《合同法》的调整。技术合同是基于技术的开发、转让、服务或咨询而产生的合同关系，在许多方面尤其是技术成果所有权方面，要受知识产权制度的调整。

（3）技术合同是双务、有偿合同。

在技术合同中，当事人双方都承担相应的义务，为双务合同。技术合同当事人一方从对方取得利益，须向对方支付一定的对价，为有偿合同。

（4）技术合同的主体一方具有特定性。

技术合同在主体上有特定的要求，通常至少有一方是能够利用自己的技术力量从事技术开发、技术转让、技术服务或咨询的法人或自然人。

（三）技术合同订立的原则

订立技术合同必须遵循我国《合同法》第323条规定的"订立技术合同，应当有利于科学技术的进步，加速科学技术成果的转化、应用和推广"原则。

人类智慧凝成的各项科技成果，是现代经济发展的主要动力。要从根本上推动科学技术进步，发挥科学技术"第一生产力"的作用，就必须实现科学技术与经济建设的结合，加速科研成果的物化过程，使之广泛运用于生产实践，转化为直接的生产力。实践表明，通过合同制度能够加速科学技术成果的应用和推广，能够使技术充分发挥出社会效益，为不断启迪新技术思想的新科学技术成果的诞生提供基础。

我国《合同法》将引领科学技术进步、加速科学技术成果应用和推广作为基本原则规定，目的在于鼓励和引导当事人正确运用技术合同这一法律形式，在科研与生产之间架起桥梁。非法垄断技术、妨碍技术进步的技术合同是无效技术合同，从订立时起就没有法律约束力。根据有利于科学技术进步原则，一切封锁、垄断、妨碍科学技术成果推广应用、进行不正当竞争的行为，都是《合同法》所反对的。

（四）技术合同的价款、报酬和使用费

技术合同价款、报酬和使用费的支付方式多样，由当事人自由约定。可以采用一次总算和提成支付等支付方式。

1. 一次总算

一次总付或者一次总算，这种支付方式也叫定额支付。

这种支付方式与实物形态商品交易的支付方式基本类似。在当事人签订合同时，将所有合同价款一次算清。一次总算分为一次付清（即一次性支付）和分期付清（即分期支付）两种形式。

一次付清，付款时间通常是在技术转让方的技术资料交付完毕，经受让方核对验收后进行。

分期付清，是把技术合同的价款总额按照合同履行的先后顺序，分期分批地支付给转让方。支付的原则是要使合同价款与转让方完成的工作量挂起钩来，基本上形成"按劳付酬"的合同对价关系,即转让方履行了多少合同义务,受让方就支付多少合同价款,每次付款的金额根据合同的具体约定而定。

2. 提成支付

提成支付是指将技术实施以后所产生的经济效益按一定的比例和期限支付给转让方,作为对转让方出让技术的经济补偿。提成费支付的总额最终由受让方在实施技术中获得的实际经济效益的多少来决定。提成支付分为单纯提成和"入门费+提成"两种支付方式。

单纯提成支付,是指全部提成费仅在受让方(合同工厂)的产品正式销售之后才向转让方支付,在此之前,受让方不需向对方进行任何支付。这种支付方式对受让方来说风险较小,而且该支付发生在受让方获得收益之后,没有预先支付而带来的资金负担。单纯提成的支付方式并不常用,其主要适用于那些合同履行期限短、技术比较成熟、市场前景稳定的技术交易项目。

"入门费+提成"的支付方式,是把合同价款分为固定价款和提成价款两部分。固定价款部分的支付方法与一次总算的支付方法相同,即在合同生效后的一段时间内一次或者分期付清。这部分固定价款叫做"入门费"或初付费。

提成部分的价款也可称为非固定价款或浮动价款,支付的方法与一般的提成支付相同,即在项目投产后,根据合同产品的销售情况逐年提成支付。具体的提成方法,可以按照产品价格提成法、产值提成法、利润提成法或者销售额提成法计算。

"入门费+提成"的支付方式使合同双方共担风险,共享收益,有利于加强双方的密切合作以及技术商品价值的尽快实现。由于这种支付方式以实际产生的费用为基础,比较合理,易于为合同当事人双方所接受,因此是目前国内技术交易活动中应用普遍的一种计价办法。

为克服信息不对称可能给合同当事人利益带来的影响,当技术合同的双方当事人约定采用提成支付方式时,转让方、开发方或提供服务、咨询的一方有权核查受让方的账目。双方当事人应当在合同中约定查阅有关会计账目的办法。

(五) 技术成果相关权利的归属

我国《合同法》将技术成果分为两类。一是执行本单位的任务或者主要是利用本单位的物质技术条件完成的职务技术成果;二是职务技术成果以外的其他技术成果,或称之为非职务技术成果。

1. 职务技术成果

职务技术成果执行本单位的任务完成的技术成果,是职务技术成果,应当属于单位所有或持有。

主要是利用本单位的物质技术条件完成的技术成果,特点是由于利用了本单位提供的资金、设备、零部件、原材料或者不向外公开的技术资料才得以完成的。如果没有这些来自本单位物质上和技术上的各种条件,该发明创造是不可能成功的,这类技术成果也属于职务技术成果,归单位所有或持有。

职务技术成果的使用权、转让权属于单位,单位可以就该项职务技术成果订立技术合同,单位应当从使用和转让该项职务技术成果所取得的收益中提取一定比例,对完成该项职务技术成果的个人给予奖励或者报酬。

对于职务技术成果,成果完成人享有优先受让权,单位转让职务技术成果时,职务技术成果的完成人在同等条件下,享有优先受让的权利。

2. 非职务技术成果

《合同法》所确认的属职务技术成果以外的技术成果,都属非职务技术成果。对于非职务技术成果,其使用权和转让权都属于技术成果的完成人,他可以就该项成果订立相应的技术合同。

(六) 技术合同无效的特别规定

我国法律一方面采取必要的措施保障技术合同当事人在合法的范围内行使自己的权利,另一方面又不允许当事人滥用这种权利来损害国家利益和社会公共利益。根据我国《合同法》第329条规定,非法垄断技术、妨碍技术进步,或者侵害他人技术成果的合同无效。

二、技术开发合同

(一) 技术开发合同的概念和特征

技术开发合同是指当事人之间就新技术、新产品、新工艺或者新材料及其系统的研究开发所订立的合同。技术开发合同包括委托开发合同和合作开发合同。

技术开发合同的法律特征是:(1) 技术开发合同的标的是具有创造性的技术成果。(2) 技术开发合同是双务合同、有偿合同、诺成合同、要式合同。(3) 技术开发合同的当事人须共担风险。

(二) 委托开发合同的效力

1. 委托方的义务

(1) 按照合同约定支付研究开发费用和报酬。

研究开发费用是指完成研究开发工作所必需的成本。除合同另有约定外,委托方应当提供全部研究开发费用。研究开发报酬是指研究开发成果的使用费和研究开发人员的科研补贴。委托方应按合同约定按时支付报酬。

(2) 按照约定完成协作事项。

委托方应依合同约定,向研究开发方提供研究开发所需要的技术资料、原始数据,并完成其他协作事项。在研究开发中,应研究开发方的要求,委托人应补充必要的背景材料和数据,但只以研究开发方为履行合同所必需的范围为限。

(3) 按期接受研究开发成果。

委托方应当按期接受研究开发方完成的研究开发成果。委托方不及时接受研究开发方交付的已完成的成果时,应承担违约责任并支付保管费用。

2. 研究开发方的义务

(1) 依约制定和实施研究开发计划。

研究开发人应尽快制定研究开发计划。研究开发方应当按照合同的约定亲自履行研究开发的合同义务,实施研究开发计划。研究开发方不亲自履行研究开发义务的,委托方有权解除合同,并请求返还研究开发经费和赔偿损失。

(2) 合理使用研究开发费用。

研究开发方在完成研究开发工作中,应当依合同的约定合理使用研究开发费用。研究开发方将研究开发费用用于履行合同以外的目的的,委托方有权制止并要求其退还,以用于研究开发工作。

(3) 按期完成研究开发工作并交付成果。

研究开发方应当按照合同约定的条件按期完成研究开发工作,及时组织验收并将工作成果交付委托方。研究开发方在完成研究开发工作中不得擅自变更标的内容、形式和要求。由于研究开发方的过错,致使研究开发成果不符合合同约定条件的,研究开发方应当支付违约金或者赔偿损失;致使研究开发工作失败的,应当返还部分或全部研究开发费用,支付违约金或赔偿损失。

(4) 研究开发方的后续义务。

研究开发方还应当提供有关的技术资料,并给予必要的技术指导,对委托方人员进行技术培训,帮助委托方掌握该项技术成果。研究开发方不得向第三人泄露技术开发成果的技术秘密,不得向第三人提供该项技术成果,但当事人另有约定或法律另有规定的除外。

(三) 合作开发合同的效力

1. 合作开发合同的双方当事人应负担的义务

(1) 合作各方应当依照合同约定投资。

合作开发合同当事人各方应依合同的约定投资。以资金以外的形式投资的,应当折算成相应的金额,明确当事人在投资中所占的比例。

(2) 合作各方应依约定的分工参与研究开发工作并相互协作配合。

合作开发合同的各方有共同进行研究开发工作的权利和义务。合作开发合同的当事人可以由双方代表组成指导机构,对研究开发工作中的重大问题进行决策,协调和组织研究开发工作。当事人各方均应按照合同中约定的分工参与研究开发工作,并在工作中相互协作、相互配合。

(3) 保密义务。

合作开发合同的当事人各方应保守技术情报、资料和技术成果的秘密。

2. 合作开发合同的违约责任

合作开发合同中,任何一方违反合同,造成研究开发工作停滞、延误或者失败的,应当支付违约金或者赔偿损失。合作开发合同当事人的违约行为主要表现为:不按照合同约定进行投资(包括以技术进行投资);不按照合同约定的分工参与研究开发工作;不按照合同约定与其他各方完成协作配合任务。

合作开发合同当事人在约定的期限内不履行义务的,另一方或其他各方有权解除合同。违约方应当支付违约金,或者赔偿因解除合同而给另一方或其他各方所造成的损失。

(四) 技术开发合同的风险责任和技术成果归属

1. 技术开发合同风险责任负担

技术开发合同风险责任负担的基本规则是:技术开发合同在履行过程中,因出现无法克服的技术困难,致使研究开发失败或者部分失败的,该风险责任由当事人约定。没有约定或者约定不明确,依照我国《合同法》第61条的规定仍不能确定的,风险责任由当事人合理分担。

约定风险负担有三种方案可以选择:一是由委托方承担,二是由研究开发方承担,三是由当事人双方共同按分担比例承担。当事人如果没有对风险责任加以约定,根据《合同法》规定,风险责任由当事人合理分担。合理分担并不是指平均分担。当合同当事人遇有技术风险需要变更或解除合同时,仲裁机关或人民法院在审理此类纠纷时,应充分考虑技术开发合同履行中的具体情况(如合同的标的、价金、风险的程度等)并斟酌当事人双方的财产状况,最终使合同双方对由于技术风险而造成的财产损失得到公平、合理的解决。

2. 技术开发合同中技术成果权益的归属

确定技术开发合同中技术成果权益归属的规则是:

(1) 委托开发的开发人享有专利。

委托开发所完成的技术成果如属可以申请专利的,申请专利的权利在一般情况下归研究开发人。但当事人约定申请专利的权利归委托人或由双方当事人共同行使的,从其约定。委托开发所完成的技术成果如属不可申请专利,或虽可申请专利但当事人不欲申请专利的,对于此项技术秘密成果当事人各方都有使用、转让和收益的权利;当事人就此另有约定的,从其约定。

(2) 合作开发的开发人共有专利。

合作开发所完成的技术成果如属可以申请专利的,申请专利的权利属于合作开发的当事人共有。但当事人约定归其中一方或几方所有的,从其约定。如属不可申请专利,或虽可申请专利但当事人不欲申请专利的,对于此项技术秘密成果,合作开发的各方当事人均有使用和转让、收益的权利。当事人就此另有约定的,从其约定。

就技术成果权益的分配还应注意的问题是:

(1) 委托开发的专利权益分配。

委托开发合同中,研究开发人取得专利权的,委托人有权免费实施该项专利。研究开发人员转让专利权的,委托人有优先购买权,此项优先购买权的享有和行使以同等条件为前提。对于履行委托开发合同所取得的技术秘密成果,委托开发的研究开发人不得在向委托人交付研究开发成果之前将研究开发成果转让给第三人,违反此项义务应承担违约责任。

(2) 合作开发的专利权益分配。

合作开发合同中,当事人一方转让专利申请权的,其他各方当事人在同等条件下享有优先购买权,其他各方当事人都行使优先购买权的,得按原有份额共同受让。此项优先购买权的行使在本质上系属准共有关系中共有人所享有的优先购买权。[①]

三、技术转让合同

(一) 技术转让合同的概念和特征

广义的技术转让合同是指当事人就专利权转让、专利申请权转让、技术秘密转让和专利实施许可所订立的合同。狭义的技术转让合同不包括专利实施许可合同。《合同法》采用的是广义的技术转让合同概念。

技术转让合同具有以下法律特征:技术转让合同的标的是现有的技术成果;技术转让合同为双务合同、有偿合同、诺成合同、要式合同;依技术转让合同所转移的是技术成果的使用权、所有权。

(二) 技术转让合同的"使用范围"条款

技术转让合同的"使用范围",是指技术转让方和受让方在合同中约定的对实施专利技术和使用非专利技术的合理限制,它包含了当事人合法使用合同标的技术的行为界限和活动领域。

在专利实施许可或专有技术转让的情况下,合同应当明确,受让方取得的是普通使用权、排他使用权还是独占使用权。在包含商标专用权的情况下,还应当明确注册商标专用权的性质。

除了确定技术许可合同的性质外,合同还可以约定转让方对受让方实施专利技术和使用专有技术的若干限制:一是期间范围。专利实施许可的期限不得

[①] 例如我国《物权法》第 105 条规定,准共有是对于其他财产权的共有,知识产权的准共有是其中一种。参见杨立新:《共有权研究》,高等教育出版社 2003 年版,第 335 页。

超过整个专利权存续期。二是使用地区范围。技术转让方可以在合同中规定受让方使用合同标的的地区,即在其取得专利权的国家境内实施专利技术或在合同中准许受让方使用专有技术的地理范围。三是实施方式的范围。当合同标的的实施表现为某种特定的工艺技术(方法),并且该技术可以用于多种用途和目的时,转让方则可以在合同中规定受让方只能将其用于一种或几种目的和用途。

"使用范围"的限制是合法的,但不得以种种不合理的限制性条款妨碍技术竞争和技术发展。如果属于非法垄断技术、妨碍技术进步的,则该合同为无效。

(三)技术转让合同的一般效力

1. 让与人的义务

技术转让合同的让与人应当保证自己是所提供技术的合法拥有者,并且保证所提供的技术完整、无误、有效,能够达到约定的目标。受让人按照约定实施专利、使用技术秘密,但侵害他人合法权益的,由让与人承担责任,当事人另有约定的除外。

让与人未按照约定转让技术的,应当返还部分或者全部使用费,并且应当承担违约责任。实施专利或者使用技术超越约定范围的,违反约定擅自许可第三人实施该项专利或者使用该项技术秘密的,应当停止违约行为,承担违约责任。违反约定的保密义务的,应当承担违约责任。

2. 受让人的义务

受让人应当在约定的范围和期限内,对让与人提供的技术中尚未公开的部分承担保密义务。即使技术转让合同的双方当事人未在合同中约定将该保密条款的效力延长到合同本身终止后的若干年,受让人仍应负有保密义务。

受让人应当依约支付使用费。未按照约定支付使用费的,应当补交并支付违约金。受让人应当在约定的范围内使用专利和技术秘密,不得擅自转让给第三人。实施专利或者使用技术秘密超越约定范围的,未经让与人同意擅自许可第三人实施专利或者使用技术秘密的,均为违约行为。

对上述违约行为,受让人都应当承担违约责任。

(四)技术转让合同的特别效力

1. 专利实施许可合同的效力

(1)许可方的义务。

许可方应依合同约定,许可被许可方在约定的范围、期限内实施专利技术。许可人应当保证其对专利技术享有许可他人使用的权利,并保证被许可人依合同约定使用其技术不会损害第三人的权利。如果合同中约定专利补充许可为排他实施许可,则许可人不得在已经许可被许可方实施专利的范围内,就同一专利与第三人订立专利实施许可合同,若合同中约定专门实施许可为独占实施许可的,许可方和任何第三人都不得在已经许可被许可方实施专利的范围内实施该专利。

许可方还负有在合同有效期内维持其权利的义务,并应当办理法律规定的必要手续,交付与实施技术有关的资料,提供必要的技术指导。

受让方应当依照合同约定的范围、方式使用技术,未经许可方同意,不得允许第三人使用技术。

支付使用费是受让方的主要义务。使用费可以理解为受让方对专利权人转让其专利使用权的报酬。

在实践中,转让方往往要求受让方承担实施专利的义务。尤其是在合同价款采取提成支付的情况下,通过受让方履行实施专利的义务,可以使转让方获得对方实施其专利的最大利润。

(2)受让方的义务。

受让方的实施义务包括:在一定时间内将专利产品投入生产;行使合同所约定的权利;在一定范围内生产专利产品并作相应的推销工作。

转让方如果想使受让方承担实施义务,应当与受让方在合同中设定明确的相应协议。

2. 技术秘密转让合同的效力

技术秘密转让合同,又称为专利技术转让合同或专有技术许可合同,是指双方当事人约定转让方将其拥有的技术秘密(非专利技术或专有技术)提供给受让方,明确相互之间对技术秘密的使用权、转让权,受让方支付约定使用费的合同。

技术秘密转让的让与人的主要义务为:按照合同约定提供技术资料、进行技术指导;保证技术的实用性和可靠性;承担合同约定的保密义务。

技术秘密转让的受让人有以下义务:在合同约定的范围内使用技术;按照合同约定支付使用费;承担合同约定的保密义务。

四、技术咨询合同与技术服务合同

(一)技术咨询合同

1. 技术咨询合同的概念

技术咨询合同包括就特定技术项目提供可行性论证、技术预测、专题技术调查、分析评价报告等的合同。

2. 技术咨询合同的特征

技术咨询合同的法律特征是:技术咨询合同的调整对象是合同当事人在完成一定的技术项目中进行的可行性论证、技术预测、专题技术调查;履行技术咨询合同的目的,在于受托方为委托方进行科学研究、技术开发、成果推广、技术改造、工程建设、科技管理等项目提出建议、意见和方案;技术咨询合同的风险责任承担原则是,实施咨询报告而造成的风险损失,对此义务人可免于承担责任。

3. 技术咨询合同的效力

(1) 委托人的义务。

技术咨询合同的委托人应负以下义务:① 阐明咨询的问题,并按照合同的约定向受托人提供有关技术背景资料及有关材料、数据。② 按时接受受托人的工作成果并按约定支付报酬。委托方迟延支付报酬的,应当支付违约金。不支付报酬的,应当退还咨询报告和意见,补交报酬,支付违约金或者赔偿损失。

(2) 受托人的义务。

技术咨询合同的受托人应负以下义务:① 应当依照合同约定正确立题。技术咨询要有实用性和针对性,应在系统、全面考虑的基础上,抓住问题的核心提出解决的方法。② 受托方应当向委托方提供全面可靠的信息资料,提出的咨询报告应达到约定的要求。

(3) 违约责任承担。

技术咨询合同的委托人未按约提供必要的资料和数据,主要包括迟延提供、提供的资料和数据有严重缺陷以及不提供三种情形:① 委托方迟延提供合同约定的数据和资料,或者所提供的数据资料有严重缺陷,影响工作进度和质量的,应当如数支付报酬,并支付违约金或者赔偿损失。② 委托方逾期不提供或者补充有关技术资料和数据、工作条件,导致受托方无法开展工作的,受托方有权解除合同,委托方应当支付违约金或者赔偿损失。③ 技术咨询合同的受托方未按期提出咨询报告或者所提出的咨询报告不符合合同约定的,应当减收或者免收报酬,支付违约金或者赔偿损失。

(4) 实施风险负担。

技术咨询合同的委托方采纳和实施受托方作出的符合合同约定的咨询报告和意见后出现的风险责任,承担的原则是:除合同另有规定外,委托方按照受托方符合约定要求的咨询报告和意见作出决策所造成的损失,应当由委托方承担。

(二) 技术服务合同

1. 技术服务合同的概念

技术服务合同,是指当事人一方以技术知识为另一方解决特定技术问题所订立的合同。不包括建设工程的勘察、设计、施工合同和承揽合同。

2. 技术服务合同的种类

技术服务合同包括技术辅助服务合同、技术中介合同、技术培训合同。

技术辅助服务合同,是指当事人一方利用科技知识为另一方解决特定专业技术问题所订立的合同。

技术中介合同,又称技术中介服务合同,是指一方当事人为另一方当事人提供订立技术合同的机会或者作为订立技术合同的媒介的合同。

技术培训合同,又称技术培训服务合同,是指一方当事人为另一方当事人所指定的人员进行特定技术培养和训练的合同。

3. 技术服务合同的效力

技术服务合同中委托人的合同义务为:按照约定提供工作条件,完成配合事项;在技术辅助服务合同中,委托人应当按照合同的约定按期接受受托方的工作成果,在验收工作成果时,如发现工作成果不符合合同规定的技术指标和要求,应当在约定的期限内及时通知对方返工或改进;委托方应按照约定给付报酬。

技术服务合同受托人的主要义务是:按照合同约定完成服务项目,解决技术问题,保证工作质量,并传授解决技术问题的知识;未经委托人同意,不得擅自改动合同中注明的技术指标和要求;在合同中有保密条款时,不得将有关技术资料、数据、样品或其他工作成果擅自引用、发表或提供给第三人;发现委托人提供的技术资料、数据、样品、材料或工作条件不符合合同约定时,应在约定期限内通知委托人改进或者更换;应对委托人交给的技术资料、样品等妥善保管。

违反技术服务合同的违约责任是:技术服务合同的委托人不履行合同义务或者履行合同不符合约定,影响工作进度和质量,不接受或者逾期接受工作成果的,应当按照约定支付报酬;技术服务合同的委托人未按照合同约定完成服务工作的,应当承担免收报酬等违约责任。

【案例讨论】

讨论提示:本案的技术合同开发合同性质属于委托开发合同,应当据此确定双方当事人的权利义务关系。

讨论问题:1. 技术合同有哪些种类?订立的原则是什么? 2. 委托开发合同的效力是什么?本案当事人的约定是否显失公平?

第十六章 保管、仓储、委托、行纪、居间合同

第一节 保管合同

【典型案例】

某日晚9时许,原告郑某骑一辆铃木摩托车到被告某酒店与朋友聚会,因停车坪车辆已满,酒店保安员指挥原告将车停放到酒店入口处人行道上的停放点。原告将摩托车上好防盗锁后,进入酒店。当晚10时许,原告发现摩托车丢失,即报告酒店并向公安机关报案。次日,原告向酒店索赔未果,诉至法院。该酒店对车辆保管有公告公示:"进场车辆需听从保安员指挥停泊。代为保管,需办理保管手续,按规定交纳停车占地费。"

一、保管合同概述

(一)保管合同的概念

保管合同又称寄托合同、寄存合同,是指双方当事人约定一方当事人保管另一方当事人交付的物品,并返还该物的合同。交付物品保管的一方为寄托人,保管物品的一方为保管人,其所保管的物品为保管物。

(二)保管合同的沿革

保管合同制度源于罗马法,称为寄托,包括一般寄托和特殊寄托。一般寄托为无偿的,标的物仅限于动产,且保管人只能持有标的物,而不能取得标的物的占有,更不能取得标的物的所有,因而称之为空虚交付。特殊寄托包括必要寄托、变例寄托和争讼寄托三种。法国的保管合同分为通常寄托与争讼寄托。通常寄托须为无偿,标的物为动产,寄托为要物行为;争讼寄托包括合意的争讼寄托和裁判上的强制寄托。德国法规定了一般寄托和不规则寄托,并就旅客在旅游中携带的物品规定了旅店主的责任,即法定寄托。

我国立法认为,寄托合同即为保管合同,包括一般保管合同和仓储合同,分别加以规定。

(三) 保管合同的特征

(1) 保管合同为实践合同。

保管合同的成立不仅须有当事人双方的意思表示一致,而且须有寄托人将保管物交付于保管人的行为。寄托人交付保管物是保管合同成立的要件,因而为实践合同。

(2) 保管合同为无偿合同、不要式合同、双务合同。

保管合同是社会成员相互提供帮助或服务部门为公民提供服务的一种形式,原则上应为无偿合同;但当事人也可以约定为保管而支付报酬,此为有偿合同。保管合同仅以寄存人对保管物的实际交付为成立要件,并不要求当事人必须采取何种特定形式,为不要式合同。保管合同是双务合同,不以保管的有偿无偿为转移。

(3) 保管合同的标的是保管行为。

保管合同订立的直接目的是由保管人保管物品,而不是以保管人获得保管物的所有权或使用权为目的。因此,保管合同的标的是保管人的保管行为,保管人的主要义务是保管寄存人交付其保管的物品,保管合同以此与借用、租赁、承揽、运送等合同区分开来。

(4) 保管合同移转保管物的占有。

保管合同为实践合同,以保管物移交给保管人为成立要件。保管合同不是以保管人获得保管物的所有权或使用权为目的,保管合同并不发生保管物的所有权或使用权转移,只是将保管物交由保管人保管,保管人因此而取得占有。

二、保管合同的效力

(一) 保管人的义务

(1) 给付保管凭证。

除非当事人另有约定,在寄存人向保管人交付保管物时,保管人应当给付保管凭证。保管凭证的给付并不是保管合同的成立要件,也不是保管合同的书面形式,其作用是:表明保管人收到了保管物;证明保管合同关系已经存在;寄存人凭保管凭证领取保管物。另有约定,或者另有交易习惯的,保管人可以不给付保管凭证。

(2) 妥善保管保管物。

妥善保管保管物是保管人应负的主要义务。保管人对保管物的保管,在保管合同为无偿时,应尽与处理自己的事务为同一的注意,负具体过失责任;在保管合同为有偿时,应尽善良管理人的注意,负抽象过失责任。为充分保护消费者的利益,商业经营场所对顾客寄存的物品,不论其保管是有偿的还是无偿,都应尽善良管理人的注意。

对保管人保管物的方法和场所,当事人有约定的从其约定;无约定的应依保管物的性质、合同的目的以及诚实信用原则确定。

保管人须亲自为保管行为,除当事人另有约定或另有习惯,或者保管人因特殊事由(如患病)不能亲自履行保管行为外,不得将保管义务转托给他人履行。

(3) 不得擅自使用或许可第三人使用保管物。

基于保管合同,保管人有权占有保管物,但不得使用保管物,也不能准许第三人使用;只有在经寄存人同意或基于保管物的性质必须使用(即保管物的使用属于保管方法的一部分)的情形除外。如果保管人未经寄存人同意,其使用也不为保管物的性质所必要,擅自使用保管物或者使第三人使用保管物的,则无论保管人有无过错,均应向寄存人支付相当的报酬,以资补偿。

(4) 危险通知义务。

保管人对寄存人负有危险通知义务。危险通知,是指在出现寄存人寄存的保管物因第三人或自然原因可能会失去的危险情形时,应通知当事人。在第三人对保管物主张权利、提起诉讼或实行扣押时,保管人应从速将该情事通知寄存人。在保管物受到意外毁损灭失或者保管物的危险程度增大时,保管理人也应及时将有关情况通知寄存人。

(5) 返还保管物。

保管合同无论是否到期,寄存人都可以随时要求返还寄存物,保管人有返还义务。在保管人,其返还保管物的时间为保管合同终止之时,除非有特别理由,保管人不得要求寄存人提前领取保管物。如果保管合同没有约定期间,或者约定不明确的,则寄存人随时可以领取保管物,保管人也可以随时要求寄存人领取保管物。在第三人对保管物主张权利时,除非有关机关已经对保管物采取了保全或者执行措施,保管人仍应向寄存人履行返还保管物的义务。

(二) 寄存人的义务

(1) 支付保管费及其他费用。

保管合同为有偿时,寄存人负有向保管人支付报酬的义务。有关部门对保管的报酬有规定的,应从其规定:无规定的,从当事人的约定。在一般情况下,保管人自得依合同的约定请求报酬全额,保管合同因不可归责于保管人的事由而终止时,除合同另有约定外,保管人可以就其已为的保管部分请求报酬。保管合同因可归责于保管人的事由而终止的,除当事人另有约定,保管人不得就其已为保管的部分请求报酬,但仍可主张偿还费用。保管合同中的报酬给付采报酬后付原则,保管人不得就报酬未付与保管物的保管,主张同时履行抗辩权,但可以就报酬的给付与保管物的返还主张同时履行抗辩权。当事人对报酬没有约定的,保管合同为无偿合同,寄存人无报酬给付义务。

除当事人另有约定外,寄存人应偿付保管人为保管保管物所支出的必要费用。

保管报酬与必要费用的偿付义务,如果寄存人不予履行,保管人可以就保管物行使留置权。

(2)保管物情况的告知义务。

寄存人交付的保管物有瑕疵,或者按照保管物的性质需要采取特殊保管措施的,寄存人应当将有关情况告知保管人,由于寄存人未告知致使保管物受损失的,保管人不承担损害赔偿责任。

由于保管物本身的性质或者瑕疵使保管人受到损害的,寄存人应当承担赔偿责任。在保管人于合同成立时已知保管物有发生危险的性质或瑕疵的情况下,寄存人得免除损害赔偿责任,但保管人因过失而不知上述情形时,寄存人不能免责。于此情况下,应适用过失相抵原则。寄存人以保管人于合同成立时知道保管物有发生危险的性质或瑕疵而主张免责的,应负举证责任。因保管物的性质或瑕疵而给第三人造成损害的,寄存人应负侵权赔偿责任。

(3)贵重物品的声明义务。

当寄存人寄存的物品为货币、有价证券或者其他贵重物品时,应向寄存人履行告知义务,并经由保管人验收或封存;寄存人未尽告知义务的,保管人仅须按照一般物品的价值予以赔偿。

三、消费保管合同

(一)消费保管合同的概念

消费保管合同又称不规则保管合同,是指保管物为种类物,双方约定保管人取得保管物的所有权(或处分权),而仅负以种类、品质、数量相同的物返还寄存人义务的合同。

消费保管合同也以保管物的保管为目的,也属于实践合同,并以寄存人将物品交付保管人时为成立。但其与一般保管合同有以下不同:(1)消费保管合同的保管物须为种类物;(2)消费保管合同须移转保管物的所有权(或处分权)于保管人;(3)消费保管合同的保管人须以种类、品质、数量相同的物予以返还;(4)消费保管合同中保管物所有权(或使用权)既已移转于保管人,则保管物利益及危险亦由保管人享受和负担;(5)在保管人破产时,对于保管物寄存人无取回权。

(二)消费保管合同的效力

在消费保管合同,保管人负有返还种类、品质、数量相同的保管物品的义务;若当事人约定有利息的,还应负支付利息的义务,寄存人无须付报酬和偿还费用。但若约定由保管人支付利息,则寄存人应就保管物的瑕疵负瑕疵担保责任。

【案例讨论】

讨论提示:本案当事人之间的争议焦点,在于双方是否已经构成保管合同。

讨论问题:1. 你认为,本案当事人之间已经构成了保管合同吗?理由是什么?2. 保管合同双方当事人的权利义务应当如何确定?3. 有偿保管合同和无偿保管合同在确定违约责任时,有何种区别?

第二节 仓储合同

【典型案例】

原告某电冰箱厂因仓库施工,部分电冰箱无处存放,与被告某仓库签订了一份仓储保管合同,约定由被告负责保管50台海尔牌电冰箱和一些包装材料,期限为6个月,原告向被告分两次支付仓储保管费2万元。数日后,原告有一批靠背纸需要存放,经与被告协商,被告同意存放在其仓库内,并为这批靠背纸建立了账目,约定不再另行收费。时值夏季,当地连降大雨,被告的仓库因年久失修,漏进雨水,致使原告的1万多张靠背纸受损,部分电冰箱锈蚀。原告要求被告承担违约责任,并赔偿靠背纸的损失,被告提出靠背纸是原告主动送存的,不在合同规定的范围内,不予赔偿。原告向法院起诉,要求被告赔偿全部损失共计2.4万元。

一、仓储合同概述

(一)仓储合同的概念

仓储合同又称仓储保管合同,是指当事人双方约定由仓库营业人(又称保管人)为存货人保管储存的货物,存货人为此支付报酬的合同。因此,仓储也被称之为仓库营业或者仓库内的寄托。

(二)仓储合同的沿革

仓库营业是一种专为他人储藏、保管货物的商业营业活动,发端于中世纪西方的一些沿海城市,随着国际和地区贸易的不断发展,仓库营业的作用日渐重要。在现代,仓库营业已经成为社会化大生产和国际、国内商品流转中不可或缺的环节。在我国市场经济条件下,商品的储存、运输、原材料的采购、中转等都离不开仓库营业服务,仓储业务对于加速物资流通,减少仓储保管货物的损耗,节省仓库基建投资,提高仓库的利用率,增强经济效益,具有重要意义。

以经营目的为标准,仓库分为保管仓库和保税仓库。保管仓库指仅以物品的堆藏和保管为目的的仓库。保税仓库是存储进口手续未完成的货物的处所。以营业对象为标准,仓库分为营业仓库和利用仓库。营业仓库是指接受他方报酬,并为他方提供货物的堆藏及保管的仓库;利用仓库是指为储存或保管自己的物品而经营的仓库。我国《合同法》所说的仓储合同,指的是与保管仓库与营业仓库相关的货物储藏及保管合同关系。

(二) 仓储合同的特征

(1) 保管人须有仓储设备并专事仓储保管业务的仓库营业人。

保管人作为保管存货人货物的一方,只能是仓库营业人。不论是法人还是个体工商户、合伙,作为保管人就必须是具有仓储设备和专门从事仓储保管业务的仓库营业人。从事仓库营业的人必须具有仓库营业人的资格,取得专门或者兼营仓储保管业务的营业许可,办理了仓储营业登记。

(2) 仓储合同的保管对象须为动产。

依仓储保管合同性质,存货人交付保管人保管的只能是动产。存货人不能以不动产为保管对象而订立仓储合同。

(3) 仓储合同为诺成、双务、有偿、不要式合同。

仓储合同为诺成性合同,其当事人双方于合同成立后生效,互负给付义务。仓库营业人须提供仓储服务,存货人须给付报酬和其他费用,双方的义务具有对应性和对价性,因而为双务、有偿合同。虽然仓储合同的保管人于接受储存的货物时应当给付存货人仓单或其他凭证,在某些情况下,仓单即为合同,但仓单并非是合同的成立要件。所以,仓储合同应为不要式合同,没有必要规定为要式合同。

(4) 存货人主张货物已交付或行使返还请求权以仓单为凭证。

仓储合同的存货人凭仓单提取储存的货物,也可以背书方式并经仓库营业人签名将仓单上所载明的物品所有权移转给他人。我国《合同法》明确确认存货人应以仓单为凭证,主张货物已交存和请求返还货物。

二、仓单

(一) 仓单的概念

仓单,是指保管人在收到仓储物时,向存货人出具的表示收到了一定数量的仓储物的法律文书。保管人依存货人的要求,应当向存货人开具由其签名的仓单。

各国规定仓单有三种立法例:(1) 以法国为代表的两单主义,又称复券主义,仓库营业人同时填发两张仓单,一为提取仓单,用以提取保管物,并可转让;一为出质仓单,可用为担保。(2) 以德国商法为代表的一单主义,仓库营业人仅填发一张仓单,该仓单既可用以转让,又可用于出质。(3) 以日本商法为代表的两单与一单并用主义。仓库营业人应存货人的请求填发两单或者一单。我国立法采取一单主义,仓库营业人应存货人的请求仅填发一仓单,而不能填发两仓单。[①]

（二）仓单的性质

仓单是以给付一定的物品为标的的,故为物品证券。由于仓单上所载货物必须移转仓单始生所有权转移的效力,故仓单又称为物权证券或处分证券。由于仓单上记载的事项须依法律的规定作成,故为要式证券。仓单的记载事项决定当事人的权利义务,当事人须依仓单上的记载主张权利义务,故仓单为文义证券、不要因证券。又因为仓单是由保管人自己填发的,由自己负担给付义务,所以仓单为自付证券。

（三）仓单的内容

仓单是仓库营业人应存货人的请求而签发的有价证券,必须具有以下内容,不能有缺项:(1) 存货人的名称或者姓名和住所;(2) 仓储物的品种、数量、质量、包装、件数和标记;(3) 仓储物的损耗标准;(4) 储存场所;(5) 储存期间;(6) 仓储费;(7) 仓储物已经办理保险的,其保险金额、期间以及保险公司的名称;(8) 填发人、填发地和填发日期。

（四）仓单的效力

仓单上所载明的权利与仓储物是不可分离的,故仓单具有以下效力:(1) 受领仓储物的效力。仓库营业人一经填发仓单,则持单人对于仓储物的受领,不仅应提示仓单,而且还应交回仓单。(2) 移转仓储物的效力。仓单上所记载的货物,由货物所有人在仓单上背书,并经仓库营业人签名,发生所有权转移的效力。(3) 以仓单出质的效力。存货人或者仓单持有人可以凭仓单设立质权。

如因仓单损毁或遗失、被盗而灭失,仓单持有人丧失仓单的,得依我国《民事诉讼法》的规定,通过公示催告程序以确认其权利。

三、仓储合同的效力

（一）保管人的义务

(1) 给付仓单。

存货人交付仓储物的,保管人应当发给仓单。这既是保管人接收存货人交付仓储物的必要手续,也是其向存货人履行的一项义务。

---

① 崔建远主编:《合同法》(第五版),法律出版社 2010 年版,第 503—504 页。

(2) 接受和验收仓储物。

保管人应按合同的约定,接受存货人交付储存的货物。保管人不能按合同约定的时间、品名、数量接受货物入库的,应承担违约责任。保管人在接受存货人交存货物入库时,应当按照合同的约定对货物进行验收。验收包括实物验查和样本验查。保管物有包装的,验收时应以外包装或货物标记为准;无标记的,以存货人提供的验收资料为准。

(3) 妥善保管仓储物。

保管人应当按照合同约定的储存条件和保管要求妥善保管仓储物。储存物出现危险,保管人有义务及时通知存货人。当仓储物变质或者损坏危及到其他仓储物时,须对这些变质或者损坏的仓储物进行紧急处置。

(4) 同意存货人或仓单持有人检查仓储物或提取样品。

存货人和仓单持有人都是仓储物的所有权人,可以随时提出请求检查仓储物或者提取样品。对此,保管人有义务满足存货人和仓单持有人的请求,不得拒绝。仓单持有人还可以请求仓库营业人将保管的货物分割为数部分,并分别填发仓单,持有人须交还原仓单。分割仓单所支出的费用,由存货人支付或偿还。

(5) 通知催告义务。

仓储物在仓储期限有可能发生变质或者损坏的问题。遇有这样的问题,保管人负有通知义务,应当将上述情况及时通知存货人或者仓单持有人,由他们对仓储物进行妥善处理,以避免损失扩大。存货人或者仓单持有人在接到通知后,应当及时处理仓储物。存货人或者仓单持有人处理不及时或者不处理,造成损失的,应当由自己承担损失。

(6) 返还仓储物。

保管人应当依照合同约定的期间,将仓储物返还存货人或者仓单持有人。对于储存期限没有约定或约定不明确的,存货人或仓单持有人可以随时提取仓储物,保管人也可以随时要求存货人或仓单持有人提取仓储物,但应当给予必要的准备时间。

(二) 存货人的义务

(1) 按照合同约定交存仓储物入库。

存货人应当按照合同约定的品名、时间、数量等,将仓储物交保管人入库,提供验收资料,据实告知货物情况。存货人应当按照合同约定对仓储物进行包装,因包装不符合合同约定造成仓储物损害的,保管人不承担损害赔偿责任。

(2) 支付仓储费及其他必要费用。

存货人应当按照合同约定向保管人支付仓储费,其数额、支付时间及地点等依仓单的记载而定。如果保管人为保管仓储物支付了其他必要费用,存货人也应当偿付给保管人。存货人没有按照合同约定支付仓储费和其他必要费用的,保管人有权对仓储物进行留置,行使留置权。

(3) 按时提取仓储物。

仓储物的储存期限届满,仓单持有人应依约对仓储物进行提取。仓单持有人提货应当持仓单进行,保管人"认单不认人",凭单付货。仓单持有人提货逾期的,应当对逾期部分补交仓储费用。提前提货的,由于没有按照合同的约定提货,对已经收取的仓储费用不予减收。仓单持有人不按时提货的,保管人应当进行催告,限其在合理期限内提货。在催告的合理期限内仍不提货的,保管人可以对该仓储物予以提存,其后果由仓单持有人负责。

【案例讨论】

讨论提示:本案实际上存在两个仓储合同关系:一个是有偿的仓储电冰箱的合同,一个是无偿的仓储靠背纸的合同。按照这个思路讨论这个案件,会更加清晰。

讨论问题:1. 本案关于仓储靠背纸的争议,是否成立仓储合同?2. 本案两个不同的仓储合同,保管人承担的违约责任是一样的吗?理由是什么?

第三节 委托合同

【典型案例】

2008 年 8 月 4 日,被告杨东方在得知原告杨颖欲与融汇通投资咨询有限公司签订委托理财合同后,极力游说原告与其本人签订委托外汇理财协议,并要求原告在其代理的香港亨达公司开户理财。原告即按被告要求向香港亨达公司的分公司的法人代表曾圆双建行账户汇入人民币 68800 元。之后,被告利用其所谓的香港亨达公司大陆工作人员身份,为原告开通外汇买卖账户,并在亨达公司开设的网站交易平台,直接进行外汇买卖,且在资金亏损达 35% 时没有依约通知原告,致使原告 68800 元本金在半个月内亏损殆尽。原告起诉判令原、被告签订的委托理财协议无效;被告赔偿原告 68800 元,并支付相应利息。法院审理认为,被告杨东方未经有关部门批准,擅自从事代客境外买卖外汇的非法金融业务活动,违反了《非法金融机构和非法金融业务活动取缔办法》的规定,其与原告签订的《委托协议》无效。由于双方当事人对于合同无效均有过错,故判决《委托协议》无效,被告杨东方支付原告杨颖人民币 44720 元。

一、委托合同概述

（一）委托合同的概念

委托合同又称委任[①]，是指双方当事人约定，一方为他方处理事务，他方允诺处理事务的合同。

委托他方处理事务者为委托人，允诺为他方处理事务者为受托人。

（二）委托合同的沿革

委托合同是一种古老的合同类型。古巴比伦汉谟拉比法典就有委托合同的规定。早期罗马法的委托、代理关系不发达，至其帝政时期出现了委托、代理法律规定，但不区分委托和代理的关系，认为委托合同必含有代理权的授予。《法国民法典》承袭了罗马法传统。自《德国民法典》以后，各国立法都严格区分委托合同和代理，一般在总则规定代理制度，在债编规定委托合同。我国也是如此，《民法通则》第四章专门规定代理，在《合同法》分则中对委托合同加以规定。

（三）委托合同的特征

（1）委托合同是以为他人处理事务为目的的合同。

委托合同是一种典型的提供劳务以完成一定任务的合同，合同订立后，受托人在委托的权限内所实施的行为，等同于委托人自己的行为；受托人办理受托事务的费用也由委托人承担。

（2）委托合同的订立以委托人和受托人之间的相互信任为前提。

委托人之所以选定某人作为受托人为其处理事务，是以他对受托人的办事能力和信誉的了解、相信受托人能够处理好委托的事宜为基本出发点的。而受托人之所以接受委托，也是出于愿意为委托人服务，能够完成受托事务的自信，这也是基于对委托人的了解和信任。在委托合同关系成立后，如果一方对另一方产生了不信任，可随时终止委托合同。

（3）委托合同是诺成、不要式合同。

委托合同为诺成合同而非实践合同，委托合同的当事人双方意思表示一致时，合同即告成立，无须以物之交付或当事人的履行行为作为合同成立的要件。委托合同原则上为不要式合同，当事人可以根据实际情况选择适当形式。

（4）委托合同是否有偿在于当事人的约定。

委托合同可以是有偿的，也可以是无偿的，完全由当事人约定或就个别事项依法律特别规定。一般说来，商事委托应以有偿为原则，而普通民事委托可以无偿。无论委托合同是否有偿，委托人都负有支付委托费用的义务。

---

① 武钟临：《民法债编各论·各种之债》，大东书局1940年版，第145页。

(四) 委托合同的种类

1. 特别委托与概括委托

特别委托是指委托受托人处理一项或者数项特别事务的委托。概括委托是指委托人委托受托人处理一切事务的委托。

2. 单独委托与共同委托

单独委托是指受托人为一人的委托。共同委托是指受托人为两人以上的委托。共同委托中的一个受托人或数个受托人都违反了受托人的义务,给委托人带来损失的,委托人可以向所有受托人或其中任何一个要求赔偿,受托人相互之间负连带责任。

3. 直接委托和转委托

直接委托是指由委托人直接选任受托人的委托。转委托是指受托人为委托人再选任受托人的委托。

转委托有两种原因:第一,在紧急情况下受托人为维护委托人的利益进行转委托。第二,经委托人同意,受托人可以转委托。转委托经同意的,委托人可以就委托事务直接指示转委托的第三人,受托人仅就第三人的选任及其对第三人的指示承担责任。转委托未经同意的,受托人应当对转委托的第三人的行为承担责任。

(五) 委托合同与代理的关系

委托合同与代理的关系极为特殊。代理分为法定代理、指定代理和委托代理。其中委托代理是由代理人代本人为意思表示或受意思表示的,与委托合同中受托人为委托人处理事务一样,都是为他人处理事务的。在委托人所委托的事务须对外为法律行为时,则一般都有代理权的授予。在这种情况下,委托合同成为代理的基础关系,代理人是受托人处理委托事务的一种手段。但并非在任何情况下代理都以委托合同为基础关系,都伴随委托合同而生。有委托合同而无代理,或者虽有代理而无委托合同的情形也是存在的。

委托合同和代理是不同的法律制度,具有明显的区别:第一,代理人的代理行为不能包括事实行为;而受托人受托处理或管理的行为可以包括事实行为。第二,代理属于对外关系,存在于本人与代理人以外的第三人之间,不对外也就无所谓代理;而委托是一种对内关系,存在于委托人和受托人之间。第三,代理关系的成立,被代理人授予代理人代理权,属于单方法律行为;而委托合同为双方法律行为,若受托人不允诺,则委托合同不能成立。前者如委托他人代为保管其物,后者如法定代理情形。

二、委托合同的效力

(一) 受托人的义务

(1) 依照委托人的指示处理委托事务的义务。

在委托合同中,受托人的基本义务是必须依委托人的指示处理委托事务。仅在有急迫之情事,并可以推定委托人在此急迫情事下也将会允许变更指示时,受托人才可以变更委托人的指示:委托人有指示时,应尽可能地遵守委托人的指示处理委托事务;受托人在情事紧急时,得变更委托人的指示;受托人在变更指示后负有通知义务。如果因受托人的怠于通知而给委托人造成损失的,受托人应负赔偿责任。

(2) 亲自办理委托事务的义务。

由于委托合同的当事人之间有相互信赖关系,所以原则上受托人应亲自处理受托事务,意在防止出现受托人有负委托人信任,致委托人利益受损的情形。这就是法谚"委托的结果,不得再委托"的精神。如果委托人同意转委托,或者有紧急情况发生,受托人可以转委托。

(3) 及时报告事务办理情况的义务。

受托人应当按照委托人的要求,随时或者定期报告受托事务的处理情况。受托事务终了或者委托合同终止时,受托人应当将处理委托事务的始末经过和处理结果报告给委托人,并提交必要的证明文件,如各种账目、收支计算情况等。受托人此项义务的具体内容一般不由法律直接规定,而由当事人约定。受托人作有关汇报不以有委托人的请求为前提,尤其是事务终了的报告应包括有关收支的计算及提交必要的证明文件,如清单、发票等。受托人因怠于报告所致损害,委托人有权请求受托人赔偿。

(4) 将办理事务所得利益及时交给委托人的义务。

受托人因处理委托事务所取得的财产,应当转交给委托人。这些财产包括金钱、物品及其孳息、权利等,不论是以委托人名义取得的,还是以受托人自己名义取得的;也不管是由次委托人取得的,还是由受托人自己在处理事务时直接取得的,受托人均应将其交还给委托人。委托人得请求受托人交付财产的各项权利,可以让与他人。

(二) 委托人的义务

(1) 承受受托人在委托权限内处理委托事务后果的义务。

受托人是以委托人的名义和费用为委托人处理委托事务的,因此,受托人在委托权限中处理事务的后果,包括有利的后果即处理委托事务所获得的利益,以及不利后果即处理委托事务所产生的债务,均由委托人承受。

(2) 支付处理委托事务的费用的义务。

不论委托合同是否有偿,委托人都有支付费用的义务。委托人履行支付费用的义务有两种方式,一是预付费用,二是偿还费用。委托人应预付费用的多少以及预付的时间、地点、方式等,应依据委托事务的性质和处理的具体情况而定。预付费用系为委托人利益而使用的,与委托事务的处理并不成立对价关系,二者之间不存在适用同时履行抗辩权的问题。非经约定,受托人并无垫付费用的义务。即使支付费用经受托人请求,委托人也不负履行迟延或拒绝履行的责任。在有偿委托合同中,因委托人拒付费用以致影响受托人基于该合同的收益或给受托人造成损失时,受托人有权请求赔偿。

受托人虽无为委托人垫付费用的义务,但如果受托人垫付了费用,则有权请求受托人偿还,委托人负有偿还费用的义务。委托人偿还的费用一般应限于受托人为处理事务所支出的必要费用及其利息。

(3) 有偿委托合同的委托人应当支付报酬的义务。

委托合同如果是有偿的,委托人应负支付报酬的义务,如委托律师进行诉讼或为其他法律服务等。报酬的标的和数额由双方当事人自行约定,无约定的从习惯。对于报酬额的确定,除有强制的报酬率或价目表外,不受限制。支付报酬的日期,各国民法大都采后付主义,即除当事人另有约定事先付报酬的外,非于委托关系终止及受托人明确报告始末后,受托人不得请求给付。因可归责于受托人的事由而致委托合同终止或委托事务不能完成时,受托人无报酬请求权。

(4) 委托人的赔偿损失义务。

委托人应对自己的委托负责,如因其指示不当或其他过错致使受托人蒙受损失的,委托人应予以赔偿。即使委托人自己没有过错,若受托人因不可归责于自己的事由受到损害时,受托人也得请求委托人赔偿其所受损失。

在受托人所受的损害系由第三人的加害行为造成时,受托人可以向第三人请求赔偿;但如果该加害的第三人不明、无资力或无过失时,受托人只能请求委托人予以赔偿。委托人在向受托人承担损害赔偿责任后,如有应负赔偿责任的第三人,委托人得请求受托人让与其对第三人的损害赔偿请求权。

三、间接代理

(一) 间接代理概述

间接代理是指受托人接受委托人的委托,以自己的名义,在委托人的授权范围内与第三人实施民事法律行为的代理。

间接代理与直接代理的区别是:

(1) 代理人从事法律行为的名义不同。

间接代理是代理人以自己的名义从事法律行为,而直接代理的代理人行使代理权是以被代理人的名义进行。这是直接代理和间接代理的主要区别。直接代理可以称为显名代理,被代理人的名义必须披露。间接代理的被代理人不必披露,不需显名,代理人以自己的名义从事民事法律行为。

(2) 代理的效果不同。

间接代理的效果不是直接对被代理人发生效力。就一般情况而言,间接代理的效果发生于代理人和第三人之间,它们之间发生权利义务关系,而不是在被代理人和第三人之间发生民事法律行为。只有在第三人选择被代理人承担后果责任的时候,才产生对被代理人发生效力的问题。而直接代理的效果直接针对被代理人,与代理人没有关系。

(3) 法律根据不同。

在我国现行法律中,直接代理规定在《民法通则》第3章第2节,而间接代理是在《合同法》第402条和第403条规定的,在适用法律上也有不同。

(二) 间接代理的基本内容

1. 基本代理关系

间接代理的基本法律关系是,委托人欲从事一项民事活动进行民事交易,委托代理人进行。受托人接受委托,取得了间接代理的权利,然后以自己的名义而不是用委托人的名义,寻找交易的相对人,直接与其进行交易,实施民事法律行为。受托人与第三人之间的民事法律关系终结,受托人将其结果交付委托人,委托人从中获得佣金。

间接代理是由三个法律关系构成的,前两个法律关系是基础:第一,是委托人与受托人之间的委托合同关系,在其中确定双方的权利义务。第二,是受托人接受委托,与第三人之间订立民事法律行为,按照委托人的意思表示,确定该民事法律行为的内容,最终实现交易目的。第三,按照第一个合同的规定,将实施第二个民事行为的利益,交还委托人,取得受托人的利益,终结间接代理关系。可是,间接代理的最重要的关系不在于此,而是在于委托人和第三人之间的关系。法律规定,在一定的情形下,委托人与第三人之间相互享有权利义务关系。这是间接代理的关键之点。

2. 订约时第三人知道代理关系

订约时第三人知道代理关系,就是在受托人与第三人订立第二个法律关系的时候,已经知道受托人是在为委托人从事交易。例如,甲委托乙与丙购买100台电脑,乙就向丙发出电传:"我受甲公司委托,向你购买100台电脑。"如果在订约时是乙和丙为当事人,就构成间接代理,订约时第三人就知道这个间接代理关系。

这里的"知道"应当是确定的,就是明确知道,而不是应当知道,也不包括知道不确切。知道的内容,一是知道具体的被代理人,也就是委托人;二是知道委托授权的内容和期限;三是知道的时间,即在订约时知道这个代理关系。在履行合同关系中知道的,不构成间接代理关系。

在这种情况下,受托人与第三人之间发生的民事法律关系直接约束委托人和第三人。这就是,委托人可以根据受托人与第三人之间订立的合同直接请求第三人履行合同义务,或者接受第三人的履行;也可以在对方违约时,请求对方承担违约责任,或者直接向对方承担责任。

3. 订约时代理人不知道代理关系

在间接代理中,如果受托人以自己的名义与第三人订立合同时,第三人不知道受托人与委托人之间的代理关系的,受托人因为第三人的原因,对委托人不履行义务,受托人应当向委托人披露第三人。委托人因此可以行使受托人对第三人的权利,但是第三人与受托人订立合同时如果知道该委托人就不会订立合同的,则不得披露。

在这种情况下,涉及如下问题:

(1) 委托人的介入权。

委托人的介入权,是指当委托人因第三人的原因对委托人不履行合同义务时,委托人介入受托人与第三人之间的合同关系,直接向第三人主张合同权利。其前提条件是:一是受托人因第三人的原因对委托人不履行义务;二是受托人已经向委托人披露了第三人;三是第三人在与受托人订立合同时,不存在如果知道该委托人就不会订立合同的情形。

委托人的介入权是一种形成权,完全可以基于自身的利益和意志而决定是否行使该项权利,不需要征得受托人或者第三人的同意。委托人如果愿意行使该权利,则将取代受托人的地位,而受托人以自己的名义从事的法律行为将直接对委托人发生效力,也就是发生了直接代理的后果。

(2) 第三人的选择权。

在上述关系中,受托人已经向他方披露了委托人或者第三人,这时第三人主张权利可以进行选择,既可以选择向受托人主张权利,也可以选择向委托人主张权利。第三人对受托人或者委托人的选择权一经行使,就确定了所选择的相对人,选择之后不得变更。

第三人的选择权的要件是:① 第三人在订立民事法律行为时,不知道受托人与委托人之间的代理关系;② 受托人因委托人的原因对第三人不履行合同义务;③ 受托人已经向第三人披露了委托人;④ 第三人作出了选择。

这种选择权的性质是形成权,其行使与否,决定于自己的意愿,无需他人同意。选择了相对人之后,选择委托人作为相对人的,构成直接代理的后果;选择受托人作为相对人的,仍然执行原来的合同关系。

(3) 第三人和委托人的抗辩权。

我国《合同法》第 403 条第 3 款规定:"委托人行使受托人对第三人的权利的,第三人可以向委托人主张其对受托人的抗辩。第三人选定委托人作为其相对人的,委托人可以向第三人主张其对受托人的抗辩以及受托人对第三人的抗辩。"这里说的就是第三人和委托人的抗辩权。其基本规则是,只要委托人行使了介入权或第三人行使了选择权,相对方原来对另一方当事人的抗辩权都可以行使,由行使权利的对方当事人享有该抗辩权。

具体的情况是:① 委托人行使介入权,并根据介入权向第三人主张权利时,第三人可以向委托人主张抗辩,对抗委托人的请求权。② 第三人选择委托人为相对人的,委托人可以向第三人主张其对受托人的抗辩,以及委托人对第三人的抗辩。

四、委托合同的消灭

(一) 委托合同消灭的原因

委托合同消灭的一般原因,适用一般合同共同适用的消灭原因,如委托事务处理完毕,委托合同的履行已不可能,委托合同中约定的合同存续期间届满,合同约定的解除条件成就等。

委托合同消灭的特殊原因是:

(1) 当事人一方任意解除合同。

在委托合同中,合同的当事人双方均享有任意终止权,可任意终止合同。这是因为委托基于信任关系而产生主观任意性。如果当事人在信念上对对方的信任有所动摇时,就应不问有无确凿的理由,均允许其随时终止合同。

(2) 当事人一方死亡、丧失民事行为能力致使委托合同消灭。

当事人一方死亡、丧失行为能力或破产的情形时,委托合同当然终止。但双方当事人另有约定,或依委托合同的性质在发生上述情况时不能终止委托合同的除外。

(二) 委托合同例外不中止时的法律后果

(1) 继续处理事务的义务。

当委托人死亡、丧失民事行为能力或者破产之后,委托人的继承人、法定代理人或者清算组织承受委托事务之前,受托人有继续处理受托事务的义务。

(2) 采取必要措施的义务。

如果受托人死亡、丧失民事行为能力或者破产,致使委托合同终止将损害委托人利益的,受托人的继承人、法定代理人或者清算组织应当负有采取必要措施的义务。必要措施包括消极的保存行为和积极的对委托事务的处理。

【案例讨论】

讨论提示:本案双方当事人签订的合同,性质是委托合同,但由于违反法律强制性规定而无效。

讨论问题:1. 委托合同的法律特征是什么? 2. 受托人和委托人的权利义务是什么?

第四节 行纪合同

【典型案例】

张学忠受雇于胡二虎,为其收购生猪,收购每一头生猪的佣金为5元人民币。杜发河经张学忠之手,将其所养的6头生猪卖给了胡二虎,价款为3446元,胡二虎为其出具了拉猪手续。胡二虎被法院判决认定为诈骗罪,被判处有期徒刑15年,退赔张学忠总共54205元,杜发河持张学忠出具的拉猪手续向张学忠追要此款,张学忠以受雇于胡二虎,胡二虎并未退赔其猪款为由拒付,杜发河向法院起诉。一审法院认为,张学忠与胡二虎是雇佣关系,杜发河与张学忠不属于买卖合同关系,杜发河应向胡二虎追要猪款,而不应向张学忠追要猪款,故判决驳回杜发河的诉讼请求。杜发河上诉,二审法院认为,张学忠与胡二虎之间的关系应为行纪合同,胡二虎是委托人,张学忠为行纪人,判决张学忠向杜发河支付6头生猪款3446元。

一、行纪合同概述

(一)行纪合同的概念

行纪合同又称信托合同,是指一方根据他方的委托,以自己的名义为他方办理购销、寄售和有价证券等业务,并收取报酬的合同。其中以自己名义为他方办理业务者,为行纪人;由行纪人为之办理业务并支付报酬者为委托人。

(二)行纪合同的沿革

行纪制度在罗马法时代尚未产生。行纪合同是随着信托业务的发展,出现了独立从事行纪业务的行纪组织而产生的。在欧洲中世纪,由于国际贸易的兴起,出现了专门从事受他人委托以办理商品购入、贩卖或其他交易事务并收取一定佣金的经纪人,行纪制度已较为发达。现代各国大都有关于行纪合同的规定。

我国自汉代就已出现经营行纪业务的行栈,称为牙行。故行纪乃牙行经纪的缩文,是我国民法所特创之名词。唐律杂律中,有取缔牙行的规定,大明律更于户律中,清律仿之。① 在民国民法中也设专章对行纪加以规定。1949年后,曾相继在许多城市成立了国营信托公司和贸易货栈,但很快被撤销。直至改革开放以后,行纪业才又兴盛起来,至今已成规模。

(三)行纪合同的特征

行纪合同是双务有偿合同、诺成合同和不要式合同。其法律特征是:

(1)行纪合同主体的限定性。

我国的行纪主体,在委托人,可以是自然人,也可以是法人,并无太多限制。但行纪人只能是经批准经营行纪业务的法人或自然人,行纪人的主体资格受到限制。

(2)行纪人以自己的名义为委托人办理业务。

行纪人在为委托人办理业务时,须以自己的名义进行。行纪人在与第三人实施法律行为时,自己即为权利义务主体,由法律行为所产生的权利义务均由行纪人自己享有或承担。

(3)行纪人为委托人的利益办理业务。

行纪人虽以自己的名义与第三人直接发生法律关系,但该关系所生的权利义务最终归属于委托人承受。行纪人为委托人所购、售的物品,委托人交给行纪人的价款或行纪人出卖所得价金,虽在行纪人的支配之下,但所有权归委托人。如果非因行纪人原因而发生毁损、灭失,风险由委托人承担。

(4)行纪合同的标的是行纪人为委托人实施一定法律行为。

行纪人为委托人提供的服务不是一般的劳务,而是须与第三人为法律行为。该法律行为的实施才是委托人与行纪人订立行纪合同的目的所在,该法律行为乃是行纪合同的标的。

(四)行纪合同与相关法律制度的关系

1. 行纪合同与英美法上的信托制度

英美法上的信托制度源于英国中世纪的用益物权制度,实质上是一种管理财产的法律关系。一人拥有财产所有权,同时负有为另一方利益使用该财产的义务,该财产称为信托财产。成立信托有财产授予人(信托人)、受托人和信托受益人三方主体。

行纪虽然也叫做信托,但与英美法的信托制度有原则区别:(1)行纪为合同关系;信托为财产管理关系,类似于某些他物权制度。(2)行纪有行纪人与委托

---

① 武钟临:《民法债编各论·各种之债》,大东书局1940年版,第195页。

人两方当事人；信托有信托人、受托人和信托受益人三方当事人。(3)行纪不以财产交付为成立要件，而且行纪人的财产所得利益归委托人享有；信托以财产交付给受托人为成立要件，且取得财产所生利益的是受益人而非财产授予人。(4)违反行纪合同应承担违约责任；而在英美法的信托制度中则有完全不同于合同责任的信托责任。

2. 行纪合同与委托合同

行纪合同与委托合同均为提供服务的合同，均以当事人双方的相互信任为前提，都委托他人处理一定事务。行纪合同与委托合同的区别在于：(1)行纪所委托的事务是特定的，仅限于买卖、寄售；委托中所指的事务既可以有法律行为，也可以是事实行为。(2)行纪合同的行纪人只能以自己名义进行活动，行纪人与第三人之间所为的法律行为并不能直接对委托人发生效力；而委托合同的受托人处理委托事务，既可以自己名义，也可以委托人名义，所以受托人与第三人间订立的合同有时可对委托人直接发生效力。(3)行纪合同为有偿合同；委托合同既可有偿，也可无偿。

二、行纪合同的效力

(一)行纪人的义务与介入权

1. 行纪人的义务

(1)负担行纪费用的义务。

行纪人处理委托事务支出的费用由行纪人负担，但当事人另有约定的除外。行纪费用，是指行纪人在处理委托事务时所支出的费用，不仅包含行纪的必要费用，还应该包含改换包装费、保险费等有益的费用。

(2)妥善保管委托物的义务。

行纪人在占有其代委托人进行交易所买入的物品时，负有保管义务。行纪合同为有偿合同，行纪人对物的保管应尽善良管理人的注意。除非委托人另有指示，行纪人并无为保管的物品办理保险的义务。对于物的意外灭失，只要行纪人已尽到善良管理人的注意，行纪人不负任何责任。委托人指示行纪人为保管物品办理保险，行纪人未予保险，行纪人应对此种情况下的保管物的毁损灭失负损害赔偿责任。委托人未为投保的指示，但行纪人自动投保的，投保费用为行纪费用。

(3)合理处分委托物的义务。

委托人委托行纪人出卖的物品，交付给行纪人时有瑕疵或者易于腐烂、变质的，行纪人为了委托人的利益，负有处置委托物的义务。在不能及时将委托物的瑕疵及易腐、变质状况告知委托人的，行纪人可以合理处分。行纪人违反对委托物的合理处分义务的，应承担违约责任，并赔偿给委托人造成的损害。

(4) 依委托人的指示处理事务的义务。

在行纪合同中，对于委托人所指定的卖出委托物的价格或买入价格，行纪人有遵从指示的义务。我国《合同法》第418条规定了以下三种情况：

第一，行纪人以低于指定价格卖出或者高于指定价格买进的，应当经委托人同意，或者行纪人补偿其差额的，该买卖对委托人发生效力。适用的要件是：① 须有委托人所指定的价格；② 必须超越了指定价格卖出或买进；③ 必须经委托人同意或行纪人同意补偿其差额。

第二，行纪人以高于指定价格卖出或低于指定价格买进委托物的，可以按照约定增加报酬。没有约定或者约定不明确的，依照我国《合同法》第61条的规定仍不能确定的，该利益属于委托人。适用的要件是：① 委托人指定了委托物的卖出价格或买进价格；② 行纪人以对委托人更有利的价格卖出或买进委托物；③ 行纪人可以按照约定增加报酬；④ 所增加的利益一般应归委托人享有。

第三，委托人对价格有特别指示的，不允许行纪人予以变更。行纪人只能依委托人指定的价格卖出或买进委托物。

2. 介入权

行纪人的介入权也叫做行纪人的自约权，是指行纪人接受委托买卖有市场定价的证券或其他商品时，除委托人有反对的意思表示外，行纪人自己可以作为出卖人或买受人的权利。如委托人委托行纪人以一定价格出卖某物，行纪人直接以自己名义按此价格买下。行纪人此时所行使的就是介入权。

行纪人行使介入权的要件又称介入要件，包括积极要件和消极要件。积极要件指所受委托的物品须为有市场定价的有价证券或其他商品。消极要件包括：(1) 委托人未作出反对行纪人介入的意思表示；(2) 行纪人尚未对委托事务作出处理；(3) 行纪合同有效存在。

介入权行使的后果，使委托人和行纪人之间产生了买卖合同，民法关于买卖的规定均可适用。行纪人行使介入权之后仍有报酬请求权，委托人应按合同约定付给行纪人报酬。

（二）委托人的义务

(1) 支付报酬的义务。

委托人应当对行纪人支付报酬。该报酬是行纪人为行纪行为的对价，其数额应由双方当事人约定，无约定的，依习惯确定。习惯上行纪人的报酬多以其所为交易的价额依一定的比率提取，在证券交易中尤为常见。

行纪人行使报酬请求权的条件，其仅有与第三人订立合同是不够的，只有该买卖合同已经履行，买入物品已由第三人交付给行纪人，或已由委托人直接介入履行，或者已由第三人交给委托人后，行纪人始得请求报酬。行纪人在请求报酬时须将第三人履行的标的，如委托买入的物或委托卖出物的价金交给委托人，并有义务向委托人汇报所为行为的始末经过。否则,委托人有权以此为由拒绝支付报酬。

由于行纪人自己的过失致使不能向委托人交付委托卖出物的价金或买进的物品的,行纪人丧失报酬请求权。

因不可归责于行纪人的事由发生,致使行纪人不能完成行纪行为的,如果行纪人已做了部分履行,且该部分履行相对于全部委托事务来说可以独立存在,则行纪人有权就委托事务完成的部分请求委托人支付报酬。

行纪人和委托人对行纪报酬另有约定的,依其约定。

行纪人完成全部或部分委托事务,委托人应当支付报酬却逾期不支付的,行纪人享有留置委托物,并依照法律规定以委托物折价或从拍卖、变卖该财产所得的价款中优先受偿的权利。

(2) 及时受领的义务。

委托人委托行纪人买入委托物,委托人有及时受领的义务。委托人无正当理由拒绝受领的,行纪人可以提存委托物。

(3) 及时取回处分义务。

委托物不能卖出或者委托人撤回出卖时,委托人应将该出卖物取回或者处分。经过催告仍不取回或处分的,行纪人有权将委托物提存。

【案例讨论】

讨论提示:本案一审判决和二审判决对张学忠和胡二虎之间的关系认定上是完全不同的,一个是雇佣关系,一个是行纪关系。请对照行纪合同的特点,确认该法律关系是否为行纪关系。

讨论问题:1. 行纪合同的法律特征是什么? 2. 行纪合同与雇佣合同的区别是什么? 3. 行纪合同双方当事人的权利义务是什么?

第五节 居间合同

【典型案例】

2010年7月1日,被告蒋清委托原告振顺房地产营销策划有限公司出售自己的房屋一套,数日后,振顺公司与其签订一份房产预约买卖协议书,约定蒋清同意将上述房产出售给被告双同明,双同明、蒋清同意向原告支付中介费3万元,由双同明支付该中介费用,任何一方发生违约行为,中介费全额由违约方承担,买卖双方自行解除合同,中介费由双方各承担50%,且应于解除合同当日付清。7月19日,双同明将购房定金5万元支付给蒋清。8月30日,蒋清以双同明未履行房产预约买卖协议书的约定为由,发出《解除合同通知书》,解除该房产预约买卖协议书。原告向蒋清、双同明主张中介费未果,因而起诉。法院认为,根据原、被告双方合同的约定,振顺公司促成两被告买卖关系成立后,双同明即应向原告支付中介费;蒋清、双同明均辩称原告振顺公司没有促成交易完成,不应支付中介费用,与合同约定不符;被告双同明未依约支付中介费,其行为已构成违约,应承担相应的违约责任。判决双同明向原告支付中介费3万元。

一、居间合同概述

(一) 居间合同的概念

居间合同是指双方当事人约定一方为他方提供报告订约机会或为订合同的媒介,他方给付报酬的合同。报告订约机会的居间称为报告居间,媒介合同的居间称媒介居间。在居间合同中,提供报告订约机会或提供交易媒介的一方为居间人,给付报酬的一方为委托人。

(二) 居间合同的沿革

居间是一种古老的商业现象,在古希腊时代即已出现。中世纪的居间带有公职性质,非为居间人团体成员不得进行居间活动。其后的居间活动都带有官营性质,禁止私自从事居间活动。德国旧商法也以居间人为一种官吏,其他为私居间人;新商法则采自由营业主义。近世各国大都采自由营业主义。

我国古代将居间人称为"互郎",民间俗称"对缝",是指促进双方成交而从中取酬的中间人,习惯称之为"牙纪"。旧中国民法对居间采自由营业主义。

大陆法采民商分立的国家,一般由商法调整媒介居间,民法调整报告居间;民商合一的国家,民法统一调整报告居间和媒介居间。

(三) 居间合同的特征

(1) 居间合同为有名合同。

大多数国家的民商立法和理论都承认居间合同为一种独立的有名合同。我国《合同法》也设专章对居间合同加以规范,表明我国立法对居间合同的法律地位有了一个新的看法,承认居间合同的独立地位,不予禁止。

(2) 居间合同是一方为他方报告订约机会或为订约媒介的合同。

居间人为委托人提供服务的具体表现,就是为报告订约的机会或为订约的媒介。前者是指受委托人的委托,寻觅及提供可与委托人订立合同的相对人,从而为委托人订约提供机会。后者是指介绍双方当事人订立合同,居间人斡旋于双方当事人之间,促进双方交易达成。

(3) 居间合同为有偿、诺成和不要式合同。

居间合同中的委托人需向居间人给付一定报酬,作为对居间人活动的报偿。居间合同只要双方当事人意思表示一致就可成立,不以当事人的现实交付为成立生效要件。居间合同的成立也不须采用特定的形式,故为不要式合同。

(4) 居间合同委托人给付义务的履行有不确定性。

居间人的活动达到居间目的,委托人才负给付报酬的义务。而居间人的活动能否达到目的,委托人与第三人之间能否交易成功,有不确定性;因此委托人是否付给居间人报酬也是不确定的。

(5) 居间合同的主体具有特殊性。

居间合同中的居间人具有特殊性,须是经过核准可以从事居间营业的法人或自然人,并非一切人都可以进行居间活动。

(四) 居间合同与委托合同、行纪合同的区别

居间合同、委托合同、行纪合同这三种合同都是一方受他方委托为他方办理一定事务的合同,都属于提供服务的合同。但它们之间有显著区别:

(1) 是否参与委托人与第三人的关系不同。

居间人仅为委托人报告订约机会,或为订约媒介,并不参与委托人与第三人之间的关系。委托合同则受托人以委托人的名义和费用活动,代委托人与第三人订立合同,参与并可决定委托人与第三人之间的关系内容;而行纪合同中的行纪人要自己的名义为委托人与第三人完成交易事务,与第三人发生直接的权利义务关系。

(2) 是否有偿不同。

居间合同虽为有偿合同,但只有在有居间结果时才可以请求报酬,并且在为订约媒介居间时可从委托人和相对人的双方取得报酬;而委托合同既可以是有偿合同,也可以是无偿合同;行纪合同虽为有偿合同,行纪人却仅从委托人一方取得报酬。

(3) 是否移交委托事务后果和报告义务不同。

居间人没有将处理事务的后果移交给委托人和报告的义务,而在委托合同和行纪合同中都有委托人取得事务处理结果和受事务处理报告的问题。

二、居间合同的效力

(一) 居间人的义务

(1) 报告订约机会或媒介订约机会的义务。

这项义务是居间合同中居间人的主要义务。在报告居间中,居间人对于订约事项,应就其所知据实地报告给委托人。居间人对相对人没有报告委托人有

关情况的义务。在媒介居间中,居间人应将有关订约的事项据实报告给各方当事人。媒介居间的报告义务是向双方报告的义务。

(2) 忠实义务。

忠实义务是指居间合同不管是单务的还是双务的,居间人就自己所为的居间活动都有遵守诚实信用原则的义务。具体要求是:第一,居间人应将所知道的有关订约的情况或商业信息如实告知委托人。第二,不得对订立合同实施不利影响,影响合同的订立或者损害委托人的利益。第三,居间人对于所提供的信息、成交机会以及后来的订约情况,负有向其他人保密的义务。

(3) 尽力义务。

报告居间人的任务在于报告订约机会给委托人、媒介居间人的任务除向委托人报告订约信息外,应尽力促进将来可能订约的当事人双方,排除双方所持的不同意见,并依照约定准备合同,对于相对人与委托人之间所存障碍应加以说合和克服。居间人的尽力义务,就是负有尽力提供有关成交机会和商业信息,促使合同订立的义务。

(4) 负担居间活动费用的义务。

居间人进行居间活动支付的费用,如果委托方和居间人事先没有明确约定的,应当由居间人承担。当事人另有约定的,依约定履行。

(二) 委托人的义务

(1) 支付报酬的义务。

居间人促成合同成立后,委托人应当按照约定支付报酬。对居间人的报酬没有约定或者约定不明确,依照我国《合同法》第61条的规定仍不能确定的,根据居间人的劳务合理确定。因居间人提供订立合同的媒介服务而促成合同成立的,由该合同的当事人平均负担居间人的报酬。居间人未促成合同成立的,不得请求支付报酬,但可以请求委托人支付从事居间活动支出的必要费用。

关于居间费支付的一般规则,是"约定报酬制",即居间人从事居间活动所收取报酬的多少,主要依居间人和委托人的约定,在居间人促成合同有效成立后,委托人就应按约定支付报酬。

数个居间人确定报酬权利人的规则是:其一,报告居间,先向委托人报告订约信息并促成其订立合同者,享有居间报酬请求权。其二,媒介居间,如果委托人与相对人之间所成立的合同可归功于某个居间人时,则此居间人享有收取居间报酬请求权,其他居间人无此项权利;如果是数居间人同心协力,致使不能确定其中哪个居间人为当事人与相对人交易的达成起了决定性作用时,则应视情况而定:一是委托人以数居间人为一整体,只给予一次报酬,由各居间人平均分配该报酬;二是委托人对各居间人分别委托同一事项,居间人也独立地开展产生居间结果的活动时,居间人可以各个请求报酬;三是各居间人就同一事项分别受同一委托人之委托,但在为居间行为时,各居间人相互结合为共同的媒介,则各居间人只能共同地受一次报酬。其三,交易双方各自委托居间人,双方委托的这两个居间人又共同协力促成委托人和交易相对人订立合同,则委托人和交易相对人分别对自己所委托的居间人支付居间报酬。

报告居间,居间报酬由委托人负担。媒介居间,居间报酬由达成交易的双方当事人平均负担,即由委托人和交易相对人平均负担。但合同另有约定或另有习惯的除外。

(2)支付必要居间费用的义务。

居间费用一般包含在报酬中,居间成功时,居间费用未经约定不得请求委托人偿还,应由居间人自己负担。在居间人已尽报告义务或者媒介义务,但仍不能使合同成立,未达到委托人的预期目的时,我国《合同法》规定可以请求委托人支付从事居间活动支出的必要费用。

【案例讨论】

讨论提示:本案当事人之间的居间合同有效成立,应当依照约定确定权利义务关系。

讨论问题:1.居间合同的法律特征是什么?2.本案的居间合同约定的居间目的是否已经达到?居间人是否应当获得居间报酬?